AF357402

L°G
1701

GALLOUÉDEC & MAURETTE

COURS COMPLET

DE

GÉOGRAPHIE

BREVET ÉLÉMENTAIRE

LIBRAIRIE HACHETTE

L. GALLOUÉDEC
Inspecteur Général de l'Instruction Publique.

F. MAURETTE
Professeur agrégé d'Histoire et de Géographie.

COURS COMPLET
DE
GÉOGRAPHIE

LIBRAIRIE HACHETTE
79, Boulevard Saint-Germain -:- Paris (6ᵉ)
1929

Copyright by Librairie Hachette, 1928.

LE MONDE

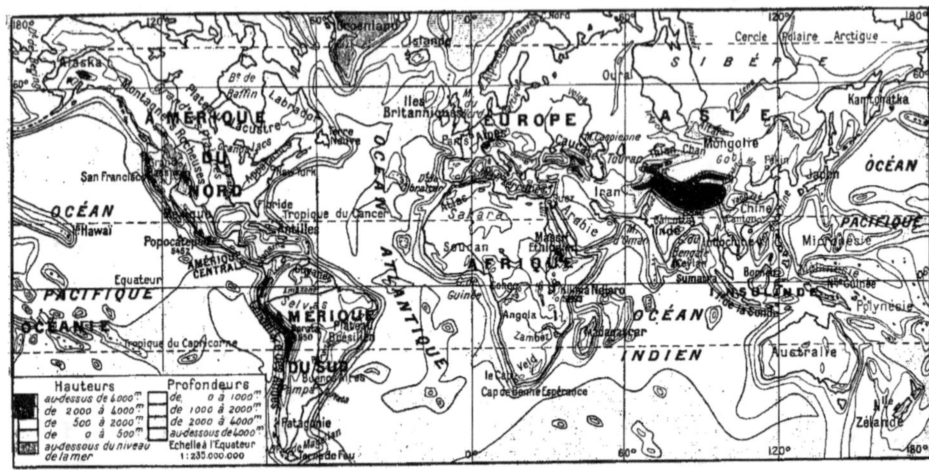

Fig. 1. — Carte physique du Monde.
Relief des terres et profondeur des mers.

Les plus grandes altitudes terrestres se trouvent dans l'Asie centrale et le long de la côte occidentale de l'Amérique; les plus grandes profondeurs marines ont été reconnues dans l'Océan Pacifique, à l'Est de l'Asie. Remarquer la direction Est-Ouest des plissements montagneux dans l'Ancien Continent et la direction Nord-Sud des plissements du continent américain.

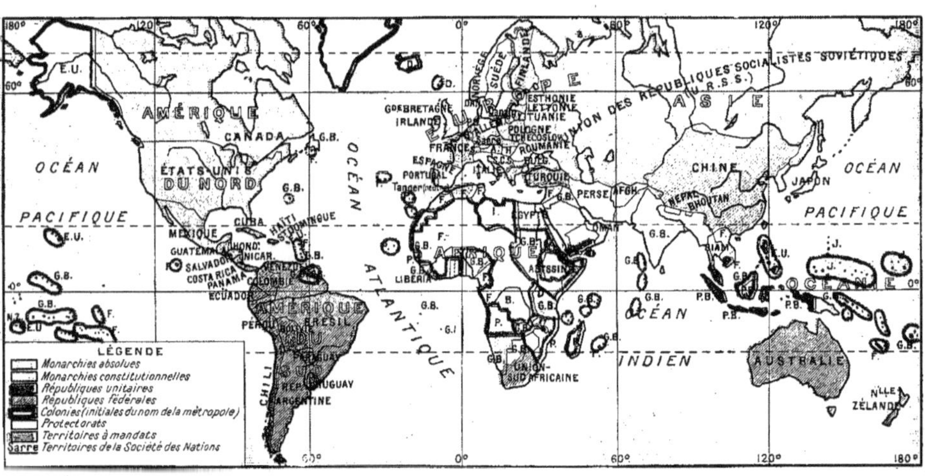

Fig. 2 — Carte politique du Monde.
Régime politique des différents états et territoires.

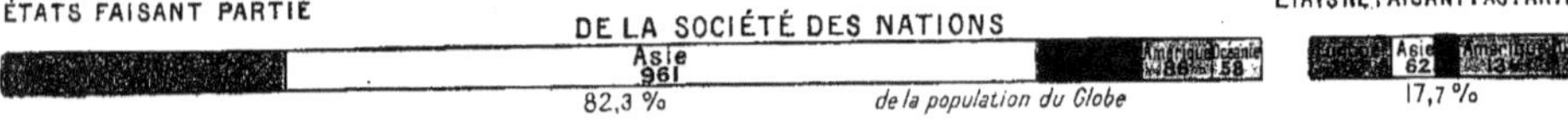

Fig 3. — Importance relative de la Société des Nations dans le Monde.

COURS COMPLET DE GÉOGRAPHIE

PREMIÈRE PARTIE
GÉOGRAPHIE GÉNÉRALE

I. — Le globe terrestre.

1. La terre. — La terre a la forme d'une sphère légèrement aplatie aux deux pôles.

Elle a 40 000 kilomètres de tour à l'équateur ; sa superficie est de 510 millions de kilomètres carrés (950 fois celle de la France).

2. Les mouvements de la terre. — La terre est animée d'un double mouvement continu :

1° Elle tourne *sur elle-même* en 24 heures, ou un jour ;

2° Elle tourne *autour du soleil* en un an, ou plus exactement en 365 jours un quart.

3. Le jour et la nuit. — Un jour, c'est le temps qu'il faut à la terre pour accomplir un tour sur elle-même : 24 heures.

Mais, pour chaque point du globe, cette durée de 24 heures se divise en *jour* (temps pendant lequel ce point est éclairé par le soleil) et en *nuit* (temps pendant lequel la masse terrestre s'interpose entre ce point et les rayons du soleil).

4. Les saisons. — Dans son mouvement autour du soleil, la terre semble incliner vers celui-ci tantôt son hémisphère nord, ou hémisphère boréal, tantôt son hémisphère sud, ou hémisphère austral. Ainsi chacun d'eux, à tour de rôle, se trouve, pendant une partie de l'année, mieux exposé au soleil et reçoit de lui une plus grande quantité de chaleur et de lumière.

De là pour chaque hémisphère la division de l'année en *saisons*. Ces saisons sont :

DURÉE DANS L'HÉMISPHÈRE BORÉAL	SAISONS	DURÉE DANS L'HÉMISPHÈRE AUSTRAL
Du 21 mars au 21 juin	*Printemps*	Du 23 sept. au 21 déc.
Du 21 juin au 23 sept.	*Été*	Du 21 déc. au 21 mars.
Du 23 sept. au 21 déc.	*Automne*	Du 21 mars au 21 juin.
Du 21 déc. au 21 mars	*Hiver*	Du 21 juin au 23 sept.

A chaque saison correspondent des jours plus ou moins longs et une chaleur plus ou moins forte.

5. Les pôles, l'équateur et les tropiques. — L'axe de la terre est le pivot imaginaire passant par le centre de la terre et autour duquel elle semble tourner. On nomme *pôles* les deux points où cet axe rencontre la surface terrestre : ce sont le *pôle nord*, ou *arctique*, et le *pôle sud*, ou *antarctique*.

L'*équateur* est la ligne imaginaire qui fait le tour de la terre à égale distance des deux pôles. Il sépare la terre en deux *hémisphères* : boréal, au Nord, et *austral*, au Sud. La distance entre l'équateur et chaque pôle se divise en 90 degrés, chaque degré en 60 minutes, chaque minute en 60 secondes.

Les *tropiques* sont les deux lignes imaginaires qui font le tour de la terre à 23 degrés 28 minutes au Nord et au Sud de l'équateur. Le tropique du Nord s'appelle *Tropique du Cancer* ; celui du Sud, *Tropique du Capricorne*.

Les *cercles polaires* sont les deux lignes imaginaires qui font le tour de la terre à 66 degrés 32 minutes au Nord et au Sud de l'Équateur.

6. Les zones du globe. — Les divisions précédentes permettent de distinguer sur le globe, parallèlement à l'équateur, cinq zones :

1° La zone tropicale, entre les deux tropiques, de part et d'autre de l'équateur ;

2° Les deux zones tempérées, correspondant, dans chaque hémisphère, à l'espace compris entre le tropique et le cercle polaire ;

3° Les deux zones polaires, correspondant, dans chaque hémisphère, à l'espace compris entre le cercle polaire et le pôle.

A chacune de ces zones correspondent des jours plus ou moins longs et un climat différent.

Fig. 1. — LES ZONES TERRESTRES.

On distingue cinq grandes zones : une zone tropicale, ou torride, de part et d'autre de l'équateur ; deux zones tempérées, au Nord et au Sud de la précédente ; deux zones polaires, ou glacées, autour de chaque pôle.

7. Latitudes et longitudes. — Pour déterminer la position exacte d'un lieu sur la terre, on a imaginé des divisions appelées *méridiens* (grands cercles conventionnels qui font le tour de la terre en passant par les pôles), et *parallèles* (lignes conventionnelles entourant la terre parallèlement à l'équateur).

La *latitude* d'un lieu est la distance, exprimée en degrés, minutes et secondes, qui s'étend entre le parallèle de ce lieu et l'équateur, au Nord ou au Sud de ce dernier. Il y a 90 degrés de latitude Nord et 90 degrés de latitude Sud.

La *longitude* d'un lieu est la distance, exprimée en degrés, minutes et secondes, qui s'étend entre le méridien de ce lieu et un méridien convenu appelé *méridien d'origine*, à l'Est ou à l'Ouest de ce dernier. Il y a 180 degrés de longitude Est et 180 degrés de longitude Ouest. En France, on prend pour méridien d'origine le méridien de Paris ; en Angleterre, le méridien de Greenwich.

Tous les points situés sur le même méridien ont ensemble la même heure, soit du jour, soit de la nuit. Tout point dont la longitude est à l'Est d'un autre point voit le lever du soleil avant celui-ci, et, par conséquent, a son heure en avance sur lui. La différence est de 12 heures pour une distance de 180 degrés de longitude.

8. Répartition des mers et des terres. — La surface du globe étant de 510 millions de kilomètres carrés, les mers en occupent 374 millions (soit environ les trois quarts) et les terres émergées 136 (soit environ un quart).

Les terres émergées forment trois masses ou *continents* qui comprennent cinq parties du monde : l'*Ancien Continent* (Europe, Asie, Afrique), le *Nouveau Continent* (Amérique) et le *Continent Austral* (Australie).

Les terres sont beaucoup plus nombreuses dans l'hémisphère boréal (appelé pour cette raison *hémisphère continental*) que dans l'hémisphère austral (ou *hémisphère maritime*).

LECTURES

1. La diversité des saisons est la conséquence de l'inclinaison de l'axe terrestre. — Pour toutes les régions de la terre, l'année comporte principalement deux saisons : une saison relativement froide, l'hiver ; une saison relativement chaude, l'été. On passe de l'une à l'autre par une saison intermédiaire, printemps ou automne, qui relativement n'est ni chaude, ni froide.

La figure ci-dessous (fig. 2) permet de se rendre compte que cette diversité entre les saisons résulte de l'inclinaison de l'axe terrestre. Elle représente, en effet, la position de la terre, aux divers mois de l'année, par rapport au soleil, source de toute chaleur sur la surface de la sphère. La terre est vue du côté du pôle arctique et de l'hémisphère boréal. L'inclinaison de la terre apparaît nettement sur la figure.

Or, quelle est, en juin, par rapport au soleil, la position de la terre ?

A ce moment la terre incline son pôle arctique et son hémisphère boréal vers le soleil. La terre a beau tourner sur elle-même, toute la zone polaire arctique reste éclairée par le soleil pendant plusieurs jours et même plusieurs semaines consécutives ; dans tout l'hémisphère boréal, les jours sont plus longs que les nuits. Résultat : c'est la saison des chaleurs pour l'hémisphère boréal. Au contraire, c'est la saison du froid pour l'hémisphère austral, qui est alors plongé dans l'obscurité plus longtemps qu'il n'est exposé au soleil.

En décembre, c'est la position inverse. Le pôle Nord reste dans une obscurité complète : la terre expose au soleil son pôle Sud et son hémisphère austral. Tandis que l'hiver règne dans l'hémisphère boréal, c'est l'été dans l'hémisphère austral.

En mars et septembre, le soleil est vertical au-dessus de l'équateur. Les deux hémisphères ont des jours d'une durée égale à celle des nuits (c'est l'époque des *équinoxes*, ou nuits égales aux jours). Par suite, la chaleur est moyenne dans les deux hémisphères qui ont alors, l'un le printemps, et l'autre l'automne.

Si l'axe terrestre n'était pas incliné comme il l'est en réalité, toutes les parties de la terre auraient des jours et des nuits d'une durée toujours égale et toujours le même degré de chaleur, la même saison, d'un bout de l'année à l'autre.

Fig. 1. — VARIATION DES HEURES AVEC LA LONGITUDE.

L'heure varie avec la longitude. Comme le tour des 360 degrés de la sphère terrestre est fait par le Soleil en vingt-quatre heures, la variation est de 1 heure pour la vingt-quatrième partie de 360 degrés de longitude, c'est-à-dire pour 15 degrés. Ainsi, quand il est midi (12 heures) à Greenwich, près de Londres, il est déjà 13 heures (1 heure de l'après-midi) à 15° de longitude Est, à Berlin ; il n'est que 11 heures à 15° de longitude Ouest, c'est-à-dire à Dakar : il est minuit à 180°, c'est-à-dire soit en Nouvelle Zélande, soit à l'extrémité orientale de la Sibérie.

2. L'homme, les terres et les mers. — Les *continents* sont par excellence le domaine de l'homme. En effet, pour vivre, l'homme a besoin d'air et de nourriture ; pour se développer, créer la civilisation, il lui faut l'assurance du lendemain.

Or, les mers ne lui fournissent pas ces conditions favorables. La conformation des organes de l'homme ne lui permet pas de vivre dans l'eau parce qu'il n'y trouverait pas assez d'air. D'autre part, si les océans renferment de nombreux animaux, c'est une proie incertaine qu'on n'est jamais sûr de capturer au moment où l'on en a besoin. Enfin, les navires que l'homme construit pour traverser les mers ne sont, ne peuvent être qu'une demeure fragile et toujours provisoire.

Au contraire, sur les continents, outre l'air qui lui est nécessaire, l'homme trouve une grande variété de végétaux et d'animaux ; il peut s'y livrer à la culture et à l'élevage, et assurer sa nourriture du lendemain sans avoir à compter avec les hasards de la pêche ou de la chasse. Il y trouve enfin un fondement solide pour asseoir une habitation durable, en même temps que les matériaux, bois, pierres, minerais, nécessaires pour l'édifier.

Les *océans* sont, par contre, les routes les plus accessibles et, partant, les plus souvent empruntées pour les relations commerciales et pour les échanges.

Ils sont les routes nécessaires pour passer d'un continent, comme l'Ancien Continent, sur un autre continent, comme le Nouveau Monde, qui en est séparé par l'étendue de l'Océan Atlantique et par celle du Pacifique.

Ils sont les routes les plus commodes. Sans doute, la mer effraie d'abord par son immensité, ses vagues, ses tempêtes ; un homme est bien peu de chose en comparaison de l'énorme masse liquide d'un océan, et les plus grands navires ne sont guère plus que des coquilles de noix sur l'immense étendue des flots. Mais, avec une boussole, on se dirige sûrement à travers cette immensité. Au contraire, avant l'établissement des routes et des chemins de fer, les continents opposaient mille obstacles aux voyages ; montagnes couvertes de neiges et de glaces, cours d'eau et marais, déserts et forêts, bêtes fauves, l'homme lui-même souvent hostile aux étrangers. C'est par la mer, et non par la terre, que se sont faites la plupart des découvertes.

Les océans sont enfin les routes les plus *économiques* : les transports par navires coûtent environ cinq ou six fois moins cher que les transports par voie ferrée.

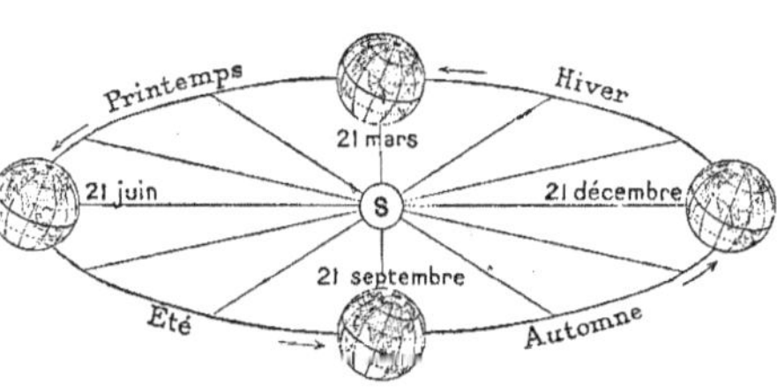

Fig. 2. — LA TERRE ET LE SOLEIL AUX DIVERSES SAISONS.

En tournant autour du Soleil, la Terre lui présente en juin son hémisphère boréal, qui, par suite, a l'été (saison de la lumière et de la chaleur). Au contraire, en décembre, tandis que l'hémisphère austral est dans la lumière, l'hémisphère boréal a l'hiver (obscurité, froid).

Fig. 1. — Les cinq parties du Monde. — 1. *Europe.* — 2. *Asie.* — 3. *Océanie.* — 4. *Afrique.* — 5. *Amérique.*

RÉSUMÉ. — La terre est une sphère qui tourne sur elle-même en **24 heures** et autour du soleil en **365 jours un quart.**

Le mouvement de la terre autour du soleil détermine les quatre saisons de l'année : le *printemps*, l'*été*, l'*automne* et l'*hiver.*

La terre comprend cinq zones : la *zone tropicale*, de part et d'autre de l'équateur; les deux *zones tempérées*, qui s'étendent des deux tropiques aux deux cercles polaires; les deux *zones polaires*, autour du pôle **Nord** et du pôle **Sud.**

La surface du globe est couverte par les eaux pour les trois quarts et par les terres pour un quart. Celles-ci constituent l'ancien continent (Europe, Asie. Afrique). le nouveau continent (Amérique) et le continent austral (Australie).

Exercice. — Quand il est midi à Paris. quelle heure est-il à New-York? à San Francisco? à Pékin? Expliquez pourquoi (voir fig. 1 de la p. 2).

II. — Le relief du sol.

1. Origines du relief. — Le relief est l'œuvre de plissements, d'affaissements et d'éruptions.

1° L'œuvre de plissements. — La terre se refroidit lentement. En se refroidissant, elle se contracte. Le premier résultat de ces contractions, c'est que certaines parties de sa surface se plissent. De ces plissements sont nés lentement, à la surface du sol, une série de bombements qui constituent les montagnes.

2° L'œuvre d'affaissements. — En d'autres points, la contraction de la croûte terrestre fait qu'elle s'affaisse. Les affaissements se produisent soit brusquement (c'est ce qui a lieu lors des *tremblements de terre*), soit avec une grande lenteur. Par rapport aux parties affaissées, les parties demeurées en saillie constituent des montagnes.

3° L'œuvre d'éruptions volcaniques. — Par certaines fractures du sol qui se produisent surtout au point de contact des parties affaissées et des parties demeurées en relief, la matière interne, demeurée brûlante et à l'état liquide, peut monter à la surface sous forme de *laves*. Ces laves, plus ou moins liquides à leur arrivée au jour, se solidifient en se refroidissant. Leurs amas peuvent ainsi former des montagnes très hautes : ce sont les *volcans.*

2. L'érosion. — On appelle érosion l'action destructive qu'exercent certains phénomènes naturels sur les roches, les usant, les sculptant, et tendant peu à peu à les détruire.

Les *principaux agents d'érosion* sont :

1° La température. — Les variations brusques de température font éclater les roches, les transforment en blocs, puis en graviers, puis en sables, qui peuvent être emportés par le vent ou par les eaux courantes.

2° Le vent. — Les matériaux ainsi désagrégés peuvent être enlevés par le vent et transportés ou accumulés ailleurs. Par exemple, les *dunes* des déserts ou du bord de la mer n'ont pas d'autre origine.

3° Les eaux courantes. — Les eaux courantes détruisent les roches de deux façons. Si celles-ci sont *imperméables*, elles les usent lentement en coulant à leur surface. Si elles sont *perméables*, elles pénètrent à l'intérieur, y creusent des trous, des cavernes, qu'elles agrandissent jusqu'à ce que la surface, minée, s'effondre. Les eaux courantes entraînent ensuite les matériaux désagrégés. C'est ainsi qu'elles creusent les *vallées.*

Fig. 2. — La Dent de Broc près de Gruyère (Suisse).

La Dent de Broc domine le village de Gruyère, en Suisse. La double pointe qu'elle dresse vers le ciel est le témoin d'un ancien plissement, dont la voûte a disparu, détruite par l'érosion.

Fig. 5. — Les météores (Grèce).

On voit ici l'action de l'érosion. La montagne est en voie de destruction. Les précipices entourent le sommet central, sur lequel se sont juchées les habitations, à l'abri des incursions. (Phot. Eleftheroudakis.)

Fig. 1. — Le sommet du Ballon d'Alsace (Vosges, France).

Type de montagne vieille : bombement à peine accentué : sommet arrondi, presque plat. Le Ballon d'Alsace est une des montagnes principales de la chaîne des Vosges : il a 1250 mètres d'altitude. L'ascension du Ballon d'Alsace ne présente aucune difficulté, sauf lorsqu'il est recouvert de neige, en hiver. Il est couvert de pâturages et de hêtres nains en broussailles. (Phot. Drouin.)

Fig. 2. — Les aiguilles de Charmoz (Alpes Françaises).

Type de montagne jeune : saillies aiguës, sommets découpés en pointes verticales, versants très raides et peu favorables à l'escalade. Les Aiguilles de Charmoz sont des saillies du massif du Mont-Blanc, qui en compte beaucoup d'autres : Aiguille du Géant, Aiguille du Midi, Aiguille Rouge, Aiguille Verte, Aiguille de la République, etc. (Phot. Tairraz.)

Le vent et les eaux, qui sont ainsi des agents de destruction, sont aussi des **agents de construction** :

1° Le **vent** transporte les sables et les accumule en dunes.

2° L'**eau courante** transporte les blocs, cailloux, graviers, sables, les triture, en fait des matériaux de plus en plus fins qu'elle dépose : ce sont les *alluvions*.

3. Les montagnes.

— Les montagnes diffèrent entre elles :

1° **Par leur forme.** — Certaines sont hautes, découpées, pointues ; on les appelle : *pics, dents, pointes, aiguilles*. D'autres sont basses, à peine bombées, plates ; on les appelle : *ballons, dômes, chaumes, plats*.

2° **Par leur âge.** — Plus une montagne est vieille, plus longtemps elle a subi l'action de l'érosion : elle est donc *usée* ; son altitude est plus faible, ses pointes ont disparu, ses contours sont arrondis. On peut donc reconnaître à leur aspect les *montagnes vieilles* et les *montagnes jeunes*.

4. Les plateaux.

— Les plateaux sont des portions du sol planes ou médiocrement accidentées, mais situées à une altitude assez élevée par rapport aux régions environnantes.

Certains plateaux sont analogues aux plaines, dont ils ne diffèrent que par l'altitude : ils sont horizontaux et constitués par des couches de terrains uniformes, qui ne furent jamais plissées. Aussi, la nature de leur sol est-elle la même sur toute leur surface.

D'autres plateaux sont d'anciennes montagnes usées par l'érosion, encore un peu surélevées, mais planes. Toutefois, sur cette surface plane, se succèdent des tranches de terrain fort diverses, racines des anciens plis disparus.

5. Les plaines.

— Les plaines sont des portions du globe planes et situées à une faible altitude. Elles peuvent résulter :

1° Soit de l'absence de tout plissement ;

2° Soit d'un effondrement ;

3° Soit de l'accumulation des alluvions par les eaux courantes.

1. Le climat dépend en partie du relief. — Le climat d'un pays dépend avant tout de sa latitude et de sa situation par rapport à la mer.

Toutefois, dans un pays dont les parties sont situées dans la même zone de la terre et dans la même situation par rapport à la mer, des différences de relief peuvent déterminer des différences de climat.

Par exemple, la température diminue rapidement avec l'altitude. Dans la même situation géographique, une plaine est plus chaude que le sommet d'une montagne. Même sous l'équateur, on peut trouver des neiges éternelles sur les hauts sommets. Par exemple, en Afrique, le Kilima Ndjaro, qui a 5893 mètres d'altitude, a le climat équatorial excessivement chaud à sa base ; il a le climat tempéré, analogue à celui de notre pays, vers 3000 à 4000 mètres ; il a le climat glacé, analogue à celui du pôle, à son sommet.

La pluie, elle aussi, varie avec le relief. Dans un même pays, les nuages sont refroidis, se condensent plus rapidement et donnent plus de pluie sur les hauts sommets qu'au-dessus des plaines. Par exemple, dans les régions de la France situées près de la Méditerranée, les plaines ont un climat sec. Pourtant on y trouve des montagnes qui sont tellement arrosées par la pluie que l'une d'elles a été nommée l'Aigoual, ce qui signifie la montagne de l'eau.

Mais le relief exerce encore une autre influence sur le climat. Dans une vallée de montagne, les deux versants sont plus ou moins chauds selon leur orientation. Dans les Alpes, on appelle « adret » le versant qui regarde vers le soleil : il est chaud, les villages s'y sont bâtis, et les pentes ont été déboisées pour laisser la place aux cultures. On appelle « envers » le versant abrité du soleil : il est froid et l'on n'y trouve ni habitations ni cultures.

Sur les deux versants d'une montagne l'abondance des pluies peut varier grandement. Si l'un des versants regarde vers la mer, il reçoit les vents marins et, par eux, beaucoup de pluie ; l'autre versant, qui ne reçoit pas les vents marins, est plus sec. Par exemple, dans les Pyrénées Occidentales, le versant français, qui regarde vers l'Atlantique, est très humide ; le versant espagnol, qui regarde vers les plateaux intérieurs de l'Aragon et de la Castille, est sec.

2. Les voies de communication dépendent du relief. — La prospérité des hommes dépend en partie de la facilité qu'ils ont pour circuler et pour échanger leurs produits. Ces facilités varient avec le relief du sol.

Les plaines sont, en général, des lieux de circulation aisée et de passage. Par exemple en France, le Bassin parisien, vaste plaine qui occupe la plus grande partie du Nord du pays, possède un réseau d'excellentes routes et de nombreuses voies ferrées qui ont été faciles et relativement peu coûteuses à construire.

Les montagnes, au contraire, opposent à la circulation de grands obstacles. Toutefois ces obstacles sont moins grands si les vallées qui sillonnent ces montagnes sont larges, bien raccordées entre elles et aboutissent à des cols peu élevés. Par exemple en France, les Alpes qui ont de nombreuses vallées et des cols n'ont jamais opposé un obstacle infranchissable au commerce entre la France et l'Italie. Au contraire, les Pyrénées, aux vallées abruptes étroites et rares, aux cols très élevés, forment dans toute leur partie centrale une barrière entre la France et l'Espagne, à travers laquelle les premiers chemins de fer sont en construction.

Sans doute, l'industrie des hommes civilisés a pu, sinon supprimer, du moins atténuer les obstacles montagneux en construisant des viaducs qui franchissent les vallées profondes et des tunnels qui percent les montagnes. Mais la construction de viaducs et de tunnels est difficile et coûteuse. Elle rend plus onéreux et par conséquent plus rare le commerce dans les régions où elle est nécessaire.

3. Les rapports sont toujours actifs entre populations de montagne et de plaine voisines. — Entre une montagne et une plaine voisine, il y a des différences de climat qui déter-

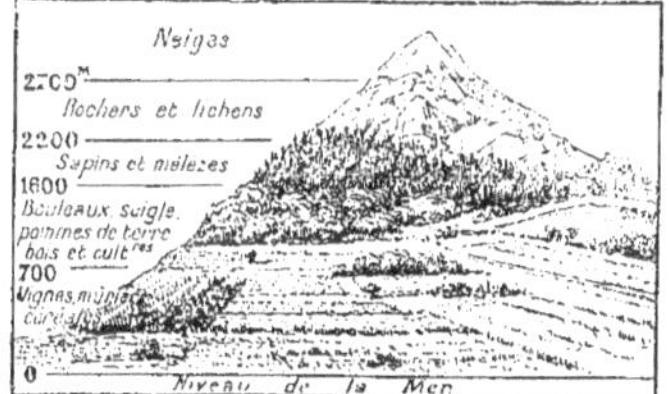

Fig. 1. — Un col dans les Pyrénées : la Brèche de Roland. (Phot. Lévy.)

Fig. 2. — Étagement de la végétation dans les Alpes.

minent des différences de végétation et de ressources. Le montagnard tire donc de la terre des produits différents de ceux qu'en tire son voisin de la plaine. De là l'habitude que les uns prennent d'échanger leurs produits avec les autres.

Par exemple, en France, il y a échange de produits, d'animaux et même d'hommes entre les plaines du Bas-Languedoc que borde la Méditerranée et les montagnes des Cévennes et de la Lozère qui dominent ces plaines. Les habitants des Cévennes et de la Lozère vendent à ceux du Bas-Languedoc du bois, des châtaignes, du bétail. Les habitants de la plaine vendent à ceux de la montagne des céréales, des fruits, du vin.

Les habitants des Cévennes et de la Lozère descendent en automne dans le Bas-Languedoc pour gagner leur vie en y faisant la vendange. Les habitants du Bas-Languedoc envoient en été leurs troupeaux de moutons paître sur les sommets plus frais des Cévennes et de la Lozère.

Ainsi les habitants de la montagne vivent en partie de la plaine, et les habitants de la plaine vivent en partie de la montagne.

RÉSUMÉ. — Le relief terrestre est produit par des plissements, par des affaissements ou par des éruptions volcaniques. Il est modifié par l'érosion, ou usure, que produisent les changements de température, les vents et les eaux courantes.

Le relief de la terre comprend les montagnes, les plateaux et les plaines.

Exercices. — 1. Indiquez les caractères particuliers des vieilles montagnes : forme et altitude. — 2. Indiquez ceux des montagnes jeunes. — 3. Expliquez comment les zones de végétation s'étagent sur une montagne. — 4. Décrivez les relations et les échanges entre habitants des montagnes et habitants des plaines.

Fig. 3-4. — Étagement de la végétation dans les montagnes.

Dans la zone tempérée : les Alpes près de Ragaz.
(Phot. Kur et Verkehrsverein Ragaz.)

Dans la zone tropicale : le Rouvenzori, en Afrique.
(Phot. Vittorio Sella.)

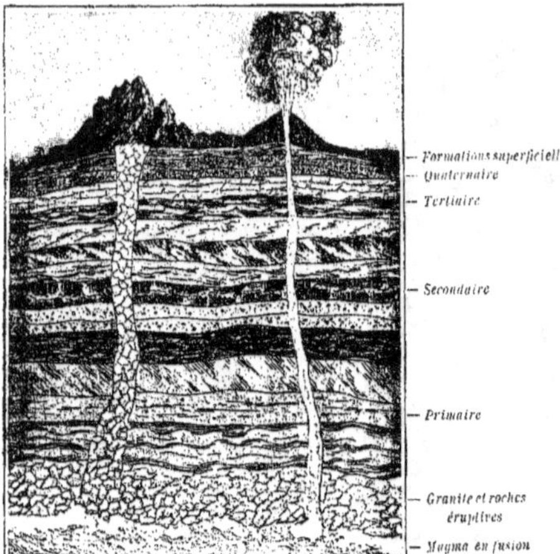

Fig. 1. — Les différents terrains qui composent l'écorce terrestre.

Fig. 2. — Roches volcaniques : les « Orgues » de Montbrodeix. (Phot. Lévy.)

III. — La nature du sol.

1. Origine des roches. — Les roches qui constituent le sol peuvent avoir trois origines :

1° *Une origine interne.* — La matière brûlante qui se trouve en fusion à l'intérieur de la terre, quand elle est projetée vers la surface, se refroidit et se solidifie, soit avant d'arriver à la surface (tel est le cas du *granite*), soit à l'air libre (tel est le cas des *laves*). Ainsi se forment les roches que l'on appelle *volcaniques, éruptives* et *cristallines*.

2° *Une origine externe.* — Elles proviennent du dépôt de particules ou *sédiments* en suspension dans les eaux. Les roches ainsi constituées forment des couches parallèles qu'on appelle *stratifications*. Ces roches sont les *roches sédimentaires*.

3° *Une origine mixte.* — Ces roches ont une origine interne. Mais, ayant subi une forte pression après leur formation, elles sont feuilletées et comme plissées, et elles ressemblent par là aux roches sédimentaires. Tel est le *gneiss*.

2. Age des roches. — D'après l'âge, on distingue dans l'histoire de notre globe quatre *ères*, outre l'*ère primitive*. Ce sont : l'*ère primaire*, l'*ère secondaire*, l'*ère tertiaire*, l'*ère quaternaire*. Chaque ère se divise en *époques*.

Série des terrains par ancienneté d'âge.

ÈRES	ÉPOQUES
Primitive	
Primaire	Cambrienne.
	Silurienne.
	Dévonienne.
	Carbonifèrienne.
Secondaire	Triasique.
	Jurassique.
	Crétacique.
Tertiaire	Éocène.
	Oligocène.
	Miocène.
	Pliocène.
Quaternaire ou	Pleistocène.

3. Nature des roches. — Les roches contiennent en forte proportion soit de la *silice*, soit du *calcaire*. On distingue donc :

1° Les **roches siliceuses**, qui comprennent toutes les roches cristallines et quelques roches sédimentaires ; *sable, grès, argile, schistes*.

2° Les **roches calcaires**, qui sont toutes des roches sédimentaires : *calcaire, craie, marne*.

La géographie distingue aussi les roches d'après leur perméabilité (facilité qu'elles offrent à la pénétration par l'eau) :

1° Les **roches perméables** qui sont le *calcaire*, le *grès*, certains *schistes*, etc.

2° Les **roches imperméables** qui sont le *granite*, le *gneiss*, la plupart des *schistes*, l'*argile*, etc.

4. Les formations superficielles. — Les roches sont souvent recouvertes par une couche de terre provenant :

1° Soit de la *décomposition des roches du sous-sol* ;

2° Soit de la *décomposition des végétaux du sol*. Telle est l'origine de la terre noire de la Russie, ou *tchernoziom* ;

3° Soit de l'*apport des eaux courantes*. C'est ce qu'on appelle les *alluvions fluviales* ;

4° Soit de l'*apport de la mer*. C'est ce qu'on appelle les *alluvions marines* ;

5° Soit de l'*apport du vent*. Telles sont les *dunes de sable* ;

6° Soit enfin de l'*apport des glaciers*. C'est ce qu'on appelle les *alluvions glaciaires*.

5. Les richesses minérales. — Certaines roches sont des minéraux utiles : telles sont la *pierre de taille*, le *marbre*, la *pierre à chaux* ou *à ciment*, qui sont des calcaires ; les *ardoises*, qui sont des schistes ; les *terres à brique*, à poterie et à porcelaine, qui sont des argiles : la *pierre à plâtre*, qui est du gypse ; le *sel*, le *phosphate de chaux*.

D'autres roches enferment des minéraux utiles ou précieux.

1° Les **minéraux utiles** sont : la *houille*, le *fer*, le *cuivre*, le *plomb*, le *zinc*, l'*étain*, le *nickel*, l'huile minérale ou *pétrole*, etc.

2° Les **minéraux précieux** sont : le *diamant*, l'*argent*, l'*or*, le *platine*.

Fig. 1. — La vallée des Troïérou en Bretagne.

Il y a deux principales espèces de roches : les roches cristallines et les roches stratifiées. La vallée des Troïérou, près de Perros-Guirec (Côtes-du-Nord) est creusée dans des roches cristallines : les blocs accumulés en chaos sur la gauche sont des roches de granite : vus de près, ils paraissent formés d'une pâte irrégulière faite de cristaux soudés les uns aux autres. (Phot. Neurdein fr.)

Fig. 2. — Route de la Corniche à Constantine.

Au contraire, la route de la Corniche, à Constantine, est tracée dans un pays de roches calcaires dont on distingue nettement sur cette photographie les assises parallèles régulièrement superposées, ou strates. Les granites sont d'origine éruptive ; les calcaires sont formés de sédiments, c'est-à-dire de dépôts de débris minéraux, végétaux ou animaux. (Phot. Neurdein fr.)

LECTURES

1. Le régime des eaux dépend de la nature du sol. — Le régime des eaux, si important dans chaque pays, pour la culture et pour la circulation, dépend en grande partie de la nature du sol. Par exemple, dans nos pays de climat tempéré, partout la pluie tombe en quantité suffisante, et pourtant il y a des régions où les eaux sont abondantes et de régime régulier et il y en a d'autres où les eaux sont rares et de régime irrégulier. Cette différence vient la plupart du temps de ce que certaines régions sont constituées par des terrains perméables tandis que d'autres sont constituées par des terrains imperméables.

Dans les terrains perméables, l'eau pénètre et disparaît dans le sol. Les régions qu'ils constituent ont donc une surface sèche. Les eaux, après avoir pénétré dans le sol, circulent dans l'intérieur du sous-sol, finissent par se réunir et par jaillir à certains points sous la forme de sources puissantes. Elles produisent ainsi des cours d'eau peu nombreux mais abondants. Par exemple, en France, dans la Beauce, la surface de la plaine est sèche, mais les vallées qui l'encadrent ont des rivières aux eaux abondantes et régulières.

Les terrains imperméables dans lesquels l'eau ne peut s'infiltrer gardent à leur surface toute l'eau que leur donne la pluie. S'ils ont une pente, les eaux y ruissellent en une infinité de cours d'eau aussi faibles que nombreux : par exemple en Sologne dont le sol est constitué par une argile imperméable, les cours d'eau sont très nombreux et il n'y en a pas un seul d'une véritable importance. Si les terrains imperméables n'ont pas de pente, les eaux y demeurent stagnantes, formant des marais ou des étangs. Par exemple, dans les parties plates de la Sologne le sol était presque entièrement couvert d'étangs et de marécages avant qu'on en ait entrepris le desséchement au milieu du XIXᵉ siècle.

2. La végétation et l'agriculture dépendent de la nature du sol. — La plus grande partie de la France exposée aux vents de l'Océan Atlantique a un climat à peu près identique. Pourtant la végétation qui couvre les différentes régions de la France atlantique varie avec chacune, et chacune a une production agricole qui lui est particulière. Cette variété résulte de la variété du sol.

Les sols perméables, qui sont très secs, sont favorables, quand ils sont fertiles, à la culture des céréales. Les habitants qui y vivent sont surtout des cultivateurs. Par exemple, en Beauce, plaine constituée par des calcaires fertiles, la plupart des habitants vivent de la culture du blé.

Fig. 3. — Paysage de la Beauce.

Exemple de pays à sol perméable, par conséquent sec. La Beauce est un plateau calcaire qui absorbe vite les eaux pluviales. Pas de rivières ; pour avoir de l'eau, il faut creuser des puits très profonds ; certains descendent à 70 mètres et plus. Pas de prés ni de bois : la Beauce est un pays de champs de blé et de moutons, aux villages groupés et rares, un des greniers de Paris. (Phot. Neurdein fr.)

Fig. 4. — Paysage de la Sologne.

Exemple de pays à sol compact, peu perméable, par conséquent humide. La Sologne est formée de sables et d'argiles qui empêchent l'infiltration des eaux pluviales : celles-ci se réunissent en mares et en étangs. La Sologne est un pays mouillé, de prés et de bois ; elle eut longtemps une réputation d'insalubrité et de pauvreté. Des desséchements et des amendements l'ont transformée. (Phot. Neurdein fr.)

Les sols imperméables, qui sont humides, sont couverts par des forêts ou par des prairies. Quand ils sont peu fertiles, les hommes n'ont pas défriché les forêts et ils vivent surtout de l'exploitation du bois. Par exemple, sur les plateaux du Morvan, constitués par un granit imperméable et peu fertile, les habitants sont surtout des bûcherons qui vivent de l'exploitation des bois qu'ils expédient sur Paris en les faisant flotter sur l'Yonne.

Quand les terrains imperméables sont fertiles, les habitants les ont défrichés en grande partie, et sur les prairies à l'herbe riche, que fait naître l'humidité du sol, ils élèvent des bœufs de boucherie et des vaches laitières. Par exemple, dans le pays d'Auge en Normandie, dont le sol est fait d'argile imperméable et fertile, les habitants vivent de l'expédition sur Paris de bétail, de beurre et de fromage.

5. L'industrie dépend de la nature du sol. — La plupart des usines marchent encore aujourd'hui à la vapeur qui est produite par le feu de houille. Aussi est-ce près des bassins houillers que se trouvent aujourd'hui les plus puissantes industries ; par exemple en France, parmi les régions industrielles les plus actives, nous trouvons celles qui se sont développées auprès du bassin houiller du Nord, du bassin houiller du Creusot et du bassin houiller de Saint-Étienne.

Certains minéraux, comme le fer, sont la matière première de grandes industries. Il est naturel que ces grandes industries se soient développées près des mines qui les produisent. Par exemple, en France, la production de la fonte et de l'acier est surtout puissante en Lorraine où se trouvent les gisements de minerai de fer les plus importants de l'Europe.

RÉSUMÉ. — On distingue par l'origine les roches éruptives ou cristallines, qui ont une origine interne, et les roches sédimentaires, qui ont une origine externe; certaines roches ont une origine mixte.

On distingue par l'âge les roches primitives, primaires, secondaires, tertiaires et quaternaires.

On distingue par la nature les roches calcaires et les roches siliceuses, les roches perméables et les roches imperméables.

Les roches sont recouvertes par des formations superficielles. Les roches comportent souvent des minéraux utiles ou précieux.

Exercices. — 1. Quelle différence y-a-t-il entre le granite et le calcaire? — 2. Pourquoi le sol de la Beauce n'a-t-il pas la même végétation que le sol de la Sologne?

IV. — La mer.

1. L'étendue marine. — La mer occupe 75 pour 100 de la surface du globe, mais la proportion est inégale dans les deux hémisphères : elle est de trois cinquièmes dans l'hémisphère boréal, ou *hémisphère continental*, et de six septièmes dans l'hémisphère austral, ou *hémisphère maritime*.

L'étendue marine comprend des océans et des mers :

Les cinq grands océans sont l'*Océan Glacial arctique*, l'*Océan Glacial antarctique*, l'*Océan Atlantique*, l'*Océan Indien*, l'*Océan Pacifique*. Ce dernier occupe à lui seul 48 pour 100 de la superficie totale des océans, c'est-à-dire près de la moitié.

Les **mers** sont soit des *mers secondaires*, formées par des expansions des océans au milieu des continents (EXEMPLE : la *Mer du Nord*) ; soit des *mers intérieures*, situées dans l'intérieur des continents, sans communication avec les océans (Ex. : la *Mer Caspienne*) ; soit des *mers fermées*, ne communiquant avec l'Océan que par d'étroits goulets. La plus importante mer fermée est la *Méditerranée*, entre l'Europe, l'Asie et l'Afrique.

2. Nature de la mer. — L'eau de mer contient en dissolution des débris d'animaux et de végétaux et surtout des *sels*, dont le principal est le *chlorure de sodium*, ou sel marin : il y en a 28 grammes pour 1 000 d'eau de mer.

A la surface, les mers subissent l'action de la température atmosphérique, comme le sol terrestre, mais avec plus de lenteur, s'échauffant et se refroidissant moins vite. Dans les profondeurs, leur température est partout la même ; elle diminue rapidement de la surface à 1000 mètres jusqu'à 5 degrés C. environ. Au-dessous de 1 000 mètres, elle diminue lentement, jusqu'à 0°.

3. Les vagues, les marées et les courants. — Les grandes profondeurs de la mer sont calmes. Mais la surface est agitée par trois sortes de mouvements.

1° Les **vagues**, ondulations accidentelles dues au vent,

2° Les **marées**, mouvements réguliers par lesquels, deux fois par jour, la mer s'élève et s'avance sur les rivages (c'est ce qu'on appelle le *flux*), puis s'abaisse et recule (c'est ce qu'on appelle le *reflux*) ;

3° Les **courants**.

Fig. 1. — LE CAP GRIS-NEZ (FRANCE).

Type de cap. Haute falaise en promontoire, taillée dans la craie. Au pied, éboulis partiellement transformés en galets par les vagues et les marées et constituant un commencement de plage.

Fig. 2. — LA BAIE DE RIO DE JANEIRO (BRÉSIL).

Échancrure arrondie, fermée par un goulot assez étroit, profonde, semée d'îles. Le port s'est établi dans une vallée donnant sur une des parties les plus profondes et les mieux abritées de la baie.

Fig. 1. — Les dunes de Berck-sur-Mer.

Au Nord de l'embouchure de la Somme la côte française est occupée par des dunes de sable, amoncelées par le vent de mer. Elles sont perpendiculaires à la direction du vent de mer, et elles se déplaceraient, sous l'action du vent, vers l'intérieur des terres, si on ne les avait fixées par des plantations de pins et d'oyats. (Phot. Lévy.)

Fig. 2. — La plaine maritime de Sète.

La ville de Sète est bâtie sur une plaine littorale constituée par les alluvions du Rhône et des torrents côtiers qui dévalent des Cévennes voisines. Une colline qui domine le port, la « montagne » ou « pilier » de Saint-Clair, est une ancienne île rocheuse, rattachée au continent par les alluvions. (Phot. Cie Aⁿᵉ française.)

4. Les courants. — Les courants sillonnent comme des fleuves la surface des océans. Les principaux sont :

1° Dans l'**Océan Atlantique**, un *courant équatorial Nord*, qui se déplace d'Est en Ouest, au Nord de l'Équateur, puis se recourbe à la rencontre du continent américain, pour se diriger vers le Nord-Ouest de l'Europe, où il forme le *Gulf Stream* ; un *courant équatorial Sud*, au mouvement symétrique à celui du courant équatorial Nord ;

2° Dans l'**Océan Pacifique**, deux *courants équatoriaux Nord* et *Sud*, identiques aux précédents. Le courant Nord forme, le long de la côte asiatique et vers l'Amérique du Nord, un courant analogue au Gulf Stream, le *Kouro Tchivo* ;

3° De l'**Océan Glacial Arctique** et de l'**Océan Glacial Antarctique**, deux *courants froids* se dirigent vers l'Equateur.

5. La végétation et la faune marines. — La végétation marine est très abondante, mais peu variée. Outre les plantes littorales, qui poussent dans l'air salin des côtes, il faut distinguer, parmi les plantes proprement marines :

1° Celles qui adhèrent aux roches sous-marines ;

2° Celles qui flottent à la surface ou entre deux eaux et qui constituent ce que l'on appelle le *plankton végétal*. Elles peuvent former de véritables prairies flottantes et errantes, comme les Sargasses de la *mer des Sargasses* (Antilles).

La plupart de ces formations végétales se composent d'*algues*, *vertes*, *rouges* et surtout *brunes* (*fucus* ou *varechs*).

La faune de la mer est plus abondante et surtout plus variée que sa flore. Elle vit jusqu'au fond des Océans, mais chaque zone de profondeur a sa faune spéciale.

1° La **faune littorale** comporte des *mammifères* amphibies (*phoques, morses, otaries*), des *oiseaux nageurs* (*pingouins*), certains *poissons*, des *mollusques* et des *crustacés*.

2° La **faune de haute mer** comprend, soit des animaux nageurs, *cétacés, poissons*, etc., soit des animaux dépourvus d'organes pour se diriger ou se mouvoir, et qui se déplacent dans la mer au gré des mouvements de l'eau : c'est ce qu'on appelle le *plankton animal*.

6. Les îles. — Les îles sont des étendues de terre entourées d'eau. Il y a trois espèces d'îles :

1° Des **îles volcaniques**, produits d'éruptions sous-marines ;

2° Des **îles madréporiques**, constituées par des *coraux* ;

3° Des **îles continentales**, qui sont des fragments des continents actuels, détachés par des effondrements (ex. : la *Corse*), ou des restes de continents disparus (ex. : *Madagascar*).

7. Les côtes. — La mer exerce deux actions sur les côtes :

1° Une **action destructive** ou *érosion*, due aux marées et surtout aux vagues, qui attaquent la terre, en arrachent des fragments qu'elles transforment en *galets*, *graviers*, *sables* ;

2° Une **action constructive** ou *alluvionnement*, due surtout aux courants côtiers, qui déposent le long de la côte les matériaux produits par l'érosion de la mer.

8. Différentes formes de côtes. — Les côtes comportent :

1° Des portions en saillie : *presqu'îles, caps, promontoires* ;

2° Des portions en retrait : *golfes, baies, rades, criques, estuaires* de fleuves.

Le nombre plus ou moins grand de ces accidents côtiers fait qu'une côte est dite plus ou moins découpée.

Les *côtes élevées* forment, en général, des *falaises* plus ou moins régulières dominant la mer. Sans cesse minées par les eaux pluviales et sapées par les eaux marines, les falaises s'écroulent et reculent. Formées de terrains peu résistants, elles reculent rapidement et régulièrement, laissant à leur pied une plage recouverte par la mer à marée haute. Formées de terrains plus durs, elles laissent en reculant des lambeaux, qui subsistent encore sous forme de *récifs* et d'*écueils*. Formées de terrains de dureté inégale, elles sont riches en caps, en golfes et en îles, témoins de l'ancienne côte.

Les *côtes basses* sont en général constituées par des alluvions apportées par la mer. Les courants côtiers alignent contre la côte ces alluvions, comblant les indentations de la côte, ou les séparant de la mer ;

1° Soit partiellement, par des *flèches de sable* qui en font des *havres* d'accès difficile ;

2° Soit complètement, par des *cordons littoraux*, qui transforment les anciens golfes en *étangs*. Le sable des cordons littoraux est parfois accumulé en *dunes*.

LECTURES

1. La mer joue un grand rôle dans l'alimentation des hommes. — La mer fournit la plus grande partie du sel dont les hommes se servent aujourd'hui. Par exemple, en France, presque tout le sel que l'on consomme est produit par des marais salants qui se trouvent sur la côte de l'Océan Atlantique, entre les embouchures de la Loire et de la Charente, et sur la côte de la Méditerranée près du delta du Rhône.

La mer fournit pour l'alimentation des hommes une grande quantité d'animaux comestibles : poissons, crustacés, mollusques. En particulier les poissons constituent un réservoir d'alimentation inépuisable. On a calculé que les bancs de sardines qui passent régulièrement tous les étés le long des côtes de Bretagne se composent de milliards d'animaux. La pêche de ces poissons a fait naître sur la côte une industrie de conserves très florissante. Chez nous, la pêche contribue relativement peu à notre alimentation. Mais, dans certaines régions de l'Extrême-Orient, comme la Chine du Sud, l'Indochine et les îles de l'Insulinde, les populations, outre les légumes et les fruits, ne mangent que du poisson.

Mais la mer ne joue pas seulement un rôle dans l'alimentation des hommes par les vivres qu'elle leur fournit. Elle en joue un autre par les engrais qu'elle fournit aux terres voisines et qui permettent d'en tirer des produits agricoles plus abondants : céréales, légumes, fruits, etc. Par exemple en France, les terres de la Bretagne maritime sont constituées par des granites peu fertiles. Mais les habitants tirent de la mer des coquillages qui fournissent à leur sol le calcaire qui lui manque. Ils en tirent des algues et des goémons qui, brûlés sur le sol, lui fournissent les sels fertilisants dont il manque. C'est en partie grâce à ces engrais marins que la côte bretonne produit en abondance les légumes (artichauts, oignons, choux-fleurs) et les fruits (fraises, etc.) dont l'exportation vers l'Angleterre fait la richesse du pays côtier et lui vaut le nom de *ceinture dorée* de la Bretagne.

Ainsi la mer sert directement par ses produits, et indirectement par ses engrais qui fécondent le sol, à l'alimentation des hommes.

2. La vie sur les côtes dépend de leur forme et de leur situation. — Une côte découpée comprend de nombreux ports où les navires peuvent se mettre à l'abri. Elle est favorable à la pêche. Par exemple en France, sur la côte de Bretagne comme sur la côte de Provence, toutes deux très découpées, chaque baie, chaque anse, possède son port de pêche.

Les pêcheurs qui habitent ces côtes pratiquent la pêche côtière ou la pêche lointaine. C'est ainsi que certains pêcheurs bretons vont pêcher le hareng dans la mer du Nord ou la morue à Terre-Neuve, tandis que d'autres pêcheurs de la même côte se contentent de pêcher au voisinage le thon et la sardine.

Une côte plate et droite, pauvre en ports naturels, n'est pas favorable à la pêche. Toutefois, elle peut ne pas manquer de ressources : les marais salants, dont on a parlé dans la lecture précédente, sont situés sur ces côtes plates et droites. Certaines d'entre elles, jadis marécageuses, sont devenues, après avoir été drainées et asséchées par les habitants, de véritables prairies maritimes, ou prés-salés, dont l'herbe riche et savoureuse engraisse des vaches laitières, des bœufs et des moutons de boucherie. On trouve des prés-salés de cette sorte sur les côtes de Flandre, de Normandie et de Charente.

Le commerce maritime est naturellement favorisé par l'existence de bons ports. Il peut naître et prospérer sur les côtes découpées ; c'est ainsi qu'en Bretagne, la principale partie du commerce entre les villes les plus riches du pays côtier se fait, non point par les routes, mais par la mer, grâce à de nombreux services de cabotage. Mais certaines côtes plates et inhospitalières possèdent aujourd'hui de grands ports de commerce entièrement construits par les hommes qui y ont creusé des bassins, dressé des jetées, etc. C'est qu'en arrière de ces côtes plates se trouvent des régions industrielles qui ont de nombreux produits à exporter. Par exemple en France, la région du Nord est limitée par une côte plate, bordant une mer sans profondeur. Mais, comme la région du Nord, très industrielle, a besoin d'exporter des machines, des tissus, du bois, on a construit d'importer des minerais, des textiles, du bois, on a construit artificiellement sur la côte de la mer du Nord le port de Dunkerque, qui est un des ports de commerce les plus importants de la France.

RÉSUMÉ. — **La mer couvre près des trois quarts de la surface du globe. Elle comprend les cinq grands océans et des mers secondaires.**

L'eau de mer contient du sel. Sa température s'abaisse en profondeur.

La surface de la mer est agitée par les vagues, les marées et les courants marins.

La mer a une végétation très abondante et peu variée. Elle a une faune très abondante et très variée.

Les îles sont des étendues de terres entourées d'eau ; elles sont ou le résultat d'éruptions, ou des constructions de coraux, ou des restes de continents.

Les côtes sont découpées, riches en saillies (caps, presqu'îles) et en creux (golfes, baies), ou plates et droites.

Exercices. — 1. Quelle différence y a-t-il entre les vagues et la marée? — 2. Quels avantages présente pour ses habitants une côte découpée?

Fig. 1. — L'ancien système de pêche : goélettes rentrant au port de Douarnenez (France).

Frêles voiliers ne jaugeant que quelques tonneaux et ne comportant guère plus de quatre ou cinq hommes d'équipage et un patron propriétaire de son bateau.

Fig. 2. — Le nouveau système de pêche : chalutiers à vapeur du port de Grimsby (Angleterre).

Les chalutiers sont des bateaux à vapeur qui jaugent 300 et 400 tonneaux et ont de 30 à 40 hommes d'équipage. Ils appartiennent à des compagnies. (Phot. Villard.)

Fig. 1. — LIGNES ISOTHERMES ANNUELLES.

L'examen des lignes isothermes, ou d'égale chaleur moyenne, montre : 1° que l'hémisphère Nord reçoit plus de chaleur que l'hémisphère Sud ; 2° que, dans la zone chaude, les océans sont moins chauds que les continents, à latitude égale ; 3° que, dans les régions froides, les océans sont plus chauds que les continents.

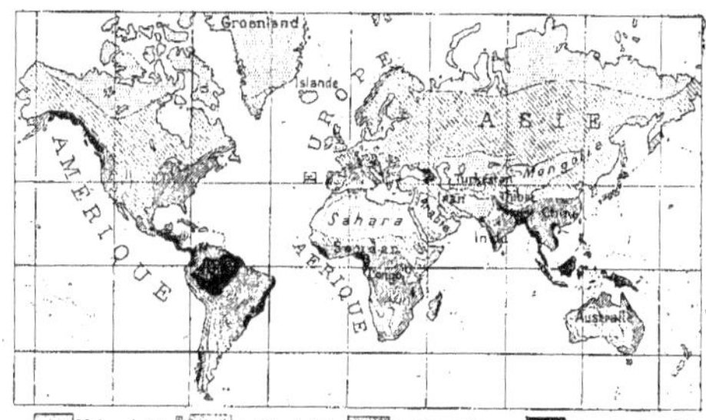

Fig. 2. — DISTRIBUTION DES PLUIES SUR LE GLOBE.

Les régions équatoriales sont de beaucoup les plus arrosées. Remarquer à peu près sous les tropiques une suite de régions sèches, Sahara, Arabie, Iran, Turkestan, Tibet, Mongolie, dans l'hémisphère Nord ; Afrique australe, Australie dans l'hémisphère Sud.

V. Le climat.

1. La température. — La température n'est pas la même sur tous les points du globe. Cela tient aux causes locales :

1° *La latitude* : la chaleur diminue de l'équateur aux pôles ;

2° *L'altitude* : la chaleur diminue à mesure que croît l'altitude ;

3° *L'orientation* : un pays exposé à des vents chauds a une température plus élevée qu'un pays exposé à des vents froids ;

4° *La situation par rapport à la mer* : l'eau, s'échauffant et se refroidissant plus lentement que la terre, la mer est plus fraîche en été et plus tiède en hiver que la terre voisine ; elle exerce donc sur le climat de celle-ci une influence égalisante, adoucissante.

2. Les vents. — Les vents se produisent des régions où la *pression atmosphérique* est forte vers celles où elle est faible.

Il y a trois espèces de vents : les vents réguliers, les vents périodiques et les vents irréguliers.

1° Les **vents réguliers** soufflent toute l'année dans la même direction. Tels sont les *vents alizés*. Ils soufflent, près de l'équateur, du Nord-Est vers le Sud-Ouest dans l'hémisphère boréal, du Sud-Est vers le Nord-Ouest dans l'hémisphère austral.

2° Les **vents périodiques** soufflent dans une même direction pendant toute une période de l'année. Les plus importants sont les *moussons*, ou vents saisonniers *de l'Inde*. En hiver, ils soufflent du centre de l'Asie, qui est alors froid et se trouve à une pression atmosphérique forte, vers l'Océan Indien, qui est alors chaud (été de l'hémisphère austral), et se trouve à une pression atmosphérique faible : c'est la *mousson d'hiver*. En été, ils soufflent de l'Océan Indien, qui est alors froid (hiver austral), et se trouve à une pression atmosphérique forte, vers le centre de l'Asie, alors surchauffé (été boréal) : c'est la *mousson d'été*.

3° Les **vents irréguliers** n'ont aucune périodicité. Mais, dans presque toutes les régions à vents irréguliers, il y a des **vents dominants**, qui méritent ce titre par leur fréquence. Tels sont les *vents d'Ouest*, sur les côtes océaniques de la France.

3. Les pluies. — Les pluies résultent de deux faits : l'évaporation et la condensation.

1° **L'évaporation.** — Sous l'action de la chaleur solaire, une partie de l'eau qui se trouve à la surface des terres et des mers s'élève dans l'air à l'état de vapeur.

2° **La condensation.** — La vapeur d'eau en suspension dans l'air peut se refroidir : 1° si la température de l'air s'abaisse tout à coup ; 2° si la vapeur d'eau monte dans les couches supérieures de l'atmosphère, qui sont plus froides ; 3° si elle entre en contact avec un corps plus froid qu'elle, comme par exemple la terre en hiver. Or l'air froid ne peut contenir autant de vapeur d'eau que l'air chaud ; une partie de la vapeur d'eau que l'air contenait se condense, quand il se refroidit, en gouttelettes, qui, par l'effet de leur propre poids, retombent sur le sol.

Les pluies dépendent de la température, des vents, de la situation par rapport à la mer et du relief :

1° *De la température* : l'évaporation est plus intense dans les régions chaudes ;

2° *Des vents* : les vents amènent la pluie en transportant de l'air humide d'une région chaude vers une région froide ;

3° *De la situation par rapport à la mer* : les côtes sont en général plus arrosées que l'intérieur des continents ;

4° *Du relief* : les nuages rencontrant une montagne s'élèvent ; de là refroidissement, condensation et pluie.

4. Les six zones de climats. — On appelle climat le régime combiné de la température, des vents et des pluies. La terre comprend plusieurs sortes de climats, variant avec la latitude, et formant six grandes *zones* de l'équateur au pôle dans chaque hémisphère :

1° La **zone équatoriale**, de climat continûment chaud et très humide (deux saisons de pluies), entre 0° et 10° environ de latitude Nord et Sud ;

2° La **zone tropicale**, à peine moins chaude et moins humide (une saison de pluies), entre 10° et 20° ;

3° La **zone subtropicale**, chaude et très sèche, du 20° au 35° environ ;

4° La **zone tempérée sèche**, aux températures variant avec les saisons, aux pluies rares, du 35° au 45° ;

5° La **zone tempérée humide**, de température également variable mais plus froide, plus arrosée de pluies ;

6° La **zone glaciale**, comprenant les régions polaires.

5. Climat maritime et climat continental. — Dans chacune de ces zones, on peut distinguer les climats maritimes et les climats continentaux.

1° Les **climats maritimes** règnent sur les régions exposées aux vents marins et se caractérisent par une *température modérée* (étés relativement frais, hivers relativement tièdes) et des *pluies abondantes* ;

2° Les **climats continentaux** règnent dans l'intérieur des terres et se caractérisent par des *températures excessives* (étés très chauds, hivers très froids) et des *pluies moins abondantes.*

LECTURES

1. Le climat agit directement sur la vie humaine. — L'homme a un organisme très sensible à l'état et aux variations de la température et de l'humidité. Sans doute il peut s'adapter dans une certaine mesure aux climats des pays très différents de celui où il est né. Mais le climat exerce toujours une profonde influence sur son état général, sur son activité, sur ses facultés et par suite sur sa civilisation.

Par exemple, dans les régions polaires au climat glacé, l'Esquimau ne peut agir, pêcher, chasser que pendant les mois les moins froids de l'année ; et d'ailleurs, on remarquera que son activité est limitée par la nature même du climat et par les ressources à ces deux seuls modes de travail : la chasse et la pêche. L'Esquimau ne peut pratiquer la culture. Les Esquimaux ne peuvent, par le fait même du climat, former des tribus très civilisées.

Dans l'Afrique Équatoriale règnent une chaleur et une humidité continues et excessives. Le climat équatorial déprime l'homme, lui interdit toute activité forte et régulière. D'autre part, ce climat, très chaud et très humide, fait pousser une végétation si abondante et si gigantesque qu'il est pratiquement impossible aux habitants de défricher le sol pour la culture. Les nègres de l'Afrique Équatoriale n'ont guère d'autre occupation que les Esquimaux des régions polaires ; comme eux ils ne se livrent qu'à la pêche ou à la chasse. Comme eux, ils sont incapables de haute civilisation.

Au contraire, sous les climats tempérés, l'activité de l'homme est excitée par la fraîcheur modérée des hivers et n'est jamais arrêtée en été par des chaleurs excessives. L'homme de la zone tempérée peut pratiquer l'élevage, la culture, l'industrie. L'incertitude même du climat dans la zone tempérée oblige

RÉSUMÉ. — **La température varie avec la latitude, avec l'altitude, avec l'orientation, avec la situation par rapport à la mer.**
Les vents soufflent régulièrement ou périodiquement dans la zone tropicale, irrégulièrement dans les zones tempérées.
La pluie résulte de l'évaporation dans l'air des eaux de la surface du globe, puis de leur condensation. Elle varie avec la température, les vents, la situation par rapport à la mer et le relief.

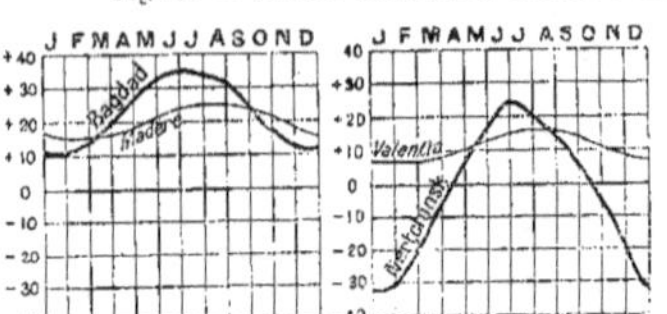

Fig. 1. — CLIMATS MARITIMES ET CLIMATS CONTINENTAUX.

Les climats maritimes présentent peu de variation d'un bout de l'année à l'autre : ainsi ceux de l'île Madère et de Valentia (Irlande). Les climats continentaux, au contraire, sont très variables ; ils ont des hivers froids ou glacés et des étés chauds et torrides : tels les climats de Bagdad (Mésopotamie) et de Nertchinsk (Sibérie).

l'homme à ne point compter absolument sur les saisons, sur des chaleurs qui parfois manquent et sur des pluies qui varient chaque année. Il lui faut prévoir les pluies accidentellement abondantes comme les sécheresses inattendues. Il doit se défendre contre les pluies par des travaux de drainage et contre les sécheresses par des travaux d'irrigation qui donnent au sol de l'eau quand la pluie manque. L'homme de la zone tempérée est obligé de se vêtir et l'élevage des animaux à laine ou la culture des plantes textiles lui sont imposés par cette nécessité. C'est en somme la nécessité de s'adapter à un climat incertain qui l'a rendu ingénieux, actif, prévoyant, et qui l'a poussé peu à peu à créer toutes les industries.

2. La répartition des pluies importe autant que la quantité totale des pluies annuelles. — La quantité totale de pluies que reçoit un pays importe pour sa fécondité : trop de pluie, le pays est un marais ; moins de 20 centimètres de pluie par an, le pays est un désert.

Mais, si l'on veut comprendre exactement l'importance des pluies, il faut tenir compte de leur fréquence, de leur répartition dans le cours de l'année. Tel pays paraît sec avec une hauteur annuelle de 70 centimètres, et tel autre paraît humide avec la même quantité : c'est que, dans le premier, les pluies sont drues, mais rares ; dans le second, elles sont fines, molles, fréquentes. Tel pays reçoit des pluies en toute saison ; tel autre reçoit en quelques mois toutes les pluies de l'année, le reste du temps restant invariablement sec.

Exemple de ces faits : il tombe plus de pluie à Marseille (0 m. 60) qu'à Paris (0 m. 54) : et pourtant Marseille a un climat sec avec 55 jours pluvieux seulement dans l'année, Paris a un climat humide avec une moyenne de 154 jours pluvieux.

Il y a **six grandes zones de climat : zone équatoriale, zone tropicale, zone subtropicale, zone tempérée sèche, zone tempérée humide, zone glaciale. On distingue aussi les climats maritimes et les climats continentaux.**

Exercices. — 1. A l'aide d'exemples précis, faites comprendre ce que vous entendez par le climat d'une région. — 2. Expliquez comment se produit la pluie. — 3. Qu'est-ce qu'un climat maritime ? Un climat continental ? — 4. Comment le climat agit-il sur la vie de l'homme ?

VI. — Le fleuve.

1. Formation du cours d'eau. — Sur toute surface du sol qui n'est pas absolument plate, l'eau superficielle obéit à la pente : elle coule jusqu'à ce qu'elle ait atteint une étendue d'eau horizontale, c'est-à-dire la mer ou un lac : cette étendue d'eau s'appelle le *niveau de base*. De la source à ce niveau de base s'établit ce qu'on appelle un cours d'eau.

Aux premiers temps de sa formation, le cours d'eau a presque toujours une pente rapide ; il a un lit accidenté et rocheux, avec des cascades et des rapides ; il coule dans une vallée étroite, aux versants raides, aux pentes fortes et souvent abruptes.

Avec le temps, le cours d'eau adoucit et régularise sa pente, en usant les barrages rocheux qui traversent son lit, ainsi disparaissent les cascades et les rapides. De même, il adoucit et régularise ses versants, par un travail analogue, remplaçant sa vallée étroite par une vallée large, à fond vaste et plat.

2. Les trois stades de la vie d'un cours d'eau. — On peut donc distinguer dans l'*histoire* d'un cours d'eau trois périodes principales :

1° La jeunesse, où sa pente est très forte et où il roule avec rapidité des blocs arrachés à ses rives. Tels sont tous les *torrents* de montagne ; ils coulent dans des vallées étroites ;

Fig. 1. — Débâcle sur le fleuve Youkon (Amérique).

Le Youkon est un fleuve de l'Amérique du Nord, au Nord-Ouest du Canada. La rudesse du climat fait qu'il est gelé et impraticable aux navires pendant la moitié de l'année. Au printemps, le dégel amène une débâcle terrible, qui retarde encore d'un mois la reprise de la navigation. (Phot. La Roche à Seattle.)

Fig. 2. — La Bléone à Digne (France).

La Bléone, dans les Alpes méridionales, est une rivière de climat méditerranéen. La vue est prise pendant la sécheresse; presque tout le lit est occupé par des bancs de sable. Mais les maisons, juchées loin des rives, indiquent que les crues, à la suite des orages, doivent être fortes et dévastatrices. (Phot. Boulanger.)

2° La **maturité**, où sa pente est assez atténuée pour que son cours soit plus lent et pour que l'homme puisse l'utiliser. Le cours d'eau est alors navigable; il coule dans une vallée large;

3° La **vieillesse**, où, sa pente devenue presque nulle, le cours se ralentit à l'excès dans une vallée trop large, en décrivant des boucles ou *méandres*.

3. Le débit du cours d'eau. — Le *débit* d'un fleuve est le volume moyen d'eau que ce fleuve verse à la mer ou roule en un point donné, dans un temps déterminé (seconde, minute, heure, jour, mois, an).

Le débit d'un fleuve dépend surtout du climat : plus les pluies sont abondantes, plus le débit est considérable.

4. Le régime du cours d'eau. — Un fleuve n'a pas le même débit pendant tout le cours de l'année; mais il a des périodes d'abondance (*crues*) et des périodes de disette (*maigres*). L'alternance, la rapidité de succession et l'amplitude des variations de ces périodes constituent son *régime*, qui peut être plus ou moins *régulier* ou *irrégulier*.

Le régime d'un fleuve dépend :

1° **Du climat.** — Si le climat est continuellement pluvieux, le régime du fleuve est régulièrement abondant. Si le climat comprend des mois absolument secs et des mois très humides, le régime du fleuve est irrégulier et comprend une alternance de crues et de maigres. Si, dans une région, la pluie est très rare et seulement accidentelle, il n'y a que des cours d'eau temporaires, coulant seulement après la pluie;

2° **Du relief.** — Plus la pente est forte, plus le courant est rapide. Si une pluie abondante tombe brusquement, l'eau, sur cette pente forte, s'écoule en masse avec rapidité; d'où une crue très grande et très courte. Tel est le régime des *torrents* de montagne;

3° **De la nature du sol.** — Une grande pluie tombant sur un terrain imperméable s'écoule aussitôt tout entière et produit une grande crue; après la pluie et la crue, le fleuve subit un maigre : d'où un régime irrégulier. Dans un terrain perméable, au contraire, une partie des eaux s'infiltre dans le sol; une partie seulement, obéissant à la pente, s'écoule aussi-

tôt et produit une crue réduite. Quand la sécheresse survient, le fleuve est encore alimenté par les réserves d'eau retenues dans le sol. Les cours d'eau de terrain perméable ont donc un régime régulier.

5. Le bassin d'un fleuve. — Le régime d'un fleuve ne dépend pas seulement de la pente, du climat et de la nature des régions où il coule, mais aussi de la pente, du climat et de la nature des régions où coulent ses affluents. On appelle *bassin* d'un fleuve l'ensemble des régions drainées par le *réseau* de ce fleuve, c'est-à-dire par lui-même et par tous ses affluents. Certains de ces bassins sont très étendus; le bassin de l'Amazone couvre 7 millions de kilomètres carrés, plus de douze fois la superficie de la France.

Le bassin d'un fleuve n'est pas nécessairement entouré et séparé des bassins voisins par une ligne continue de hauteurs. Par exemple, entre la Loire moyenne et la Seine moyenne il y a un plateau horizontal : la Beauce; entre la Loire inférieure et la Garonne inférieure il y a une dépression : le Poitou.

LECTURES

1. Il y a une circulation souterraine des eaux. — Quand le sol est formé de terrains perméables (sables, calcaires, craie), l'eau de pluie s'y infiltre. Entraînée par son poids, elle descend jusqu'à ce qu'une couche imperméable l'arrête. Elle s'accumule alors en *nappe*. À l'endroit où la couche imperméable affleure à la surface du sol, il se produit un suintement ou un jaillissement nommé *source*.

Depuis le moment où la goutte d'eau s'est infiltrée dans le sol jusqu'au moment où elle reparaît par la source, il peut s'écouler quelques heures, quelques jours, quelques mois; cette durée dépend de la longueur du trajet accompli.

Dans leur trajet souterrain, les eaux dissolvent une partie des roches qu'elles traversent et se chargent de sels divers, alcalins, sulfureux, etc. : telle est l'origine des *sources médicinales*.

Les eaux d'infiltration forment ainsi des rivières souterraines, avec grottes, excavations, couloirs, vallées profondes.

Les *grottes* se forment, par érosion ou dissolution, aux dépens des parties les plus friables des roches. Elles sont particulièrement nombreuses dans les pays formés de roches cal-

Fig. 1. — LE GOUFFRE OU AVEN DE PADIRAC (FRANCE).

Le gouffre de Padirac s'ouvre sur le causse de Gramat : il mesure 35 mètres de diamètre ; sa profondeur maxima est de 75 mètres ; il y a au fond une rivière souterraine longue de 3 kilomètres. (Phot. Martel.)

Fig. 2. — LE CANAL DE LA SENSÉE (NORD DE LA FRANCE).

Les rivières et les canaux du Nord de la France sont abondants, réguliers, parfaitement navigables. Ils sont sillonnés de péniches halées par tracteurs électriques. (Phot. E. Baron.)

caires. Quelques-unes sont immenses : dans la *grotte du Mammouth* (États-Unis), l'ensemble des ramifications ne mesure pas moins de 240 kilomètres ; les *grottes de Han*, en Belgique, sont parmi les plus curieuses. En France, il y a beaucoup de grottes dans la région des Causses.

Les *excavations circulaires* (gouffres, entonnoirs) qu'on trouve en certaines régions correspondent à des grottes dont le toit s'est effondré. On les appelle *emposieux*, dans le Jura ; *arens*, dans les Causses ; *dolines*, en Bosnie ; *katavothra*, en Grèce.

Les *vallées profondes* correspondent à d'anciens couloirs souterrains dont la voûte s'est effondrée sur une grande longueur. Les colons espagnols donnèrent le nom de *cañon* (prononcez : cagnon) aux rainures de ce genre qu'ils avaient trouvées dans la région des Rocheuses (cañon du Colorado). Depuis lors, le nom de cañon est appliqué à toutes les vallées semblables. En France, il en existe un type curieux ; c'est la vallée supérieure du Tarn, dans la région des Causses. Le cañon du Tarn n'a pas moins de 70 kilomètres de longueur.

2. L'eau courante est la voie de communication la plus commode et la moins coûteuse. — A l'état naturel, les fleuves sont « des chemins qui marchent ». Ils ont sur les autres voies de communication le désavantage d'être lents et l'avantage de permettre des transports moins coûteux.

RÉSUMÉ. — **Toutes les eaux qui tombent sur la surface du sol finissent par former des cours d'eau, qui coulent jusqu'à un niveau de base, mer ou lac.**
Tout cours d'eau se modifie au cours des âges : il a une jeunesse, un âge mûr et une vieillesse.
Le débit d'un cours d'eau est le volume moyen des eaux qu'il déverse. Le régime d'un cours d'eau exprime les variations du débit au cours de l'année : le régime dépend du climat, du relief et de la nature du sol de la région où coule le cours d'eau.

VII. — La végétation et la faune du globe.

1. Influence de la géographie sur la nature des végétaux. — La végétation subit dans ses formes l'action des phénomènes géographiques, c'est-à-dire : 1° l'action de l'atmosphère ; 2° l'action du sol.

1° L'atmosphère. — *a)* La *lumière* : la lumière est nécessaire à la *chlorophylle*, matière que contiennent les plantes.

b) La *chaleur* ; soit la quantité de chaleur moyenne répartie dans l'année, soit la répartition de la chaleur au cours de la saison.

Mais tous les fleuves ne présentent pas d'égales facilités pour la navigation.

La navigabilité d'un fleuve dépend *de son courant* : un courant trop rapide rend la navigation dangereuse à la descente, impossible à la remonte (le Rhône) ; — *de son régime* : un fleuve à régime irrégulier est inutilisable lors des grandes crues et lors des périodes de maigres ; — *du climat de son bassin* : les fleuves sibériens sont gelés pendant une moitié au moins de l'année et impropres à la navigation ; — *de l'uniformité de son lit* : un fleuve coupé de rapides ou de cataractes ne peut avoir qu'une navigation tronçonnée.

Le travail de l'homme s'est efforcé, sinon de supprimer, du moins d'atténuer certains défauts des voies navigables :

a) Par des travaux appropriés dans le lit des fleuves : écluses, pour régulariser la pente ; approfondissements, dragages, digues submersibles, pour empêcher les ensablements ; réservoirs emmagasinant les eaux de crue pour les redonner au fleuve aux époques de maigres, d'où diminution des crues et diminution correspondante des périodes de maigres ;

b) Par la construction de canaux, soit latéraux au fleuve ou aux parties de fleuve difficilement navigables ; soit de jonction entre deux rivières navigables, auparavant isolées l'une de l'autre, mais, après la construction du canal, reliées entre elles.

On appelle bassin d'un fleuve l'ensemble du territoire dont les eaux sont drainées par un fleuve et par ses affluents.

Exercices. — 1. Décrivez les âges de la vie d'un fleuve : sa jeunesse, sa maturité, sa vieillesse. — 2. Quelle différence y a-t-il entre les termes : « débit d'un cours d'eau » et « régime d'un cours d'eau » ? — 3. Qu'est-ce qu'un régime régulier ? Quelle est son utilité ? — 4. Qu'est-ce que le bassin d'un fleuve ? — 5. De quoi dépend la navigabilité d'un fleuve ? Comment peut-on l'améliorer ?

c) L'*eau* et surtout la *pluie*. Deux caractères des pluies ont leur influence sur la végétation : la chute moyenne annuelle des pluies et la répartition de ces pluies au cours des saisons. Il y a des *plantes faites pour vivre dans les climats humides* : elles ont beaucoup de feuilles, qui activent l'évaporation de l'eau contenue dans la plante ; celle-ci peut subir sans dommage une évaporation intense, parce qu'elle est sans cesse alimentée d'eau nouvelle. Il y a des *plantes faites pour vivre dans les climats secs* : elles ont peu de feuilles, beaucoup d'épines, une écorce dure et lisse, de façon à évaporer le moins possible et à garder longtemps leur eau, qui est rarement renouvelée.

Fig. 1. — Paysage de plaine : la plaine du Jutland (Danemark).

Le Jutland, comme toutes les plaines qui bordent la mer du Nord, est composé en majeure partie de sables et d'argiles. Peu d'ondulations : l'aspect est celui de vastes plaines presque horizontales. Des prairies plates, des mares nombreuses donnent au pays un caractère tranquille, mais monotone.

Fig. 2. — Paysage de montagne : une vallée des Alpes.

Végétation de montagne humide : riches forêts de hêtres, puis de sapins jusqu'à 2 200 mètres environ. Les maisons se trouvent jusqu'à 1 600 mètres. Au-dessus des forêts et des arbres dispersés s'étendent des pâturages jusqu'à la zone des neiges éternelles et des glaciers. (Phot. Wehrli.)

2° Le sol. — *a*) L'*altitude* : avec l'altitude change la température, si importante pour la végétation.

b) L'*exposition*, qui soumet la végétation à l'action du soleil et à celle des vents plus ou moins chauds ou humides.

c) La **nature du sol.** — Les sols imperméables, gardant l'humidité, n'ont pas les mêmes végétaux que les sols perméables. Les sols riches en calcaire ont leur végétation : la végétation dite *calcicole*, comme le *blé*. Les sols riches en *silice* ont la leur : la végétation dite *silicicole*, comme la *pomme de terre*, le *châtaignier*. Certaines plantes aiment le sel : telles sont les plantes des rivages maritimes.

2. Influence de la géographie sur le groupement des végétaux. — Les plantes vivent en associations, en groupements. Les principaux sont :

1° La **forêt**, groupement plus ou moins dense de végétaux où dominent les arbres. On distingue : la *forêt équatoriale*, propre aux climats très humides et très chauds ; elle a des arbres énormes et serrés, des sous-bois riches en *lianes*, *plantes parasites*, etc. ; — la *forêt des régions tempérées*, plus claire, dont les espèces sont moins nombreuses ;

2° La **savane**, groupement assez fourni de *graminées* ; la *prairie* de nos régions est une formation analogue ;

3° Le **parc**, association où se mêlent la forêt et la savane ;

4° La **steppe**, ou groupement clairsemé de graminées, qui n'apparaissent que pendant la saison humide ;

5° Le **désert**, qui se caractérise par la concentration des formations végétales autour des points d'eau, ou *oasis*.

3. Les zones de végétation. — On distingue à la surface du globe six *zones de végétation*, qui coïncident avec les zones climatiques :

1° et 2° La **zone équatoriale** et la **zone tropicale** sont caractérisées soit par la *forêt vierge*, dont les arbres, très nombreux et très hauts, sont reliés par des lianes nombreuses, soit par la *savane* aux herbes très hautes, dont le type le plus curieux est la *jungle* hindoue. — Produits utiles à l'homme : *riz, coton, café, thé, canne à sucre, épices, caoutchouc.*

3° La **zone subtropicale** ou **désertique** a une végétation rare, sauf autour des sources (*oasis* à palmiers). Cette végétation est armée contre l'évaporation par la rareté des feuilles, couvertes d'une espèce de vernis dur, par la dureté du tronc et la présence d'épines. — Peu de produits utiles à l'homme sauf la *datte* (oasis), l'*arachide* (régions un peu arrosées), le *coton* (régions où l'irrigation est possible, grâce au voisinage d'une grande rivière comme le Nil).

4° La **zone tempérée sèche** ou **méditerranéenne** est caractérisée par les *steppes* et les *maquis* ; le maquis, aux arbres bas et clairsemés, se rapproche plus du buisson que de la forêt. — Produits utiles à l'homme : *céréales, vigne, olivier, mûrier* (aliment des vers à soie).

5° La **zone tempérée humide** est caractérisée par les *forêts* et les *prairies herbeuses*. C'est la région la plus habitée et la plus cultivée : les défrichements de l'homme y ont modifié la végétation naturelle. — *Produits* utiles à l'homme : *céréales, pommes de terre, vigne, cultures industrielles* (betterave, lin), *légumes, fruits.*

6° La **zone glaciale** est couverte par les *glaces* et par les *toundras* (marais glacés) à *mousses* et à *lichens*.

4. Influence de la géographie sur la faune. — La température, l'humidité et la végétation exercent leur action sur les caractères et sur la répartition des animaux.

1° La **température.** — Certaines espèces ne peuvent vivre que dans les régions chaudes (la plupart des *singes*, par exemple) ; certaines autres, dans les régions froides (les *ours blancs*, par exemple).

2° L'**humidité.** — Certains animaux peuvent vivre dans les régions sèches : par exemple, le *dromadaire* du Sahara.

3° La **végétation.** — Il y a des faunes propres aux forêts (*animaux grimpeurs*, vivant des arbres et sur les arbres), aux déserts et aux *steppes* (*animaux coureurs*, capables de parcourir de grandes étendues pour trouver leur nourriture).

Toutefois la répartition géographique des animaux est moins nette que celle des végétaux : 1° parce qu'il y a des *animaux migrateurs*, qui changent de pays avec les saisons ; 2° parce que certaines espèces d'animaux, qu'aucun trait du climat local n'empêcherait de vivre dans une région déterminée, ont apparu dans d'autres régions à une époque où ces régions étaient déjà séparées des premières par la mer ; 3° et surtout parce que l'homme introduit partout les espèces qui lui sont utiles, telles que les *animaux à viande*, les *animaux à laine*, les *animaux porteurs*, et qu'il détruit les espèces qui lui sont nuisibles.

Fig. 1. — PATURAGE NORMAND.

La zone tempérée humide, à climat maritime, est à la fois une prairie et un bocage : une prairie où l'herbe, sans être aussi haute que dans les savanes africaines, pousse pourtant assez fournie et assez drue pour permettre le gros élevage intensif (bœufs, vaches, chevaux). (Phot. Neurdein.)

Fig. 2. — LE SAHARA.

Là où l'eau ne se trouve ni naturellement ni artificiellement, pas de végétation. Le Sahara n'a que des pluies irrégulières et très rares ; aucune végétation n'en couvre les sables que le vent amoncelle en dunes. L'homme peut le traverser, grâce au chameau dont la sobriété est connue ; il n'y peut habiter.

5. Les faunes des différentes zones du globe. — La *faune tropicale* comporte de très nombreux oiseaux, reptiles et insectes, qui se trouvent surtout dans la forêt vierge, et quelques grands mammifères, qui se trouvent dans la savane. — Animal utile : l'*éléphant*.

La *faune désertique* est très pauvre. — Animaux utiles : le *chameau* et le *dromadaire*.

La *faune méditerranéenne* est peu abondante. — Animaux utiles : le *cheval*, le *mouton* (qui se contente de l'herbe rare des steppes et se déplace par *transhumance*).

La *faune des régions tempérées* est la plus modifiée par l'homme et la plus riche en animaux utiles : *cheval, bœuf, mouton.*

La *faune arctique*, très pauvre en espèces et en individus, comprend des animaux utiles par leur graisse (*phoque*), ou par leur fourrure (*ours*). Le seul animal de trait est le *renne*.

LECTURES

1. La zone équatoriale est la zone des chasseurs isolés. — Les habitants de la zone équatoriale ne peuvent défricher que difficilement, partiellement, et momentanément, l'épaisse et vivace forêt vierge. Aussi, pas de cultures, pas de grandes concentrations d'hommes; les habitants vivent surtout de la chasse (chasse à l'éléphant, au rhinocéros, à l'antilope): ils vivent dispersés, isolés, par familles ou petites tribus perdues dans la forêt.

2. La zone des savanes et des steppes est la zone des pasteurs nomades. — Il y a trop peu d'humidité, surtout dans la steppe, pour la culture; on se livre au pastorat. Les pasteurs de la steppe sont nomades ou demi-nomades, déplaçant leurs troupeaux des points où ils viennent d'épuiser l'herbe vers les points où les pluies ont fait pousser l'herbe nouvelle. Ils vivent groupés en tribus, quelquefois assez importantes, mais toujours incapables, par suite de leurs déplacements continuels, de former des sociétés stables et organisées.

3. La zone désertique comprend un petit nombre de pasteurs nomades dominant des agriculteurs sédentaires. — Le désert ne peut naturellement nourrir qu'un petit nombre d'hommes. Les agriculteurs sédentaires vivent dans les oasis; des pasteurs pillards et nomades circulent dans le désert, escortant les caravanes et rançonnant les agriculteurs des oasis.

4. La zone méditerranéenne est une zone de petits propriétaires fortement unis. — Dans la zone méditerranéenne vivent surtout de petits propriétaires ruraux. C'est ce qu'explique le climat. D'une chaleur égale, la zone méditerranéenne convient particulièrement à la vigne, à l'olivier, aux cultures maraîchères, trois produits qui rapportent beaucoup sur un faible espace, mais par contre demandent des soins assidus : c'est donc un pays de petite propriété. D'autre part, la sécheresse contraint à l'irrigation : elle pousse les petits propriétaires à s'associer pour creuser et entretenir des canaux en commun.

5. La zone tempérée est celle où l'homme a le plus d'action sur le sol pour le transformer et l'adapter à ses besoins. — De température moyenne, la zone tempérée convient aux cultures de céréales (blé, maïs, orge, avoine, seigle), aux cultures industrielles (lin, chanvre, betterave sucrière), à l'élevage sédentaire et intensif, à l'exploitation des forêts. Cette zone est celle de l'industrie, non seulement parce que l'homme y est plus actif qu'ailleurs, grâce au climat, mais aussi parce que l'industrie y a trouvé son aliment dans les cultures et les forêts.

6. La zone glaciale est une zone où végètent quelques nomades pasteurs, chasseurs ou pêcheurs. — La nuit, le froid, le sol glacé ou marécageux, la végétation, réduite à des mousses et lichens, n'admettent qu'un petit nombre d'habitants qu'ils obligent à vivre en petits groupes, isolés et ambulants de la chasse (phoque), de la pêche et du pastorat (renne, chien polaire). Telle est la vie des Esquimaux, des Samoyèdes, des Lapons, des Groënlandais et des autres habitants de la zone polaire boréale.

RÉSUMÉ. — La lumière, la chaleur et la pluie influent sur la nature de la végétation d'un pays; il en est de même de l'altitude, de l'exposition et de la nature du sol.

Ces différentes causes déterminent la richesse et la nature des formations végétales : forêt, savane, de prairie, parc (ou association de forêts et de prairies), steppe, désert.

Il y a, dans chaque hémisphère, six zones de végétation : les zones équatoriale et tropicale, la zone subtropicale ou désertique, la zone tempérée sèche ou méditerranéenne, la zone tempérée humide et la zone glaciale.

A chacune de ces zones de végétation correspond une faune spéciale.

Exercices. — Énumérez et caractérisez les différentes zones de végétation. Quelles plantes utiles et quels animaux y trouve-t-on? — 2. Comment les hommes vivent-ils dans chaque zone?

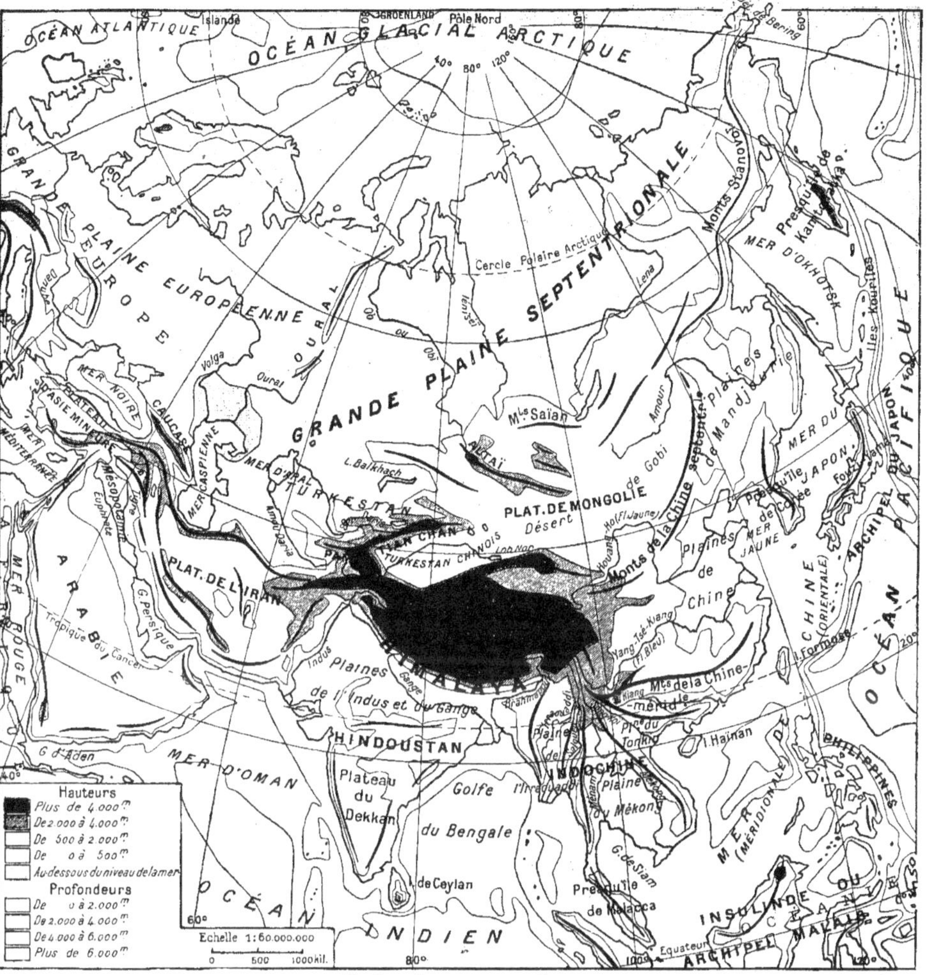

Fig. 1. — Carte physique de l'Asie.

DEUXIÈME PARTIE
LE MONDE MOINS L'EUROPE

Première Section. — L'ASIE

I. — Généralités sur l'Asie.

1. Étendue, forme et situation. — L'Asie a 42 500 000 kilomètres carrés, plus de quatre fois la superficie de l'Europe. C'est la masse continentale la plus étendue. Elle est limitée, au Nord, par l'*Océan Glacial arctique*; à l'Est, par l'*Océan Pacifique*; au Sud, par l'*Océan Indien*. A l'Ouest, la *mer Rouge* et la *Méditerranée* la séparent à peine de l'Afrique et de l'Europe; le *Caucase* et l'*Oural* l'unissent étroitement à l'Europe.

C. C. 3

Fig. 1. — LE PIC EVEREST.

C'est le plus haut point actuellement connu de l'Asie et du monde entier ; il mesure 8840 mètres. Il n'est bien visible que du Tibet ; des Indes, on l'aperçoit mal par-dessus d'autres montagnes.

Fig. 2. — LE PLATEAU DU TIBET.

Le plateau du Tibet est le plus vaste et le plus élevé des plateaux du monde ; on peut y marcher pendant des semaines entières sans descendre au-dessous de 4000 mètres d'altitude.

2. Le relief de l'Asie. — Au point de vue du relief, il faut distinguer, en Asie, trois parties, du Nord au Sud :

1° La **grande plaine septentrionale** prolonge, au delà de l'*Oural* (1698 m.), la grande plaine européenne.

2° La **région des chaînes et des massifs**, ou **Asie occidentale et centrale**, est constituée par des chaînes hautes, enserrant de hauts plateaux.

Principales chaînes : le *Caucase*, l'*Himalaya* (mont Everest, 8840 m.), le *Tian-Chan*, l'*Altaï*, les monts *Saïan* et *Stanovoï*, les monts *Kouen-Lun*, les chaînes de la *Chine septentrionale* et *méridionale*. Principaux plateaux : l'*Asie Mineure*, l'*Iran*, le *Tibet*, le *Turkestan chinois*, la *Mongolie*.

Cette région se termine sur les bords des mers secondaires du Pacifique, par des chaînes qui se prolongent en presqu'îles (*Corée*) et enserrent de vastes plaines (*Mandjourie, Chine septentrionale*).

3° La **région des péninsules et des archipels**, ou **Asie Méridionale**, comprend trois presqu'îles et trois archipels.

Les trois *presqu'îles* sont : l'*Arabie*, vaste plateau séparé de l'Iran par la *plaine de Mésopotamie* ; l'*Hindoustan*, formé par le *plateau du Dekkan*, séparé de l'Himalaya par les *plaines de l'Indus* et *du Gange*; l'*Indochine*, formée par des chaînes en faisceau, encadrant les *plaines de l'Irraouaddi, du Mékong, du Tonkin*;

Les trois *archipels* sont : l'*Insulinde*, ou archipel Malais, les *Philippines*, le *Japon*.

3. Les mers de l'Asie. — Étroitement rattachée à l'Europe et à l'Afrique dans sa portion occidentale, l'Asie ne touche que par l'Asie Mineure à la **Méditerranée**. Mais elle a ses trois autres fronts tournés vers trois océans :

1° Au Nord, l'**Océan Glacial Arctique**, vaste bassin peu profond, pris par les glaces pendant neuf mois par an ;

2° A l'Est, l'**Océan Pacifique**, le plus vaste du monde. Dans les eaux asiatiques, il est sillonné par une série d'archipels en forme d'arcs : l'*archipel Malais*, l'*archipel des Philippines*, l'*archipel du Japon*. Sur le bord extérieur de ces archipels, le sol sous-marin est creusé de fosses dépassant 9800 mètres. Au contraire, entre ces archipels et la côte, s'étendent des mers intérieures, beaucoup moins profondes : mer de Chine, mer Jaune, mer du Japon, mer d'Okhotsk ;

3° Au Sud, l'**Océan Indien**, vaste bassin qui ne comporte, dans les eaux asiatiques, qu'une île importante : *Ceylan*. Cette île prolonge la *presqu'île de l'Hindoustan*, qui sépare deux mers secondaires : le *golfe du Bengale* et la *mer d'Oman*. L'Océan Indien communique avec la mer Méditerranée par l'étroit et long sillon de la *mer Rouge* et par le *canal de Suez*, creusé dans l'isthme de ce nom en 1869.

4. Les trois zones climatiques de l'Asie. — Dans cette masse énorme de l'Asie, si étendue en latitude et de relief si contrasté, on peut distinguer trois zones climatiques très différentes :

1° L'**Asie arctique**, qui comprend toute la plaine du Nord. Elle s'ouvre sur l'Océan Glacial Arctique, qui lui apporte un climat continental froid : hivers très rudes, pluies rares ;

2° La **région des chaînes et des plateaux**, à laquelle il faut ajouter l'Arabie, a un climat continental plus chaud : hivers assez rudes (surtout sur les hauts plateaux où les vents sont violents), étés chauds, pluies rares ;

3° La **région des péninsules et des archipels**, à laquelle il faut ajouter les monts et plaines de la Chine, voisine de la mer, plus basse en latitude, a un climat égal, chaud au Sud, tempéré au Nord, et des pluies abondantes, apportées par la mousson d'été, qui souffle de la mer vers la terre : au contraire, la mousson d'hiver, venant du continent, est sèche.

5. Les eaux. — Le régime des eaux diffère également dans les trois régions principales de l'Asie.

1° La **plaine du Nord** a des fleuves longs, lents et réguliers, prenant leur source sur le versant extérieur septentrional des montagnes du Centre, et allant vers l'Océan Glacial ou le Pacifique. Navigables, ils sont malheureusement sujets à de longues embâcles en hiver, à de terribles débâcles au printemps. Ce sont : l'*Ob* ou *Obi*, le *Iénisseï* et la *Lena*, tributaires de l'Océan Glacial ; l'*Amour*, tributaire du Pacifique ;

2° L'**Asie Centrale**, sèche, isolée de l'extérieur par des barrières montagneuses, a des fleuves pauvres, et surtout des bassins fermés, alimentés par les versants intérieurs des massifs et ayant pour centre une mer intérieure ou un lac : *Caspienne, mer d'Aral* (fleuves : l'*Amou-Daria*, le *Syr-Daria*) ; lacs *Balkhach, Lob-Nor* ;

3° **L'Asie péninsulaire et la Chine**, humides grâce aux pluies de mousson, ont des fleuves abondants, issus du versant extérieur méridional des montagnes, au débit important, aux crues énormes, charriant des alluvions qui ont constitué les plaines où ils coulent, et se terminant par des deltas. Ce sont le *Tigre* et l'*Euphrate*, en Mésopotamie; l'*Indus*, le *Gange* et le *Brahmapoutra*, dans la plaine septentrionale de l'Hindoustan; l'*Irraouaddi*, la *Salouen*, le *Mékong* et le *Song-Koï* ou *Fleuve Rouge*, dans la péninsule d'Indochine; le *Si-Kiang*, le *Yang-tsé-Kiang* ou *Fleuve Bleu*, et le *Houang-Ho* ou *Fleuve Jaune*, en Chine.

Les archipels ont des cours d'eau de régime identique à ceux de l'Asie péninsulaire; mais ces cours d'eau sont naturellement beaucoup plus courts.

6. Les côtes de l'Asie. — L'Asie n'a que 58 000 kilomètres de côtes, c'est-à-dire moins du double des côtes de l'Europe, pour une superficie qui dépasse le quadruple.

1° Les côtes de l'**Océan Glacial Arctique** sont basses, plates et rectilignes, à peine découpées, à l'Ouest, par les longs *estuaires de l'Ob* et du *Iéniséi*. Elles sont, pendant de longs mois, encombrées par les glaces.

2° Les côtes de l'**Océan Pacifique** et de l'**Océan Indien** sont plus riches en golfes et en mers intérieures. En bien des points, les alignements montagneux s'y prolongent sous forme d'îles : par exemple, sur les côtes *de la Corée et du Japon, de la Chine méridionale et de la presqu'île de Malacca*. Mais, là encore, dominent les côtes rectilignes et peu découpées :

a) Soit les *côtes élevées*, bordées par des alignements montagneux qui leur sont parallèles : telles sont les côtes *de l'Annam*, les côtes occidentale et orientale *du Dekkan*, les côtes *de l'Iran et de l'Arabie* ;

b) Soit les *côtes basses*, jadis golfes, aujourd'hui comblés par les alluvions des grands fleuves qui parcourent l'Asie péninsulaire et la Chine et qui y forment de vastes **deltas** : telles sont les *plaines deltaïques du Houang-Ho et du Yang-tsé-Kiang* (Chine), *du Song-Koï* (Tonkin), *du Mékong* (Cochinchine), *de la Ménam* (Siam), *de l'Irraouaddi* (Birmanie), *du Gange et de l'Indus* (Inde).

3° Seules, les *côtes méditerranéennes* présentent, comme en Europe, une alternance de hauts promontoires rocheux et de plaines alluviales.

7. Les quatre zones de végétation de l'Asie. — L'Asie se divise, au point de vue de la végétation, en quatre zones :

1° La **plaine arctique** est couverte, au Nord, par une immense *forêt* ; au Sud, dans les parties intérieures et les plus sèches, par la *steppe* pauvre (Sibérie), ou par le *désert* (Turkestan).

2° Dans la **région intérieure**, les flancs arrosés des montagnes ont des *forêts* ; mais les plateaux intérieurs comportent de nombreux *déserts* (Turkestan chinois, Gobi, Tibet).

3° L'**Asie méditerranéenne** a une végétation de bosquets et de buissons, ou *maquis* (eucalyptus, palmiers, cyprès, cèdres).

4° L'**Asie océanique**, humide, a partout une végétation riche, variant simplement avec la température, par conséquent avec la latitude et avec l'altitude : *forêts* touffues, haute savane ou *jungle*. On peut y cultiver tous les produits : produits des régions tempérées (*céréales*), au Nord ; produits méditerranéens (*riz, maïs, vigne, mûrier*), au Centre ; produits tropicaux (*thé, riz, café*, etc.), au Sud. C'est, par excellence, la zone riche de l'Asie, du point de vue de la végétation et des cultures.

8. Les richesses minérales de l'Asie. — L'Asie renferme quelques richesses minérales exploitées ; d'autres, en grand nombre, sont connues, mais encore inexploitées. Elle doit en renfermer de plus nombreuses encore inconnues. On sait déjà qu'elle renferme :

1° Des **minéraux précieux** : *or* de l'Oural et de Sibérie ;

2° Des **minéraux utiles** : *houille* et *fer* (Chine et Japon, Inde et Indochine), *pétrole* (Caucase, Perse, Sibérie, Birmanie).

9. La population de l'Asie. — L'Asie a 1 005 millions d'habitants, c'est-à-dire plus de la moitié de l'humanité. La densité, 24 habitants au kilomètre carré, est fort inférieure

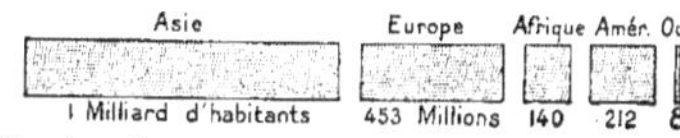

Fig. 1 — Population comparée des cinq parties du monde.

Avec l'Insulinde, l'Asie a 1 005 millions d'habitants, et sans l'Insulinde 944 millions. Elle renferme plus de la moitié des hommes qui peuplent la Terre. Toutefois, l'Europe, qui est deux fois moins peuplée avec une superficie quatre fois moindre, a une population deux fois plus dense.

à celle de l'Europe, mais bien supérieure à celle de l'Afrique et de l'Amérique.

Cette population est très inégalement répartie. Le Nord, glacé, le Centre et l'Ouest, plus ou moins désertiques, sont peu peuplés Au contraire, les plaines et les vallées des zones de l'Océan Indien et du Pacifique (*Inde, Indochine, Chine, Japon*), de sol riche, chaudes, bien arrosées, abritent la population agricole la plus dense du monde.

Fig. 2.
Répartition des races en Asie.

Deux grandes races se partagent presque toute l'Asie : la race blanche et la race jaune. La race blanche (Hindous, Persans, Arméniens, Arabes, Syriens, Russes) occupe la moitié occidentale ; la race jaune (Tibétains, Mongols, Chinois, Annamites, Japonais), la moitié orientale. Les populations jaunes sont de beaucoup plus nombreuses, parce qu'elles occupent les pays de moussons, c'est-à-dire les parties de beaucoup les plus peuplées du continent asiatique.

La population de l'Asie comprend des Jaunes, des Blancs, et, en moins grand nombre, des Noirs (dans l'Inde et à Ceylan).

Les **Blancs** comprennent les *Hindous*, les *Persans*, les *Arméniens*, les *Arabes*, les *Syriens*, etc. Ils sont groupés au Sud et à l'Ouest.

Les **Jaunes** sont encore beaucoup plus nombreux : *Chinois, Japonais, Annamites, Tibétains, Malais*, etc. Ils sont groupés au Sud et à l'Est. Au Centre, et jusqu'à la steppe russe, vivent d'autres Jaunes : entre autres, les *Mongols*, les *Turcs*. Au Nord, d'autres Jaunes encore : les *Samoyèdes*.

Cinq **religions** se partagent la population asiatique : 1° le *brahmanisme* (50 pour 100 de la population) ; 2° le *bouddhisme* (30 pour 100) ; 3° l'*islamisme* (8 pour 100) ; 4° le *christianisme* (10 pour 100) ; 5° le *judaïsme*.

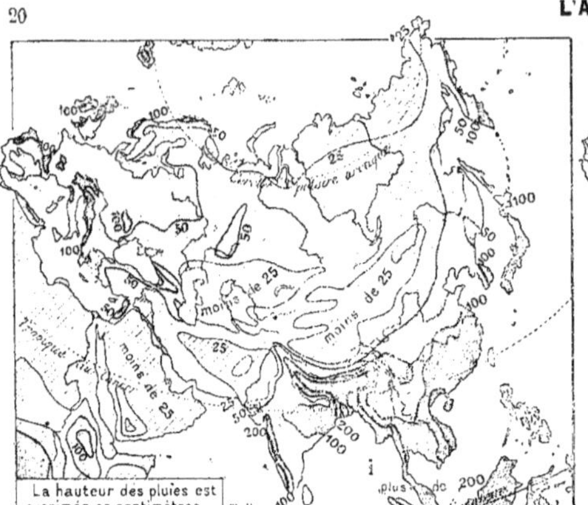

Fig. 1. — CARTE DES PLUIES DE L'ASIE.

Les régions les moins arrosées sont surtout les régions intérieures éloignées de la mer. Les régions les plus arrosées se trouvent au Sud-Est (Inde, Indochine, Chine méridionale, Japon).

Fig. 2. — DENSITÉ DE LA POPULATION DE L'ASIE.

Cette carte présente un rapport évident avec celle des pluies. Les régions aux pluies médiocres n'ont presque pas d'habitants ; les pays à moussons (Inde, Chine, Japon) sont énormément peuplés.

LECTURE

L'Asie du Sud-Est ou des moussons forme la portion essentielle de l'Asie. — Que l'on considère le relief, le climat et le régime des eaux, la végétation, toujours on constate une opposition frappante entre l'Asie septentrionale et centrale et l'Asie du Sud-Est (mise à part l'Asie Mineure qui appartient aux régions méditerranéennes).

Au point de vue du sol, les deux premières sont monotones et peu variées : l'Asie septentrionale est une grande plaine aux côtes très peu découpées sur l'Océan Glacial ; l'Asie centrale est une série de hauts plateaux sillonnés de chaînes inaccessibles. — Au contraire, l'Asie du Sud-Est est variée et articulée. Dans cette région se terminent les hautes chaînes de l'Asie centrale dont les faisceaux serrés s'épanouissent, en s'abaissant, les uns vers l'Est (Chine du Sud et Tonkin), les autres vers le Sud (Indochine et Insulinde). En outre, des côtes très découpées, des îles, des vallées, des plaines ouvertes sur la mer : toutes conditions plus favorables à la vie humaine.

Pour le climat, Asie du Nord et Asie centrale ont un climat très continental et très sec : d'où des rivières de désert, maigres et intermittentes, dans le centre ; des rivières glacées pendant six mois de l'année dans le Nord, sujettes à des débâcles terribles au printemps, et se terminant d'ailleurs dans une mer gelée pendant la majeure partie de l'année. — Dans l'Asie du Sud-Est, au contraire, le jeu des moussons qui caractérise le climat depuis l'Inde jusqu'à la Chine méridionale, détermine partout une saison de pluies abondantes, qui produit les grands fleuves et qui, s'ajoutant à la température plus chaude, fait de cette zone une des plus riches de la terre.

Pour la végétation, Asie du Nord et Asie du Centre sont très pauvres : l'une n'a que ses *toundras*, tour à tour glacés ou marécages de lichens et de mousses, et sa monotone *taïga*, forêt peu luxuriante et triste ; l'autre n'a que ses steppes arides, propres seulement à la vie nomade, et ses déserts, coupés de rares lignes de cultures au long des maigres cours d'eau qui les sillonnent. — A cette végétation parcimonieuse, l'Asie du Sud-Est, humide et chaude, oppose : sur les versants de ses chaînes, les grandes forêts d'essences précieuses ; dans les vallées, le mûrier, le thé, le coton, la canne à sucre ; dans les deltas, la céréale la plus substantielle de toutes : le riz.

La conséquence de ces multiples différences se marque nettement dans la répartition des populations. Regardez une carte de la densité de la population en Asie. Très rares sont dans l'Asie du Nord et dans l'Asie du Centre les régions où l'on trouve 1 habitant en moyenne par kilomètre carré : à très peu d'exceptions près, on peut dire que l'Asie du Nord et l'Asie du Centre sont désertes. — Au contraire, l'Asie du Sud-Est représente un très important foyer de vie humaine. Elle possède, à elle seule, les neuf dixièmes de la population de l'Asie ; le Japon, la Chine, l'Indochine et l'Inde réunis renferment la moitié de la population du globe.

RÉSUMÉ. — L'Asie est la plus étendue et la plus massive des cinq parties du monde.

L'Asie comprend trois zones de relief et de sols différents :

1° la grande plaine du Nord;

2° la région des chaînes et des plateaux, où se trouvent les chaînes du *Caucase*, de l'*Himalaya*, de l'*Altaï* et de la *Chine Méridionale*, et les plateaux de l'*Asie Mineure*, de l'*Iran*, du *Tibet*, du *Turkestan* et de la *Mongolie*;

3° la région des presqu'îles (*Arabie, Hindoustan, Indochine*) et des archipels (*Insulinde, Philippines, Japon*).

A ces trois régions correspondent des climats, des cours d'eau, des végétations et des ressources différentes.

Les principaux fleuves de l'Asie sont : l'*Ob*, le *Iénisséï*, la *Lena* et l'*Amour*, qui coulent dans la grande plaine du Nord; le *Tigre* et l'*Euphrate*, l'*Indus*, le *Gange* et le *Brahmapoutra*, l'*Irraouaddi*, la *Salouen*, le *Mékong* et le *Song-Koï*, le *Yang-tsé-Kiang* et le *Houang-Ho*, qui coulent dans la région des presqu'îles et en Chine. L'Asie du Centre n'a que quelques mers intérieures et quelques cours d'eau assez pauvres.

Les côtes de l'Asie sont plates et basses sur l'*Océan Glacial*. Sur l'*Océan Pacifique* et sur l'*Océan Indien*, elles sont riches en mers secondaires, en golfes, en baies et en ports, et aussi en deltas au sol fertile, cultivé et peuplé. Sur la *Méditerranée*, elles sont très découpées.

L'Asie a beaucoup de minéraux utiles et précieux.

L'Asie est la plus peuplée des cinq parties du monde. Sa population est surtout dense au Sud-Est.

L'Asie est surtout peuplée par la *race blanche* (Hindous, Persans, Arméniens, Arabes, Syriens) et par la *race jaune* (Chinois, Japonais, Annamites, Malais, Tibétains, Mongols, Turcs, Samoyèdes) : la première surtout vers l'Ouest, la seconde surtout vers l'Est.

Exercices. — 1. Carte physique de l'Asie. — 2. Décrivez les climats et les formes de végétation de l'Asie. — 3. Expliquez pourquoi l'Asie du Sud-Est est la portion la plus riche et la plus peuplée de l'Asie.

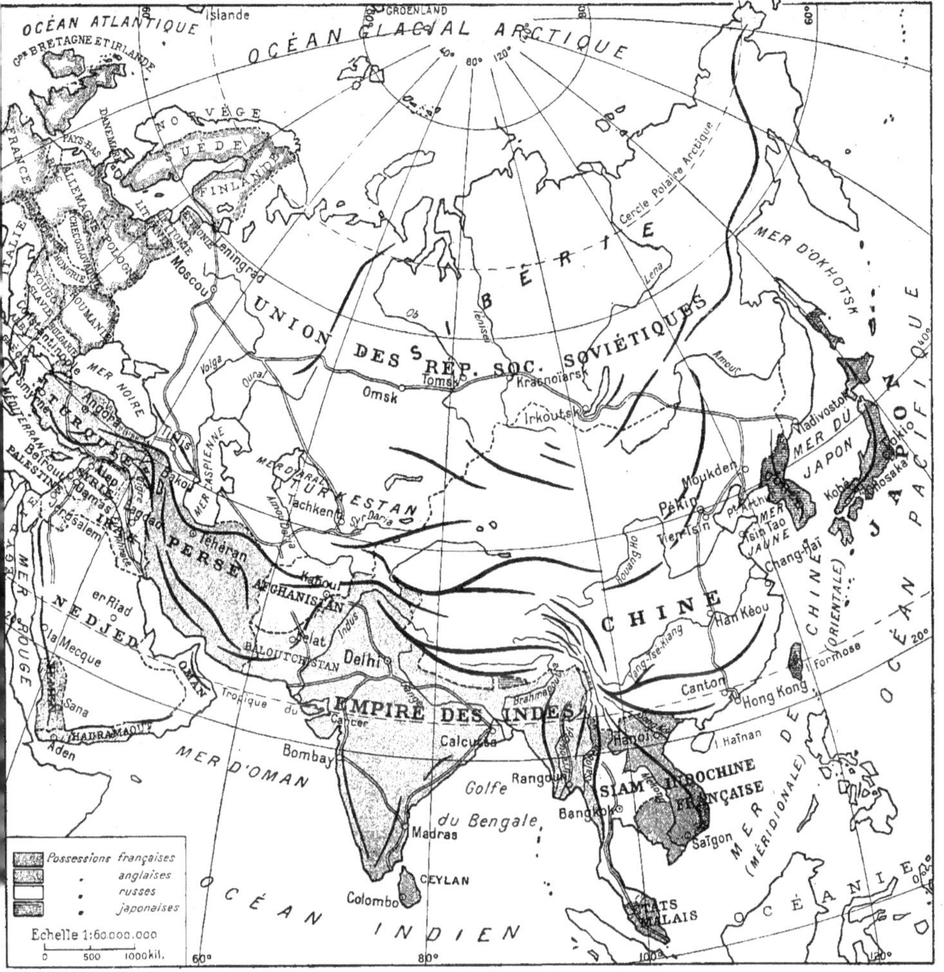

Fig. 1. — Carte politique de l'Asie.

II. — L'Asie Occidentale.

1. Divisions naturelles. — L'Asie occidentale a une superficie de 4 800 000 kilomètres carrés et renferme 52 millions d'habitants.

Elle comprend six régions naturelles (voir carte, p. 22) :
1° l'*Asie Mineure* ou *Turquie ;*
2° l'*Arménie ;*
3° la *Mésopotamie ;*
4° la *Syrie-Palestine ;*
5° l'*Arabie ;*
6° l'*Iran.*

2. L'Asie Mineure. La Turquie. — La péninsule de l'Asie Mineure forme la **République Turque**, qui comprend en Europe la *Thrace orientale* et **Constantinople**.

L'Asie Mineure est un haut plateau, flanqué au Nord et au Sud de deux chaînes de montagnes, qui s'unissent à l'Est.

Des plaines côtières la bordent sur la *Mer Noire* et sur la *Méditerranée*. La principale est la *plaine de Smyrne*. Ces plaines s'ouvrent sur l'**Archipel** et ses îles : *Mytilène, Chio, Samos, Rhodes*. Au Sud, une seule île : *Chypre*.

Le **climat** est sec, rude, continental, sur le plateau ; humide et modéré sur la côte Nord ; méditerranéen sur les côtes Ouest et Sud. La **végétation** est celle des steppes sur le plateau; les forêts couvrent le Nord, qui est humide; la végétation méditerranéenne (*olivier, vigne, mûrier,* etc.) occupe l'Ouest et le Sud.

L'Asie Mineure (9 millions d'hab.) est peuplée de *Turcs* au Centre et à l'Ouest, d'*Arméniens* et de *Kourdes* à l'Est. Elle comprend quatre régions : le plateau central, la côte septentrionale, la côte occidentale, la côte méridionale.

1° Le **plateau central** est occupé par des steppes, où l'on élève des chèvres et des moutons, avec des bassins humides, où l'on élève des bœufs et où l'on cultive les céréales. Les villes sont, au Nord, *Angora,* capitale de la Turquie, et *Brousse;* au Sud, *Konia* (64 000 hab.) et *Kaisarieh.*

2° La **côte septentrionale** a un bon port à *Trébizonde* et des mines de charbon à *Héraclée.*

3° La **côte occidentale,** aux plaines riches et bien cultivées, au commerce actif, à la population industrieuse, forme, avec les îles de l'Archipel, une région très prospère. La ville la plus importante est le grand port de **Smyrne** (80 000 hab.), qui, avec *Scutari* et les autres ports des îles et de la côte, forme ce que l'on appelle les *Échelles* (ou escales) *du Levant.*

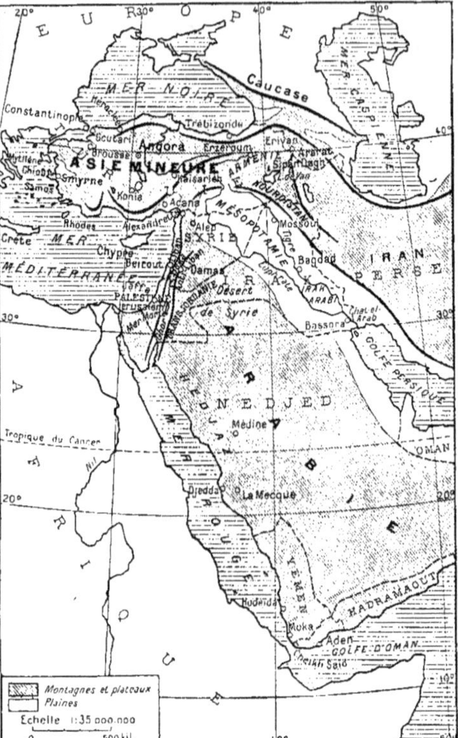

Fig. 1. — L'ASIE OCCIDENTALE.

4° La **côte méridionale,** chaude, est favorable à la culture du coton. Ville principale : *Adana.*

3. L'Arménie.

— Le haut massif arménien, formé de plateaux (*Arménie, Kourdistan*) et de massifs d'origine volcanique (*Ararat, Sipan-Dagh*), a un climat rude. Les eaux abondent dans les vallées fertiles, mais des steppes sèches couvrent certains plateaux. Des lacs, comme le *lac de Van,* occupent certaines dépressions.

Il y a en Arménie (2 500 000 hab.) deux races et deux genres de vie. Deux races : les *Arméniens,* chrétiens, s'opposent aux *Kourdes,* musulmans. Deux genres de vie : les cultivateurs des vallées (la plupart Arméniens) s'opposent aux pasteurs nomades des steppes (la plupart Kourdes).

Capitale : *Erivan.* V. p. : *Erzeroum.*

4. La Mésopotamie.

— Au pied de l'Iran et de l'Arménie, la plaine qu'arrosent le *Tigre* et l'*Euphrate* a un climat sec. Mais les territoires (*Mésopotamie* au Nord, *Irak-Arabi* au Sud) que ces deux fleuves enserrent, jusqu'à leur conjonction dans le *Chat-el-Arab,* sont irrigables et irrigués. Ils produisent le riz, le blé, le coton.

La Mésopotamie (1 500 000 hab.) constitue un royaume arabe, confié en mandat à l'Angleterre. Les principales villes sont **Bagdad** (145 000 hab.) et *Mossoul,* sur le Tigre; *Bassora,* sur le Chat-el-Arab. Un chemin de fer presque achevé unit Bagdad à la Méditerranée et au golfe Persique.

5. La Syrie.

— La Syrie est confiée en mandat à la France. Elle comprend trois régions naturelles :

1° Le **Liban,** chaîne côtière, de climat et de produits méditerranéens (vin, huile, fruits), bordée par une côte très commerçante.

2° L'**Anti-Liban,** chaîne intérieure, sèche et nue, bordée à l'Est par le *désert de Syrie.*

3° La **Beka,** dépression entre Liban et Anti-Liban, de climat sec, mais dont les eaux, drainées par l'*El-Kasi,* peuvent servir à l'irrigation et à la culture du blé et du coton.

La population (2 800 000 hab.) comprend des *Arabes,* des *Druses,* des *Maronites,* des *Juifs.* Elle se compose de pasteurs nomades, d'agriculteurs, et surtout de marchands.

Les villes sont : à l'intérieur, **Alep** (140 000 hab.) et **Damas** (170 000 hab.); sur la mer, *Alexandrette,* port uni à Alep, et **Beïrout** (80 000 h.), port uni à Damas.

6. La Palestine.

— La région de la Palestine comprend l'*État de Palestine* et la *principauté de Transjordanie* qui sont confiés en mandat à l'Angleterre.

Au point de vue naturel, elle comprend :

1° À l'Ouest, le **plateau de Palestine,** en bordure de la mer, de climat sec, mais aux vallées arrosées et fertiles;

· 2° Au Centre, la dépression du **Ghor,** qui fait suite à la Beka et que sillonne le fleuve *Jourdain,* qui se jette dans la *mer Morte* (lac salé; 395 m. au-dessous du niveau de la mer);

3° À l'Est, le commencement du **plateau d'Arabie.**

La capitale est *Jérusalem,* sur le plateau de Palestine; le port principal est *Jaffa.*

Une grande voie ferrée, que de nombreuses amorces transversales unissent à la Méditerranée, traverse la Syrie et la Palestine entre l'Asie Mineure et l'Arabie.

7. L'Arabie.

— La péninsule de l'Arabie est formée par un immense plateau, qui est un désert dans toute sa partie centrale. Seuls, les versants du plateau vers l'intérieur et les étroites plaines côtières (*Hedjaz* et *Yémen,* à l'Ouest; *Hadramaout,* au Sud; *Oman,* à l'Est) reçoivent quelques pluies permettant les cultures, notamment celle du café.

Fig. 1. — Vue du haut plateau de l'Asie Mineure.

*L'Asie Mineure est un haut plateau, au climat continental, sec et
ride. Le plateau est couvert d'une steppe à l'herbe maigre, assez
aride, et qui sert surtout à la pâture des chèvres et des moutons. La
culture et l'élevage des bœufs sont pratiqués dans quelques bassins
humides. Mais le sol rocheux est probablement riche en minerai
(cuivre, etc.).*

Fig. 2. — Mossoul sur le Tigre.

*Le Tigre est un fleuve de plaine, lent, large, quelque peu diva-
guant. Noter la forme des maisons et notamment leurs toits plats ;
les pluies sont si rares dans ces régions qu'il n'y a point besoin de
songer à incliner les toits pour favoriser l'écoulement des eaux ;
d'autre part, ces toits plats servent de terrasses où l'on va goûter la
fraîcheur des soirs et des nuits.*

La population (1 million d'hab.) comprend surtout des nomades : la côte a des agriculteurs sédentaires. C'est vers la côte
que sont les villes : *Médine* ; *la Mecque*, centre religieux de
l'Islam, et son port *Djedda ; Hodeïda, Moka ; Aden*, poste
anglais ; *Cheikh-Saïd*, poste français.

Un chemin de fer unit la Mecque et Médine à Damas et aux
lignes de l'Asie Mineure.

8. L'Iran. — L'Iran est un haut plateau, ayant la forme
d'un quadrilatère de plus de 3 millions de kilomètres carrés.
Ce haut plateau est encadré par des massifs montagneux sur
tout son pourtour. Les principaux de ces massifs sont : à
l'Ouest, les *monts du Kourdistan, du Louristan* et *du Far-
sistan* ; au Nord, les *monts de l'Elbourz* (plus de 5 000 m.)
et de l'*Hindou-Kouch* ; à l'Est, les *monts Suléiman* et les
monts du *Baloutchistan*.

Les hautes terres de l'*Iran* s'opposent aux basses terres du
Touran, ou Turkestan (voir p. 25), qui s'étendent vers le
Nord, de la mer Caspienne à la Mongolie.

Le pourtour montagneux et la portion centrale de l'Iran
diffèrent au point de vue de la géographie.

La **région du pourtour** a un climat extrême (régime
continental), mais relativement humide. Les eaux courantes
sont abondantes. Un grand lac, le *lac d'Ourmiah*, s'étend au
Nord-Ouest. Sur les montagnes s'étagent plusieurs zones de
végétation : *terres froides* des hauts sommets, *forêts* des altitudes moyennes, *zone cultivable* des plaines au pied des
monts, dont les produits principaux sont les céréales et les
fruits, le coton, le mûrier. La plus riche de ces provinces est
l'*Azerbeidjan*, au Nord-Ouest.

La **région centrale** a un climat extrême, torride en
été, froid en hiver, et d'une sécheresse presque complète.
Les eaux venues des montagnes se perdent dans des lagunes
salées appelées *hamoun*, ou dans le sable. La végétation,
pauvre dans l'ensemble, va de la *steppe* au *désert* (désert
de Lout, etc.). Seule exception : à l'Est, la vallée du *Hil-
mend*, appelée *Séistan*, où une rivière permanente permet
quelques cultures.

Fig. 3. — Jérusalem.

*Jérusalem se dresse sur l'âpre plateau de Judée, pierreux, sec et
battu par des vents violents. Mais c'est surtout une ville sainte, non
seulement pour les catholiques, qui vont, autour du Saint-Sépulcre,
sur le mont des Oliviers et dans la vallée de Josaphat, se remémorer
la vie du Christ, mais aussi pour les Juifs et pour les Musulmans.*

Fig. 4. — Une station du chemin de fer de la Mecque.

*Le chemin de fer de la Mecque traverse des déserts. Comme le
relief est plat, en beaucoup d'endroits il n'y a eu, pour établir la voie,
qu'à poser traverses et rails sur le sol. Mais il a fallu protéger la
ligne contre l'invasion des sables et surtout se procurer tout le long
du parcours l'eau indispensable.* (Phot. Courtellemont.)

C. C. 6

9. Population et division politique de l'Iran.

— L'Iran a 22 millions d'habitants, soit 7 environ au kilomètre carré. Sa population comprend : pour les deux tiers des *Iraniens*, blancs ; pour un tiers des *Touraniens*, jaunes.

1° La **région centrale** comprend surtout des pasteurs nomades (moutons, chèvres), d'ailleurs peu nombreux.

2° La **région du pourtour** est surtout peuplée dans les *plaines*.

Au point de vue politique, l'Iran comprend trois États : la Perse, l'Afghanistan, le Baloutchistan.

1° La **Perse**, occupe la partie Occidentale du plateau. Elle a 10 millions d'habitants. Capitale : *Téhéran* (530 000 hab.). Villes principales : *Tabriz* (180 000 hab.), *Ispahan* et *Méchhed*. La Perse est une monarchie constitutionnelle, gouvernée par le Chah, assisté d'un Parlement. La Perse est de beaucoup le plus étendu, et le plus important des trois États de l'Iran.

2° L'**Afghanistan** occupe la partie Nord-Orientale du plateau, 12 millions d'habitants. Capitale *Kaboul*. Villes principales : *Hérat*, *Kandahar* Des tribus autonomes y vivent sous la suzeraineté d'un *Émir*. L'importance de l'Afghanistan lui vient de sa situation sur les passages menant du Turkestan dans l'Inde anglaise.

3° Le **Baloutchistan** occupe la partie Sud-Orientale du plateau, 400 000 habitants. Capitale : *Kelat*. C'est un protectorat britannique : le Baloutchistan est une des avenues de l'Inde.

Fig. 1. — Le plateau de l'Iran.

LECTURE

1. La côte de l'Archipel est la partie la plus riche de l'Asie Mineure. — C'est celle qui a le plus de ressources agricoles. En effet, le climat, adouci par la proximité de la mer, est un peu plus humide et beaucoup plus doux. La terre végétale est peu épaisse. Il a fallu, sur beaucoup de points, créer le sol, le retenir sur des terrasses étagées en gradins, canaliser soigneusement les eaux. Mais ce travail d'aménagement a permis d'obtenir, sinon les grandes cultures, du moins des vergers et des jardins florissants.

On y cultive avec succès la vigne et le mûrier ; on y récolte des oranges, des citrons, des figues, des olives, des grenades. Les vignes y donnent un vin coloré, épais, liquoreux (vin de Samos) ; une bonne partie des raisins s'exporte sous la forme de raisins secs.

En outre, par suite de sa situation, la côte de l'Archipel a toujours été le centre d'un commerce important.

Dans l'antiquité, c'est dans les ports de l'Archipel que se faisaient les échanges entre le monde grec et les riches monarchies asiatiques, Assyrie, Chaldée, Médie, Perse. Le long de la côte s'échelonnaient des ports actifs et florissants : *Smyrne*, qui était déjà l'un des principaux, *Phocée*, *Éphèse*, *Milet*, *Halicarnasse*, *Cnide*.

La plupart de ces ports ont aujourd'hui disparu ; des alluvions fluviales, qui ont changé beaucoup le dessin des côtes depuis l'antiquité, ont comblé leurs bassins, les ont isolés de la mer : Éphèse et Milet s'en trouvent aujourd'hui éloignés de plusieurs kilomètres.

Parmi les ports actuels, Smyrne occupe sans contredit le premier rang : c'est là qu'aboutissent les grandes lignes de paquebots qui viennent d'Europe.

Mais il existe d'autres ports secondaires. Ces ports constituent ce qu'on appelle les *Echelles du Levant*. Leur commerce d'exportation consiste principalement en parfums, soieries, tapis d'Orient, armes de luxe, raisins secs, vin des îles (Samos).

Fig. 2. — Smyrne.

Smyrne est le plus grand port de l'Asie Mineure ; par lui la Turquie exporte ses principaux produits : figues et raisins, vins et huiles, tapis, etc. (Phot. Boissonnas).

RÉSUMÉ. — L'Asie Occidentale comprend six régions. L'*Asie Mineure* appartient à la *République turque*. Elle forme un haut plateau assez sec bordé sur la mer de plaines côtières et d'îles fertiles. Principales villes de l'intérieur : *Angora*, capitale de la Turquie, *Brousse*, *Konia* et *Kaïsarieh*. Principaux ports : *Trébizonde*, *Scutari*, *Smyrne*, *Adana*.

L'*Arménie* est un haut massif, aux plateaux peuplés de *Kurdes* pasteurs, aux vallées peuplées d'*Arméniens* cultivateurs. Cap. : *Erivan* ; v. p. : *Erzeroum*.

La *Mésopotamie*, riche plaine baignée par le *Tigre* et l'*Euphrate*, a pour v. p. : *Bagdad*, *Mossoul* et *Bassora*.

La *Syrie* est formée des deux chaînes du *Liban* et de l'*Anti-Liban*, encadrant la dépression cultivable de la *Beka*. V. p. : *Alep* et *Damas*, à l'intérieur ; *Beïrout* et *Alexandrette*, sur la côte.

La *Palestine* est formée de plateaux secs, sillonnés par la dépression du *Ghor*. V. p. : *Jérusalem* et *Jaffa*.

L'*Arabie* est un vaste plateau en grande partie désertique. V. p. : *La Mecque*, centre religieux de l'Islam, *Médine*, et les ports de *Djedda*, *Hodeïda*, *Moka*, *Aden*, *Cheikh-Saïd*.

L'*Iran* est un haut plateau, fertile sur ses bords montagneux. Il est divisé entre la *Perse* (cap. *Téhéran* ; v. p. : *Tabriz*), l'*Afghanistan* (cap. *Kaboul*) et le protectorat britannique du *Baloutchistan*.

Exercices. — 1. Carte de l'Asie occidentale. — 2. Carte de l'Iran. — 3. Décrivez les pays traversés par le chemin de fer qui va de Scutari à Bagdad. — 4. Décrivez les ressources de la côte de l'Archipel.

Fig. 1. — La chaîne du Caucase.

Vue de loin, c'est une haute muraille continue avec des versants raides, dressée à pic au-dessus des plaines qu'elle sépare ; sur une longueur de 1 200 kilomètres, elle barre presque complètement l'isthme compris entre la mer Noire et la mer Caspienne : on la franchit par la passe de Darial. (Phot. Martel.)

Fig. 2. — Bakou.

Les puits de pétrole et les raffineries constituent le paysage de Bakou. A Bakou le pétrole est souverain : les puits sont innombrables ; on y compte 94 usines qui dégagent une odeur violente et déversent sans répit des torrents d'une épaisse et âcre fumée. Bakou, jadis misérable bourgade, a maintenant 257 000 habitants.

III. — L'Asie Russe.

A. — CAUCASIE

1. Le sol. — La Caucasie occupe l'isthme compris entre la mer Noire et la mer Caspienne. Elle se divise en trois bandes parallèles.

1° Au centre, le *Caucase*, longue chaîne de 1 200 kilomètres, forme une sorte de muraille très élevée (*Elbrous*, 5 630 mètres), traversée, vers le centre, par un col d'accès assez facile, la *passe de Darial*. Le Caucase est de climat assez rude, bien arrosé, couvert de forêts au-dessous des neiges persistantes.

2° Au pied du versant Nord du Caucase, la *Kabarda*, fin de la plaine russe, est assez peu inclinée pour que les eaux hésitent entre le versant de la mer Noire et celui de la mer Caspienne (le petit fleuve *Manytch* envoie également des eaux aux deux mers). De climat sec, mais arrosée par les nombreuses rivières qui descendent du Caucase (*Kouban*, *Térek*), la Kabarda est occupée par des steppes riches.

3° Au pied du versant Sud, la plaine de *Transcaucasie* est abritée, chaude, arrosée par les eaux descendues du Caucase (*Koura*). Humide à l'Ouest, sèche à l'Est, elle est propre aux cultures subtropicales : riz, coton, mûrier, tabac, maïs, vigne.

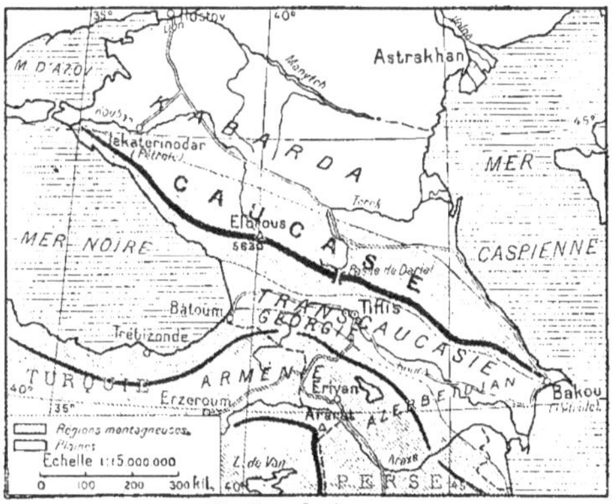

Au Sud de la Transcaucasie se trouve le plateau d'*Arménie*, (voir p. 22).

La Caucasie possède de riches mines de pétrole.

2. La population et le développement économique. — La population comprend, outre les *Russes*, qui sont orthodoxes, des **Jaunes**, *Tatars* et *Turcs*, qui sont musulmans, et des **Blancs Caucasiens**. Parmi ces derniers, les *Géorgiens* et *Arméniens* sont chrétiens, les *Tcherkesses* et *Lezghiens* musulmans.

Cette population atteint à peine 11 millions et demi d'habitants (25 au kilomètre carré).

1° La **Kabarda**, outre ses pasteurs nomades élevant chevaux et moutons, est surtout peuplée dans la région des mines de pétrole, à l'Ouest, où se trouve *Iekaterinodar*.

2° La **Transcaucasie**, outre ses abondantes cultures, a ses mines de pétrole. C'est une région d'industrie active. Les deux grandes villes sont *Tiflis* (586 000 hab.), capitale de la *Géorgie*, à l'Ouest, et *Bakou* (257 000 hab.), capitale de l'**Azerbeidjan**, à l'Est, la ville du pétrole.

B. — TURKESTAN RUSSE

1. Le sol. — Le Turkestan russe comprend essentiellement une *plaine* uniforme qui s'étend entre la Caspienne, d'une part, et les hauts massifs de l'*Iran*, de l'*Altaï* et du *Tian-Chan*, d'autre part. Ancien fond d'une mer desséchée, elle en contient encore plusieurs restes assez étendus : mer *Caspienne*, mer d'*Aral*, lac *Balkhach*, qui s'évaporent peu à peu. Le climat de la plaine du Turkestan russe est absolument continental, c'est-à-dire excessif et très sec.

Fig. 3. — La Caucasie.

En raison de ce climat, et malgré les limons fertiles qui recouvrent la majeure partie de son sol, le Turkestan russe n'est qu'un désert. Ses cours d'eau, venus des montagnes, et assez abondants lorsqu'ils entrent dans la plaine, se traînent péniblement vers la mer d'Aral (*Amou-Daria*, *Syr-Daria*), ou se perdent en route dans les sables (*Zaravchan*, *Tedjent*,

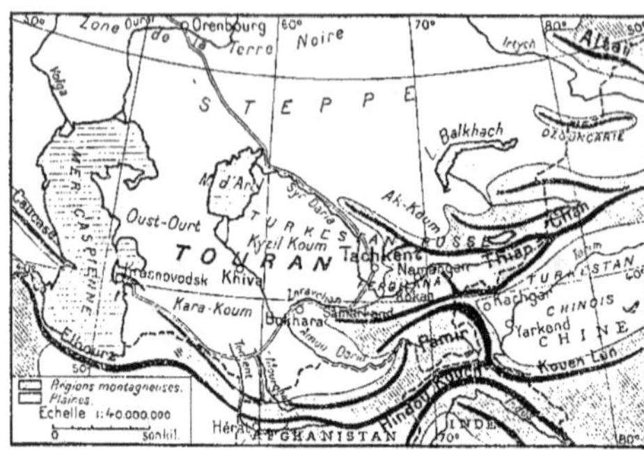

Fig. 1. — Le Turkestan russe.

Fig. 2. — La steppe du Turkestan. *Phot. Sven Hédin.*

Mourghab). La végétation est celle de la plaine aride ou du désert (*désert d'Oust-Ourt, Kara-Koum, Kyzil-Koum, Ak-koum*). Cette plaine est le *Touran*.

Seules, les vallées sont suffisamment arrosées et propres aux cultures (cultures méditerranéennes, coton). La principale de ces vallées est le *Ferghana* (haute vallée du Syr-Daria).

2. Population.

— Le Turkestan renferme environ 7 millions d'habitants, soit 5 par kilomètre carré ; leur nombre augmente progressivement, par suite d'une assez forte immigration russe. Ces habitants comprennent deux éléments ethniques très différents, par la race comme par le genre de vie :

1° Les *Touraniens*, jaunes, qui habitent la steppe, sont nomades et pasteurs (chevaux et moutons) et forment des clans plus ou moins groupés sous la suzeraineté de *Khans* qui siègent dans les oasis : *Khiva, Bokhara ;*

2° Les *Iraniens*, blancs, qui habitent principalement dans les hautes vallées cultivables, sont sédentaires et agriculteurs. Leurs groupements sont assez denses. Les villes, dont quelques-unes ont une ancienneté très reculée, sont populeuses : *Tachkent* (245 000 hab.), devenue la capitale depuis l'occupation russe, *Kokan, Namangan*, enfin l'ancienne *Samarkand*, renommée pour ses caravansérails et son commerce.

L'hostilité est grande, comme partout, entre agriculteurs sédentaires et nomades pasteurs, entre Iraniens et Touraniens. Toute l'histoire de la contrée n'est qu'un duel presque continu entre ces deux éléments.

3. Organisation.

— En 1914 les Russes dominaient le Turkestan, soit directement (environ les quatre cinquièmes du pays), soit indirectement (protectorat des Khans vassaux de Khiva et de Bokhara).

Le résultat de leur domination a été surtout d'exploiter les hautes vallées, où ils ont attiré beaucoup de colons et développé par irrigation les cultures de *coton*, ainsi que les industries textiles (*cotonnades et soieries*). La culture du coton, de plus en plus développée, fournit déjà en quantité importante une matière première d'excellente qualité à l'industrie textile de la Russie.

Deux chemins de fer *transcaspiens* unissent déjà la Caspienne aux hautes vallées du Turkestan et doivent l'unir au Transsibérien (embranchement sur Tomsk), à l'Afghanistan et à l'Inde (embranchement sur Hérat), et peut-être même à la Chine (embranchement transmongolien par la porte de Dzoungarie).

C. — LA SIBÉRIE

1. Les conditions naturelles.

— La Sibérie forme une immense plaine, ouverte vers l'Océan Arctique, séparée des mers du Sud et de l'Océan Pacifique par les hautes chaînes asiatiques ; *Tian-Chan, Altaï, Saïan, Yablonovyï, Stanovoï*, qui forment la Sibérie Sud-Orientale, laquelle se termine par la péninsule montagneuse du *Kamtchatka*.

Son climat est partout très continental, excessif et sec, de plus en plus froid et sec du Sud-Est au Nord-Ouest.

Les cours d'eau de la plaine sont longs, lents, de débit peu abondant, de régime assez régulier, encombrés par les glaces en hiver et sujets à de terribles débâcles au printemps. Ce sont : l'*Ob* (affl. : l'Irtych); le *Iéniséï*, à qui l'Angara amène les eaux du *lac Baïkal ;* la *Léna*.

Les fleuves de la Sibérie Orientale, qui est montagneuse, ont un cours plus tourmenté. Le principal est l'*Amour*.

2. Les zones de végétation et les ressources minérales.

— La Sibérie comporte du Nord au Sud les mêmes zones de végétation qu'on trouvera en Russie :

1° Les **toundras**, ou marécages glacés;

2° La **forêt**, ou *taïga*, immense, plantée de conifères au Nord, d'arbres à feuilles caduques au Sud ;

3° La **zone du tchernoziom**, ou *terre noire*, humus épais, meuble et fertile, cultivable;

4° La **steppe**, aride, propre à la vie pastorale;

5° La **zone montagneuse**, au Sud-Est, plus humide, couverte de forêts.

La Sibérie a des ressources minérales abondantes, localisées surtout dans la région montagneuse du Sud-Est et dans l'Oural : *houille, fer, cuivre*, et surtout l'*or*, dont la production, avec celle de l'Oural, est inférieure seulement à celle du Transvaal, des États-Unis et de l'Australie.

3. Population.

— La population de la Sibérie comprend deux éléments principaux :

1° Des **Indigènes**, jaunes, *Samoyèdes* au Nord, *Tatars* et *Toungouses* au Sud, cantonnés dans la zone des toundras et des forêts, vivant de chasse et de pêche, peu nombreux;

2° Des **Russes**. L'immigration des Russes a augmenté rapidement pendant les quinze premières années du XXᵉ siècle. Les colons russes sont groupés le long du chemin de fer Transsibérien.

La population atteint à peine 8 millions d'habitants (1 hab. par 2 kil. carrés).

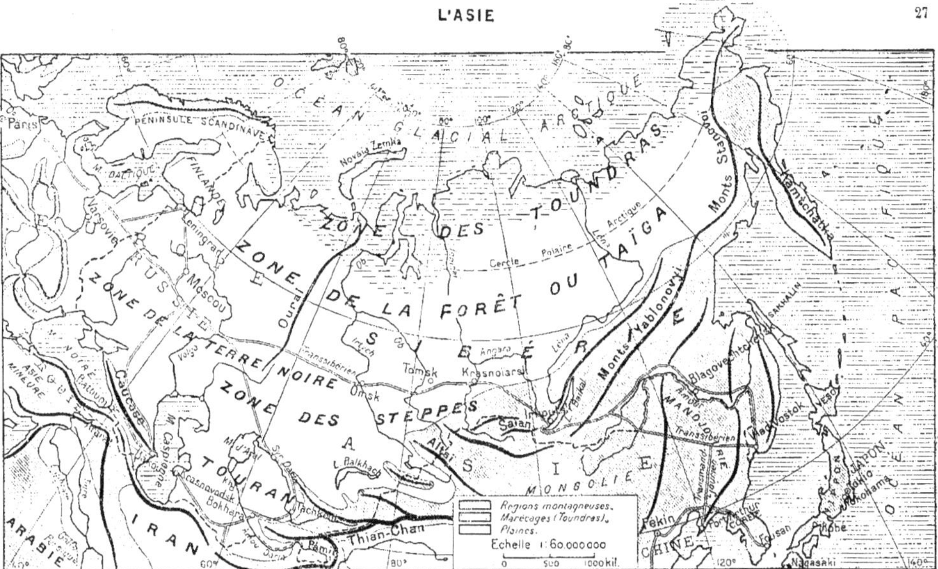

Les villes de la Sibérie sont toutes situées dans la zone de la Terre Noire ou dans les régions minières. Les principales étaient avant tout des relais de caravanes ; ce sont aujourd'hui surtout des stations de chemin de fer. Telles sont : *Omsk*, *Tomsk*, *Krasnoiarsk*, *Irkoutsk*, *Blagovechtchensk*.

4. Situation économique.

— La maigre population de la Sibérie n'exploite pas le bois de ses immenses forêts, où les habitants ne font que la chasse des *animaux à fourrures* (renard bleu, hermine, loutre, marmotte).

Les cultures (blé, orge, avoine, seigle) l'élevage et la production laitière sont limités à la zone du tchernoziom.

Sauf pour l'or, l'exploitation des mines est dans son enfance : il n'existe que quelques groupes métallurgiques au Sud de Tomsk, au Nord d'Irkoutsk et sur l'Amour.

5. Le Transsibérien, voie de pénétration vers l'Extrême-Orient.

— La grande voie ferrée du *Transsibérien* dessert la Sibérie méridionale.

Actuellement, elle est surtout une voie d'accès et de transit de la Russie et du reste de l'Europe vers le Pacifique et vers l'Extrême-Orient. Elle aboutit, à travers la Mandchourie, à *Vladivostok* (port russe, souvent encombré par les glaces) et à Port-Arthur (port japonais, toujours libre). Elle se prolonge à travers la Chine, jusqu'à Han-Kéou et Chang-Haï.

LECTURES

1. Le pétrole est la grande richesse de la Caucasie.

— Le pétrole est si abondant dans la région du Caucase que par endroits le sol en est comme imprégné. Presque toute la cuisine indigène se fait à ce feu. Plusieurs sources jaillissent au milieu de la mer.

Il était naturel d'exploiter de si riches dépôts. L'exploitation est devenue particulièrement active depuis une soixantaine d'années. Toute la presqu'île de Bakou est couverte de puits et d'usines où l'on raffine le pétrole brut. Certains puits ont donné jusqu'à 10 000 tonnes de pétrole en un jour. A Bakou, on ne compte pas moins de 94 usines où l'on distille l'huile minérale ; toute la ville est imprégnée d'une odeur très violente de pétrole, et elle est presque sans cesse enveloppée d'une fumée épaisse et âcre.

Aujourd'hui, la région de Bakou n'est pas la seule région pétrolifère exploitée dans le Caucase ; il en existe d'autres sur le versant Nord du massif.

Le pétrole ne sert pas seulement à l'éclairage ; il sert au chauffage. On a calculé qu'une tonne de pétrole donne autant de chaleur que trois tonnes de houille. L'huile minérale alimente aujourd'hui les machines des chemins de fer Transcaucasien et Transcaspien, celles des bateaux à vapeur de la Caspienne et de la Volga, des manufactures de la Russie, etc. Chaque jour des bateaux-citernes en transportent des milliers de kilogrammes en Russie par la Caspienne et la Volga ; des wagons-citernes en emportent par le Transcaucasien jusqu'aux ports de la mer Noire.

2. La Terre Noire est la région riche de la Sibérie.

— Au Sud de la forêt sibérienne, la plaine est formée de terres noires, riches en humus, excellentes par leur composition pour la culture des céréales. Malheureusement, du côté de la province Transcaspienne, le climat est trop sec ; faute de pluies, le sol reste inculte ; immense et nue s'étend la steppe qui bientôt se change en désert. Mais, plus à l'Est, à défaut de pluies, la plaine est arrosée par les rivières qui descendent des montagnes ; la culture devient possible : c'est la Sibérie agricole. On y cultive le blé, l'avoine, le seigle d'hiver, l'orge, les pommes de terre.

C'est de ce côté que s'est portée principalement l'immigration. Des colonies de Russes s'y sont formées pour mettre le sol en culture. On emploie naturellement la méthode *extensive*, c'est-à-dire qu'on cultive le sol vierge, sans engrais, aussi longtemps qu'il peut donner des moissons suffisantes ; après quoi, quand les récoltes faiblissent trop, on abandonne le coin qu'on vient d'épuiser pour aller un peu plus loin exploiter un autre sol vierge. Le petit nombre des habitants et la grande étendue du pays permettent cette manière de faire.

Fig. 1. — LA FORÊT SIBÉRIENNE.

La forêt sibérienne couvre plusieurs millions de kilomètres carrés. On l'appelle la taïga.

Fig. 2. — UNE FERME SIBÉRIENNE.

C'est l'habitation d'un colon russe. La maison est en bois : le bois abonde dans presque toute la Sibérie.

RÉSUMÉ. — La *Caucasie* est constituée au Centre par la chaîne du *Caucase* (*Mont Elbrous*, 5 630 m.), flanquée au Nord de la plaine de la *Kabarda*, et au Sud de la plaine de *Transcaucasie*. Les plaines ont une grande richesse agricole. De plus, la Caucasie a des mines de pétrole. La Transcaucasie est politiquement divisée entre la *Géorgie* (cap. *Tiflis*) et l'*Azerbeïdjan* (cap. *Bakou*).

Le *Turkestan Russe* est une vaste plaine occupée en partie par la *mer Caspienne*, la *mer d'Aral* et le *lac Balkhach*. De climat désertique, cette plaine est surtout constituée par des steppes parcourues par des tribus nomades. Mais les vallées des cours d'eau (dont les principaux sont le *Syr-Daria* et l'*Amou-Daria*), humides et fertiles, sont occupées par des cultures, notamment de coton. V. p. : *Tachkent, Kokan, Namangan, Samarkand.*

La *Sibérie* a un territoire immense occupé du Nord au Sud par des *toundras*, ou marécages glacés, par une vaste forêt ou *taïga*, par une zone de terre noire ou *tchernoziom*, par une steppe assez aride et par une zone montagneuse. La taïga est peu exploitée et peu peuplée. La zone montagneuse possède de riches mines. La steppe est occupée par des nomades. Mais la région la mieux exploitée et la plus peuplée est la zone agricole de la terre noire (blé, élevage), que traverse le *Transsibérien* et où se trouvent les principales villes : *Omsk, Tomsk, Krasnoiarsk, Irkoutsk*. Un port sur le Pacifique : *Vladivostok*.

Exercices. — 1. Carte de la Caucasie. — 2. Parlez du pétrole en Caucasie. — 3. Carte du Turkestan Russe. — 4. Carte de la Sibérie. — 5. Décrivez la Terre Noire en Sibérie.

IV. — L'Inde.

1. Étendue et importance de l'Inde. — La possession anglaise de l'Inde a 4 600 000 kilomètres carrés et renferme 315 millions d'habitants. Elle est située entièrement dans la zone tropicale.

2. Structure de l'Inde. — Le relief de l'Inde comprend, du Nord au Sud, trois parties :

1° L'*Himalaya*, grande et haute chaîne en forme d'arc (*Mont Everest*, 8 840 m.). L'Himalaya renferme les plus hauts sommets du monde entier ;

2° La *plaine indo-gangétique*, alluviale, d'une altitude partout inférieure à 300 mètres et presque parfaitement plate ;

3° Le *plateau du Dekkan*, surtout cristallin, sauf à l'Ouest, où s'étendent des masses de basaltes, est

plus haut au Sud qu'au Nord et comporte quelques massifs découpés par l'érosion : *Monts Vindhya, Satpoura*. En bordure, les *Ghates Orientales* dominent la côte de *Coromandel* et d'*Orissa* ; les *Ghates Occidentales* surplombent la côte de *Malabar*.

Au Sud, la péninsule de l'Inde se prolonge, au delà d'un détroit peu large, par l'*île de Ceylan.*

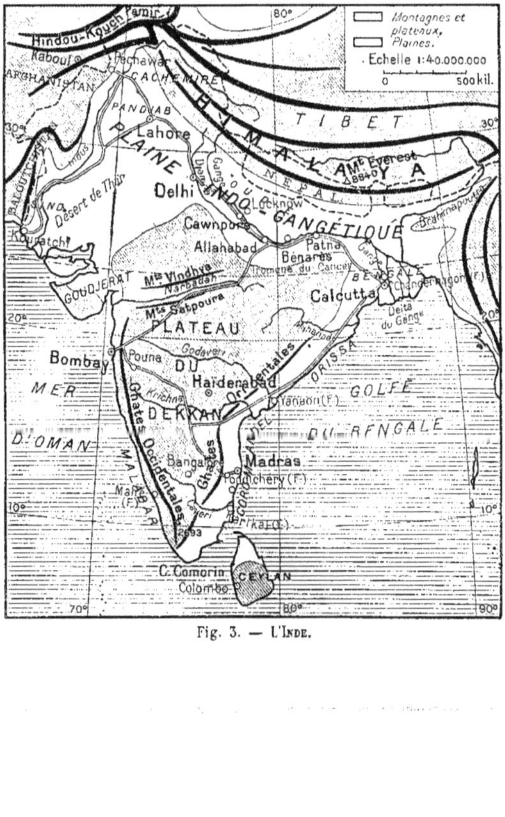

3. Le climat de l'Inde. — Le climat de l'Inde est tropical.

La *température*, partout chaude, l'est beaucoup plus dans la plaine que sur le plateau, dont la latitude est plus méridionale mais l'altitude plus élevée.

Les *vents* sont des *moussons* (v. ci-dessus, p. 11).

Les *pluies* amenées par la mousson qui souffle de l'Océan Indien tombent en été. Mais elles sont inéga-

Fig. 3. — L'INDE.

lement réparties. Elles sont très abondantes sur le versant marin des hauteurs. Elles sont plus maigres et moins régulières sur les plaines larges, comme la partie occidentale de la grande plaine. Parfois même elles manquent (désert de Thar, au Nord-Ouest).

4. Cours d'eau et végétation. — Les cours d'eau, partout très abondants, se divisent en deux groupes :

Ceux du Dekkan (*Mahanadi, Godaveri, Krichna, Caveri, Narbadah*) sont rapides et torrentiels.

Ceux de la plaine indo-gangétique (*Indus* et *Gange*, avec ses affluents : *Djamna, Brahmapoutra*) sont énormes, sujets à de grosses crues d'été (fonte des neiges de l'Himalaya) ; ils charrient des masses d'alluvions et se terminent par des deltas.

La *végétation* est très variée, comme le climat et la répartition des pluies : 1° Sur l'Himalaya se succèdent de bas en haut toutes les formes, de la *végétation tropicale* à la *végétation alpestre* ; — 2° Les plaines, suivant la quantité de pluie reçue, sont couvertes par la *jungle*, ou haute savane coupée de bois épais, par la *steppe* ou même par le *désert* (à l'Ouest : *désert de Thar*) ; — 3° Dans le Dekkan, les hauteurs bien arrosées comportent la *forêt* (bois précieux : *santal, teck*, etc.), les parties basses la *jungle*. Les régions cultivables des plaines se prêtent aux cultures : *coton, café, thé, blé, riz*.

5. Peuplement. — L'Inde a 315 millions d'habitants. Cette population comprend :

1° Les **Dravidiens**, petits, noirs, aux cheveux crépus ;

2° Les **Hindous** ou **Aryens**, au teint clair ;

3° Des **Turcs**, groupés surtout au Nord-Ouest ;

4° Des **Mongols**, groupés surtout au Nord-Est.

La densité moyenne de la population de l'Inde est de 77 habitants au kilomètre carré. Mais en réalité, partout la densité est ou beaucoup plus forte ou beaucoup plus faible.

L'Himalaya n'est peuplé que dans les vallées où se sont formés de petits États isolés : *Cachemire, Népal*.

La région de l'Indus, de climat sec (*désert de Thar*), n'est peuplée que dans le *Pandjab*, le *Sind* et le *Goudjerat*. Principales villes : **Lahore** et *Kouratchi*.

La région du Gange est la région la plus riche en cultures et la plus peuplée (200 à 600 habitants au kilomètre carré), dans l'*Oude*, le *Bengale* et surtout le *delta du Gange*.

Les grandes villes y sont nombreuses : *Calcutta* (1 327 000 hab.), **Delhi**, capitale politique, *Bénarès*, capitale religieuse, *Patna, Allahabad, Lucknow, Cawnpore*.

La partie basaltique du **Dekkan**, au Nord-Ouest, bien arrosée et couverte d'une terre rouge ou *regur*, favorable à la culture du *coton*, est très prospère, mais moins peuplée que la plaine.

La partie cristalline du **Dekkan**, riche en forêts, n'est que partiellement cultivée et peuplée. Principales villes : **Haïderabad** (404 000 hab.), *Pouna, Bangalore*.

La côte orientale (*Coromandel, Orissa*) avec l'île de **Ceylan**, humide, chaude, couverte de cultures, est très peuplée. Les villes principales sont *Madras* (526 000 hab.), la colonie française de *Pondichery* et *Colombo*, dans l'île de Ceylan.

La côte occidentale (*Malabar*) a toujours été très peuplée, grâce à son front tourné vers l'Europe et l'Afrique et au commerce qui en est résulté. La grande ville est *Bombay* (1 176 000 hab.), débouché de la région du coton.

6. Développement économique de l'Inde. — L'agriculture est la grande ressource de l'Inde.

Les principaux produits agricoles sont : le *riz*, consommé par la classe riche ou exporté, le *blé*, le *millet*, consommé par le peuple, le *coton* et le *jute*, l'*indigo*, la *canne à sucre*, le *café*, le *thé* et l'*opium*.

L'industrie n'a longtemps compris que les petites industries locales (soieries, broderies, ivoires ciselés). Aujourd'hui, grâce à l'exploitation de ses mines, l'Inde a de grandes industries : tissage des cotonnades, tissage du jute.

7. Le commerce de l'Inde. — Pays presque exclusivement agricole, à peine naissant à la grande industrie, l'Inde a un important mouvement commercial : plus de 5 milliards de francs. Elle le fait grâce à 60 000 kilomètres de chemins de fer et aux voies navigables de la plaine. Ses trois grands ports de commerce sont : *Bombay, Calcutta* et *Madras*.

L'Inde **importe** : des produits manufacturés, surtout du *Royaume-Uni*. Elle **exporte** : une partie de ses céréales (blé, riz), son thé, son coton et son jute (bruts ou manufacturés), surtout dans le *Royaume-Uni*, les *États-Unis* et l'*Extrême-Orient*. Presque tout son commerce extérieur (au moins les neuf dixièmes) se fait par la voie de mer.

Fig. 1. — L'Himalaya.

L'Himalaya, contemporain des plissements alpins, forme au Nord de l'Inde une barrière analogue à celle que les Alpes forment au Nord de l'Italie.

Fig. 2. — Une jungle a Ceylan.

La jungle de l'Inde et de Ceylan est un fourré presque impénétrable d'arbres, de lianes, de buissons et de très hautes herbes, où règne le tigre.

Fig. 1. — La récolte du thé dans l'Inde.

L'Inde et l'île de Ceylan sont devenues les deux rivales de la Chine pour la production du thé. L'arbre à thé est un arbuste de la famille des camélias ; il dépasse rarement 1 m. 50 à 2 mètres de hauteur. On en cueille les feuilles à deux ou trois reprises au cours de l'année. (Phot. " Planters Association " Ceylan.)

Fig. 2. — Éléphants au travail dans l'Inde.

L'un des traits curieux que présente l'Inde, c'est qu'on a réussi à y domestiquer les éléphants qui y sont fort nombreux en certaines régions, comme la côte de Malabar. On les emploie surtout au transport des bois. L'éléphant est du reste à la fois très fort et très intelligent.

L'Angleterre a intérêt à garder libre la route commerciale de l'Inde en raison de ses exportations de produits industriels dans l'Inde et vers l'Extrême-Orient.

De là les postes qu'elle occupe dans la Méditerranée sur la route de Suez et au delà de Suez sur la mer Rouge et le golfe d'Aden ; de là aussi le protectorat du Baloutchistan et son action dans tous les pays avoisinant l'Inde.

LECTURES

1. La plaine indo-gangétique a un sol très homogène dans toute son étendue, mais le climat et les productions y diffèrent. — La plaine indo-gangétique occupe l'emplacement d'un ancien bras de mer qui a subsisté très longtemps entre le vieux continent du Dekkan et le massif plus récent de l'Himalaya. Il ne s'est comblé que lentement par l'apport des alluvions torrentielles descendues de l'un et de l'autre, surtout du second. Comme le delta du Nil, la plaine indo-gangétique est donc l'œuvre de ses fleuves ; constituée par leurs dépôts, on peut la parcourir de bout en bout sans rencontrer un bloc de rochers.

Mais, dans cette plaine de sol si uniforme, quelle différence de climat entre la portion occidentale et la portion orientale !

À l'Ouest, la région de l'Indus n'a presque pas de pluie. Aussi les cours d'eau qui la traversent, puissants à leur entrée en plaine, parce qu'ils sont alimentés par les neiges de l'Himalaya, vont-ils en s'appauvrissant à mesure qu'ils avancent dans la plaine ; ils arrivent à la mer très réduits. D'autre part, la végétation est riche sur les bords des rivières ; mais dès qu'on quitte les rives on arrive au désert.

À l'Est, au contraire, la région du Gange est bien arrosée. Le Gange roule des eaux abondantes, qui font comprendre que les Hindous aient vu en lui le « Père des Eaux ». Ses affluents, qui sont nombreux, sont puissants eux-mêmes. Des lacis de canaux unissent les rivières entre elles et couvrent le pays d'un réseau serré dans les mailles duquel se trouvent de riches cultures et des villages peuplés. Les champs de céréales, de cannes à sucre, de riz, se succèdent partout ; la densité de la population s'élève, en certains cantons, jusqu'à 600 habitants par kilomètre carré. Et quand on arrive au delta où la mousson d'été décharge plus de 12 mètres de pluie par an, la richesse agricole arrive à sa plus grande opulence et la densité de la population atteint celle des régions industrielles les plus actives de l'Europe occidentale.

Ainsi, de l'Ouest à l'Est, de l'Indus au Gange et à son delta, on va progressivement de la sécheresse et de la stérilité à la surabondance des eaux et des produits.

2. Dans le Dekkan, la région importante est celle de la « terre à coton ». — La plus grande partie du Dekkan est constituée par des roches cristallines, dont la décomposition par les eaux de pluie donne une argile rougeâtre, assez peu fertile, terre de prédilection de la forêt et de la jungle.

Mais une portion du Dekkan, celle du Nord-Ouest, est constituée par des basaltes. Décomposés par les eaux des pluies tropicales, chaudes et riches en phosphore, ils donnent une argile rougeâtre, pulvérulente à la suite des sécheresses, très épaisse, que l'on nomme le *regur*.

Peu tenace et profond, le regur est peu favorable aux arbres qui, comme dans les terres jaunes de la Chine, ne peuvent s'y agripper. Mais le coton y réussit remarquablement. Grâce au regur, l'Inde est après les États-Unis le principal pays producteur de coton du monde. Toutefois, bien que venant au second rang, l'Inde produit beaucoup moins que les États-Unis et ne peut pas leur être comparée pour la quantité produite ; d'autre part, le coton hindou, composé de fibres plus courtes, plus cassantes, moins soyeuses, est d'une qualité très inférieure au coton américain.

Le coton de l'Inde s'exporte principalement par Bombay vers le Japon.

RÉSUMÉ. — L'Inde est la plus étendue des péninsules de l'Asie et de beaucoup la plus peuplée. Elle se compose de la haute chaîne de l'*Himalaya*, de la longue *plaine indo-gangétique* et du plateau du *Dekkan*, que prolonge l'île de *Ceylan*.

Grâce aux vents de mousson, l'Inde est arrosée par des pluies abondantes et régulières, qui assurent à ses cours d'eau (l'*Indus*, le *Gange*, avec ses affluents : la *Djamna*, le *Brahmapoutra*) un débit puissant et à sa végétation une grande richesse.

Les 315 millions d'habitants de l'Inde sont inégalement répartis entre les différentes régions : la plus peuplée est la plaine du Gange. Les principales villes sont : *Lahore*, dans la plaine de l'Indus, *Calcutta*, grand port, *Delhi*, capitale politique, et *Bénarès*, capitale religieuse, dans la plaine du Gange ; *Haïderabad* et les ports de *Bombay* et de *Madras*, dans le Dekkan ; le port de *Colombo*, dans l'île de *Ceylan*.

L'Inde a une extrême richesse agricole : elle produit le riz et le blé, le coton et le jute, le sucre et le thé, etc. Elle a des mines de houille et commence à avoir une grande industrie textile.

Son commerce, très actif, se fait surtout avec l'Angleterre.

Exercices. — 1. Carte de l'Inde. — 2. Énumérez et caractérisez les principales régions de peuplement de l'Inde. — 3. Décrivez la plaine indo-gangétique.

V. — L'Indochine.

1. Structure de l'Indochine. — L'Indochine, vaste péninsule de 2 millions de kilomètres carrés, constitue par sa structure, par son climat, par sa population, par son histoire, le lieu de contact et de transition entre l'Inde et la Chine.

La péninsule indochinoise se compose :

1° A l'Ouest, des *chaînes plissées de la Birmanie et de la péninsule de Malacca* enserrant le *delta de l'Irraouaddi et de la Salouen* ;

2° Au Centre, d'un plateau, encore mal exploré, le *Laos*, terminé au Sud par la *plaine du Siam*, qui est le bassin de la Ménam, et par la *plaine du Cambodge et de la Cochinchine* qui est le delta du Mékong ;

3° A l'Est, des *chaînes plissées de l'Annam et du Tonkin*, ces derniers enserrant la *plaine du Tonkin*, qui est le delta du Song Koï ou Fleuve Rouge.

Toutes ces plaines orientées différemment, ouvertes sur des mers différentes (*golfe du Bengale, golfe de Siam, mer de Chine*), sont absolument isolées les unes des autres. Elles communiquent d'autant plus difficilement entre elles par l'intérieur que tous les fleuves du pays (*Irraouaddi, Salouen, Ménam, Mékong, Fleuve Rouge*) sont, dans leur cours supérieur et moyen, coupés par des rapides.

2. Climat et végétation. — Par sa situation entre l'Océan Indien et l'Océan Pacifique, l'Indochine est tout entière soumise au régime des moussons. Dans la portion occidentale (Birmanie), qui regarde vers l'Océan Indien, c'est la mousson de l'Océan Indien qui apporte la pluie en été. Dans la portion orientale, sur les côtes du Tonkin, la mousson qui vient de l'Asie septentrionale en saison froide, ayant passé sur la mer de Chine avant d'aborder cette côte, y apporte des pluies d'automne. Au Sud, la péninsule de Malacca et la Cochinchine qui, grâce à leur orientation, participent des deux régimes, ont deux saisons de pluies (été et automne), se traduisant par des précipitations plus abondantes.

De là une certaine variété dans la végétation :

1° La forêt tropicale couvre les chaînes montagneuses arrosées par la mousson ; elle est surtout dense et touffue dans les chaînes méridionales de l'Annam et de Malacca ; elle couvre aussi certaines parties des plaines non défrichées : dans le Cambodge et la Cochinchine, dans les régions inondées par le Mékong, se trouvent des *forêts noyées* ; dans les bras des deltas des fleuves, des *forêts de palétuviers*, qui contribuent à les rendre impraticables.

Fig. 1 — L'Indochine.

2° La savane aux hautes herbes, ou jungle, occupe les parties les moins humides des plaines, celles qui ne sont pas presque perpétuellement inondées ; c'est aussi la *région des cultures* et particulièrement la *région des rizières*, dans les parties inondées périodiquement par les fleuves.

5° Enfin, une véritable **steppe**, à l'herbe rare et non permanente, couvre les plateaux intérieurs du Laos, où la forêt est limitée aux vallées humides des fleuves ; la culture, par manque d'eau, y est difficile : c'est la *région de l'élevage*.

3. Peuplement et divisions politiques. — La population de l'Indochine est très composite. Elle comprend :

1° Dans les montagnes de l'intérieur, les *Moï* ;

2° Dans les régions côtières, des *Malais* ;

5° A l'Ouest, les *Birmans*, les *Siamois*, les *Cambodgiens* ;

4° A l'Est, les *Annamites*.

L'Indochine se divise en trois domaines politiques :

1° L'*Indochine française*, à l'Est ;

2° Le *royaume de Siam*, au Centre ;

5° L'*Indochine anglaise*, à l'Ouest.

4. L'Indochine française. — Voir p. 209.

5. Le Siam. — Le royaume de Siam a 9 724 000 habitants. Sa région essentielle est la *vallée de la Ménam*, où vit un peuple doux et industrieux d'agriculteurs (rizières) et d'artisans (soie). Le commerce est entre les mains des *Chinois*. Cap. : *Bangkok* (950 000 hab.) sur l'estuaire de la Ménam.

6. L'Indochine anglaise. — L'Indochine anglaise comprend :

1° La **Birmanie** (15 millions d'hab.), dont les parties essentielles sont les vallées de l'Irraouaddi et de la Salouen, aux riches rizières. V. p. : *Rangoun* (541 000 hab.), le premier port du monde entier pour l'exportation du riz ;

2° Le **gouvernement des Détroits** et les Etats Fédérés malais, comprenant surtout une partie de la péninsule de Malacca et l'île de Singapour, position stratégique et commerciale de premier ordre, sur la route de l'Extrême-Orient. V. p. : le port de *Singapour* (259 000 hab.).

Outre qu'elle bénéficie de la production agricole (riz, caoutchouc) et minière (pétrole et étain) de cette région, l'Angleterre tient à la possession de Singapour parce que :

1° Elle est une voie de pénétration vers les riches provinces de la Chine méridionale (*Yun-Nan*) ;

2° Elle est une escale vers l'Extrême-Orient.

Fig. 1. — L'Irraouaddi.

L'Irraouaddi naît en Chine et arrose la Birmanie dans l'Ouest de la péninsule indochinoise. Son cours supérieur se déroule entre des berges montagneuses ; le fleuve se termine par un immense delta. L'Irraouaddi n'est navigable que dans son cours inférieur ; mais sa vallée forme une bonne voie de pénétration vers le Yun-Nan et la Chine méridionale.

Fig. 2. — Repiquage du riz au Tonkin.

Le riz forme le fond de la nourriture des habitants du Tonkin et de toute notre Indochine, comme de toutes les populations de l'Extrême-Orient. Il occupe presque toutes les parties basses, faciles à inonder, car le riz exige beaucoup d'eau pendant la majeure partie du temps de sa croissance. Presque toute l'étendue des régions deltaïques est couverte de rizières.

LECTURE

Les deltas sont les régions principales de l'Indochine. — L'Indochine renferme quatre grands deltas, ceux du Song-Koï, du Mékong, de l'Irraouaddi et de la Salouen. Ce sont les parties les plus importantes de la péninsule :

1° *Par leurs produits agricoles* : coton, cannes à sucre et surtout riz. Tout y favorise la végétation : climat continûment chaud, alluvions très fertiles, eau très abondante. Là où l'eau surabonde, c'est la forêt demi-aquatique de palétuviers et autres plantes amphibies, difficile à défricher et insalubre. Ailleurs, c'est une région de rizières ; le pays est complètement divisé en rectangles qu'encadrent des levées de terre. La Birmanie anglaise et la Cochinchine française exportent d'immenses quantités de riz dans l'Extrême-Orient et en Europe. Le port de Rangoun, en Birmanie, est le premier port du monde entier pour l'exportation du riz.

2° *Par leur population* : à eux seuls, ils renferment environ les trois quarts de la population totale de l'Indochine. Dans le delta du Tonkin, les villages se succèdent les uns aux autres presque sans interruption, et la densité atteint 400 habitants par kilomètre carré, soit cinq à six fois plus qu'en France.

VI. — La Chine.

1. Chine propre et régions du pourtour. — Le territoire chinois a une superficie de 11 millions de kilomètres carrés et une population de 300 à 400 millions d'habitants.

Mais il faut distinguer deux parties dans ce vaste territoire :

1° la Chine propre, qui comprend à peine le tiers du territoire, mais presque toute la population ;

2° les possessions extérieures à la Chine propre, vastes, mais à peine peuplées.

2. Les régions du pourtour. — Ces régions comprennent :

1° Le **Tibet**, haute masse sillonnée de chaînes (5 000 m.), au climat très froid et très sec. Il est peuplé de *Mongols* bouddhistes, dont la capitale religieuse est *Lhassa* ;

2° Le **Turkestan chinois**, vaste dépression sablonneuse, entourée de montagnes (*Tian-Chan, Kouen-Lun*), de climat et de végétation désertiques. Quelques villes-oasis : les principales sont *Yarkend* et *Kachgar* ;

RÉSUMÉ. — La péninsule de l'Indochine comprend :

1° à l'Ouest, les chaînes de la *Birmanie*, encadrant la plaine deltaïque de l'*Irraouaddi* et se prolongeant par la péninsule de *Malacca* ;

2° au centre, le *plateau du Laos*, échancré par les *plaines du Siam*, du *Cambodge* et la plaine deltaïque du *Mékong* (Cochinchine) ;

3° à l'Est, les *chaînes de l'Annam* et du *Tonkin*, encadrant la *plaine deltaïque du Song-Koï* (Tonkin).

Très chaude, très humide, de végétation surabondante et d'une grande richesse agricole, l'Indochine est moyennement peuplée.

Elle comprend :

1° l'*Indochine française*, que l'on étudiera plus loin ;

2° le *Siam*, cap. *Bangkok* ;

3° l'*Indochine anglaise*, avec la *Birmanie*, cap. *Rangoun*, et les *Etablissements des Détroits*, où se trouve le grand port de *Singapour*.

Exercices. — 1. Carte de l'Indochine. — 2. Décrivez la structure de l'Indochine. — 3. Expliquez la variété du climat et de la végétation de l'Indochine. — 4. Caractérisez l'importance des deltas pour l'Indochine.

5° La **Mongolie**, constituée par un haut plateau pierreux (*désert de Gobi*) et de hautes chaînes (*Tian-Chan, Altaï*), au climat continental, excessif et sec, à la végétation de steppe. Elle est occupée par des *Mongols*, pasteurs nomades ;

4° La **Mandjourie**, constituée par une plaine centrale, bordée à l'Est et au Sud-Est par des massifs. La plaine a un climat continental et excessif, mais, plus humide que les régions précédentes, elle est propre à la culture des céréales. La population est relativement dense. Capitale : *Moukden.* (158 000 hab.)

3. La Chine propre. — La Chine propre est la région essentielle du territoire chinois. Elle comprend deux régions très différentes :

1° La **Chine septentrionale** est principalement constituée par une plaine, dont le relief, jadis accidenté, a été enfoui sous une nappe épaisse de limon argileux ou terre jaune (*loess*).

Les cours d'eau sont le *Peï-Ho* et surtout le **Houang-Ho** (plus de 4 000 kil.), au débit abondant et violent, charriant

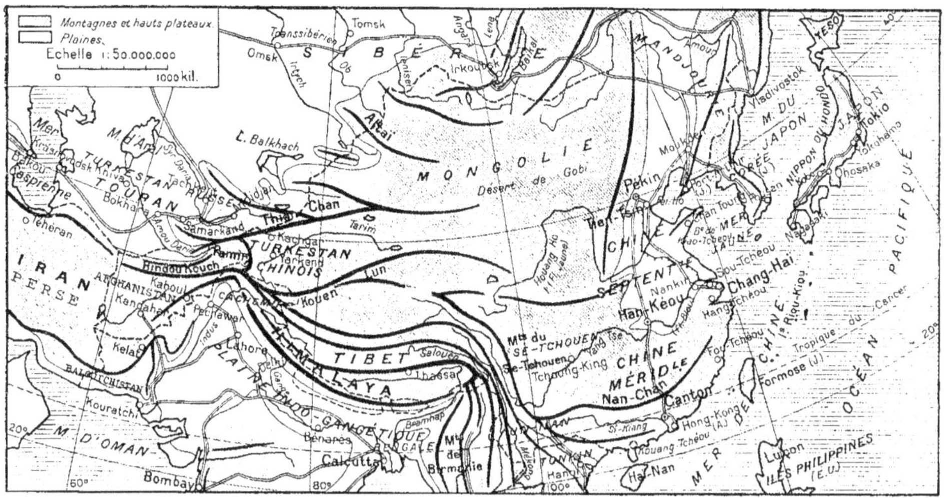

Fig. 1. — La Chine.

des masses d'alluvions jaunâtres arrachées aux terrasses de loess. Le Houang-Ho, qui menace sans cesse de ses débordements le pays environnant, est longé par une double ligne de digues que l'on entretient à grands frais. Il n'est pas navigable à son embouchure qui forme un delta très ensablé.

La côte est plate et basse. Un seul accident à noter : la *presqu'île du Chan-Toung*, ancienne île rattachée au continent par les alluvions. Aucun port naturel, sauf le long de cette presqu'île (*baie de Kiao-Tchéou*).

Le climat est continental : étés chauds, hivers froids ; pluies médiocres. La végétation arbustive est nulle. Mais la terre est excellente pour la culture des céréales : blé, millet ;

2° La **Chine méridionale** est constituée par une série de chaînes (*Monts du Sé-Tchouen, du Yun-Nan, Nan-Chan*) généralement orientées de l'Ouest à l'Est, séparées par des vallées, souvent resserrées par des éperons montagneux.

La côte, perpendiculaire aux chaînes, comprend de nombreuses indentations, longues, étroites et profondes, et d'excellents ports ; elle est favorable à la navigation.

Les cours d'eau sont le *Si-Kiang* et le **Yang-tsé-Kiang**, le plus long fleuve de Chine. Le Yang-tsé-Kiang peut être remonté sur 1 000 kilomètres par des navires calant 5 mètres.

Le climat est tropical, continûment chaud et très humide. Il est troublé par des *cyclones* ou *typhons*.

La végétation, tropicale, est exubérante. Les montagnes sont couvertes de *forêts*. Dans les vallées réussissent le *riz*, le *mûrier*, le *coton*, le *thé*.

4. La population chinoise.

— La Chine a de 300 à 400 millions d'habitants (le cinquième des habitants du globe).

Les races représentées en Chine sont assez nombreuses. Toutes sont *jaunes*. Outre quelques éléments *mongols* et *mandjous*, le fond de la population comprend les **Chinois**, qu'on peut distinguer en *Chinois du Nord*, grands et de teint foncé, et en *Chinois du Sud*, petits et de teint plus clair. Les uns et les autres sont actifs, industrieux et sobres.

La population rurale, comme dans presque tous les pays agricoles, est bien supérieure à la population urbaine. Pour-tant la Chine possède d'immenses agglomérations : centres politiques ou religieux, ports maritimes ou fluviaux, et, de nos jours, centres industriels en voie de croissance.

Les principales villes sont : **Pékin** (900 000 hab.) et **Tien-Tsin** (800 000 hab.), dans la Chine septentrionale ; *Tchoung-King*, **Han-Kéou** (1 474 000 hab.), *Nankin, Sou-Tchéou*, **Chang-Haï** (1 500 000 hab.), *Hang-Tchéou* dans la région du Yang-tsé) ; *Fou-Tchéou*, *Canton* (900 000 hab.), *Hong-Kong, Kiang*, sur le fleuve ou la côte voisine, au sud du Yang-tsé-Kiang. Sauf les deux premières, toutes ces villes sont donc situées dans la Chine méridionale, la plupart dans le bassin du Fleuve Bleu et sur la côte. Toutes ont au moins 500 000 habitants.

5. Développement économique.

— La Chine s'est peu à peu ouverte à la civilisation européenne pendant la seconde moitié du XIXe siècle. Cette évolution s'est manifestée :

1° Par l'ouverture de certains ports au commerce étranger. Les principaux sont *Canton, Chang-Haï* et *Fou-Tchéou*, sur la mer ; *Han-Kéou* et *Tien-Tsin*, sur les fleuves ;

2° Par la **cession à bail de territoires** à des puissances étrangères avec le droit d'y établir des industries et des comptoirs commerciaux : *Hong-Kong*, à l'Angleterre ; *Port-Arthur*, au Japon ; *Kouang-Tchéou*, à la France ;

3° Et surtout par la construction d'un grand réseau de **voies ferrées**, qui supplée heureusement, dans la Chine du Nord, à l'insuffisance des fleuves.

L'*agriculture* (avec la pêche) est la principale ressource de la grande majorité de la population, même urbaine.

Cette agriculture chinoise, très différente de l'agriculture des pays de civilisation européenne aussi bien que de l'agriculture des pays neufs, se caractérise par les traits suivants : 1° l'absence de l'élevage ; 2° la médiocrité des méthodes agricoles ; 3° la patience laborieuse de l'agriculteur. Aucun agriculteur au monde ne sait donner au sol des soins plus diligents (irrigation, cultures en terrasses sur les pentes, cultures soignées à la bêche) et ne tire meilleur parti de toutes les parcelles de terrain.

Fig. 1. — SAMPAN CHINOIS SUR LE SI-KIANG.

Les véritables chemins de la Chine sont ses cours d'eau : c'est par millions que ce pays compte ses bateliers. Ses fleuves sont semés de jonques et de tout ce que le terme « sampan » englobe d'embarcations disparates, longues ou trapues, grossières ou vernies, demeures en même temps que bateaux. La modicité des prix de transport défie toute concurrence.

Fig. 2. — RIZIÈRE DANS LA CHINE MÉRIDIONALE.

La grande culture rivière de la Chine méridionale, c'est le riz. Des rizières couvrent la majeure partie des plaines et les premières pentes des montagnes. Pour les établir, il faut niveler le sol afin d'avoir des paliers horizontaux faciles à inonder, la culture du riz réclamant beaucoup d'eau. Le pays prend ainsi l'aspect de terrasses étagées en escaliers.

Les grands produits agricoles de la Chine sont :

1° Les **céréales**, au Nord : *millet* et *blé*; elles nourrissent les populations de la Chine septentrionale ;

2° Le **riz**, au Sud, qui donne deux récoltes par an, et qui suffit presque à nourrir les populations pourtant extrêmement denses de la Chine méridionale;

3° Le **mûrier** dans la Chine méridionale, qui permet l'élevage des *vers à soie* et la production d'une quantité de *soie* égale au cinquième de la production mondiale;

4° Le **thé**, dont la culture, peu en progrès, se concentre dans la Chine méridionale et subvient à la consommation de la Chine et de la Russie.

5° Le **coton**.

L'agriculture chinoise suffit à nourrir une population très nombreuse et presque exclusivement végétarienne; elle fournit tous les principaux articles du commerce d'exportation.

La Chine possède des richesses minières abondantes et variées : *houille, or, fer, cuivre, plomb*. Les provinces montagneuses du Sud-Ouest (Sé-Tchouen, Yun-Nan) sont bien pourvues de métaux, et le Nord est bien pourvu de houille.

L'industrie n'a longtemps été en Chine qu'une petite industrie à domicile : *soieries, broderies, laques, porcelaines, ivoires sculptés*. Mais, récemment, la grande industrie s'est créée, d'abord sous la direction d'étrangers, Anglais et Japonais, puis véritablement nationale : *établissements métallurgiques* et surtout **industries textiles** : cotonnades et soieries. Les grands centres industriels sont *Chang-Haï, Tien-Tsin, Canton* et *Hong-Kong*, c'est-à-dire les ports, les villes le plus anciennement ouvertes aux Européens.

6. Le commerce chinois. — Les *importations* portent surtout sur deux produits : les *cotonnades* (en progrès) et l'*opium* (clandestin et en fort déclin). Les *exportations* portent sur la *soie* brute ou ouvrée et le coton (en progrès), sur le *thé* (en déclin), et sur les minéraux : houille, étain, etc

Fig. 3. — PONT EN CHINE SUR UNE GRANDE ROUTE.

Cette vue montre ce que sont les grandes routes de la Chine : des chaussées pavées de gros blocs inégaux et mal joints entre eux. On conçoit que les voies de terre soient moins fréquentées que les voies fluviales.

Fig. 4. — FORGES ET HAUTS FOURNEAUX A HAN-KÉOU.

Han-Kéou, sur le Yang-tsé, était bien placé pour devenir un centre commercial et industriel. Son fleuve profond est accessible à de forts navires ; des mines se trouvent dans le voisinage. Des forges y ont été établies.

LECTURES

1. La Terre Jaune est le sol le plus fertile de la Chine. — La majeure partie de la Chine du Nord est recouverte de terre jaune.

Cette terre jaune est très tendre, très friable. Les eaux de ruissellement l'ont ravinée sans peine, y creusant des ravins, des gorges, des précipices, tout un relief de pays de montagnes. De leur côté, les hommes ont exploité cette friabilité. Ils se sont taillé des habitations à l'intérieur, en évidant le sol au-dessous de leurs champs. D'autre part, avec un patient labeur, ils ont aménagé les cañons creusés par les eaux, et en ont fait des routes, profondément encaissées entre des murs à pic de terre jaune. Dans la Chine septentrionale, rien n'est fastidieux comme un voyage : des journées entières, on chemine dans les entrailles de la terre, sans air, dans une chaleur étouffante, n'apercevant tout en haut qu'une mince bande de ciel. Les routes sont larges de 2 à 5 mètres. De distance en distance, des garages plus larges ont été ménagés pour le croisement des véhicules.

Cette terre jaune est d'une fécondité remarquable, au point qu'on l'utilise pour amender les sols plus pauvres. Sans engrais, elle produit de très abondantes moissons, principalement de blé et de millet, les deux céréales que le climat admet. C'est le sol le plus riche de toute la Chine ; il couvre une étendue de 85 à 90 millions d'hectares, soit près de deux fois la superficie de la France.

2. La Chine méridionale nous donne deux produits importants : la soie et le thé. — La Chine méridionale est située sous les mêmes parallèles que le Sénégal et le Soudan ; elle a donc une température élevée. D'autre part, pendant l'été, la mousson y verse des pluies fréquentes et abondantes. Chaude et humide, la Chine méridionale convient aux cultures des pays tropicaux. Elle produit la canne à sucre, le coton, le riz, la soie et le thé. Le riz constitue le fond principal de l'alimentation du peuple chinois. La soie et le thé constituent les articles principaux de son commerce d'exportation.

Le mûrier est cultivé principalement dans le bassin de Yang-tsé-Kiang ; Chang-Haï et Canton sont les deux grands ports d'exportation de la soie. L'élevage du ver à soie est très délicat ; il demande beaucoup de soins, et par conséquent une abondante main-d'œuvre. Il est rendu possible en Chine par la densité de la population. La Chine exporte environ un cinquième de la soie employée dans le monde. La plus grande partie est exportée vers Lyon, en France, Zurich, en Suisse, Milan, en Italie, et Patterson, aux États-Unis.

Le thé croit en Chine dans toute la moitié méridionale du pays, mais les principales plantations se trouvent dans la région côtière située au Sud de l'embouchure du Yang-tsé-Kiang. On cueille les feuilles à trois reprises, en mars, en mai, en juin, et on les fait sécher : plus fines et plus tendres, les feuilles de la

Fig. 1. — La Terre Jaune.

La Chine septentrionale est le pays de la Terre Jaune. C'est un ancien bassin dont le relief, jadis accidenté, a été enfoui sous une nappe épaisse de limon argileux ou terre jaune. L'érosion fluviale a découpé ces limons en terrasses qui se terminent le long des cours d'eau en falaises verticales prismatiques. Cette terre jaune, extrêmement fertile, est une riche terre à blé.

première cueillette donnent le thé le plus estimé. On distingue trois sortes de thés : le *thé noir* qui sèche au soleil ; le *thé vert* qui est séché à la poêle ; le *thé en briques* vendu sous forme de briquettes qu'on fabrique à l'aide de presses à vapeur avec les feuilles de la dernière cueillette, c'est-à-dire les moins fines.

3. Les Chinois émigrent beaucoup. — On évalue à 500 000 par an le nombre des Chinois qui émigrent. Cette importance de l'émigration vient de ce que le pays est surpeuplé et de ce que, malgré les épidémies, la population augmente rapidement. Les ressources s'accroissant plus lentement que le nombre des habitants, l'émigration est une nécessité.

Les Chinois émigrent : 1° dans les pays asiatiques voisins, Mandjourie, péninsule indochinoise, à Singapour et dans l'Insulinde ; 2° dans les îles du Pacifique (Philippines, Australie, îles Hawaï) ; 3° dans les deux Amériques ; 4° dans quelques pays bordant l'Océan Indien, et notamment dans l'Afrique australe britannique. A Saïgon, à Bangkok, à San-Francisco, les Chinois sont groupés dans des quartiers spéciaux. Le Chinois reste profondément Chinois, même à l'étranger ; il conserve ses mœurs, sa langue, sa religion, sans se fondre ou se mêler avec la population locale.

RÉSUMÉ. — **La Chine est l'état le plus étendu et le plus peuplé du monde.**

Elle comprend sur le pourtour quatre vastes régions : le *Tibet* (cap. *Lhassa*), le *Turkestan chinois* (v. pr. : *Yarkend* et *Kachgar*), la *Mongolie* et la *Mandjourie* (cap. *Moukden*), qui encadrent la Chine propre.

La *Chine propre* comprend : 1° au Nord, la *Chine septentrionale*, vaste plaine limoneuse, au climat rude et peu humide, aux fleuves irréguliers et inutilisables (*Peï-Ho, Houang-Ho*, aux côtes plates, aux arbres rares, aux cultures de céréales ; 2° au Sud, la *Chine méridionale*, région de chaînes et de vallées, au climat chaud et humide, aux fleuves réguliers et navigables (*Si-Kiang, Yang-tsé-Kiang*), aux côtes découpées, aux forêts abondantes, aux produits tropicaux (riz, mûrier, coton, thé).

La *Chine propre* est surpeuplée (de 300 à 400 millions d'hab.) par la race jaune. Les principales villes sont : *Pékin* et *Tien-Tsin*, dans la Chine septentrionale ; *Han-Kéou, Chang-Haï, Fou-Tchéou, Canton, Hong-Kong*, dans la Chine méridionale.

La Chine est surtout un pays agricole. Elle produit les céréales et le riz, pour l'alimentation de sa très nombreuse population, le thé, le coton et la soie, en partie pour l'exportation. Elle possède de très riches mines de houille et de minerais métalliques, dont l'exploitation commence à peine. Son industrie, elle aussi, ne fait que naître.

Exercices. — 1. Carte de la Chine. — 2. Comparez la Chine septentrionale et la Chine méridionale : sol, climat, cours d'eau, produits. — 3. L'émigration chinoise : ses causes, ses directions (avec croquis des pays d'immigration).

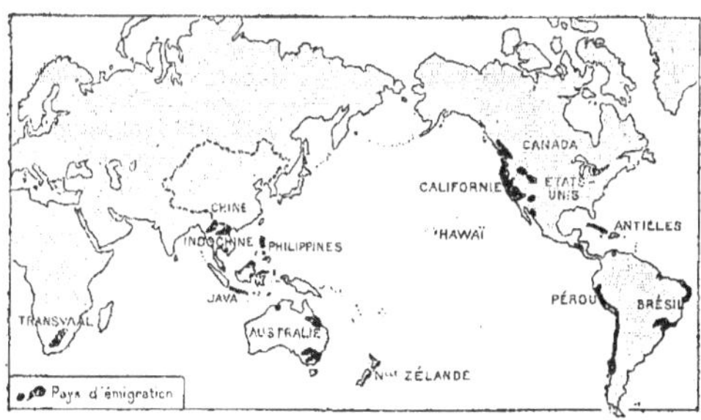

Fig. 2. — Pays d'émigration chinoise.

VII. — Le Japon.

1. L'archipel du Japon. — Si l'on excepte la *péninsule de la Corée* et le port de *Port-Arthur* (V. p. 57), le Japon est un archipel qui comprend plus de 4000 îles. Il comprend, du Nord au Sud : la *partie méridionale de Sakhalin*, les îles *Kouriles*, les *Huit-Iles*, les îles *Riou-Kiou*, l'île *Formose*.

Les *Huit-Iles* constituent, par leur étendue, par leurs ressources et par leur population, la portion essentielle de l'archipel. Elles représentent les sept huitièmes (385 000 kil. carrés) de l'ensemble des terres japonaises (450 000 kil. carrés). Quatre de ces îles sont seules très grandes. Ces îles sont : *Yéso, Hondo ou Nippon, Sikok* et *Kiou-Siou*.

2. Sol, climat et végétation. — Toutes les îles japonaises sont constituées par des montagnes, dont la plupart sont soit des volcans éteints ou encore en activité, soit des masses de laves refroidies et solidifiées. La plus haute de ces montagnes est un grand volcan non éteint : le *Fouzi-Yama* (3 750 m.), dans Hondo. Les tremblements de terre sont extrêmement nombreux au Japon et infligent au pays des dévastations fréquentes.

Les plaines n'occupent qu'un huitième du territoire. Constituées par les alluvions des rivières, généralement courtes, de pente forte et peu navigables, ce sont des espèces de deltas qui frangent les côtes et s'ouvrent sur la mer. La plus étendue est la *plaine de Tokio*, dans Hondo.

Les côtes, grâce au relief accidenté, sont très développées et très découpées. Le principal accident est constitué par la *Mer Intérieure*, entre Hondo, Kiou-Siou et Sikok.

Le climat varie du Nord au Sud, car le Japon s'étend sur 14 degrés de latitude. Mais il subit partout :

1° L'*influence adoucissante de la mer*, qui en fait un climat relativement tempéré et très humide. Le *Kouro-Tchivo*, courant chaud, attiédit les hivers. Les pluies, apportées surtout par la mousson d'été, qui souffle du Sud-Est (Océan Pacifique), diminuent de durée et d'abondance du Sud (4 mois, 2 mètres) au Nord (6 semaines, 0 m. 70);

2° L'*influence de l'altitude*, qui modifie les effets de la latitude et de la mer, abaisse partout la température et donne au Sud de Hondo (34° lat. N.) un climat assez tempéré, à Yéso (42° lat. N.) un climat rude.

La *végétation* est réglée par le climat. Grâce aux pluies, partout abondantes, la forêt domine partout : forêt de *conifères*, dans Yéso; forêt d'*arbres à feuillage caduc*, mais très touffue, dans les îles du Centre; forêt *tropicale* au Sud. Les plaines sont couvertes par une savane herbeuse et fleurie.

Les *ressources agricoles* sont nombreuses, grâce au climat et aux matériaux d'origine volcanique que contient le sol. Elles varient avec la latitude. Les régions les plus avantagées sont Hondo, Sikok et Kiou-Siou, favorables aux cultures méditerranéennes et subtropicales : *céréales, riz, mûrier, thé*, etc.

3. La nation et la population. — La population du Japon comprend deux éléments originels :

1° Les **Aïnos**, peuplade indigène primitive, refoulée dans Yéso;

2° Les **Japonais**, qui sont de *race jaune* (petite taille, peau jaune, yeux bridés, pommettes saillantes); ils parlent la *langue sino-japonaise*; ils pratiquent deux religions : le *sintoïsme* et le *bouddhisme*.

Une révolution politique a transformé le Japon au milieu du xixe siècle. Le régime moderne a ouvert le Japon aux étrangers et en a fait :

1° Un **Etat politique moderne** : pouvoir central fort (Empereur ou *Mikado*, gouvernant avec des ministres responsables), régime parlementaire (Chambre haute, nommée par le souverain et Chambre basse, élue au suffrage universel), instruction publique, presse, etc.; armée et flotte puissantes;

2° Un **Etat économique moderne** : création, à côté de l'agriculture et de la petite industrie ancestrale, d'une grande industrie et d'un commerce mondial.

L'ensemble du Japon (non compris la Corée) compte 59 956 000 habitants, soit une moyenne de 145 habitants au kilomètre carré. Mais Hondo, Sikok et Kiou-Siou ont à elles seules plus de 55 millions d'habitants.

Fig. 1. — Le Japon (les Huit-Iles).

La grande majorité de la population est rurale. Mais le Japon compte quelques très grandes villes, dont quelques-unes très accrues depuis l'essor de la grande industrie. Toutes sont situées dans la région surpeuplée, capitales politiques, centres industriels ou grands ports. Les principales sont : Dans Hondo: *Tokio* (2 475 000 hab.), la capitale moderne, et son port, *Yokohama; Kioto* (679 000 hab.), la capitale ancienne, et son port industriel, *Ohosaka* (1 255 000 hab.): *Kobé, Nagoïa, Hiroshima, Sendaï, Kanazava*. Dans Kiou-Siou : *Nagasaki*.

4. Développement économique. — Le Japon doit au développement de ses côtes et à son climat d'avoir fondé jusqu'à une époque récente, sa vie économique sur la pêche et l'agriculture. La *pêche* dans les mers du pourtour, très poissonneuses, subvient pour une bonne part à la nourriture des habitants. L'*agriculture* fait vivre plus de la moitié de la population. L'étendue des terres cultivées n'occupe que 7 millions d'hectares. Mais la culture est très perfectionnée grâce aux soins minutieux de petits propriétaires. Les principaux produits sont :

Fig. 1. — Le Fouzi-Yama.

Volcan, point culminant du Japon. Il dresse son cône presque parfait dans Hondo, au sud-ouest de Tokio, et il paraît d'autant plus imposant qu'il s'élève au milieu de plaines basses, en partie inondées, et de rizières.

Fig. 2. — Un coin de la côte japonaise.

Le Japon forme un archipel presque entièrement montagneux; c'est à peine si l'on y trouve un très petit nombre de plaines littorales, du reste toutes très peu étendues. Il en résulte des côtes rocheuses et découpées à l'infini.

1° Le **riz**, cultivé dans les fonds de vallées ou sur les premières pentes, excellent par la qualité et le rendement. Il occupe à lui seul plus de la moitié de la superficie cultivée;

2° Les **autres céréales** : *blé, millet, orge, seigle*;

3° Le **thé**, dont une partie est exportée vers l'Amérique du Nord;

4° Le **mûrier**, qui permet l'élevage des *vers à soie* et la production de la *soie* (pour laquelle le Japon est le premier pays du monde);

5° Des **produits secondaires** : le *coton* (en progrès), la *canne à sucre*, le *tabac*.

L'élevage est presque nul.

Longtemps, le Japon n'a eu qu'une **petite industrie** à domicile pour la fabrication d'objets d'usage courant (*colonnades*), et surtout de produits de luxe et d'exportation (*porcelaines, papiers de riz, soieries, etc.*).

Mais le Japon moderne possède une **grande industrie**, grâce à l'exploitation de ses *mines de houille* (qualité assez médiocre, quantité très suffisante), de *fer* et de **cuivre** (les mines de métaux précieux semblent épuisées).

Ces industries, concentrées dans les grandes villes (Ohosaka, Kobé, Tokio, Yokohama, Nagasaki), sont surtout : les industries textiles (*soieries* et plus encore *cotonnades*), les industries métallurgiques et les *industries chimiques* (allumettes s'exportant dans tout l'Extrême-Orient).

5. Le commerce et les colonies. — Aujourd'hui, le Japon a la troisième flotte de commerce du monde, après l'Angleterre et les États-Unis, avant la France.

Le Japon a un commerce important : il fait ce commerce avec le monde entier, mais surtout avec les pays de l'Océan Pacifique, notamment avec les États-Unis et la Chine.

Ses *importations* augmentent pour les produits alimentaires et les matières premières, diminuent pour les objets manufacturés. Il importe du riz, du coton, du charbon, du pétrole, du fer, etc.

Ses *exportations* diminuent pour les produits alimentaires et les matières premières; elles augmentent pour les produits manufacturés. Il exporte de la soie (plus des trois cinquièmes de la soie qui s'exporte dans le monde), du thé, des tissus de coton et de soie, des machines, des allumettes, etc.

Le Japon a le protectorat de la *Corée* (19 520 000 hab.), cap. *Séoul*, et **Port-Arthur** avec l'administration du *chemin de fer transmandjourien*, qui y aboutit. Il possède, dans l'Océan Pacifique, **Formose** (5 976 000 hab.), et les archipels des îles *Carolines, Mariannes* et *Marshall.*

Fig. 3. — La culture du riz au Japon.

Cette vue représente l'opération du repiquage du riz. Remarquer la terre inondée, moitié eau, moitié boue. (Phot. Chusseau Flaviens.)

Fig. 4. — Le port de Nagasaki.

A l'ouest de l'île de Kiou-Siou, en face de la Corée et de la Chine septentrionale, Nagasaki est un des trois grands ports japonais.

LECTURES

1. Le Japon s'est transformé considérablement de nos jours. — Longtemps le Japon se renferma, plus opiniâtrément encore que la Chine, dans un isolement complet. Mais, en 1868, une brusque révolution intérieure se produisit. L'empereur, ou *mikado*, se déroba à la tutelle de ses grands vassaux et, pour bien prouver son intention de rompre avec le passé, il transféra sa capitale de la ville intérieure de Kioto dans une ville riveraine du Pacifique, à Yédo, appelée désormais Tokio, la « capitale de l'Est ».

Depuis lors, le Japon s'est lancé complètement dans la voie de la civilisation européenne. Sous la direction de professeurs, d'ingénieurs et d'officiers étrangers, il s'est donné des écoles, des voies ferrées, des services postaux et télégraphiques, un code calqué sur le Code français. Il est régi aujourd'hui par un régime constitutionnel reposant sur le suffrage universel. Il s'est donné une armée et une marine, armées et disciplinées à l'européenne. Mais surtout il compte maintenant parmi les grands pays industriels et commerçants.

Aujourd'hui, la grande industrie est représentée au Japon par des établissements métallurgiques, des ateliers de constructions navales, des manufactures de soieries et de cotonnades. Les industries textiles sont particulièrement florissantes. A côté des anciennes villes, comme Kioto, qui ont gardé la physionomie du Japon d'autrefois, des villes d'aspect tout moderne, sillonnées de tramways, se sont développées : Tokio, Yokohama, Ohosaka, Kobé, Nagasaki. Le Japon fait dans tout l'Extrême-Orient, et notamment en Chine, une concurrence souvent victorieuse aux produits occidentaux. Yokohama, Kobé et Nagasaki sont ses trois ports principaux.

2. Les Japonais émigrent autant que les Chinois. — Deux raisons expliquent cette émigration : d'une part, la population qui, déjà très nombreuse, ne cesse d'augmenter; de l'autre, le caractère montagneux du pays qui limite la production agricole. Il faut donc se créer des débouchés.

Aujourd'hui, toute la Mandjourie méridionale et la Corée se peuplent de Japonais. Chaque jour, des bandes d'émigrants japonais viennent créer des centres nouveaux de population le long des voies ferrées et mettre le pays en valeur. On évalue à plus d'un million le nombre des Japonais déjà établis en Corée; ils s'y livrent à l'agriculture, à l'élevage, à l'exploitation des minerais qui sont nombreux.

En outre, les Japonais émigrent, comme les Chinois, dans la plupart des pays que baigne le Pacifique. Dans les îles Hawaï, on compte autant de Japonais que de Chinois occupés au travail des plantations de cannes à sucre, richesse de l'archipel. Il existe des colonies japonaises aux États-Unis et dans le Canada, dans l'Amérique du Sud, en Australie et en Nouvelle-Zélande, dans les Indes néerlandaises.

RÉSUMÉ. — Le Japon est un archipel dont les îles principales sont *Yéso*, *Hondo* ou *Nippon*, *Sikok* et *Kiou-Siou*.

Son sol est volcanique et montagneux (*Fouzi-Yama*), dévasté périodiquement par les tremblements de terre; les plaines sont peu nombreuses. Le climat, tempéré au Nord, est tropical au Sud. La végétation varie, elle aussi, du Nord (bois, céréales) au Sud (riz, thé, mûrier).

Extrêmement peuplé, le Japon a de très nombreuses villes. Les principales sont : *Tokio*, la capitale, *Kioto*, *Ohosaka*, les ports de *Yokohama* et de *Kobé*, dans l'île de Hondo, le port de *Nagasaki*, dans l'île de Kiou-Siou.

Grand état moderne, le Japon pratique une pêche et une culture intensives, qui ne suffisent pourtant pas à nourrir sa population. Il a une très grande industrie. Il exporte du thé, de la soie et de nombreux produits fabriqués (tissus, machines).

Le Japon a un grand empire colonial, qui comprend la grande presqu'île de la *Corée*, *Port-Arthur*, la grande île de *Formose*, les archipels des îles *Carolines*, *Mariannes* et *Marshall*.

Exercices. — 1. Carte du Japon. — 2. Quand et comment le Japon est-il devenu un état moderne? — 3. L'industrie, le commerce et les colonies du Japon.

DEUXIÈME SECTION. — L'OCÉANIE

I. — L'Océan. Les archipels secondaires.

1. L'Océanie. — La portion occidentale de l'Océan Pacifique est occupée par de très nombreuses terres qui comprennent trois groupes différents :

1° Une **masse continentale** : l'*Australie*, flanquée au Sud de la *Tasmanie*, à l'Est, de la *Nouvelle-Zélande*;

2° De **grands archipels**, suite à demi noyée des grands plissements montagneux de l'Asie. Le plus septentrional de ces archipels est le *Japon*, dont on rattache l'étude à l'Asie (p. 56). Les plus méridionaux forment l'*Insulinde* (îles Philippines et îles de la Sonde);

3° **l'Océanie proprement dite.** — Le Pacifique a été le théâtre de grandes éruptions qui ont constitué un grand nombre d'îles, de relief montueux, de sol riche : la plus grande est la Nou-

velle-Guinée. D'autre part, les coraux ont édifié, sur des socles sous-marins, des constructions qui émergent sous forme d'îlots minuscules et multiples. Les plus curieux sont les *atolls*, couronnes de coraux entourant une lagune intérieure.

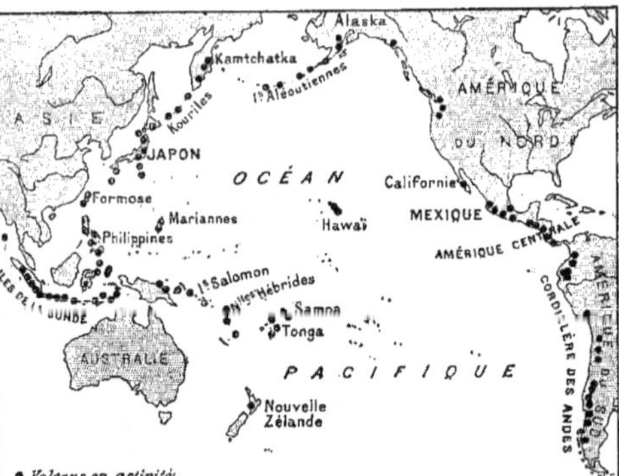

Fig. 1. — VOLCANS DU PACIFIQUE.

L'Océan Pacifique est entouré d'une chaîne presque continue de volcans : c'est ce qu'on nomme la ceinture de feu du Pacifique.

2. L'Océanie proprement dite. — L'Océanie proprement dite a les caractères suivants :

1° **Climat.** — Situées dans la zone équatoriale, exposées à l'alizé qui leur apporte l'humidité océanique, toutes ses îles ont un climat très chaud et très humide.

2° **Végétation et faune.** — La végétation est luxuriante et comporte de riches forêts, aux espèces tropicales. Toutefois, les îlots coralliens sont plus secs et plus pauvres que les îlots volcaniques; la culture y est difficile; l'arbre presque uniquement planté est le *cocotier*. La faune est pauvre, sauf pour les oiseaux, les poissons et les crustacés.

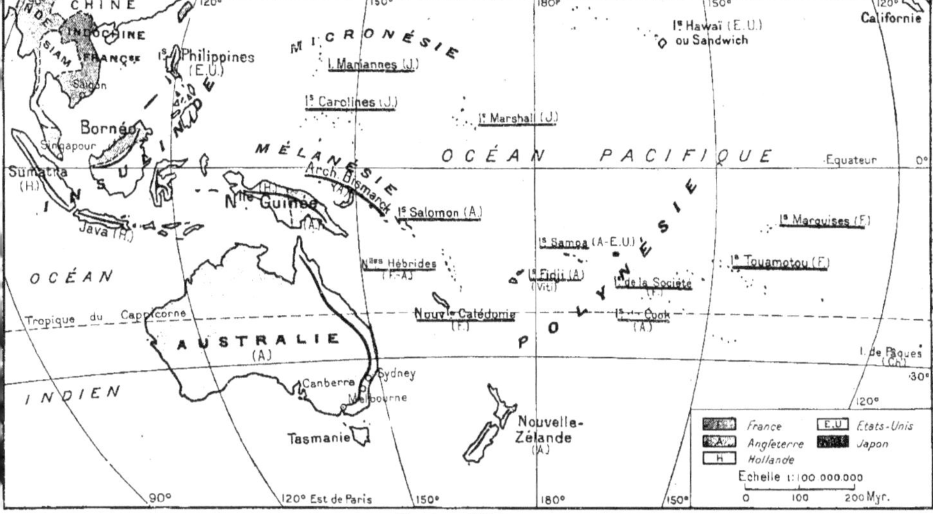

Fig. 1. — L'Océanie.

5° **Population**. — Les habitants comprennent :

a) les *Mélanésiens*, au teint noir, aux cheveux crépus ;

b) les *Polynésiens*, au teint clair, aux cheveux lisses.

3. Division géographique. — On répartit généralement les terres de l'Océanie proprement dite en trois groupes :

1° La **Mélanésie**, ce qui signifie « îles noires » (*Nouvelle-Guinée*, archipels *Bismarck* et *Salomon*);

2° La **Micronésie**, ce qui signifie « îles petites » (*Mariannes, Carolines* et *Marshall*);

3° La **Polynésie**, ce qui signifie « îles nombreuses » (*Hawaï* ou *Sandwich*, *Fidji*, *Marquises*, *Touamotou*, *Samoa*, de la *Société*, *Nouvelle-Calédonie*, etc.).

4. Partage politique. — Les grandes puissances coloniales se partagent l'Océanie.

1° L'**Angleterre**, outre l'*Australie* et la *Nouvelle-Zélande*, possède une partie de *Bornéo*, une partie de la *Nouvelle-Guinée* et quelques archipels polynésiens : partie des îles *Samoa* (avec les États-Unis), îles *Fidji*, îles *Cook*, etc, qui constituent deux grands *Dominions*, ou États autonomes de l'Empire britannique. L'Australie a le mandat de la Société des Nations sur les îles *Bismarck* et *Salomon*.

2° Les **États-Unis** possèdent une partie des îles de l'Insulinde (*Philippines*), une partie des îles *Samoa* (avec l'Angleterre) et les îles *Hawaï* ou *Sandwich*.

3° Les **Pays-Bas** possèdent une partie de l'Insulinde (*Indes Néerlandaises*) et de la *Nouvelle-Guinée*.

4° La **France**, établie exclusivement dans la Polynésie, possède surtout de petits archipels : *îles de la Société*, *Touamotou*, *Marquises*, etc. Elle a une seule possession ayant de l'importance : la *Nouvelle-Calédonie*.

5° Le **Japon** possède les îles *Bonin* et a le mandat de la Société des Nations sur les îles *Carolines*, *Marshall* et *Mariannes*.

6° Le **Chili** possède l'île de *Pâques*.

LECTURE

Les îles océaniennes naguère peu importantes le sont devenues davantage après le percement de l'isthme de Panama. — On ne trouverait pas, en Océanie, une seule terre, même de faible étendue, qui ne soit occupée par quelque peuple d'Europe, d'Asie ou d'Amérique. Pourquoi les terres océaniennes attirent-elles ainsi les étrangers ?

Les grandes terres ont des richesses minérales, des ressources agricoles, des facilités pour la culture ou l'élevage. Mais la plupart des petites îles de la Micronésie et de la Polynésie ne présentent presque aucun de ces avantages.

Pourtant on les recherche, parce qu'elles forment des points d'étape dans le Pacifique. Nos grands vapeurs modernes ne peuvent traverser l'immense Pacifique sans relâcher pour refaire leurs provisions de charbon, d'eau. Les îles océaniennes leur servent de postes d'approvisionnement et de ravitaillement. Toutes les puissances qui ont des intérêts du côté de l'Extrême-Orient, de l'Australie et de la côte occidentale de l'Amérique, ont un intérêt évident à fonder des établissements de ce genre dans le Pacifique, surtout depuis l'ouverture du canal de Panama.

RÉSUMÉ. — L'Océanie comprend un continent : l'*Australie*; une série de grands archipels : l'*Insulinde*; l'*Océanie proprement dite*, aux nombreuses îles.

L'Océanie proprement dite a le climat et la **végétation** de la zone tropicale. Elle est peuplée de *Mélanésiens* et de *Polynésiens*.

Elle se divise en trois parties : la *Mélanésie* (*Nouvelle-Guinée*, îles *Bismarck* et *Salomon*); la *Micronésie* (îles *Mariannes, Carolines, Marshall*); la *Polynésie* (îles *Hawaï, Fidji, Marquises, Touamotou, Samoa*, de la *Société, Nouvelle-Calédonie*, etc.)

Politiquement, l'Océanie est partagée entre l'*Angleterre* (*Australie* et **Nouvelle-Zélande**, partie de la *Nouvelle-Guinée*, îles Bismarck, Salomon, Samoa. Fidji, Cook, etc.), les *États-Unis* (Philippines, îles Hawaï, Samoa), les *Pays-Bas* (Indes Néerlandaises, partie de la Nouvelle-Guinée), la *France* (Nouvelle-Calédonie îles de la Société, Touamotou, Marquises), le *Japon* (îles Bonin, Carolines, Mariannes, Marshall), le *Chili* (île de Pâques).

Exercice. — Carte de l'Océanie (en marquant les possessions de chaque puissance).

II. — L'Insulinde.

1. Les Philippines. — L'archipel des Philippines comprend deux grandes îles, **Luçon** et **Mindanao**, encadrant des îles moyennes, et les **îles Soulou** et **Palaouan**. Toutes ces îles sont montagneuses (nombreux volcans), de climat tropical et couvertes de forêts. Seule Luçon est en faible partie défrichée.

La population (10 779 000 hab.) se compose surtout de *Malais*, actifs et industrieux. L'archipel abonde en ressources végétales (*riz, coton, tabac, chanvre de Manille, canne à sucre*).

La majorité de la population civilisée est groupée dans les parties défrichées de Luçon, où se trouve la capitale, *Manille* (285 000 hab.).

Les États-Unis, possesseurs des Philippines, en ont fait une des puissances économiques de l'Extrême-Orient et la base de leur action dans cette partie du monde.

2. Les Indes Néerlandaises. — Les Indes Néerlandaises forment, dans l'Océan Indien, de part et d'autre de l'Équateur, un archipel qui se décompose en trois parties :

1° L'arc des îles de la Sonde. Il comprend les îles de *Sumatra, Java, Florès, Timor*, etc. ;

2° L'arc des îles Moluques, orienté Sud-Nord et se prolongeant par une des lignes de relief des Philippines ;

3° A l'intérieur de ces deux arcs, entre la *mer de Chine*, la *mer de Java* et la *mer de Célèbes*, deux grandes îles constituées par des fragments de continents effondrés et des masses d'origine volcanique : *Bornéo* (734 000 kil. carrés) et *Célèbes*.

Toutes ces îles sont montagneuses et volcaniques,

Grâce au climat équatorial (chaleurs continues, pluies très abondantes, amenées surtout en été par la *mousson du Sud-Est*), la végétation est exubérante : la *forêt vierge* s'étend presque partout. Dans les parties défrichées, tous les produits tropicaux réussissent merveilleusement : *riz, maïs, canne à sucre, café, thé, tabac, épices, caoutchouc, coprah (cocotier)*.

D'autre part, les **minéraux** sont assez abondants : *étain de Banka et Billiton*, surtout *pétrole* de Java et de Bornéo.

La population comprend au total **49** millions d'habitants, très inégalement répartis entre toutes ces îles, dont une (Java) est surpeuplée et dont la plupart des autres n'ont qu'une population très clairsemée.

Cette population se compose : d'**éléments indigènes** (*Indonésiens*, noirs, qui dominent dans les îles orientales ; *Malais*, jaunes, qui dominent dans les îles occidentales), et d'**éléments immigrés** (environ 800 000 Chinois et Japonais, et 170 000 Européens, pour les quatre cinquièmes Hollandais : le climat équatorial ne convient guère aux Européens).

A l'exception d'une petite partie de Bornéo qui appartient à l'Angleterre et d'une partie de Timor, qui appartient au Portugal, toutes ces îles appartiennent aux Pays-Bas depuis deux siècles. Les Hollandais ont exploité les indigènes par le *système des cultures forcées* (obligation de cultiver certains produits et d'en fournir un stock déterminé au Gouvernement) ; ce système a été supprimé et le régime adouci.

L'île de *Sumatra*, étendue mais peu peuplée, n'est encore mise en valeur que dans une faible portion de son étendue (caoutchouc, coprah, pétrole) ; une partie est, du reste, habitée par des populations sauvages à peu près indépendantes.

L'immense et massive *Bornéo* est presque tout entière en friche et déserte ; elle ne compte pas plus de trois habitants par kilomètre carré, presque entièrement sauvages.

Les îles plus étroites et plus facilement pénétrables (Moluques, petites îles de la Sonde) sont mieux exploitées ; elles produisent surtout des épices ; chacune d'elles a sa spécialité, poivre, muscade, cannelle, gingembre, clou de girofle.

Mais la plus importante des îles de l'Insulinde est, sans contredit, l'île de Java.

3. Java. — Longue, mais étroite, l'île de Java est plusieurs fois moins étendue que Bornéo et Sumatra. Mais elle renferme 40 des 50 millions d'habitants qui peuplent l'Insulinde : elle a 266 habitants au kilomètre carré et c'est la plus florissante de toutes les îles de cet archipel.

Montagneuse et volcanique, elle est presque entièrement mise en cultures (riz, canne à sucre, café, thé, caoutchouc, coprah) : c'est un centre très important de denrées coloniales qui s'exportent principalement vers les Pays-Bas. C'est, en outre, un grand centre d'exploitation du pétrole.

Capitale : *Batavia* (253 000 hab.), au Nord-Ouest ; autres villes : *Soerabaja* (192 000 hab.), *Soerakarta* et *Semarang*.

Java, beaucoup plus peuplée et plus importante que la métropole, est le principal élément de la richesse des Pays-Bas.

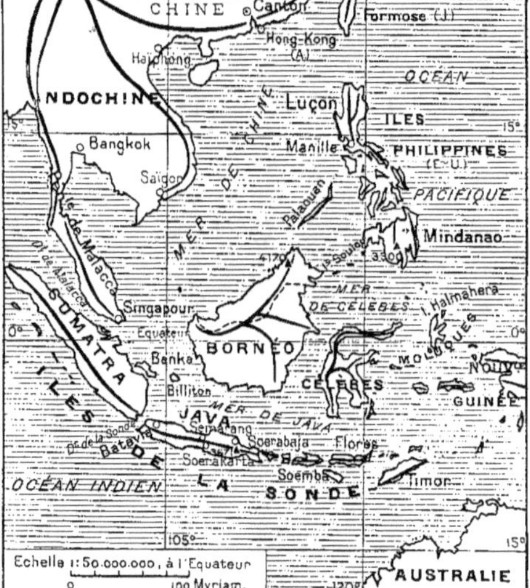

Fig. 1. — L'INSULINDE.

LECTURE

Java est la perle de l'Insulinde. — D'abord, c'est la seule des Indes Néerlandaises qui soit entièrement connue et exploitée. Elle doit sa richesse actuelle, d'abord à son climat et à sa végétation (dons qu'elle partage avec toutes ses voisines), puis à trois autres circonstances :

1° Son **sol** : les autres grandes îles de l'Insulinde ont de grandes étendues de roches cristallines dont la décomposition par les eaux de pluie ne donne qu'un humus pauvre et sableux ; mais toute l'île de Java est formée de roches volcaniques, dont la décomposition donne un humus profond et très riche ;

Fig. 1. — Le mont Daga, un des volcans des Philippines.

Comme l'archipel du Japon, qui les prolonge au Nord, et les îles de la Sonde, qui les prolongent au Sud-Ouest, les îles Philippines ont de nombreux volcans.

Fig. 2. — Pirogue malaise.

Les Malais peuplent les îles de la Sonde, les îles Philippines et la péninsule de Malaisie. Ce sont de très bons marins ; leurs pirogues s'appellent des praos.

2° *Ses dimensions* : longue et étroite, constituée, non par des massifs compacts, mais par des pics volcaniques isolés et séparés par des plaines. Java est facilement accessible par la mer dans toutes ses parties, et, à l'intérieur, il n'existe aucun obstacle sérieux à la colonisation ;

3° *Sa population* : Java a été de bonne heure très peuplée et civilisée. Quand les Hollandais arrivèrent, au dix-septième siècle, le pays était déjà en grande partie défriché, la culture du riz y était déjà répandue, les rivières y étaient déjà utilisées pour l'irrigation.

Actuellement, Java est remarquablement prospère. C'est un grand producteur de riz, de sucre, de café, de tabac, de thé, de caoutchouc, de coprah, de bananes. Elle fait, à elle seule, les cinq sixièmes de tout le commerce des Indes Néerlandaises. Elle n'avait, en 1780, que 2 millions d'habitants ; aujourd'hui, elle en a plus de 40 millions (six fois environ la population de sa métropole européenne, la Hollande). Java compte 4 000 localités de plus de 2 000 hab. ; certains cantons renferment jusqu'à 570 habitants en moyenne par kilomètre carré.

Les Hollandais ont construit à Java plus de 4 000 kilomètres de voies ferrées.

RÉSUMÉ. — L'Insulinde comprend les Philippines et les Indes Néerlandaises.

L'*Archipel des Philippines*, colonie des États-Unis, comprend les deux grandes îles de *Luçon* et de *Mindanao*, et les *îles Soulou* et *Palaouan*. Elles ont un relief montagneux et un climat tropical. Elles abondent en ressources végétales : riz, tabac, coton, chanvre, canne à sucre. La capitale est *Manille*, dans l'île de Luçon.

Les *Indes Néerlandaises*, colonie des Pays-Bas, comprennent les *îles de la Sonde* (*Java, Sumatra, Florès, Timor*), les *îles Moluques*, la plus grande partie de l'*île de Bornéo* et l'île de *Célèbes*.

Montagneuses, de climat tropical, les Indes Néerlandaises sont riches en mines (étain, pétrole), en ressources végétales (riz, canne à sucre, café, thé, tabac, épices, caoutchouc, coprah). Elles sont habitées par une population nombreuse et active : les Malais. Elles ont dès maintenant une grande richesse, qui est principalement concentrée dans l'île de *Java*. V. pr. : *Batavia, Soerabaja, Soerakarta, Semarang*).

Exercices. — 1. Carte de l'Insulinde. — 2. Énumérez les principaux avantages qui font la richesse économique des Indes Néerlandaises. — 3. L'île de Java.

Fig. 3. — Exploitation de bois de teck a Java.

Java, dont le sol est riche et le climat humide et chaud, renferme des forêts nombreuses et touffues dont l'exploitation constitue une importante ressource. Le bois de teck est très dur, inattaquable aux ravages des insectes ; il constitue donc un bois de construction des plus précieux.

Fig. 4. — Récolte du thé a Java.

Les cultures de Java sont celles des pays équatoriaux : riz (c'est la culture fondamentale), épices, indigo, cacao, thé, café, canne à sucre. Comme tous les pays d'Extrême-Orient (Japon, Chine, Indochine), l'île de Java produit en abondance du thé, dont elle expédie la plus grande part en Europe.

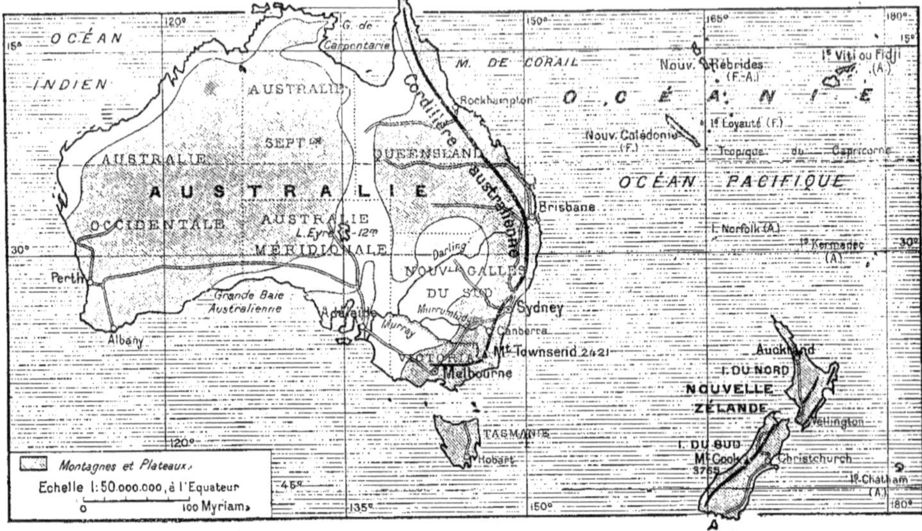

III. — L'Australie et la Nouvelle-Zélande.

1. Géographie physique de l'Australie.

L'Australie a une superficie de 7 700 000 kilomètres carrés, c'est-à-dire les trois quarts de la superficie de l'Europe. Elle est isolée dans l'hémisphère austral.

Sa *forme* est massive et ses côtes peu développées. Son *relief*, très uniforme, comprend de l'Ouest à l'Est trois zones différentes :

1° A l'Ouest s'étend un **plateau**, tombant en abrupt sur la mer, laissant seulement entre elle et lui une étroite plaine côtière.

2° Au Centre s'allonge une double **dépression**, descendant parfois au-dessous du niveau de la mer (*lac Eyré*), unissant les deux principaux enfoncements des côtes Nord et Sud : le *golfe de Carpentarie* et la *Grande Baie australienne*.

3° A l'Est s'étend un nouveau **plateau**, qui est bordé vers la mer par la *Cordillère australienne* (point culminant : *mont Townsend*, 2421 m.). Au sud de l'Australie est la grande île de la **Tasmanie**.

Le climat de l'Australie lui vient de sa situation en latitude et de sa forme :

1° Située de part et d'autre du Tropique, elle a sur les bords une température chaude, tropicale au Nord, méditerranéenne au Sud. Mais, étant donnée sa forme massive, le climat de l'intérieur est continental : étés très chauds, hivers froids.

2° Les pluies sont faibles. Nulles partout en hiver, elles ne sont abondantes en été que sur la côte septentrionale et dans la Cordillère de l'Est ; partout ailleurs, les chutes de pluies sont rares et capricieuses.

Aussi, l'hydrographie de l'Australie comprend-elle surtout des rivières temporaires et des lacs et lagunes salés. Seule, l'Australie orientale a des rivières permanentes : la principale est le *Murray* (affluents : le *Murrumbidgee* et le *Darling*).

2. Ressources végétales et minérales.

La plus grande partie de l'Australie est couverte par la steppe aux herbes rares ou par une sorte de désert, semé de buissons épineux : cette formation végétale porte le nom de *scrubb*.

Les deux seules régions favorisées sont :

1° Le **Nord-Est**, très arrosé et apte aux cultures tropicales : *canne à sucre, coton, thé*, etc.;

2° La **Cordillère orientale**, moyennement arrosée et apte aux cultures méditerranéennes : *céréales, vignes, fruits*.

La faune indigène était très pauvre avant l'arrivée des Européens : ni animaux porteurs, ni animaux à viande, à lait ou à laine.

Mais l'Australie a de **nombreuses richesses minérales :** *houille, plomb, zinc, cuivre, argent, or*. Ce dernier métal est particulièrement abondant dans la Cordillère orientale et sur le plateau occidental.

3. Peuplement de l'Australie.

La population australienne est presque uniquement anglo-saxonne. Elle est de 5 929 000 habitants, soit 6 habitants pour 7 kilomètres carrés. Elle augmente lentement. L'immigration, numériquement assez médiocre, ne comprend que des *Anglais*, des *Écossais* et des *Irlandais*.

4. Développement économique.

L'Australie a trois ressources, de valeur inégale :

1° **L'agriculture** est assez prospère, mais très localisée : *canne à sucre, coton*, au Nord : *blé, vigne, fruits*, à l'Est. Dans ces deux régions, elle est d'ailleurs en grand progrès ; l'Australie est, depuis quelques années, un des grands pourvoyeurs de blé de l'Europe.

2° **L'élevage** est prospère : *bœufs, moutons*. Le troupeau de moutons est le plus nombreux et le plus riche en laine du monde.

Fig. 1. — RIGOLE D'IRRIGATION EN AUSTRALIE.
Presque partout à l'intérieur, les pluies sont insuffisantes, et les cultures péricliteraient sans la création de puits artésiens et de rigoles d'irrigation : l'Australie est l'un de ces pays secs que l'irrigation gagne à la civilisation. (Phot. Privat-Deschanel.)

Fig. 2. — TROUPEAU DE MOUTONS EN AUSTRALIE.
Grâce à ses moutons, l'Australie est le plus gros producteur de laine du monde. Voici un énorme troupeau, réuni pour la tonte. Sydney, Melbourne, Adélaïde renferment d'immenses entrepôts de laine pour l'exportation.

3° Les **mines** sont très abondantes. Outre la *houille*, l'Australie produit en grande quantité l'*argent*, le *plomb*, le *zinc*, le *cuivre*. Quant aux mines d'*or*, elles mettent l'Australie au troisième rang, immédiatement après l'Afrique australe et les Etats-Unis.

L'industrie est à peine naissante, à l'exception de la préparation et de la conservation des viandes.

L'agriculture étant surtout limitée à la banlieue des villes et l'élevage nécessitant une main-d'œuvre peu nombreuse et quelques tondeurs nomades, la population est surtout groupée dans les villes, soit villes minières, soit grands marchés maritimes. Les principales sont : *Sydney* (1 012 000 hab.), *Melbourne* (854 000 hab.), *Adélaïde*, *Brisbane*, à l'Est ; *Perth*, à l'Ouest. Les deux groupes sont sillonnés par des réseaux ferrés qu'une ligne unit par la côte méridionale.

5. Commerce de l'Australie.
— Pays neuf, d'agriculture en voie de croissance, d'élevage extensif, de mines riches, d'industrie faible, de population faible, l'Australie a un surplus de matières premières et une disette de produits fabriqués. De là un commerce extérieur actif.

Elle exporte : sa *laine* dans le monde entier, ses *viandes*, conservées ou congelées), son *blé*, ses *produits laitiers* (beurre), et *maraîchers* (fruits, légumes), en Angleterre ; ses *minerais*, en Angleterre ; sa houille, dans l'Océan Pacifique et l'Amérique du Sud.

Elle importe : des *produits alimentaires* (thé, bière) et des *produits manufacturés* d'Angleterre.

Le monde britannique (métropole et colonies) entre pour les sept dixièmes dans le commerce australien.

6. Le Royaume-Uni et l'Australie.
— Les sept **Etats-Unis d'Australie** (*Nouvelle Galles du Sud*, *Victoria*, *Australie méridionale*, *Queensland*, *Australie occidentale*, *Australie septentrionale*, *Tasmanie*), dont la capitale fédérale est *Canberra*, forment une fédération gouvernée par deux Chambres élues et par un Ministère, sous le contrôle et l'arbitrage d'un Gouverneur.

Politiquement autonomes, ils sont liés au Royaume-Uni :

1° Par les *nécessités de la défense*, qui les rendent loyalement impérialistes ;

2° Par des *nécessités économiques* : l'Angleterre est leur meilleur client et surtout les entreprises de ce pays neuf sont alimentées par des capitaux anglais.

7. La Nouvelle-Zélande.
— La Nouvelle-Zélande, située à 1.900 kilomètres à l'Est de l'Australie, est un archipel de l'étendue des Iles-Britanniques, composé surtout de deux grandes îles : l'*Ile du Nord* et l'*Ile du Sud*. Son relief est montagneux (*Mont Cook*, 3 765 m.), et son sol volcanique. Son climat est tempéré et humide. Elle est très riche en forêts.

Sa population, de 1 327 000 habitants, se compose d'indigènes *Maoris* et surtout d'*Anglais*. Ses deux ressources sont l'*élevage* (moutons, bœufs), et les **mines** (*or*, *argent*, *houille*). Son industrie (cuirs, cordonnerie, industries laitières), se développe rapidement ; les trois quarts de son commerce se font avec l'Angleterre. Villes pr. : *Auckland*, *Wellington*, *Christchurch*.

La Nouvelle-Zélande est un *Dominion* politiquement autonome.

LECTURES

1. **Les moutons forment la richesse principale de l'Australie.** — Le mouton ne fait pas partie de la faune indigène de l'Australie. Ce sont les colons européens qui l'y ont introduit. En 1776, le capitaine Mac Arthur amena 5 brebis et 3 béliers achetés au Cap où ils avaient été introduits par les Hollandais qui les avaient fait venir d'Espagne. C'étaient de purs mérinos à la laine fine et longue. Ils se multiplièrent vite. En 1792, l'Australie possédait 105 moutons ; un siècle après, en 1892, elle en avait 106 millions.

Ce développement prodigieux s'explique par la nature même du sol australien. Au pied de la Cordillère orientale, sur les deux versants, s'étendent d'immenses prairies où les animaux paissent en liberté. Le forage de puits artésiens, l'aménagement de barrages sur les rivières ont permis d'étendre les prairies aux dépens de la steppe et du désert. Les *squatters* augmentent sans cesse la zone de pâture.

Le *squatter*, c'est le grand éleveur australien. Il possède un domaine qui parfois s'étend sur 50 000 ou 60 000 hectares : il le dirige grâce à un réseau téléphonique très développé. Tel squatter a 500 000 ou même 400 000 moutons. Ces moutons vivent en plein air pendant toute l'année sans autre surveillance que celle de cinq ou six gardiens qu'on appelle « cavaliers de frontières ». Le maître ne s'informe de ses moutons qu'au moment de la tonte : vite, des hommes à cheval leur donnent la chasse et les rabattent dans une enceinte étroite, entièrement close de barrières, où on les parque milliers par milliers : quand un premier millier est tondu, on le fait sortir

Fig. 1. — Campement de défricheurs en Nouvelle-Zélande.

L'exploitation des forêts a d'abord constitué la principale ressource des colons en Nouvelle-Zélande : elles abondent, en effet, en bois de contruction. L'essence principale est le pin kauri qui, outre son bois, donne une gomme appréciée. (Phot. J. Martin, à Auckland.)

Fig. 2. — Une laiterie en Nouvelle-Zélande.

Bien plus humide dans l'ensemble que l'Australie, la Nouvelle-Zélande est surtout une région d'élevage pour le mouton et le gros bétail. Elle produit des laines, des beurres et fromages et surtout des viandes qui s'exportent, conservées ou congelées, en Europe.

par une porte tandis qu'on introduit par une autre porte un second millier de moutons à tondre.

Cependant l'élevage australien n'est pas exempt de mécomptes. Les plus grands résultent des sécheresses prolongées qui parfois tarissent dans tout le pays sources, puits et rivières. Alors les propriétaires n'ont qu'une ressource : abattre leurs troupeaux, pour en tirer quelque profit, avant que la sécheresse ne les ait tués. Dans les provinces du Sud, c'est par millions parfois, en une seule année, qu'on compte les animaux dont il faut se défaire hâtivement si l'on ne veut pas les voir mourir de soif. C'est ainsi que le nombre des moutons australiens, qui était de 106 millions en 1892, tomba en 1903 à 56 millions seulement. Mais les colons ne se rebutèrent pas. Les troupeaux furent reconstitués; on creusa des puits et des rigoles d'irrigation pour amener l'eau le long des parcours, des *runs*, que suivaient les troupeaux dans leurs migrations. Le nombre des moutons remonta à 92 millions pour retomber à 69, puis remonter à 86.

L'élevage du mouton est, d'ailleurs, extrêmement rémunérateur. Au premier rang des produits se trouve la laine qui, dans les pâturages secs et légèrement imprégnés de sel de l'intérieur, a des qualités particulières de finesse et de souplesse. Les autres produits sont : les peaux, les cuirs, le suif, les viandes. Dans la Nouvelle-Galles du Sud, il existe une flotte de plus de 100 navires affectés au transport entre Sydney et Londres des quartiers de moutons congelés.

2. La Nouvelle-Zélande est un pays très pittoresque et de ressources abondantes qui se développe rapidement. — Au point de vue pittoresque, la Nouvelle-Zélande est beaucoup plus intéressante que l'Australie : elle est bien plus montagneuse et ses montagnes qui sont beaucoup plus élevées (Mont Cook, 5765 m.) portent des neiges persistantes et des glaciers; elle renferme des volcans en activité et des solfatares. geysers, sources d'eau chaude et de boue (région du lac Taupo, dans l'Ile du Nord); ses côtes sont découpées de fjords analogues à ceux de Norvège; enfin, sa végétation, par suite de l'humidité plus grande du climat, est beaucoup plus riche.

L'exploitation des forêts constitua, d'abord, la principale ressource des colons : elles abondent, en effet, en bois de construction. L'essence dominante est le *pin kauri* qui, outre son bois, donne une gomme appréciée, objet d'exportation.

Aujourd'hui, les deux ressources principales sont : l'*élevage* (bœufs, moutons : le mouton étant élevé pour la viande autant que pour la laine, moins fine et plus grasse que celle d'Australie), avec les industries qui en dérivent : lait condensé, fabrication des beurres et fromages; — et les *mines* (or, argent, houille).

La Nouvelle-Zélande se développe rapidement. Près de trente fois plus petite que l'Australie, elle a seulement quatre fois moins d'habitants, et sa population s'accroît relativement vite.

RESUME. — L'*Australie* est un continent par son étendue et par sa masse. Elle est constituée par un plateau déprimé au centre (*lac Eyré*) du *golfe de Carpentarie* à la *Grande Baie australienne*, et flanqué à l'Est de la *Cordillère australienne* (*Mont Townsend*). Au Sud est l'île de la *Tasmanie*.

Le climat est excessif et sec : les pluies ne tombent en quantité suffisante qu'à l'Est. C'est là que coulent les seuls fleuves importants, dont le principal est le *Murray*.

La plus grande partie de l'Australie est couverte par une steppe ou par un désert. Mais le Nord-Est peut produire la canne à sucre, le coton, le thé; le Sud-Est peut produire les céréales et se prête à l'élevage des bovins. Toute l'Australie est propre à la pâture des moutons.

L'Australie a de nombreuses ressources minières : houille, fer, plomb, zinc, cuivre, argent et surtout or.

L'Australie est peu peuplée. Sa population vit surtout de l'exploitation des mines, de l'élevage des moutons et des bœufs, de la culture du blé et des fruits.

L'Australie a quelques grandes villes : *Sydney, Melbourne, Adélaïde, Brisbane, Perth.*

L'Australie exporte de la laine, du blé, des fruits, du beurre.

Etat fédéral (sept États), l'Australie (cap. *Canberra*) fait partie de l'Empire Britannique.

La *Nouvelle-Zélande*, constituée par deux grandes îles, est plus montagneuse que l'Australie; son climat est plus humide; on y élève des bœufs et des moutons; on y exploite des mines de houille et de fer. Les industries du cuir et des produits laitiers y prospèrent V pr · *Auckland, Wellington, Christchurch.*

Exercices. — 1. Carte de l'Australie et de la Nouvelle-Zélande. — 2. Comparez le climat et les ressources de l'Australie et de la Nouvelle-Zélande. — 3. L'élevage du mouton en Australie.

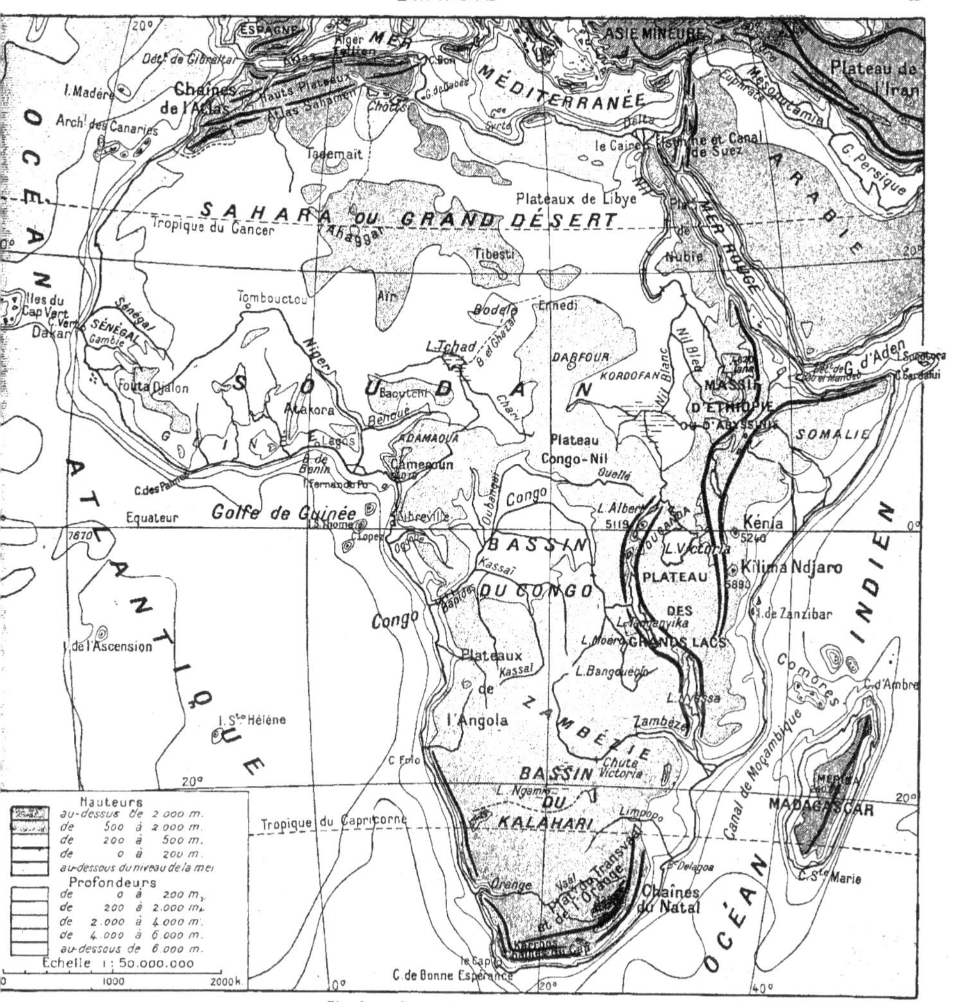

Fig. 1. — Carte physique de l'Afrique.

Troisième Section. — L'Afrique.

I. — Généralités sur l'Afrique.

1. Le continent africain. — L'Afrique fait partie de l'ancien continent, dont elle forme la partie sud-occidentale. Elle est traversée par l'équateur et les deux tropiques.

Elle est limitée par quatre mers : à l'Ouest, par l'*océan Atlantique* ; à l'Est, par l'*océan Indien*, prolongé par la *mer Rouge*, qui la sépare à peine de l'Asie ; au Nord, par la *Méditerranée*, qui la sépare très peu de l'Europe. Par un seul point, à l'*isthme de Suez*, aujourd'hui percé d'un canal, elle se rattache au continent asiatique.

L'Afrique a une superficie de 29 800 000 kilomètres carrés, inférieure à celle de l'Asie et à celle de l'Amérique, mais trois fois supérieure à celle de l'Europe. Elle n'a ni presqu'îles, ni mers secondaires ; ses contours sont peu échancrés ; c'est la plus massive des cinq parties du monde. On lui adjoint comme annexe une grande île : *Madagascar*, au Sud-Est, dans l'océan Indien

2. Structure et relief. — Dans son ensemble, l'Afrique est constituée par une immense *plate-forme*, élevée mais uniforme, où l'érosion a découpé des crêtes, des ter-

Fig. 1.— Les pluies en Afrique.

Les pluies sont réparties en Afrique suivant des bandes parallèles à l'Équateur; en aucune partie du monde, la répartition des pluies n'est plus régulière.

Dans chacun des hémisphères on distingue : 1° sous l'Équateur et près de l'Équateur, une zone où les pluies sont très fréquentes et très abondantes, par endroits supérieures à 2 mètres, et presque tout supérieures à 1 m. 50 par an; 2° vers les tropiques, une zone où la pluie est rare, irrégulière, presque nulle (moins de 0 m. 25 par an); 3° aux deux extrémités Nord (Maroc, Algérie, Tunisie) et Sud (région du Cap) du continent, deux zones d'humidité moyenne (environ 0 m. 60 par an), avec des pluies suffisantes, tombant surtout dans la saison froide.

Fig. 2. — Les zones de végétation en Afrique.

Les zones de végétation de l'Afrique sont disposées d'une manière symétrique par rapport à l'Équateur. On trouve : 1° sous l'Équateur et des deux côtés de l'Équateur, dans la région de climat humide et chaud, une zone de forêts et de savanes propres aux cultures tropicales; 2° vers les tropiques, où les pluies font défaut, deux zones de déserts, celle du Nord (Sahara) bien plus large et plus vaste que celle du Sud ; 3° enfin tout au Nord près de la Méditerranée, et tout au Sud dans la région du Cap, deux zones ayant la végétation et les cultures des pays chauds et modérément humides (oliviers, vignes, céréales, etc.), c'est-à-dire les cultures de la Provence et des pays méditerranéens en général.

rasses et creusé en forme de cuvettes quelques immenses dépressions : *Sahara* au Nord ; *bassin du Congo,* au Centre ; *Kalahari,* au Sud.

Les seuls accidents de relief importants sont les suivants :

1° Au Nord, les **chaînes de l'Atlas,** orientées du Sud-Ouest au Nord-Est, et atteignant leur plus grande élévation à l'Ouest, se décomposent en *Atlas Tellien* (le long de la mer), et en *Atlas Saharien* (en bordure du Sahara), et enserrent plus ou moins étroitement les *Hauts Plateaux du Maroc, de l'Algérie et de la Tunisie ;*

2° Au Sud, les **chaînes du Cap et du Natal** régulières, presque parallèles à la côte, enserrent également les *Hauts Plateaux* ou *Karroos;*

3° A l'Est, des **dépressions longitudinales,** orientées Sud-Nord et jalonnées de lacs; elles ont été causées par des effondrements, et sur leurs bords, comme toujours en pareil cas, se sont produites des éruptions volcaniques, et se sont dressés de **hauts massifs** d'origine volcanique qui forment les points les plus élevés de l'Afrique : *Kilima-Ndjaro* (5893 m.), *Kénia,* massif *d'Éthiopie* ou *d'Abyssinie;*

4° A l'Ouest, quelques **massifs,** d'origine également volcanique : *Cameroun, Fouta-Djalon.*

3. Le climat de l'Afrique. — Située de part et d'autre de l'Équateur, ne s'étendant ni au Nord ni au Sud, jusqu'à la zone vraiment tempérée, l'Afrique comprend sept zones de climats :

1° La **zone équatoriale** (*bassin du Congo, région des Lacs*) a un climat continûment chaud et des pluies très abondantes de printemps et d'automne.

2° Les deux **zones tropicales** (*Soudan,* au Nord ; *région du Zambèze,* au Sud) ont un climat chaud, et des pluies abondantes, tombant en une saison : l'été.

3° Les deux **zones subtropicales ou désertiques** (*Sahara,* au Nord ; *Kalahari,* au Sud), ont un climat excessif (alternances brusques de grande chaleur et de grand froid), et surtout très sec, sans pluies régulières.

4° Les deux **zones dites méditerranéennes** (*région de l'Atlas,* au Nord ; *région du Cap,* au Sud), ont une température douce et des pluies médiocres. Seules, ces deux zones conviennent au peuplement européen.

4. Les fleuves de l'Afrique. — Quatre de ces zones sur sept sont peu arrosées.

L'Afrique comprend de nombreux lacs. Ce sont : le lac *Tchad,* dans le Soudan central, qui s'évapore peu à peu, au centre de la cuvette saharienne ; les **Grands Lacs,** qui se sont logés dans les dépressions de l'Afrique orientale : lac *Nyassa,* lac *Tanganyika,* lac *Victoria,* lac *Albert.*

Les grands fleuves de l'Afrique ont leur cours ou tout au moins leurs sources et leur cours supérieur dans la zone équatoriale et tropicale. Ce sont :

1° le **Congo** (affl. l'*Oubangui* et le *Kassaï*), au débit énorme, se terminant par un grand estuaire ;

2° le **Zambèze;**

3° le **Niger** (affl. la *Bénoué*), se terminant par un delta très marécageux ;

4° le **Nil,** constitué par le *Nil Blanc,* émissaire des Grands Lacs, et le *Nil Bleu,* qui vient d'Abyssinie ; il se termine par un vaste delta.

Ces fleuves ont des crues formidables au moment des pluies. Tous ont des biefs navigables séparés par des rapides.

Les fleuves de la zone méditerranéenne sont courts et peu importants.

Les zones désertiques n'ont que des rivières intermittentes.

5. Richesses végétales et minérales de l'Afrique. — Les zones de végétation de l'Afrique correspondent aux zones de climat.

1° Les **zones équatoriale et tropicale** sont occupées par la *forêt vierge* dans les parties très arrosées, ou par la haute savane dans les parties un peu moins arrosées. Elles sont favorables aux produits des cultures tropicales : *caoutchouc, huile de palme, coton, café, épices, millet,* etc.

2° Les **zones désertiques** ont quelques *steppes* à l'herbe temporaire, et quelques *oasis* de *palmiers* autour des rares points d'eau. Principal produit : la *datte,* fruit du palmier-dattier. La vie nomade y est seule possible, en dehors des oasis.

3° Les **zones méditerranéennes** sont propres aux produits méditerranéens : *céréales, vigne, oliviers, fruits.*

Les ressources minérales sont encore très imparfaitement connues ; elles semblent moins abondantes que dans les autres parties du monde. Pourtant il existe de la houille au Sud-Est, du fer, du plomb et surtout du *cuivre* dans la région du Congo.

D'autre part, l'Afrique du Sud est très riche en minéraux précieux, *or et diamants*.

6. Peuplement. — La population de l'Afrique, dont on ne connaît pas le chiffre exact, doit être d'environ 140 millions d'habitants. L'Afrique est donc faiblement peuplée. Causes : la grande étendue des déserts et des forêts vierges, la faible étendue des terres cultivables.

Cette population comprend surtout :

1° Des **Nègres**, qui occupent l'Afrique tropicale : *Soudanais* (Soudan), *Bantous* (Afrique centrale);

2° Des **Cafres** et des **Hottentots**, dans l'Afrique du Sud;

5° Des **Sémites** et des **Hamites**, blancs, au Nord et Nord-Est : *Berbères* et *Arabes* (Maroc, Algérie, Tunisie, Tripolitaine), *Fellahs* (Egypte), *Abyssins*, *Somalis* et *Gallas*.

Les deux premiers groupes sont fétichistes; le dernier est musulman, sauf les Abyssins, qui pratiquent la religion copte, secte dissidente du christianisme.

Les Européens sont peu nombreux, sauf dans les régions de climat méditerranéen. Dans les zones équatoriale et tropicales, le climat leur est défavorable en raison de sa chaleur humide. Dans les zones subtropicales les ressources font défaut.

7. Partage politique. — L'Afrique ne comprend que trois Etats indépendants : l'**Egypte**, l'**Ethiopie** et la **République de Libéria**.

Le reste de l'Afrique appartient aux Européens à titre, soit de colonies, soit de protectorats.

1° **A la France**, (10 500 000 km².)	a) *Algérie-Tunisie-Maroc.* b) *Sahara.* c) *Afrique occidentale française.* d) *Afrique équatoriale française.* e) *Madagascar.* f) *Côte française des Somali.*
2° **A l'Angleterre**, (9 900 000 km².)	a) *Gambie.* — Soudan. b) *Sierra-Leone.* — occidental. c) *Côte de l'Or.* — et d) *Nigéria.* — central. e) *Afrique australe anglaise* : *Union sud-africaine.* f) *Afrique orientale anglaise.* g) *Somalie anglaise.* h) *Protectorat du Soudan anglo-égyptien.*
5° **A la Belgique**, (2 400 000 km².)	*Congo belge.*
4° **Au Portugal**, (2 500 000 km²)	a) *Angola.* b) *Moçambique.* c) *Guinée portugaise.* d) *Iles Açores, Madère, du Cap Vert.*
5° **A l'Espagne**.	a) *Archipel des Canaries.* b) *Territoire de Rio de Oro.* c) *Guinée espagnole.* d) *Zone marocaine.*
6° **A l'Italie**.	a) *Erythrée et Somalie italienne.* b) *Libye.*

De plus, la **Société des Nations** a confié le mandat d'administrer le *Cameroun* et une *partie du Togo* à la France; une partie du *Togo* et le *Territoire du Tanganyika* (Afrique orientale) à l'Angleterre; le *Sud-Ouest africain* à l'Union Sud-Africaine.

Le territoire de l'Afrique n'est qu'en partie exploité; cette exploitation date de la colonisation européenne qui est encore de date trop récente pour avoir eu le temps d'agir beaucoup et surtout profondément. Les régions extrêmes du Nord et du Sud sont les seules où les Européens pourront s'établir.

LECTURE

L'Afrique est loin d'être habitée uniquement par des nègres. — On se fait souvent une idée fausse des races africaines. Comme on appelle l'Afrique le « continent noir », on se figure volontiers qu'elle est occupée tout entière par des nègres, et, d'autre part, on s'imagine que tous les nègres se ressemblent. Ce sont là deux erreurs.

D'abord les nègres, bien que formant la majorité de la population de l'Afrique, n'en occupent qu'un peu plus de la moitié. Vers le Nord, ils ne dépassent pas le Sénégal, le lac Tchad et le massif d'Éthiopie. Leur domaine propre, c'est la zone chaude et humide; les régions sèches ne leur conviennent pas. Les Berbères et les Arabes qui peuplent ces régions sèches sont de race blanche.

Ensuite, les nègres sont loin d'offrir tous le même type : il y a entre eux de grandes différences de physionomie et de coloration. Quelques-uns ont vraiment une peau noire et luisante, des lèvres épaisses et proéminentes, une figure plate, un nez écrasé à larges narines, des cheveux laineux et crépus ; c'est le type qui domine chez les *Nigritiens du Soudan*. Par contre, les *nègres Bantous*, et surtout les *Cafres* du Natal et de l'Afrique australe, qui sont les plus beaux, ont la figure régulière, le nez droit aquilin, la barbe assez fournie ; ils sont grands, ont une démarche noble, de l'élégance dans les mouvements. Certaines tribus, au Sud du Congo, ont le teint presque clair et quelquefois les cheveux blond cendré ; mais ce fait est rare. Il y a autant de différence entre les diverses tribus nègres qu'entre les différents peuples européens.

De même, leur intelligence varie beaucoup. Les *Cafres-Zoulous* sont vigoureux, énergiques, très intelligents; ils forment un peuple de guerriers et d'éleveurs de bétail. Ils ont été des adversaires très redoutables pour les Européens. Vaincus, ils ont, dans quelques contrées, adopté les mœurs des Européens. Ils sont instruits, envoient leurs enfants à l'école et les petits Zoulous sont d'excellents écoliers.

Jusqu'au 10° degré de latitude au Nord et au Sud de l'équateur, les nègres se livrent encore en grand nombre à l'anthropophagie; ils ont même un mot pour désigner la viande d'homme : *nyam*.

A côté des nègres, mais bien différents d'eux, vivent des peuples curieux. Ce sont des *pygmées* ; ils ne deviennent guère plus grands que des enfants de 11 à 12 ans. Leur teint est jaune, leur peau très ridée. Ils sont très peu civilisés. Ils se cachent dans des broussailles et des buissons épais pour chasser et pour dormir, car ils ne bâtissent pas de huttes. C'est pour cela qu'on les appelle les *Bushmen* ou *Boschimans*, c'est-à-dire hommes des brousses. Les *Hottentots*, dans l'Afrique australe, sont les plus laids et les plus mal bâtis de ces hommes disgraciés, et les *Akkas*, dans la région du Congo, en sont les plus petits. Ces peuples nains sont peut-être les derniers descendants d'une race primitive à laquelle les nègres Bantous, plus forts, ont arraché la domination du territoire.

RÉSUMÉ. — L'Afrique est, sinon la plus étendue des cinq parties du monde, du moins la plus massive. Elle est flanquée au Sud-Est de la grande île de *Madagascar*

L'Afrique est essentiellement constituée par un immense plateau, creusé par les dépressions du *Sahara*, du *Congo* et du *Kalahari*, et flanqué au Nord par les chaînes de l'*Atlas*, au Sud par les *chaînes* du Cap et du *Natal*, et à l'Est par les hauts massifs du *Kilima-Ndjaro* (5893 m.), du *Kénia* et de l'*Ethiopie*

Le climat de l'Afrique est équatorial, c'est-à-dire très chaud et très humide, au Centre; tropical, c'est-à-dire

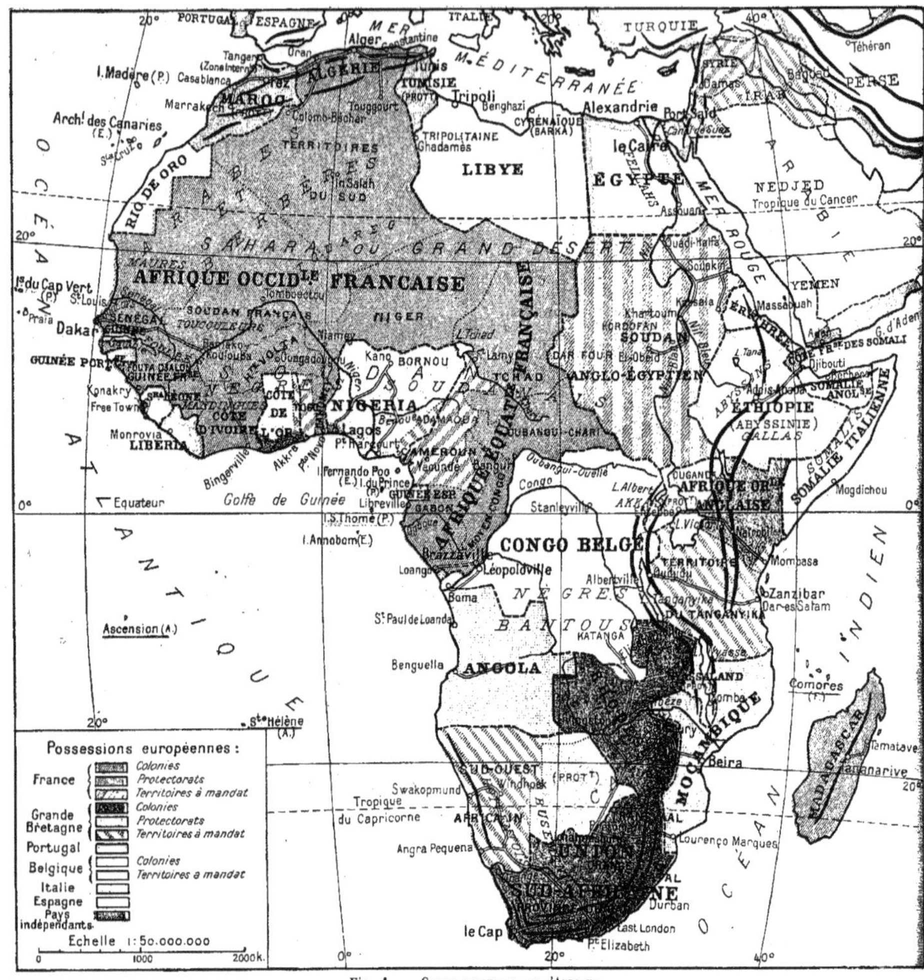

Fig. 1. — CARTE POLITIQUE DE L'AFRIQUE.

chaud et humide, plus au Nord et plus au Sud; sub-tropical, c'est-à-dire chaud et sec, encore plus au Nord et au Sud; méditerranéen c'est-à-dire assez chaud et faible-ment humide, aux extrémités Nord et Sud.

L'Afrique possède à l'Est de *Grands Lacs* : lacs *Nyassa, Tanganyika, Victoria, Albert*. Elle a quatre grands fleuves : le *Congo* (affl. : l'*Oubangui* et le *Kassaï*), le *Zambèze*, le *Niger* (affl. : la *Bénoué*), le *Nil* (*Nil Blanc* et *Nil Bleu*).

Les ressources végétales de l'Afrique varient avec les zones de climat : dans les zones équatoriale et tropicales, forêts épaisses, hautes savanes, production du caoutchouc, de l'huile de palme, du coton, etc.; dans les zones subtro-picales, déserts avec quelques oasis de palmiers-dattiers; dans les zones méditerranéennes, cultures des céréales, de la vigne, de l'olivier, des fruits.

L'Afrique est peuplée de *Nègres* (*Soudanais* et *Bantous*), de *Cafres* et de *Hottentots*, également noirs, et de *Sémites* et *Hamites*, blancs (*Berbères* et *Arabes*, *Fellahs*, *Abys-sins*, etc.).

L'Afrique ne comprend que trois états indépendants : l'*Egypte*, l'*Ethiopie* et la *République de Libéria*. Tout le reste de l'Afrique, sauf quelques territoires à mandat de la Société des Nations, constitue des colonies ou des pro-tectorats de la *France* (Algérie, Tunisie et Maroc, Afrique Occidentale, Afrique Equatoriale, Madagascar, etc.), de l'*An-gleterre* (Afrique Occidentale, Afrique Orientale, Afrique Australe, Soudan anglo-égyptien, etc.), de la *Belgique* (Congo Belge), du *Portugal*, de l'*Espagne* et de l'*Italie*.

Exercices. — 1. Carte physique de l'Afrique. — 2. Expliquez et décrivez les différentes zones de climat et de végétation de l'Afrique. — 3. Carte politique de l'Afrique. — 4. Les races de l'Afrique.

Fig. 1. — Le Niger a Niamey.

Le Niger a 4150 kilomètres de longueur. Il a de longs biefs où il est très navigable; mais il est tronçonné par plusieurs lignes de rapides qui brisent l'unité de sa navigation.

Fig. 2. — Savane soudanaise.

La savane en Afrique occidentale est une vaste prairie d'herbes gigantesques, assez hautes pour qu'un cavalier y disparaisse; elle est semée de bouquets d'arbres près des rivières.

II. — L'Afrique du Nord.

Voir : p. 200.

III. — L'Afrique Occidentale.

1. Les régions naturelles. — L'Afrique Occidentale comprend deux régions naturelles : le *Sahara*, au Nord; le *Soudan*, au Sud.

1° Au Nord, le **Sahara** est un grand désert. Le climat y est continental, presque absolument sec et sans saison de pluies régulières. Les rares *ouadi*, ou rivières intermittentes, qu'on y trouve sont presque toujours secs. La végétation permanente (palmiers) n'existe que dans les oasis. La vie nomade prédomine.

2° Au Sud, le **Soudan** s'étend d'Ouest en Est, de la côte du Sénégal, par le *lac Tchad*, jusqu'au Nil. Au Sud, il va jusqu'à la *côte de Guinée*.

Le Soudan comporte un certain nombre de hauts plateaux et même quelques massifs, dont certains sont d'origine volcanique. Les principaux sont le *Fouta-Djalon*, l'*Adamaoua*, le *Cameroun*, à l'Ouest; le *Darfour* et le *Kordofan*, à l'Est. Au centre est la grande dépression du *lac Tchad*.

Situé dans la zone tropicale, le Soudan a une saison sèche et une saison humide : celle-ci est assez longue au Sud, mais courte au Nord. Aussi les cours d'eau sont-ils de plus en plus riches vers le Sud : *Sénégal, Gambie, Chari* (affluent du lac Tchad), *Niger* (affluent : la *Bénoue*). La végétation passe progressivement, entre le Nord et le Sud, du désert à la steppe aux herbes rares, puis à la savane aux herbes hautes et épaisses, et enfin à la forêt vierge aux arbres hauts et serrés.

2. La population. — Le Sahara est peuplé de *Touareg* et de *Maures*, de race blanche.

Dans le Centre et le Sud du Soudan, de la côte jusqu'au lac Tchad, vivent des **Nègres** (*Ouolofs, Mandingues*, etc.).

Entre les deux zones et les deux races vivent des ***métis*** (*Foulahs* ou *Toucouleurs*).

3. L'Afrique occidentale française. — Voir p. 205.

4. Les autres territoires de l'Afrique occidentale. — Outre les possessions françaises, l'Afrique occidentale comprend des territoires anglais, portugais, italiens et une république indépendante.

1° Les **territoires anglais, Gambie, Sierra-Léone, Côte de l'Or** et **Nigeria** sont tous compris dans la zone fertile de la savane soudanaise et de la forêt guinéenne. En outre, la Nigeria (1 million de kil. carrés; 18 750 000 hab.) a le double avantage de posséder le *cours inférieur du Niger* et de s'étendre jusqu'au *lac Tchad* par le *Bornou*.

2° La **Guinée portugaise** est encastrée dans les territoires français du Sénégal; elle est analogue à ceux-ci.

3° La **République nègre de Libéria** (2 millions d'hab.) a pour capitale *Monrovia*.

4° La **Libye** (cap. *Tripoli*), colonie italienne, est en grande partie désertique. Elle est toutefois arrosée et fertile en *Tripolitaine* et surtout dans les pays montagneux de la *Cyrénaïque*, ou *Barka*, où les cultures méditerranéennes sont possibles.

LECTURE

Le Niger n'est navigable que par intermittences. — Le Niger appartient tout entier à l'Afrique Occidentale française, sauf dans son cours inférieur qui est situé dans la colonie anglaise de la Nigeria.

Il prend sa source, sous le nom de *Djoliba*, dans les monts Loma, à 300 kilomètres seulement, en ligne droite, de l'océan Atlantique, qu'il n'atteint pourtant qu'après un cours de 4150 kilomètres. C'est que, à peine né, au lieu de couler directement vers la mer, il prend la route du Nord-Est, vers l'intérieur.

De sa source jusqu'à Bamako, c'est le cours supérieur, rapide, par endroits coupé de chutes véritables, inutilisable pour la navigation. A Bamako, où il entre en plaine, il n'est plus qu'à une altitude de 260 mètres; il a une largeur de 500 à 700 mètres, que les crues de la saison des pluies portent à 2000.

De Bamako à Tombouctou, sur une longueur de 1100 kilomètres, le Niger descend à peine de 60 mètres. Sa pente devient insensible, et par suite son cours est lent à l'extrême. Le fleuve s'éparpille dans sa vallée; il l'envahit et la recouvre tout entière à la saison des crues. Les crues passées, les indigènes se hâtent de semer, sur les bancs et les îles que le fleuve a recouverts de boue, des graines qui croissent à vue d'œil, comme dans la vallée du Nil après l'inondation. C'est une région particulièrement riche. Le fond de cette partie basse est occupée par un lac dont l'étendue varie suivant la saison.

A Tombouctou, le Niger tourne vers l'Est; il se trouve alors à peu près à la limite du Soudan et du Sahara; d'ailleurs, le fleuve n'arrose pas directement la ville; celle-ci est située sur un marigot, un faux bras, où les eaux ne montent que lors des très hautes crues. Puis, après Tombouctou, le cours du Niger, longtemps endormi, se réveille; le fleuve redevient torrent vif, des rapides le barrent à plusieurs endroits. En même temps, il prend la direction du Sud-Est qui va le conduire vers l'Océan Atlantique.

C'est seulement après ces rapides que le Niger entre dans son cours inférieur: il est alors très large et très navigable. Il est encore accru par son principal affluent, la *Bénoué*, qui ouvre une route vers le lac Tchad. Enfin, le Niger bifurque en plusieurs bras qui vont se jeter au fond du golfe de Guinée : les deux principaux sont appelés *rivière de Brass* et *rivière Noun*. Des brisants gênent l'entrée de leurs embouchures.

Ainsi, semblable aux autres grands fleuves africains, le Niger n'est pas navigable d'une manière continue dans l'ensemble de son cours. Il se compose de plusieurs biefs navigables, qui sont séparés les uns des autres par des barrages de rapides. Par exemple, les bateaux circulent facilement de Bamako à Tombouctou, et c'est par le fleuve que se sont établies les communications dans ce pays. Mais, en aval de Tombouctou, la navigation n'est possible qu'à la descente et à l'époque des hautes eaux et des crues qui recouvrent les rapides. Un bateau d'une certaine importance ne peut naviguer sans interruption de Bamako jusqu'à l'embouchure du Niger.

RÉSUMÉ. — L'Afrique Occidentale comprend, au Nord, la plaine désertique du *Sahara* et, au Sud, le *Soudan*, haut plateau dominé par les Massifs du *Fouta-Djalon*, de l'*Adamaoua*, du *Cameroun*, du *Darfour* et du *Kordofan*, et limité au Sud par la *côte de Guinée*.

De climat tropical, chaud et humide, arrosé par le *Sénégal*, la *Gambie*, le grand fleuve du *Niger* (affluent : la *Bénoué*) et le *Chari*, qui se jette dans le *lac Tchad*, le Soudan a une riche végétation.

L'Afrique Occidentale est peuplée au Nord de *Touareg* et de *Maures*, qui sont blancs, au Sud de *Nègres*, au centre de *métis*.

Outre les colonies françaises, l'Afrique Occidentale comprend :

1° des *colonies anglaises* : *Gambie, Sierra-Léone*, la *Côte de l'Or* et la *Nigeria*;

2° une *colonie portugaise* : la *Guinée portugaise* ;

3° la *république de Libéria*;

4° une *colonie italienne* : la *Libye*, cap. *Tripoli*, dont la meilleure partie est la *Cyrénaïque* ou *Barka*.

Exercices. — 1. Faire une carte de l'Afrique occidentale, d'après la carte politique de l'Afrique de la p. 48. — 2. Le Niger.

IV. — L'Égypte.

1. Les conditions naturelles. — L'Égypte est constituée par les *plateaux désertiques de Libye*, à l'Ouest et de *Nubie* à l'Est, au climat très sec. Mais ces régions déshéritées sont séparées par l'étroite *vallée du Nil*, qui se termine par un vaste *delta*. Le climat de cette vallée est le même que celui des déserts qui l'encadrent : sec et chaud.

La *végétation* est celle du désert. Mais, grâce au Nil et à sa double crue, la vallée et le delta du Nil sont fécondés par les eaux du fleuve et constituent une grande région agricole.

2. La population. — La population de l'Égypte (14 055 000 hab.) est constituée par les *Fellahs*, peuple blanc, d'origine hamitique, agriculteurs sédentaires de la région du Nil. Les autres éléments sont les *Bédouins*, nomades du désert, et les *Arabes, Turcs* et *Arméniens*, commerçants des villes. La presque totalité de la population est concentrée dans la vallée et le delta. C'est là que sont presque toutes les grandes villes : *Le Caire* (790 000 hab.), la capitale; *Alexandrie* (444 000 hab.), grand port; *Tantah, Damiette, Mansourah, Siout, Assouan.*

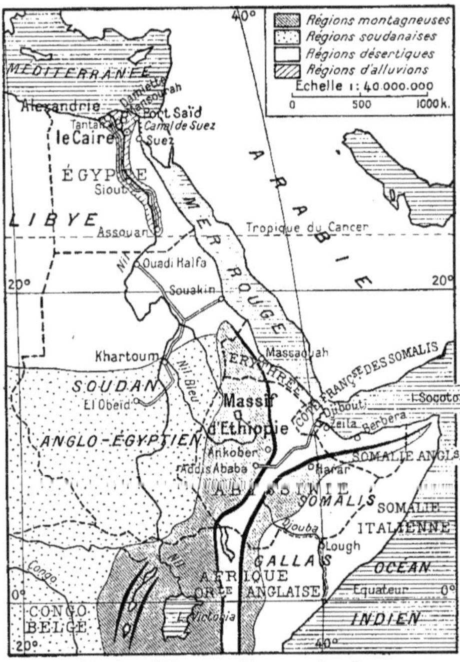

Les villes importantes, hors de la vallée et du delta, sont situées aux extrémités du canal de Suez : *Port-Saïd* (avec *Port-Fouad*) et *Suez.*

3. Situation économique. — Grâce aux travaux d'irrigation (barrages d'Assouan, de Siout et du delta), l'Égypte est devenue un des principaux pays agricoles du monde. Les principaux produits sont : les *céréales* (*millet, riz, sorgho*), les *légumes*, la *canne à sucre*, et surtout le *coton*, qui donne des résultats excellents, à la fois comme rendement et qualité produite. L'industrie est très faible : presque tout le coton s'exporte à l'état brut vers les filatures et les tissages de l'Europe et de l'Amérique.

Le *commerce* comporte surtout à l'exportation le *coton*, à l'importation les *objets manufacturés*. Les trois cinquièmes du commerce égyptien se font avec l'Angleterre.

Enfin l'Égypte tire un dernier avantage du transit mondial, qui se fait par le *canal de Suez*, l'une des principales routes de circulation existant sur le globe, car elle unit ces deux centres de peuplement et d'activité : l'Europe et l'Extrême-Orient (Inde, Chine, Japon). *Alexandrie* est un port de commerce important.

Fig. 1. — L'ÉGYPTE ET L'AFRIQUE DU NORD-EST.

Fig. 1. — LE GRAND BARRAGE DU DELTA.

La crue du Nil fait la richesse de l'Égypte, grâce aux eaux et grâce aux limons fertilisants qu'elles déposent. Mais cette crue est parfois trop forte, parfois au contraire trop faible. Afin de régulariser le débit du Nil, des barrages y ont été construits. (Phot. Boulanger.)

Fig. 2. — LE CANAL DE SUEZ.

Le canal de Suez donne aujourd'hui passage aux très gros navires. Il en voit passer annuellement près de 5 000, soit plus de treize en moyenne par jour. La traversée du canal, qui d'abord prenait 52 heures, se fait aujourd'hui en 15 heures. (Phot. Chusseau-Flaviens.)

LECTURE

Le canal de Suez est la première voie maritime du monde. — L'isthme de Suez, qui rattache l'Asie à l'Afrique, n'est qu'une étroite bande de terre, large de 120 kilomètres environ entre la Méditerranée et la mer Rouge, et déprimée en son milieu où s'étendent le lac Timsah et les deux lacs Amers. Mais, si étroit qu'il fût, cet isthme nécessitait un transbordement coûteux pour les marchandises qui de tout temps ont circulé entre l'Europe et l'Extrême-Orient. L'idée devait donc venir de le percer par un canal.

Dès l'antiquité, un roi d'Egypte, Néchao, l'entreprit; mais ce canal ne traversait pas l'isthme; il unissait, non la Méditerranée, mais le Nil à la mer Rouge. Le canal actuel date du XIXe siècle; il a été construit sur les plans d'un Français, Ferdinand de Lesseps. Les travaux ont été commencés en 1859, achevés et inaugurés en 1869.

Le canal de Suez mesure 160 kilomètres de longueur entre Port-Saïd, sur la Méditerranée, et Suez, au fond de la mer Rouge. Il est assez profond pour donner accès aux plus gros navires. Depuis son ouverture, on n'a cessé, du reste, de l'améliorer. La largeur a été portée de 22 à un minimum de 60 mètres, qui va en certains points jusqu'à 115; on a multiplié les gares pour les croisements des navires; la navigation de nuit, interdite au début, est possible depuis l'établissement de la lumière électrique le long des bords du canal. La traversée du canal, qui au début durait 52 heures, ne demande plus que 15 heures. Le canal est ainsi devenu une voie excellente. De grands ateliers de réparation, un poste de dragues, un entrepôt de charbon ont été installés à Port-Saïd, grande ville de 100 000 habitants, doublée aujourd'hui d'une ville nouvelle : Port-Fouad.

L'ouverture du canal de Suez a marqué un grand progrès dans l'histoire des relations et du commerce entre l'Europe et l'Inde ou l'Extrême-Orient. Auparavant, pour aller de Londres ou de Marseille à Bombay ou à Chang-haï, il fallait contourner l'Afrique par un détour considérable : le canal de Suez a diminué de plus de moitié la longueur du trajet. Aussi, bien que les navires soient soumis à un droit de passage très considérable, plus des neuf dixièmes du commerce entre l'Europe et l'Extrême-Orient se font par cette voie.

Le trafic comporte par an environ 5 000 navires, représentant un tonnage de près de 26 millions de tonnes. L'Angleterre entre dans ces chiffres pour plus de la moitié. A côté de sa part, qui est celle du lion, il faut indiquer la place des pavillons hollandais (relations avec l'Insulinde), allemand, français, italien, japonais, américain, etc.

Le canal de Suez est une des principales voies commerciales du globe entier. Son importance ne peut que se développer. Sans doute, des voies transcontinentales ont été créées (Transsibérien) ou sont en voie de création (chemins de fer de la Perse et voie ferrée de Bagdad); mais le canal de Suez garde sur elles l'avantage du bon marché. Et, d'ailleurs, l'établissement de toutes ces voies commerciales ne peut que stimuler l'activité économique des grands pays de l'Extrême-Orient (Inde, Chine, Japon) qui, devenus de plus en plus des foyers agricoles et industriels, fourniront au commerce un aliment sans cesse accru.

RÉSUMÉ. — **L'Égypte est, entre les plateaux désertiques de** *Libye* **et de** *Nubie*, **constituée essentiellement par la vallée et le delta du** *Nil*, **dont les eaux font la richesse agricole du pays.**

Peuplée surtout par les *Fellahs*, **l'Égypte possède de grandes villes :** *le Caire*, **la capitale, le grand port** *d'Alexandrie*, *Tantah, Damiette, Mansourah, Port-Saïd, Suez, Siout, Assouan.*

L'Égypte produit les céréales, la canne à sucre et surtout le coton, qui est le principal produit d'exportation.

C'est sur son territoire que se trouve le *canal de Suez*, **un des principaux passages maritimes du monde.**

Exercices. — 1. Carte de l'Egypte, d'après la carte de la p. 50. — 2. Expliquez ce mot d'Hérodote : « L'Égypte est un don du Nil ». — 3. Le canal de Suez : histoire de sa construction; ses caractères; son rôle dans le commerce mondial.

V. — L'Afrique du Nord-Est.

1. Nature et peuplement. — L'Afrique du Nord-Est comporte, comme partie centrale et essentielle, le *massif d'Ethiopie*, constitué par des plateaux basaltiques, très hauts, presque horizontaux, qui sont découpés par des vallées très profondes. Il est flanqué, à l'Ouest, des *plaines du Soudan anglo-égyptien*; à l'Est, des plaines *Somali* et *Galla*.

Le climat de l'Ethiopie, partout humide grâce à la condensation amenée par les hauts reliefs, est très chaud dans les fonds de vallées, mais frais sur les hauteurs.

Aussi la *végétation* comprend-elle trois zones : 1° Dans les parties les plus basses, chaudes et humides, la forêt tropicale, ou *kolla*; 2° Dans les régions intermédiaires, moins chaudes, la zone des cultures, ou *voïna dega* (café, coton, céréales); 3° dans les régions supérieures fraîches, la zone des prairies (ou *dega*) et de l'élevage, chevaux et bêtes à cornes.

Les plaines du Soudan anglo-égyptien et les plaines somali et galla, plus sèches, sont couvertes par la steppe ou par le désert.

L'Afrique du Nord-Est est peuplée par trois races :

1° Des **Sémites**, blancs qui occupent l'Éthiopie : ce sont les *Abyssins* ;

2° Des **Hamites**, également blancs, qui occupent les steppes : ce sont les *Somalis* et les *Gallas*;

3° Des **Nègres**, au Soudan et en Ouganda.

2. Partage politique.

— L'état principal de la région est l'*Empire d'Abyssinie* (8 millions d'hab.), qui s'étend sur toutes les hautes terres de la contrée. Il est indépendant, prospère et puissant. Capitale : *Addis-Ababa*, reliée à la côte par un chemin de fer. Villes principales : *Ankober, Harar*.

Trois puissances européennes sont établies dans l'Afrique du Nord-Est :

1° Les **territoires britanniques** sont le Soudan anglo-égyptien (cap. *Khartoum*) et la **Somalie anglaise** (villes principales : *Zeila, Berbera*);

2° Les **territoires italiens** sont l'Erythrée, au Nord (ville principale : *Massaouah*, port), et la **Somalie italienne**, au Sud (ville principale : *Lough*);

3° La France a la côte française des Somalis (Voir *Les colonies françaises*, p. 208.

LECTURE

L'Ethiopie est un pays riche. — De climat très sec, toute la partie basse de l'Afrique Nord-Orientale n'offre qu'une steppe maigre où, seules, les lignes d'eau des rivières sont marquées par des bandes de forêts-galeries. Les peuples y sont contraints à la vie nomade et au pastorat. Mais le massif éthiopien, grâce à son altitude, reçoit plus de pluie : d'où une végétation abondante, la vie agricole et sédentaire.

C'est d'Ethiopie qu'est originaire le moka. Le coton, la canne à sucre, l'indigo croissent spontanément dans la zone basse. L'abondance des pâturages, dans les hautes terres, explique l'abondance des bestiaux.

Si la surface du sol est riche, le sous-sol, bien qu'encore incomplètement exploré,

Fig. 1. — LES PLATEAUX ÉTHIOPIENS.

Les plateaux éthiopiens, qui sont surmontés souvent de sommets très pittoresques, sont presque toujours découpés par des crevasses très profondes et étroites qui les morcellent en compartiments séparés, rendant très difficiles les communications de l'un à l'autre. Le morcellement naturel de l'Ethiopie n'a pas peu contribué à maintenir longtemps le pays dans l'anarchie et à en retarder l'unification politique.

ne l'est guère moins, semble-t-il. Sur de nombreux points, le fer affleure à la surface; on a trouvé plusieurs gisements de houille assez abondants; on a constaté la présence de la plupart des minéraux utiles ou précieux.

RÉSUMÉ. — L'Afrique du Nord-Est est constituée par le haut *massif d'Ethiopie*, flanqué à l'Ouest des *plaines du Soudan anglo-égyptien*, à l'Est des *plaines Somali et Galla*. Les hautes terres sont bien arrosées et fertiles, fournissant les produits tropicaux dans les basses altitudes, favorables à l'élevage sur les hautes altitudes. Les basses terres de l'Ouest et de l'Est sont sèches et habitées par des pasteurs nomades.

Les habitants sont des Abyssins, des Somalis, des Gallas, tous blancs, et des Nègres.

L'Afrique du Nord-Est comprend l'*Empire d'Abyssinie* (cap. *Addis-Ababa*; v. pr.: *Ankober, Harar*), des colonies anglaises (*Soudan anglo-égyptien, Somalie britannique*), des colonies italiennes (*Erythrée, Somalie italienne*) et une *colonie française* : la *côte française des Somalis*.

Exercices. — 1. Carte de l'Afrique du Nord-Est, d'après la carte de la p. 50. — 2. Distinguez les zones de végétation du massif d'Ethiopie.

VI. — L'Afrique Équatoriale.

1. La région des Grands Lacs. — La région des Grands Lacs est constituée par un haut plateau, fendu du Nord au Sud par les lignes de fracture, le long desquelles des éruptions volcaniques ont édifié de grands volcans aujourd'hui éteints, *Kilima-Ndjaro* (5893 m.), *Kénia, Rouou enzori* et à l'intérieur desquelles se sont logés de grands lacs : lacs **Victoria, Albert, Edouard, Tanganyika, Nyassa**.

Cette région a un climat humide, et la chaleur n'est dure à supporter que sur la côte. La partie septentrionale est sèche.

La végétation est constituée par la *forêt tropicale*, dans la région côtière, basse et chaude; par la *savone*, sur le plateau, plus frais. Le Nord n'a que des *steppes*.

Cette région alimente par ses eaux trois des quatre grands fleuves de l'Afrique : le *Nil* et le *Congo*, qui y prennent leurs sources; le *Zambèze*, qui en reçoit son principal affluent.

La population comprend : 1° dans la plaine côtière, des **Nègres Bantous** et des **Arabes**, ceux-ci commerçants des ports de la côte :

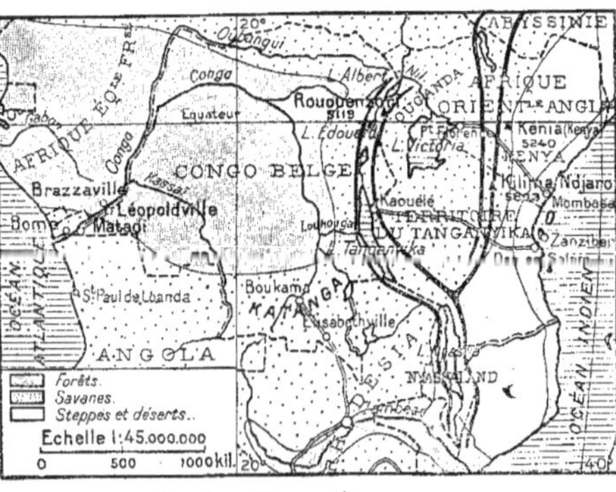

Fig. 2. — L'AFRIQUE ÉQUATORIALE.

Fig. 1. — Le Kilima-Ndjaro (Afrique Équatoriale).

Point culminant de l'Afrique, le Kilima-Ndjaro se dresse à 5 895 mètres sur un plateau, d'une altitude de 3 000 à 4 000 mètres, formant socle. (Phot. Curtis Brown and Massie.)

Fig. 2. — Établissement du chemin de fer près de Matadi (Congo).

Le chemin de fer est nécessaire au Congo avant tout comme complément des voies navigables, pour contourner les rapides qui coupent les rivières et interrompent la navigation.

Mombasa, Zanzibar, Dar-es-Salam; 2° à l'intérieur, dans la savane, des **Bantous**, cultivateurs sédentaires, et dans les steppes, des **Massaï**, nomades, pasteurs et pillards.

Aujourd'hui, cette région est gérée presque entièrement par l'**Angleterre** qui possède au Nord le *protectorat de l'Ouganda* et la *colonie du Kenya* (cap. *Mombasa*), avec le protectorat du *sultanat de Zanzibar*, et au Sud le *Nyassaland*, ou *territoire du Nyassa*. Au Nord de celui-ci, elle a le mandat de la Société des Nations sur le *territoire du Tanganyika* (cap. *Dar-es-Salam*), ancienne Afrique Orientale allemande.

2. Le Congo belge. — Le Congo belge est formé par une vaste dépression située au Centre de l'Afrique, sous l'Équateur, que drainent l'énorme fleuve du *Congo* et ses affluents : *Loukouga, Arouhouimi, Oubangui, Kassaï*. Tous sont navigables partiellement, mais coupés par des rapides.

De climat équatorial, très humide et très chaud, le Congo est presque tout entier couvert par la *forêt vierge*. Un long séjour y est interdit aux Européens, qui sont à peine 2 500. Le Congo est habité par 50 millions environ de *Nègres Bantous*, vivant par petites tribus.

Il produit et exporte l'*ivoire*, le *caoutchouc*, l'*huile de palme* et une grande quantité de *cuivre* venant des mines du *Katanga*.

Le Congo a quelques tronçons de voies ferrées, qui ont été construits pour doubler les voies navigables là où les rapides les rendent impraticables. Les villes sont : *Léopoldville, Matadi, Boma, Elisabethville*.

3. L'Afrique Equatoriale française. — Voir p. 206.

LECTURES

1. L'ivoire et le caoutchouc sont deux grands produits de l'Afrique centrale. — On a défini le Congo « un cimetière d'ivoire et une mine de caoutchouc ».

L'ivoire provient des dents ou défenses d'un certain nombre de gros animaux : éléphants, rhinocéros. Il donna d'abord lieu à un commerce extrêmement actif, alimenté par la chasse et

Fig. 3. — Cité ouvrière au Katanga.

Cité ouvrière du pays minier. Les mines de cuivre du Katanga comptent parmi les plus riches du monde.

(Phot. Musée colonial à Ternaeven.)

Fig. 4. — Le port de Matadi (Congo).

Matadi est le terminus de la navigation maritime au Congo Belge. Les steamers de mer débarquent là leurs marchandises.

(Phot. du Musée du Congo Belge.)

par des réserves provenant des cachettes des indigènes. L'importance de ce commerce diminue d'année en année. Les réserves sont épuisées. D'autre part, les animaux pourchassés tendent à disparaître.

Le caoutchouc est la sève de certaines lianes qui se coagule à l'air libre. On sait que le caoutchouc est de plus en plus demandé sur le marché européen, où il sert à un grand nombre d'usages, notamment dans les appareillages électriques et d'automobiles. Or, l'arbre et la liane à caoutchouc abondent dans la région du Congo. Les Européens ont créé dans la région du Congo des plantations de caoutchouc. Elles feront peut-être un jour concurrence aux remarquables plantations que les Anglais et les Hollandais ont établies dans la Malaisie et l'Insulinde.

2. Les chemins de fer sont nécessaires au Congo belge. — Le fleuve Congo et ses affluents, dans leur biefs navigables, offrent des facilités aux communications, et les Européens y ont établi de petites flottilles dont le commerce est très actif. Mais, en dehors des fleuves, l'Afrique équatoriale n'a que des moyens de communication très précaires. Les bêtes de somme manquent pour le portage : bœufs et chevaux succomberaient à la piqûre de la mouche tsétsé ; on commence à peine à domestiquer l'éléphant. Le portage est ainsi nécessaire. Pour transporter le caoutchouc, l'ivoire, les amandes de palme, les caisses pour le ravitaillement des troupes, on se sert de convois de 300 à 500 hommes qui portent les charges sur la tête. Les voies ferrées sont donc nécessaires.

Plusieurs ont été construites ou sont en construction dans le Congo belge. Elles doublent les parties non navigables du fleuve et de ses affluents : par exemple, la région des chutes de Livingstone entre Matadi et Léopoldville ; la région des Stanley Falls, etc. On construit aussi une ligne pour relier la vallée du Congo au bassin supérieur du Nil par l'Arouhouimi.

RÉSUMÉ. — La *région des Grands Lacs* est constituée par un haut plateau, sillonné du Nord au Sud par des lignes de fractures, bordées par les montagnes volcaniques du *Kilima-Ndjaro*, du *Kenia* et du *Rououenzori*, et occupées par les *Grands Lacs* (lacs *Victoria, Albert, Edouard, Tanganyika, Nyassa*). De climat et de végétation variés, les différentes parties de cette région, peuplée de Nègres, cultivateurs ou pasteurs, et d'Arabes, commerçants, sont administrées par l'Angleterre, soit comme colonies (*colonie du Kenya*, cap. *Mombasa*; *Nyassaland*), soit comme protectorats (*Ouganda, Zanzibar*), soit comme territoire à mandat (*territoire du Tanganyika*, cap. *Dar-es-Salam*).

Le *Congo Belge* occupe la plus grande partie du bassin *Congo* et de ses affluents (*Loukouga, Arouhouimi, Oubangui, Kassaï*). De climat équatorial, chaud et humide, occupé en grande partie par la forêt vierge et peuplé de *Nègres Bantous* aux mœurs primitives, le Congo Belge produit et exporte le caoutchouc, l'huile de palme, l'ivoire. La province du *Katanga* produit beaucoup de cuivre. V. pr. : *Léopoldville, Matadi, Boma, Elisabethville.*

Exercices. — 1. Carte de l'Afrique Equatoriale. — 2. Comparez les traits physiques de la région des Grands Lacs et ceux du Congo Belge. — 3. Le caoutchouc et l'ivoire au Congo Belge.

VII. — L'Afrique Australe.

1. Les régions naturelles. — L'Afrique Australe est constituée par une plate-forme déprimée au centre, se relevant sur les bords. Cette plate-forme est bordée au Sud et à l'Est par des montagnes : au Sud par les *chaînes du Cap* ; à l'Est, le *massif du Natal*.

L'Afrique Australe comprend cinq régions naturelles :

1° La **région des chaînes du Cap**, au Sud, a sur la côte la végétation et les cultures méditerranéennes (céréales, vignes, fruits). Elle a des bois sur les montagnes et des pâturages maigres pour les moutons sur les plateaux (ou *Karroos*) situés entre les chaînes.

2° La **région du massif du Natal**, au Sud-Est, plus haute en latitude, plus chaude et plus arrosée, a la végétation et les cultures tropicales : café, thé, canne à sucre.

3° Les **plateaux de l'Orange et du Transvaal**, au Centre, de climat plus rude et plus sec, sont couverts d'une steppe buissonneuse : le *Veld*.

4° Le **désert de Kalahari** (dépression centrale) étend ses terres arides jusqu'à la côte occidentale.

5° La **région des plateaux de l'Angola, de la Zambézie, de la Rhodésia et du Moçambique** est, comme le Soudan, de plus en plus humide vers l'équateur. Elle est occupée par la savane et par la forêt tropicale

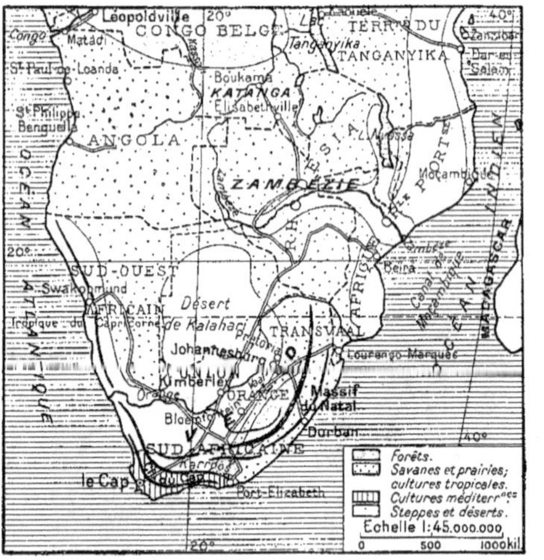

2. Les deux ressources naturelles. — Le Nord de l'Afrique Australe possède une riche végétation, mais il est peu exploité. Le Sud de la contrée (régions du Cap et du Natal) produit les céréales, les fruits, la canne à sucre, le thé. Le Centre, assez sec, est peu favorable aux cultures, mais très favorable à l'élevage : *chevaux, bêtes à cornes* et surtout, en raison de la sécheresse, *moutons*.

L'Afrique Australe est pourvue d'abondantes ressources minérales : *houille, cuivre, fer, plomb*, surtout *diamants* et *or*. Elle est le premier producteur d'or du monde. Elle produit annuellement plus d'un milliard de francs d'or. La région la plus riche en minerai d'or est celle de *Johannesburg*, au Transvaal.

3. Peuplement et situation politique. — L'Afrique Australe comprenait originellement deux *populations indigènes*. 1° les *Bushmen* ou *Hottentots*, petits, aux cheveux crépus, bruns, mêlés de nègres, nomades chasseurs ou pasteurs ; 2° les *Bantous*, nègres purs, *Cafres, Zoulous, Barotsé* et *Betchouana*, sédentaires, agriculteurs ou éleveurs.

L'élément européen est représenté par les *Portugais*, au Nord, par les *Boers*, descendants de Hollandais immigrés au xviie siècle, et par les *Anglo-Saxons*.

Au Sud l'Empire anglais s'étend sur presque toute la partie méridionale de l'Afrique, séparant les deux

Fig. 1. — L'AFRIQUE AUSTRALE.

Fig. 1. — Paysage du Karroo dans l'Afrique australe.

Le Karroo est la région de steppes qui, dans l'Afrique australe, correspond à celle des Hauts-Plateaux algériens : végétation maigre consistant en buissons; l'élevage forme la ressource principale.

Fig. 2. — Johannesburg (Transvaal).

Johannesburg est situé au centre du Rand, le district minier principal du Transvaal. L'or y abonde : les champs d'or, ou gold-fields, s'y comptent presque par centaines.

colonies portugaises : *Afrique orientale portugaise* ou *Moçambique* (v. pr. *Lourenço-Marques*) et *Angola* (v. pr. *Saint-Paul de Loanda, Saint-Philippe Benguella*). Ce domaine constitue d'abord l'**Union Sud-Africaine**, qui comprend quatre colonies (7 305 000 hab., dont 1 504 000 blancs) :

1° La **Province du Cap**, la plus prospère, grâce à ses cultures, à son élevage et à ses mines; v. pr. : Le *Cap* (207 000 hab.), *Port-Elizabeth*, *Kimberley*, la ville des diamants;

2° Le **Natal**, aux produits tropicaux; v. pr. : *Durban*;

3° Le **Transvaal**, pays d'élevage et de mines d'or; v. pr. : *Prétoria* et *Johannesburg* (288 000 hab.), la ville de l'or ;

4° L'**Orange**, capitale *Bloemfontein*.

Au Nord, la **Rhodésia Méridionale** forme une colonie indépendante de l'Union. A l'Ouest, l'Union a le mandat du **Sud-Ouest Africain**, ancienne colonie allemande.

Depuis l'exploitation minière, une série de chemins de fer ont été construits entre la côte et l'intérieur. Ils s'avancent jusqu'au Zambèze et au Congo belge, avec embranchements sur *Port-Elizabeth, Durban, Lourenço-Marques, Beira*.

L'agriculture est en progrès; l'industrie se développe. L'Afrique du Sud vit cependant surtout de l'exportation de ses matières premières (laine, cuir), de ses fruits, de son or et de ses diamants. Elle importe des produits manufacturés. La plupart de ces importations sont faites par l'Angleterre.

LECTURE

L'exploitation minière a transformé la vie dans l'Afrique australe. — L'Afrique australe a été consacrée exclusivement à l'agriculture et à l'élevage jusqu'en 1880. Vers 1854, on avait découvert les premiers gisements d'or et de diamants. Après 1880, l'exploitation en devint active.

L'Afrique australe est aujourd'hui le premier des pays producteurs d'or et de diamants.

La découverte et l'exploitation des mines ont provoqué des changements qu'on peut résumer ainsi :

1° D'abord, après 1880, elles ont déterminé un afflux considérable d'étrangers, ou *Uitlanders*.

2° Les rares villes n'étaient auparavant que de modestes marchés agricoles. Tout d'un coup, de grandes exploitations se sont établies sur des plateaux précédemment déserts ; des villages et des villes se sont édifiés en quelques mois. De 1890 à 1910, Prétoria a passé de 12 000 à 75 000 habitants. Johannesburg, au centre des mines d'or du Transvaal, n'existait pas

en 1885, et compte aujourd'hui 288 000 habitants. La ville présente l'aspect des villes américaines : larges avenues, maisons hautes, banques, clubs, foule cosmopolite. En outre, elle se prolonge de toutes parts par une succession ininterrompue de mines, de baraquements pour les mineurs noirs ou jaunes; c'est une suite de bourgs et de faubourgs, tous semblables avec leurs maisons de briques recouvertes de tôle ondulée et leurs vastes marchés où évoluent les lourds chariots à bœufs;

3° Enfin, l'afflux des Uitlanders a provoqué des conflits entre eux et les Boers. L'Angleterre prit en mains la cause des Uitlanders. Elle ne pouvait d'ailleurs se résigner à voir le centre d'attraction de l'Afrique australe passer du Cap à Johannesburg, c'est-à-dire de la terre anglaise au pays boer. Il s'ensuivit la guerre qui s'est terminée par la victoire de l'Angleterre et l'annexion des deux républiques boers à l'Afrique australe britannique.

RÉSUMÉ. — **L'Afrique Australe comprend cinq régions :** 1° au Sud, les *chaînes du Cap*, de climat méditerranéen; 2° au Sud-Est, le *massif du Natal*, de climat tropical, chaud et humide; 3° et 4° au Centre, les *plateaux de l'Orange et du Transvaal*, peu humides, et le *désert de Kalahari*, absolument sec; 5° au Nord, les *plateaux de l'Angola, de la Zambézie, de la Rhodésia et du Moçambique*, de climat tropical.

Au Nord et au Sud, les cultures sont possibles. Au Centre, la seule ressource possible est l'élevage (chevaux, bêtes à cornes et surtout moutons); mais les minerais sont abondants : houille, cuivre, fer, et surtout or et diamants.

Peuplée de *Hottentots* et de *Nègres Bantous*, successivement colonisée par les *Portugais*, les *Hollandais* (*Boers*) et les *Anglais*, l'Afrique Australe comprend :

1° des colonies portugaises : le *Moçambique* (v. pr.: *Lourenço-Marques*) et l'*Angola* (v. pr.: *Saint-Paul-de-Loanda* et *Saint-Philippe Benguella*);

2° et surtout des colonies britanniques : l'*Union Sud-Africaine* (colonie du *Cap*, v pr. : le *Cap, Port-Elizabeth, Kimberley; Natal*, v. p. : *Durban; Transvaal*, v. p. : *Prétoria* et *Johannesburg; Orange*, v. p. : *Bloemfontein*), la *Rhodésia Méridionale*, etc.

L'Afrique Australe exporte de la laine, du cuir, des fruits, de l'or, des diamants.

Exercices. — 1. Carte de l'Afrique Australe. — 2. Énumérez et caractérisez les différentes régions de l'Afrique Australe. — 3. Influence des mines d'or sur la destinée de l'Afrique Australe.

VIII. — Madagascar et les îles de l'Océan indien.

Voir page 208.

QUATRIÈME SECTION. — L'AMÉRIQUE

Le continent américain. — Le continent américain a été découvert par Christophe Colomb en 1492 ; il était presque complètement exploré dès la fin du XVIe siècle, moins de cent ans après sa découverte.

Les Européens qui ont découvert et exploré le continent américain l'ont appelé le *Nouveau Continent*, parce qu'ils l'ont connu après celui qu'ils habitaient.

Le continent américain s'étend, entre le Nord et le Sud, de l'*Océan Arctique* à l'*Océan Antarctique*, et, entre l'Est et l'Ouest, de l'*Océan Atlantique* à l'*Océan Pacifique*. La superficie du continent américain est de 41 millions de kilomètres carrés, ce qui représente presque autant que l'Asie, deux fois plus que l'Afrique, quatre fois plus que l'Europe.

Mais, moins large que ces continents, beaucoup plus allongé dans le sens de la longitude, morcelé en son milieu, où il est réduit à des séries d'isthmes et d'archipels, le continent américain forme une masse moins compacte que les autres parties du monde, et l'on y peut distinguer trois parties :

1° Au Nord, l'**Amérique du Nord**, masse compacte et triangulaire.

2° Au Centre, l'**Amérique Centrale**, où l'on distingue une partie continentale : l'*Amérique centrale proprement dite*, et une partie insulaire : l'archipel des *Antilles*.

3° Au Sud, l'**Amérique du Sud**, seconde masse compacte et triangulaire, de même forme, mais un peu moins étendue que l'Amérique du Nord.

I. — Généralités sur l'Amérique du Nord.

1. Le relief. — L'Amérique du Nord comprend de l'Est à l'Ouest trois régions différentes :

1° Le **soulèvement oriental**, formé au Nord par les monts *Appalaches* (alt. maxima : 2 044 m.). s'étendant au Nord jusqu'à la *baie du Saint-Laurent*, au Sud jusqu'à la plate et sableuse *péninsule de Floride*. La côte n'est découpée que sur les points où les Appalaches touchent à la mer, c'est-à-dire au Nord ; au Sud, elle est alluviale, plate et sableuse.

2° La **plaine centrale** s'étend de la *baie d'Hudson* au *golfe du Mexique*. Elle est formée au Nord par le grand *plateau du Canada*, au Sud par la vaste *plaine du Mississippi*.

3° Le **soulèvement occidental**, plus large et plus haut que le soulèvement oriental (plus de 5 000 m.), est composé de deux séries de chaînes : *Montagnes Rocheuses* à l'intérieur, *Sierra Madre, Sierra Nevada, Coast Range, monts d'Alaska* près de la mer. Ces deux séries de chaînes enserrent de hauts plateaux : *Plateau Mexicain, Colorado, Grand Bassin, Orégon, Colombie, Alaska.* Les côtes correspondantes sont découpées : *péninsule d'Alaska, archipel de la Colombie, baie de San Francisco, péninsule* et *golfe de Californie*.

2. Les climats. — Touchant au cercle polaire, d'une part, et au tropique, d'autre part, l'Amérique du Nord a une *température tropicale* au Sud, *moyenne* au Centre, *glaciale* au Nord. Mais, sauf sur la côte du Pacifique (où s'exerce l'influence adoucissante des vents marins), cette température présente partout un caractère excessif, avec des étés très chauds et des hivers très froids. Ce caractère excessif s'accentue de l'Atlantique vers l'intérieur.

Les *pluies*, sauf sur la côte Pacifique, sont relativement peu abondantes et diminuent aussi de l'Atlantique vers l'intérieur. La région tropicale a des pluies saisonnières abondantes.

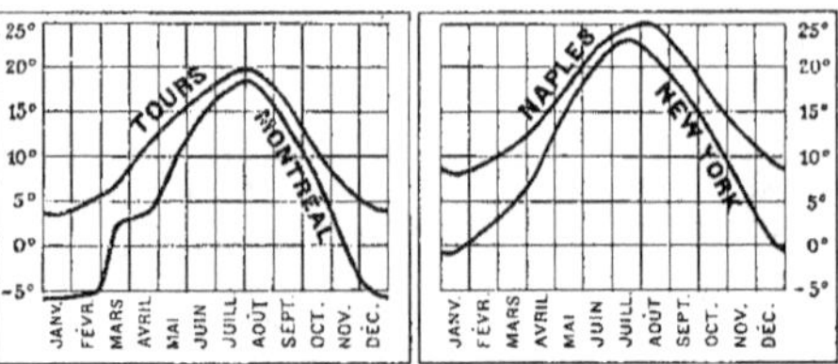

Fig. 1. — LE CLIMAT AMÉRICAIN ET LE CLIMAT EUROPÉEN COMPARÉS.

Pour faire cette comparaison. on a pris les climats de Tours et de Montréal, c'est-à-dire deux villes qui sont, l'une en France, l'autre au Canada, situées sous la même latitude ; et les climats de Naples et de New-York, villes situées également sous la même latitude, l'une en Italie, l'autre aux Etats-Unis. On remarquera d'après ce graphique :

1° Qu'à Montréal, comme à New-York, l'été est un peu moins chaud respectivement qu'à Tours et à Naples, la différence allant de 1 à 2 degrés : mais que dans les deux villes américaines l'hiver est infiniment plus froid, la différence allant jusqu'à 10 degrés ;

2° Qu'à New-York, et surtout à Montréal, on passe très brusquement de l'hiver à l'été : voyez notamment comme la ligne des températures de Montréal remonte brusquement du commencement de mars à la mi-mars.

3. Aptitudes agricoles et ressources minérales. — L'aridité du climat d'une grande portion de l'Amérique du Nord la rend en partie inutilisable à l'agriculture. On verra dans les leçons consacrées au Canada et aux Etats-Unis que, si ces pays ont une production agricole plus forte que leur consommation et leur permettant d'exporter une assez grosse partie de leurs produits, c'est parce qu'ils ne sont pas très peuplés relativement à leur étendue.

Au contraire, leurs ressources minières sont abondantes et variées : ils possèdent tous les **minéraux précieux** (*or* et *argent*), surtout dans les Montagnes Rocheuses, et tous les **minéraux utiles** (*houille, pétrole, fer, cuivre, plomb, zinc, étain, nickel, aluminium*), dans toutes les régions du Canada, des Etats-Unis et du Mexique, région orientale, région centrale et région occidentale.

De toutes les parties du monde, l'Amérique du Nord est la seule qui, à notre époque, possède à la fois, en pleine exploitation, des mines très abondantes de presque tous les minéraux utiles et de tous les minéraux précieux.

4. Population. — Les autochtones de l'Amérique du Nord sont des **Peaux-Rouges**. Cette race, dépossédée par les conquérants européens, subsiste encore. Elle n'a jamais été nombreuse et ne compte réellement aujourd'hui que dans la population du Mexique.

De nos jours, la population de l'Amérique du Nord comprend surtout des **Blancs**. Ceux-ci ont rapidement colonisé cette vaste contrée, qui est plus rapprochée de l'Europe et plus semblable à elle par le climat et par les ressources que l'Amérique du Sud. La plus grande partie du territoire a été colonisée par les *Anglo-Saxons* ; toutefois dans la région canadienne, ils sont mêlés à un grand nombre de *Français*. Au Sud, ce sont les *Espagnols* qui ont colonisé le pays.

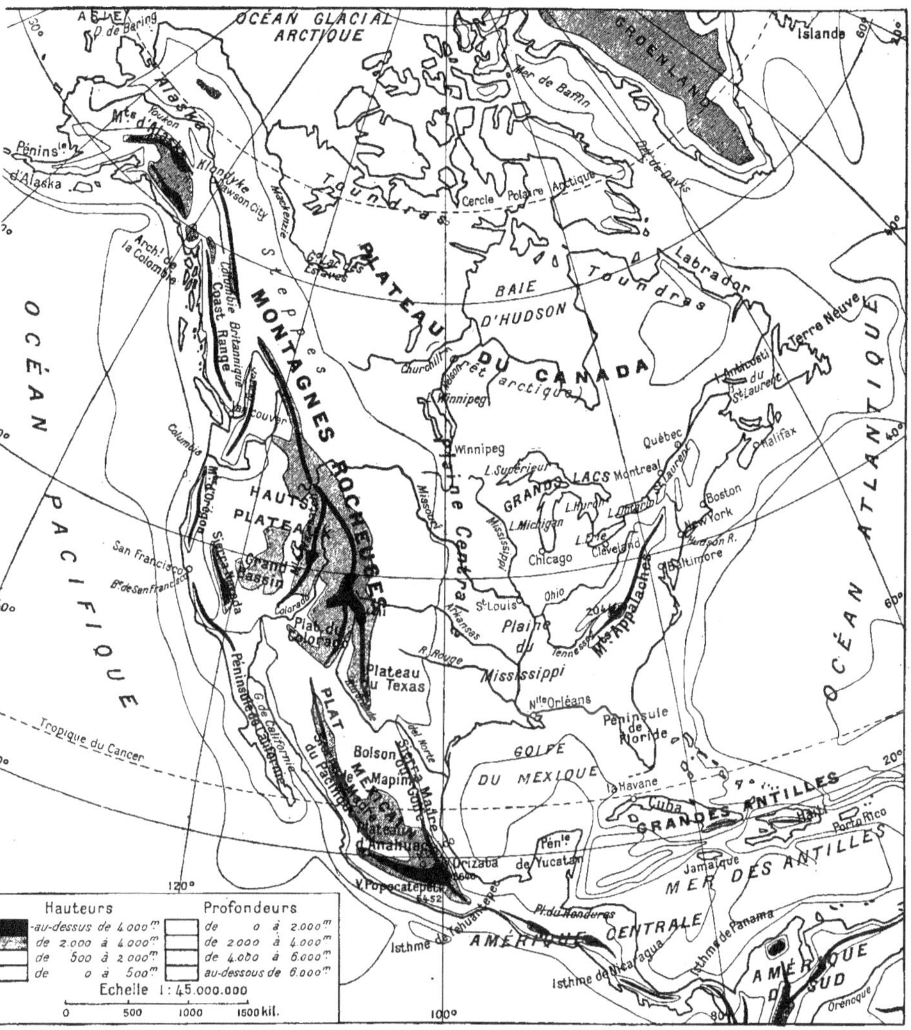

Fig. 1. — Carte physique de l'Amérique du Nord.

De nos jours, une émigration plus variée, composée d'*Irlandais*, d'*Allemands*, de *Scandinaves*, d'*Italiens*, de *Slaves*, etc., contribué puissamment au peuplement, sinon de toute l'Amérique du Nord, du moins des États-Unis.

Enfin, la région méridionale comporte plusieurs millions de *noirs*, descendants d'anciens esclaves importés d'Afrique et franchis depuis moins d'un siècle.

5. Division politique. — L'immense territoire de l'Amérique du Nord se partage entre trois territoires politiques seulement :

1° Au Nord, le *Dominion du Canada*, colonie anglaise ;

2° Au centre, la République fédérale des *États-Unis d'Amérique* ;

3° Au Sud, la République fédérale du *Mexique*.

LECTURE

L'Amérique du Nord a été colonisée avant l'Amérique du Sud. — Aujourd'hui un grand nombre d'émigrants européens se dirigent vers l'Amérique du Sud, principalement vers le Brésil et vers la République Argentine. Mais pendant très longtemps presque tous les émigrants eurent pour but l'Amérique du Nord, non l'Amérique du Sud.

Pourquoi? On en voit les raisons :

1° L'Amérique du Nord est beaucoup plus rapprochée de l'Europe que l'Amérique du Sud. Aujourd'hui on va en cinq ou six jours du Havre à New-York ; il en faut de quinze à vingt pour aller du Havre au Brésil ou en Argentine ; la traversée d'Europe vers l'Amérique du Nord est donc à la fois beaucoup plus courte et plus économique :

2° D'autre part, l'Amérique du Nord se trouve située juste en face de l'Europe ; on s'y rend sans changer beaucoup de latitude et par conséquent de climat. Les populations de l'Europe septentrionale et occidentale ont pu gagner facilement le Sud du Canada ou le Nord des États-Unis, sans quitter la zone tempérée où se trouvait situé leur pays d'origine ; de même les Espagnols et les Portugais ont gagné facilement le Mexique, qui appartient à la même zone climatique que le Portugal et l'Espagne.

Au contraire, l'Européen qui veut gagner les régions tempérées de l'Amérique du Sud, comme l'Argentine, est obligé de traverser dans toute sa largeur la zone équatoriale dont le climat ne lui convient pas et lui est même funeste.

Pour ces raisons, les émigrants européens n'ont commencé à se diriger en grand nombre vers l'Amérique du Sud que quand les communications maritimes sont devenues rapides et quand, l'Amérique du Nord étant assez peuplée, on a cru avoir plus d'avantages à se porter vers les terres encore presque désertes de l'Amérique du Sud.

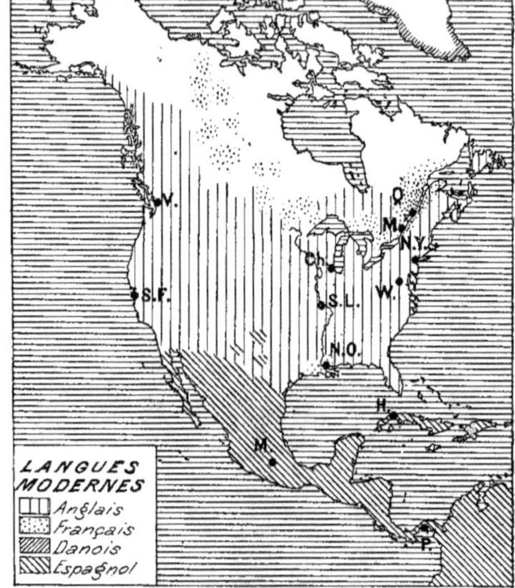

Fig. 1. — Principales langues parlées dans l'Amérique du Nord.

L'Amérique du Nord ne comprenait à l'arrivée des Européens qu'un très petit nombre d'indigènes ; aujourd'hui ces indigènes, en voie de disparition et du reste noyés par les flots de plus en plus pressés des émigrants qui chaque jour arrivent d'Europe, ne comptent plus du tout dans l'Amérique du Nord où dominent partout les civilisations et les langues européennes, sauf dans la région des toundras glacée et déserte.

Au Nord et au Centre, dans le Canada et les États-Unis, dominent la langue et la civilisation anglaises : c'est là l'Amérique anglo-saxonne, l'Amérique des Yankees, qui possède une remarquable vitalité. Toutefois, un groupe important de descendants d'anciens colons français a réussi à maintenir son individualité sur les bords du Saint-Laurent (Québec, Montréal), ainsi que dans la région des prairies et des forêts canadiennes.

Au Sud, dominent la langue et la civilisation espagnoles : les Espagnols, qui ont découvert l'Amérique, y avaient fondé un vaste empire dont le dernier lambeau (Cuba) s'est affranchi à la fin du xixᵉ siècle.

La langue danoise est parlée par les très rares habitants des côtes du Groenland.

RÉSUMÉ. — **L'Amérique a une superficie de 41 millions de kilomètres carrés. Elle se divise en trois parties, qui sont, du Nord au Sud :**
1° l'*Amérique du Nord*;
2° l'*Amérique Centrale* (**Amérique Centrale proprement dite et archipel des Antilles**);
3° l'*Amérique du Sud*.

L'Amérique du Nord est constituée à l'Est par les monts *Appalaches*; au Centre, par le *plateau du Canada* et la *plaine du Mississippi*; à l'Ouest, par les deux lignes des *Montagnes Rocheuses* et des chaines côtières, qui enserrent les hauts plateaux du *Mexique*, du *Colorado*, du *Grand Bassin*, de l'*Orégon*, de la *Colombie* et de l'*Alaska*.

Les principaux accidents côtiers sont, à l'Est, la *baie du Saint-Laurent* et la *péninsule de Floride*; au Nord, la *baie d'Hudson*; au Sud, le *golfe du Mexique*; à l'Ouest, la *péninsule de l'Alaska*, l'archipel de la Colombie, la péninsule et le *golfe de Californie*.

Le climat de l'Amérique du Nord est tropical au Sud, tempéré au Centre, glacial au Nord. Il est sec sur les plaines et les hauts plateaux de l'intérieur.

La végétation et les ressources du sol varient avec le climat, mais presque partout l'Amérique du Nord possède des minéraux précieux (or, argent) et utiles (houille, pétrole, fer, cuivre, plomb, zinc, étain, aluminium).

La population comprend des *Peaux-Rouges*, des *Nègres*, descendants d'anciens esclaves, et surtout des *Blancs*, en majorité Anglo-Saxons; au Nord, il y a de nombreux *Français*, au Sud dominent les *Espagnols*.

L'Amérique du Nord est partagée entre trois territoires politiques : 1° au Nord, le *Dominion du Canada*, colonie anglaise; 2° au Centre, la *République fédérale des États-Unis*; 3° au Sud, la *République fédérale du Mexique*.

Exercices. — 1. Carte physique de l'Amérique du Nord. — 2. Carte politique de l'Amérique du Nord. — 3. Caractérisez les grandes régions de l'Amérique du Nord: relief et climat. — 4. Comparez les climats de l'Amérique du Nord et de l'Europe. — 5. Comment l'Amérique du Nord a-t-elle été peuplée et colonisée?

II. — Le Canada.

1. Conditions naturelles du Canada. — Le Canada a 8 800 000 kilomètres carrés, presque autant que l'Europe. Il comprend trois parties .

1° Au Nord-Ouest, un **plateau** creusé de nombreux lacs, pénétré au Nord par la *baie d'Hudson*, échancré à l'Est par la *baie* ou *golfe du Saint-Laurent*, qui communique par la vallée du fleuve du même nom avec les *Grands-Lacs* (lacs *Supérieur, Michigan, Huron, Erié, Ontario*);

2° Au Centre, une **plaine**;

3° A l'Ouest, les **Montagnes Rocheuses**, série de plissements, orientées Nord-Sud (*Coast Range, Montagnes Rocheuses*), enserrant les hauts plateaux de la **Colombie Britannique** et aboutissant à une côte très découpée.

Le climat, sauf sur la côte du Pacifique, où les vents marins

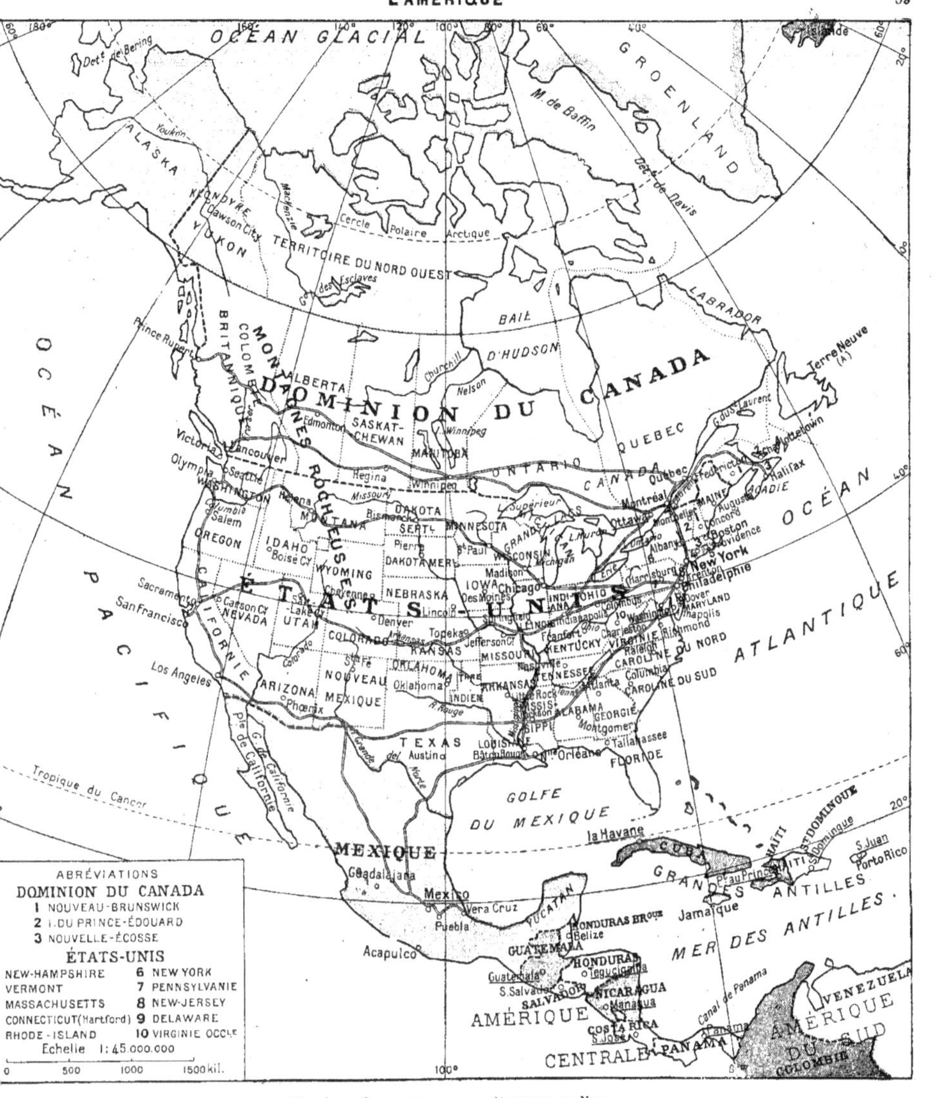

Fig. 1. — Carte politique de l'Amérique du Nord

terminent un climat maritime humide et tempéré, est continental, très froid en hiver, assez frais en été, subissant en cette saison l'influence du courant côtier froid du Labrador. Les pluies, amenées par les vents marins, se raréfient vers l'intérieur, jusqu'à manquer complètement au pied du versant oriental des Rocheuses et dans le plateau intérieur de Colombie.

Parmi les cours d'eau on peut distinguer : 1° les fleuves des Rocheuses : *Fraser, Columbia*, torrents à pente forte, difficilement navigables; 2° les rivières du plateau lacustre, *Churchill, Nelson*, rivières lentes et calmes; 3° et surtout le *Saint-Laurent*, unissant les Grands Lacs à la mer, large, profond, malheureusement gelé durant la moitié de l'année.

La végétation comprend quatre formations différentes :

1° Au Nord, la **toundra**, marécageuse et glacée ;

2° La **forêt**, très étendue : une des grandes ressources du Canada ;

3° Les **prairies**, terres à blé ou à élevage, s'étendant du Saint-Laurent au Manitoba (sol d'alluvions suffisamment arrosées) ;

4° Les **steppes** plus ou moins désertiques du plateau de l'Ouest, dominées par les forêts des hautes chaînes.

La faune est riche en *poissons* et en *animaux à fourrures*.

Les ressources minérales sont abondantes : *houille* de l'Acadie (Est) et de la Colombie (Ouest) ; *nickel* de la région de Québec, *cuivre, fer, métaux précieux* des Montagnes Rocheuses (mines d'or du Klondyke).

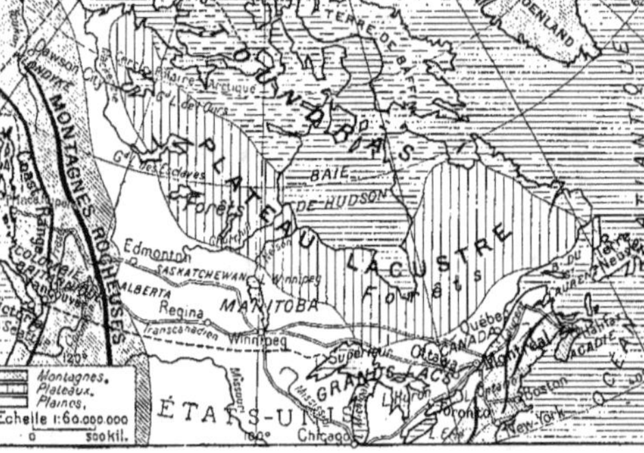
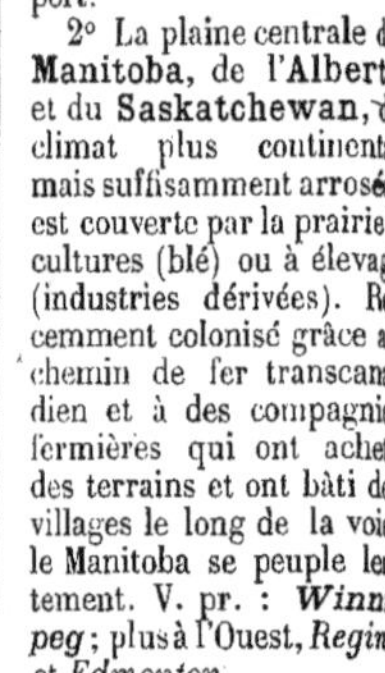

Fig. 1. — Le Dominion du Canada.

2. Peuplement du Canada.

— De climat rude, couvert de forêts et de steppes, le Canada fut jusqu'au xvııᵉ siècle uniquement peuplé de rares *indigènes* : *Esquimaux*, pêcheurs, au Nord ; *Algonquins*, chasseurs de fourrures et nomades, au Centre ; *Hurons* et *Iroquois*, agriculteurs et pasteurs sédentaires, au Sud. L'ensemble représente actuellement à peine 100 000 habitants.

Des *Français* occupèrent la région du Saint-Laurent au xvıιᵉ siècle. Ils sont aujourd'hui plus de 2 millions. Des *Anglais* y émigrèrent après l'annexion à l'Angleterre (1763) et occupèrent la région du Saint-Laurent et les prairies du Centre. Au xıxᵉ siècle, de nombreux *émigrants* ont été attirés au Canada par l'attrait des terres neuves à cultiver ou des mines d'or.

Le Canada est encore peu peuplé : 9 291 000 habitants (un peu plus de 1 habitant par kilomètre carré).

3. Les régions principales.

— La majeure partie de la population occupe trois régions :

1° **Le Canada proprement dit**, constitué par les plaines de la **région du Saint-Laurent**, terres à cultures : céréales, fruits et cultures maraîchères, élevage de bêtes à cornes et industries dérivées (fromages, laits condensés, viandes conservées). D'autre part, la houille de l'Acadie et les chutes d'eau y ont déterminé des industries, dont les principales sont les industries du bois et du papier, alimentées par la forêt.

Cette région renferme les deux tiers de toute la population

et les seules grandes villes : ***Québec*** et ***Montréal*** (800 000 habitants), dans le Bas-Canada où dominent les Franco-Canadiens ; ***Toronto*** (521 000 hab.) et ***Ottawa***, capitale fédérale, dans le Haut Canada, presque exclusivement Anglo-Saxon.

L'Acadie, houillère, industrielle, ouverte sur la mer, est économiquement unie à cette région. V. pr. : *Halifax*, port.

2° **La plaine centrale** du **Manitoba**, de l'**Alberta** et du **Saskatchewan**, de climat plus continental mais suffisamment arrosée, est couverte par la prairie : cultures (blé) ou à élevage (industries dérivées). Récemment colonisé grâce au chemin de fer transcanadien et à des compagnies fermières qui ont acheté des terrains et ont bâti des villages le long de la voie, le Manitoba se peuple lentement. V. pr. : ***Winnipeg*** ; plus à l'Ouest, *Regina* et *Edmonton*.

3° Les **régions minières de la Colombie** : région industrielle de Vancouver (houille, terminus des transcanadiens) ; V. pr. *Victoria*, **Vancouver**, sur le Pacifique ; — région aurifère du Klondyke, de climat rude, peu accessible ; V. pr. : *Dawson-City*.

4. État économique.

— Le Canada est avant tout un pays de culture, d'élevage, de pêche, d'industries agricoles (lait, viandes) et forestières (bois, fourrures). Mais les industries de transformation sont en grand progrès, notamment la papeterie, les industries textiles et la métallurgie (machines agricoles, navires, etc.).

Le Canada possède trois *chemins de fer transcanadiens* (de Halifax à Vancouver et à Prince-Rupert) sur lesquels se greffe un réseau serré de voies ferrées. Il a une grande voie navigable : le *Saint-Laurent*, bien que l'embâcle annuelle détourne au profit des États-Unis une partie de l'exportation des Grands-Lacs.

Le Canada exporte surtout les produits de ses cultures (blé, fruits et légumes, beurres et fromages, viandes), de ses forêts, de sa chasse (animaux à fourrures) et de sa pêche. Il importe des produits industriels.

5. État politique.

— Le Dominion du Canada forme dans l'Empire Britannique une *confédération* de neuf États, dont le gouvernement central (ministère et parlement) siège à Ottawa.

Fig. 2. — La rivière Skagway.

Le Far-West canadien, ou Colombie Britannique, est couvert de très hautes montagnes dépassant 4 000 mètres ; c'est là que coule, au fond d'une étroite vallée dont les murs encaissants sont ombragés de forêts de sapins, la rivière Skagway, torrent à forte pente, comme le Fraser et la Columbia, et comme eux non navigable.

(Phot. Laroche, à Seattle.)

LECTURE

Les Franco-Canadiens ont formé au Canada une Nouvelle France. — Deux noms de Français sont attachés à l'histoire de la colonisation du Canada : celui du Malouin *Jacques Cartier*, qui, sous le règne de François Iᵉʳ, découvrit le Saint-Laurent, celui du Saintongeais *Champlain* qui, vers la fin du règne de Henri IV, commença à mettre le pays en valeur. Quelques, colons français arrivèrent alors, principalement des provinces de l'Ouest : Aunis, Saintonge, Poitou, Bretagne, Normandie, Picardie, Île-de-France ; les colons normands dominaient. L'ensemble des colons français formait un groupe d'environ 60 000 personnes quand le Canada passa sous la domination anglaise, en 1763. Les Franco-Canadiens sont les descendants de ces 60 000 colons français; mais ils se sont singulièrement développés depuis le XVIIIᵉ siècle puisque aujourd'hui ils sont plus de 2 millions. *Jean-Baptiste* (tel est le surnom que les Yankees donnent aux Franco-Canadiens, tandis qu'ils se sont donné à eux-mêmes celui de *Frère Jonathan*) occupe une place très importante dans l'ensemble de la population actuelle du Canada.

Les Franco-Canadiens se distinguent des Anglo-Saxons par leur genre de vie et leurs aptitudes. Ils laissent volontiers aux Anglo-Saxons les vastes entreprises, le haut commerce et la grande industrie, la vie agitée et mouvementée. Eux-mêmes pratiquent de préférence l'agriculture, le défrichement et le bûcheronnage ; avant tout, ils se montrent très attachés à la terre, aiment leurs fermes et leurs exploitations. Leur idéal est

Fig. 1. — Le port de Montréal.

Montréal, ou Mont-Royal, sur le Saint-Laurent, est la plus grande ville du Canada; elle est toute française. C'est une place de commerce très importante et à ses quais peuvent accéder de très gros navires, malgré l'éloignement de la mer. Montréal est, avec Québec, une des vieilles villes du pays.

une vie rustique et tranquille, toute familiale.

RÉSUMÉ. — L'immense dominion du Canada a un territoire qui comprend, au Nord-Est, le grand plateau canadien, bordé au Sud par les *Grands-Lacs* et la vallée du *Saint-Laurent*: au Centre, une *grande plaine (Manitoba, Alberta, Saskatchewan)*; à l'Ouest, les *Montagnes Rocheuses*, dont les chaînes encadrent le haut plateau de la *Colombie Britannique*.

Le climat, partout rude mais plus ou moins froid et plus ou moins sec, permet de distinguer quatre régions végétales : au Nord, la toundra, aux marécages glacés ; au Nord-Est, la grande forêt; au Centre, la prairie, aux terres cultivables; à l'Ouest, les steppes du haut plateau, dominées par les forêts des montagnes.

Le Canada a de nombreuses richesses minières : houille, nickel, cuivre, fer, métaux précieux.

Peuplé surtout dans la *région du Saint-Laurent*, dans les *plaines centrales* et sur le bord maritime de la *Colombie britannique*, le Canada a comme villes principales : *Ottawa*, capitale, *Québec, Montréal, Toronto, Halifax*, dans la première région; *Winnipeg, Regina, Edmonton*, dans la seconde ; *Vancouver*, dans la troisième.

Cet état fédératif, ou Dominion de l'Empire Britannique. est avant tout un pays de cultures (céréales. fruits), d'élevage, de pêche et d'industries agricoles (conserves, produits laitiers) et forestières (bois, papier).

Exercices. — 1. Carte du Canada. — 2. Les régions naturelles du Canada (relief, climat, végétation, produits). — 3. Les Canadiens Français.

III. — Les États-Unis.

A. — LE SOL DES ÉTATS-UNIS

1. Le relief des États-Unis. — Les États-Unis ont une superficie de 7 800 000 kilomètres carrés, 14 fois celle de la France. Leur relief est assez simple. On peut y distinguer cinq régions d'Est en Ouest :

1° À l'Est, les **monts Appalaches ou Alleghanys** (point culminant, 2044 m.);

2° À l'Est des monts Appalaches, la **région côtière de l'Atlantique**, étroite plaine, élargie au Sud dans la *péninsule de la Floride*;

3° Au Centre, la **plaine centrale** depuis les *Grands Lacs* jusqu'au *golfe du Mexique*;

4° À l'Ouest, le **soulèvement occidental** (point culminant : 4410 m.) comprenant des chaînes (*Montagnes Rocheuses, Monts Wahsatch, Sierra Nevada*), qui enserrent de hauts plateaux intérieurs : *plateau d'Orégon, Grand Bassin, plateau du Colorado*. Ces plateaux sont isolés de la mer par de hautes chaînes côtières;

5° À l'Ouest de ce soulèvement, la **région côtière du Pacifique** est constituée par des chaînes moins élevées et très découpée (*presqu'île et golfe de Californie, baie de San-Francisco*).

2. Le climat des États-Unis. — La région pacifique a un climat méditerranéen, doux et humide.

Le *reste du territoire des États-Unis* a un climat excessif. La *région atlantique* (côte et Appalaches) a des étés chauds, des hivers froids, des pluies d'hiver. La *plaine centrale*, au Nord, et le *soulèvement occidental* ont une température de plus en plus excessive et des pluies de plus en plus rares vers l'Ouest. La *région tropicale* du golfe du Mexique a des chaleurs plus fortes et des pluies très abondantes.

3. Le réseau hydrographique des États-Unis. — Vers l'Atlantique descendent des Monts Appalaches quelques fleuves assez courts. Le principal est l'*Hudson*.

Vers le Pacifique descendent, à travers le soulèvement occidental, de grands fleuves, au cours sinueux et coupé de rapides. Les principaux sont la *Columbia* et le *Colorado*.

Dans la plaine centrale affluent les eaux de l'Ouest, du Nord et du Sud, pour constituer le **Mississippi**, un des fleuves les plus abondants du monde. Ses affluents sont le *Missouri*, l'*Ohio* (affluent : le *Tennessee*), l'*Arkansas*, la *Rivière Rouge*.

En outre les États-Unis possèdent avec le Canada une véritable mer intérieure : les cinq *Grands Lacs* (lacs *Supérieur, Huron, Michigan, Érié, Ontario*).

4. Aptitudes végétales des États-Unis. — Toutes les parties des États-Unis n'ont pas les mêmes aptitudes végétales.

Les *forêts* sont réparties dans le Nord de la région atlan-

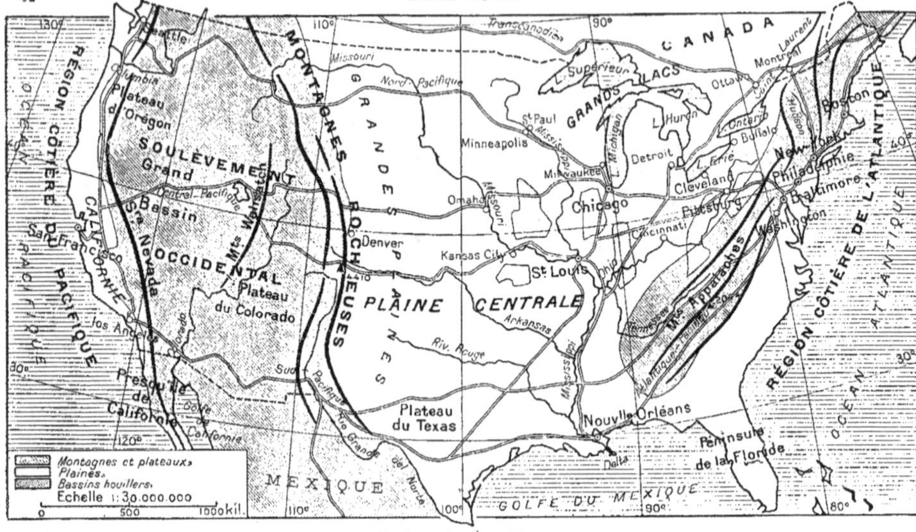

Fig. 1. — Les États-Unis.

tique, où elles sont la suite de la grande forêt canadienne, et dans les Montagnes Rocheuses.

Les **céréales** et les **prairies à élevage** réussissent également dans la portion septentrionale de la région atlantique et de la plaine centrale. Dans les grandes plaines de l'Ouest (*Far West*), qui sont de véritables steppes, le climat plus sec ne permet guère que l'élevage.

Les **produits tropicaux** (*maïs, coton, canne à sucre, riz*) réussissent sous le climat tropical, c'est-à-dire dans la région méridionale de l'Atlantique et le bassin du Mississippi inférieur.

Les **produits méditerranéens** (*vigne, fruits*) réussissent sur la côte pacifique.

5. Les richesses minérales. — Le sous-sol des États-Unis recèle les plus grandes richesses du monde.

Les **minéraux utiles** dominent à l'Est. On y trouve cinq grands **bassins houillers** (les États-Unis ont d'autres bassins houillers dans les Montagnes Rocheuses). Cette région renferme du *pétrole* (autres régions pétrolifères : le Texas et la Californie), du *fer* et du *cuivre* (autre région cuprifère : les Montagnes Rocheuses).

Les **minéraux précieux** dominent dans le soulèvement occidental. L'extraction de l'*or* représente actuellement une production beaucoup plus considérable que celle de l'*argent*, qui est encore énorme.

Fig. 2. — Dans les Apalaches du Nord.

Au Nord-Est, les États-Unis ressemblent à l'Europe dont ils ont le climat, seulement avec plus de rudesse, et dont ils ont la végétation. Les Apalaches du Nord forment un haut plateau de 1600 mètres environ d'altitude sur les confins du Canada. L'aspect rappelle celui de nos régions humides, au climat déjà froid, comme la Suède ou l'Allemagne du Nord. C'est le pays si souvent décrit dans les romans de Fenimore Cooper. (Phot. de S. R. Stoddard, Glens Falls.)

Fig. 3. — Récolte du coton aux États-Unis.

Au Sud-Est, les États-Unis ont un climat très chaud et des pluies abondantes qui trempent profondément leur sol. Aussi ont-ils ici la végétation et l'aspect des régions tropicales : végétation exubérante, forêts épaisses, fourrés de palmiers, figuiers, pins, cyprès, magnolias, palétuviers. On y cultive le coton. Nous sommes là dans une région qui produit, à elle seule, près des deux tiers du coton récolté dans le monde.

Fig. 1. — Les « bad lands » ou mauvaises terres du Colorado.

Fig. 3. — Pont du chemin de fer du Pacifique.

B. — LA POPULATION DES ÉTATS-UNIS

1. La population des États-Unis. — La République fédérale des États-Unis, composée de 48 États fédérés, a 120 millions habitants. La densité moyenne est encore faible : 14 habitants au kilomètre carré (Europe : 45).

Les quatre grandes races humaines sont représentées aux États-Unis, mais en proportions très inégales.

1° Les **Peaux-Rouges**, indigènes, qui sont 250000 ;

2° Les **Jaunes**, *Chinois* et *Japonais*, qui sont 500000 ;

3° Les **Nègres** et **Mulâtres**, descendants d'esclaves importés d'Afrique, qui sont 11 millions ;

4° Les **Blancs** constituent l'élément prépondérant (90 pour 100 de la population). Leur nombre augmente rapidement

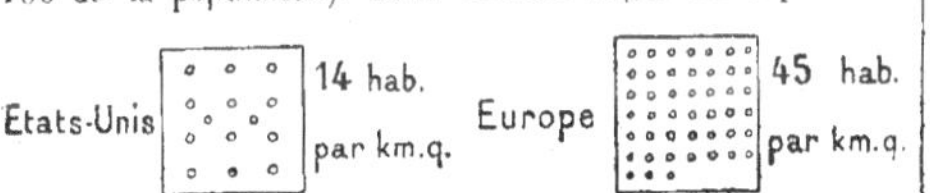

Fig. 2. — Densité comparée de la population de l'Europe et des États-Unis.

grâce à l'immigration (*Anglais, Allemands, Italiens, Slaves et Scandinaves*).

2. Les villes. — Les grandes villes sont très nombreuses aux États-Unis. Elles sont inégalement réparties :

1° La **Région du Nord-Est** en possède le plus grand nombre : dans la région Atlantique, **New-York** (5859000 hab.), **Philadelphie** (1894000 hab.), **Boston** (764000 hab.), **Baltimore** (762000), *Washington*, capitale fédérale ; — dans la région des Appalaches : **Cleveland**, *Buffalo*, **Pittsburg** ; dans la région des Grands-Lacs : **Chicago** (2853000 hab.), **Saint-Louis** (795000 hab.), *Cincinnati, Milwaukee*, **Detroit** (995000 hab.), *Minneapolis*.

2° La **Région du Sud-Est**, plus agricole qu'industrielle, a peu de villes. La principale est le port de la **Nouvelle-Orléans**

3° Le **Centre**, région d'élevage extensif, possède : *Omaha, Kansas City, Denver.*

4° Le **Soulèvement Occidental** est peu peuplé, sauf dans les régions minières.

5° La **Région du Pacifique**, aux produits méditerranéens, a de nombreuses villes. Les principales sont **San-Francisco** (529000 hab.) et *Los Angeles*.

C. — LA VIE ÉCONOMIQUE DES ÉTATS-UNIS

1. Les voies de communication. — Les États-Unis ont de nombreuses *voies navigables*, mais une seule région est véritablement bien desservie à ce point de vue : c'est la *Plaine Centrale*, avec les *Grands-Lacs* et le *réseau du Mississippi.*

Mais le Mississippi favorise les communications entre le Nord et le Sud. Or, c'est surtout entre l'Ouest et l'Est que les échanges doivent se faire. De là l'importance du rôle des voies ferrées aux États-Unis.

Les *voies ferrées* sont très nombreuses. Les États-Unis ont plus de chemins de fer que l'Europe, soit 450000 kilomètres. Quatre *lignes transcontinentales* les traversent d'Est en Ouest, entre l'Océan Atlantique et l'Océan Pacifique : le *Nord-Pacifique*, le *Central-Pacifique*, l'*Atlantique-Pacifique*, le *Sud-Pacifique.*

2. L'agriculture. — L'agriculture des États-Unis est la première du monde par la quantité et par la variété des produits. Ses principaux **produits** sont :

1° Le **maïs**, qui est surtout produit dans le *Sud des Plaines Centrales* ;

2° Le **blé**, qui est surtout produit dans le *Nord des Plaines Centrales* ;

3° L'**élevage**. Les États-Unis ont le premier troupeau du monde en *bœufs* et en *porcs*, le troisième en *moutons*. La région où l'élevage est le plus intense est le *Centre intérieur* ;

4° Le **coton**. Les États-Unis produisent à eux seuls près des deux tiers de la production de coton du monde. La région du *Sud-Est* produit la totalité de cette énorme récolte.

Parmi les produits secondaires de l'agriculture des États-Unis, on peut citer : la *betterave sucrière* (au Nord-Est), la *canne à sucre* (au Sud-Est), la *vigne* et les *fruits* (dans la région du Pacifique), le *tabac* (à l'Est, et principalement en Maryland et en Virginie).

Les **industries agricoles** sont très florissantes.

1° Les **industries alimentaires** (*minoterie, industries laitières*, surtout *abatage* et *conserves de viande*) sont très puissantes, dans la région de l'élevage (Chicago, Cincinnati).

2° Les **industries textiles** (*laine, soie*, et surtout *coton*) sont très puissantes dans le Nord-Est (Boston, Philadelphie, New-York). Pour la filature et le tissage du coton, on les pratique non seulement dans le Nord-Est, mais dans le Sud-Est, où pousse le cotonnier.

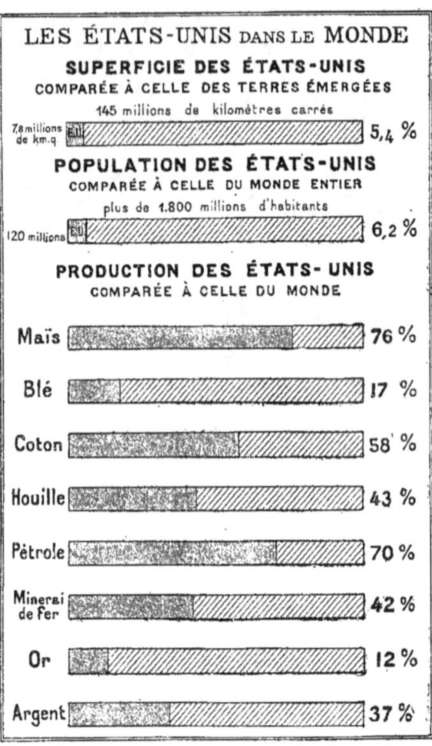

Fig. 1. — PRODUCTION COMPARÉE DES ÉTATS-UNIS.
Superficie et population moyennes; production énorme.

Fig. 2. — ORANGERS IRRIGUÉS DANS L'ÉTAT D'ARIZONA (ÉTATS-UNIS).

Fig. 3. — LABOUR AUX ÉTATS-UNIS.

On voit que rien ne ressemble moins à nos charrues que celles qui sont en usage dans les grandes exploitations américaines. La charrue américaine, formidable engin mécanique mû par un moteur à gazoline, est armée de socs puissants qui fouillent le sol à une profondeur de 40 centimètres. Le personnel se compose de deux hommes, l'un au volant de direction, l'autre à l'arrière, aux leviers qui actionnent les socs. On peut ainsi en une journée labourer une immense étendue.

3. L'industrie. — Les États-Unis ont la masse la plus considérable et la plus complète de ressources minières qui soit au monde. Ils ont aussi de très nombreuses matières premières végétales et animales pour l'industrie : coton et laine, blé, betterave, canne à sucre et lin, etc. Avec l'activité et l'ingéniosité de leurs habitants, ces faits expliquent la grandeur de l'industrie américaine, qui est l'une des premières du monde et celle qui se développe le plus rapidement.

1° Les **industries extractives** occupent le premier rang dans le monde pour les minéraux utiles : *houille, pétrole, fer, cuivre*, etc. La région la plus avantagée à ce point de vue est le *Nord-Est*.

Les États-Unis occupent un des premiers rangs pour les minéraux précieux : *or, argent*. La région la plus avantagée est le *soulèvement occidental* (région des Rocheuses, où abondent les Gold-City, les Silver-City).

2° Les **industries métallurgiques** (*fonte, acier, machines, rails, automobiles*) sont surtout groupées au Nord-Est (*Pittsburg* et *Cleveland*).

La plus grande région d'industrie, tant agricole que métallurgique, est donc le Nord-Est (la région la plus peuplée, celle des grandes villes).

4. Commerce — Le commerce des États-Unis est le premier du monde après celui de l'Angleterre. Grâce à leurs produits multiples (qui leur permettent de presque se suffire à eux-mêmes en tout) et à des tarifs douaniers élevés, les exportations l'emportent sur les importations.

Les États-Unis exportent des produits alimentaires (à l'état naturel et transformés), des produits de leurs mines et des produits manufacturés.

Les États-Unis importent des matières premières (soie, laine, caoutchouc); des matières alimentaires (sucre, café); des produits manufacturés (produits chimiques, cotonnades, soieries, articles de Paris).

5. Les colonies des États-Unis. — Les États-Unis ont des colonies sur le continent américain, dans l'Océan Atlantique et dans l'Océan Pacifique. Ce sont :

1° Sur le continent américain, le **territoire de l'Alaska** :

2° Dans l'Océan Atlantique, la grande île de **Porto-Rico**, les îles *Saint-Thomas, Saint-Jean* et *Sainte-Croix*, dans les Antilles ;

3° Dans l'Océan Pacifique, les îles **Hawaï**, les îles **Philippines** et une partie des îles **Samoa**.

LECTURES

1. La population des Etats-Unis s'accroît rapidement. — Le territoire de l'Union était habité par des Peaux-Rouges, quand les Européens arrivèrent ; leur nombre était de 2 à 5 millions. Ils furent décimés par la conquête. Malgré l'arrivée des colons européens, les États-Unis n'avaient que 10 millions d'habitants en 1820.

Mais ils avaient des ressources trop abondantes et trop variées pour ne pas provoquer une importante immigration. L'émigration et l'immigration sont réglées par une loi générale : les hommes vont des régions de vie difficile vers les régions de vie plus facile.

Les États-Unis ont des mines d'or et de minerais divers, capables de faire naître l'industrie ; ils ont d'immenses territoires qui n'attendent que des bras pour devenir productifs. Au contraire dans nombre de pays d'Europe, la main-d'œuvre est plus abondante que le travail. Depuis 1820, les États-Unis ont reçu des flots d'émigrants de plus en plus nombreux à mesure que les communications entre l'Ancien et le Nouveau Monde devenaient plus faciles, plus rapides.

Dans les dix premières années du xxᵉ siècle les États-Unis ont gagné annuellement 1 600 000 habitants, non exclusivement par l'immigration, mais surtout par elle. Aujourd'hui le gouvernement des États-Unis restreint le nombre des immigrants qui peuvent entrer chaque année sur leur territoire.

2. Les villes des États-Unis sont des « villes-champignons ». — En aucun pays du monde les villes ne se développent avec une plus grande rapidité qu'aux États-Unis.

Une circonstance fortuite les fait jaillir du sol ; mais certaines d'entre elles disparaissent aussi vite qu'elles sont nées.

Dès qu'un pays s'ouvre à la culture, dès qu'un gisement minier est découvert, aussitôt les spéculateurs se précipitent. Au cordeau, on trace dans la prairie une large voie qu'on ne prend pas la peine de paver ; puis, le long d'un trottoir en planches, on élève des maisons, un hôtel, une banque, des magasins, des boutiques, un club, des églises. Au bout de six semaines les premiers rails courent sur la prairie. Les gares surgissent. De grands entrepôts, des *elevators*, se chargeant et se déchargeant automatiquement, se construisent pour le blé ; de hauts réverbères électriques illuminent au loin la plaine. Il y a six mois, trois mois c'était la prairie : c'est maintenant une ville qu'on décore d'un nom pompeux, et que les capitalistes qui l'ont montée peuplent à grand renfort de réclames alléchantes.

Chicago n'était, en 1840, qu'une bourgade ; elle a maintenant plus de 2 millions et demi d'habitants ; Pittsburg, Saint-Paul, Minneapolis, Saint-Louis, Denver, San Francisco, sont des villes « qui ont pris ». On les appelle les « villes-champignons ». A leur place s'étendait, il y a soixante ans, la plus complète solitude. Aujourd'hui elles alignent à perte de vue de larges avenues coupées à angles droits et des maisons géantes de vingt étages, et plus, que les Américains appellent des *gratte-ciel ;* elles sont sillonnées de voies ferrées, de tramways, d'omnibus, de chemins de fer aériens, de fils télégraphiques, de câbles électriques. Nos grandes villes européennes donnent mal l'impression de l'activité extraordinaire dont ces villes nées d'hier sont le théâtre.

Fig. 1. — Un gratte-ciel a New-York.

(Phot. Underwood and Underwood.)

5. L'industrie aux États-Unis marque le triomphe du machinisme expéditif. — Voici comment Pierre Leroy-Beaulieu décrit l'industrie des viandes de Chicago :

« Le bétail arrive en général la nuit ou le matin après avoir fait souvent des centaines de kilomètres en chemin de fer. Les porcs doivent mourir sans désemparer.

« Attachés par une patte de derrière à l'une des chaînes que porte une roue, ils sont enlevés par celle-ci, puis automatiquement fixés à un crochet qui se meut sur un rail situé à quelque 5 mètres de hauteur et vient les présenter au boucher. D'un geste presque mécanique, celui-ci leur coupe la gorge, et tandis que leur sang coule à flots dans de grandes conduites qui l'évacuent vers des réservoirs, ils sont entraînés de nouveau et, quelques dizaines de mètres plus loin, plongés, toujours mécaniquement, dans une chaudière d'eau bouillante, enfin jetés sur une table où une chaîne sans fin les fait passer à travers un racloir qui les écorche mieux que des hommes ne pourraient le faire. Ceux-ci revoient d'ailleurs la besogne. Ensuite le dépeçage du corps commence : la tête, les membres postérieurs sont coupés, le lard enlevé, la carcasse ouverte et coupée en deux, les entrailles retirées. Depuis le moment où la bête a été saisie par la roue jusqu'à celui où elle a été ainsi découpée, c'est à peine s'il s'écoule cinq minutes, et il passe vingt porcs à la minute.

« Un porc donne 80 pour 100 de son poids vif de produits alimentaires : le reste, 20 pour 100, se compose d'issues dont rien n'est perdu. Les soies des porcs, comme les cornes des bœufs, les poils, les os, les muscles, les sabots, tout ce qui était inutilisé autrefois est, aujourd'hui, transformé en colle, en gélatine, en feutre, en savon, en glycérine, en sels d'ammoniaque, en pepsine, en huile, en manches de couteaux, en nourriture pour volailles, en engrais. »

Les mêmes procédés rationnels, scientifiques et expéditifs, on les retrouve dans toutes les industries, notamment dans l'industrie métallurgique, et particulièrement dans l'industrie des automobiles, où l'on pratique ce que l'on appelle la « fabrication en série ».

Fig. 1. — Un elevator a grains a Chicago.

*Les États-Unis sont le plus important producteur de blé du monde.
Ce blé est d'abord amené dans d'énormes magasins, qu'on appelle
elevators. On voit, à l'étage inférieur une série de glissières, par
lesquelles le grain est transbordé de l'elevator dans les grandes péniches qui le transporteront du port, par le lac Michigan et les autres
grands lacs, jusqu'au chemin de fer ou au lieu de consommation.*
(Phot. Détroit.)

Fig. 2. — Arrivée des troupeaux de porcs aux abattoirs de Chicago.

*Les États-Unis sont la plus grande puissance du monde pour l'éle-
vage ; ils ont le plus grand troupeau de bœufs et le plus grand
troupeau de porcs du monde. Grâce à leurs troupeaux de porcs, ils
produisent et exportent une très grande quantité de saindoux, de
lard, de jambons et de salaisons diverses. Chicago est, avec Cincinnati, le centre principal pour l'abattage des porcs et la fabrication
des conserves.*

RÉSUMÉ. — Les États-Unis sont constitués : 1° à l'Est, par le massif des *Appalaches*, que borde sur l'Océan Atlantique une plaine côtière terminée par la péninsule de la *Floride* ;

2° au Centre, par une vaste *plaine*, qui s'étend des *Grands-Lacs* au *golfe du Mexique* ;

3° à l'Ouest, par les *Montagnes Rocheuses*, qui enserrent les hauts plateaux de l'*Orégon* du *Grand Bassin*, du *Colorado*, et qui se terminent sur l'Océan Pacifique par une côte découpée (presqu'île et golfe de *Californie*).

Le territoire des États-Unis, très vaste, a plusieurs climats : humide et sec, tempéré et tropical.

Il a de nombreux fleuves (*Hudson, Columbia, Colorado,* etc.). Le principal est le *Mississippi* (affluents : *Missouri, Ohio, Arkansas, Rivière Rouge*). Il est en outre baigné par les *Grands-Lacs* (lacs *Supérieur, Huron, Michigan, Erié, Ontario*).

Le territoire des États-Unis a toutes les ressources végétales du climat tempéré (prairies, céréales), du climat tropical (coton, canne à sucre), du climat méditerranéen (vigne, fruits). Son sous-sol recèle en abondance houille, pétrole, fer, cuivre, or, argent, etc.

La population des États-Unis (**120 millions d'habitants**) comprend des *Peaux-Rouges*, des *Nègres*, et surtout des *Blancs* (90 p. 100 de la population). Les grandes villes sont très nombreuses : les principales sont *New-York, Philadelphie, Boston, Baltimore, Washington* (capitale fédérale), *Cleveland, Pittsburg, Detroit, Chicago, Saint-Louis,* au Nord-Est; *la Nouvelle-Orléans*, au Sud-Est; *San Francisco* et *Los Angeles*, à l'Ouest.

L'agriculture des États-Unis est la première du monde (culture du maïs et du blé ; élevage des bœufs et des porcs ; culture du coton).

L'industrie est puissante et multiple : industries alimentaires (conserves), textiles (soie, coton), extractives, métallurgiques.

Le commerce des États-Unis est très actif. Ils exportent surtout des conserves, du blé, du coton, des produits manufacturés.

Les États-Unis ont des colonies : l'*Alaska, Porto-Rico,* les îles *Hawaï*, les îles *Philippines* et une partie des îles *Samoa*.

Exercices. — 1. Carte des États-Unis. — 2. Indiquez les grandes régions des États-Unis : relief, climat, ressources végétales et minérales. — 3. Les villes des États-Unis; énumérez les principales. — 4. L'industrie américaine.

IV. — Le Mexique.

1. Les conditions naturelles.

— Le relief du Mexique comporte trois zones :

1° A l'intérieur s'étend une série de **hauts plateaux** ; au Nord, le *Bolson de Mapimi* ; au Sud, le *plateau d'Anahuac.*

2° Vers l'extérieur des **chaînes bordières** dominent les deux versants marins : la *Sierra Madre du Pacifique* et la *Sierra Madre du Golfe*. Au Sud de grands **volcans** se succèdent : le *Popocatepetl* (5420 m.), l'*Orizaba* (5577 m.), etc.

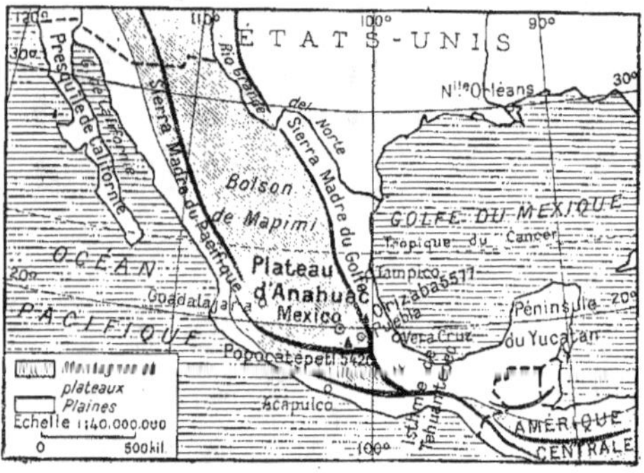

3° Au bord des deux mers s'allongent deux bandes minces de **plaines côtières**. Celle qui borde le golfe du Mexique s'élargit au Sud par la *péninsule du Yucatan*, voisine de l'*isthme de Tehuantepec.*

Fig 3. — Le Mexique.

Le Mexique manque de pluie au Nord, dans le *Bolson de Mapimi*, qui est situé dans la zone subtropicale : c'est **un** désert. Ailleurs, c'est-à-dire au Centre et au Sud, le climat est humide et la température varie avec l'altitude.

Dans les **Terres chaudes** (de 0 à 1000 m.) poussent des *forêts tropicales* : *palmiers, bananiers, bois de teinture et d'ébénisterie.* Les cultures sont la *canne à sucre*, le *cacao*, le *coton* et le *tabac.*

Dans les **Terres tempérées** (de 1000 à 2000 m.), les cultures sont encore celles des régions chaudes : *riz* et *maïs*, *café, fruits.*

Dans les **Terres froides** (au-dessus de 2000 m.), on trouve les arbres de la région méditerranéenne comme l'*oranger*, on cultive les *céréales* et l'on trouve de belles *prairies.*

2. Peuplement et développement économique.

— Découvert et colonisé par les Espagnols au xve siècle, le Mexique forme aujourd'hui une république fédérale. Il a 15 500 000 hab., soit 7 au kilomètre carré. Le fond de la population est constitué par trois éléments :

1° Les *Indiens*, Aztèques ou Toltèques;

2° Les *Espagnols*;

3° Des *métis* d'Espagnols et d'Indiens.

La plus grande partie de cette population demeure sur les Terres tempérées de la partie méridionale du plateau, où l'on trouve les principales villes; ***Mexico*** (1 080 000 hab.; 2 200 m. d'alt.), la capitale; *Puebla, Guadalajara*. — Principaux ports : *Vera Cruz*, sur le golfe du Mexique; *Acapulco*, sur le Pacifique. Le Mexique a un réseau ferré qui dépasse 24500 kilomètres de longueur.

L'*agriculture* est en progrès : les produits, on l'a vu, s'étagent en altitude. Les principaux de ces produits sont : les *céréales* (surtout le maïs), la *canne à sucre*, le *coton*, le *tabac*, les *bois précieux* et un textile spécial au pays : le *henneguen*, bonne matière à exportation.

Mais les *produits miniers* constituent la principale richesse du Mexique. Les mines d'*argent* du Mexique sont les plus riches du monde. Il tient un des premiers rangs dans la production de l'*or* (4e), du *cuivre* (2e) et du *pétrole* (2e).

L'*industrie* se développe lentement. Le **commerce** se fait surtout avec les États-Unis.

LECTURES

1. La nature mexicaine est riche et variée. — Par suite de relief très accentué du Mexique, la végétation y est très variée. Le voyageur qui se rend de Vera-Cruz à Mexico par le chemin de fer, voit en quelques heures la végétation de nos pays succéder à celle de l'équateur.

Les *Terres chaudes* forment la partie la plus riche. Sous les averses d'un ciel traversé par un soleil qui brûle, l'homme blanc végète; la fièvre jaune le guette, surtout s'il est nouveau venu ; mais la plante croit avec force, avec fougue. A côté des savanes à l'herbe épaisse, se pressent en un fourré presque inextricable des arbres enserrés de lianes qui retombent de tous côtés en guirlandes.

Les *Terres tempérées* sont remarquables surtout par un curieux mélange d'essences tropicales et d'essences euro-péennes qui poussent côte à côte : les cocotiers à côté des pins ; les araucarias du Chili, près des caféiers de Libéria et d'Arabie ; l'arbre à quinquina, le poivrier, le vanillier, le manguier, non loin des néfliers apportés du Japon ; le riz et le bananier à côté de l'oranger implanté d'Europe.

Les *Terres froides* sont encore différentes. Au Sud, où il pleut sur le plateau d'Anahuac, s'étendent des champs de maïs, d'orge et de froment. Le maïs y atteint des dimensions inconnues en Europe, 3 ou 4 mètres. Partout pousse le *maguey*, sorte d'agave ou d'aloès très apprécié au Mexique. Les Mexicains coupent la hampe de la fleur au moment où elle va pousser : dans la tige ainsi coupée monte en abondance la sève qui aurait alimenté la fleur : pendant deux ou trois semaines on recueille par jour plusieurs litres de cette sève, dont on fait une liqueur alcoolisée très appréciée des Mexicains. En outre, les fibres des feuilles de maguey servent à fabriquer des cordes, des paniers, des nattes, des tissus, du papier.

Au Nord, sur le Bolson de Mapimi, l'eau est si rare que la rencontre d'un étang ou d'un puits constitue un événement aussi important que dans le Sahara. La plaine est généralement sablonneuse, crevassée par la sécheresse, parcourue par des tourbillons de sable impalpable ou *remolinos*, jonchée de dunes de sables mouvants d'une aveuglante blancheur. Rien n'y pousse, à part quelques plantes épineuses qui se défendent contre la sécheresse par l'abondance de sève contenue dans leurs feuilles épaisses, charnues, luisantes, vernissées, garnies de piquants : *yucca, cactus, pisahaya* (sorte de colonne cannelée garnie d'épines et si rigide, même quand souffle le vent, qu'on dirait un arbre pétrifié) ; *agave*, tout barbelé de pointes ; *organos*, aux branches verticales et rectilignes comme des tuyaux d'orgue.

2. Le Mexique est le pays du globe qui a les plus riches mines d'argent. — Le Mexique renferme de nombreux gisements de minerais divers : minerais utiles (mercure, fer, cuivre, plomb), minerais précieux (or, argent). On estime que la région minière comprend les quatre cinquièmes de l'étendue totale du Mexique. « Il est reconnu, dit un voyageur, que la richesse minérale du Mexique explorée jusqu'à ce jour n'est qu'une goutte dans l'Océan en comparaison des mines vierges qui existent dans toutes les directions ».

De tous ces minerais, celui d'argent est particulièrement abondant. C'est l'abondance des mines d'argent qui attira surtout les premiers colons et qui fit connaître le nom du Mexique. Pendant longtemps, l'exploitation de ces mines d'argent fut la seule grande ressource du pays. Le Mexique est encore le pays du monde qui produit le plus d'argent.

Fig. 1. — Le Popocatepetl.

Le Mexique a deux très hautes montagnes, le pic d'Orizaba (5577 m.) et le Popocatepetl (5420 m.) : ce dernier domine le plateau sur lequel s'élève Mexico. C'est un grand volcan aux flancs couverts de lave, au sommet couronné de neiges persistantes, malgré sa situation dans la zone intertropicale.

Fig. 2. — Une mine d'argent près de Toluca, au Mexique.

Le Mexique est le pays des mines d'argent. Toute la région méridionale du plateau mexicain ne forme qu'un immense district argentifère. L'emploi des procédés modernes d'extraction et des machines plus fortes a permis d'accroître notablement la production depuis quelques années.

RÉSUMÉ. — Le Mexique est constitué par les hauts plateaux du *Bolson de Mapimi* et d'*Anahuac*, bordés par deux chaînes côtières, la *Sierra Madre du Pacifique* et la *Sierra Madre du Golfe*, que dominent au Sud de hauts volcans (Popocatepetl, Orizaba, etc.). Au pied des chaînes s'allongent d'étroites plaines côtières, qui ne s'élargissent qu'au Sud-Est, dans la péninsule du *Yucatan*, voisine de l'*isthme de Tehuantepec*.

De relief très varié, le Mexique a les climats et les végétaux très différents des *Terres chaudes* (de 0 à 1000 m.), des *Terres tempérées* (de 1000 à 2000 m.) et des *Terres froides* (au-dessus de 2000 m.). Le plateau du Nord est un désert.

Les ressources minérales sont très abondantes : pétrole, cuivre, or et argent, etc.

Peuplé d'Indiens, d'Espagnols et de Métis, le Mexique a comme villes principales *Mexico*, la capitale de l'État fédéral, *Puebla*, *Guadalajara*, les ports de *Vera Cruz* et d'*Acapulco*.

Le Mexique vit surtout de sa production végétale (maïs, tabac, canne à sucre, coton, chanvre ou hennequen) et de ses mines.

Exercices. — 1. Carte du Mexique. — 2. Distinguez, par l'analyse du climat et de la végétation, les Terres chaudes, les Terres tempérées et les Terres froides du Mexique. — 3. Le Mexique est le premier producteur d'argent, le deuxième producteur de cuivre, le deuxième producteur de pétrole du monde. Quelle est, à votre avis, la principale de ces trois qualités, et pourquoi?

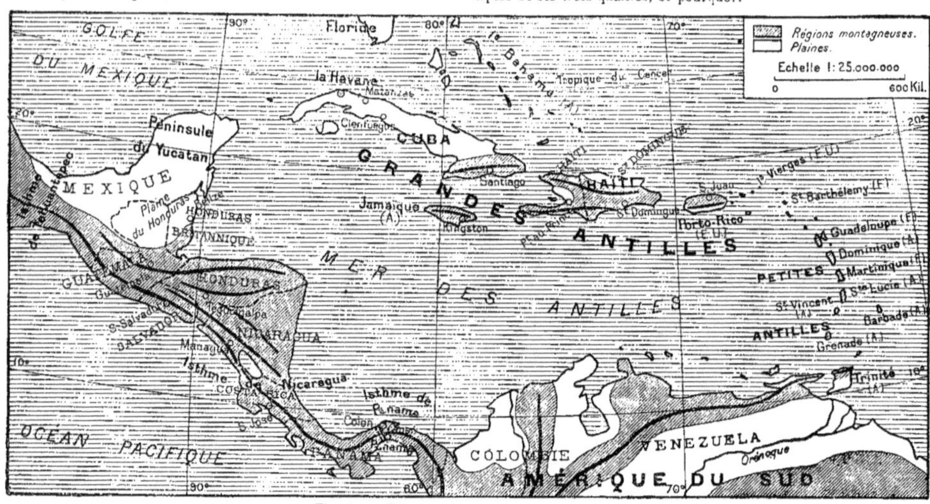

Fig. 1. — L'AMÉRIQUE CENTRALE ET LES ANTILLES.

V. — L'Amérique Centrale et les Antilles.

1. L'Amérique centrale. — Le relief de l'Amérique centrale (2300 kil. de long) comporte une série de chaînes et de pics volcaniques flanqués, du côté du golfe du Mexique, de quelques plaines basses (*plaine du Honduras*), aux côtes basses et marécageuses, et étranglés, sur d'autres points, en isthmes étroits : *isthmes de Tehuantepec, de Nicaragua* (220 kil. de large), *de Panama* (56 kil.).

De climat tropical et chaud, cette région, sillonnée par les vents alizés, qui viennent du golfe du Mexique, reçoit d'eux des pluies abondantes, qui tombent surtout sur le versant des montagnes qui est « au vent » (versant oriental).

C'est là que sont les principales cultures : bananes, ananas, canne à sucre, cacao, tabac, etc. Toutefois, sur le versant du Pacifique, plus sec, le café réussit très bien. Il est la principale richesse du pays, avec la banane, qui s'exporte aux États-Unis.

L'Amérique centrale est moyennement peuplée d'Indiens, d'Espagnols et surtout de métis. La partie septentrionale appartient au Mexique (Yucatan, isthme de Tehuantepec). Le reste (outre le *Honduras britannique*, cap. *Belize*, surtout station navale) est divisé en six républiques :

1° Le **Guatemala** (2005000 hab.), cap. *Guatemala*;

2° Le **Salvador** (1580000 hab.), cap. *San-Salvador*;

3° Le **Honduras** (773000 hab.), cap. *Tegucigalpa*;

4° Le **Nicaragua** (638000 hab.), cap. *Managua*;

5° Le **Costa-Rica** (507000 hab.), cap *San-José*;

6° Le **Panama** (442000 hab.), cap. *Panama*.

Ces États, sauf le Guatemala, le Salvador (grandes cultures de café) et le Costa-Rica (cultures de café et de bananes), ont une vie économique assez précaire.

2. Les Antilles. — On distingue dans les Antilles les *Grandes Antilles* (*Cuba, Haïti, Porto-Rico, la Jamaïque*) et les *Petites Antilles*.

De relief généralement haut, et par conséquent bien arrosées, de sol généralement volcanique, et par conséquent très fertile, les Antilles sont riches en bois précieux et en produits tropicaux : canne à sucre (rhum), tabac, café, cacao, coton, fruits (bananes). Les richesses minérales sont nulles.

La population est composée de *Blancs* (Espagnols, Anglais, Français), de *Nègres* (descendants d'anciens esclaves), et surtout de *métis*.

Les Antilles comprennent des États indépendants et des colonies.

1° **Cuba** (113000 kil. carrés) forme une République indépendante, mais liée économiquement avec les États-Unis par des traités commerciaux. Elle a 3368000 habitants, surtout groupés dans les plaines du pourtour (régions de culture). Villes principales : **La Havane** (539000 hab.), *Matanzas*, *Cienfuegos, Santiago*.

Fig. 1. — Transport de la canne à sucre à Cuba.

Parmi les cultures les plus florissantes des Antilles, il faut citer d'abord celle de la canne à sucre dont on tire le sucre et le rhum. Le climat, humide et chaud, lui est favorable, et le sol, formé d'éléments volcaniques, est aussi riche que l'exige cette plante.

Fig. 2. — Bananiers à Costa-Rica.

En Amérique centrale et aux Antilles, la végétation comporte des essences tropicales et des essences méditerranéennes. Depuis quelques années, la culture du bananier tend à devenir pour l'Amérique centrale et pour les Antilles une source d'importants profits.

2° **Haïti** (77250 kil. c.), très montagneuse, forme deux Républiques : la **République de Haïti** (2 500 000 hab.), cap. *Port-au-Prince*, peu étendue, mais riche et peuplée ; la **République de Saint-Domingue** (1 million d'hab.), cap. *Saint-Domingue*, vaste, mais peu prospère.

3° Les colonies anglaises sont : la **Jamaïque** (904 000 h.), cap. *Kingston*, assez étendue, l'île la plus prospère des Antilles après Cuba ; les *Iles Bahama* ; la plupart des petites Antilles ; la *Dominique, Sainte-Lucie, Saint-Vincent, Grenade,* la *Barbade,* la *Trinité.*

4° Les colonies françaises sont : la **Guadeloupe** (229 000 h.) composée de Basse-Terre et de Grande-Terre, reliées par un isthme, très peuplée (165 hab. au kil. carré), cap. *Basse-Terre* ; la **Martinique** (244 000 hab.), relativement plus peuplée (230 hab. au kil. carré), cap. *Fort-de-France* (voir p. 212).

5° La seule colonie des Etats-Unis est **Porto-Rico** (1 346 000 hab.), cap. *San-Juan*.

3. Le canal de Panama. — L'isthme de Panama est le plus étroit des isthmes de l'Amérique centrale. La *ligne de Colon à Panama* le traverse et unit le Pacifique à la mer des Antilles. Mais un canal maritime traverse l'isthme et établit des relations entre les deux océans. Le canal appartient aux Etats-Unis.

Le canal de Panama rend surtout de grands services aux relations entre les Etats-Unis et le monde de l'Océan Pacifique.

LECTURES

1. L'Amérique centrale est très volcanique. — On y compte, alignés parallèlement au Pacifique, 40 volcans en activité, sans parler d'une cinquantaine d'autres qui paraissent éteints. Les tremblements de terre y sont fréquents et violents.

Parmi les volcans les plus connus, il faut citer le *Fuego*, ou volcan de feu, et l'*Agua*, ou volcan d'eau, qui doit son nom à ses éruptions aqueuses. En 1541, un déluge descendu de l'Agua détruisit la ville de Vieille-Guatemala ; rebâtie à quelque distance, la Nouvelle-Guatemala fut détruite en 1773 par un tremblement de terre qui écrasa 9000 personnes ; reconstruite une troisième fois, elle fut ruinée de nouveau le 8 avril 1902, un mois juste avant l'éruption dévastatrice de la Montagne Pelée, à la Martinique. Le Guatemala vit ainsi sous la menace constante d'un cataclysme dévastateur.

Plus au Sud, le Salvador, qui n'est pas plus grand que trois de nos départements, ne compte pas moins de 50 volcans en activité. Des tremblements de terre ont détruit la ville de San Salvador pendant le cours du dix-neuvième siècle en 1815, 1839, 1854, 1873. Le volcan d'*Izalco*, le principal de la région, est presque constamment en activité : il sortit de terre, le 23 février 1770, au milieu d'un champ, près d'une ferme, et mesurait 400 mètres de hauteur au bout de sa première année d'existence ; un siècle après, en 1890, sa hauteur atteignait 1850 mètres : on l'a surnommé le *phare du Salvador*, parce que les jets de pierre fondue et la colonne de fumée rouge qui surmonte généralement son sommet éclairent comme un phare, pendant la nuit, toute la côte du Salvador.

L'activité volcanique est beaucoup moins sensible, tout au Sud, dans la région de Panama. C'est, avec la plus grande étroitesse de l'isthme, la raison qui l'a fait préférer pour l'établissement d'un canal interocéanique.

2. Le canal de Panama unit les deux côtes des États-Unis, les deux plus grands océans et les trois plus grands centres de production du monde. — Il n'y a que 56 kilomètres, à vol d'oiseau, du port de Colon, sur l'Océan Atlantique, au port de Panama, sur l'Océan Pacifique, et pour se rendre de l'un à l'autre par mer, en doublant l'Amérique du Sud, il ne faut pas faire moins de 10000 kilomètres.

Le projet de canal avait été dressé par un Français, Ferdinand de Lesseps, qui déjà précédemment avait établi le plan du canal de Suez. Une compagnie française en commença l'exécution. Cette compagnie ayant échoué pour des motifs d'ordre financier, les travaux du canal de Panama ont été achetés et continués sur le même plan par le gouvernement des Etats-Unis : le canal a été achevé en 1914.

Le canal coupe l'isthme de Panama et comprend trois tronçons principaux : l'un, sur l'Atlantique, au niveau de la mer ; un second central, occupant la vallée de la Chagres où un barrage forme lac, au niveau de 26 mètres, et où les bateaux sont montés par une écluse à trois étages ; un troisième, sur le Pacifique, où l'on redescend au niveau de la mer par deux écluses. Les travaux ont duré huit ans, 25 000 ouvriers travaillant au creusement et à l'édification des digues et des écluses.

Evidemment, le canal rend des services surtout aux États-Unis, dont il permet aux deux côtes, atlantique et pacifique, de communiquer assez rapidement.

Cependant, au point de vue général, le rôle économique du canal n'est pas négligeable. Sans doute, pour les échanges entre l'Europe et l'Extrême-Orient, il ne sera jamais un véritable

concurrent pour le canal de Suez : c'est par celui-ci que passent les voyageurs, les courriers postaux, les produits d'échange que l'on a intérêt à ne pas garder trop longtemps en route. Mais pour les marchandises lourdes, de valeur relativement faible, pour lesquelles le transport lent et moins coûteux est préférable au transport rapide mais coûteux, le passage par Panama est avantageux.
Le canal de Panama sert aux États-Unis, mais n'est inutile à aucun pays.

RÉSUMÉ. — L'*Amérique Centrale* est constituée par une série de chaînes, de massifs, de plaines (dont une seule large : la *plaine du Honduras*). Certaines parties s'étranglent entre les deux océans en forme d'isthmes : *isthme de Nicaragua*, *isthme de Panama*. Elle a les mêmes contrastes de relief, de climat et de végétation que le Mexique méridional. Elle se divise entre une Colonie britannique, le *Honduras Britannique* (cap. *Belize*) et six républiques : *Guatemala* (cap. *Guatemala*), *Salvador* (cap. *San Salvador*), *Honduras* (cap. *Tegucigalpa*), *Nicaragua* (cap. *Managua*), *Costa-Rica* (cap. *San José*), *Panama* (cap. *Panama*).

Les *Antilles*, de climat doux et humide, de productions multiples (canne à sucre, tabac, café, cacao, coton, fruits), comprennent les Grandes Antilles et les Petites Antilles.
Les *Grandes Antilles* sont : *Cuba* (cap. *la Havane*, v. pr. : *Matanzas, Cienfuegos, Santiago*), république; *Haïti*, territoire des deux républiques de *Haïti* (cap. *Port-au-Prince*) et de *Saint-Domingue* (cap. *Saint-Domingue*); *Porto-Rico*, colonie des États-Unis ; *la Jamaïque*, colonie britannique.
Les *Petites Antilles* comprennent des colonies britanniques (la *Dominique*, *Sainte-Lucie*, *Saint-Vincent*, *Grenade*, la *Barbade*, la *Trinité*), des colonies françaises (la *Martinique*, la *Guadeloupe*), etc.
Le *canal maritime de Panama* ouvre une grande route commerciale entre l'Océan Atlantique et l'Océan Pacifique

Fig. 1 — Les routes maritimes du canal de Panama.

Exercices. — 1. Carte de l'Amérique Centrale et des Antilles. — 2. Énumérez les différents États de l'Amérique Centrale, avec leurs capitales. — 3. Énumérez les Grandes Antilles, avec leurs villes principales; indiquez leur situation politique. — 4. Énumérez les possessions anglaises et françaises des Petites Antilles. — 5. Utilité et rôle commercial du canal de Panama.

VI. — Généralités sur l'Amérique du Sud.

1. Le relief de l'Amérique du Sud.

— Le relief de l'Amérique du Sud permet d'y distinguer quatre régions.

1° A l'Est, des **plateaux** : *plateau des Guyanes*, au Nord; *plateau Brésilien*, au Centre, se terminant sur l'Atlantique. Ils sont bordés par une mince plaine côtière et la dominent par des lignes abruptes ayant l'apparence de montagnes;

2° Entre les plateaux, la **plaine amazonienne**, vaste bassin alluvial, drainé par le système de l'Amazone;

3° Au Centre, depuis le Nord jusqu'au Sud, une série de **plaines** allongées : *plaines de l'Orénoque, du haut Amazone, du Gran Chaco, de la Pampa*. Cette dernière se termine à l'Est sur l'Océan Atlantique. Elle est limitée au Sud par les terres plus hautes de la *Patagonie* et par le plateau de la *Terre de Feu*, qu'isole le *détroit de Magellan*;

4° A l'Ouest, les **Andes**, série longue, épaisse et continue de chaînes, de plateaux et de volcans, qui isole nettement le Pacifique du reste de l'Amérique du Sud. On y trouve l'*Aconcagua* (6 955 m.), point culminant du continent américain. Au Sud, dans le Chili, la chaîne des Andes s'amincit.

2. Le climat de l'Amérique du Sud.

— 1° Dans la **zone Atlantique**, la *région équatoriale*, jusqu'au pied des Andes, a un climat continûment chaud et des pluies très abondantes. La *région tropicale et subtropicale*, correspondant au Sud du plateau Brésilien et aux plaines intérieures, a un hiver plus frais et des pluies moins abondantes. La *région tempérée*, correspondant à la Pampa, a le climat tempéré et humide de l'Europe occidentale près de la mer, le climat excessif et plus sec de la Russie vers l'intérieur. La *région australe*, correspondant à la Patagonie, a un climat très rude.

2° Dans la **zone des Andes**, les *versants extérieurs*, qui regardent vers les Océans, reçoivent quelques pluies. Mais les *hauts plateaux* et les *vallées de l'intérieur* sont très arides.

3° Dans la **zone du Pacifique**, l'humidité océanique n'amène des pluies que dans le *Nord* (Colombie) et le *Sud* (Chili méridional). Dans toute la *partie médiane* (Chili septentrional, Pérou, Équateur), les pluies sont presque absolument nulles : c'est la région la plus sèche de l'Amérique du Sud.

3. Hydrographie et végétation.

— 1° La **région équatoriale**, correspondant au bassin de l'**Amazone**, est drainée par ce fleuve, le plus puissant du monde, et par ses affluents : *Rio Negro, Madeira, Tapajoz, Xingu, Tocantins*. La région est couverte par la *Selva*, ou forêt vierge. C'est la région du caoutchouc.

2° Les **plateaux**, du Brésil et des Guyanes, ont des fleuves au cours coupé de rapides, au débit moins abondant, au régime plus inégal : *Orénoque*, pour les Guyanes, *San Francisco, Paraguay, haut Parana, haut Uruguay*, pour le Brésil. Ce sont des régions de *cultures tropicales* : sucre, coton, café, maïs, etc.

3° Les **dépressions intérieures** et la **pampa** ont une végétation de steppes ou de *llanos*, savanes herbeuses. Les rivières y sont lentes. Seule, la région de la Pampa voisine de la mer a une végétation plus luxuriante; de plus, elle est traversée par le *Parana inférieur*, qui se termine par l'énorme **Rio de la Plata**, une des plus puissantes artères du globe.

4° La **région andine** comporte une alternance de versants humides et boisés et de plateaux secs où s'étendent la steppe ou le désert.

5° La **côte Pacifique** est désertique au centre. Au Nord, elle a la même savane et les mêmes cultures que la Guyane, au Sud les mêmes cultures que les régions tempérées de la Pampa.

4. Population et division politique.

— L'Amérique du Sud a été peuplée d'abord par des **Peaux-Rouges**, qui eurent une civilisation brillante.

Les **Blancs** se divisent en deux catégories :

1° les descendants des anciens occupants, *Espagnols* et *Portugais*;

Fig. 1. — Carte physique de l'Amérique du Sud.

2° les émigrants contemporains : *Italiens, Basques Français, Polonais, Allemands*.

L'Amérique du Sud est divisée en dix États, qui ont tous une constitution républicaine. Seules la *Guyane hollandaise*, la *Guyane anglaise* et la *Guyane française* sont demeurées colonies européennes.

Les dix États sont :

1° Vers la mer des Antilles, le *Venezuela* et la *Colombie*;

2° Vers l'Océan Pacifique, l'*Equateur*, le *Pérou*, la *Bolivie*, le *Chili*;

3° Vers l'Océan Atlantique, le *Brésil*, l'*Uruguay*, le *Paraguay*, la *République Argentine*.

Les plus importants sont le *Brésil*, la *République Argentine* et le *Chili*.

L'AMÉRIQUE

Fig. . — Densité de la population en Amérique du Sud.

De vastes régions de l'Amérique du Sud sont presque vides d'habitants, notamment la zone des llanos et celle de la Selva ; il en est de même de la roide Patagonie, à l'extrémité méridionale. Les principales régions de peuplement sont : 1° la région des plateaux brésiliens, surtout dans sa partie centrale et méridionale, le long de l'Atlantique ; 2° la région du Rio de la Plata, devenue un centre très actif d'immigration ; 3° certaines vallées colombiennes des Andes, au Nord ; 4° enfin, la région moyenne du Chili, autour de Valparaiso et Santiago.

L'Amérique du Sud était presque déserte au XVIᵉ siècle quand les Européens la découvrirent et commencèrent à s'y établir, il n'y avait d'habitants en quelque nombre que sur les hauts plateaux des Andes. Du XVIᵉ siècle jusque vers le milieu du XIXᵉ siècle, elle ne reçut qu'un petit nombre de colons : les masses d'émigrants qui quittaient l'Europe préféraient l'Amérique du Nord plus connue et plus rapprochée, située dans l'hémisphère boréal, à la lointaine Amérique du Sud. C'est seulement depuis une quarantaine d'années que, la population devenant relativement dense dans l'Amérique du Nord, l'émigration européenne a commencé à se porter sérieusement vers l'Amérique du Sud.

Actuellement, dans son ensemble, elle est très peu peuplée ; elle ne renferme en moyenne que quatre habitants par kilomètre carré.

LECTURES

1. L'Amérique du Sud est encore peu peuplée. — Avant l'arrivée des Européens, au XVIᵉ siècle, l'Amérique du Sud était habitée exclusivement par des Peaux-Rouges, *Chibcha*, *Quichua*, *Aymara*, *Araucans*, qui résidaient principalement sur les plateaux des Andes. Ils avaient atteint un degré de civilisation en beaucoup de points remarquable ; plus nombreux, semble-t-il, que la population indigène de l'Amérique du Nord, ils ne formaient pourtant qu'une population numériquement peu importante, eu égard à l'étendue considérable du pays. De ces habitants primitifs, il ne reste aujourd'hui qu'une faible partie. Ils ont disparu, décimés par les premiers conquérants espagnols et portugais.

Après la découverte du pays, il ne vint longtemps dans l'Amérique du Sud que des Espagnols et des Portugais ; encore ne venaient-ils qu'en très petit nombre. Les masses d'émigrants qui quittaient l'Europe se portaient de préférence sur l'Amérique du Nord, plus rapprochée et mieux placée par rapport à l'Europe (voir lecture, p. 58). Ce n'est guère que depuis 1880 que l'immigration en Amérique du Sud a commencé à prendre quelque importance. Les nouveaux venus s'établirent principalement dans le Brésil oriental et méridional, l'Uruguay, le Paraguay et la République Argentine, c'est-à-dire dans les régions les plus immédiatement accessibles aux émigrants venus d'Europe.

Néanmoins, l'Amérique du Sud est encore très médiocrement peuplée (quatre habitants seulement par kilomètre carré ; sept fois moins d'habitants que l'Europe sur une superficie presque double). La région de la selva amazonienne, celle des llanos, la région désertique du Gran Chaco, la Patagonie sont encore à peu près vides d'habitants.

Il y a trois régions principales de peuplement : 1° la partie atlantique des plateaux brésiliens ; 2° la région du Rio de la Plata ; 3° la région moyenne du Chili, vers Santiago et Valparaiso. Ce sont les grandes régions agricoles.

2. La plaine amazonienne est une immense forêt. — La forêt couvre, dans la plaine amazonienne, sept millions de kilomètres carrés, soit une surface égale aux trois quarts de l'étendue de l'Europe. On l'appelle la *Selva*, la forêt par excellence ; nulle part ailleurs sur le globe il n'en existe d'aussi étendue.

Les aspects de la Selva sont très variés ; elle est plus ou moins haute, plus ou moins épaisse. Vers le Sud-Est, où il pleut moins, c'est la *catinga*, forêt clairsemée, composée d'arbres généralement rabougris ; sur le bord des rivières, dans les régions marécageuses que l'inondation envahit chaque année, c'est l'*igapo*, formée de troncs mous, et dépourvue de lianes ; dans la région centrale émergée, c'est l'*été* ou le *guacu*, forêt épaisse, luxuriante, aux sous-bois puissants, aux arbres énormes et serrés que des réseaux de lianes rattachent entre eux et ciment en un vaste ensemble.

Parfois, une graine tombe d'un arbre dans une cavité de l'écorce d'un arbre voisin ; elle y germe, et bientôt un nouvel arbre, d'une espèce différente, croît ainsi sur l'arbre où la graine est tombée. Ces parasites, qui ont parfois des dimensions énormes, sont appelés *épiphytes*.

D'innombrables variétés végétales composent la forêt amazonienne : arbres, lianes, espèces rampantes. Ce sont des bois de construction et d'ébénisterie (palmiers, fromagers, acajou, palissandre, etc.) ; des bois de teinture (bois du Brésil) ; des plantes médicinales (quinas, quassias, salsepareilles, ipecacuanha, ortie rouge et ortie blanche).

La vie animale n'est pas moins riche. Elle comprend surtout des reptiles variés (serpents, caïmans), des quadrupèdes particuliers (cabiais, agoutis, tamanoirs, tatous), des singes, des insectes, qui y sont nombreux comme dans toutes les régions humides et chaudes, et enfin des oiseaux (perroquets, perruches, guarás, toucans, oiseaux-mouches) dont les plumages brillants sont un des charmes de la forêt brésilienne. Malheureusement, les animaux porteurs font complètement défaut à l'Amazonie. Par suite, en dehors des rivières, qui forment d'admirables avenues de pénétration à travers cette immense forêt, la circulation y est difficile et lente.

RÉSUMÉ. — **Le relief de l'Amérique du Sud est constitué à l'Est par les deux hauts *plateaux des Guyanes* et *Brésilien*, séparés par l'immense *plaine de l'Amazonie* ; au Centre par les *plaines de l'Orénoque*, du haut *Amazone*, du *Gran Chaco* et de la *Pampa*, que terminent le haut plateau de *Patagonie* et, au delà du *détroit de Magellan*, la *Terre de Feu* ; à l'Ouest, par la haute et complexe chaîne des *Andes*, qui possède le point culminant de l'Amérique (*Aconcagua*, 6953 m.).**

La zone orientale et Centrale, partout humide, a un climat équatorial et tropical au Nord, tempéré au Sud. La zone des Andes a un climat désertique sur ses plateaux intérieurs, des sommets humides, froids, neigeux, et une côte bien arrosée. sauf au Centre, où elle est sèche.

A ces climats différents correspondent de grandes différences de végétation, qui vont de la forêt vierge ou selva de l'Amazone, à la steppe de la pampa et au désert des plateaux andins, et des différences de régimes pour les cours d'eau. Les deux principaux sont l'*Amazone*, le plus

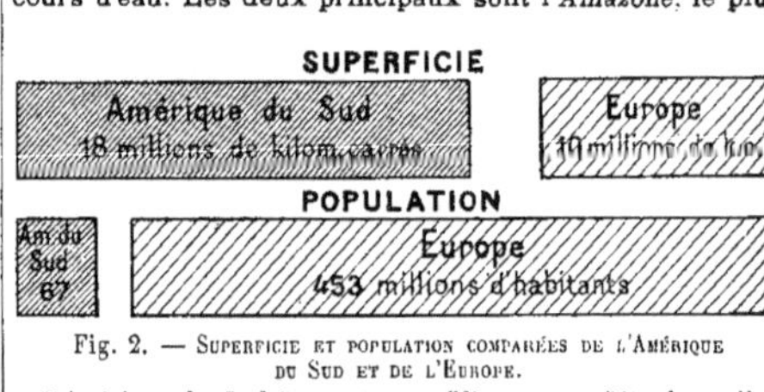

Fig. 2. — Superficie et population comparées de l'Amérique du Sud et de l'Europe.

L'Amérique du Sud l'emporte sur l'Europe par l'étendue : elle a près de deux fois plus de superficie que l'Europe. Mais l'Europe l'emporte de beaucoup sur l'Amérique du Sud par la population : elle compte, en effet, sept fois plus d'habitants que l'Amérique du Sud.

Fig. 1. — Carte politique de l'Amérique du Sud.

puissant fleuve du monde, aux affluents multiples (*Rio Negro, Madeira, Tapajoz, Xingu, Tocantins*) et le *Rio de la Plata* ou cours inférieur du *Parana*.

L'Amérique du Sud est peuplée d'indigènes Peaux-Rouges et de Blancs : Espagnols et Portugais, d'ancienne venue, Italiens, Basques français, Allemands, de venue plus récente.

Son territoire est partagé entre les trois colonies des Guyanes (*hollandaise, anglaise et française*) et dix répu-bliques : *Venezuela* et *Colombie*, vers la mer des **Antilles**; *Equateur, Pérou, Bolivie, Chili*; vers l'Océan **Pacifique**; *Brésil, Uruguay, Paraguay, République Argentine*, vers l'Océan **Atlantique**.

Exercices. — 1. Carte physique de l'Amérique du Sud. — 2. Carte politique de l'Amérique du Sud. — 3. Expliquez par le relief et par la situation les différences de climat et de végétation des diverses régions de l'Amérique du Sud.

VII. — Les États-Unis du Brésil.

1. Les régions naturelles. — Le territoire du Brésil a 8 511 000 kilomètres carrés, soit près de la moitié de l'Amérique du Sud. Il comprend deux régions naturelles :

1° L'**Amazonie**, vaste plaine dominée au Nord et au Sud par le *Plateau des Guyanes* et le *Plateau Brésilien*, à l'Ouest par les *Andes*. L'*Amazone* la couvre entièrement de son réseau.

Le climat de l'Amazonie est équatorial : chaleur continue et pluies abondantes. Elle est couverte par la forêt équatoriale (*selva*), très riche en espèces (bois précieux, caoutchouc, essences médicinales), mais de pénétration très difficile.

2° Le **Plateau Brésilien** comprend à l'Est une série de chaînes, orientées du Sud-Ouest au Nord-Ouest ; la principale est la *Serra do Espinhaço*. A l'Ouest, le plateau brésilien est constitué par un plateau moins élevé, et doucement incliné vers l'intérieur, le *Matto-Grosso*. Un fleuve assez long, le *San Francisco*, appartient au plateau.

Le climat et la végétation varient de l'Est à l'Ouest. Dans les régions des chaînes, la température est assez modérée et les pluies régulières. D'où une végétation assez riche et la possibilité de faire réussir toutes les cultures : cultures tropicales au Nord, cultures méditerranéennes au Sud. — Dans le Matto-Grosso, la température est plus élevée et les pluies plus rares ; le Matto-Grosso est couvert par des *llanos*, ou savanes herbeuses.

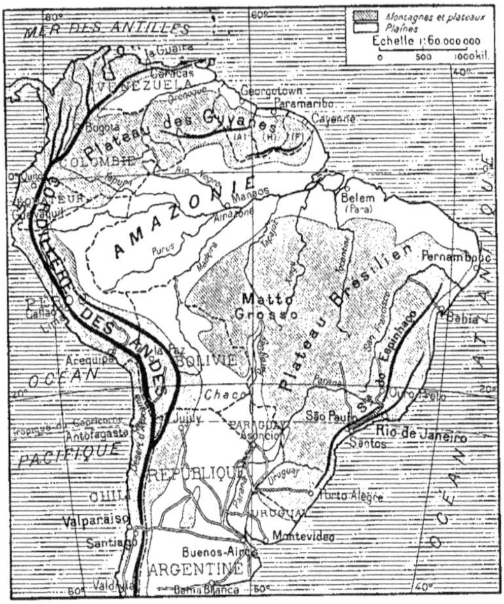

2. Peuplement. — La République fédérale du Brésil a 30 645 000 habitants, soit 4 habitants en moyenne par kilomètre carré. La langue officielle est le portugais.

Sa population comprend quatre éléments :

1° Les **indigènes** (un million et demi environ), *Indiens Peaux-Rouges*, localisés dans la forêt vierge amazonienne et dans le Matto-Grosso ;

2° Les **nègres** (trois millions environ), descendants d'esclaves importés d'Afrique, tous libres depuis 1888, groupés dans les régions septentrionales (les plus chaudes) du plateau ;

3° Les **métis** (quatre millions environ), résultant surtout de croisements entre nègres et Portugais, groupés dans les mêmes régions ;

4° Les **blancs** (vingt-deux millions environ), dont l'importance numérique augmente rapidement, grâce à une immigration de plus en plus considérable. Canalisée entièrement dans la zone de cultures du Sud du plateau, elle a d'abord compris une majorité d'*Allemands* ; aujourd'hui les *Italiens* sont de beaucoup les plus nombreux (6 millions), avant les *Allemands*, les *Portugais*, les *Espagnols* et les *Slaves* (Polonais, Galiciens, etc.).

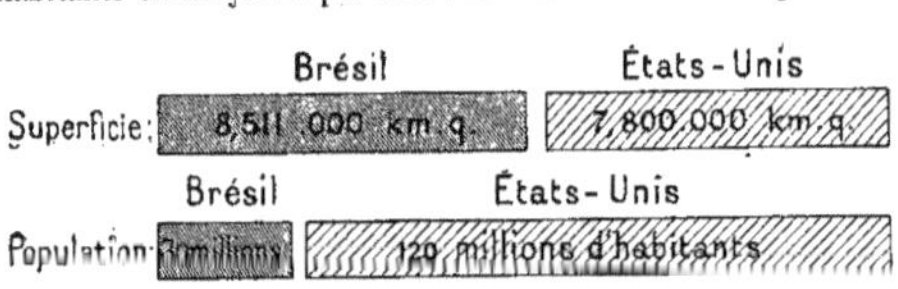

L'Amazonie et le Matto-Grosso sont presque déserts ; une seule ville : *Manaos*, sur l'Amazone, marché du caoutchouc.

La région orientale du plateau et la côte sont plus peuplées. C'est là que sont les grandes villes : *Rio de Janeiro* (1 442 000 habitants), la capitale ; *Belem* ou *Para*, *Pernambuco* et *Bahia*, ports de la région septentrionale ; *São Paulo* (580 000 hab.) et le port de *Santos*, les villes du café ; *Ouro Preto* ; *Porto-Alegre*, port de la région méridionale.

3. Situation économique. — Le Brésil a une production presque uniquement végétale ou agricole.

Dans l'Amazonie s'exploitent les *bois précieux*, les *essences médicinales* (quinquina, d'où l'on tire la quinine) et surtout le *caoutchouc*, qui s'exporte par le fleuve et par le port de Para. Il faut noter aussi, comme produit de la forêt, le *maté*, dont les feuilles servent à préparer une infusion, qui est la boisson la plus répandue au Brésil.

Sur le plateau, tandis que le Matto-Grosso n'est bon qu'à l'élevage extensif des bœufs, la région voisine de la mer est un pays de culture : au Nord, *canne à sucre, riz, coton, maté* ; au Centre, *café* ; au Sud, *céréales, vigne* et *bêtes à cornes*. — De tous ces produits, le *café* est de beaucoup le plus important. Le Brésil fournit une portion importante du café produit par le monde.

Le Brésil importe de la houille, des produits manufacturés et des produits alimentaires. Il exporte surtout du café, puis du caoutchouc, du coton, du cuir.

Le Brésil est, en somme, loin d'avoir atteint le développement qu'il peut attendre de l'exploitation de toutes ses ressources : il a des mines de toutes sortes, dont la mise en œuvre commence à peine. Il peut fournir en abondance tous les produits végétaux de la zone tropicale et de la zone tempérée. Son avenir dépend de son peuplement, par conséquent de l'immigration.

Fig. 1. — LES ÉTATS-UNIS DU BRÉSIL.

Fig. 2. — SUPERFICIE ET POPULATION COMPARÉES DU BRÉSIL ET DES ÉTATS-UNIS.

LECTURE

Le Brésil est le pays du monde qui produit le plus de café. — Le café n'est pas une plante indigène du Brésil. Ce sont les Portugais, grands consommateurs de café, qui l'y ont importé dans la première moitié du xvi° siècle et ont réussi à l'y acclimater.

Les premiers essais eurent lieu dans la région septentrionale du plateau, vers Bahia, où le café est encore cultivé. Mais c'est plus au Sud, dans la province de São Paulo, que le café a trouvé son climat et ses terres d'élection : la *terra rossa*, sol ferrugineux, d'une coloration violette, très meuble et remarquablement fertile, et le *massépé*, dont le fond est une argile grasse spéciale que recouvre une épaisse couche de terre végétale où les racines pénétrantes de l'arbuste peuvent descendre profondément. Pour le climat, c'est l'altitude de 600 à 1 000 mètres qui lui convient le mieux. Aujourd'hui la province de São Paulo est couverte presque tout entière par des plantations de café : c'est un des exemples les plus remarquables de pays à culture unique ou *monoculture*.

La culture du café exige des soins nombreux; le sol doit être nettoyé souvent, au moins cinq fois l'an. Dans les terras rossas, le caféier est en plein rapport au bout de cinq à six ans : il fournit alors en moyenne 2 kilogrammes par pied.

Le fruit du caféier est renfermé dans une sorte de baie rude et rouge ressemblant à une cerise et contenant deux graines juxtaposées. En se desséchant, l'enveloppe se racornit et se crevasse. C'est alors, vers la fin de mai ou au commencement de juin, dans la première moitié de la saison sèche, que s'opère la cueillette. Après la récolte, le café est séché généralement au soleil, sur des aires en briques bien cuites, inclinées pour que les eaux n'y séjournent pas. Le fruit passe alors sous des pilons qui le décortiquent.

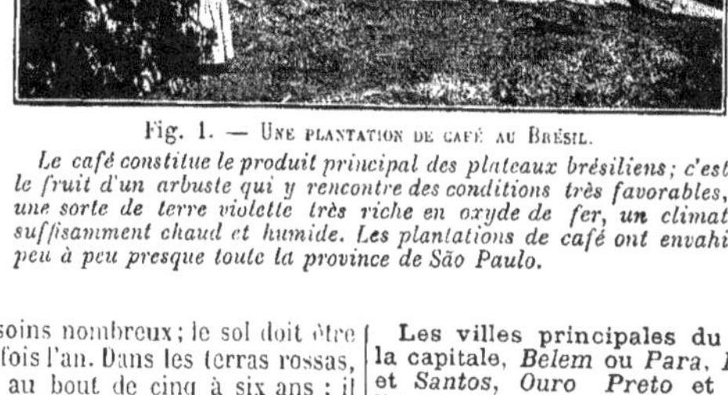

Fig. 1. — Une plantation de café au Brésil.

Le café constitue le produit principal des plateaux brésiliens; c'est le fruit d'un arbuste qui y rencontre des conditions très favorables, une sorte de terre violette très riche en oxyde de fer, un climat suffisamment chaud et humide. Les plantations de café ont envahi peu à peu presque toute la province de São Paulo.

La culture et la préparation du café, avec toutes ces manipulations délicates et coûteuses, exigent une *main-d'œuvre nombreuse* et des ouvriers attentifs. On a fait appel pour ces travaux à des émigrants européens, surtout *italiens*. Le propriétaire leur fait en général l'avance d'une petite maison, d'un lopin de terre, d'outils et de quelques capitaux, dont ils se libèrent peu à peu par le fruit de leur travail. Ils apportent leur récolte de café à une usine où toutes les manipulations sont faites à la machine : chaque plantation se double ainsi d'une usine.

RÉSUMÉ. — Le territoire du Brésil comprend deux régions :

1° l'immense plaine de l'*Amazonie*, traversée par l'*Amazone* et ses affluents, située sous le climat équatorial, chaud et humide, couverte par la forêt vierge ou *selva*;

2° le *Plateau Brésilien*, strié de chaînes à l'Est (*Serra do Espinhaço*) et plat à l'Ouest (*Matto-Grosso*), traversé par le San Francisco, ayant le climat et la végétation des Tropiques au Nord, de la Méditerranée au Sud, des steppes sèches à l'Ouest.

République fédérale, le Brésil est peuplé de Peaux-Rouges, de Nègres et de Blancs : Italiens, Portugais, Allemands, Slaves.

Les villes principales du Brésil sont : *Rio de Janeiro*, la capitale, *Belem ou Para, Pernambouc, Bahia, São Paulo et Santos, Ouro Preto et Porto-Alegre* ; *Manaos*, sur l'Amazone.

Le Brésil produit le caoutchouc, les bois, les essences médicinales dans la selva, le maté à l'intérieur, la canne à sucre, le cacao et le coton au Nord du plateau, le café au Centre, les bœufs (cuir) au Sud. Le café est le principal produit d'exportation.

Le Brésil a des ressources qui lui permettent de se développer beaucoup plus quand il sera plus peuplé.

CAFÉ

Production moyenne,

BRÉSIL	RESTE DU MONDE
847.000 tonnes	500.000 t.
5/8 de la production mondiale	3/8

Fig. 2. — Production de café comparée du Brésil et du monde.

Exercices. — 1. Carte du Brésil. — 2. Distinguez et caractérisez les régions du Brésil. — 3. Regardez sur la carte la situation des villes du Brésil : expliquez cette situation. — 4. La production du café au Brésil.

VIII. — Les États de la Plata.

1. La plaine du Sud — La *République Argentine* et l'*Uruguay*, dits *États de la Plata*, comprennent essentiellement une vaste plaine adossée aux Andes ; mais cette plaine, étendue sur 4 000 kilomètres du Nord au Sud, n'a pas partout le même climat. Par suite, elle présente des subdivisions :

1° Le **Chaco**, au Nord, au sol d'argile imperméable, au climat chaud et sec (latitude subtropicale), aux cours d'eau maigres, aux lagunes salées, à la végétation de steppe;

2° La **Pampa**, au Centre, au sol recouvert de limons épais et fertiles, à la température moins élevée et plus variée (hivers assez froids), aux pluies généralement suffisantes; région de prairies et de cultures propres aux régions tempérées;

3° La **Patagonie**, au Sud, plus haute, formant plateau, et terminée, au delà du détroit de Magellan, par la *Terre de Feu* : climat rude, propre seulement à l'élevage extensif.

Cette plaine, formée, sauf en Patagonie, de terrains meubles, de limons, n'a que très peu de richesses minérales actuellement connues; seul le versant argentin des Andes a quelques mines, du reste difficiles à exploiter. Par contre, partout où les pluies sont suffisantes, le sol de la pampa a de remarquables aptitudes agricoles : cultures tropicales (canne à sucre) au Nord; produits des pays tempérés (céréales, betterave, vigne, lin) au Centre; au Sud et à l'intérieur, élevage soit de moutons, soit de bœufs, soit de chevaux.

Le principal cours d'eau est le *Rio de la Plata*, véritable bras de mer formé par la réunion du *Parana* (affluent : le Paraguay) et de l'*Uruguay* : accessible très avant aux grands bateaux, il constitue l'artère vitale du pays. — Il y a, en outre, au Nord, dans l'intérieur qui est sec, de pauvres *rios* intermittents ; au Sud, quelques rivières peu navigables, *Rio Negro*, *Rio Colorado*, qui coulent droit des Andes à la mer.

2. La République Argentine. — La République Argentine a 2 987 000 kilomètres carrés.

Sa population comprend quatre éléments :

1° Des *Peaux-Rouges*, indigènes, peu nombreux (*Araucans*, *Fuegiens*, etc.) ;

2° Des *Espagnols* purs, descendants des anciens colons, qui ont donné au pays leur langue et leur religion (catholicisme) ;

3° Des *Gauchos*, métis résultant de croisements entre Peaux-Rouges et Espagnols ; ils forment la majorité de la population ;

4° Des *immigrants* récents, très nombreux (Italiens, Basques français et espagnols, Allemands, Polonais).

La population totale, encore peu dense, est de 9 548 000 habitants, soit de 3 seulement au kilomètre carré. Elle est surtout concentrée dans la région du Rio de la Plata, la plus favorisée par rapport aux productions et aux communications. Là se trouvent les plus grandes villes : *Buenos-Aires* (1 826 000 hab., le cinquième de la population totale du pays). en voie de développement ininterrompu : *La Plata*, avant-port de Buenos-Aires, *Cordoba* et le grand port fluvial de *Rosario*, sur le Parana.

On peut noter encore *Tucuman*, au pied des Andes.

Presque toutes les voies ferrées rayonnent autour du Rio de la Plata, c'est-à-dire de Buenos-Aires et de Rosario.

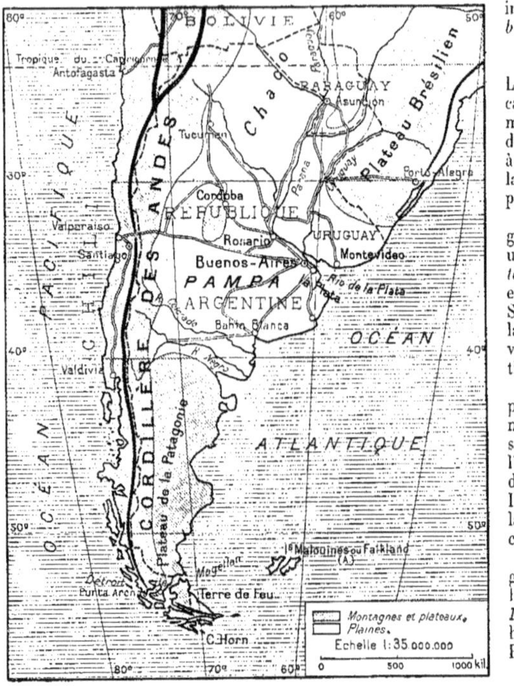

3. Etat économique de la République Argentine. — Le développement économique de l'Argentine s'est fait rapidement grâce à l'immigration qui a fourni une main-d'œuvre abondante, et grâce au développement des voies de communication (réseau fluvial du Rio de la Plata et de ses affluents ; voies ferrées ; chemin de fer transandin de Buenos-Aires au Chili).

Cette prospérité est due à l'agriculture. Elle donne : au Nord, des produits tropicaux (*canne à sucre*, *coton*, *riz*) ; au Centre, des produits de la zone tempérée (*blé*, *maïs*, *lin*, *vigne*). Dans les prairies et steppes du Centre intérieur et du Sud prospère l'élevage (*bœufs*, *moutons*), qui constitue aujourd'hui, avec le blé, la principale ressource de l'Argentine.

L'industrie n'existe que sous la forme d'industries agricoles qui utilisent ou transforment les produits de l'agriculture (*sucreries*, *minoteries*), ou de l'élevage (fabrication de *viandes conservées* et surtout *congelées*, *industries laitières*, etc.).

Pays neuf, l'Argentine importe des produits manufacturés (des États-Unis, d'Angleterre, de France), des machines agricoles, des articles de Paris. Mais elle contribue à approvisionner le marché mondial de quelques denrées et produits nécessaires ou tout au moins fort importants : la *viande*, le *blé*, la *laine*, le *cuir*.

4. L'Uruguay. — L'Uruguay (178 000 kil. carrés) est un petit État, mais qui doit à la richesse de son sol, et plus encore à sa situation sur le Rio de la Plata, une grande prospérité économique.

Le territoire de l'Uruguay comprend, au Nord, une petite partie du *Plateau Brésilien* (voir p. 74) et surtout au Centre et au Sud, le commencement de la plaine limoneuse et alluviale qui porte en Argentine le nom de *Pampa*.

L'Uruguay produit un peu de céréales (blé et maïs). Avant tout, il s'est spécialisé (plus encore que l'Argentine) dans l'élevage des bœufs et des moutons. Il exporte du cuir, de la laine, beaucoup de viandes congelées ou conservées.

La population de l'Uruguay est de 1 640 000 habitants. La capitale est *Montevideo* (456 000 hab.), port situé sur le Rio de la Plata.

Fig. 1. — LES ÉTATS DE LA PLATA.

1. La pampa est une région d'élevage. — On s'imagine généralement la pampa comme une vaste plaine grasse et verdoyante, où la nature a prodigué des pâturages de toute sorte, les peuplant de ruminants et de chevaux. Rien de plus inexact. Les premiers animaux, chevaux, bêtes à cornes ou moutons, dont on trouve les descendants en Argentine, ont été importés par les Espagnols ; avant la conquête, aucune de ces espèces n'existait dans l'Amérique du Sud.

Quoi qu'il en soit, la pampa est aujourd'hui une riche région d'élevage. Un des traits qui caractérisent son aspect, c'est le réseau de fils de fer qui s'entre-croisent en tous sens pour séparer les pacages. D'immenses troupeaux vivent dans ces enclos : certains comptent dix mille têtes et plus. Les premières races importées ont été améliorées par des croisements intelligents : les *criollos* (bœufs de jadis) osseux, nerveux, à longues cornes, ont cédé la place aux bœufs de belle robe et à cornes courtes ; les moutons anglais de Lincoln et les mérinos ont remarquablement réussi.

Aujourd'hui, le bétail forme une des grandes richesses de l'Argentine qui exporte une très grande quantité de viandes congelées et réfrigérées, des fromages, des cuirs et surtout des laines.

Fig. 1. — La Pampa argentine.

La Pampa est une grande plaine au climat sec, partant sans arbres; une herbe abondante, quelques buissons, quelques arbustes forment son unique végétation.

Fig. 2. — L'arrivage du blé a une station en Argentine.

Le blé récolté dans la pampa est apporté à la station la plus prochaine de la voie ferrée. On le transporte ensuite vers les ports où on l'embarque.

2. La pampa est aussi un riche grenier à céréales. — Le développement de la pampa s'est fait ainsi qu'il suit : 1° on a exploité rudimentairement des vieilles races d'animaux; — 2° dès qu'en Europe des débouchés se sont ouverts pour l'élevage argentin, tout l'effort d'intelligence et d'argent s'est porté sur le perfectionnement de l'élevage; — 3° à mesure que la main-d'œuvre s'est accrue et que les voies ferrées se sont multipliées, la culture des céréales a pris son essor.

Le double aspect de la pampa s'est trouvé dès lors nettement déterminé d'un bout à l'autre de l'immense étendue : élevage (troupeaux, avec prairies naturelles ou artificielles) et grain (maïs, blé, lin, luzerne); l'élevage primitif amélioré à mesure qu'on se rapproche du chemin de fer, le développement immédiat de la culture partout où arrive la voie ferrée.

De toutes les cultures, on considère généralement que la plus profitable est celle du maïs. Le maïs prospère si bien en Argentine que le bénéfice de la récolte dans un champ représente parfois la moitié du prix d'achat de ce champ.

RÉSUMÉ. — La plaine qui forme les États de la Plata comprend trois parties; au Nord, *le Chaco*, désertique; au Centre, la *Pampa*, aux limons épais et fertiles, au climat tempéré; au Sud, la *Patagonie*, prolongée par la *Terre de Feu*, au climat rude. Pauvre en ressources minières, elle se prête, sauf au Sud, à toutes sortes de cultures et d'élevages. Le principal fleuve est le *Rio de la Plata*, formé de la réunion du *Parana* et de l'*Uruguay*.

La République Argentine est peuplée de **Peaux-Rouges**, d'Espagnols, de métis des uns et des autres, ou Gauchos, et d'immigrés récents : Italiens, Basques français et espagnols, Allemands, Polonais. La capitale est *Buenos Aires*. Les villes principales sont : *La Plata, Cordoba, Rosario, Tucuman*. D'une grande richesse agricole, elle exporte surtout du blé, de la viande, de la laine, du cuir.

L'**Uruguay** a le même sol, le même climat, les mêmes ressources que la Pampa Argentine. Il exporte surtout du cuir, de la laine, de la viande. Capitale : *Montevideo*.

Exercices. — 1. Carte des États de la Plata. — 2. La Pampa : sol, climat, productions.

IX. — Les États secondaires.

(Voir les cartes p. 71 et 73.)

1. Colonies européennes. — 1° Guyane anglaise. Population : 304 000 hab. — Cap. : *Georgetown* (56 000 hab.). — Productions : *canne à sucre, or*;

2° Guyane hollandaise. Population : 156 000 hab. — Cap. : *Paramaribo*. — Productions : *cacao, or*;

3° Guyane française (Voir page 212).

2. Colombie. — 1 330 000 kil. carrés. *Deux régions* : au Nord, les *Andes*; au Sud, un plateau de *llanos*. Population : 6 295 000 hab.
Cap. : *Bogota* (166 000 hab.; 2600 m. d'alt.).
Productions : *cacao, tabac, canne à sucre; bœufs, or*.

3. Equateur. — 500 000 kil. carrés. *Trois zones*, de l'Ouest à l'Est : *zone côtière*, chaude, humide, malsaine; *Andes*, fraîches, cultivées, peuplées; *forêt tropicale* (Amazonie).
Population : 2 500 000 hab., surtout dans les Andes.
Cap. : *Quito* (100 000 hab.), v. pr. *Guayaquil*.
Productions : *cacao, canne à sucre, céréales, élevage, quinquina, coca*.

4. Venezuela. — 1 027 000 kil. carrés. *Deux régions* : des *massifs côtiers*, assez élevés et aux sommets frais; la *plaine intérieure de l'Orénoque*, chaude et sèche, couverte de *llanos*, ou steppes herbeuses, semées de quelques buissons.
Population : 2 563 000 hab., surtout dans les montagnes.
Cap. : *Caracas* (92 000 hab.); v. pr. *La Guaira*.
Productions : *café, cacao*; dans les llanos : *bœufs*.

5. Pérou. — 1 769 000 kil. carrés. *Trois régions* : la *côte*, aride; la *montagne*, cultivée et riche en *cuivre* et en *argent*; haute plaine intérieure, couverte par la *selva*, ou forêt tropicale.
Population : 5 500 000 hab., surtout dans la montagne.
Cap. : *Lima* (225 000 hab.); v. pr. *le Callao*.
Productions : *quinquina, cacao, canne à sucre, cuivre*.

6. Bolivie. — 1 568 000 kil. carrés. Aucune côte. *Deux régions* : près de la côte, la région des Andes, avec de *hauts plateaux* cultivés; à l'intérieur, des *plateaux*, ou *montañas*, couverts de llanos (steppes herbeuses).
Population : 2 990 000 hab., surtout sur les plateaux.
Cap. : *La Paz* (120 000 hab.), v. p. *Sucre*.
Productions : *café; argent, cuivre et étain*.

Fig. 1. — L'ACONCAGUA, DANS LES ANDES.

L'Aconcagua est le point culminant de toute l'Amérique. Sa hauteur est de 6 953 mètres; c'est 2 000 mètres de plus que le Mont Blanc, point culminant de l'Europe. (Phot. Lefaivre.)

Fig. 2. — USINE A NITRATE PRÈS D'ANTOFAGASTA (CHILI).

Les gisements miniers constituent la richesse principale de la plupart des pays des Andes : argent en Bolivie et dans le Pérou; cuivre et étain en Bolivie; nitrate ou salpêtre et cuivre dans le Chili.

7. Paraguay. — 253 100 kil. carrés. Aucune côte. Portion intérieure de la plaine argentine, fécondée par le réseau du Rio de la Plata.

POPULATION : 1 million d'hab. — CAP. : *Asuncion* (100 000 h.).

PRODUCTION : surtout l'*élevage*.

8. Chili. — Le Chili a une superficie de 774 000 kil. carrés.

Le Chili est constitué par une seule région : les *Andes*, qui, dans leur portion méridionale (la seule qui appartient au Chili), n'ont que de 150 à 200 kilomètres de largeur, sur une longueur de 4 000 kilomètres.

La côte Nord est très sèche, et la plaine qui la borde est un désert : le *désert d'Atacama*.

Au centre, entre deux chaînons, s'allonge une plaine constituée par des limons fertiles et bien arrosée.

Au Sud, le pays redevient presque entièrement montagneux, jusqu'au *détroit de Magellan* et à la *Terre de Feu*.

L'allongement en latitude détermine des zones de climat différentes : le *Nord*, chaud et sec, désertique; le *Centre*, tempéré et bien arrosé; le *Sud*, froid et humide. Les produits varient du Nord au Sud, avec la latitude.

D'abondantes mines de *cuivre*, d'*argent*, de *pierres précieuses*, de *houille*, mais surtout de *nitrate de soude* et de *guano*, se trouvent dans la partie septentrionale du Chili.

Le Chili a 4 058 000 habitants, Indiens, Espagnols et métis groupés surtout dans la région centrale. Les principales villes sont : *Santiago* (507 000 hab.), la capitale, dans la plaine intérieure du Centre; *Valparaiso*, port important, non loin de Santiago; *Valdivia*, *Punta Arenas*.

Les produits agricoles sont : au Centre, les *céréales*, la *vigne*, les *fruits*; au Sud, les *bois*; *bœufs* et *moutons*.

Parmi les produits miniers : le *salpêtre* et le *nitrate de soude* forment la grande richesse du Chili; ils fournissent les neuf dixièmes de son exportation, qui se fait vers l'Angleterre, les autres pays de l'Europe Occidentale et les États-Unis.

LECTURE

Le Chili septentrional est désertique, mais riche en mines. — Au Nord, le Chili est soumis à une extrême sécheresse. Il n'y pleut jamais. Les rivières n'atteignent pas la mer; les lacs s'évaporent, laissant à leur place de vastes nappes blanchâtres de cristaux de sel.

Aussi la végétation est-elle presque nulle. Mais l'abondance des richesses minérales compense cette pauvreté végétale. Presque tous les métaux s'y trouvent, l'or, l'argent, le cuivre, le plomb, le fer, le borax. Les pierres précieuses abondent : une colline, près de Copiapo, est couverte d'améthystes, et le nom lui-même de Copiapo signifie « semis de turquoises ». Au premier rang de ces richesses minérales, il faut citer le cuivre, le salpêtre qui couvre d'immenses étendues, et, sur le littoral, des dépôts de guano qui suffiraient, à eux seuls, pour enrichir la région.

Aujourd'hui, le désert d'Atacama est transformé, sillonné de chemins de fer, parsemé d'usines à l'outillage perfectionné. Non loin d'Antofagasta, l'exploitation de Pépita produit mensuellement 4 millions de kilos de salpêtre qu'on transforme en nitrate de soude, et occupe, au milieu d'une région désertique, plus de 600 ouvriers.

RÉSUMÉ. — Les colonies européennes de l'Amérique du Sud sont :

1º la *Guyane anglaise*, cap. Georgetown;
2º la *Guyane hollandaise*, cap. Paramaribo ;
3º la *Guyane française*.

Outre le Brésil, la République Argentine et l'Uruguay, l'Amérique du Sud comprend sept États secondaires :

1º la *Colombie* (cap. *Bogota*);
2º l'*Équateur* (cap. *Quito*, v. pr. *Guayaquil*);
3º le *Venezuela* (cap. *Caracas*, v. pr. *la Guaira*);
4º le *Pérou* (cap. *Lima*, v. pr. *le Callao*);
5º la *Bolivie* (cap. *La Paz*, v. pr. *Sucre*);
6º le *Paraguay* (cap. *Asuncion*);
7º le *Chili* (cap. *Santiago*, v. pr. *Valparaiso* et *Valdivia*).

De ces États, le Chili est le plus important par la variété de son climat, par son agriculture et son élevage, et surtout par ses mines (salpêtre et nitrate de soude).

Exercices. — 1. Indiquez, pour chacun des sept États secondaires de l'Amérique du Sud, quelles sont les régions naturelles qui les constituent. — 2. Énumérez et caractérisez les principales régions du Chili.

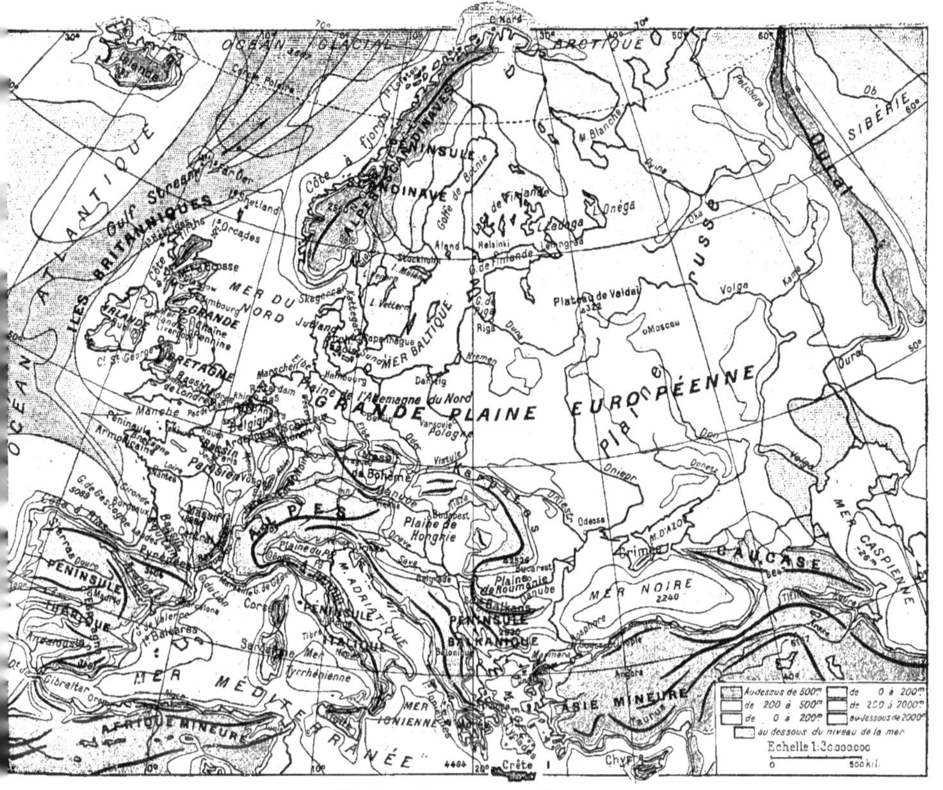

Fig. 1. — Carte physique de l'Europe.

TROISIÈME PARTIE

L'EUROPE

I. — Généralités.

1. Relief de l'Europe. — Résultat de diverses actions géologiques, le relief de l'Europe comprend aujourd'hui quatre zones principales :

1° La **zone des massifs anciens**, qui couvre le Nord-Ouest : *monts d'Ecosse et chaîne Pennine*, dans la Grande-Bretagne; *monts de Bretagne et Massif Central français, Vosges et Forêt-Noire, Ardenne et Massif schisteux rhénan, Massif de Bohême, Alpes Scandinaves.*

Ils forment une série discontinue de masses relativement peu élevées, fragmentées, séparées les unes des autres par des mers ou par des plaines, mais ayant en commun des caractères qu'ils tiennent d'une même origine et de leur âge. Ces caractères sont : 1° la prédominance des roches primitives et primaires, soit cristallines (granite, gneiss, porphyre), soit schisteuses, soit gréseuses ; peu de roches calcaires ; la prédominance des formes usées, arrondies ou aplanies (dômes et ballons, ou même hauts plateaux).

2° La **grande plaine européenne**, étendue de l'Ouest à l'Est : *Bassin de Londres*, au delà de la Manche, dans les Iles Britanniques; *Bassin parisien, plaines du Nord de la France, de la Belgique et des Pays-Bas, plaines de l'Allemagne du Nord et de la Pologne, plaine russe.*

Étendue sans interruption depuis la mer du Nord jusqu'à l'Oural, très étroite à l'Ouest (entre les massifs anciens et la mer) et largement épanouie à l'Est (depuis la mer Blanche jusqu'à la mer Noire), elle est formée de terrains sédimentaires qui n'ont jamais été plissés (cela dans la portion occidentale), ou de terrains jadis plissés, mais dont les plissements, très anciens, ont été usés jusqu'à la racine par les eaux et par les glaciers (cela dans la portion centrale et orientale).

3° La **zone des massifs jeunes**, au Sud : *sierras d'Espagne et Pyrénées* (point culminant : 3 404 m.), *Alpes* (point culminant : 4 807 m.), *Apennin, Karpates, Balkans, monts de Crimée*, puis entre l'Europe et l'Asie, *Caucase* (point culminant : 5 630 m.), que l'on considère comme appartenant à l'Asie, et *Oural.*

C. C. 19

Fig. 1. — La baie de Pasages (Espagne).

Le long des Pyrénées, la côte de l'Espagne est toute rocheuse et découpée. Elle abonde en baies profondes, formant d'excellents abris. La baie de Pasages est située à quelques kilomètres à l'Ouest de la frontière française (Phot. Neurdein fr.)

Fig. 2. — Un fjord en Norvège.

Type de ces golfes très longs, très étroits et très profonds, encaissés entre deux murailles de roches, qu'on appelle les fjords. En Europe, on trouve des fjords sur la côte occidentale de la Scandinavie et sur la côte occidentale de l'Écosse. (Phot. Chusseau-Flaviens.)

Résultat des plissements alpins, ces massifs, plus récents que les précédents, sont constitués non seulement par des roches primaires (surtout cristallines), mais aussi par des roches moins anciennes (en grande partie sédimentaires et surtout calcaires). Moins anciens, et partant moins usés, ils abondent en formes aiguës et découpées (crêtes, pics et dents, aiguilles, chaînes, sierras, etc.). Ils sont plus élevés et plus continus que les vieux massifs : c'est dans ces massifs jeunes que s'élèvent les points culminants du sol européen.

4° **La zone des plaines méridionales**, anciens golfes ou anciens lacs, au fond émergé ou comblé, qu'encadrent les hauts massifs précédents : *plaines d'Andalousie et d'Aragon*, dans la péninsule Ibérique ; *Bassin aquitain*, en France, au pied des Pyrénées ; *plaine du Pô*, dans la péninsule Italique, au pied des Alpes ; *plaine du Bas-Danube*, dans la péninsule Balkanique ; *plaine de Hongrie*, entre les Alpes et les Karpates.

2. Les côtes. — D'une manière générale, on distingue dans les côtes d'Europe, outre les côtes arctiques, qui sont plates et d'ailleurs peu accessibles par le fait des glaces :

1° les *côtes de structure atlantique*, qui ne suivent pas les accidents du relief, mais les coupent. Ces côtes sont riches en estuaires qui ont formé des sites pour des ports excellents : *Elbe* (Hambourg), *Rhin* (Rotterdam), *Escaut* (Anvers), *Tamise* (Londres), *Mersey* (Liverpool), *Seine* (Rouen), *Loire* (Nantes), *Gironde* (Bordeaux), *Tage* (Lisbonne).

2° les *côtes du type méditerranéen*, qui suivent la direction des plissements alpins.

Mais dans l'un et dans l'autre type, on trouve les diverses espèces de côtes :

1° **Côtes très découpées** : *fjords* norvégiens, *lochs* écossais, *rivières* ou *abers* de Bretagne, *rias* d'Espagne, sur l'Atlantique ; *côtes provençale et grecque* sur la Méditerranée. Les bons ports y abondent : ce sont ces côtes qui favorisent le plus la vie des populations maritimes (pêche, commerce) ;

2° **Côtes en falaises** : *côte normande*, etc. ;

3° **Côtes basses et alluviales** : *Marschen* de la Mer du Nord ; *Landes*, sur l'Atlantique ; *Bas Languedoc* et *côte vénitienne*, sur la Méditerranée. Elles sont peu favorables à la navigation, mais, en général, elles offrent d'autres ressources : les marais salants, les parcs à huîtres, les prés-salés pour les moutons.

3. Le climat. — Située dans la zone tempérée, pénétrée partout par l'influence de la mer, l'Europe a partout un climat sensiblement plus tempéré que les autres parties du monde situées aux mêmes latitudes.

Pourtant, le relief isole les régions méditerranéennes des régions atlantiques. D'autre part, l'Europe occidentale bénéficie plus complètement de l'influence de l'Atlantique que l'Europe orientale. Aussi peut-on distinguer trois régions climatiques :

1° **La région méditerranéenne** : hivers tièdes, étés chauds, humidité faible, pluies rares d'automne et d'hiver ;

2° **La région atlantique** : température moyenne (étés et hivers modérés), humidité abondante, pluies tombant surtout en hiver ;

3° **La région continentale** (Europe orientale) : température excessive (étés très chauds, hivers très froids), pluies assez rares, tombant surtout en été.

4. Les cours d'eau. — Peu étendue, l'Europe n'a pas de fleuves très longs. De climat moyen, elle n'a pas de fleuves très abondants, ni très irréguliers. — Toutefois, le relief étant plus varié dans le Sud-Ouest que dans le Nord-Est, les fleuves sont plus courts dans la première région que dans la seconde. D'autre part, il y a, entre le Nord-Est, le Nord-Ouest et le Sud, des différences de climat, partant des différences de régimes entre les fleuves.

Les cours d'eau de l'Europe forment trois classes :

1° **Les fleuves de la zone méditerranéenne** sont courts et de régime torrentiel (crues rapides et fortes ; maigres très accentués). Les principaux sont l'*Ebre*, le *Rhône*, le *Pô* (Méditerranée) ; le *Tage*, le *Douro* (Océan Atlantique). Ce sont eux qui rendent le moins de services pour les relations ;

2° **Les fleuves de la zone atlantique** sont courts, mais de régime relativement régulier. Les principaux sont la *Garonne*, la *Loire*, la *Seine*, la *Tamise*, l'*Escaut*, la *Meuse*, la *Weser*, l'*Elbe*. Ils se terminent par des estuaires larges et profonds ;

3° **Les fleuves de la zone continentale** sont plus longs, de régime régulier, mais de débit maigre. De plus, la rigueur des hivers les condamne à des embâcles d'hiver et à de terribles débâcles de printemps. Les principaux sont la *Vistule*, la *Duna*, la *Dvina*, la *Volga*, le *Don*, le *Dniepr*, le *Dniestr*.

Fig. 1. — L'OFENPASS, DANS LES ALPES SUISSES.

Végétation de montagne humide : riches forêts de hêtres, puis de sapins jusqu'à 2200 mètres environ ; puis pâtures et rochers jusqu'à la zone des neiges éternelles et des glaciers.

(*Phot. Wehrli.*)

Fig. 2. — LA PLAINE HONGROISE.

La plaine hongroise a le climat excessif de l'Europe centrale. L'humidité est suffisante pour faire de cette plaine une steppe à l'herbe assez abondante, qui permet de nourrir un nombreux bétail.

(*Phot. Erdélyi.*)

Il faut mettre en dehors de ces trois catégories deux grands fleuves qui traversent des régions très variées et qui, par leur situation, créent un lien entre la plupart des Etats de l'Europe. Ils ont une importance internationale. Ce sont :

1° **Le Rhin**, qui unit l'Europe centrale à l'Europe atlantique, des Alpes à la mer du Nord ;

2° **Le Danube**, qui unit l'Europe centrale à l'Europe orientale, de la Forêt-Noire à la mer Noire.

Ces deux grands fleuves ouvrent ainsi deux des principales voies de circulation à travers l'Europe, depuis la mer du Nord jusqu'à la mer Noire.

Le Rhin a sur le Danube l'avantage d'avoir un cours plus régulier et de se terminer sur une mer ouverte et fréquentée : la mer du Nord, tandis que le Danube a un cours souvent irrégulier (défilés étroits en Autriche, Portes de Fer dans les Balkans) et se termine dans une mer fermée : la mer Noire.

5. La végétation. — Partout suffisamment arrosée, l'Europe n'a aucun désert. C'est la seule partie du monde possédant cet avantage.

Si elle n'a pas l'abondance végétale des régions tropicales, l'Europe n'offre presque pas, en dehors des hautes montagnes, de surface impropre aux cultures.

On peut y distinguer trois zones de végétation.

1° La **zone méditerranéenne** a, comme formations végétales caractéristiques, le buisson ou *maquis* et le pâturage maigre ; la sécheresse de ses étés ne lui permet pas d'avoir des prairies à herbe permanente. Principaux produits : la *vigne*, *l'olivier*, les *céréales*, le *mûrier*, l'élevage des *moutons*. Sa limite vers le Nord coïncide avec la limite de culture de l'olivier.

2° La **zone atlantique**, arrosée par des pluies abondantes, tombant indistinctement en toute saison, a, comme formations végétales caractéristiques, la forêt (*hêtre, chêne, sapin*) et la prairie à herbe permanente. Principaux produits : les *céréales*, la *pomme de terre*, la *betterave*, la *vigne* (dans les parties les plus sèches et les plus chaudes), l'élevage du gros bétail et notamment des *bêtes à cornes*.

3° La **zone continentale** a, comme formations végétales dominantes, la forêt (*conifères*, au Nord ; *arbres à feuilles caduques*, au Sud) et la *steppe*, ou prairie à herbe saisonnière, verte pendant la saison pluvieuse, aride pendant la saison sèche. Principaux produits : les *céréales*, l'*élevage*. A l'extrême Nord, cette zone se termine par des *toundras*, ou marais glacés.

6. Les minéraux. — L'Europe n'a pas de minéraux précieux en quantité notable, sauf à la limite orientale, dans l'Oural (*or, platine*).

Parmi les minéraux utiles, elle a surtout en abondance de la *houille*, du *fer*, du *zinc* ; elle a aussi du *pétrole*. Les zones des massifs anciens et de la grande plaine à leur voisinage sont particulièrement favorisées à cet égard.

Les mines de l'Europe ne sont pas les plus abondantes du monde, mais elles sont le plus complètement exploitées et relativement les plus productives, à cause :

1° Du *nombre des habitants* de cette partie du monde, grâce auquel on trouve autant d'ouvriers qu'il est nécessaire pour exploiter les mines ;

2° De la *civilisation industrielle* de l'Europe, qui demande beaucoup de combustibles et de minerais ;

3° De la *configuration* du territoire, qui fait que toutes ses mines sont à proximité, soit de la mer, soit de rivières navigables, et que l'exportation de leurs produits en est facilitée.

LECTURES

1. La grande plaine européenne est une route commerciale et une voie d'invasions, un marché et un champ de bataille. — Au Nord et à l'Est, l'Europe est presque tout entière constituée par une vaste plaine étendue sans interruption de l'Océan Atlantique à l'Oural. Cette plaine comprend la *France du Nord* et l'*Angleterre orientale*, les *Pays-Bas*, l'*Allemagne septentrionale*, le *Danemark* et la *Suède*, la *Pologne*, enfin toute la *Russie*.

D'une manière générale, nulle part la plaine européenne ne présente de grandes hauteurs. On a pu y créer partout des canaux, reliant entre elles les rivières de différents bassins, et des voies ferrées. Le commerce international s'est trouvé par là grandement facilité.

Cette absence d'obstacles naturels sur une aussi vaste étendue a beaucoup influé sur l'histoire générale de l'Europe. Les limites des Etats et des races se sont déplacées tantôt vers l'Est, tantôt vers l'Ouest. C'est ainsi que les Slaves et les Germains se sont pris et repris l'Allemagne centrale. C'est ainsi que le Brandebourg a pu s'étendre de la région située entre Elbe et Oder, à l'Ouest jusqu'au Rhin, à l'Est jusqu'à la Vistule, et constituer l'Allemagne, dont les limites elles-mêmes ont beaucoup varié dans le cours du temps. Par la même raison s'expliquent les vicissitudes de l'Etat polonais, étendu au xvii° siècle sur l'Ukraine, puis démembré au xviii° siècle, puis reconstitué au xx° siècle.

Fig. 1. — CARTE POLITIQUE DE L'EUROPE.

2. Le climat de l'Europe est tempéré.

On peut poser comme règle générale qu'en Europe, à latitude égale, la température moyenne est plus élevée que dans les autres parties du Monde. Voici plusieurs exemples qui le démontrent.

1° Entre le 60° et le 70° degré de latitude on trouve, en Amérique, le *Groenland* dont le sol est enseveli sous une carapace éternelle de neiges durcies; en Asie, en *Sibérie*, on a vu le thermomètre s'abaisser à 60 degrés centigrades au-dessous de zéro. En Europe, on trouve aux mêmes latitudes la *Norvège*, dont la mer reste toute l'année libre de glaces jusqu'au cap Nord, où les cerisiers croissent jusqu'au 65° degré de latitude, où l'on cultive l'orge jusqu'au 70° degré.

2° Vers le 50° degré, on trouve, en Amérique, le *Labrador*, où l'agriculture paraît impossible; en Europe, on trouve l'*Angleterre* et le *Danemark*, riches pays agricoles. Les limites des différentes cultures sont bien plus septentrionales en Europe qu'ailleurs.

3° Vers le 46° et le 48° degré de latitude, le grand fleuve américain du *Saint-Laurent* reste gelé à Québec quatre mois par an. Or, Québec est à peu près à la même latitude que Tours, où la Loire ne gèle que très exceptionnellement.

4° Vers le 40° degré de latitude on trouve *New-York* en Amérique, *Pékin* en Asie, *Naples* en Europe. Or, New-York et Pékin ont des hivers rigoureux; et l'on sait la tiédeur des hivers napolitains.

Fig. 2. — LIGNES ISOTHERMES ANNUELLES.

On nomme lignes isothermes annuelles celles qui réunissent tous les points de la terre qui ont la même température moyenne pour l'ensemble de l'année. L'examen des lignes de la carte ci-dessus montre : 1° que, d'une manière générale, l'Europe occidentale reçoit plus de chaleur, à latitude égale, que les autres parties du monde; 2° qu'en particulier, la ligne de 0° qui marque l'extrême limite des cultures vers le Nord s'élève beaucoup plus vers le pôle dans l'Europe occidentale que partout ailleurs.

RÉSUMÉ. — Le relief de l'Europe comprend, au Nord-Ouest, des massifs anciens : *Monts de Grande-Bretagne, Massif Central français, Vosges et Forêt-Noire, Ardenne et massif schisteux rhénan, massif de Bohême, Alpes Scandinaves*; au Centre, la grande *plaine européenne*; plus au Sud, des massifs jeunes : *sierras espagnoles, Pyrénées, Alpes* (*Mont-Blanc*, **4807** m.). *Apennin, Karpates, Balkans, Caucase*, qui séparent et encadrent les plaines morcelées que baigne ou qui avoisinent la Méditerranée. La structure des côtes de l'Europe est variée comme son relief.

Le climat en Europe est méditerranéen au Sud (chaud et sec), atlantique à l'Ouest (tempéré et humide), continental au Centre et à l'Est (excessif et peu **humide**).

Les cours d'eau ont des régimes variés comme les climats. Dans la zone méditerranéenne, les principaux sont l'*Ebre*, le *Rhône*, le *Pô*, qui vont à la Méditerranée, le *Tage* et le *Douro*, qui vont à l'Atlantique. Dans la zone atlantique, ce sont la *Garonne*, la *Loire*, la *Seine*, la *Tamise*, l'*Escaut*, la *Meuse*, la *Weser*, l'*Elbe*. Dans la zone continentale, ce sont : la *Vistule*, la *Duna*, la *Dvina*, la *Volga*, le *Don*, le *Dniepr* et le *Dniestr*. Deux grands fleuves appartiennent à plusieurs zones : le *Rhin* et le *Danube*.

Une végétation spéciale appartient à chacune des trois zones de climats.

L'Europe a peu de minerais précieux; mais elle a beaucoup de houille et de minerai de fer.

Exercices. — 1. Carte physique de l'Europe. — 2. Carte politique de l'Europe. — 3. Comparez le climat, le régime des fleuves et la végétation de la zone méditerranéenne, de la zone atlantique et de la zone continentale en Europe.

II. — Le Royaume de Grande-Bretagne et l'Irlande.

1. L'archipel Britannique.

— L'archipel Britannique comprend deux grandes îles : la *Grande-Bretagne* et l'*Irlande*, entourées d'îles plus petites; les *îles Shetland*, les *îles Orcades*, les *îles Hébrides*, *l'île de Man*, l'*île d'Anglesea*, les *îles Sorlingues*, l'*île de Wight*.

L'ensemble de l'archipel a une superficie de 314 000 kilomètres carrés et une population de 47 millions d'habitants (150 au kilomètre carré).

2. Relief.

— Assez varié, le *relief de la Grande-Bretagne* comprend, du Nord au Sud, trois parties : l'*Ecosse*, l'*Angleterre de l'Ouest*, le *Bassin de Londres*.

1° L'**Ecosse** est formée de deux massifs anciens, constitués par des grès, des granites et des schistes, usés par une longue érosion, que sépare un couloir de pays bas. Le massif septentrional, qui porte le nom de *Highlands*, ou Hautes Terres, est le plus important : il renferme le point culminant de l'Ecosse et de la Grande-Bretagne, le *Ben Nevis* (1 343 m.), dans les *monts Grampians*. Le massif méridional est celui des *Monts Cheviot*. La dépression centrale porte le nom de *Lowlands*, ou Basses Terres.

Les côtes de l'Ecosse sont rocheuses et très découpées, surtout à l'Ouest, où des golfes étroits et profonds, sortes de chenaux appelés *firths*, pénètrent fort avant au cœur des massifs montagneux.

2° L'**Angleterre de l'Ouest** est formée de trois massifs anciens, analogues aux massifs écossais, mais ayant une altitude un peu moindre. Ce sont : la *Chaîne Pennine*, près de la mer d'Irlande; le *massif du Pays de Galles*, le plus élevé (*Snowdon*, 1089 m.), entamé par la baie de Cardigan; le *massif de Cornouaille*, séparé du précédent par le Canal de Bristol.

Le long de ces massifs, les côtes sont, comme celles de l'Ecosse, rocheuses et découpées; mais les golfes sont moins nombreux et plus ouverts.

3° Le **Bassin de Londres** ou **Angleterre du Sud-Est** est une plaine constituée par des sédiments secondaires et tertiaires (calcaire, craie, argile), où l'alternance des couches dures (calcaire, craie) et des couches tendres (argile) a fait naître des lignes de hauteurs : les principales sont les *Downs*, au Sud.

Les côtes du Bassin de Londres sont beaucoup moins découpées que dans le reste de la Grande-Bretagne; elles comprennent des plages alluviales ou des falaises crayeuses. Les deux découpures principales sont le *golfe du Wash* et l'*estuaire de la Tamise*.

Le *relief de l'Irlande* est plus uniforme : c'est une vaste plate-forme de grès, de calcaire et surtout d'argile, déprimée au centre et entourée de massifs usés par l'érosion : *monts d'Ulster*, *de Munster*, etc. La plaine intérieure s'ouvre largement, vers l'Est, sur la mer d'Irlande.

Les côtes d'Irlande sont très découpées au Nord et à l'Ouest.

3. Climat et hydrographie.

— Le climat de l'archipel britannique est partout *maritime*, c'est-à-dire tempéré, avec des étés frais et des hivers tièdes, et très humide.

Toutefois, l'extension de l'archipel en latitude fait que la rigueur de la température augmente du Sud au Nord; la prédominance des vents pluvieux du Sud-Ouest fait que l'humidité diminue de l'Ouest à l'Est.

Les *rivières* sont courtes, mais de débit abondant et de régime régulier. Elles sont très navigables. Le relief a permis presque partout de les unir par des canaux. Les principales sont : le *Shannon*, en Irlande; la *Clyde*, en Ecosse; la *Trent*, la *Mersey*, la *Severn*, et surtout la *Tamise* en Angleterre.

Fig. 1. — LES ÎLES BRITANNIQUES.

Fig. 1. — Le Snowdon.

Le Snowdon s'élève à 1089 mètres dans les monts du Pays de Galles, au Nord. Son nom signifie « montagne de neige »; le Snowdon garde des neiges cinq à six mois de l'année.

Fig. 2. — Cottage du Bassin de Londres.

L'Angleterre du Sud-Est, ou Bassin de Londres, est une plaine constituée de sédiments, analogue à notre Bassin Parisien. C'est le pays des cultures et des fermes. (Phot. J. Valentine.)

4. Aptitudes agricoles. — L'altitude et la latitude rendent inutilisables les sept dixièmes de l'Ecosse. Dans le reste de l'archipel, la prédominance des sols siliceux (granite, grès, sable) sur les sols calcaires (calcaire proprement dit, craie) et l'humidité du climat font que :

1° L'archipel britannique est plus propre aux prairies qu'aux cultures ;

2° L'archipel britannique est plus propre aux cultures pauvres (*pommes de terre, avoine, seigle*) et à certaines cultures industrielles qui se plaisent dans les climats humides (*lin*) qu'aux cultures riches (*blé, betterave*). La vigne n'y pousse pas.

La seule région fertile est le *Bassin de Londres* : le sol y est plus meuble et plus naturellement fécond ; le climat y est relativement moins humide qu'en Irlande ou dans les montagnes de l'Ouest. Toutefois, là encore, les prairies réussissent mieux que les champs de céréales.

5. Ressources minérales. — L'Irlande est presque absolument dépourvue de minerais. Mais la Grande-Bretagne en possède une grande abondance. Les deux principales ressources minérales de la Grande-Bretagne sont :

1° La houille, gisant en huit bassins principaux, étendus et riches, d'où l'exportation est peu coûteuse, grâce à leur proximité de la mer. Ce sont : le *bassin de la Clyde*, dans les Lowlands d'Ecosse ; les cinq bassins de la *Chaîne Pennine ;* les deux bassins du *Pays de Galles ;*

2° Le minerai de fer, dans les mêmes régions.

Le Bassin de Londres, comme le Bassin de Paris en France, n'a ni houille ni fer.

6. Races. — La population de l'archipel britannique était constituée dans l'antiquité par des peuplades primitives, dont les mieux connues sont les *Celtes* ou *Gaëls*, les *Pictes* et les *Scots*.

Pendant les premiers siècles du moyen âge, la richesse agricole du Bassin de Londres attira et fixa plusieurs peuplades marines d'origine germanique (*Jutes, Angles, Saxons*) ou scandinave (*Danois*) ; la dernière invasion fut celle des *Normands*, au XIe siècle. Les envahisseurs repoussèrent les Celtes en Irlande et dans les portions montagneuses de la Grande-Bretagne, régions faciles à défendre pour des vaincus et moins attrayantes pour des conquérants. Ceux-ci s'établirent au Sud-Est dans le Bassin de Londres.

La population britannique comprend donc aujourd'hui :

1° Des **autochtones**, *Celtes* ou autres, presque seuls en Irlande, en majorité en Ecosse, dans le pays de Galles et en Cornouaille. Ils parlent le celte et sont catholiques (Irlande) ou protestants de confessions dissidentes ;

2° Des **Anglo-Saxons** mêlés de **Normands**, presque seuls dans le Bassin de Londres : ils parlent anglais et pratiquent la religion anglicane. C'est une race grande, blonde, sanguine, active.

7. Le Bassin de Londres. — Le Bassin de Londres est une plaine sédimentaire, constituée par des calcaires et surtout par des argiles, sauf dans sa portion méridionale, où s'allongent les collines des *Downs*, constituées par de la craie.

De climat un peu moins humide que le reste de la Grande-Bretagne, le Bassin de Londres est couvert de pâturages à bœufs et à chevaux dans la plaine, à moutons sur les collines crayeuses.

Jadis région vitale de l'Angleterre agricole, le Bassin de Londres doit encore son importance à Londres et à la côte de la Manche.

1° **Londres** (7 666 000 hab. avec la banlieue), située sur l'estuaire de la Tamise, est la capitale d'un immense empire ; elle est pourvue d'un arrière-pays industriel et située en face des grands Etats de l'Europe occidentale. C'est le premier port de commerce, la ville la plus populeuse, la plus grande place financière de l'Angleterre et du monde entier.

2° La **Manche** est la mer où passe tout le grand trafic entre l'Europe occidentale et le Nouveau-Monde. Principaux ports britanniques sur la Manche : *Douvres, Folkestone, Newhaven, Brighton, Southampton, Plymouth.*

8. L'Angleterre de l'Ouest. — De sol pauvre, de climat humide, l'Angleterre de l'Ouest n'est bonne qu'aux pâturages : c'est un pays de prairies, d'élevage (bœufs et chevaux), non de cultures.

Mais surtout, grâce à d'abondants gisements de houille, elle est devenue un pays de grande industrie : industrie métallurgique, dont les centres sont *Birmingham* (947 000 hab.) et *Sheffield* (525 000 hab.) ; — industries textiles, soit industrie de la laine indigène et importée, dont les centres sont *Leeds* (525 000 hab.) et *Bradford*, soit industrie du coton, dont le centre est *Manchester* (772 000 hab.).

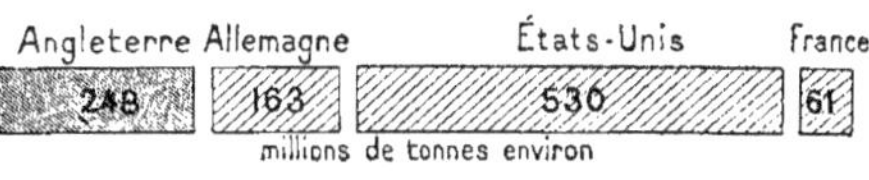

Fig. 1. — Principaux pays producteurs de houille.

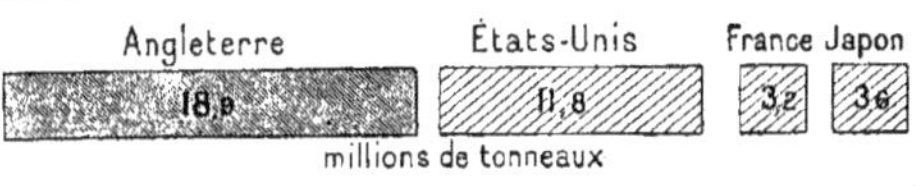

Fig. 2. — Principales marines de commerce du monde.

L'importation des matières premières (coton), l'exportation des produits fabriqués et de la houille, se font par une série de ports : **Liverpool** (852 000 hab.), le quatrième port de l'Europe, *Cardiff, Bristol, Newcastle*.

9. L'Écosse. — Dans le nord et le sud de l'Écosse, les Highlands sont peuplés de petites communautés pastorales, plus nombreuses dans les montagnes du Sud et particulièrement dans les Monts Cheviot, où elles vivent de l'élevage des moutons. Ces populations portent le nom de *Highlanders*.

Mais la dépression centrale des *Basses Terres* (*Lowlands*), abritée, plus chaude et couverte d'alluvions fertiles, a toujours possédé de riches prairies. De plus, la présence de la houille et du fer, sur les bords de la dépression, a fait d'elle une région d'industrie métallurgique et textile (laine et coton), dont le centre est le grand port de *Glasgow* (1 057 000 hab.). Les autres grandes villes, toutes dans les Basses Terres, sont : *Édimbourg* (427 000 hab.), capitale politique et intellectuelle, *Aberdeen, Dundee, Perth.*

10. L'Irlande. — Peu fertile, humide, l'Irlande est un pays de prairies et d'élevage. Principale culture : la pomme de terre.

Privée de houille, l'Irlande n'a d'autre industrie que celle du lin (toiles), propre aux terres humides.

L'Irlande forme, dans l'Empire Britannique, une république autonome, l'*État libre d'Irlande* qui s'étend sur toute l'île, sauf sur la province d'Ulster, au Nord-Est. L'Irlande n'a que 4 494 000 habitants.

Les villes sont : **Dublin** (458 000 hab.), la capitale, en face de l'Angleterre ; *Cork*, au sud ; *Limerick*, à l'ouest ; en Ulster, **Belfast** (454 000 hab.).

11. L'agriculture. — Presque complètement défriché et dépourvu de forêts (sauf en Écosse), le Royaume de Grande-Bretagne et de l'Irlande ne possèdent qu'une étendue de culture relativement faible, cela pour diverses causes : humidité du climat ; — infertilité de la plupart des terrains ; — concurrence des pays neufs et de leurs importations favorisées par le libre-échange nécessaire à l'industrie ; — régime de la grande propriété encore très répandu.

Les *céréales* (*blé, orge, avoine*) occupent un dixième seulement de la superficie du sol : culture intensive, très coûteuse et en voie progressive de diminution. La seule culture industrielle répandue est celle du *lin*.

L'*élevage*, au contraire, y est très prospère pour trois causes : 1° l'humidité du climat qui favorise le développement de la prairie et des pâturages ; — 2° la grande consommation de viande que fait le peuple anglais ; — 3° les besoins de l'industrie lainière.

Parmi les principaux produits de l'élevage anglais, il faut citer : les *bœufs*, les *vaches laitières*, les *chevaux*, les *moutons* des Downs et des Cheviot.

Pourtant les produits de l'élevage anglais sont loin de suffire aux besoins du Royaume ; il est obligé d'importer de grandes quantités de viande, de beurre et de fromage, de laine, etc. La proportion des habitants de l'archipel britannique qui vivent de l'agriculture n'atteint pas un quart de la population totale.

12. L'industrie. — L'industrie de la Grande-Bretagne est favorisée surtout par la richesse extraordinaire du pays en houille et par la facilité qu'il a de se procurer des matières premières à l'extérieur par la mer. La Grande-Bretagne est depuis longtemps et demeure encore aujourd'hui la première puissance industrielle du monde.

L'*industrie métallurgique* y est prospère. Toutefois, après avoir été longtemps sans rivale, elle est maintenant dépassée par celles des États-Unis et de la France. Principaux produits : *machines de Birmingham, coutellerie de Sheffield.*

L'*industrie textile* (*toile d'Irlande, lainages de Leeds et de Bradford, cotonnades de Manchester*) est la première du monde, surtout pour les cotonnades. Seule l'industrie des soieries a peu d'importance.

Il faut insister sur ce point que la Grande-Bretagne, bien qu'elle occupe toujours le premier rang parmi les puissances industrielles, n'a plus dans l'industrie la souveraineté incontestée qu'elle exerça longtemps ; elle doit compter avec les rivalités souvent menaçantes des États-Unis, de l'Allemagne et de la France.

13. Le commerce. — La Grande-Bretagne était destinée à une grande prospérité commerciale : — 1° par sa *situation maritime* et l'étendue de ses côtes ; — 2° par sa *spécialisation* : excès de la production industrielle, insuffisance de l'agriculture et des matières premières.

Elle a encore augmenté ces aptitudes naturelles :

1° Par l'établissement du *libre-échange ;*

2° Par la création d'un *empire colonial*, lui fournissant une bonne partie de sa clientèle d'achat et de vente ;

3° Par la création de *voies de communication* intérieures : rivières naturellement navigables, reliées par des canaux : voies ferrées : 58 000 kilomètres de chemins de fer, plus de 1 kilomètre pour 8 kilomètres carrés de superficie ;

4° Par l'*outillage de ses ports*, presque tous installés dans les profonds estuaires de ses rivières et reliés à l'intérieur par des voies d'eau naturelles ;

5° Par une *marine marchande*, la première du monde, qui sert non seulement au commerce britannique, mais au commerce étranger.

La Grande-Bretagne importe beaucoup plus qu'elle n'exporte. Le déficit qui en résulte est largement comblé par la location de sa flotte de commerce et par le placement de ses capitaux aux colonies ou à l'étranger.

Elle importe : des *produits alimentaires* (céréales, viande, vin, légumes et fruits, denrées coloniales), des *matières premières* (minerais, coton, laine) et des *produits de luxe* (soieries, articles de Paris). — *Elle exporte :* des *produits manufacturés* et de la *houille.*

Elle achète surtout aux États-Unis, à la France (dont elle est le meilleur client), à ses colonies. Elle vend surtout à ses colonies, aux États-Unis et à l'Europe occidentale.

14. L'empire colonial. — L'empire colonial britannique a un territoire 107 fois plus étendu que celui de la métropole et représente plus du quart des terres émergées. Il compte 450 millions d'habitants, neuf fois plus que la métropole, soit le quart de la population du globe.

C'est le premier empire colonial du monde.

C. C 22

15. Répartition géographique des colonies anglaises. — Les territoires et les postes de l'empire colonial britannique sont :

1° **En Europe**. Postes : *Gibraltar*, *Malte*, *Chypre* (route de la Méditerranée).

2° **En Asie**. Territoires : *Inde* et *Ceylan* (v. p. 28), *Baloutchistan* (v. p. 24), *Indochine anglaise* (v. p. 31). — Postes : *Établissements des Détroits* (Singapour), le *Nord de Bornéo*, l'*île de Hong-Kong*, *Weï-Haï-Weï* (Chine). Ces postes sont les escales principales de la route maritime de l'Extrême-Orient.

3° **En Afrique**. Territoires : *Gambie, Sierra-Léone, Côte de l'Or, Nigéria* (v. p. 49), *Somalie anglaise* (v. p. 52), *Afrique orientale* (v. p. 53), *Union Sud-africaine* (v. p. 54); — Postes : *îles de l'Ascension, Sainte-Hélène* (Atlantique), *Maurice* (Océan Indien).

4° **En Amérique**. Territoires : *Canada* (v. p. 58), *Jamaïque* et la plupart des *Petites Antilles* (v. p. 69); la Jamaïque est une station sur la route du canal de Panama; *Guyane anglaise* (v. p 77.); — Postes : îles *Falkland*.

5° **En Océanie**. Territoires : *Australie, Nouvelle-Zélande* (v. p. 42) partie de la *Nouvelle-Guinée* (v. p. 59); — Postes : îles *Fidji*, etc. (v. p. 59).

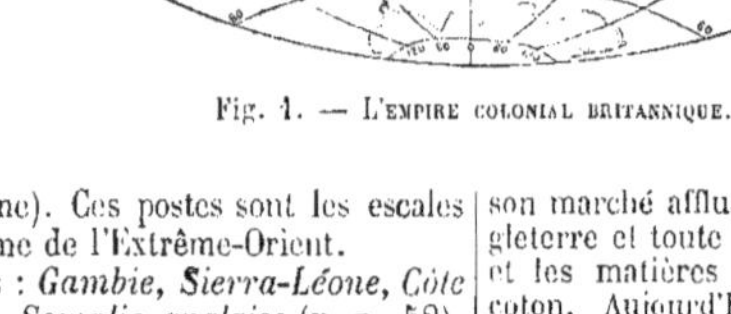

Fig. 1. — L'EMPIRE COLONIAL BRITANNIQUE.

lard et de fumée. Mais il n'est point au monde de ville plus grande et plus active. Les affaires commencent assez tard dans la matinée et finissent le soir d'assez bonne heure. Mais, pendant le milieu du jour, Londres présente le spectacle d'une vie fiévreusement agitée : tout y est activité et mouvement. Les Anglais justifient leur proverbe : *Time is money*; ils estiment que le temps est de l'argent, et ils se gardent bien de le perdre.

Londres fut longtemps le port de l'Europe entière. Sur son marché affluaient, avant d'être distribuées dans toute l'Angleterre et toute l'Europe industrielle, les denrées alimentaires et les matières premières : thé, cacao, tabac, laine, peaux, coton. Aujourd'hui, d'autres grands ports d'Allemagne, de Hollande, de Belgique, de France et même d'Angleterre, lui font concurrence en recevant directement une partie des produits étrangers nécessaires à l'industrie de leur pays. Londres n'en reste pas moins le plus grand port du monde.

LECTURES

1. **Londres est le premier port de l'Angleterre et du monde entier.** — Londres est bâtie sur la Tamise, à 70 kilomètres de la mer du Nord. Le fleuve y est large et profond. La marée y remonte et se fait même sentir à quelques kilomètres en amont, jusqu'à la petite ville de Teddington. Ce sont ces circonstances qui ont favorisé le développement du port et de la ville de Londres, centre d'approvisionnement et débouché de la grande plaine orientale de l'Angleterre.

Un gué y permettait de franchir la Tamise : les Romains en défendirent l'accès par la construction d'une forteresse, devenue plus tard la Tour de Londres. Telle fut l'origine de cette grande ville, qui compte aujourd'hui avec ses faubourgs plus de 7 millions et demi d'habitants.

Elle comprend : au centre, la *Cité*, ou quartier des affaires, groupée autour de la cathédrale de Saint-Paul, de l'Hôtel de Ville, ou *Mansion House*, et de la Bourse, ou *Stock Exchange*. Vers l'Est, du côté des docks, et vers le Sud sont les quartiers populeux. Vers l'Ouest se trouvent les quartiers aristocratiques avec le Palais du Parlement, l'église fameuse de Westminster Abbey, le palais du Roi, ou Buckingham Palace, ainsi que les grands parcs, Hyde Park, Regent's Park.

Cette ville immense est trop souvent embrumée de brouillard et de fumée.

2. **L'Empire colonial britannique est le premier du monde.** — Le Royaume-Uni et ses dépendances dans les différentes parties du globe mesurent ensemble une superficie de plus de 33 760 000 kilomètres carrés (soit 26 pour 100 de l'étendue totale des terres émergées), et comptent une population de 450 millions d'habitants (soit 26 pour 100 de la population du globe). L'empire colonial britannique est le premier du monde entier.

L'Angleterre y trouve un des facteurs principaux de sa puissance. En effet, cet empire colonial lui fournit : 1° d'abondantes ressources alimentaires et des matières premières pour son industrie en même temps que des débouchés pour son industrie et pour son commerce; 2° des territoires d'émigration pour ses nationaux, et des territoires d'exploitation, par où elle peut étendre sa langue et sa civilisation. L'Australie, la Nouvelle-Zélande, le Canada, l'Afrique australe sont devenus ainsi de grands pays anglo-saxons : 3° des points de relâche pour ses navires de commerce et de guerre : un navire anglais trouve le long de toutes les routes maritimes du globe des possessions ou des ports anglais, où il peut s'abriter et se ravitailler.

De leur côté, les colonies tirent un double profit de leur union avec l'Angleterre. Elles y trouvent : 1° une protection militaire efficace qu'elles ne pourraient s'assurer elles-mêmes; 2° les capitaux dont elles ont besoin pour mettre leurs ressources en valeur.

Cette solidarité d'intérêts fait la force du lien qui unit l'Angleterre à ses colonies. Sans doute, à mesure qu'elles se sont développées, les principales de celles-ci, — Canada, Australie, Nouvelle-Zélande, Afrique australe, — sont-elles devenues des *dominions*, ou États indépendants, ayant leur gouvernement, leur parlement.

Mais l'appui si dévoué qu'elles ont fourni à l'Angleterre pendant la guerre témoigne assez de leurs sentiments sympathiques à l'égard de la métropole.

Fig. 2. — LONDRES : LA TAMISE ET LE PONT DE LA TOUR.

Londres est le premier port de l'Angleterre et du monde, c'est la ville la plus peuplée : avec ses faubourgs elle renferme plus de 7 millions et demi d'habitants. Elle est située à 70 kilomètres de la mer, sur l'estuaire de la Tamise.

RÉSUMÉ. — Les **Iles Britanniques** comprennent les deux grandes iles de la *Grande-Bretagne* et de l'*Irlande*, et des iles plus petites.

En Grande-Bretagne, on distingue l'*Ecosse* (*Highlands* et monts *Grampians*, séparés des monts *Cheviot* par les *Basses Terres*), l'*Angleterre du Nord-Ouest*, montagneuse (*Chaine Pennine, Massifs du Pays de Galles* et de *Cornouaille*) et le *Bassin de Londres*, plaine. L'*Irlande* est occupée par une plaine centrale, entourée par les monts d'*Ulster*, de *Munster*, etc.

Le climat des Iles Britanniques est humide ; leurs rivières sont courtes et abondantes (*Shannon*, en Irlande ; *Clyde*, en Ecosse ; *Trent, Mersey, Severn, Tamise*, en Angleterre).

La végétation y est abondante ; les ressources minérales consistent avant tout en houille (huit grands bassins houillers), puis en minerai de fer.

Les principales régions sont, en Grande-Bretagne, le *Bassin de Londres* (v. pr. : *Londres*, 7 666 000 hab., capitale de l'Angleterre, grand port) ; l'*Angleterre du Nord-Ouest* (v. pr. *Birmingham* et *Sheffield, Leeds* et *Bradford, Manchester*, les ports de *Liverpool, Cardiff, Bristol, Newcastle*) ; les *Basses Terres d'Ecosse* (v. pr. : *Edimbourg*, cap. de l'Ecosse, et *Glasgow*). En *Irlande*, les villes sont *Dublin*, la capitale, *Cork, Limerick* et, en Ulster, *Belfast*.

L'agriculture produit peu ; l'élevage est beaucoup plus puissant. Mais la Grande-Bretagne est avant tout la première puissance industrielle (métallurgie, industries textiles, etc.), commerciale et coloniale du monde. Son empire colonial s'étend dans les cinq parties du monde.

Exercices. — 1. Carte des Iles Britanniques. — 2. Montrez l'importance particulière de l'Angleterre de l'Ouest dans la vie économique de la Grande-Bretagne. — 3. La ville de Londres. — 4. Marquez et nommez sur un planisphère toutes les colonies de l'Empire britannique. — 5. Expliquez les différents services que son empire colonial rend à la Grande-Bretagne.

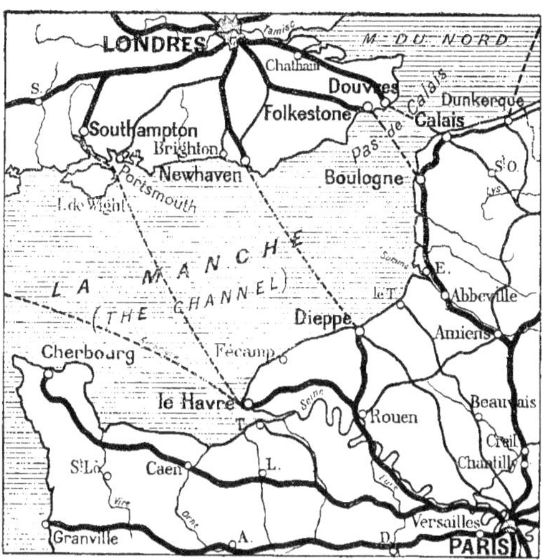

Fig. 1. — Entre Londres et Paris.

Cette région, située entre les deux villes les plus considérables de l'Europe, capitales de deux Etats très importants, est l'un des principaux centres d'activité qu'il y ait sur le globe. Des deux côtés du Pas de Calais et de la Manche, des ports se font face, et des lignes régulières de navigation relient chaque jour, ou même plus d'une fois par jour, les voies ferrées venues des deux capitales et aboutissant dans ces ports.

III. — La Péninsule Scandinave.

1. La Péninsule Scandinave. — Isolée des autres parties du continent par l'*Océan Glacial*, l'*Océan Atlantique* et la *mer du Nord*, les *détroits danois*, la *mer Baltique* et le *golfe de Botnie*, rattachée seulement à la Russie par l'*isthme lapon*, la Péninsule Scandinave est la presqu'île la plus étendue de l'Europe.

Elle mesure, en effet, une longueur de 2 000 kilomètres, une largeur de 400 à 700, une superficie de 780 000 kilomètres carrés.

2. Relief et côtes. — La péninsule scandinave comprend deux régions physiques, nettement différentes l'une de l'autre :

1° A l'Ouest, les *Alpes Scandinaves* ;

2° A l'Est, le *plateau Baltique*.

Les Alpes Scandinaves ont été formées, dès le début de l'ère primaire, par les plissements calédoniens, en même temps que les monts d'Ecosse, dont elles furent séparées postérieurement par l'effondrement de la mer du Nord.

Constituées de schistes et de granites, ce sont des montagnes vieilles, usées par l'érosion des glaciers et des eaux. Point de hautes altitudes (point culminant : l'*Ymesfield*, 2 560 m.), point de pics aigus, point de larges vallées : les sommets forment des plateaux dénudés, ou *kiölen*, couverts de glaciers et de champs de neige, ou *fielde*. Ces plateaux surplombent en abrupt l'océan Atlantique, à l'Ouest ; au contraire, ils descendent vers l'Est par des plateaux étagés qui se raccordent théoriquement, au delà de la Baltique, à la Finlande. Pour leur forme, on a comparé les Alpes Scandinaves à une vague qui se serait figée au moment de déferler.

Aux Alpes Scandinaves correspondent des côtes abruptes, hachées de *fjords*, golfes étroits et profonds, anciennes vallées creusées par les glaciers, puis envahies par la mer. Un chapelet d'îles en avant de la côte actuelle, le *Skiärgaard*, est le témoin de l'ancienne côte avant son envahissement par la mer.

Le plateau Baltique, formé de terrasses qui s'abaissent progressivement vers l'Est, a subi fortement l'empreinte d'un immense glacier qui, à l'époque glaciaire, le recouvrit complètement. L'énorme masse de glace, analogue à celle qui recouvre à l'heure actuelle le Groenland, a usé énergiquement le plateau baltique en lui laissant un relief monotone. Elle y a creusé des vasques multiples où, après le retrait des glaces, se sont logés une série de lacs qui émaillent aujourd'hui sa surface : les lacs *Venern, Vettern, Ialmar, Malär*. Enfin, le grand glacier a laissé, en se retirant, des *moraines* et des *œsar*, ou traînées de cailloux formées sous la glace, qui constituent aujourd'hui les seuls accidents notables du relief du plateau.

Au plateau baltique correspond une côte basse, bordant une mer sans profondeur. La côte, assez découpée par l'effet des envahissements marins, est couverte d'étangs ; la mer voisine est semée d'îles plates (îles *Aland, Gotland*).

3. Climat et fleuves. — Il y a, dans la péninsule scandinave, deux régimes de climats et deux régimes de cours d'eau :

1° le régime de l'Ouest ;

2° le régime de l'Est.

L'*Ouest* a un climat rude, à cause de la latitude élevée. Mais ce climat, tempéré par le voisinage de l'Atlantique, est très humide et assez égal. Le froid et l'humidité y ont déterminé de nombreuses formations glaciaires, soit *glaciers de montagnes*, soit *champs de glace* ou *ice-fielde*, qui, aux époques de fonte, alimentent, sur le versant atlantique, des torrents courts, à pente raide, à régime irrégulier. Le principal de ces torrents est le *Glommen*.

L'*Est* a un climat continental, plus sec et surtout plus extrême : les hivers y sont très rudes.

Les fleuves, assez irréguliers, mais plus longs que ceux de l'Ouest, coulent du Nord-Ouest au Sud-Est vers la mer Baltique, presque tous parallèles, sans affluents, coupés par des lacs. Les principaux sont le *Dal Elf* et le *Göta Elf*.

4. Zones de cultures.

— Trois cinquièmes environ de la Péninsule Scandinave sont incultes et inutilisables. Les régions inhospitalières et désertes sont les suivantes :

1° En raison de sa haute latitude, la *plaine de Laponie*, occupée surtout par des marécages glacés, ou *toundras* ;

2° En raison de leur haute altitude, les *kiölen* et les *fielde*, régions de rocs, de glaces et de neiges, sans végétation.

Ces deux parties de la péninsule sont très peu habitées.

Les régions habitables de la péninsule sont : 1° la *région des forêts* (hêtres, sapins, pins), qui comprend les parties basses des Alpes Scandinaves, jusque vers 700 mètres, et la partie septentrionale du plateau Baltique ; 2° la *région des cultures* (blé, seigle, orge, pâturages), qui comprend le Centre et le Sud du plateau Baltique : la longueur des jours d'été y supplée à la brièveté de la saison chaude.

5. Les ressources minérales.

— Les richesses minérales sont surtout abondantes en Suède. Elles consistent principalement en *minerai de fer*. Les mines de fer se trouvent soit dans le Centre de la Suède, soit dans l'extrême Nord, en *Laponie*.

6. Le dualisme scandinave.

— La péninsule compte 8 686 000 habitants de population totale, 11 au kilomètre carré. A l'exception des *Lapons* et des *Finnois*, tous les habitants sont des *Scandinaves*, semblables par le type (haute taille, yeux bleus, cheveux blonds) et pratiquant la même religion (*luthéranisme*).

Malgré l'unité de la race, la Scandinavie était vouée au dualisme politique et économique par les différences de climat, de ressources, de vie et d'intérêts qui existent entre l'Ouest et l'Est.

Elle compte deux États :

1° Le royaume de Suède (6 036 000 hab.), dont les limites sont à peu près celles de la plaine (plus les avant-monts du versant doux oriental) ;

2° Le royaume de Norvège (2 650 000 hab.), dont les limites sont à peu près celles des Alpes (moins les avant-monts du versant doux oriental).

7. La Suède.

— La Suède possède une population d'agriculteurs, concentrée surtout au Sud (culture) et au centre (élevage). Elle abonde en *minerai de fer* ; mais, par manque de houille, elle ne peut le travailler et doit l'exporter à l'état brut. Avec le minerai, le *bois* et la pâte de bois pour la fabrication du papier, les produits agricoles (*beurre*) constituent les exportations. La Suède importe de la houille, des céréales, du sucre, des denrées coloniales, des objets manufacturés.

De population peu dense (14 hab. au kilomètre carré), mais active, la Suède est assez prospère. La capitale, **Stockholm** (439 000 hab.), est une ville de haute civilisation. Villes principales : *Göteborg, Malmö, Norrköping.*

8. La Norvège.

— La Norvège, plus montagneuse que la Suède, est de population encore moins dense (8 hab. au kilomètre carré). Cette population est beaucoup plus disséminée autour de ses fjords, et par suite plus particulariste et plus éprise de liberté. Ses trois grandes ressources sont le *bois*, l'*élevage* (industries laitières : *beurre*), et surtout la *pêche* (harengs, morues ; industries des salaisons). Elles constituent aussi les trois matières de ses exportations. La Norvège importe des denrées alimentaires et surtout des objets manufacturés.

Quelques villes seulement, et peu importantes, sauf la première : *Oslo* (258 000 hab.), la capitale, *Stavanger, Bergen, Trondhjem.* Toutes sont des ports.

Fig. 1. — La Péninsule Scandinave.

LES CÔTES DE LA NORVÈGE

Longueur de la côte norvégienne à vol d'oiseau :
     2.500 kilomètres

Longueur de la même côte en suivant ses sinuosités :
     17.500 km

Fig. 2. — Longueur des côtes de la Norvège.

Les côtes de la Norvège sont si découpées que leur longueur en suivant les contours est 7 fois plus grande que la longueur à vol d'oiseau.

Fig. 1. — Le Nord Fjord en Norvège.

Fond d'un de ces golfes longs, étroits et profonds encaissés entre deux murailles de roches, qu'on nomme des fjords.

Fig. 2. — Un coin de la campagne suédoise.

Climat humide, pays frais, verdoyant, aimable. Les bois, l'élevage comptent parmi les produits les plus importants de la Suède.

LECTURES

1. La côte est la région vivante de la Norvège. — La côte norvégienne est comme hachée de golfes étroits et profonds, qui s'insinuent dans l'intérieur entre de hautes berges montagneuses, et s'y ramifient à l'infini : ce sont les *fjords*. Il existe des golfes analogues, de même formation et de même apparence, en d'autres régions du globe, notamment sur la côte occidentale du Canada et sur celle de la Nouvelle-Zélande. La Norvège en a un grand nombre : *Fjord d'Oslo, Sogne Fjord*, long de 170 kilomètres, *Hardanger Fjord, Fjord de Trondhjem, Nord Fjord*, etc. Ils sont très pittoresques : des torrents tombent en cascades de leurs parois ; des glaciers les dominent. D'autre part, les parties non immergées des anciennes vallées forment le long des fjords des plaines abritées et de climat relativement tiède où l'on a pu créer des pâturages et des champs. Le climat est si doux sur la côte norvégienne que les céréales mûrissent jusque près du cap Nord, au delà du cercle polaire. Les rives des fjords sont donc devenues les principaux centres d'habitat en Norvège.

En avant de la côte norvégienne, « qu'elles semblent escorter, disent les Norvégiens, comme des baleineaux leur mère », s'allongent des centaines d'îles, d'îlots et d'écueils : *archipels de Bergen, de Trondhjem, îles Lofoten, archipel de Tromsö*. Ce sont les points restés émergés de l'ancienne côte quand elle s'affaissa. Ce chapelet d'îles et d'écueils s'appelle le *Skiärgaard*. Des courants circulent entre le Skiärgaard et la côte : courants polaires, courants tièdes du Malström. Des mers très poissonneuses du Nord, ils amènent sur les côtes norvégiennes et dans les fjords des bancs de poissons (morues, harengs, etc.), dont la pêche est facile. L'industrie des salaisons est devenue l'industrie des villes norvégiennes bâties au bord des fjords.

2. La Suède est un pays de vie surtout continentale. — Le plateau Baltique est loin d'être aussi dénué de ressources que les Alpes Scandinaves. Au point de vue physique, il porte surtout l'empreinte des actions qui s'exercèrent sur lui à l'époque glaciaire, quand une immense calotte de glace, analogue à l'*inlandsis* du Groenland le recouvrait. C'est l'action de ce glacier qui a creusé ces vasques multiples dont les eaux ont fait des lacs : lac Venern, Vettern, etc. ; qui a couvert le plateau de ces traînées de cailloux qu'on nomme *œsar* ; qui a laissé le long des vallées ces moraines qui les barrent, déterminant sur les cours d'eau suédois des lacs, des cascades, des rapides. Enfin, le grand glacier de jadis a étalé sur le plateau des couches d'argile qui le recouvrent sur la majeure partie de son étendue.

Or ces argiles glaciaires sont relativement fertiles. Dans la Suède centrale, des prairies s'y sont établies et l'élevage y est florissant. Dans la Suède méridionale, où le climat est plus chaud, les céréales y prospèrent ; l'abricot, la pêche, le raisin même y mûrissent : c'est une région très fraîche, riante et prospère. Pour les produits alimentaires, la Suède se suffit presque à elle-même.

En Norvège dominent les pêcheurs et les marins ; en Suède, ce sont les agriculteurs. Les gros propriétaires terriens constituent, à la tête de la société, une sorte d'aristocratie dont l'influence politique a été longtemps considérable. Dans la Suède septentrionale, où la population est très clairsemée, chaque famille vit isolée dans son *gaard*, ensemble de constructions en bois, chalets d'habitation, magasins à provisions, greniers, étables, hangars, permettant à la colonie de se suffire, sorte de petit État en miniature, où le père de famille est chef absolu.

L'industrie, hors quelques spécialités (allumettes, mécanique), n'est pas très importante, malgré l'abondance du minerai, surtout de fer et de cuivre, et bien que de nombreuses et volumineuses chutes d'eau permettent de suppléer dans une certaine mesure au manque à peu près complet de houille.

RÉSUMÉ. — La péninsule scandinave se compose de deux parties : les *Alpes Scandinaves*, à l'Ouest, et le *plateau Baltique*, à l'Est.

Les *Alpes Scandinaves* sont peu élevées, mais massives, couvertes de champs de neige ; leur côte est découpée par des fjords et bordée d'un chapelet d'îles, ou *Skiärgaard*. Le *plateau Baltique* est plus bas, creusé de nombreux lacs (lacs *Venern, Vettern*, etc.), bordé d'une côte basse et peu découpée, au large de laquelle sont les îles *Aland* et *Gotland*.

Le climat, partout rude, est plus humide à l'Ouest qu'à l'Est. Les trois cinquièmes du territoire sont impropres à la culture. Le reste porte de belles forêts et des prairies ; la culture réussit surtout au Centre et au Sud du plateau Baltique qui a, d'autre part, d'abondantes mines de fer.

La péninsule est partagée entre la *Suède* (cap. *Stockholm*, v. pr. : *Göteborg, Malmö, Norrköping*), qui exporte surtout du beurre, de la pâte de bois (papier) et du minerai de fer, et la *Norvège* (cap. *Oslo*, v. pr. *Bergen, Trondhjem, Stavanger*), qui exporte surtout des bois et des poissons.

La *Suède* est un pays surtout agricole et minier ; la *Norvège* est un pays surtout maritime.

Exercices. — 1. Carte de la péninsule scandinave. — 2. Comparez la Norvège et la Suède (relief, côte, climat, ressources, exportations). — 3. Décrivez la côte de la Norvège.

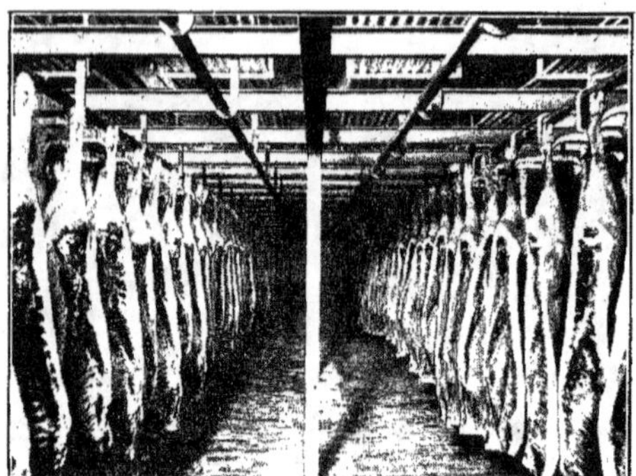

Fig. 1. — Chambres frigorifiques à Copenhague.

L'élevage est une des principales ressources de l'humide et verdoyant Danemark. Il exporte, surtout en Angleterre et en Allemagne, beurres, fromages, laits condensés et viandes frigorifiées.

Fig. 2. — Quais de Copenhague.

Copenhague doit sa fortune à sa situation sur le Sund, porte d'entrée de la Baltique et lieu de passage important. Son nom signifie « le havre des marchands »: c'est un port extrêmement actif.

IV. — Le Danemark.

1. Le royaume de Danemark. — Le royaume de Danemark est un des plus petits États de l'Europe : il a 38 000 kilomètres carrés d'étendue.

Le Danemark comprend deux parties : 1° la **péninsule du Jutland** — 2° l'**archipel danois** dont les îles principales sont *Fionie, Seeland, Laaland* et *Bornholm.*

Ces îles, situées entre le Jutland et la péninsule Scandinave, sont séparées de ces deux péninsules et séparées entre elles par les cinq **détroits baltiques** : le *Skagerrak*, le *Kattegat*, le *Sund*, le *Grand Belt*, le *Petit Belt.*

2. La nature. — Le *climat* du Danemark est rigoureux et humide. Le Jutland et les îles de l'archipel danois sont les fragments d'un plateau, dont le *relief*, usé par les anciens glaciers, est plat, et dont la surface est semée de tourbières, de lacs et d'étangs. Le point culminant est le *Himmelsberg* (180 m.).

La *nature du sol* permet de distinguer deux parties :

1° La **moitié occidentale du Jutland**, constituée par des sables et des graviers, est couverte de landes propres seulement à l'élevage du mouton. La côte, sur la mer du Nord, est basse, rectiligne, bordée de lagunes, inhospitalière.

2° La **moitié orientale du Jutland** et l'archipel sont recouverts d'une argile fertile, propre aux cultures et aux pâturages pour le gros bétail : bêtes à cornes, chevaux. Dans cette partie du pays, les côtes sont basses, mais découpées de golfes étroits et sûrs, au fond desquels de bons ports ont pu s'établir.

3. Les ressources. — Dépourvu de richesses minières, le Danemark est un pays de ressources agricoles (*orge, avoine, pommes de terre, betteraves*), dont la principale est l'élevage

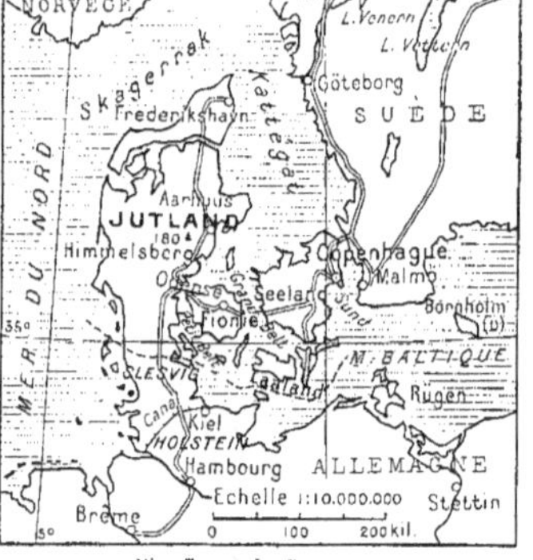

Fig. 3. — Le Danemark.

(*bœufs, porcs, chevaux*). C'est aussi un pays d'industries agricoles (*distilleries, sucreries*), dont la principale est l'*industrie laitière* (beurre, lait condensé) : le Danemark est le pays qui possède le nombre proportionnel le plus fort de bêtes à cornes (78 pour 100 habitants). L'exploitation des forêts y est assez développée.

Le Danemark doit à des côtes étendues sur des mers poissonneuses et très fréquentées ses deux autres ressources :

1° La **pêche**. C'est pour avoir d'autres pêcheries que les Danois ont colonisé le *Groënland*, les *Fär-Œer* et l'*Islande*, île septentrionale, volcanique, immense, mais aride et au climat désolé, dont la population vit surtout de la pêche de la morue.

2° Le **commerce**. Le Danemark exporte en grande quantité des produits alimentaires et surtout du beurre, en Grande-Bretagne et en Allemagne. Il importe, surtout des mêmes pays, de la houille et des objets manufacturés. Par sa valeur, son trafic est presque égal à celui de la Suède, le double de celui de la Norvège.

4. La population. — Grâce à ses ressources développées par l'activité et l'industrie de ses habitants, le royaume constitutionnel de Danemark forme un État très prospère et très civilisé : on peut signaler en particulier un grand développement de l'instruction publique.

Il a 3 420 000 habitants, soit 90 par kilomètre carré. Les îles sont plus peuplées que la péninsule. Capitale, *Copenhague* (586 000 habitants), dans Seeland, sur le détroit du Sund, un des grands ports de l'Europe ; v. pr. : *Odensee*, en Fionie ; *Aarhuus*, dans le Jutland.

Les *dépendances* du Danemark comprennent l'*Islande*, qui forme une sorte de république autonome, les îles *Fär-Œer* et le *Groënland*. Ce sont des territoires de situation très arctique ; ils ne servent guère au Danemark que de stations de pêche.

LECTURE

Le Danemark trouve sa sécurité et sa prospérité dans l'importance de la situation qu'il occupe. — Très petit, le Danemark est pourtant très prospère. Son indépendance a toujours été garantie. Prospérité, sécurité, il doit ce double avantage à sa *situation sur les détroits baltiques*, qui fait de lui le courtier de la Baltique en temps de paix et le portier de la Baltique en cas de conflit.

1° *Le courtier de la Baltique en temps de paix.* — La route des détroits a été longtemps le seul débouché possible, elle est encore aujourd'hui le meilleur débouché de la Baltique sur la mer du Nord.

La route la plus fréquentée des navires passe par le Skagerrak et le Kattegat, puis par le Sund. En effet, le Petit Belt manque de profondeur, et le Grand Belt est encombré d'écueils, au contraire, le Sund est partout large de plus de 4 kilomètres et profond d'au moins 10 mètres. Il a donc assez de profondeur pour permettre le passage des grands steamers; d'autre part, la proximité de la côte scandinave a permis d'établir un système de bacs à vapeur, ou *ferry-boats*, transbordant les trains entre la côte suédoise et la côte danoise.

De là est née la prospérité du port de Copenhague, au croisement de la route maritime et de cette autre route à la fois maritime et continentale. Copenhague, outre qu'il fait les trois cinquièmes du commerce national, est un des premiers ports de passage du monde.

2° *Le portier de la Baltique en cas de conflit.* — Le Danemark étant trop faible pour lutter contre ses grands voisins, sa faiblesse même et l'importance des détroits ont obligé l'Allemagne et l'Angleterre à tout faire pour que l'une des deux ne confisque pas le Sund aux dépens de l'autre. Pendant la grande guerre de 1914-1918, l'Allemagne a pu interdire l'entrée de la Baltique à la flotte anglaise, mais celle-ci a interdit à la flotte allemande toute circulation dans la mer du Nord.

RÉSUMÉ. — **Le Danemark est formé de la péninsule du *Jutland* et d'îles (*Fionie, Seeland, Laaland, Bornholm*). Son territoire est plat, humide, plus propre à l'élevage qu'aux cultures.**

Les principales ressources du Danemark sont l'élevage des bovins (exportation de bétail, de beurre, de lait condensé), et la pêche, que les Danois vont pratiquer autour de leurs possessions de l'*Islande*, des *Fär-Œer* et du *Groënland*. Grâce à sa situation entre la mer du Nord et la mer Baltique, il a un commerce important.

Cap. *Copenhague*, grand port; v. pr.: *Odensee* et *Aarhuus*.

Exercices — 1. Carte du Danemark. — 2. Expliquez l'importance de la situation du Danemark.

V. — Les Pays-Bas.

1. Le sol des Pays-Bas. — Les Pays-Bas, Hollande ou Néerlande, ont une superficie de 34 000 kilomètres carrés. Ils forment une plaine basse, dont certaines parties sont au-dessous du niveau de la mer du Nord, et qui a été constituée par l'action des eaux et par l'action des hommes.

L'action des eaux a produit :

1° La *plaine de l'Est*, constituée surtout par une *Geest*, ou étendue de gravier et de sables tourbeux et infertiles, région de landes et de bois clairsemés;

2° La *plaine de l'Ouest*, constituée par les *Marschen*, ou étendues d'alluvions fertiles, apportées par les inondations des fleuves qui s'y terminent et dont elles forment comme le delta : *Escaut, Meuse, Rhin*;

3° La *côte*, basse, plate, alluviale, où les sables marins se sont amoncelés en

Fig. 1. — Les Pays-Bas.

2. Aptitudes naturelles. — Le sol des Pays-Bas est mal pourvu de ressources minières.

Situé au bord d'une mer très poissonneuse, le pays compte la **pêche** parmi ses grandes ressources : *harengs, anchois, morues*, etc.

L'agriculture est beaucoup moins prospère sur la Geest sableuse de l'Est (*Drenthe, Over-Yssel, Gueldre, Campine*), occupée surtout par des landes et des pâturages maigres, que sur les Marschen de l'Ouest (*Groningue, Frise, Utrecht, Hollande, Zélande*). Le climat, doux et très humide, favorise surtout l'*élevage des bêtes à cornes* (beurres et fromages).

L'industrie comprend uniquement des industries agricoles : industries textiles (*velours d'Utrecht, toiles de Hollande*), aujourd'hui en recul, concurrencées par les grands pays industriels; industries alimentaires, grâce à l'importation de matières premières d'origine coloniale : *liqueurs, chocolat,* etc.

3. Puissance commerciale des Pays-Bas. — Le commerce est pour le Royaume constitutionnel des Pays-Bas une nécessité, parce qu'il est trop riche en produits de l'élevage et de la pêche et trop pauvre en céréales et en produits manufacturés, parce que la plus florissante de ses industries est alimentée par des denrées de provenance lointaine, enfin parce qu'il est pénétré de toutes parts par la mer et qu'il sert, grâce au Rhin, de voie d'écoulement pour une partie des produits de l'Allemagne industrielle.

dunes, dont la mer a souvent rompu le cordon pour former des archipels (*archipel de Zélande, îles Frisonnes*) ou pour creuser des golfes (*Zuiderzée*).

L'action des habitants a produit :

1° *L'arrêt de l'alluvionnement*, résultat des inondations fluviales, par la construction de digues parallèles aux fleuves;

2° *L'arrêt des envahissements marins*, par la construction de digues maritimes, parallèles à la côte;

3° *La conquête du sol* sur la mer, par dessèchement (*digues d'isolement*), drainage (*watergands*) et amendement des sols ainsi gagnés, qui furent transformés en pâturages, ou *polders*.

Fig. 1. — PAYSAGE HOLLANDAIS.

Les traits caractéristiques du paysage hollandais sont ses eaux et ses pâturages : ses eaux, cours d'eau ramifiés, infiltrations marines, flaques laissées par les rivières débordées, canaux d'écoulement ; ses pâturages, qui restent toujours verts sur ces terres alluviales gorgées d'eau. (Phot. Léry.)

Fig. 2. — ROTTERDAM.

Rotterdam, établi sur un bras du Rhin-Meuse, occupe une remarquable situation au débouché de la principale région industrielle de l'Allemagne : la région rhénane. Rotterdam a quelques industries (chocolat, liqueurs), et c'est, après Amsterdam, le plus grand entrepôt de la Hollande pour les produits coloniaux (sucre, café, tabac).

Le commerce intérieur se fait surtout par voies navigables : les Pays-Bas en ont 5 200 kilomètres. Les voies ferrées, moins nombreuses, servent principalement au transit international.

Le commerce extérieur se fait par **Amsterdam**, en déclin, et *Rotterdam*, en grand progrès, port de transit, par la voie du Rhin, vers l'Allemagne et la région industrielle rhénane (v. p. 101), et port d'escale (vers la Baltique et Hambourg).

4. Population. — Malgré la pauvreté des plaines de l'Est, les Pays-Bas ont une très forte densité de population : 7 416 000 habitants, soit 216 au kilomètre carré.

Cette population est surtout agglomérée dans des villes nombreuses et généralement d'importance moyenne. Les Pays-Bas n'ont que trois grandes villes, toutes dans la région de l'Ouest : *Amsterdam* (712 000 hab.), capitale du pays, grand port, *Rotterdam* (542 000 hab.), grand port, *La Haye* (391 000 hab.) siège du Gouvernement. Autres villes importantes : *Groningue, Arnhem, Nimègue, Utrecht, Leyde, Haarlem.*

SUPERFICIE DES PAYS-BAS ET DE LEUR EMPIRE COLONIAL
Pays-Bas
34.000
Empire colonial sauf Java
1.885.000 km. carrés
Java
131.000
POPULATION DES PAYS-BAS ET DE LEUR EMPIRE COLONIAL
Pays-Bas
7 416 000
Emp. colonial
10 millions
sauf Java
Java
40 millions d'habitants

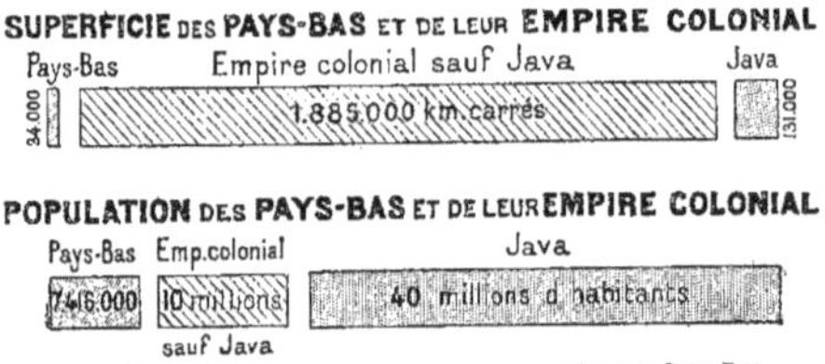

Fig. 3. — SUPERFICIE ET POPULATION COMPARÉES DES PAYS-BAS ET DE LEURS COLONIES.

5. Puissance coloniale. — Le commerce des Pays-Bas a pour base leur empire colonial. Cet empire colonial, beaucoup moins étendu qu'au XVIIe siècle, a encore 2 016 000 kilomètres carrés de superficie et plus de 50 millions d'habitants. C'est l'empire colonial le plus important, après celui du Royaume-Uni et celui de la France.

Il comprend les *Indes occidentales*, c'est-à-dire la *Guyane hollandaise*, dans l'Amérique du Sud, *l'île de Curaçao*, dans les Antilles, et surtout les *Indes Néerlandaises* (voir p. 40).

LECTURE

La Hollande doit beaucoup au Rhin. — La Hollande doit d'abord au Rhin son existence même : ce sont les apports du Rhin qui ont constitué la plus grande partie de la Hollande, en particulier les terres grasses et fertiles des *Marschen*, couvertes aujourd'hui de riches pâturages, de jardins maraîchers et de champs de fleurs (tulipes, jacinthes, narcisses) d'une renommée universelle.

Mais, de plus, le Rhin continue à faire aujourd'hui la prospérité commerciale de la Hollande. Jadis, le grand port de la Hollande était Amsterdam, situé au fond d'un golfe : le Zuiderzée (le golfe de l'Y). Comme on ne pouvait accéder à ce port que par un long détour, désavantageux en un temps où la vitesse est un facteur important, on a creusé un canal qui le relie directement à la mer du Nord. C'est là un perfectionnement très appréciable.

Néanmoins, le port de Rotterdam se développe bien plus rapidement que celui d'Amsterdam et a pris sa place à la tête des ports hollandais ; les plus grandes lignes de navigation aboutissent à Rotterdam et y font escale. C'est que Rotterdam est situé sur un bras du Rhin, et que le Rhin, rectifié et approfondi, capable partout, entre la mer et Strasbourg, de recevoir des bateaux de 400 ou 500 tonneaux et plus, devient une artère commerciale de tout premier ordre pour la vaste et riche région européenne qui comprend la Suisse, la France orientale, l'Allemagne occidentale et les Pays-Bas.

Ainsi, déjà pourvue d'un commerce très actif, la Hollande a vu augmenter son importance commerciale, grâce au Rhin.

RÉSUMÉ. — Les Pays-Bas sont constitués par une plaine, traversée par le cours inférieur du *Rhin*, de la *Meuse* et de l'*Escaut*, bordée par une côte plate doublée d'îles (*Zélande, îles Frisonnes*) et échancrée par un vaste golfe : le *Zuiderzée*.

Conquis en grande partie sur la mer par l'homme, le territoire, au climat humide, est surtout favorable à l'élevage. Celui-ci est la grande ressource naturelle avec la pêche de la mer du Nord. D'autre part, la situation du pays sur la mer du Nord et les communications que le Rhin lui ouvrent avec l'Europe Centrale font de lui un grand pays commerçant. De là l'importance de ses deux grands ports : *Amsterdam*, la capitale, et *Rotterdam*, sur le Rhin. Autres villes : *La Haye*, siège du gouvernement, *Groningue, Arnhem, Nimègue, Utrecht, Leyde, Haarlem*.

Les Pays-Bas possèdent de belles colonies : les principales sont les *Indes Néerlandaises*.

Exercices. — 1. Carte des Pays-Bas. — 2. Expliquez comment s'est formé le territoire des Pays-Bas.

VI. — La Belgique.

1. Le sol. — La superficie de la Belgique est de 30 400 kil. carrés. Tout ce pays a un climat maritime humide. Mais l'altitude et la nature du sol permettent d'y distinguer, du Sud-Est au Nord-Ouest, trois régions :

1° La *Haute Belgique* ;
2° La *Moyenne Belgique* ;
3° La *Basse Belgique* ;

La **Haute Belgique** ou **Ardenne**, reste de plissements montagneux réduits par l'érosion à l'état de plateau, s'abaisse de l'Est (675 m. environ) à l'Ouest (400 m.). Son sol est pauvre. Son climat est froid. La végétation se compose de forêts et de maigres pâtures semées d'étangs (*fagnes*). Les cultures et les populations sont concentrées dans les vallées. Les principales vallées sont celles de la *Meuse* et de son affluent, la *Sambre*.

Des *bassins houillers* s'allongent au pied de l'Ardenne : ce sont le *Borinage* (Mons-Charleroi), extrémité orientale du bassin franco-belge, et le *Bassin de Liége*.

La **Moyenne Belgique** comprend de hautes plaines vallonnées : la *Hesbaye*, le *Hainaut*, le *Brabant*. Ces plaines, de climat plus doux que l'Ardenne, sont recouvertes de riches limons et constituent une grande région agricole : on y cultive le blé, la betterave sucrière ; on y pratique l'élevage.

La **Basse Belgique**, presque au niveau de la mer, au-dessous même en certains points, de climat très égal, a un sol d'alluvions sableuses. Mais il y faut distinguer : 1° au Nord, la *Campine*, encore couverte de landes et de pâturages maigres ; 2° au Sud, la *Flandre* et le *Pays de Waes*, drainés, amendés, couverts de cultures industrielles (lin, betterave) et de pâturages riches ; 3° à l'Ouest, la *Plaine maritime*, conquise sur la mer par drainage (canaux ou *watergands*), par assèchement et par défense contre la mer (dunes et digues), pays d'élevage.

La Moyenne et la Basse Belgique sont sillonnées de cours d'eau au débit abondant, au régime régulier. Le principal est l'*Escaut* (affluents : la *Lys*, la *Scarpe*, la *Rupel*).

2. Peuplement et voies de communication. — Deux races s'y sont fixées : les *Flamands*, au Nord ; les *Wallons*, au Sud. On y parle deux langues : le *français* et le *flamand*.

De tout temps très peuplée, la Belgique, grâce à son développement industriel, a la plus forte densité de population en Europe : 7 744 000 hab., soit 256 au *kilomètre carré*.

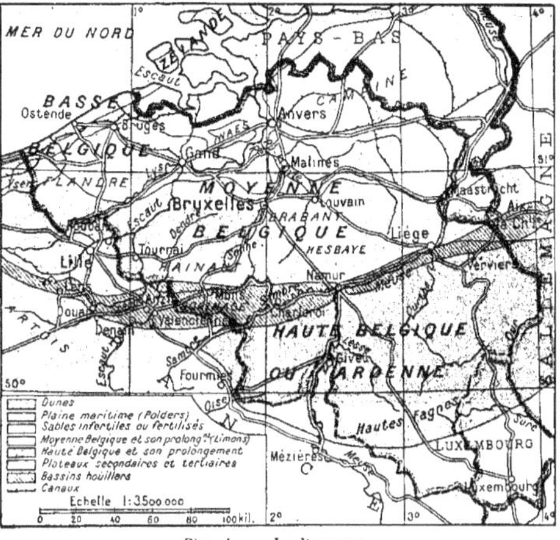

Fig. 1. — LA BELGIQUE.

Cette population rare dans l'Ardenne, où seules les vallées sont peuplées, se groupe, du bassin houiller jusqu'à la mer, dans de gros villages et surtout dans les villes : *Liége* (167 000 hab.), *Verviers*, *Namur*, *Mons* et *Charleroi*, villes de la houille ; **Bruxelles** (842 000 hab. avec les faubourgs), la capitale ; *Tournai* et *Malines*, marchés agricoles ; *Bruges*, **Gand** (165 000 hab.) et *Anvers* (333 000 hab.), un des plus grands ports du monde.

Ces villes sont reliées par un réseau serré de voies navigables, et surtout de voies ferrées : celles-ci s'étendent sur 9 760 kilomètres (en y comprenant les chemins de fer sur route).

3. Activité économique. — Malgré la richesse naturelle de la Moyenne Belgique et l'appropriation de la Basse Belgique, l'*agriculture*, peu favorisée par le climat humide, par le prix élevé de la terre et par la concurrence des pays neufs, ne suffit pas à nourrir la population belge. Seuls se développent l'*élevage* (bêtes à cornes), l'*industrie laitière* et les *cultures industrielles* : lin des vallées humides, *betteraves* des plateaux limoneux.

Mais l'*industrie* est une des premières du monde : *industrie métallurgique*, dans la région houillère de la Haute Belgique ; *industries textiles*, dans la Basse Belgique, alimentées par le lin indigène, le coton importé, les laines indigènes et surtout importées, etc.

4. La Belgique et le commerce mondial. — Très actif, favorisé par ses mines et par sa situation au milieu des plus grands États industriels d'Europe, le royaume constitutionnel de Belgique est un grand État commerçant.

La Belgique importe : des *matières premières* (coton, laine, caoutchouc) et des *matières alimentaires. Elle exporte* : de la *houille* et des *objets manufacturés*. Ses meilleurs clients sont ses grands voisins : *Royaume-Uni*, *France*, *Pays-Bas*, *Allemagne*.

Le grand port de la Belgique est *Anvers*, qui sert non seulement au commerce belge, mais aux *importations anglaises* sur le continent, grâce au réseau de voies ferrées et de voies d'eau (*Escaut*) qui le dessert.

La Belgique a des établissements industriels et commerciaux dans le monde entier, surtout en Extrême-Orient. Elle a une grande colonie en Afrique : le *Congo Belge* (v. p. 55).

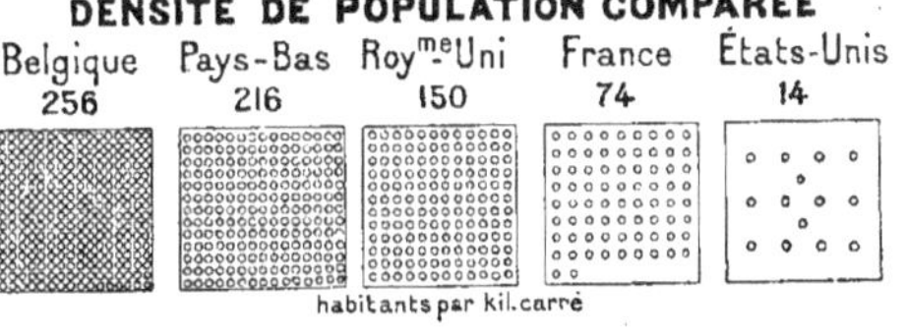

Fig. 2. — DENSITÉ DE POPULATION ET DENSITÉ DES VOIES FERRÉES COMPARÉES.

Fig. 1. — La plaine de Flandre.

Terre basse, à peine située au-dessus du niveau de la mer, formée d'alluvions. A l'état de nature, c'était un marais; l'homme l'a conquis sur les eaux et l'a fécondé, mais l'aspect général est toujours monotone. Les arbres en cordons qui bordent les grandes routes mettent seuls quelque variété dans ces vastes prairies d'élevage, souvent encore submergés pendant l'hiver

Fig. 2. — Anvers.

Anvers est bâtie sur l'estuaire de l'Escaut, au milieu des grandes plaines alluviales; la profondeur du fleuve permet aux très gros navires d'y remonter. Le port d'Anvers se classe parmi les principaux de l'Europe. Deux causes ont surtout favorisé son essor : 1° sa situation au débouché de la Belgique industrielle; 2° l'établissement de la puissance coloniale de la Belgique au Congo.

LECTURE

La Belgique possède un des plus riches bassins houillers de l'Europe. — Si l'Ardenne est la région de Belgique la plus pauvre, par contre, à son pied s'étend la région belge la plus riche de toutes : la zone des bassins houillers.

Ils constituent la portion centrale d'une très longue ligne de gisements.

La portion occidentale forme les bassins d'Angleterre et ceux du Nord de la France; la portion orientale, celui de la Ruhr, en Allemagne. La houille forme en Belgique les bassins de Mons, ou *Borinage*, dans la vallée de la Haine; le *bassin de Charleroi*, dans la vallée de la Sambre, et le *bassin de Liége*, dans la vallée de la Meuse. Ces bassins comptent parmi les plus abondants de l'Europe; ils permettent à la Belgique de tenir, dans la production industrielle européenne, un rang fort honorable derrière l'Angleterre, l'Allemagne et la France.

Toute cette région est surpeuplée. Dans toute la zone houillère, la densité de la population se maintient aux environs de 1000 habitants par kil. carré. Le pays est une véritable ruche.

Pourtant, comme dans notre région houillère du Nord, les grandes villes font exception. En règle, ce sont les villes moyennes, de 10 000 à 50 000 habitants, comme *Mons, Charleroi, Namur,* qui ressemblent aux villes du bassin houiller français voisin, Lens, Douai, Denain, Valenciennes, Anzin. Autour de la portion ancienne de la ville, au voisinage de la mine, les longues rues des corons, les maisons des mineurs, toutes

semblables, avec leur unique étage, leurs briques noircies, leurs maigres potagers en arrière, s'allongent interminablement dans la campagne, où les seuls points de repère sont, à l'horizon, la cheminée d'une usine ou la colline artificielle d'un « terri », tas de déchets des produits extraits de la mine. Ici tout est noir : les chemins, les maisons, les vêtements, les figures.

RÉSUMÉ. — La Belgique comprend, du Sud-Est au Nord-Ouest, trois régions naturelles :

1° la *Haute Belgique* ou *Ardenne*, de sol pauvre et de climat rude, entaillée par les vallées de la *Meuse* et de la *Sambre*. Au pied de la Haute Belgique s'étend la *zone des bassins houillers* (*Borinage, bassin de Liége*);

2° la *Moyenne Belgique*, aux hautes plaines cultivables (*Hesbaye, Hainaut, Brabant*);

3° la *Basse Belgique*, plus humide, au sol moins riche, mais amendé dans la *Flandre* et le *Pays de Waes*.

L'*Escaut* et ses affluents (*Lys, Scarpe, Rupel*) traversent les plaines de la Moyenne Belgique et de la Basse Belgique.

Peuplée de *Flamands* et de *Wallons*, la Belgique a une population très dense et de nombreuses villes : *Bruxelles*, la capitale; *Liége, Verviers; Namur, Mons* et *Charleroi*, villes houillères; *Tournai, Malines, Bruges*; le centre industriel de *Gand* et le grand port d'*Anvers*.

La Belgique est un grand pays agricole, industriel et commerçant. Elle a une grande colonie : le *Congo Belge*.

Exercices. — 1. Carte de la Belgique. — 2. Énumérez et caractérisez les régions naturelles de la Belgique : sol, ressources, villes. — 3. Quelles sont les causes de la prospérité économique de la Belgique? — 4. Décrivez le bassin houiller de la Belgique.

Fig. 3. — Le bassin houiller de la Belgique.

Le bassin houiller belge fait partie d'une longue traînée de gisements houillers qui va de l'Allemagne rhénane à l'Angleterre par la Belgique et la France du Nord, sur le contour d'un ancien continent primaire. En Belgique, il se développe le long de la Meuse et le long de la Sambre; les deux centres principaux d'extraction sont Charleroi et Mons (bassin du Borinage). Sur une longueur de plus de 60 kilomètres, ce ne sont que puits de mine, hautes cheminées, « terri » formés par l'entassement des débris extraits du sol, et aussi affaissements de la surface où les eaux s'accumulent et forment des marécages à la place de champs jadis fertiles. Grâce à ces gisements houillers, dont la production dépasse la moitié de celle de la France entière, la Belgique est devenue un pays industriel extrêmement important où prospèrent toutes les industries (industries métallurgiques, textiles, etc.).

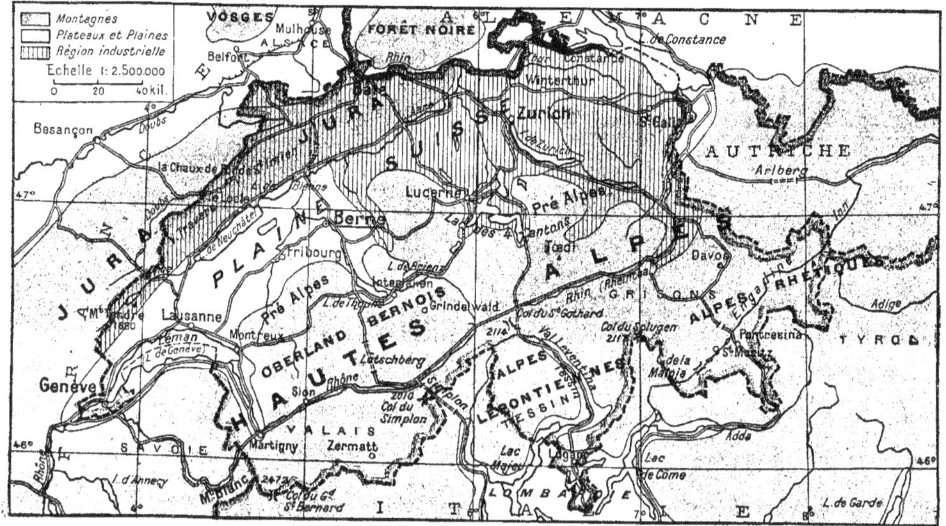

Fig. 1. — LA SUISSE.

VII. — La Suisse.

1. Régions naturelles. — La Suisse n'a que 41.550 kilomètres carrés. Elle n'est point baignée par la mer. Les sept dixièmes de sa superficie sont montagneux. Mais elle est entourée par trois des plus importants États du monde : France, Allemagne, Italie.

Elle comprend trois régions naturelles : les *Alpes suisses*, le *Jura*, la *Plaine suisse*.

1° Les **Alpes suisses**, portion des Alpes Centrales, sont constituées par une zone de *Hautes Alpes* (3 000 à 4 000 m. en moyenne), généralement cristallines (*Oberland Bernois, Tœdi, Alpes Rhétiques, Alpes Lépontiennes*). flanquée au Nord de *Pré-Alpes* plus basses et généralement sédimentaires.

Le climat y est rude, les précipitations atmosphériques (pluies et neige) abondantes ; elles alimentent de nombreux glaciers. — Les cours d'eau y sont torrentiels (pente rapide, fortes crues) : *Rhin, Rhône, Inn, Tessin*. — La végétation comprend plusieurs zones : *prairies* et *terres cultivables* aux basses altitudes, puis *forêts à feuilles caduques*: plus haut, *forêts à conifères*; plus haut encore, *alpages* ; enfin, la zone des *neiges éternelles* et des *glaces* commence vers 2 700 mètres.

Les Alpes sont sillonnées de vallées longitudinales et transversales d'accès facile : *Engadine* (Inn), *Rheinthal* (Rhin), *Valais* (Rhône), *Val Leventina* (Tessin). Certaines sont occupées par des lacs, résultats de l'érosion des anciens glaciers qui, jadis, occupèrent ces vallées et y creusèrent des fosses où se sont logées les eaux : lacs de Constance, de Zurich, des Quatre-Cantons, de Genève.

Elles sont franchies par des cols relativement bas : *Grand-Saint-Bernard, Simplon, Saint-Gothard, Splugen, Maloja, Arlberg*. De climat rude, mais d'accès facile, les Alpes sont plus favorables à la circulation qu'à l'habitation.

2° Le **Jura** est, dans la partie suisse, formé de chaînons calcaires, parallèles, assez hauts (*Mont Tendre*, 1 680 m.), tombant en abrupt sur la plaine. La montagne a un climat rude, des rivières torrentielles, des forêts et des pâturages. Mais le Jura est coupé de *cols* franchissables et sillonné de *vals* abrités et propres aux cultures : *Val Travers, Val Saint-Imier*.

3° La **Plaine**, allongée entre ces deux massifs montagneux, du *lac de Genève* au *lac de Constance*, est constituée surtout par des mollasses tertiaires et des alluvions glaciaires, également fertiles. D'une altitude d'environ 500 mètres, elle est plus chaude que les massifs et plus apte aux cultures. Une grande rivière la traverse, l'*Aar* ou *Aare*, et des lacs (*lac de Neuchâtel*, etc.), s'y allongent au pied du Jura.

2. Population et organisation politique. — Barrière entre le Nord et le Sud de l'Europe, mais franchissable grâce à la plaine suisse et aux vallées alpines, la Suisse fut de tout temps une région de passage soit pour les invasions, soit pour les caravanes commerçantes.

Trois *races* l'occupent : 1° les *Germains*, au Nord et au Centre, de beaucoup les plus nombreux (environ les deux tiers) ; 2° les *Romands*, au Sud-Ouest (environ un quart); 3° les *Italiens*, au Sud-Est. Une vieille population d'origine romane, les *Romanches* ou *Grisons* (1 pour 100 de la population totale), s'est maintenue dans quelques vallées, peu accessibles, des Alpes Rhétiques.

Ces divisions s'affirment moins aujourd'hui par le type ethnique que par la langue.

La population s'élève à 3 918 000 habitants, soit 95 au kilomètre carré, chiffre considérable étant donnée l'étendue occupée par les hautes montagnes, les neiges et les glaces. Elle a formé 25 cantons groupés en une République fédérale qui a **Berne** pour capitale.

On trouve peu d'habitants dans les parties montagneuses ; les vallées des Alpes, pour la plupart très élevées et de climat rigoureux, n'ont que de petites communautés pastorales et des stations fréquentées par les étrangers (*Saint-Moritz, Pontresina, Davos*, etc.). Seul le Valais, ou vallée supérieure du

Fig. 1. — L'EGGISHALP : UN ALPAGE.

La haute montagne des Alpes suisses nourrit en été des troupeaux qui sont une des richesses du pays. (Phot. Boissonnas.)

Fig. 2. — ZURICH.

Zurich est la plus grande ville de la Suisse, son principal centre industriel. Au fond, au delà du lac, on voit les Alpes. (Phot. Wehrli.)

Rhône (ville : *Sion*), est assez peuplé grâce à ses cultures et à ses vignes. Le Jura, moins haut et moins âpre, a plus d'habitants, grâce à ses pâturages et surtout grâce à l'industrie de l'horlogerie (centres : *La Chaux de Fonds, le Locle*).

3. La plaine suisse. — La plaine suisse est la principale région agricole, la principale région industrielle et la principale région commerciale de la Suisse :

1° **La principale région agricole** (céréales, vignes au Sud, élevage des bêtes à cornes avec les industries laitières et fromagères qui en découlent) ;

2° **La principale région industrielle.** Aux abords des montagnes du pourtour, les Suisses ont suppléé au manque de houille par l'utilisation des torrents. Leurs forêts et leurs troupeaux leur ont servi à développer les industries du bois (scieries, papeteries, coffres d'horlogerie) et les tissages de laine auxquels sont venus s'ajouter ceux du coton et de la soie ;

3° **La principale région commerciale.** Entre l'Allemagne du Sud et la France de l'Est, au débouché de la voie du Rhône, de la voie du Rhin et des voies alpestres, la plaine suisse est un des carrefours de l'Europe.

Tous ces caractères expliquent la densité de la population dans la plaine suisse. La plaine suisse a le tiers de la superficie et les deux tiers de la population du pays. Sur treize villes de plus de 20 000 habitants que possède la Suisse, neuf sont dans la plaine, et parmi elles les quatre grandes villes du pays.

La vie agricole domine dans le Sud, dont la capitale est *Berne* (105 000 hab.) ; v. p. : *Lausanne, Fribourg, Neuchâtel*.

La vie industrielle domine dans le Nord, dont la capitale est *Zurich* (207 000 hab.) ; elle a gagné de là les parties basses des Alpes (v. p. : *Lucerne, Saint-Gall*).

La vie commerciale, partout intense dans la plaine, a créé, aux deux extrémités, les deux grands marchés de *Bâle* (136 000 hab.) et de *Genève* (135 000 hab.). Genève est le siège de la Société des Nations.

4. Situation économique. — Peu avantagée par son sol et son climat, la Suisse doit sa prospérité à l'énergie de ses habitants, à sa situation au milieu de l'Europe et à ses voies de communication : 5 800 kilomètres de voies ferrées.

L'agriculture comprend surtout l'*élevage* et les *industries laitières* : fromages, beurres, chocolats, lait condensé.

L'industrie, longtemps limitée à l'industrie montagnarde de l'*horlogerie*, comprend aujourd'hui d'autres industries importantes : les *industries textiles* : celle des *soieries* (Zurich est la seconde ville du monde pour les soieries) et celle des *cotonnades* ; l'*industrie métallurgique* ; enfin, dans la montagne, une industrie propre à la Suisse : celle des *hôtels* et des stations estivales et hivernales.

Le commerce extérieur de la Suisse est actif. *Elle importe* : des *produits alimentaires* et des *matières premières. Elle exporte* : des *produits fabriqués.*

Elle fait du commerce surtout avec ses voisins, la *France*, l'*Allemagne*, l'*Italie*, avec le *Royaume-Uni* et avec les *États-Unis*.

LECTURE

La plaine suisse est le cœur de la Suisse. — La plaine suisse est une *région agricole*. Les céréales y trouvent le seul terrain qui leur soit favorable en Suisse. La vigne et les arbres fruitiers réussissent dans le Sud. Mais c'est surtout l'élevage qui fait la richesse de la plaine suisse : l'élevage des bêtes à cornes et les industries qui en dérivent constituent une source inappréciable de revenus dans la région de Berne à Fribourg. Là les principales villes sont des marchés agricoles : Neuchâtel, Fribourg et surtout Berne. Les « Messieurs de Berne » ont acquis leur opulence et leur puissance à se faire les commerçants et les banquiers de la riche démocratie rurale qui peuple cette partie de la plaine suisse.

Mais la plaine suisse, région agricole, est aussi une région d'industrie et de commerce.

1° *Elle est une région d'industrie.* — Sur les basses pentes des montagnes et dans les vallées les Suisses industrieux ont largement développé l'aménagement des cascades et des torrents, qui leur fournissent cette force de l'industrie moderne : la *houille blanche*. Le bois de leurs forêts, la laine de leurs troupeaux leur ont servi à développer les *industries du bois* (scieries, fabriques de jouets, papeteries, coffres d'horlogerie) et les *tissages de laine* auxquels sont venus s'ajouter le *travail du coton* et la *fabrication des soieries* et des *rubans*, remarquablement prospères, surtout aux environs de Zurich, de Saint-Gall et de Bâle.

2° *Elle est une région de commerce.* — Trois grandes lignes transcontinentales la traversent, la ligne de Bâle à Vienne, et les deux lignes de Bâle en Italie, par le Saint-Gothard d'une part, et de l'autre par le Lötschberg et le Simplon. Une autre ligne la parcourt longitudinalement de Bâle à Genève. D'où un transit actif, qui a fait la fortune des banquiers de Genève et de Bâle.

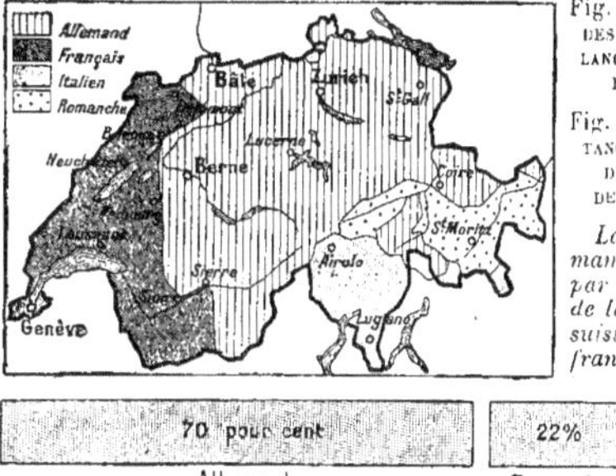

Fig. 1. — Domaine des différentes langues parlées en Suisse.

Fig. 2. — Importance comparée des langues de la Suisse.

La langue allemande est parlée par 70 pour 100 de la population suisse; la langue française par 22;

la langue italienne par 7; la langue romanche par 1.

RÉSUMÉ. — La Suisse est constituée par les *Alpes Suisses*, haute région montagneuse, au climat rude, couverte de glaciers, d'alpages et de forêts, d'où descendent le *Rhin*, le *Rhône*, l'*Inn* et le *Tessin*; par le *Jura*, série de chaînes entre lesquelles s'allongent des vals propres aux cultures (*Val Travers*, *Val Saint-Imier*) ; et par la *plaine suisse*, qui va du *lac de Genève* au *lac de Constance*, que traverse l'*Aar*, et où les cultures sont possibles.

La Suisse est peuplée de *Germains*, de *Romands*, d'*Italiens* et de *Romanches* ou *Grisons*, République fédérale de **25** cantons, elle est surtout riche et peuplée dans la plaine suisse, où se trouvent la principale richesse agricole (élevage du bétail), les principales industries (horlogerie, tissage), la plus grande circulation commerciale et les principales villes : *Berne*, capitale fédérale; *Zürich*, principal centre industriel; *Bâle* et *Genève*, siège de la Société des Nations.

La Suisse est traversée par un certain nombre des principales voies ferrées transeuropéennes.

Exercices. — 1. Carte de la Suisse. — 2. Carte des voies ferrées transalpines. — 3. La plaine suisse : sol, climat, ressources, villes.

Fig. 3. — Grandes voies ferrées transalpines.

Traversées par les Romains, qui allaient chercher le sel, le fer et l'étain dans les pays du Nord, puis par les Barbares germains, qu'attiraient du Nord les régions fertiles de la Lombardie, les Alpes furent pendant le moyen âge la route du trafic que faisaient les marchands de Venise, de Florence et de Gênes avec l'Autriche, l'Allemagne et la France. Il y avait une route très fréquentée, montant de Vénétie et passant par le Brenner, que les Italiens appelaient Canale del Ferro et qui mettait en relations directes Venise avec Vienne.

De nos jours, le percement de l'isthme de Suez, en faisant de la Méditerranée la grande route commerciale entre l'Europe occidentale et l'Extrême-Orient, a donné une nouvelle importance aux voies qui, par les Alpes, conduisent de l'Europe septentrionale et centrale vers les ports méditerranéens. De là l'importance du trafic international de la Suisse et des grandes voies ferrées transalpines. Les voies ferrées transalpines aboutissent aux deux grands ports italiens : Gênes, sur la Méditerranée, et Trieste, au fond de la mer Adriatique.

	TERMINUS ET RÉGIONS UNIES	PASSAGES (COLS OU TUNNELS)		TERMINUS ET RÉGIONS UNIES	PASSAGES (COLS OU TUNNELS)		TERMINUS ET RÉGIONS UNIES	PASSAGES (COLS OU TUNNELS)
Lignes passant à l'Ouest de la Suisse.	*Nice-Gênes-Milan.* (Europe occidentale-Italie.)	Corniche.	Lignes passant par la Suisse,	*Bâle-Milan-Gênes.* (Europe nord-occidentale-Méditerranée.)	Tunnels du Loetschberg et du Simplon. (20 kil.)	Lignes passant à l'Est de la Suisse.	*Munich-Venise* ou *Milan.* *Munich-Trieste* (Europe centrale-Méditerranée.)	Par le Brenner. Tunnel des Tauern.
				Bâle-Milan-Gênes. (Europe septentrionale-Méditerranée).	Tunnel du Saint-Gothard (15 kil.)		*Berlin-Prague-Trieste.*	Par le tunnel du Pyhrn et le col de Tarvis.
	Chambéry-Turin-Milan. (Europe occidentale-Méditerranée.)	Tunnel du Mont-Cenis (13 kil.)		*Bâle-Vienne.* (Europe occidentale. — Europe centrale.)	Tunnel de l'Arlberg (10 kil.)		*Vienne-Trieste* ou *Venise.* (Europe centrale-Méditerranée).	Cols du Semmering et de Tarvis.

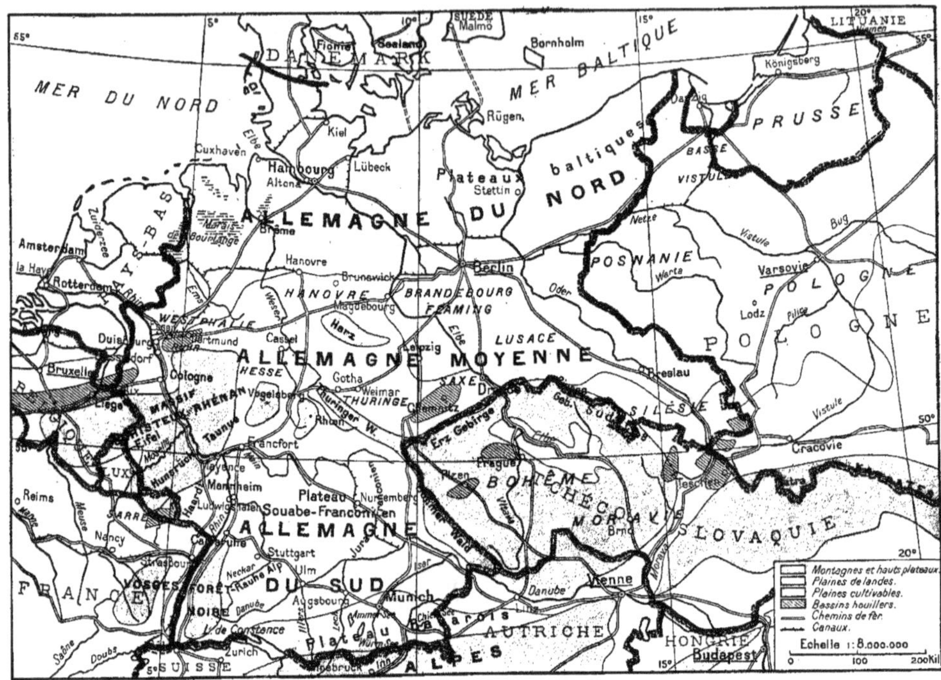

Fig. 1. — L'ALLEMAGNE.

VIII. — L'Allemagne.

1. Traits généraux. — L'Allemagne occupe environ 468 000 km. carrés (80 000 de moins que la France).

L'Allemagne se divise en trois grandes régions : 1° l'Allemagne du Sud; 2° l'Allemagne moyenne; 3° l'Allemagne du Nord.

2. L'Allemagne du Sud. — On peut distinguer dans l'Allemagne du Sud trois régions différentes.

1° Au Sud, au pied des grandes Alpes, le **plateau Bavarois**, plate-forme semée de lacs (*Ammer See, Würm See*), est couvert, au Nord, par des graviers infertiles. Seule la région riveraine du Danube est fertile.

2° A l'Ouest, faisant face aux Vosges françaises, le **massif de la Forêt-Noire** domine à l'Est la plaine du Rhin. Cette plaine est couverte par les alluvions du fleuve, elle est fertile. Elle n'appartient à l'Allemagne que sur la rive droite du Rhin.

3° Entre ces deux régions et la Bohême, le **plateau souabe-franconien** forme une série de paliers étagés, les plus bas vers la Forêt-Noire, les plus hauts tombant en abrupt sur le Danube (*Rauhe-Alp. Jura Franconien*).

L'Allemagne du Sud a un climat excessif, conséquence de sa situation continentale : étés chauds, hivers froids. Les pluies tombent surtout pendant la saison chaude.

L'Allemagne du Sud possède une partie du cours des deux plus grands fleuves de l'Europe Centrale, le Rhin et le Danube;

Le *Rhin* coule le long de la plaine d'Alsace, française, entre la Forêt-Noire, allemande, et les Vosges, françaises. Il est large, mais, entre Bâle et Strasbourg, de pente forte et de cours rapide.

Le *Danube* a sa source dans la Forêt-Noire, et il a son cours supérieur le long du rebord septentrional du plateau bavarois. Il y reçoit plusieurs torrents alpestres, l'*Iller*, le *Lech* et l'*Isar*, qui rendent son régime irrégulier.

La végétation de l'Allemagne du Sud est très variée : 1° des forêts sur les montagnes et le plateau Souabe-Franconien (la plupart des massifs montagneux portent le nom de *wald*, qui signifie forêt); 2° des *landes*, sur les graviers du plateau Bavarois; 3° des *terres à cultures* sur le plateau Souabe-Franconien et dans la partie danubienne de la Bavière.

3. L'Allemagne moyenne. — L'Allemagne moyenne comprend quatre régions :

1° A l'Ouest, prolongeant vers le Nord les Vosges et la Forêt-Noire, le **massif schisteux rhénan** est infertile. Il comprend le *Haardt*, l'*Eifel*, le *Hunsrück*, le *Taunus*; les vallées du Rhin, de la Moselle et de la Sarre l'entaillent, et, à son pied septentrional, s'étend le grand *bassin houiller de la Ruhr.*

2° Au Centre, entre le massif schisteux rhénan et la Bohême, la région de la **Hesse-Thuringe** est formée par des massifs (*Thüringer Wald, Rhœn, Vogelsberg, Harz*), que séparent des dépressions (*plaines de Hesse et plaine de Thuringe*), couvertes de limons fertiles.

Fig. 1. — Le Höllental, dans la Forêt-Noire.
Paysage montagneux et boisé de l'Allemagne du Sud. La Forêt Noire fait à l'Est du Rhin le pendant des Vosges. (Phot. Robecke).

Fig. 2. — Lande de Lunebourg, dans l'Allemagne du Nord.
L'Allemagne du Nord est une plaine sableuse, marécageuse, boisée ou couverte de landes.

3° Au Sud-Est, la bordure extérieure de la Bohême (*Böhmer-Wald, Erz Gebirge, Riesen Gebirge, Sudètes*) appartient partie à l'Allemagne, partie à la Tchéco-Slovaquie; elle possède d'importants bassins houillers.

4° A l'Est et au Nord, les **plaines à limons**, adossées aux monts et plateaux de l'Allemagne du Sud, forment la *Silésie*, la *Lusace*, la *Saxe*, le *Hanovre*, la *Westphalie*.

Le climat est continental et excessif dans l'Est, mais modéré et humide dans l'Ouest, près du Rhin.

L'Allemagne moyenne est traversée par le cours supérieur des grands fleuves (*Oder, Elbe, Weser*) qui desservent l'Allemagne du Nord; elle est reliée par eux aux grands ports allemands. D'autre part, à l'Ouest, elle est traversée par le cours moyen du **Rhin**, qui, large dans la plaine de Mayence, s'étrangle, s'encaisse et devient plus rapide dans le massif schisteux rhénan, pour s'élargir de nouveau en Westphalie. Il reçoit, dans cette région, les eaux de la Lorraine par la *Moselle* (affl. : la *Sarre*); les eaux du plateau Souabe-Franconien, par le *Neckar* et le *Main*.

Les **ressources végétales** sont les plus grandes de l'Allemagne, grâce aux terres à limons où réussissent le *blé*, l'*orge*, le *houblon* et la *betterave sucrière*.

De même pour les **richesses minérales** : en Westphalie se trouve le *bassin houiller de la Ruhr*, le plus riche de l'Europe; en Saxe et en Silésie sont d'autres bassins houillers.

4. L'Allemagne du Nord. —

La plaine de l'Allemagne du Nord, de relief très uniforme, résulte de l'érosion et des dépôts des anciens glaciers du Nord. Elle comprend, du Nord-Est au Sud-Ouest, deux zones :

1° Les **plateaux baltiques** sont couverts de graviers peu fertiles et semés de lacs qui occupent les cavités creusées par les anciens glaciers et limités au Sud par d'anciennes moraines.

2° La **plaine centrale** s'étend de la Pologne à la mer du Nord : débouché des eaux et alluvions des glaciers du Nord, elle fut drainée jadis par un long fleuve longitudinal, qui a été morcelé par l'établissement du réseau actuel, mais dont la grande vallée a subsisté intacte, unissant l'Est à l'Ouest. La région, constituée par des sables et des argiles, est couverte de maigres bois, de landes stériles (*landes de Lünebourg, Fläming, landes de Brandebourg*) alternant avec des régions marécageuses (*marais de Bourtange*).

Deux mers baignent l'Allemagne du Nord : la *mer Baltique* et la *mer du Nord*.

5. Situation politique. —

L'Allemagne forme un *Reich* (état souverain) républicain et fédératif.

Le **pouvoir exécutif** central appartient au *président du Reich* et à un ministère responsable devant le parlement.

Le **pouvoir législatif** central appartient à un *Reichstag*, élu au suffrage universel.

6. Population. —

L'Allemagne a 65 millions d'habitants. Elle est l'État le plus peuplé de l'Europe, après la Russie. La population urbaine est particulièrement nombreuse : 48 villes de plus de 100000 habitants, 24 de plus de 200000 habitants.

La densité moyenne (152 hab. au kilomètre carré) est encore inférieure à celle du Royaume-Uni.

7. Grandes régions de peuplement. —

Les régions très peuplées et très actives de l'Allemagne sont au nombre de huit. Ce sont :

1° **Le plateau bavarois.** — Dans la région du Nord (limons fertiles), il est propre aux cultures (*céréales, houblon*) et à l'industrie de la *bière*. Mais surtout, grâce à sa situation et au Danube, c'est une grande région de communication entre l'Europe occidentale et l'Europe centrale, entre l'Allemagne, la Bohême et l'Autriche. Les principales villes sont : *Munich* (671000 hab.), *Augsbourg*.

2° **Le plateau souabe-franconien.** — Ce plateau est surtout fertile et peuplé dans les vallées du Neckar et du Main qui sont aussi les grandes voies entre les pays rhénans, la Bohême et l'Autriche. La population est surtout agricole; cependant, dans les villages montagnards et dans les grandes villes, fleurissent de petites industries : *horlogerie, jouets de bois, bijouterie, imprimerie*. On y trouve quelques très grandes villes très commerçantes : *Nuremberg* (584000 hab.), *Francfort* (457000 hab.) et *Stuttgart*.

3° **La Hesse-Thuringe.** — La Hesse-Thuringe est surtout peuplée dans les dépressions, qui sont propres aux cultures riches (*orge, blé*, etc.) et qui facilitent les communications entre les pays rhénans et la Saxe. Les villes se trouvent dans ces dépressions : *Weimar, Gotha*, près de la dépression de Thuringe (route entre Leipzig et Francfort); *Cassel*, dans les dépressions de Hesse (route entre Francfort et Hanovre).

4° **La région rhénane.** — Grâce aux alluvions du Rhin, les cultures riches y abondent : *betterave, blé, vigne*. Mais surtout cette région est la plus riche en houille de l'Allemagne, grâce au grand bassin houiller de la Ruhr, sur la rive droite

Fig. 1. — BERLIN.

Berlin, capitale du Reich allemand, est bâtie sur la Sprée. Elle compte aujourd'hui quatre millions d'habitants, avec sa banlieue. C'est une ville neuve. La Sprée, à Berlin, a une largeur de 80 mètres.

Fig. 2. — HAMBOURG.

Un vieux port de la Hanse teutonique du Moyen Age, mais qui s'est rénové. Grâce au lien que l'Elbe établit entre la mer du Nord et les régions les plus lointaines de l'Allemagne, Hambourg est un des plus grands ports de l'Europe. (Phot. Lévy.)

du Rhin, et à d'autres bassins houillers qui se trouvent sur la rive gauche, autour d'Aix-la-Chapelle. Ils y ont déterminé une puissante **industrie métallurgique**, dont le centre est *Essen*. Enfin, le Rhin est la grande voie commerciale entre la mer du Nord et l'Europe centrale.

Aussi la région rhénane est-elle surpeuplée et possède-t-elle de nombreuses et grandes villes, industrielles et commerçantes : **Carlsruhe**, dans la plaine du Sud ; **Mannheim**, grand port fluvial ; *Mayence, Cologne* (693 000 hab.), *Aix-la-Chapelle*, et la grande agglomération de la Ruhr : *Dusseldorf* (429 000 hab.), **Essen** (466 000 hab.), *Elberfeld, Barmen, Crefeld, Duisburg* formant comme une seule ville.

5° La Saxe-Silésie. — Région intermédiaire entre la Haute et la Basse Allemagne, la Saxe doit sa prospérité aux limons de sa région basse, qui en font un pays de grandes cultures (*betterave*) et d'industries agricoles (*sucre*), et à son bassin houiller, qui en fait un pays de grande industrie (*métallurgie, coton*). Surpeuplée, la Saxe possède de très grandes villes : **Dresde** (608 000 hab.), **Chemnitz, Leipzig** (660 000 hab.).

Région intermédiaire entre la Bohême et la Basse Allemagne, la *Silésie* doit également sa prospérité aux limons de sa région basse, qui en font un pays de grandes cultures et d'industrie agricole (*betterave sucrière*). D'autre part, le bassin minier de Haute Silésie, situé au voisinage, mais pour la plus grande partie en terre polonaise, alimente la grande industrie, en Haute Silésie : *métallurgie du zinc et du fer* ; dans la Basse Silésie : *industries textiles* (*cotonnades*). La principale ville est *Breslau* (553 000 hab.).

6° **Les régions à limons de l'Allemagne moyenne.** — Comme la Basse Saxe et la Basse Silésie, les autres régions à limons de l'Allemagne du Nord (*Hanovre, Westphalie*) ont des cultures riches (*céréales, betterave*) et de grandes industries agricoles, dont la principale est l'*industrie sucrière*. Elles ont une population rurale dense et quelques grandes villes : *Magdebourg, Brunswick, Hanovre* (414 000 hab.).

7° **Berlin.** — Capitale du Reich, Berlin a une très nombreuse population : quatre millions d'habitants, avec la banlieue. C'est la troisième ville de l'Europe, la quatrième du monde.

8° **La côte de la mer du Nord.** — Généralement plates et sableuses, les côtes allemandes n'ont qu'une rare population de pêcheurs et de cultivateurs. Toutefois, la mer du Nord, bordée de prés salés, ou *Marschen*, est supérieure à la Baltique, bordée de dunes en bien des points, par la qualité des estuaires, par la richesse de l'arrière-pays (pays rhénans, Saxe) et par les débouchés vers l'extérieur. Pourtant, outre **Königsberg**, le port prussien, la Baltique a des ports florissants : *Lübeck*, ville de très ancien commerce, et **Stettin**, le port de l'Oder. Mais la mer du Nord a **Brême** et surtout **Hambourg** (1 054 000 habitants), le grand port de l'Elbe. Hambourg a plusieurs annexes : les principales sont *Cuxhaven* et *Altona*.

8. Voies de communication. — L'Allemagne a un réseau navigable d'environ 14 000 kilomètres, cours d'eau et canaux. Il comprend trois réseaux.

1° **Le réseau du Danube supérieur**. — Le Danube est internationalisé depuis Ulm, en Bavière, jusqu'à la mer.

2° **Le réseau du Rhin**. — Les ports de *Duisburg, Düsseldorf, Cologne, Mayence, Mannheim, Ludwigshafen*, sur le Rhin, ont un commerce égal à celui des ports maritimes de première importance. Le Rhin est internationalisé sur tout son cours en aval de Bâle, en Suisse.

3° **Le réseau de l'Allemagne du Nord**. — Des *canaux* relient les réseaux de la Vistule (en Pologne), de l'Oder et de l'Elbe (en Allemagne), donnant ainsi à l'Europe orientale un débouché sur la mer du Nord. Le cours de l'Oder et celui de l'Elbe sont internationalisés.

Le réseau des voies ferrées dépasse 56 000 kilomètres. C'est le plus développé de l'Europe continentale. Relativement à la superficie du territoire, il est inférieur à celui de la Belgique.

9. Agriculture. — Une grande partie de l'Allemagne est de sol naturellement peu fertile. Malgré de nombreux travaux de défrichement, d'assainissement et d'appropriation diverse, plus du tiers de l'étendue du pays ne convient encore qu'à la forêt ou à la lande.

Les produits alimentaires sont les *céréales* (seigle et avoine beaucoup plus que blé et orge) et la *pomme de terre*, qui trouve en Allemagne les terrains siliceux et sableux qui lui conviennent plus spécialement. — La culture des céréales, mieux entendue, donne des rendements supérieurs à ceux de jadis ; mais sa production est loin de suffire aux besoins de la population.

L'*élevage* est pratiqué sur les plateaux et les montagnes de l'Allemagne du Sud (bœufs et vaches), dans la région des *marschen* (bœufs et vaches), dans les landes et sablières de la plaine du Nord ainsi que sur les croupes baltiques (chevaux, moutons, porcs). Mais cet élevage, d'ailleurs florissant, ne suffit pas aux besoins de la consommation.

Les *cultures industrielles*, répandues principalement dans les régions à limons de l'Allemagne Moyenne et dans les bassins alluviaux de l'Allemagne du Sud, sont le *lin*, le *chanvre*, le *tabac*, le *houblon* et surtout la *betterave sucrière* (qui couvre plus de 10 pour 100 des terres en certaines régions agricoles).

En somme, riche par ses cultures industrielles qui alimentent des industries prospères, l'Allemagne est, pour une bonne partie de sa subsistance, tributaire de l'étranger.

10. Industrie. — Le grand développement de l'industrie allemande date de la formation de l'unité territoriale (1871), qui permit au gouvernement de lui donner une impulsion forte.

Plusieurs causes ont, en outre, favorisé ce développement : 1° la richesse du pays en houille (l'Allemagne est la troisième puissance du monde pour la quantité de houille extraite); 2° sa richesse en minerais (fer, zinc), aujourd'hui bien réduite par la perte de la Lorraine et de la Haute Silésie; 3° le développement des voies navigables, si utiles pour le transport des matières lourdes; 4° enfin, le grand nombre des habitants et, partant, l'abondance et le bon marché relatif de la main-d'œuvre.

Ses grandes industries sont :

1° L'*industrie métallurgique* (Ruhr, Saxe) : très importante avant la guerre, mais alimentée surtout par les mines de fer de la Lorraine, cette industrie dépend en partie de la France, depuis que la Lorraine est redevenue intégralement française ;

2° Les *industries chimiques* (dérivés de la houille), très florissantes ;

3° Les *industries textiles*, en général moins florissantes (laine, soie, lin), à l'exception de l'industrie cotonnière, très développée en Saxe, Silésie et Rhénanie.

4° Les *industries alimentaires* (brasserie, alcools, sucre) toutes prospères, surtout l'industrie sucrière (Silésie, Saxe, Hanovre, Brunswick) qui est la première de l'Europe, égale à celles de la France et de la Tchéco-Slovaquie réunies.

11. Commerce. — De production industrielle très supérieure et de production agricole très inférieure à sa capacité de consommation, l'Allemagne est une grande puissance commerçante.

La plus grande partie de son commerce extérieur se fait par *Hambourg*, premier port de l'Europe continentale (avec des annexes : *Altona, Cuxhaven*); les autres débouchés maritimes de l'Allemagne sont *Brême* et *Stettin* (sans parler du port hollandais de Rotterdam qui commande la voie du Rhin).

Son commerce annuel n'est guère dépassé que par ceux du Royaume-Uni et des Etats-Unis. Ses importations (55 pour 100 de l'ensemble) sont supérieures à ses exportations (45 pour 100.)

Elle *importe* : des *matières premières* (minerais de fer de France, de Suède, d'Espagne; minerais divers et coton des Etats-Unis; laine de l'Argentine; soie de Chine); des *produits alimentaires* (céréales des Etats-Unis, de Russie et de Hongrie; bétail des Etats-Unis, de l'Argentine et de Hongrie; vins de France et de Hongrie; café du Brésil); enfin, des *objets fabriqués* (soieries et articles de Paris), en bien moins grande quantité que les matières premières et les denrées alimentaires, et venant surtout de France et d'Angleterre.

Elle *exporte* : des *objets fabriqués* en grand nombre (produits chimiques, dans le monde entier; métallurgie et cotonnades, dans les pays neufs et dans l'Europe orientale); certains *produits alimentaires* (en particulier du sucre et des alcools dans l'Europe orientale); enfin quelques *matières premières* (houille, plomb et potasse, dans l'Europe orientale et méditerranéenne).

Plus des deux tiers de ce commerce sont faits avec l'Europe, notamment avec le Royaume-Uni, l'Autriche et la Hongrie, la Russie, la France, les Pays-Bas, les Etats balkaniques.

La guerre a pour un temps diminué sensiblement la puissance commerciale de l'Allemagne. D'autre part, privée de sa flotte de commerce qu'elle a dû livrer en compensation de ses destructions, l'Allemagne est portée, au moins momentanément, à faire son commerce plutôt avec ses voisins d'Europe qu'avec les pays d'outre-mer.

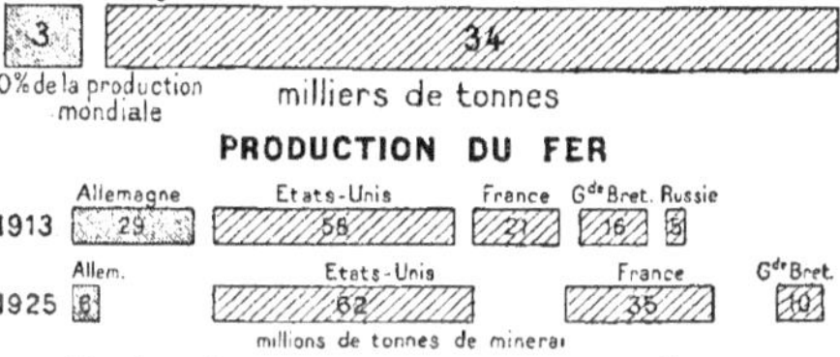

Fig. 1. — Quelques productions comparées de l'Allemagne.

LECTURES

1. L'Allemagne est une pépinière d'hommes. — Avant le commencement de la guerre 1914-1918, l'Allemagne avait une population de 68 millions d'habitants, représentant une moyenne de 127 habitants par kilomètre carré. Cette population, déjà considérable, s'accroissait annuellement de 820 000 unités.

Les traités de 1919 ont réduit le territoire de l'Allemagne, et par conséquent le chiffre de sa population, sans parler des pertes élevées qu'une guerre de plus de quatre ans lui a causées. Ils lui ont enlevé notamment l'Alsace et la Lorraine, qui comptaient parmi les régions populeuses de l'Empire ; les autres provinces qui ont été rendues au Danemark et à la Pologne n'avaient, au contraire, sauf la Haute-Silésie, qu'une assez faible densité de population. La population actuelle de l'Allemagne est de 63 millions d'habitants, ce qui correspond à une densité kilométrique de 132 habitants.

Par le chiffre total de ses habitants, l'Allemagne vient au second rang de tous les Etats européens, aussitôt après la Russie. C'est là, pour ce pays, une force considérable.

En outre, le grand nombre d'habitants a favorisé le développement économique de l'Allemagne et contribué pour une bonne part aux progrès merveilleux de ses industries depuis les vingt dernières années du siècle dernier.

Enfin, grâce à sa population, l'Allemagne a essaimé beaucoup à l'étranger. Des colonies allemandes se sont établies dans bien des pays étrangers. Ces colonies servent l'expansion économique de l'Allemagne.

2. L'Allemagne demeure un des plus grands pays industriels du monde. — Après la guerre de 1914-1918, l'Allemagne a dû céder à la France et à la Pologne reconstituée des provinces qui l'ont privée d'une partie des matières premières qu'utilisait son industrie et aussi d'une partie de ses usines. C'est ainsi qu'en perdant l'Alsace, elle a perdu les mines de potasse voisines de Colmar et les filatures de coton de Mulhouse ; qu'en perdant la Lorraine, elle a perdu de grandes mines de fer, de nombreux hauts fourneaux et de nombreuses aciéries ; qu'en perdant la Haute-Silésie, cédée à la Pologne, elle a perdu des mines de houille, des mines de zinc et des établissements métallurgiques.

Ainsi, l'Allemagne a aujourd'hui une puissance industrielle inférieure à celle qu'elle possédait en 1914. Elle demeure néanmoins une des plus grandes puissances économiques de l'Europe et du monde.

En effet, les mines de houille de la Ruhr et de la Rhénanie lui assurent la plus grande production de combustible qui soit en Europe, après celle de la Grande-Bretagne. Ses établissements métallurgiques de la Ruhr sont les premiers de l'Europe. Elle possède en Rhénanie, en Saxe, en Silésie, des filatures et tissages de laine, de coton et de soie artificielle qui lui permettent de faire concurrence à la Grande-Bretagne et à la France. Elle tient le premier rang en Europe pour l'industrie des teintures et des produits chimiques.

L'Allemagne joue donc, aujourd'hui comme avant la guerre, un rôle de premier plan en Europe : elle fournit au monde entier et surtout aux pays agricoles de l'Europe centrale et de l'Europe orientale des machines, des tissus et toutes sortes de produits fabriqués. Mais elle a besoin, pour faire vivre sa population et pour alimenter ses industries, de produits nourrissants et de matières premières qu'elle doit demander soit aux pays agricoles et miniers de l'Europe, soit à l'Amérique. L'Allemagne ne peut vivre sans le blé russe ou américain, sans les laines de l'Australie, le coton des États-Unis, le bois des pays scandinaves, le minerai de fer de la France.

5. Les « colonies » d'Allemands à l'étranger. — L'Allemagne n'a plus de territoires coloniaux, mais elle a de véritables colonies de nationaux établis à l'étranger. Pendant une certaine période, surtout entre 1875 et 1892, sa population s'accroissant plus vite que ses ressources, l'Allemagne a été un foyer de grande émigration. Cette émigration diminua de 1892 à 1914, quand l'essor industriel de l'Allemagne offrit un terrain d'activité considérable à la population, mais elle ne s'arrêta pas. Ces émigrés ont formé à l'étranger de véritables colonies, conservant le plus possible l'esprit de leur race, le *Deutschtum*, et servant les intérêts et la politique allemande.

Les Allemands émigrés se sont établis surtout :

1° En Europe : *Pays baltes, Russie, Hongrie, Bohême, Autriche, Suisse, Hollande*, c'est-à-dire sur tout le pourtour de l'Allemagne.

2° Hors d'Europe : *États-Unis* (principalement dans la région centrale), *Guatémala* et *Honduras, Brésil* et *Argentine*, c'est-à-dire surtout dans les pays neufs d'Amérique.

Ces colonies constituent pour l'Allemagne un important facteur de développement commercial, et, d'une manière générale, un puissant moyen d'action.

RÉSUMÉ. — L'Allemagne comprend l'Allemagne du Sud, l'Allemagne Moyenne et l'Allemagne du Nord. L'Allemagne du Sud s'étend sur le *plateau Bavarois*, le *massif de la Forêt-Noire* et le *plateau Souabe-franconien* : elle est traversée par le *Danube* et le *Rhin* ; c'est un pays de forêts et de moyennes cultures. L'Allemagne Moyenne s'étend sur le *massif schisteux rhénan*, la *Hesse-Thuringe* et surtout les plaines de *Silésie, Lusace, Saxe, Hanovre* et *Westphalie* ; c'est un pays de riches bassins houillers et de riches limons à cultures. L'Allemagne du Nord s'étend sur les *plateaux baltiques* et sur la *plaine centrale*, aux maigres bois et aux landes pauvres.

L'Allemagne, très peuplée, a sa population surtout groupée sur le *plateau bavarois* (v. pr. : *Munich, Augsbourg*), sur le *plateau souabe-franconien* (v. pr. : *Nuremberg, Francfort. Stuttgart*), dans la *région rhénane* (v. pr. : *Carlsruhe, Mannheim, Cologne, Aix-la-Chapelle. Dusseldorf, Essen, Duisburg*) ; en *Saxe-Silésie* (v. pr. : *Dresde. Chemnitz, Leipzig, Breslau*) ; dans le *Hanovre* et la *Westphalie* (v. pr. : *Hanovre, Magdebourg*), dans la *région de Berlin* (capitale du Reich) et sur les *côtes de la mer du Nord* et de la *Baltique* (v. pr. : *Königsberg, Stettin, Brême* et le grand port de *Hambourg*).

Bien dotée de voies navigables et de voies ferrées, l'Allemagne a une agriculture bien développée, quoique insuffisante (élevage, chanvre, tabac, houblon, betterave sucrière), et une très puissante industrie (métallurgie, industries chimiques, textiles, alimentaires). Son commerce est très actif.

Exercices. — 1. Carte de l'Allemagne. — 2. Décrivez les trois régions naturelles de l'Allemagne. — 5. Parlez de l'industrie allemande.

POPULATION HABITANT LES VILLES
DE PLUS DE 100.000 HABITANTS

en Allemagne   en France

48 villes comptant 18.000.000 habitants   17 villes comptant 6.400.000 h.

plus du quart   moins du sixième
de la population totale

Fig. 1. — POPULATION URBAINE COMPARÉE DE L'ALLEMAGNE ET DE LA FRANCE.

Fig. 2. — PAYS D'IMMIGRATION ALLEMANDE.

Les Allemands émigrent principalement vers trois régions : 1° en Europe, vers tous les pays voisins, principalement vers la Bohême et la Russie, où il existe d'assez nombreuses colonies allemandes ; 2° aux États-Unis où ils forment dans le Centre-Nord une fraction très notable de la population ; 3° en Amérique du Sud vers les provinces méridionales du Brésil et la République Argentine.

Fig. 5. — ESSEN.

IX. — La Pologne.

1. Le territoire polonais.

Reconstituée par le traité du 28 juin 1919, la République de Pologne s'étend entre la Lituanie, la Russie, la Roumanie, la Tchéco-Slovaquie et l'Allemagne. Elle va donc depuis les Karpates jusqu'à la mer Baltique et comprend essentiellement le bassin de la *Vistule* et de son affluent le *Bug*, avec le bassin supérieur de l'*Oder* et la plus grande partie de ceux de son affluent la *Warta* et de son sous-affluent, la *Netze*.

La Pologne a environ 386 000 kil. carrés de superficie.

2. Sol et ressources.

— Prolongement oriental de la plaine de l'Allemagne du Nord et de l'Allemagne Moyenne, la Pologne est presque entièrement une plaine : elle ne possède en effet comme montagnes que le versant Nord d'une faible partie des *Karpates*, au-dessus de la plaine de Galicie. Mais cette plaine se compose comme celle de l'Allemagne du Nord et de l'Allemagne Moyenne, de terrains bien différents : au Nord, des terrains plats et souvent marécageux, recouverts de sables et de graviers peu fertiles ; au Sud, de riches limons ; des sables et les argiles au Nord, en *Posnanie* et dans la *région de la Basse Vistule*; des limons très fertiles au Sud, en *Pologne proprement dite*, en *Podolie*, en *Haute Silésie* et en *Galicie*.

La Pologne possède, dans son sol et dans son sous-sol de grandes richesses agricoles et de grandes richesses minières. En outre, elle possède une excellente voie navigable :

1° De grandes richesses agricoles. — Au Sud et au Centre les plaines de *Haute Silésie*, de *Galicie*, de *Podolie* et de *Pologne* proprement dite, constituées de limons analogues à ceux de la Saxe, du Hanovre et de la Belgique, peuvent produire en abondance le blé, l'orge et la betterave sucrière. Au Nord, les terres plus sableuses de la *Posnanie* et de la *région de la Basse Vistule* ont surtout des bois et des pâturages, mais produisent aussi beaucoup de pommes de terre et, grâce à l'humidité du climat baltique, sont favorables à la culture du lin.

2° De grandes richesses minières. — En effet, toute la région méridionale, située au pied des montagnes de l'Europe centrale, possède des gisements nombreux et importants : un très riche *bassin houiller* qui, avant le remaniement territorial qui a suivi la guerre 1914-1918, appartenait en partie à l'Allemagne (bassin de la Haute Silésie), en partie à l'Autriche (bassin de Galicie), en partie à la Russie (bassin de Dombrowa) ; des *mines de zinc*, dans la même région ; enfin de puissants *gîtes de pétrole*, allongés au pied des Karpates, en Galicie. — Ces gisements produisaient avant la guerre plus de houille que la France, plus de pétrole que la Roumanie, plus de zinc que tout autre pays au monde.

3° Une excellente voie navigable. — Cette voie est la *Vistule* canalisée, complétée par des affluents et des canaux qui y confluent de l'Est (*Bug* et *Narew*) et de l'Ouest (*Pilica, canal de la Netze*).

Cette voie a pour débouché le port de *Danzig*, qui a été internationalisé, mais qui est économiquement uni à la Pologne.

3. Population.

— La Pologne a une population d'environ 29 millions d'habitants, soit environ 75 habitants au kilomètre carré (densité à peu près égale à celle de la France). Au point de vue de la population, l'État polonais tient le sixième rang en Europe (après l'Italie, avant l'Espagne).

La population, inégalement répartie, est beaucoup moins nombreuse au Nord et à l'Est, régions uniquement agricoles et pauvres, qu'au Sud-Ouest, région très industrielle et d'agriculture riche, où sont situées les principales villes : *Varsovie* (980 000 hab.), la capitale, sur la Vistule ; *Lodz* (451 000 hab.), au centre de la région industrielle ; *Poznan* (Posen), *Vilna*, *Lwow* et *Cracovie*.

4. Rôle économique de la Pologne.

— La Pologne peut jouer dans l'Europe nouvelle un rôle économique de première importance par son agriculture, par son industrie et par son commerce.

1° Par son agriculture : les territoires qui composent aujourd'hui la République de Pologne produisaient, avant la guerre, autant de blé et presque autant de pommes de terre que l'Allemagne (pour une population trois fois moindre) ; ces territoires produisaient autant de betteraves sucrières que la France (pour une population des sept dixièmes). La Pologne trouvera rapidement dans ces produits les éléments d'un important commerce d'exportation.

2° Par son industrie : sa richesse en houille, en pétrole et en minerais avait fait de cette région, depuis longtemps, une importante région industrielle ; la région de Varsovie et de Lodz était la première de l'Empire russe pour la filature et le tissage de la laine, du coton et du lin, pour la sucrerie, pour la distillerie, etc. ; la Haute Silésie était un des principaux foyers de la métallurgie allemande.

3° Par son commerce : riche en produits agricoles et industriels, bien reliée avec les pays environnants de l'Oder et du Niemen, ainsi qu'avec la mer, la Pologne est assurée d'avoir un commerce florissant, qui se fera surtout par le port libre de *Danzig*, qui forme un petit État indépendant et lui est associé par une union douanière.

Fig. 1. — LA POLOGNE.

LECTURE

La Pologne est un pays surtout agricole, mais non dénué de ressources industrielles. — Comme la plaine de l'Allemagne du Nord et comme la grande plaine russe, qu'elle relie l'une à l'autre, la grande plaine polonaise possède du nord au sud tous les aspects végétaux de l'Europe septentrionale et centrale. A l'extrême Nord, des forêts où dominent les conifères : pins, sapins et mélèzes, lui assurent de grandes ressources en bois. Plus au Sud, des landes, couvertes de sable ou de gravier et assez humides, sont favorables à la pâture, soit des moutons dans les parties les plus pauvres,

Fig. 1. — LA PLAINE POLONAISE.
Steppe plate, aux riches limons, aux gras pâturages, aux belles cultures.

de l'acier. Plus au nord, sur les bords de la Vistule, entre Lodz et Varsovie, se sont développés depuis près d'un siècle, surtout sous l'impulsion de manufacturiers français venus de Roubaix et de Tourcoing, la filature et le tissage de la laine fournie par les moutons du nord polonais. Depuis longtemps, la laine des moutons polonais ne suffit plus à cette industrie qui achète la plus grande partie de sa matière première à l'Argentine et à l'Australie.

Depuis longtemps aussi, la filature et le tissage du coton sont venus s'installer à côté de la filature et du tissage de la laine. Enfin, en Galicie, la culture de la betterave sucrière a fait naître l'industrie

soit des bêtes à cornes sur les sols les moins pauvres : on peut y cultiver avec succès la pomme de terre. Enfin, plus au Sud encore, les terres de la Pologne méridionale et de la Galicie, constituées par de riches limons comme ceux que l'on trouve à l'Ouest, dans la Saxe et dans la Silésie allemande, permettent la culture du blé, de l'orge, de l'avoine, de la betterave sucrière et du houblon. Ainsi s'échelonnent, du Nord au Sud de la plaine polonaise, tous les éléments qui font la puissance agricole d'un pays et la population de la Pologne vit avant tout de l'agriculture.

Toutefois, la Pologne est loin d'être privée de ressources industrielles. Au Sud, en Galicie, au pied des Karpates, s'allongent des gîtes pétrolifères qui permettent à la Pologne d'expédier du pétrole vers l'Allemagne et vers l'Europe centrale. En Haute Silésie, des mines de charbon et des mines de zinc ont fait naître, depuis longtemps déjà, la fabrication des objets de zinc, et la facilité de faire venir les minerais de fer de Suède par l'Oder y a développé la métallurgie de la fonte et

du sucre ; et au centre la production surabondante des pommes de terre fournit la matière pour la production de l'alcool industriel.

RÉSUMÉ. — La Pologne est constituée par une grande plaine, entre les Karpates et la mer Baltique, et traversée par la Vistule. Sableuse au Nord, limoneuse au Sud, cette plaine comporte de grandes ressources agricoles en *Galicie*, en *Haute Silésie*, en *Podolie* et en *Pologne proprement dite*, et de grandes ressources minières (houille et zinc en *Haute Silésie* ; pétrole en *Galicie*).

Très peuplée, la Pologne a quelques grandes villes : *Varsovie*, la capitale ; *Lodz*, *Poznan*, *Vilna*, *Lwow*, *Cracovie*.

La Pologne a déjà développé et peut développer encore sa production agricole (blé, pommes de terre, betterave sucrière) et industrielle (mines, métallurgie de l'acier et du zinc, industrie textile).

Son commerce se fait par le port libre de *Danzig*.

Exercices. — 1. Carte de la Pologne. — 2. Quelles sont les ressources qui peuvent encore se développer en Pologne ?

X. — La Tchéco-Slovaquie.

1. L'Etat tchéco-slovaque. — La République tchéco-slovaque comprend : 1° la *Bohème*, peuplée de Tchèques, entre l'Allemagne et l'Autriche ; 2° la *Moravie*, entre la Pologne et l'Autriche ; 3° la région des *Karpates occidentales* ou *Slovaquie*, peuplée de Slovaques, entre la Pologne et la Hongrie.

Son étendue est d'environ 140 000 kilomètres carrés.

2. Sol et ressources. — Au point de vue physique, la Tchéco-Slovaquie comprend trois régions assez différentes : le *plateau de Bohème*, la *Moravie* et la *région Karpatique* ou *Slovaquie*.

1° Le plateau de Bohême est un massif ancien, usé par une longue érosion, qui a laissé en relief certaines zones sur le pourtour, constituées de roches plus résistantes. Il se présente sous la forme d'une dépression quadrangulaire encadrée de hauteurs : le *Sumava* ou *Bœhmerwald*, au Sud-Ouest ; le *Rudohori* ou *Erz Gebirge*, au Nord-Ouest ; les *monts des Géants* ou *Riesen Gebirge* et les *monts Sudètes*, au Nord-Est. Au Sud-Est, les *collines de Moravie*, peu élevées, permettent des relations faciles avec la vallée du Danube. Toutefois, ce n'est pas vers le Danube, mais vers la mer du Nord, à travers les hautes montagnes de la bordure septentrionale, que s'écoulent les eaux de la Bohême par l'*Elbe* ou *Labe* (affluents : la *Moldau* ou *Vlatava*, l'*Eger* ou *Ohre*).

Tandis que les monts du pourtour, tout entiers constitués

de roches cristallines, portent surtout des forêts, la plaine intérieure ne laisse affleurer les terrains cristallins que dans sa partie méridionale, vouée ainsi aux cultures pauvres : seigle, avoine, pommes de terre. Au Nord, des limons fertiles favorisent les cultures riches : froment, orge, houblon, lin, betterave sucrière.

La Bohême abonde en ressources minérales : *bassins houillers* de Prague, de Pilsen, de Teschen ; *gisements de fer* dans les mêmes régions.

2° La plaine de Moravie, arrosée par un affluent du Danube, la *Morava*, entre le plateau de Bohême et les Karpates occidentales, est couverte de limons et de cultures riches. Elle mène de l'Autriche vers l'Allemagne et la Pologne par la dépression nommée *porte de Moravie*.

3° Les Karpates occidentales comprennent les *Karpates Occidentales* et les *massifs de Nitra et du Tatra*, hauts, traversés longitudinalement par les vallées de deux affluents du Danube : le *Vah* et l'*Hron*. Leurs ressources sont le bois et les mines de fer.

3. Population. — La Tchéco-Slovaquie compte 13 611 000 habitants (97 par kilomètre carré, densité beaucoup plus forte que celle de la France).

Les *Tchèques*, qui peuplent le plateau de Bohême, et les *Slovaques*, qui peuplent la Moravie et les Karpates, sont de race slave. Mais, en Bohême, sur le pourtour montagneux, dans les zones industrielles, sont de nombreux *Allemands*.

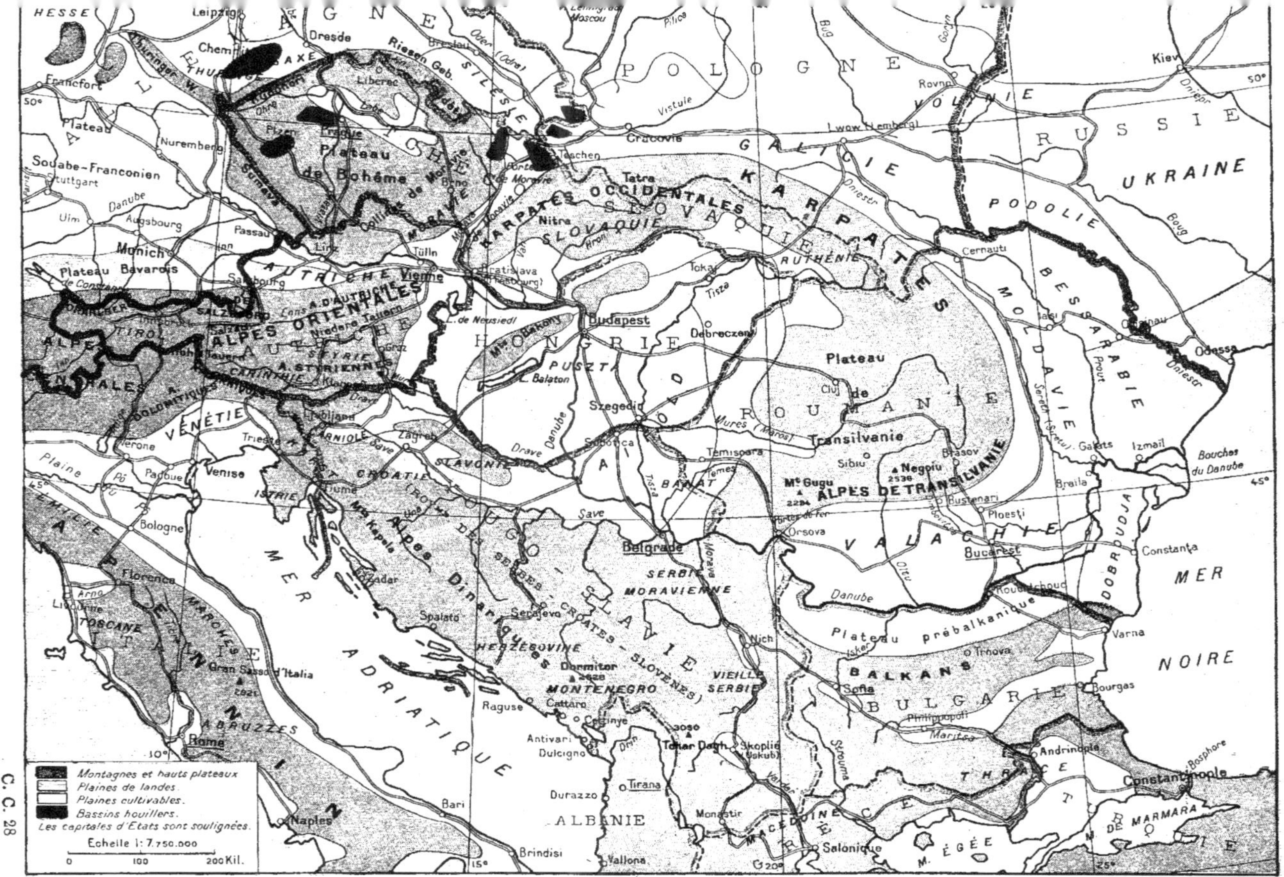

Fig. 1. — L'EUROPE CENTRALE

Fig. 1. — LE SUMAVA, OU FORÊT DE BOHÊME.

Le Sumava, ou Forêt de Bohême, constitue un des côtés (le côté Sud-Ouest) du quadrilatère de montagnes qui encadre le plateau de Bohême où se trouve Prague. Ces montagnes rappellent les Vosges, par leur relief atténué et arrondi, comme par leurs belles forêts. (Phot. B. Cuba.)

Fig. 2. — PRAGUE.

Prague, sur la Vlatava ou Moldau, est la capitale de la Tchéco-Slovaquie. C'est la grande ville des Tchèques, peuple d'origine slave, qui a maintenu ses traditions, sa langue et toute sa nationalité contre l'élément germanique qui un moment avait paru devoir dominer dans le pays. (Phot. Michaut.)

Les villes principales sont : **Prague** (676 000 hab.), capitale, sur la Vlatava ; *Plzen* (en allemand : Pilsen) et *Liberec* (Reichenberg), en Bohême ; *Brno* (Brünn), en Moravie, et *Bratislava* (Presbourg), sur le Danube. La Slovaquie est peu peuplée et sans grande ville.

4. Vie économique.

— La Tchéco-Slovaquie est riche par son *agriculture* et par son *industrie*. Les principales cultures sont des cultures industrielles : betterave sucrière, orge et houblon pour la fabrication de la bière, lin. Les mines produisent de la houille et du fer.

La Bohême possède : 1° des *établissements métallurgiques* dans la région de Plzen et Prague ; 2° la *verrerie de Bohême*, dans la même région ; 3° des *industries alimentaires* (sucrerie, distillerie, brasserie) dans la même région ; 4° des *industries textiles* (lin et coton), au Nord-Est, dans la région de Liberec. En Moravie, la région de Brno possède des établissements métallurgiques.

Outre sa richesse industrielle, la Tchéco-Slovaquie est importante par sa *situation*. Elle est traversée par de grandes voies ferrées transcontinentales qui unissent les pays du Nord à ceux de la Méditerranée : *ligne de Berlin à Vienne et Trieste* (par Dresde et Prague) ; *ligne de Léningrad à Vienne et Trieste* (par Varsovie et la porte de Moravie).

LECTURE

La Tchéco-Slovaquie a une agriculture et une industrie également prospères. — Au point de vue économique, le territoire de la Tchéco-Slovaquie présente des inconvénients incontestables. D'abord, la Tchéco-Slovaquie est éloignée de la mer et ne possède aucun port. En outre, très allongée de l'Est à l'Ouest et très étroite du Nord au Sud, elle est traversée par de nombreuses voies ferrées qui vont d'Allemagne vers l'Europe centrale, mais ne possède aucun réseau commode permettant des relations commerciales entre la Bohême et la Slovaquie.

Mais à côté de ces défauts, dont le second pourra disparaître dans l'avenir, la Tchéco-Slovaquie possède de grands avantages naturels qui, développés rapidement par le travail et l'ingéniosité de ses habitants, la mettent dès maintenant, comme la Belgique, au premier rang des petites puissances européennes pour l'activité économique.

L'agriculture tchéco-slovaque constitue le fond de la vie en Slovaquie et joue un rôle important même en Bohême. En particulier sur le haut plateau qui constitue l'intérieur de cette dernière province, des limons assez épais permettent de cultiver le blé, l'avoine et l'orge, la betterave sucrière, le houblon. Sur les montagnes qui bordent le plateau les forêts sont nombreuses. Enfin, dans les montagnes des Karpates de Slovaquie, comme sur les monts de Bohême, existent de nombreuses pâtures à moutons. De là sont nées un certain nombre d'industries très florissantes, alimentées par les matières premières d'origine végétale ou animale que fournissent les forêts ou les champs tchéco-slovaques : la papeterie et la sucrerie, les filatures et les tissages de laine, auxquelles se sont ajoutés par la suite les filatures et les tissages de coton. Mais, en outre, la Bohême possède deux riches bassins houillers ; la Slovaquie possède des mines de fer de même que les monts Rudohoris de la Bohême, et depuis longtemps les minerais de fer de la Styrie autrichienne sont expédiés pour être transformés en Bohême. De là une métallurgie très importante qui s'est surtout développée autour de Plzen et de Prague : aujourd'hui la Tchéco-Slovaquie fabrique des rails de chemin de fer, des locomotives, des machines agricoles et des automobiles qu'elle fournit à tous les pays agricoles de l'Europe centrale et qu'elle pourrait fournir à la Russie.

Ainsi, au point de vue économique, la Tchéco-Slovaquie est un pays complet : ses ressources agricoles lui permettent de nourrir presque entièrement une population très dense, et elle exporte à l'étranger non seulement tous les produits manufacturés indiqués plus haut, mais des tissus, de la bière et du sucre.

RÉSUMÉ. — L'État tchéco-slovaque est constitué de l'Ouest à l'Est par trois régions : 1° la *Bohême*, haut plateau entouré des chaînes du *Sumava*, du *Rudohori*, des *monts des Géants* et des *Collines de Moravie*, et où coulent l'*Elbe* supérieur et son affluent la *Vlatava* ; région de riches cultures et de ressources minières ; 2° la *Moravie*, plaine agricole, région de passage entre l'Allemagne et le Danube (dépression de la *porte de Moravie*) ; 3° les *Karpates Occidentales* (*Nitra*, *Tatra*), boisées, riches en mines de fer.

La Tchéco-Slovaquie est peuplée de *Slaves* (*Tchèques*, *Slovaques*) auxquels s'ajoutent de nombreux *Allemands* dans les régions industrielles de la Bohême. Les villes principales sont *Prague*, la capitale, *Plzen*, *Liberec*, *Brno* et *Bratislava*.

La Tchéco-Slovaquie est riche par son agriculture et plus encore par ses industries : métallurgie, verrerie, industries alimentaires (sucrerie, brasserie, etc.). Elle est une des principales régions de transit de l'Europe Centrale.

Exercices. — 1. Traits généraux de la carte de l'Europe Centrale ; détails pour la Tchéco-Slovaquie. — 2. L'industrie tchéco-slovaque.

Fig. 1. — Exploitation métallifère dans les Alpes d'Autriche.

Les Alpes orientales ont des ressources nombreuses. Outre leurs forêts et leurs pâturages, qui constituent en somme les principales, elles renferment des gisements miniers : mercure, plomb, fer. La montagne ci-dessus a été toute débitée en gradins afin de faciliter l'exploitation des filons métallifères. (Phot. Wurthle.)

Fig. 2. — Vienne.

La plus grande ville de l'Europe centrale, avec ses palais, ses églises, sa ligne de boulevards circulaires, au delà desquels s'étendent de beaux parcs. Nœud important de voies ferrées entre Nord et Sud, entre Europe atlantique et Europe orientale, Vienne est un centre d'affaires de premier ordre. (Phot. Nachbargauers.)

XI. — L'Autriche.

1. L'État autrichien. — L'Autriche a une étendue de 83000 kilomètres carrés.

2. Le relief et le sol — L'Autriche comprend deux régions naturelles : les Alpes orientales et les plaines du Danube.

1° Les **Alpes orientales** se divisent en trois zones : une zone centrale, cristalline, composée de hauts massifs continus (*Hohe Tauern*, 3797 m., *Niedere Tauern*, *Alpes Styriennes*); une zone subalpine du Nord, calcaire (*Vorarlberg, Alpes de Salzbourg* et d'*Autriche*); une zone subalpine du Sud, également calcaire, dont les massifs principaux sont les *Alpes Dolomitiques*, aux aspects de ruines, et les *Alpes Carniques*.

Ces différentes zones sont séparées entre elles par des lignes de vallées : au Nord, celles de l'*Inn*, de la *Salzach* et de l'*Enns*; au Sud, celles de la *Mur* et de la *Drave*. Ces vallées relativement riches au milieu des monts couverts de bois, de landes ou de neiges, concentrent presque toutes les populations : de petites communautés, de vie très particulariste, s'y sont développées : le *Tirol*, dans la vallée de l'Inn ; la *Styrie*, dans la vallée de la Mur ; la *Carinthie*, dans la vallée de la Drave, etc.

2° La **région danubienne** comprend une série de bassins assez larges et de défilés assez étroits que le Danube traverse de Passau (ville bavaroise) à Bratislava (ville tchéco-slovaque). Ces bassins sont : 1° après le défilé de Passau, le *bassin de Linz*; 2° après le long défilé de Grein-Krems, le *bassin de Tulln*; 3° après le défilé de Klosterneuburg, le *bassin de Vienne*.

Ces bassins, couverts d'alluvions fertiles, possèdent des cultures riches (betterave, lin, orge) qui ont amené le développement des industries agricoles. En outre, ils sont une région de passage. De là l'importance politique de l'ancienne Marche d'Autriche et l'importance économique de l'Autriche moderne.

3. Population et villes. — Les 6536000 habitants qui forment aujourd'hui la population de l'Autriche représentent une densité d'environ 78 habitants par kilomètre carré, densité assez forte malgré les grands espaces occupés par les montagnes. Les habitants de l'Autriche sont en presque totalité des Allemands. Ils sont nombreux surtout dans les bassins danubiens.

C'est dans le principal de ces bassins que se trouve la capitale, *Vienne* (1865000 hab.), qui doit son importance à sa situation au croisement des principales voies transeuropéennes.

Les autres villes notables de l'Autriche sont : 1° dans la région des Alpes. *Innsbruck*, sur l'Inn, au centre du Tirol autrichien; *Graz*, sur la Mur, capitale de la Styrie; *Klagenfurt*, sur la Drave, capitale de la Carinthie; *Salzbourg* ; 2° dans la région danubienne, *Linz*, au centre d'un petit bassin fertile.

La grande étendue des montagnes assure la prospérité de l'élevage et de l'exportation du bois; les cultures ne sont possibles que dans les fonds des vallées. Mais l'importance de l'Autriche lui vient principalement de trois autres sources : 1° des riches mines (fer, plomb) que recèle la région des Alpes, où elles ont déterminé un développement important de l'industrie métallurgique; 2° de sa situation sur la grande voie du Danube, principal chemin de cette partie de l'Europe; 3° de l'existence de la grande ville de Vienne, sorte de carrefour de l'Europe centrale.

LECTURE

L'Autriche est une grande région de passage et Vienne un nœud très important de voies ferrées. — Le Danube reste une voie internationale de commerce, et même il doit voir son importance commerciale s'accroître de plus en plus en raison de l'essor des États nouveaux que les traités de 1919 ont créés. Aussi l'Autriche, à cheval sur ce fleuve entre l'Allemagne du Sud et la Hongrie, continuera-t-elle à être un point de contact et d'échanges entre l'Europe occidentale, surtout industrielle, et l'Europe du Sud-Est, surtout agricole. Vers elle aboutissent les vallées des Alpes orientales et les routes de la Méditerranée (Trieste), la vallée de la Morava. chemin de la Pologne par la porte de Moravie, et les routes d'Allemagne par l'Elbe et l'Oder.

Vienne est la ville où aboutissent et se croisent presque toutes ces voies ferrées. Elle occupe. en effet, à peu près le centre géographique de l'Europe. Les grandes lignes qui conduisent de Londres et Paris vers Budapest, Belgrade, Salonique, Constantinople, Bucarest, Odessa. et de Léningrad, Moscou et Varsovie vers Trieste, Venise et l'Italie, se croisent à Vienne, qui est ainsi l'un des plus importants nœuds de voies ferrées qu'il y ait en Europe.

De là l'importance de la grande ville de Vienne, qui possède à elle seule près du tiers de la population totale de l'État autrichien.

C. C. 29

RÉSUMÉ. — L'Autriche est un petit Etat formé des Alpes Orientales et de la région danubienne. Les *Alpes Orientales* sont constituées par une zone de hauts massifs (*Hohe Tauern, Niedere Tauern, Alpes de Styrie*), flanqués au Nord et au Sud de deux zones subalpines calcaires et creusés de vallées qui ont formé de petites provinces : le *Tirol* (vallée de l'*Inn*), la *Styrie* (vallée de la *Mur*), la *Carinthie* (vallée de la *Drave*). La *région danubienne* est constituée par les *plaines de Linz, de Tülln et de Vienne*, traversées par le *Danube*, qui les unit en traversant des défilés.

XII. — La Hongrie.

1. L'Etat hongrois. — La Hongrie a une superficie approximative de 92 000 kil. carrés et une population de 8 274 000 habitants.

2. Le relief et le sol. — Si l'on excepte les *monts Bakony*, au Nord-Ouest, la Hongrie ne comprend qu'une plaine parfaitement horizontale et de caractère homogène.

Ancien fond émergé d'un vaste lac, dont il ne subsiste que de faibles restes (*lac Balaton, lac de Neusiedl*), la plaine hongroise se compose d'un sous-sol dur et imperméable, recouvert de terrains de transport : ceux-ci sont des couches de loess ou limon, au centre, dans l'*Alföld* ; de sables infertiles dans les régions périphériques du Nord et du Sud, dans la *puszta*. L'horizontalité de cette plaine est telle qu'on y trouverait difficilement un monticule dépassant de 50 mètres le niveau du Danube.

Les eaux en sont drainées par le *Danube* et par deux de ses principaux affluents, la *Drave* et la *Tisza* ou *Theiss* (afft. : le *Mures* ou *Maros*). Tous ces cours d'eau sont de longues rivières, en certains endroits presque rectilignes, au cours lent, avec deux séries de crues : au printemps, c'est-à-dire quand les neiges fondent dans les montagnes, et à la fin de l'été, c'est-à-dire à l'époque des pluies, la seule saison où la plaine reçoive des précipitations suffisantes.

Avec son sol très meuble et son climat essentiellement continental (étés très chauds, hivers très froids, pluies rares et à peu près localisées dans la seule saison de septembre-novembre) la plaine hongroise n'a guère que des aptitudes agricoles. Les céréales et la vigne réussissent dans la région riche de l'Alföld, au sol perméable et sec. Des pâturages plus étendus que fournis, en général plus favorables à l'élevage des moutons et des chevaux qu'à celui des bêtes à cornes, couvrent la puszta. Point ou presque pas d'arbres.

Peu peuplée, l'Autriche possède pourtant une des plus grandes villes d'Europe : *Vienne*, sa capitale. Autres villes : *Innsbruck, Graz, Klagenfurt, Salzbourg, Linz.*

Les ressources sont l'élevage et l'exploitation du bois en montagne, mais surtout l'exploitation des mines de fer et l'activité commerciale due à la situation de l'Etat au centre de l'Europe.

Exercices. — 1. Détails de l'Autriche sur la carte de l'Europe Centrale. — 2. Rôle de la ville de Vienne dans la vie de l'Autriche.

3. Population et villes. — La Hongrie est habitée par les *Magyars*, peuple d'origine mongole, venu d'Asie il y a un millier d'années, puis converti au christianisme. Certains traits des mœurs actuelles des Hongrois sont comme un souvenir de leurs anciennes mœurs nomades.

Population surtout agricole, les Magyars vivent dans des fermes et des gros bourgs ; la plupart de leurs villes ne sont que de vastes agglomérations de maisons en bordure le long de rues et de routes : quelques-unes ont de 15 à 20 kilomètres de longueur.

Ces villes ne sont que les principaux marchés agricoles de l'Alföld : *Tokai* (vins) et *Szegedin*, sur la Tisza ; *Debreczen*, à l'Est de cette rivière.

Une seule ville est vraiment importante : c'est, sur le Danube, la capitale de la Hongrie, **Budapest** (960 000 hab.), formée de deux villes : *Pest*, en plaine, sur la rive gauche du fleuve, ville industrielle et moderne ; *Buda* ou *Ofen*, ville forte et ancienne, aux flancs d'une colline, sur la rive droite.

4. Importance économique. — L'importance économique de la Hongrie est surtout agricole. La Hongrie : 1° produit du blé, de l'avoine et du maïs, des betteraves sucrières, du chanvre et du lin ; 2° nourrit des troupeaux de chevaux, de bœufs et de moutons : ceux-ci donnent une matière première de valeur, la laine. La Hongrie est, après la Russie, le pays d'Europe qui possède le plus de moutons et de chevaux.

L'industrie, d'ailleurs en progrès, est encore précaire : certaines cultures (blé, betterave à sucre) et la laine des moutons ont amené le développement de plusieurs industries assez importantes (minoteries, sucreries, filatures) ; mais le manque de houille et de minerais reste pour l'industrie hongroise une cause d'infériorité.

Il semble que la Hongrie soit destinée par sa nature à ravitailler en denrées alimentaires et en matières premières d'industrie les principaux Etats industriels voisins (l'Etat tchéco-

Fig. 1. — Bœufs dans la puszta.

La puszta, c'est la steppe, marécageuse au moment du dégel printanier, poudreuse et craquelée pendant les chaleurs et les sécheresses persistantes de l'été. De loin en loin, un puits à balancier donne seul l'eau nécessaire pour abreuver le bétail.

Fig. 2. — Budapest.

Une ville double, de part et d'autre du Danube : Buda, la forteresse, sur la rive haute ; Pest, le marché, sur la rive basse. Dans cette plaine agricole, c'est le marché qui a fait l'importance de la ville moderne.

slovaque, l'État autrichien, et même l'État allemand) plutôt qu'à transformer elle-même ses denrées et ses matières premières industrielles.

La Hongrie est, du reste, traversée non seulement par l'importante voie fluviale internationale du Danube, mais encore par quelques-unes des voies ferrées internationales les plus fréquentées de l'Europe ; Budapest est, comme Vienne, mais à un moindre degré cependant, un très important nœud de voies ferrées (lignes de Paris-Vienne à Salonique, Constantinople et Bucarest ; ligne de Moscou à Fiume et Trieste).

LECTURES

1. **La plaine hongroise a une grande unité de climat, sinon de sol.** — La Hongrie est une plaine de relief nul, parfaitement horizontale, dans son encadrement de montagnes. Le climat n'est pas moins homogène que le relief. Éloignée de la mer et entourée de hauteurs qui l'isolent, la Hongrie est soumise aux exagérations du climat continental. Les sécheresses et les pluies (celles-ci de septembre à novembre) sont excessives ; à de longues sécheresses qui ont craquelé le sol succèdent d'interminables déluges qui le noient. Des vents violents soulèvent fréquemment la poussière ou la neige en tourbillons redoutés. Les hivers sont généralement très rudes, les étés très chauds.

Relief presque nul, terrains meubles, climat continental : ces trois traits sont communs à l'ensemble de la plaine hongroise. On peut toutefois distinguer des nuances :

1° Au Centre, l'*Alföld*, de part et d'autre de la Tisza, absolument plat, couvert d'épaisses couches de lœss fertile, très perméable et très sec, constitue comme une reproduction amplifiée de notre Beauce, dont les traits caractéristiques, monotonie, sécheresse, seraient poussés à l'exagération. On y trouve, vers le Nord, les vignobles de Tokai ; mais c'est, avant tout, la région du blé ; l'Alföld donne, dit-on, le meilleur blé du monde par la quantité de gluten qu'il contient. On y élève beaucoup de moutons.

2° Au Nord-Est et au Sud-Ouest, l'Alföld est flanqué de deux régions plus sableuses et plus imperméables, moins bien drainées et plus humides, donc moins riches. C'est la *puszta*. L'élevage y a encore une forme pastorale rappelant celle des tribus demi-nomades de la Russie. Toutefois, il se régularise : le développement des prairies artificielles, qui donnent du fourrage que l'on peut faire sécher permet de garder en hiver plus de bêtes aux écuries et aux étables.

2. **La plaine hongroise présente, au point de vue humain, le même caractère d'unité.** — L'ensemble de caractères naturels communs a déterminé une vie à peu près identique dans toutes les parties de la plaine hongroise.

D'abord, dans toute la plaine, l'agriculture constitue la ressource principale. L'industrie y est née, mais l'industrie à base agricole, minoteries, sucreries, tissages, transformant les produits de l'agriculture. Les céréales, particulièrement le blé, couvrent des champs immenses de l'Alföld, et l'on voit dans les environs de Budapest de ces *elevators*, ou gigantesques « réservoirs » de grains, comme on en trouve aux États-Unis. Les vins (vins de Tokai) et l'élevage constituent, l'élevage surtout, une importante ressource.

RÉSUMÉ. — La Hongrie est presque entièrement constituée par une plaine (seule exception, au Nord-Ouest : les *monts Bakony*), fertile au Centre (c'est l'*Alföld*), plus aride au Nord et au Sud (c'est la *puszta*). Cette plaine est traversée par le *Danube* et par ses affluents la *Drave* et la *Tisza*. Elle a un sol meuble, un climat rude et sec.

La Hongrie est peuplée de *Magyars*, peuple d'origine mongole. Les villes principales sont : *Budapest*, la capitale, *Tokai*, *Szegedin* et *Debreczen*, marchés agricoles.

La Hongrie est essentiellement un pays d'agriculture (blé, avoine, maïs, betterave, etc.) et d'élevage (chevaux bœufs, moutons) ; quelques industries : minoterie, sucrerie, filature.

Exercices. — 1. Détails de la Hongrie dans la carte de l'Europe Centrale. — 2. Qu'est-ce qui fait l'unité de la Hongrie ? — 3. Comparez, dans la plaine de Hongrie l'Alföld et la puszta : nature du sol, ressources.

XIII. — La Yougo-Slavie.

1. **L'État Yougo-Slave.** — L'État Yougo-Slave (ce qui signifie : Slave du Sud), ou *Royaume des Serbes, Croates et Slovènes*, comprend : la *Serbie*, la *Carniole*, la *Croatie*, la *Slavonie*, la *Bosnie*, l'*Herzégovine* et le *Monténégro*.

L'État Yougo-Slave, qui possède environ 1 200 kilomètres de côtes sur la mer Adriatique, a une superficie approximative de 248 000 kilomètres carrés et une population de 14 millions d'habitants.

2. **Le relief et les côtes.** — Sillonnée de plissements d'origine alpine à l'Ouest, constituée par de hauts plateaux à l'Est, la Yougo-Slavie constitue, dans l'ensemble, une région montagneuse entre deux dépressions : celle de la mer Adriatique et celle de la plaine de Hongrie.

On distingue en Yougo-Slavie trois régions : les Alpes Dinariques, les plateaux intérieurs, la côte adriatique.

1° **Les Alpes Dinariques**, plissements parallèles à la côte adriatique, se raccordent aux Alpes par les plateaux calcaires, perméables, secs et nus, de la *Carniole*, du *Karst* et de l'*Herzégovine*. Les Alpes Dinariques sont orientées du Nord-Ouest au Sud-Est. Elles atteignent de 1 500 à 1 800 mètres aux *monts Kapela*, dans le massif de *Bosnie*, au Nord-Ouest ; plus de 2 500 mètres, dans le massif de *Tchernagora* ou *Monténégro* (Dormitor, 2 628 m.), au Centre ; plus de 3 000 mètres dans le *Tchar Dagh*, au Sud-Est.

Les Alpes Dinariques appartiennent à la zone méditerranéenne. Les pluies, tombant surtout en hiver, comme dans toute la zone méditerranéenne, sont très abondantes sur les hautes montagnes. Elles y entretiennent des forêts qui contrastent avec la nudité du Karst, beaucoup plus sec ; des alpages garnissent les sommets. Ces montagnes donnent naissance à des rivières pas très longues, mais assez riches en eau, qui coulent vers la Save (*Una*), ou vers le Danube lui-même (*Morava serbe*) par d'étroites vallées parallèles qui traversent les plissements et les plateaux.

Fig. 1. — DÉFILÉ DANS LES MONTS DE BOSNIE.

Dans le Nord des Monts de Bosnie, les montagnes et les plateaux sont faits de calcaires perméables et secs : l'érosion les a sculptés jusqu'à leur donner l'apparence de ruines ; ils sont presque entièrement dénués de végétation.

Fig. 1. — Cattaro.

Cattaro, sur la côte dalmate, est la rade la plus sûre de la mer Adriatique. Elle est retirée au fond d'un long golfe ramifié, étroit et profond : les " bouches de Cattaro". Un mur montagneux en arrière la sépare malheureusement de l'intérieur. (Phot. Laforest.)

Fig. 2. — Belgrade.

Belgrade est bâtie sur le Danube, au confluent de la Save et non loin du confluent de la Morava qui ouvre la route de la mer Égée : de là une grande importance commerciale. Belgrade couvre la crête et les flancs d'un promontoire entre la Save et le Danube.

2° Les **plateaux intérieurs** constituent la portion essentielle de la *Serbie* proprement dite ; *Vieille Serbie* et *Serbie Moravienne*. Ils forment de hautes masses épaisses et trapues, les *planinas*, dont les hauteurs sont boisées ou couvertes de pâturages. Les planinas sont découpées par une série de bassins déprimés, tapissés d'alluvions fertiles ; les principaux sont, à l'intérieur, les *bassins de Nich*, de *Skoplié* et de *Monastir*. Le premier est traversé par la *Morava*, qui va, au Nord, vers le Danube, et le second par le *Vardar*, qui va, au Sud, vers la mer Égée. Ils se complètent, vers le Nord, et vers le Sud, par deux plaines plus vastes : vers le Nord, par les *plaines de Belgrade*, de *Slavonie*, de *Croatie* et du *Banat* (cette dernière partagée avec la Roumanie) ; vers le Sud, par la plaine de *Macédoine* (celle-ci partagée avec la Grèce). Les ressources sont : les cultures dans les plaines, et l'élevage, notamment celui des porcs, sur les planinas.

3° La **côte adriatique** est du type rocheux. Dans la moitié septentrionale, ou *côte dalmate*, une partie des anciennes chaînes dinariques ont été noyées par la mer et ne laissent plus pointer hors de l'eau, en forme d'îles allongées, que leurs anciennes crêtes : nombreux ports de pêche, qui peuvent devenir de bons ports de commerce : *Zadar*, ou *Zara* (qui appartient à l'Italie), *Spalato*, *Raguse*. La moitié méridionale, ou *côte monténégrine*, dépourvue d'îles, mais non moins rocheuse et découpée, possède aussi de bons ports : *Cattaro*, sur un golfe particulièrement bien abrité ; *Antivari*, *Dulcigno*.

3. Population et villes. — La Yougo-Slavie, couverte de montagnes et de hauts plateaux sur la plus grande partie de son étendue, n'a qu'une population relativement peu nombreuse, composée d'agriculteurs et surtout de bergers. L'élevage (moutons, porcs) forme sa principale ressource.

Les habitants appartiennent à trois branches de Slaves : les *Slovènes*, les *Croates*, les *Serbes*.

Les principales villes sont : *Liubliana* (Laibach), en Carniole ; *Zagreb* (Agram), en Croatie ; *Serajevo*, en Bosnie ; *Cettinyé*, en Monténégro ; *Belgrade*, la capitale, sur le Danube, *Nich*, *Skoplié* et *Monastir*, en Serbie. Ce sont, avant tout, des marchés. On a cité plus haut les principaux ports.

Le pays vit presque uniquement de l'agriculture et de l'élevage. Il est mal pourvu de voies de communication. Cependant les voies ferrées de Budapest à Trieste et de Budapest à Salonique et Constantinople traversent le Nord de la Yougo-Slavie.

LECTURE

La Yougo-Slavie a besoin de voies ferrées. — La Yougo-Slavie est un pays de ressources presque exclusivement agricoles. Jusqu'à ce jour, les seuls produits de sa culture et de son élevage qu'elle ait exportés en grand sont les fruits séchés (en particulier les prunes), le maïs et les porcs. Quand ses territoires du Sud et du Sud-Ouest, de climat chaud et méditerranéen, se seront développés, elle y trouvera un autre produit excellent d'exportation : la soie. Elle pourra aussi en exporter des fruits et des légumes. Mais tous ces produits nécessitent pour l'exportation en grand des voies ferrées dont la Yougo-Slavie est actuellement fort mal pourvue. En dehors de la grande voie ferrée qui vient de Trieste et qui, de Belgrade, se dirige par un embranchement vers Constantinople et par un autre vers Salonique et vers Athènes, la Yougo-Slavie ne possède presque pas de chemins de fer. En particulier, elle n'a pas de bonnes voies de communication qui unissent les riches plaines de la Serbie aux excellents ports qui se succèdent sur les 1200 km. de côtes qu'elle possède sur l'Adriatique. Aussi aucun de ces ports n'est-il présentement un port de commerce. C'est par Trieste et Fiume, ports italiens, que la Yougo-Slavie fait aujourd'hui presque tout le commerce. Cette situation pourra changer le jour où des voies ferrées, assez coûteuses à établir, traverseront de l'Est à l'Ouest la Yougo-Slavie, depuis le Danube jusqu'à l'Adriatique.

RÉSUMÉ. — La Yougo-Slavie, ou *Royaume des Serbes, Croates et Slovènes*, comprend la Serbie, la Carniole, la Croatie, la Slavonie, la Bosnie, l'Herzégovine et le Monténégro. Cet ensemble est constitué par trois régions naturelles : 1° les *Alpes Dinariques* (monts Kapela, Tchar Dagh), qui sont flanquées au Nord par les plateaux secs du *Karst* et qui forment une zone de bois et d'alpages ; 2° les *plateaux intérieurs*, hautes terres de prairies, ou *planinas*, creusés de bassins propres aux cultures (bassins de Nich, de Skoplié et de Monastir et flanqués au Nord des riches plaines de Belgrade, de Croatie, de Slavonie et du Banat ; 3° la côte adriatique, découpée, riche en îles et en ports (Zara, port italien ; Spalato, Raguse, Cattaro, Antivari, Dulcigno).

La Yougo-Slavie est peuplée de Slaves (Serbes, Croates, Slovènes). Les principales villes sont : *Belgrade*, la capitale, Liubliana, Zagreb, Serajevo, Nich, Skoplié et Monastir.

La Yougo-Slavie est surtout un pays d'agriculture et d'élevage.

Exercices. — 1. Détails de la Yougo-Slavie dans la carte de l'Europe Centrale. — 2. Caractérisez les diverses régions naturelles de la Yougo-Slavie.

Fig. 1. — La plaine roumaine.

Du Danube aux Karpates s'étend la vaste plaine roumaine, presque sans ondulations. Il y règne un climat continental, avec des hivers très rigoureux et des étés très chauds. Cette plaine est une riche terre à céréales : blé, avoine et maïs. Aussi la Roumanie est-elle avant tout un pays producteur et exportateur de grains. D'autre part, on élève des bœufs, des chevaux et surtout des moutons.

Fig. 2. — Mines de pétrole de Bustenari.

Comme autre richesse, la plaine roumaine voisine des Karpates possède des ressources minérales. La plus importante sans contredit est constituée par de très nombreux gisements pétrolifères qui forment une bande d'environ 10 kilomètres de large au pied des Karpates, et dont une partie seulement est jusqu'à ce jour exploitée. Il y a là pour la Roumanie une source de gros profits.

XIV. — La Roumanie.

1. L'État Roumain. — La Roumanie a 296 000 kilomètres carrés et 17 millions d'habitants.

2. Le relief et le sol. — La Roumanie se compose de deux régions profondément différentes : l'une, tout en plaines ; l'autre, tout en plateaux et en montagnes.

La région de plaines comprend : 1° à l'Est des Karpates, la *Bessarabie* et la *Moldavie*, qu'arrosent deux affluents du Danube, le *Sereth* et le *Prout*; 2° au Sud des Karpates, entre les Alpes de Transilvanie et le Danube, la *Valachie*, arrosée par deux affluents du Danube, l'*Oltu* (Aluta) et la *Dimbovitsa*; 3° entre le Danube et la mer Noire, la *Dobroudja*.

Ces plaines, prolongement de la plaine russe, ont, comme elle, un climat extrême, avec des hivers souvent très rigoureux; mais ce climat n'empêche pas la culture du maïs de réussir dans les parties plus arrosées; la culture du blé, ainsi que l'élevage des bœufs, des chevaux et des moutons, dans les parties plus sèches. La vigne elle-même y prospère. Les plaines roumaines ont donc une grande richesse agricole à laquelle s'ajoute une richesse minière; celle des gîtes de pétrole, qui s'allongent au pied des Karpates.

La région comprend :

1° Les *Karpates méridionales* ou *Alpes de Transilvanie* (mont *Gugu*, mont *Negoiu*, 2 536 m., etc.), qui tombent en abrupt vers le Sud, sur la plaine de Valachie, et s'abaissent en longue pente vers le Nord-Ouest;

2° Le *plateau de Transilvanie*, versant Nord-Ouest des Alpes de Transilvanie, au sol rocheux, au climat âpre et rude, qui a, comme principales ressources, des bois, des pâturages à bœufs et à moutons et des gîtes métallifères. Ce massif cristallin, haut et épais, difficile d'accès et pauvre, est creusé en son centre par le bassin intérieur du *Mures*, affluent de la rivière hongroise, la Tisza.

3. Population et villes. — Malgré l'étendue de sa région montagneuse, la Roumanie a une densité de population relativement assez importante : 57 habitants en moyenne par kilomètre carré.

Ces habitants appartiennent à la race latine ; les Roumains font remonter leur origine aux colonies de soldats romains que l'empereur Trajan avait établies dans l'ancienne province de Dacie, ou Transilvanie actuelle. Ils sont, avant tout, pasteurs et agriculteurs ; la vie du pays est, quant à présent, presque exclusivement agricole.

La région des montagnes et des plateaux est naturellement celle qui compte le moins d'habitants et les villes les moins importantes. La plupart de celles-ci portent un nom roumain, un nom hongrois, et parfois un nom allemand, des colonies allemandes s'étant implantées dans le pays pour l'exploitation des mines : ainsi *Brasov*, *Brasso* ou Kronstadt ; *Cluj*, Kolozsvar ou Klausenburg ; *Temisoara*, ou Temesvar.

La région des plaines est plus peuplée. On y trouve de nombreuses villes qu'on peut répartir en deux groupes : 1° les villes-marchés, situées au point de contact de la zone des plaines et de la zone des montagnes, *Cernauti*, *Iasi*, *Ploesti*; les plus importantes des villes de ce groupe sont *Chisinau* en Bessarabie, et surtout *Bucarest* (345 000 hab.), devenue la capitale de la Roumanie, parce qu'elle occupe une situation centrale de premier ordre, d'une part à mi-chemin entre les Alpes de Transilvanie et le Danube, de l'autre au point de contact de la Moldavie et de la Valachie, les deux provinces historiques de la Roumanie ; 2° les villes-ports du Danube : *Orsova*, *Braïla*, *Galats*, *Izmaïl*, qui sont les entrepôts des blés et des pétroles de Roumanie.

La Roumanie possède, en outre, dans la Dobroudja, dont la côte est basse, plate, peu hospitalière, le port de *Constantsa*, terminus d'une importante voie ferrée, l'un des ports d'avenir de la mer Noire.

Jusqu'à présent, les ressources de la Roumanie ont été principalement agricoles ; l'agriculture proprement dite (maïs, blé, avoine, vignes) et l'élevage (bovins, moutons, porcs, chevaux) suffisent à nourrir le peuple roumain et, de plus, alimentent pour la majeure partie le commerce d'exportation.

Mais la Roumanie possède deux autres avantages. Ce sont : 1° les gîtes pétrolifères de la Valachie (Ploesti, Bustenari, etc.), qui font de la Roumanie le second pays producteur de pétrole en Europe ; 2° le Danube, dont le cours grandement amélioré (notamment au passage des Portes de Fer) fait de la Roumanie une des portes de l'Europe centrale

LECTURE

La Roumanie a deux principales ressources : les céréales et le pétrole. — La Roumanie possède de vastes plaines dont les limons sont propres à la culture des céréales : la Valachie, la Moldavie, la Bessarabie. Dans les parties les plus sèches, près des Karpates, on cultive surtout le blé et l'avoine. Dans les parties les plus humides, vallées du Danube et ses affluents, on cultive surtout le maïs. Les ports du Bas-Danube ainsi que celui de Constantsa, sur la mer Noire, exportent beaucoup de maïs et de blé.

La Roumanie possède une autre grande richesse : le pétrole dont les gîtes s'allongent au pied des Karpates. Le plus riche est celui de Ploesti, en Valachie. Le temps n'est pas encore très loin où l'extraction du pétrole était limitée à certains gîtes et se faisait d'une façon fort rudimentaire. Aujourd'hui les exploitations pétrolifères de Roumanie n'ont rien à envier par leur perfection technique à celles des Etats-Unis. La Roumanie vend du pétrole aux pays de l'Europe centrale et même à certains pays de l'Europe occidentale, et notamment à la France.

RÉSUMÉ. — **La Roumanie comprend une région de plaines et une région de montagnes. La première se compose des plaines de** *Bessarabie,* **de** *Moldavie,* **de** *Valachie* **et de** *Dobroudja,* **traversées par le** *Danube* **inférieur; de climat excessif, mais de sol excellent, elles sont propres à la culture et à l'élevage; elles possèdent des gîtes de pétrole. La seconde se compose des** *Karpates méridionales,* **qui encadrent le haut** *plateau de Transilvanie,* **traversé par le** *Mures;* **c'est une région de bois, de pâturages et de mines.**

Les Roumains sont d'origine latine. Leurs villes principales sont : en Transilvanie, *Brasov, Cluj. Temisoara;* **dans les plaines,** *Bucarest,* **la capitale,** *Cernauti. Iasi, Ploesti, Chisinau;* **les ports danubiens d'***Orsova, Braïla, Galats, Izmaïl,* **le port maritime de** *Constantsa.*

La richesse de la Roumanie lui vient surtout de la culture (blé, maïs, vigne) et de l'élevage (moutons, bœufs, etc.). En outre elle a des ressources minières, en particulier de riches gisements de pétrole, et elle tient la route du Danube inférieur.

Exercices. — 1. Détails de la Roumanie dans la carte de l'Europe Centrale. — 2. Les plaines de la Roumanie, leurs ressources et leurs villes.

XV. — L'Europe Orientale: la Russie et les Pays baltiques.

1. Le sol. — Hors les *massifs extérieurs* de *Crimée,* au Sud, du *Caucase,* au Sud-Est, et de l'*Oural,* à l'Est, l'Europe Orientale forme une grande plaine, avec un seul relief : le *plateau de Valdaï* (351 m.).

L'Europe Orientale n'est baignée que par des mers fermées (mer *Blanche,* mer *Baltique,* mer *d'Azov,* mer *Noire*) et par une mer intérieure (mer *Caspienne*). Elle s'y termine par des côtes basses, aux indentations évasées au Nord (*golfes de Botnie, de Finlande, de Riga*), lagunes fermées au Sud (*limans de la mer Noire*).

L'Europe Orientale a un climat excessif: hivers très froids, pendant lesquels mers et fleuves gèlent; étés très chauds, au début desquels mers et fleuves ont des débâcles violentes.

L'Europe Orientale a des fleuves très longs : la *Petchora,* la *Dvina,* qui se jettent dans l'Océan Glacial ; la *Neva,* la *Duna,* le *Niemen,* qui se jettent dans la mer Baltique; le *Dniestr,* le *Dniepr,* qui se jettent dans la mer Noire; le *Don,* qui se jette dans la mer d'Azov ; la *Volga,* l'*Oural,* qui se jettent dans la Caspienne. Tous ont un débit lent et modéré. Mais ils ont le double défaut de se terminer dans des mers fermées et de n'être navigables qu'en été, à cause des glaces d'hiver et des débâcles de printemps.

L'Europe Orientale a de grandes zones de végétation uniforme, qui se succèdent du Nord-Ouest au Sud-Est :
1° la **zone des toundras;**
2° la **zone des forêts;**
3° la **zone des steppes.**

Fig. 1. — La Russie et les Pays baltiques.

La **zone des toundras** est couverte de marécages glacés.

La **zone des forêts** forme, sur la moitié septentrionale de la Russie, un épais manteau d'arbres. Dans le Nord, de climat plus rude, dominent les *conifères* résineux: *mélèzes, pins, sapins,* à feuilles persistantes. Dans le Sud, de climat plus chaud, dominent les arbres à feuilles caduques: *hêtres, chênes, érables, trembles, tilleuls.*

La **zone des steppes** comprend :

1° La *zone de la mer Noire* ou *steppe noire* où une couche de terrain noir (*tchernoziom*), d'une extrême fécondité, constitue la *terre à blé;*

2° La *steppe proprement dite,* ou *steppe grise,* où la terre végétale ne manque pas, mais où le climat est sec; l'herbe ne se montre qu'à la saison des pluies; c'est la *terre à pâtures;*

3° La *steppe désertique,* ou *steppe blanche,* aride, sablonneuse et brûlée; c'est le *désert.*

Même sans tenir compte de la Caucasie, qui fait partie de l'*Asie* (voir p. 25), l'Europe Orientale a d'abondantes ressources minérales : *houille, fer, cuivre, petrole; platine et or* de l'Oural.

2. La population. — L'Europe Orientale a environ 165 millions d'habitants, 30 au kil. carré. Cette population s'accroît rapidement, grâce à une grande natalité.

L'émigration est assez forte. Elle porte surtout sur les *Finlandais*, les *Lituaniens* et les *Petits-Russiens* de l'Ouest qui émigrent aux États-Unis.

La population est surtout nombreuse dans la zone de la Terre Noire et dans les régions de l'Ouest.

Les 165 millions d'habitants, qui peuplent l'Europe Orientale, ne forment pas une seule race, ou une seule nation. Ils se divisent en sept races :

1° Les **Russes**, de race slave, qui représentent à peu près les trois quarts de cette population (120 millions). Ils se divisent en *Grands Russiens* (au Nord), *Petits-Russiens* ou *Ukrainiens* (au Sud), *Blancs-Russiens* (à l'Ouest). Ils peuplent une grande partie des forêts, de la zone de la Terre Noire et des steppes, une très faible partie de la région occidentale ;

2° Les **Polonais, Galiciens** et **Ruthènes**, de race slave, qui représentent plus du huitième de cette population (22 millions). Ils peuplent la partie la plus riche de la région occidentale (région des limons et des mines. Ils se trouvent aujourd'hui, pour le plus grand nombre, sur le territoire de la Pologne (v. p. 105) ;

3° Les **Esthoniens, Lettons** et **Lituaniens**, de race slave plus ou moins pure (environ 5 millions). Ils peuplent les États Baltes ;

4° Les **Finnois**, de race mongole (4 700 000), qui peuplent la Finlande, au Nord ;

5° Les **Tartares**, de race mongole (6 400 000), qui peuplent une partie des steppes, au Sud-Est ;

6° et 7° Des **Allemands** (2 400 000) et des **Juifs** (environ 5 millions), répartis un peu partout en colonies, mais surtout dans la région occidentale.

3. Division politique.
— L'Europe orientale comprend six États :

1° La *Russie* ;
2° La *Pologne* (voir p. 105-104) ;
3° Les trois États Baltes : *Lituanie, Lettonie, Esthonie* ;
4° La *Finlande*.

Fig. 1. — L'Europe orientale.

Les zones végétales de l'Europe Orientale se succèdent régulièrement du Nord au Sud. On en distingue trois principales qui sont : 1° sur les bords de l'Océan Glacial, une zone de toundras ; — 2° plus au Sud, une zone d'immenses forêts qui vont en s'éclaircissant vers le Sud, où une zone de cultures, conquise sur la forêt, est occupée aujourd'hui par des cultures alimentaires (seigle) et industrielles (lin, chanvre, betteraves) ; — 3° une zone de steppes riche au Nord, où elle est bien arrosée (Terre-Noire), inculte et déserte au Sud, faute d'assez d'humidité.

Fig. 2. — La Toundra.

La toundra, qui occupe tout le Nord de l'Europe orientale sur les bords de l'Océan Glacial, est, en hiver, glacée et couverte de neige. Avec le printemps, la surface dégèle, mais le sous-sol reste gelé et par suite imperméable ; les eaux provenant de la fonte des neiges d'hiver forment des marécages d'où émergent quelques buttes couvertes de lichens et de mousses. On y trouve aussi des arbres : mais sous ce climat rude, au lieu de croître en hauteur, ils poussent en largeur, en buissons. Le massif ci-dessus représente un seul arbre centenaire.

4. La Russie. — La Russie comprend la majeure partie de l'immense plaine. Elle a 139 millions d'habitants avec la Russie d'Asie.

Elle forme une union fédérale : l'*Union des Républiques socialistes soviétiques* (U. R. S. S.), dont la principale est la *République des Soviets Russes*, qui comprend dix républiques autonomes, et avec laquelle sont fédérées l'*Ukraine* et la *Russie Blanche*.

Les principales villes sont *Moscou* (1 772 000 hab.), la capitale : *Leningrad*, anciennement *Saint-Pétersbourg*, puis *Pétrograd* (1 071 000 hab.), *Saratov*, *Kazan*, en Grande-Russie ; *Kiev* (403 000 hab.), *Kharkov*, *Iekaterinoslav*, et les grands ports d'*Odessa* (434 000 hab.) et de *Rostov*, en Ukraine ; *Astrakhan*, dans les pays cosaques.

Les *voies ferrées*, qui se sont développées depuis 1885, atteignent plus de 75 000 kilomètres. C'est beaucoup en soi, mais c'est peu relativement à la vaste superficie du pays.

Les *forêts* couvrent les deux cinquièmes du territoire. L'exploitation est très rudimentaire. Elle est, pour l'instant, limitée aux régions les moins éloignées de la mer Baltique.

L'élevage comprend l'élevage des bêtes à cornes, dans la région baltique, mais surtout l'élevage extensif, dans les steppes, des *chevaux* et des *moutons*, pour lequel la Russie est le premier pays d'Europe.

L'agriculture est de beaucoup la ressource principale. Elle comprend :

1° Les *cultures alimentaires*, blé, seigle, avoine, qui, dans la région de la Terre Noire, se succèdent en cet ordre, du Sud au Nord ;

2° Les *cultures industrielles*, lin, chanvre, betterave, houblon, tabac, qui sont surtout concentrées près de la Baltique.

Malgré ses ressources minières (houille, pétrole, fer, cuivre, manganèse), la Russie n'a de grandes industries que depuis 1890. Ces industries sont : l'industrie métallurgique ; les industries textiles, surtout l'industrie des *toiles de lin et de coton* ; les industries alimentaires, surtout l'*industrie sucrière*, les industries du bois.

Le commerce est encore faible. Mais les ressources de la Russie peuvent plus tard alimenter un commerce puissant.

C. C. 31

Fig. 1. — La forêt russe traversée par le Transsibérien.

Fig. 2. — Un village ukrainien dans la steppe noire.
(*Phot. Vérascope Richard.*)

La Russie peut exporter surtout des *matières premières* (lin, chanvre, laine, bois, pétrole) et des *produits alimentaires* (céréales, blé et seigle, beurre, viande).

Elle peut importer surtout des *produits fabriqués*, certaines *matières premières* (houblon, coton, soie) et *alimentaires* (vin et surtout thé).

5. Les États baltes.

— Les États baltes sont :
1° La Lituanie (4 800 000 hab.), cap. *Kaunas* ou *Kovno* ;
2° La Lettonie (1 844 000 hab.), cap. *Riga* (337 000 hab.) ;
3° L'Esthonie (1 110 000 hab.), cap. *Tallinn* ou *Revel*.

De climat humide, de sol granitique ou sableux, ces pays possèdent des bois, des prairies d'élevage, et sont favorables à la culture du chanvre et du lin. Ils peuvent donc fournir aux pays industriels du voisinage, et notamment à la Pologne, certaines denrées alimentaires (viande, beurre), et surtout deux matières essentielles pour ses industries : le bois et les textiles. Ils doivent en recevoir des produits fabriqués.

D'autre part, ils servent de débouchés aux céréales que produisent les parties les plus septentrionales de la Russie du Sud (Russie-Blanche). Le port de *Riga* exporte surtout du blé, du bois et du lin.

6. La Finlande.

— Plate-forme granitique creusée de lacs, sillonnée d'un lacis de rivières, couverte de forêts et de prairies, la Finlande est un pays d'exploitation forestière, d'élevage, et, grâce à ses chutes d'eau, d'industrie métallurgique.

Elle exporte vers l'Europe Occidentale du beurre et beaucoup de pâte de bois pour l'industrie du papier.

La population (3 495 000 hab.) est surtout rurale. Les villes sont des ports. La principale est *Helsingfors* ou *Helsinki* (208 000 hab.).

LECTURE

La Russie est à l'Europe ce que le Far-West est aux Etats-Unis. — On a vu qu'aux Etats-Unis il y a une région très industrielle : c'est celle qui s'étend entre l'Océan Atlantique et les Grands Lacs. On a vu aussi qu'au delà de cette région, et jusqu'au Pacifique, s'étend un immense pays de plaines et de hauts plateaux où l'on trouve d'abord de vastes champs de blé et de maïs, puis d'immenses prairies où l'on élève le bétail, puis des régions possédant des mines de fer, de cuivre, de plomb, d'or, d'argent, de pétrole. C'est grâce aux aliments et aux matières premières que l'on trouve dans cette immense région : le Far-West, que la région industrielle des Etats-Unis peut nourrir sa population et alimenter ses industries.

En Europe il y a également des régions industrielles très actives entre l'Océan Atlantique, la mer Baltique et la mer Noire. Mais ces régions industrielles surpeuplées ne trouvent pas dans leur sol toute la nourriture nécessaire à leurs habitants. Elles ne trouvent pas sur leur sol et dans leur sous-sol toutes les matières premières nécessaires à leurs industries. Or, au delà du Dniestr et de la Vistule, l'immense plaine russe comporte, au Nord, une immense forêt, qui pourrait fournir à l'Europe tout le bois dont ses papeteries ont besoin ; au Sud, d'immenses steppes, dont les unes constituées par la bonne terre noire, pourraient fournir à l'Europe occidentale tout le blé, l'avoine et les autres céréales dont elle a besoin, et dont les autres moins fertiles se prêtent à l'élevage du bétail et notamment des moutons dont la laine pourrait alimenter les filatures de l'ouest. En outre la Russie possède dans le Sud non seulement des mines de houille et de fer qui lui donnent la possibilité de développer elle-même une puissante métallurgie, mais des mines de manganèse, minerai indispensable à l'aciérie, que l'Europe occidentale ne possède pas, des gîtes de pétrole, des gisements de cuivre, de plomb, de zinc et de platine. Toutes ces ressources pourraient fournir à la zone industrielle de l'Europe autant de ressources naturelles que le Far-West en fournit à la zone industrielle des Etats-Unis.

RÉSUMÉ. — L'Europe Orientale est une immense plaine, encadrée par les *monts de Crimée*, du *Caucase* et de l'*Oural* et ne comportant aucune autre hauteur que le *plateau de Valdaï*. Massive, de climat rude et peu humide, elle comporte du Nord au Sud trois régions naturelles : *la toundra*, la *forêt* et la *zone des steppes* (steppe noire, propre aux cultures ; steppe grise, propre aux pâtures ; steppe blanche, ou désert). L'Europe Orientale a de nombreuses ressources minières (houille, fer, cuivre, pétrole, or et platine).

La **population** de l'Europe Orientale comprend des *Russes*, des *Polonais*, *Galiciens* et *Ruthènes*, des *Esthoniens*, *Lettons* et *Lituaniens*, des *Finnois*, des *Tartares*, des *Allemands* et des *Juifs*. Son territoire se partage, outre la Pologne, déjà étudiée, entre cinq Etats.

La *Russie*, ou *Union des Républiques Socialistes Soviétiques*, est le plus grand. Sa capitale est *Moscou* ; ses villes principales, *Leningrad*, *Saratov*, *Kazan*, *Kiev*, *Kharkov*, *Iekaterinoslav*, *Odessa*, *Rostov*, *Astrakhan*. Elle a de grandes ressources végétales (forêts, céréales, lin, etc.), animales (élevage des bœufs, des chevaux, des moutons) et minérales (houille, pétrole, fer, cuivre, manganèse). L'industrie est à ses débuts.

Les *Etats baltes* (*Lituanie*, cap. *Kaunas* ; *Lettonie*, cap. *Riga* ; *Esthonie*, cap. *Tallinn*) produisent du bois, du lin, des produits de l'élevage (viande, beurre).

La *Finlande* (cap. *Helsingfors*) exporte surtout du bois, de la pâte à papier et du beurre.

Exercices. — 1. Carte de l'Europe Orientale. — 2. Les régions naturelles de l'Europe Orientale (climat, sol, végétation, ressources). — 3. Quelle utilité la Russie peut-elle avoir, grâce à ses ressources, pour les Etats industriels de l'Europe ?

XVI. — La Péninsule des Balkans.

1. Le relief de la péninsule des Balkans. — La péninsule des Balkans a un relief extraordinairement découpé. On peut y distinguer cinq régions principales :

1° Les *monts Balkans* forment un massif jeune et haut séparé du Rhodope par une longue dépression, la *dépression bulgare*, et flanqué au Nord du *plateau pré-balkanique*, qui domine le Danube.

2° Le *Rhodope* est un massif ancien, flanqué au Sud par la *plaine de Macédoine*.

3° La *Yougo-Slavie* a été étudiée ci-dessus (p. 109).

4° L'*Albanie* est un plateau massif.

5° La *péninsule proprement dite* est sillonnée de chaînes coupées brusquement par la mer, qui encadrent de petites plaines. Elle est riche en golfes, en caps, en îles.

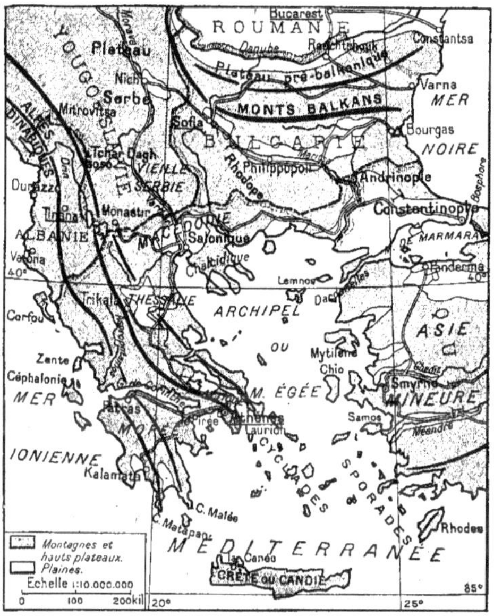

Bien que dans toute la région les montagnes dominent, il y a là une opposition nette entre le Nord et le Sud.

Le *Nord* est massif et possède de larges plateaux (*Serbie, Macédoine*), ou de hautes plaines intérieures (*Bulgarie*).

Le *Sud* est très accidenté (*Thessalie, Attique, Morée*).

2. Les côtes de la péninsule. — La même opposition existe entre le Nord et le Sud pour la nature des côtes.

Le *Nord* a des côtes alluviales et basses (côtes de la *Mer Noire* et de la *Mer de Marmara*, unies par le *Bosphore*), ou des côtes de type dalmate (voir p. 110, côtes de l'Adriatique).

Le *Sud*, très découpé par trois mers (*Mer Ionienne, Méditerranée, mer Egée ou Archipel*), est extraordinairement riche en golfes (*Golfe de Corinthe*), en presqu'îles (*Chalcidique, Attique, Morée*), en caps et surtout en îles (*Corfou, Zante, Céphalonie, Crète* ou *Candie, Cyclades, Sporades*), qui, du côté de l'Est, l'unissent à l'Asie Mineure.

tombant en été ; hiver secs où domine le vent du Nord-Est, ou *crivet*, tandis qu'en été domine le vent du Sud-Ouest, ou *austral*.

Pour l'*hydrographie*, le *Nord* est le tributaire du *Danube* et de ses affluents. Le principal de ces affluents est la *Morava serbe*. Ce sont des rivières abondantes, avec de grandes crues au printemps, c'est-à-dire à l'époque de la fonte des neiges. Comme tous les grands fleuves qui débouchent dans la Méditerranée ou dans ses mers secondaires, le Danube se termine par un immense delta.

Toutes les rivières du *Sud* sont des torrents méditerranéens. Les principales de ces rivières sont la *Maritsa*, le *Vardar* et l'*Aspropotamo*.

Pour la *végétation*, le *Nord* est couvert par la *steppe* (dans les plaines et sur les plateaux), ou par la *forêt* (sur les montagnes) ; la culture des céréales y réussit merveilleusement dans les plaines. Le *Sud* est couvert par les arbres méditerranéens (*cyprès, pin*), et par le *maquis* ; les produits méditerranéens y réussissent ; *vigne, olivier, oranger*.

4. La population des Balkans. — La péninsule des Balkans est habitée par huit races différentes :

1° Les *Grecs* (8 millions environ, 9 millions en comprenant les îles) ;

2° Les *Albanais* (1 600 000 environ) ;

3° Les *Serbes*, d'origine slave (2 500 000) ;

4° Les *Bulgares* (3 750 000), d'origine mongole et de civilisation slave ;

5° Les *Turcs* (2 500 000), d'origine mongole, anciens maîtres de tout le pays ;

6° Des *Roumains* ;

7° Des *Tziganes* ;

8° Des *Juifs*.

Elle constitue en totalité ou en partie six Etats : la *Roumanie* (voir p. 111-112), la

Fig. 1. — CARTE DE LA PÉNINSULE BALKANIQUE.

Bulgarie, la *Yougo-Slavie* (voir p. 109-110), l'*Albanie*, la *Turquie*, la *Grèce*.

3. Le climat, l'hydrographie et la végétation. — La même opposition existe entre le Nord et le Sud pour le climat, l'hydrographie et la végétation.

Pour le *climat*, dans le *Sud*, c'est-à-dire dans la partie vraiment péninsulaire et dans les îles, règne le *climat méditerranéen* : étés brûlants, hivers doux, avec des coups de froid aux époques où souffle la *bora*, ou vent du Nord ; pluies d'automne et d'hiver. Les étés, naturellement secs dans toute la zone méditerranéenne, voient ici cette sécheresse aggravée par les *vents étésiens*, qui soufflent presque toute la journée de l'intérieur vers la mer.

Dans le *Nord*, l'influence méditerranéenne est presque insensible, et les plaines danubiennes ont un *climat continental* : étés très chauds, hivers très froids ; pluies d'orage

5. La Bulgarie. — La Bulgarie (5 115 000 hab.) a un territoire composé de trois grandes régions naturelles :

1° Le plateau *prébalkanique*, qui domine le Danube. C'est une région de *blé*. Les villes sont surtout des marchés agricoles ; *Rouchtchouk*, dominant le fleuve ; *Varna*, sur la mer.

2° Les *Balkans*, plus propres à l'élevage qu'aux cultures, peu peuplés ;

3° La dépression *bulgare* entre les Balkans et le Rhodope. Le climat y est plus doux que dans les montagnes ; à côté des *céréales* on y cultive la *vigne*, le *mûrier*, les *roses* dont l'essence est le principal produit manufacturé du pays. Cette dépression ouvre une communication à travers les massifs, entre le Danube et le Bosphore : la *ligne transcontinentale de Vienne à Constantinople* l'emprunte. La Bulgarie lui doit son

Fig. 1. — VILLAGE DE MAVROVONNI (GRÈCE).

Type de paysage grec. Le pays est tout couvert de montagnes calcaires ; le sol en est pierreux : presque partout la roche perce une très mince couche de terre végétale. D'autre part, le climat méditerranéen a pour caractère dominant la sécheresse. De ces deux conditions résulte une végétation pauvre où les premières places reviennent à l'olivier et au cyprès. L'aspect est, du reste, celui de tant de régions méditerranéennes : en particulier, on trouverait dans notre Provence maint paysage qui rappelle celui-ci.

Fig. 2. — CONSTANTINOPLE : LA CORNE D'OR ET LE PONT DE PÉRA.

Constantinople occupe principalement un promontoire compris entre la mer de Marmara et une sorte d'estuaire très allongé qu'on appelle la Corne d'Or. La Corne d'Or sépare la ville proprement dite, ou Stamboul, de ses faubourgs de Galata et de Péra, centres des affaires. Deux ponts franchissent la Corne d'Or et font communiquer Stamboul avec Galata et Péra.

Extrait du film Gaumont : Le raid aérien « *Londres-Constantinople à travers l'Europe centrale.* »

importance économique et politique. Les villes principales y sont situées : **Sofia**, la capitale (154 000 hab.) et *Philippopoli*.

6. L'Albanie. — L'*Albanie* s'étend sur une région montagneuse, fragmentée, où chaque vallée est occupée par un clan indépendant de pasteurs et de cultivateurs aux mœurs très primitives. Sa capitale est *Tirana*. Les seuls ports importants sont *Durazzo* et *Valona*.

7. La Grèce. — La Grèce (6 200 000 hab.), comprend trois régions différentes : 1° une **région continentale** avec des plaines assez étendues : *Macédoine, Thessalie* ; 2° une péninsule : la **Morée**, unie à la région continentale par l'*isthme de Corinthe* ; 5° un grand nombre des îles de l'**Archipel** : *Cyclades, Sporades, Crète*, etc.

Tous ces territoires, découpés et fragmentés, sont pénétrés profondément par la **Méditerranée**, dont l'influence est sensible partout. Aussi, le climat est-il sec, les étés chauds, les hivers tièdes.

Ces caractères du sol et du climat déterminent :

1° *Une agriculture assez précaire et localisée.* — Le cinquième du sol, à peine, est cultivé. On cultive la vigne, l'olivier et les figuiers. Mais la plus grande partie du territoire sert à l'élevage de moutons et de chèvres ;

2° *Une vie maritime intense.* — Chaque golfe a son port de pêche ;

5° *Une grande activité commerciale.* — La Grèce n'a presque aucune industrie ; elle n'a d'industrie extractive que dans les *mines du Laurion* (fer, cuivre, zinc). Mais elle exporte en assez grande quantité des vins, de l'huile et surtout des fruits, raisins secs et figues sèches. De là l'importance des ports de la péninsule (*le Pirée, Patras*), et des îles (le principal port des îles est *la Canée*, dans l'île de Crète). D'autre part, en Macédoine, *Salonique* (263 000 hab.) est le terminus de la grande voie ferrée qui unit l'Europe Centrale à la Méditerranée.

La capitale de la Grèce est **Athènes** (385 000 hab.).

8. La Turquie d'Europe. Constantinople. — La Turquie possède en Europe la région de **Constantinople** (900 000 hab.) et **Andrinople**. Constantinople commande, sur l'étroit Bosphore, une double route, de terre et de mer :

1° **Route de terre.** Au Bosphore aboutissent les deux routes européenne et asiatique, dont la première quitte le Danube à Belgrade et dont la seconde part de Scutari pour gagner la Perse.

2° **Route de mer.** Le Bosphore, qui unit la mer Noire à la mer de Marmara, est le débouché maritime des blés de la plaine russe, des pétroles du Caucase.

LECTURE

Constantinople est un des carrefours du monde. — Constantinople, la ville de Constantin, capitale de l'Empire romain d'Orient, puis de l'Empire grec d'Orient, sous le nom de *Byzance*, puis de l'Empire latin d'Orient, puis de l'Empire ottoman, sous le nom de *Stamboul*, aujourd'hui grande ville de la république turque, n'a cessé depuis sa fondation de jouer un rôle considérable dans l'histoire. Napoléon disait que c'était « une des clefs du monde ». Pourquoi ?

L'importance de Constantinople lui vient de sa situation au croisement de routes de terre et de mer très importantes.

1° *Route de terre.* — Entre l'Europe centrale et l'Orient asiatique, le Bosphore est le seuil et le point de jonction entre les deux routes européenne et asiatique, dont la première, quittant le Danube à Belgrade, emprunte la dépression bulgare (vallée de la Maritsa) pour gagner Constantinople, dont la seconde part de son faubourg asiatique, Scutari, pour gagner, par les plateaux d'Asie Mineure, le Tigre et Bagdad, la Perse et l'Asie centrale. C'est « l'ancienne voie de la soie », par où le précieux produit, tissé ou non, venait jadis de l'Extrême Orient jusqu'aux marchés et aux tissages d'Europe.

Aujourd'hui, depuis le percement de l'isthme de Suez et la création d'une voie maritime pratique entre Europe et Orient, et ensuite, depuis la construction du chemin de fer transsibérien, cette route a perdu de son importance. Elle la reprendra quand sera achevée la construction de la grande voie ferrée menant de l'Europe à Bagdad ; le chemin de fer transeuropéen de Vienne à Constantinople (par Belgrade, Sofia, Philippopoli) fonctionne depuis longtemps déjà ; le tronçon asiatique de Scutari à Bagdad est déjà construit à travers le plateau d'Asie Mineure jusqu'au delà du Taurus ; ce sera la voie la plus rapide entre l'Europe, le Bosphore et le golfe Persique.

2° *Route de mer*. — Le Bosphore est un bras de mer long de 27 kilomètres et très étroit, puisque sa largeur, qui ne dépasse jamais 3 kilomètres et demi, se restreint en un point jusqu'à 550 mètres. Les eaux, qui en surface coulent de la mer Noire vers la mer de Marmara, achèvent de lui donner l'apparence d'un fleuve. Il unit ces deux mers, et, grâce aux Dardanelles qui lui font suite au delà de la mer de Marmara, il est le seul débouché maritime des blés de la steppe russe et des pétroles du Caucase vers la Méditerranée et le monde européen.

Constantinople occupe donc le point de croisement de deux très grandes routes : de là son importance considérable.

Cette ville immense a son centre dans la ville turque, sur la baie de la *Corne d'Or* et le détroit ; mais le cœur de son commerce bat dans les quartiers européens de *Péra* et de *Galata* qui s'étendent vers le Nord. Elle déborde sur la rive asiatique du Bosphore par le faubourg de *Scutari*. Cette ville de 900 000 habitants est un immense caravansérail où se mêlent l'Europe et l'Orient : « *Francs* » (Européens), *Turcs*, *Albanais*, *Arméniens*, *Arabes*, *Persans*, *Juifs*. Dans ce site unique au monde s'étend une ville curieuse, pittoresque, extrêmement vivante, qui a séduit tous ceux qui l'ont visitée.

RÉSUMÉ. — **La péninsule des Balkans est constituée, au Nord-Est, par les massifs des** *Balkans* **et du** *Rhodope*, **au pied duquel est la plaine de** *Macédoine*; **au Nord-Ouest, par les hautes terres de la** *Yougo-Slavie* **et de l'** *Albanie*; **au Sud, par la péninsule proprement dite, dont les chaînes encadrent des plaines maritimes (** *Thessalie*, *Attique*) **et se terminent par la presqu'île de** *Morée*.

Massive au Nord et découpée au Sud, elle a un climat continental au Nord et méditerranéen au Sud. Même opposition entre les cours d'eau (*Danube* **et** *Morava*, **au Nord;** *Maritsa*, *Vardar* **et** *Aspropotamo*, **au Sud) et la végétation des deux parties.**

La péninsule des Balkans a une population très composite : *Grecs*, *Albanais*, *Serbes*, *Bulgares*, *Turcs*, *Roumains*, *Tziganes* **et** *Juifs*.

La *Bulgarie* **(cap.** *Sofia*; **v. pr.** *Philippopoli*, *Rouchtchouk* **et** *Varna*) **produit surtout des céréales, des vins, de la soie, des roses.**

La *Grèce* **(cap.** *Athènes*; **v. pr. :** *Salonique*, *Patras*) **produit des vins, des fruits, de l'huile, des minerais, mais doit sa principale richesse, c'est-à-dire son activité commerçante, à sa situation maritime.**

L' *Albanie* **est une région montagneuse, de vie pastorale. Cap.** *Tirana*. **Ports :** *Durazzo* **et** *Vallona*.

La *Turquie d'Europe* **doit surtout son importance à la ville de** *Constantinople*. **Autre ville :** *Andrinople*.

Exercices. — 1. Carte de la péninsule des Balkans. — 2. Comparez le Nord et le Sud de la péninsule des Balkans : relief et côtes, climat et végétation, ressources. — 3. Importance de Constantinople.

XVII. — L'Italie.

1. Divisions de l'Italie.

— D'une superficie de 309 000 kilomètres carrés (la moitié de la France), l'Italie est longue de 1150 kilomètres et large au plus de 500 kilomètres (au Nord), au moins de 150 kilomètres (au Sud). Elle comprend : la *plaine du Pô*, la *péninsule* et les deux îles de *Sicile* et de *Sardaigne*.

2. La plaine du Pô.

— La plaine du Pô est encadrée au Nord et à l'Ouest par les *Alpes* (*Viso, Grand Paradis, Mont Rose, Bernina, Adamello, Alpes du Tirol*) ; au Sud, par l'*Apennin*.

La plaine du Pô est constituée par des alluvions. Elle se termine sur l'Adriatique par une côte sableuse et plate. Son climat est continental : étés chauds, hivers froids, pluies d'automne et d'été.

Le *Pô* traverse la plaine d'Ouest en Est. Il est abondant et régulier, grâce aux crues successives de ses affluents des Alpes et de ses affluents de l'Apennin. Autre fleuve : l'*Adige*, fleuve alpestre. Les deux fleuves n'ont qu'un même delta.

La population vit d'agriculture et d'industries diverses (pâtes alimentaires, métallurgie, soie, cotonnades, etc.). Elle est très dense à l'Ouest, dans le *Piémont*, capitale *Turin* (508 000 hab.) ; au Centre, dans le *Milanais*, capitale *Milan* (853 000 hab.) ; v. pr. *Côme, Mantoue* ; à l'Est, dans la *Vénétie*, capitale *Venise* ; dans l'*Emilie*, capitale *Bologne*, et dans l'*Istrie*, capitale *Trieste*, grand port de l'Adriatique (autre port : *Fiume*).

3. La péninsule.

— La péninsule comprend deux parties : 1° la montagne ou Apennin ; 2° les plaines et plateaux.

1° **La montagne** ou **Apennin**, longue chaîne peu élevée (*Gran Sasso d'Italia*, 2921 m.), mais très âpre, a un climat méditerranéen. Les rivières (*Arno, Tibre*) sont des torrents. La végétation est faite de maquis et de maigres pâturages.

La population clairsemée se compose de petites communautés pastorales, vivant de l'élevage des chèvres et des moutons. Telle est la vie des *Marches*, de l'*Ombrie*, des *Abruzzes*, de la *Calabre*. Seule, au Nord, la *Ligurie* doit à sa situation, au débouché des routes alpines, son commerce maritime et son grand port : *Gênes* (322 000 hab.).

2° Les **plaines et plateaux** descendent vers la côte. Entourées de volcans, qui sont tous éteints, sauf un (le

Fig. 1. — L'Italie.

La végétation n'est méditerranéenne qu'au pied des Alpes. Dans la plaine, c'est une végétation de zone tempérée. Grâce au sol d'alluvions et à l'irrigation, l'agriculture est florissante : *vignes, céréales* (blé, maïs, riz), *mûrier* (vers à soie).

Fig. 1. — La Campagne romaine.

La Campagne romaine est parsemée de ruines (tombeaux, temples, aqueducs, qui datent de la fin de la république romaine ou de l'empire. La route qu'on voit ici est l'ancienne Voie Appienne qui conduisait de Rome dans l'Italie méridionale. (Phot. Alinari.)

Fig. 2. — Schio.

La production de la soie grège et l'existence dans les Alpes de chutes d'eau nombreuses ont amené dans l'Italie du Nord le développement de l'industrie de la soie, et, plus généralement, des industries textiles. Schio est en Vénétie.

Vésuve), constituées par des alluvions volcaniques, les plaines sont chaudes et fertiles (céréales, oliviers, vigne, fruits).

Deux d'entre elles sont peu peuplées et peu exploitées : ce sont la *Campagne Romaine*, malgré l'existence de **Rome** (720 000 hab.), la capitale, et la *Basilicate* (golfe de Tarente).

Deux autres sont activement exploitées et très peuplées : le **plateau toscan**, avec **Florence** (260 000 hab.) et *Livourne*, et la *Campanie*, avec **Naples** (784 000 hab.).

4. La Sicile. — La Sicile forme une masse montagneuse, dominée par le grand volcan de l'*Etna* (3 313 m.), entourée de plaines couvertes d'alluvions fertiles.

Son climat, très doux, en fait le pays d'élection des produits méditerranéens et subtropicaux ; céréales, vigne, coton, canne à sucre, orangers, dattiers. De plus, sa côte très découpée y permet la vie maritime (pêche).

Sa population est très dense. Trois grandes villes : **Palerme** (405 000 hab.), *Messine* et *Catane*.

5. La Sardaigne. — La Sardaigne forme un haut massif, de végétation méditerranéenne ou alpestre, suivant l'altitude : maquis et maigres pâtures. Il est bordé de plaines mal drainées et malsaines. La population, rare, se compose de bergers et de pêcheurs. (Ville : *Cagliari*.)

6. La population de l'Italie. — La population de l'Italie est très dense : près de 40 millions d'habitants, soit 139 au kilomètre carré. Elle est surtout agglomérée dans les plaines du Pô, de la Toscane, de la Campanie et de Sicile.

7. Situation économique. — Malgré l'étendue du sol improductif (les deux cinquièmes), l'Italie, grâce à son climat et à ses plaines alluviales, produit :

1° Les **céréales** : *maïs, blé, riz*;

2° La **vigne** : l'Italie est le second producteur de vins du monde (vins de *Chianti, Asti, Marsala, Syracuse*);

3° Les **fruits méditerranéens** : *olives, oranges, citrons*, etc. ;

4° Les **cultures industrielles** : *mûrier*; l'Italie est, pour la production de la soie, le premier pays d'Europe, le troisième du monde;

5° Les **produits de l'élevage** : *bêtes à cornes et chevaux* de la plaine du Pô; *moutons* de la péninsule et des îles.

L'Italie n'a pas de richesse minière, sauf le *soufre* et le *marbre*. Elle souffre du manque de houille. Aussi les établissements industriels se sont-ils établis près des Alpes, pour utiliser la force motrice des torrents, ou près de la mer, pour importer plus facilement des matières premières.

Les principales industries sont l'*industrie des pâtes alimentaires*, grâce à la culture du maïs et du blé, l'*industrie métallurgique* et l'*industrie textile* du *coton* et surtout de la *soie*. *Milan* est le grand centre de la soierie.

8. Commerce et colonies. — L'Italie est une grande puissance commerçante. Elle exporte des *produits alimentaires* : vins, huiles, pâtes, fruits; de la *soie*; des *tissus de soie et de coton*. Elle importe des *céréales*, des *matières premières* (coton, laine, fer), de la *houille* et des *produits manufacturés*.

Son commerce se fait surtout avec les grands pays industriels de l'Europe (Royaume-Uni, France, Suisse, Allemagne), avec les États-Unis et avec la Tunisie (importation de céréales et de phosphates).

L'Italie a en Afrique un *empire colonial* assez important, qui comprend : 1° la *Libye*, sur la Méditerranée; 2° l'*Érythrée*, sur la mer Rouge; 3° la *Somalie*, sur l'Océan Indien.

LECTURE

L'Italie n'a en surabondance qu'une seule ressource : sa population. — Le territoire de l'Italie est de superficie restreinte. Il est occupé pour les trois cinquièmes par des montagnes peu habitables et peu exploitables. Enfin ses ressources minières sont presque nulles : il a très peu de charbon et très peu de minerais utiles, le soufre excepté.

Or, sur ce territoire peu favorisé vivent près de 40 millions d'habitants. Ces habitants sont agglomérés dans la plaine du Pô et dans les petites plaines abondamment irriguées qui bordent la côte de la mer Tyrrhénienne et tout le pourtour de la Sicile. D'autre part, la grande industrie qui s'est développée au Nord, en Lombardie et au Piémont, et qui utilise la houille blanche fournie par les Alpes, permet à un grand nombre d'Italiens de gagner leur vie dans les usines qui, entre les Alpes, Gênes et lilan, filent et tissent la soie et le coton, fabriquent l'acier et aluminium par les procédés de l'électro-chimie, construisent es machines agricoles, des automobiles, etc.

Toutefois, malgré leur activité et leur ingéniosité, les Italiens e peuvent vivre aussi nombreux sur un territoire restreint t de ressources limitées. De là la forte émigration italienne et es colonies que les Italiens constituent dans tous les pays iches et insuffisamment peuplés qui se trouvent vers l'ouest, e part et d'autre de l'Atlantique: France du Sud-Ouest, Uruguay, Brésil, Argentine, etc.

RÉSUMÉ. — L'Italie comprend trois régions naturelles. La première région est la *plaine du Pô*, encadrée par les *Alpes*, traversée par le réseau du Pô et par l'*Adige*, de climat tempéré, de grandes ressources agricoles (céréales, igne, mûrier) et industrielles (pâtes, métallurgie, textiles); es villes principales sont : *Turin, Milan, Côme, Mantoue, Venise, Bologne, Trieste.*

La seconde région est la *péninsule*, de climat et de végétation méditerranéens (vigne, olivier, fruits, mûrier); ses villes principales sont : *Gênes, Florence, Rome*, la capitale, et *Naples.*

La troisième région est formée par deux grandes îles : la *Sicile* (v. pr. : *Palerme, Messine, Catane*) et la *Sardaigne* (v. pr. : *Cagliari*). La première est beaucoup plus riche que la seconde.

Très peuplée, l'Italie produit les céréales, les animaux d'élevage, la soie, le vin, l'huile, les fruits ; elle exporte ces trois derniers produits.

L'Italie a une grande industrie (métallurgie, industrie textile), dont le principal centre est Milan.

L'Italie a en Afrique un empire colonial composé de la *Libye*, de l'*Erythrée*, de la *Somalie.*

Exercices — 1. Carte de l'Italie — 2. Énumérez et caractérisez les régions naturelles de l'Italie. — 3. La population italienne: où sont ses principales agglomérations? de quoi vit-elle? pourquoi et où émigre-t-elle?

XVIII. — La Péninsule Ibérique.

1. Le relief. — La péninsule ibérique comprend trois parties :

1° Une zone de **plateaux**, ou **meseta**. occupe la région intérieure (*plateaux de Vieille-Castille, de Nouvelle-Castille, de la Manche, d'Estremadoure, de Portugal*). Elle est sillonnée par les *Monts Ibériques* et la *Sierra de Guadarrama.*

2. Deux systèmes montagneux plus élevés bordent la meseta au nord et au sud. Au nord. c'est celui des **Pyrénées** (point culminant : *pic d'Aneto*, 3 404 m.) se prolongeant à l'Ouest par les *Monts Cantabriques*, au Sud-Est par les *Chaînes de Catalogne*. Au Sud, c'est celui de la **Cordillère Bétique**, avec la *Sierra Nevada* (point culminant : 3 481 m.).

3° Sur le pourtour, plusieurs **plaines** bordent ces hautes masses : les *plaines d'Aragon, de Valence* et *de Murcie*, sur la Méditerranée, les *plaines du Portugal* et *d'Andalousie*, sur l'Atlantique. Elles sont formées de terrains récents ou d'alluvions et ouvertes largement du côté de la mer.

2. Le climat. — Le climat dans la péninsule dépend du relief et de la situation par rapport à l'Océan Atlantique, qui donne un régime pluvieux, ou à la Méditerranée, qui donne un régime sec.

On peut distinguer trois types principaux de climats ibériques :

1° Le **climat de la meseta**, excessif (étés très chauds, hivers rudes) et très sec.

2° Le **climat de la région océanique montagneuse** (monts Cantabriques, Pyrénées occidentales), humide et égal (hivers tièdes, étés modérés).

3° Le **climat des plaines maritimes**, partout chaud, humide dans la plaine occidentale (Portugal), sec dans l'Andalousie et dans les plaines méditerranéennes.

3. L'hydrographie. — La pente générale du relief de la péninsule ibérique étant dirigée vers l'Ouest, les eaux s'écoulent vers l'Océan Atlantique beaucoup plus que vers la Méditerranée. Vont à l'Atlantique : le *Minho*, le *Douro*, le *Tage*, la *Guadiana*, le *Guadalquivir* ; vont à la Méditerranée : l'*Èbre* et le *Guadalaviar.*

Mais presque tous ces cours d'eau présentent les mêmes caractères principaux, caractères, d'ailleurs, défavorables. Fleuves de plateaux, ils coulent au fond de ravins encaissés entre des rives abruptes et ne rendent, par conséquent, aucun service pour l'irrigation. Coupés de rapides à la sortie du plateau, au moment où ils entrent dans la zone littorale, ils rendent peu de services pour la navigation. Alimentés, non par des neiges, mais par des pluies irrégulières, ils sont

Fig. 1. — LE MONTSERRAT. EN ARAGON.

Paysages de l'Espagne intérieure. vers la Meseta ibérique. Ils montrent bien l'aspect de la majeure partie de la péninsule, de son relief tourmenté que des lignes de sierras hérissent et que creusent les vallées étroites et profondes. La circulation y est difficile.

Fig. 2. — LE MARCHÉ DES ORANGES A VALENCE.

Les deux principaux produits agricoles de la péninsule sont les vins et les oranges. La production des oranges constitue une richesse considérable pour la région espagnole de la Méditerranée, et notamment pour la huerta ou « jardin » de Valence. (Phot. Gomez Duran.)

C. C. 34

de débit maigre et de régime torrentiel, très inconstants.

Le seul de tous ces cours d'eau qui présente des conditions un peu meilleures est le *Guadalquivir*, qui reçoit par son affluent, le *Génil*, l'eau de fonte des neiges de la Sierra Nevada. La marée s'y fait sentir jusqu'à Séville, à 112 kilomètres de la mer, et permet aux gros navires de remonter jusqu'à cette ville.

4. La végétation et les aptitudes naturelles.

— Au point de vue de la végétation et des aptitudes naturelles, la péninsule ibérique comprend plusieurs zones correspondant exactement aux divers climats :

Les *hauteurs bien arrosées* du Nord-Ouest (région cantabrique : pays basque, Asturies, Galicie) forment une zone de forêts et de prairies qu'on a définie « l'Auvergne de l'Espagne ». On y peut pratiquer l'élevage du gros bétail.

Le *plateau de la meseta*, au climat excessif, aux pluies peu abondantes et rares, forme une zone de steppes, de petits buissons d'herbe maigre. Peu de cultures. L'élevage du petit bétail (moutons, chèvres) y est seul possible.

Les *plaines* de l'Ouest, du Sud, de l'Est, de climat plus chaud, et mieux arrosées en général, sont toutes propres à la culture des céréales (maïs, blé, etc.), à la culture de la vigne et des fruits méditerranéens (olives, oranges) et même, dans les parties les plus chaudes, aux cultures semi-tropicales (riz, canne à sucre, palmier-dattier, etc.). L'irrigation a permis de corriger la sécheresse parfois excessive de ces plaines et d'en accroître la valeur naturelle.

5. Ressources minérales.

— Constituée par des roches anciennes sur la majeure partie de son étendue, la péninsule ibérique est riche en minerais divers, dont l'exploitation, dès l'antiquité, attira en Espagne les Phéniciens et les Carthaginois. Mais :

1° Cette richesse minérale n'est pas complète : la péninsule possède en abondance plusieurs minerais utiles (*fer, cuivre, plomb*) ; elle a quelques minerais précieux (*argent*) et même certains métaux rares en Europe (*mercure*) ; par contre, elle a très peu de houille.

2° La presque totalité de cette richesse minérale est concentrée dans deux régions : la *région cantabrique* (Santander, Bilbao), et la *région montagneuse méridionale*, notamment celle de la *Sierra Morena* (Rio Tinto, Penarroya, Linarès, Carthagène).

6. La population.

— La population de la péninsule ibérique comprend 27 999 000 habitants, soit une densité, très faible, de 47 au kilomètre carré.

La diversité des *races* est le résultat des nombreuses migrations venues du Nord et du Sud, auxquelles la péninsule a servi de passage et qui ont altéré le fond primitif des *Ibères* et des *Celtes* : *Romains*, puis *Vandales* et *Wisigoths*, venus du Nord ; *Arabes* venus du Sud.

Aussi la péninsule ibérique comprend-elle actuellement presque autant de peuples différents que de compartiments physiques : *Castillans, Galiciens, Basques, Catalans, Aragonais, Andalous, Portugais.*

Au point de vue politique et territorial, la péninsule comprend actuellement deux états :

1° La *monarchie constitutionnelle d'Espagne*, 505 600 kilomètres carrés, 21 966 000 habitants ;

2° La *république de Portugal*, 89 000 kilomètres carrés, 6 033 000 habitants.

7. L'Espagne. Régions naturelles et villes.

— L'Espagne comprend un grand nombre de provinces, où, malgré le lien de la centralisation politique, vivent des sociétés très particularistes. On peut les grouper en trois régions :

1° la *région des plateaux* ;

2° les *régions industrielles* ;

3° les *plaines agricoles* ;

La **région des plateaux** (*meseta*), pauvre, a des cultures maigres ; le seul élevage florissant est celui des *moutons*. Cette région immense est peu peuplée, malgré la présence de la capitale politique, **Madrid** (785 000 hab.), au centre.

Les **régions industrielles** sont au nombre de deux : la *région cantabrique*, au Nord-Ouest, région productrice de minerai de fer et région d'industrie métallurgique (importation de la houille d'Angleterre), avec ses ports industriels, *Bilbao, Santander* ; — la *Catalogne* au Nord-Est, grand centre d'industrie, dont la capitale est le port de *Barcelone*

Fig. 1. — La Péninsule Ibérique.

(738 000 hab.), la ville la plus active de l'Espagne.

Les **plaines agricoles** possèdent de fertiles *vegas*, ou plaines, et de riches *huertas*, ou « jardins », où, grâce à l'irrigation, prospèrent les céréales (*blé, riz*), la vigne, les *légumes*, l'*oranger*. Ces régions ont une population agricole dense et de grandes villes : **Valence, Murcie, Carthagène, Grenade, Séville** et **Cadix.**

Les deux derniers groupes forment les seules régions vivantes de l'Espagne.

8. L'Espagne. Situation économique.

— Longtemps maîtresse d'un immense empire colonial, l'Espagne en a perdu en 1897 les derniers éléments importants (Cuba, Porto-Rico et les Philippines).

L'Espagne souffre de la prédominance sur son territoire des régions sèches sur les régions humides.

Les **voies de communication** sont rares : 16 000 kilomètres de chemins de fer seulement ; peu de voies navigables.

L'**agriculture** (insuffisance des céréales et de l'élevage bovin) ne comporte que trois éléments vraiment rémunérateurs : la *vigne*, l'*huile d'olive* et les *fruits*, notamment les *oranges* ; il convient d'y ajouter un produit des forêts de chênes : le *liège*.

Fig. 1. — L'Escurial.

Vue du sec plateau de Castille. Au fond, la Sierra de Guadarrama. Le palais de l'Escurial a été bâti par Philippe II, fils de Charles-Quint. (Phot. Lévy.)

Fig. 2. — Tolède.

Tolède fut, il y a huit cents ans, la plus grande ville de l'Espagne, réputée pour ses palais, ses savants et ses célèbres fabriques d'armes. (Phot. Chusseau-Flaviens.)

L'**industrie** de l'Espagne est métallurgique et textile. Cette industrie n'est prospère que vers Bilbao et en Catalogne; mais, depuis vingt ans, elle y a accompli de grands progrès. La métallurgie de l'acier est surtout active dans la région de Bilbao. Barcelone, grand port de Catalogne, a des constructions navales et surtout des filatures et des tissages de laine et de coton. Mais la principale industrie de l'Espagne est l'industrie minière : mines de fer, de cuivre, de plomb, etc., dont elle exporte les produits vers les pays industriels.

Le **commerce** de l'Espagne souffre de la situation excentrique du pays. Il se fait surtout avec la France et le Royaume-Uni. Les principales exportations consistent en minerai de fer, de cuivre, de plomb, en légumes et en fruits; en vins et en huiles; en liège. Les importations portent surtout sur la houille et les objets fabriqués.

L'Espagne possède dans la Méditerranée les *îles Baléares* (îles *Majorque, Minorque*, etc.); leur population vit de la pêche et de la culture de la vigne et des orangers.

L'Espagne a des *colonies*, en Afrique :

1° le protectorat du *Rif*, au Maroc;

2° le *Rio de Oro*, en Afrique occidentale;

3° la *Guinée espagnole*, en Afrique équatoriale;

4° les *îles Canaries.*

9. Le Portugal. — Le Portugal possède une région qui pourrait être très riche : la vaste *plaine du Portugal*, chaude et suffisamment arrosée. Sa situation sur les routes maritimes vers l'Amérique du Sud, vers l'Afrique du Sud et vers Suez, le destinait d'autre part à une vie commerciale prospère.

En effet, le Portugal a été une grande puissance coloniale. Son *empire colonial* comprend encore :

1° en **Afrique** : la *Guinée portugaise*, l'*Angola*, l'*Afrique Orientale Portugaise*, ou *Moçambique*, les îles des *Açores*, de *Madère*, du *Cap Vert*;

2° en **Asie** : les postes de *Goa* et de *Diu* (Inde);

3° en **Océanie** : une portion de *Timor*.

La richesse actuelle du Portugal est surtout agricole : la *vigne* est bien cultivée (*vins de Porto*). Autres produits : l'*huile d'olive*, le *liège*.

Le commerce du Portugal se fait surtout avec l'Angleterre : exportation de produits agricoles; importation d'objets manufacturés.

La jeune république de Portugal est en voie de transformation et de rénovation. La plus grande partie de son activité est concentrée dans ses deux grandes villes, qui sont deux grands ports : *Lisbonne* (489 000 hab.), la capitale, sur le Tage; *Porto*, sur le Douro.

Fig. 3. — Lisbonne.

Lisbonne, sur l'estuaire du Tage, est un grand port d'escale pour les navires qui vont d'Europe en Afrique ou en Amérique du Sud. (Phot. Lévy.)

Fig. 4. — La pêche du thon en Algarve.

L'Algarve est la plus méridionale des provinces du Portugal. On y pêche l'anchois, la sardine et surtout le thon. (Phot. de S. M. Manoel II.)

Fig. 1. — La Vega de Grenade.

Une vega est une plaine alluviale, couverte de végétation naturelle : cactus, orangers, etc.   (Phot. Léry.)

Fig. 2. — Palmiers dans la huerta d'Elche.

Une huerta, ou jardin, est une plaine irriguée dans les chaudes plaines du Sud de l'Espagne.

LECTURE

Comme dans toutes les régions méditerranéennes, la culture n'est possible dans les plaines de la Péninsule Ibérique que par l'irrigation. — Dans toute la zone méditerranéenne de la Péninsule Ibérique, les pluies tombent d'une façon assez inégale : inférieures à 50 centimètres par an dans les plaines de Murcie et de Valence, elles vont jusqu'à 1 mètre sur les pentes qui encadrent l'Andalousie, où se manifeste déjà l'influence de l'Atlantique. Mais partout *les étés sont absolument secs*, en sorte qu'aucune culture n'est possible sans irrigation.

Les premiers et les meilleurs ouvriers de l'irrigation en Espagne furent les *Maures* ; ils ont vraiment « colonisé » l'Andalousie et les plaines de Murcie et de Valence. Ils ont barré les cours d'eau dans leurs hautes vallées de montagnes, et de là, par des canaux, ils ont réparti dans les plaines les eaux ainsi mises en réserve. Pour obvier à tout gaspillage, une législation très stricte et fermement appliquée régissait la distribution de l'eau ; les contrevenants étaient soumis à un *tribunal des eaux*, et les peines étaient sévères. C'est grâce à cette organisation patiente que les Maures ont réussi à rendre très riches ces plaines, auparavant de valeur médiocre.

Redevenus maîtres de leur pays, les Espagnols n'ont pu que s'inspirer de leurs prédécesseurs musulmans ; longtemps même les nouveaux occupants ne se distinguèrent des anciens que par l'infériorité de leur pratique et des résultats obtenus.

En ces dernières années, l'activité agricole de l'Espagne a repris de nouvelles forces, depuis que cet État, privé de ses colonies, est obligé de trouver en lui-même ses propres ressources. Or, les produits des jardins et des oasis des plaines méditerranéennes, des *vegas* (champs) et des *huertas* (jardins) de Valence, de Murcie et de l'Andalousie, constituent la principale de ces ressources dans le domaine agricole : on s'est donc attaché à en développer la production. Aujourd'hui les plaines irriguées de la zone méditerranéenne sont les régions riches, peuplées et vivantes de l'Espagne. On y récolte les céréales, en particulier le riz. On y trouve, en outre, dans la plaine, des arbres fruitiers, même certains arbres subtropicaux, figuiers, orangers, citronniers, palmiers (palmeraie d'Elche) : sur les pentes plus sèches, l'olivier, et surtout la vigne. La vigne est la grande ressource de la péninsule : le vignoble espagnol vient, pour la quantité et la qualité de la production, après celui de France et d'Italie, et les vins portugais de la région de Porto font concurrence à nos vins du Bordelais sur le marché britannique.

RÉSUMÉ. — **La Péninsule Ibérique est constituée par une zone de hauts plateaux, ou *meseta* (*Vieille et Nouvelle Castille, Manche, Estremadoure, Portugal*), flanquée au Nord par les chaînes des *Pyrénées* (*pic d'Aneto*) et des *Monts Cantabriques*), au Sud par la *Cordillère Bétique* (*Sierra Nevada*), et entourée des *plaines d'Aragon*, de *Valence*, de *Murcie*, d'*Andalousie* et de *Portugal*. Le plateau a un climat sec ; il est couvert par la steppe. Les montagnes sont plus humides, possèdent des bois et de bons pâturages. Les plaines ont le climat et les produits méditerranéens. Les fleuves principaux sont le *Douro*, la *Guadiana*, le *Guadalquivir* et l'*Ebre*. La péninsule a des mines importantes (fer, cuivre, plomb, argent, mercure).**

Médiocrement peuplée, la Péninsule Ibérique est partagée entre deux états :

1° le *royaume* d'Espagne, cap. *Madrid*, v. pr. : *Bilbao. Barcelone, Valence, Murcie, Carthagène, Grenade, Séville. Cadix*, qui exporte surtout des vins, de l'huile, des fruits, du liège et des minerais, et qui a un petit empire colonial (protectorat du *Rif, Rio de Oro, Guinée espagnole, îles Canaries*) ;

2° la *république* de Portugal, cap. *Lisbonne*, v. pr. : *Porto*, qui exporte des vins, de l'huile, du liège, et qui a un grand empire colonial (*Guinée portugaise, Angola et Afrique Orientale* ; villes de l'*Inde* ; partie de l'île *Timor*).

Exercices. — 1. Carte de la Péninsule Ibérique. — 2. Comparez la meseta et les plaines de la Péninsule Ibérique (relief, climat, végétation, peuplement, ressources). — 3. La culture irriguée en Espagne.

QUATRIÈME PARTIE

LA FRANCE ET SES COLONIES

Limites, forme et situation de la France

1. Limites de la France. — La France a pour limites :

1° Au Nord, au Nord-Ouest et à l'Ouest, la *mer du Nord*, la *Manche* et l'*Océan Atlantique* ;

2° Au Sud-Ouest, les *Pyrénées*, qui la séparent de l'Espagne ;

3° Au Sud-Est, la *Méditerranée*, où elle possède l'île de Corse ;

4° A l'Est, les *Alpes*, le *Jura* et le *Rhin*, qui la séparent de l'Italie, de la Suisse et de l'Allemagne ;

5° Au Nord-Est, une *ligne conventionnelle* qui la sépare de l'Allemagne, du Luxembourg et de la Belgique.

2. Étendue et population de la France. — Dans ces limites, la France occupe une superficie de 550 000 kilomètres carrés, c'est-à-dire 1/18e de l'Europe, 1/255e des terres émergées. Elle est, après la Russie, l'État le plus étendu de l'Europe.

La France a une population de 40 millions et demi d'habitants, c'est-à-dire 1/11e de la population de l'Europe, 1/46e de la population totale du globe. Elle est moins peuplée que la Russie, l'Allemagne, les Iles Britanniques.

3. Situation de la France. — La France est située dans l'*hémisphère boréal*. Elle s'étend entre le 42e degré et le 51e degré de latitude Nord. Elle se trouve ainsi située au milieu de la zone du climat tempéré, c'est-à-dire de la zone où les hommes peuvent le plus facilement travailler.

La France fait partie de l'*Europe*, c'est-à-dire de la partie du monde la plus civilisée.

La France est baignée par les deux principales mers de l'Europe : l'Océan Atlantique et la Méditerranée.

La France est la voisine des deux principaux groupes de population de l'Europe : le groupe latin et le groupe germanique.

4. Configuration de la France. — Aussi étendue de l'Est à l'Ouest que du Nord au Sud (longueur et largeur maxima : environ 975 km.), la France a une forme hexagonale et régulière. Elle est une sorte d'*isthme* dans l'Europe occidentale : c'est sur son territoire que les distances sont le plus courtes entre l'Océan Atlantique et la Méditerranée.

Les massifs montagneux qui se trouvent sur ses frontières sont presque tous aisément franchissables ; ils sont séparés les uns des autres par des mers ou par des plaines, qui mettent le territoire intérieur en rapports faciles avec les nations voisines, les plus riches et les plus civilisées de l'Europe : la Grande-Bretagne, la Belgique l'Allemagne, l'Italie et l'Espagne.

RÉSUMÉ. — La France a pour limites la *mer du Nord*, la *Manche* et l'*Océan Atlantique* ; les *Pyrénées* ; la mer *Méditerranée* ; les *Alpes* et le *Jura* ; le *Rhin* ; une *ligne conventionnelle* qui la sépare de l'Allemagne, du Luxembourg et de la Belgique.

La France a une superficie de 550 000 kil. carrés et une population de 40 millions et demi d'habitants.

La France a en Europe une situation intermédiaire entre les pays du Nord et ceux du Sud, entre les pays de l'Atlantique et ceux de la Méditerranée.

La France a une forme régulière. La circulation y est facile.

Exercices. — 1. Comparez la superficie et la population de la France avec celles des principaux états de l'Europe. — 2. Quels sont les avantages que la France doit à sa forme et à sa situation ?

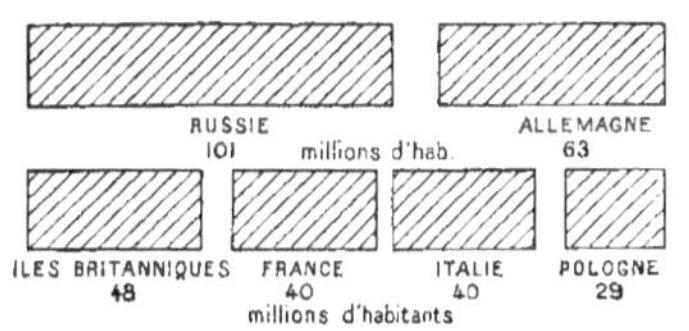

Fig. 1. — SUPERFICIE COMPARÉE DE LA FRANCE ET DES PUISSANCES EUROPÉENNES.

On est habitué à associer indistinctement les noms des grandes puissances européennes ; elles n'ont pourtant ni superficie ni populations comparables. En ce qui concerne la superficie, la France est un peu plus grande que l'Allemagne ou que l'Espagne. Mais elle est de huit à neuf fois moins étendue que la Russie. Par contre, elle dépasse très notablement les Iles Britanniques et l'Italie. Si l'on représentait par 100 l'étendue de la France, les chiffres qui exprimeraient l'étendue des autres pays seraient, pour la Russie 840 environ, pour l'Espagne 95, pour l'Allemagne 85, pour les Iles Britanniques 57,3, pour l'Italie 56.

Fig. 2. — POPULATION COMPARÉE DE LA FRANCE ET DES PUISSANCES EUROPÉENNES.

Pour la population, la France n'occupe que le quatrième rang parmi les grandes puissances européennes. Elle vient après la Russie d'Europe, l'Allemagne et les Iles Britanniques ; l'Italie a à peu près le même chiffre de population ; la Pologne a un quart d'habitants en moins. Pour 100 Français il y a 252 Russes, 157 Allemands, 121 Anglais, 99 Italiens, 72 Polonais. Deuxième pour l'étendue et quatrième seulement pour l'importance de la population, la France est donc moins peuplée que son étendue ne le comporterait.

Fig. 3. — ACCROISSEMENT COMPARÉ DES POPULATIONS DE LA FRANCE ET DE L'ALLEMAGNE.

La population de la France est presque stationnaire, celle de l'Allemagne s'accroît beaucoup. En 1871, l'Allemagne était à peine plus peuplée que la France ; en 1914 elle avait 68 millions d'habitants la France 39 seulement. Actuellement, malgré la perte de nombreux territoires, l'Allemagne a encore 63 millions d'habitants, et la France n'en a que 40 et demi. Chaque année, l'Allemagne gagne 600 000 habitants, et la France 80 000 au maximum.

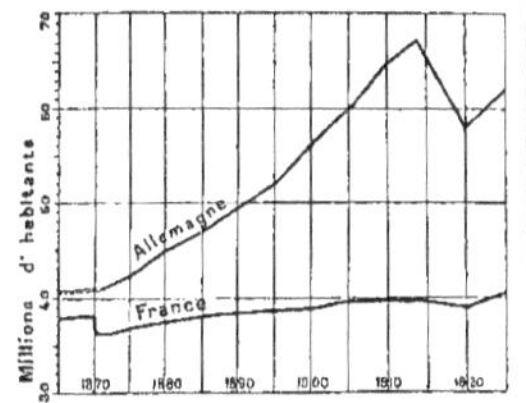

PREMIÈRE SECTION. — GÉOGRAPHIE PHYSIQUE DE LA FRANCE

I. — Constitution du sol de la France.

1. Histoire de la formation du sol français.
— L'histoire de la formation du sol français comprend quatre périodes, qui correspondent aux grandes ères géologiques.

1° La France pendant l'ère primaire. — Au début de

2° La France pendant l'ère secondaire. — Avant la fin de l'ère primaire, les eaux courantes usaient déjà le massif hercynien. Pendant l'ère secondaire, l'érosion continua d'user ce massif, qui bientôt ne comprit plus que des plateaux à peine ondulés.

Des affaissements fractionnèrent ce continent aplani. L'un sépara le *Massif Central* du *Massif Armoricain*, à l'Ouest, par le *détroit du Poitou*. L'autre sépara le *Massif Central* du *Massif Vosges-Forêt-Noire*, à l'Est, par le *détroit de Bourgogne*. Ces deux détroits mirent en communication la mer du Nord et la mer du Sud. Des sédiments se déposèrent en couches très épaisses au fond de ces mers et de ces détroits.

3° La France pendant l'ère tertiaire. — Pendant l'ère tertiaire, les sédiments continuèrent de se déposer dans la mer du Nord et la mer du Sud.

Mais des plissements très étendus, les *plissements alpins*, se produisirent sur l'emplacement de la mer du Sud. Ils formèrent en France les *Pyrénées*, les *Alpes* et le *Jura*. Ils réduisirent la mer du Sud à deux golfes : le *golfe d'Aquitaine* et le *golfe rhodanien*.

Puis des affaissements achevèrent la dislocation du continent hercynien. Ils formèrent deux nouvelles mers : au Nord-Ouest, la *Manche* et l'*Atlantique-Nord* ; au Sud-Est, la *Méditerranée occidentale* (avec le golfe du Lion). Des affaissements locaux brisèrent le Massif Vosges-Forêt-Noire par la *plaine du Rhin*, et le Massif Central par la *plaine de Limagne*.

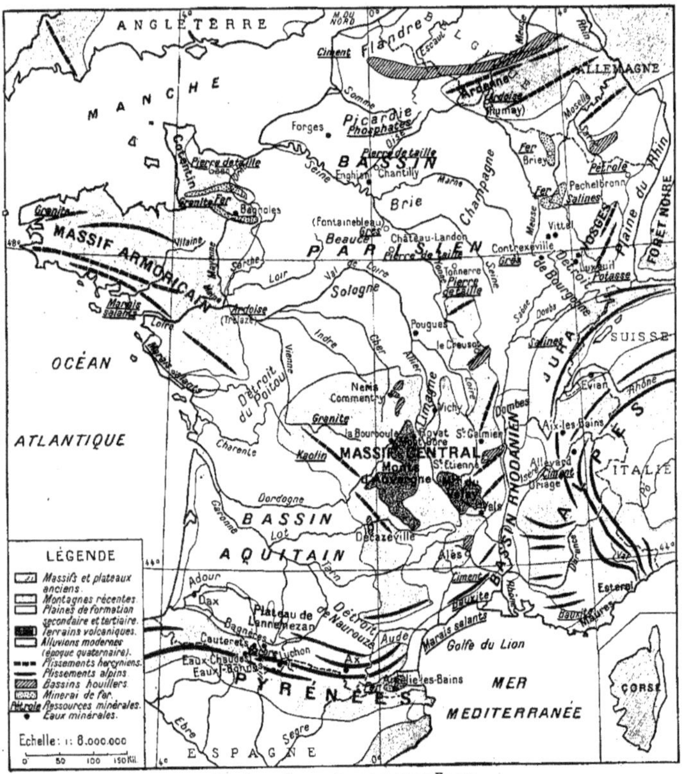

Fig. 1. — CARTE GÉOLOGIQUE DE LA FRANCE.

l'ère primaire, la mer couvrait l'emplacement de la France.

Vers la fin de cette ère, des plissements, auxquels on a donné le nom de *plissements hercyniens*, firent émerger un continent qui s'étendait des Iles Britanniques à la Russie et qui englobait la France centrale de l'Océan aux Vosges. Ce continent était limité au Nord et au Sud par deux mers : l'une couvrait la région parisienne ; l'autre couvrait la plaine de la Garonne et l'emplacement des Pyrénées et des Alpes.

Des plis sillonnaient ce continent. Ils étaient orientés du Nord-Ouest au Sud-Est dans la portion qui se trouvait à l'Ouest du Massif Central, et du Sud-Ouest au Nord-Est dans la portion qui se trouvait à l'Est de ce massif. Les parties en relief formaient des montagnes atteignant jusqu'à 4 000 mètres.

Dans cette dernière région, des éruptions volcaniques donnèrent naissance aux *Monts d'Auvergne* et aux *Monts du Velay*.

4° La France pendant l'ère quaternaire. — La fin de l'ère tertiaire et le commencement de l'ère quaternaire ont vu le retrait de la mer du Bassin Parisien, au Nord, et du Bassin Aquitain et du Bassin Rhodanien, au Sud.

Pendant une longue période, dite période glaciaire, une grande partie du territoire a été couverte par des glaciers, dont il ne subsiste aujourd'hui que des restes sur les hautes montagnes.

Tout le territoire a été sculpté par des eaux courantes ; certaines dépressions ont été comblées par des alluvions apportées par ces eaux courantes.

Fig. 1. — La vallée de Saint-Herbot (Bretagne centrale).

L'aspect et les ressources d'un pays dépendent en partie de la nature des terrains qui le constituent. Le granite est la plus commune des roches cristallines en France. On a ci-dessus un type de paysage granitique : montagnes massives en formes de croupes, blocs de rochers arrondis, pauvre végétation de taillis, de bruyères naines, maisons éparpillées bâties en pierres solides, ruisseaux et cascades. La tonalité générale est sévère; les ressources sont peu abondantes.

Fig. 2. — La chaîne des puys (Auvergne).

La chaîne des Puys repose sur un haut plateau de roches anciennes à une altitude d'environ 900 mètres ; sur ce plateau, formant socle, des éruptions volcaniques des ères tertiaire et quaternaire ont édifié une soixantaine de cônes plus ou moins régulièrement dessinés, qui le dominent aujourd'hui de 200 à 500 mètres. Le Gerbier de Jonc est un cône volcanique du même genre, qui domine d'environ 200 mètres un soubassement de roches anciennes dont l'altitude dépasse 1 200 mètres.

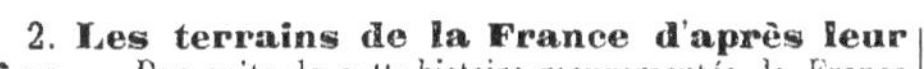

2. Les terrains de la France d'après leur âge.

— Par suite de cette histoire mouvementée, la France renferme des terrains datant de toutes les ères géologiques.

Les *terrains primitifs et primaires* constituent les restes du continent hercynien : Massif Armoricain, Massif Central, Ardenne, Vosges, massifs des Maures et de l'Esterel, en Provence. Ils apparaissent dans certaines portions des Alpes et des Pyrénées au milieu des roches secondaires et tertiaires

Les *terrains secondaires* constituent certaines parties du Bassin Parisien et du Bassin Aquitain, surtout en bordure, et la majeure partie des montagnes produites par des plissements alpins (Jura, Alpes, Pyrénées).

Les *terrains tertiaires* constituent le centre du Bassin Parisien, le centre du Bassin Aquitain et la plus grande partie du Bassin Rhodanien. Ils constituent aussi les plaines et les monts volcaniques du Massif Central, les chaînes de bordure des Alpes et des Pyrénées.

Les *terrains quaternaires* constituent la plaine du Rhin, la Dombes, qui est une partie du Bassin Rhodanien, le plateau de Lannemezan et les Landes, qui sont des parties du Bassin Aquitain, enfin certaines côtes de la mer du Nord, de la Manche, de l'Océan Atlantique et de la Méditerranée.

3. Les terrains de la France d'après leur nature

— Le sol français comprend des terrains de toute nature. Les uns sont fertiles, les autres sont infertiles. Les uns sont tendres, les autres sont durs. Les uns sont perméables : l'eau peut les traverser, les autres sont imperméables · l'eau reste à leur surface.

Le sol de la France comprend des *terrains cristallins* (comme le *gneiss*, le *granite*, le *micaschiste*), ainsi appelés parce qu'ils sont composés de petits cristaux. Ces terrains sont imperméables et peu fertiles. Ils constituent la majeure partie des régions primitives et primaires.

Il comprend des *terrains éruptifs* (comme le *basalte*), qui sont perméables et fertiles. Ces terrains ne se trouvent que dans les monts d'Auvergne et du Velay

Enfin, et surtout, il comprend des *terrains sédimentaires*, qui se sont jadis déposés dans le fond des mers. Ces terrains sont de nature très variée :

1° Les *sables* et les *grès*, perméables et infertiles, sont abondants dans les régions primaires, moins abondants dans les régions secondaires, plus rares dans les régions tertiaires.

2° Les *argiles* et les *marnes*, fertiles et meubles, mais imperméables, se trouvent partout

3° Les *calcaires*, perméables et fertiles, sont très abondants, dans les régions secondaires (où ils forment de vastes plaines qu'on appelle généralement des *Champagnes* ou *Campagnes*) et dans les régions tertiaires.

4° La *craie*, perméable et peu fertile, est abondante surtout dans les régions secondaires.

En outre, certaines régions de la France sont recouvertes en surface par certains sols particuliers :

1° Des *limons*, généralement très riches, permettant une opulente vie agricole, couvrent la plaine du Nord, la Picardie, la Beauce, qui sont des portions du Bassin Parisien

2° Des *sables* infertiles et vouant les pays qu'ils recouvrent à la stérilité se trouvent dans certaines plaines comme la Sologne, qui est une partie du Bassin Parisien

3° Des *alluvions*, généralement fertiles, recouvrent de nombreuses plaines jadis occupées par des lacs et de larges vallées; elles en font la richesse agricole : telles sont la plaine du Rhin et la plaine de l'Allier, ou Limagne, dans le Massif Central.

LECTURE

La richesse d'un pays dépend en grande partie de sa constitution géologique. — Si toutes les parties de la France ne sont pas également riches, cela tient, pour une bonne part, à ce qu'elles sont formées de terrains de natures fort différentes, dont les uns sont propices à la végétation et favorisent le développement de l'agriculture, et dont les autres, au contraire, n'offrent que peu de facilités pour la mise en valeur.

Pour bien nous rendre compte de l'influence que la nature du terrain exerce sur la fertilité générale d'une région, comparons deux régions voisines : la Champagne et la Brie. Situées l'une et l'autre à l'Est de Paris, ces deux régions ont sensiblement le même relief, plat, et le même climat, modérément chaud et relativement sec Pourtant elles sont très différentes l'une de l'autre, par suite de la diversité de leurs sols.

La *Champagne* a un sol formé de craie pauvre et laissant filtrer l'eau, qui est absorbée aussitôt que tombée. Conséquences: cette craie pauvre est peu propre aux grasses cultures ; ce sol sec ne convient pas aux arbres. Allez en Champagne : vous n'y verrez que de maigres pâturages, bons tout au plus à nourrir quelques troupeaux de moutons. Comme les très nombreuses régions de France qu'on appelle champagnes (champagnes berrichonne, tourangelle, etc.), c'est un pays de faibles ressources, très peu peuplé ; les habitations y sont rares ; on y rencontre de vastes espaces découverts sans une seule ferme.

La *Brie*, au contraire, a un sol formé d'une couche de calcaires et de limons superficiels fertiles : une couche d'argile, qui se trouve en dessous, retient l'eau et permet de se la procurer aisément. Conséquences : en raison de la richesse de ses terrains, la Brie porte de très riches champs de blé, de betteraves et de plantes fourragères ; en raison de son humidité, elle a aussi des pâturages, des prairies et des bois. Pays très fertile, propre tout ensemble à la culture et à l'élevage, elle a une population très nombreuse et de riches fermes éparses à travers les campagnes. La Brie est un des greniers de Paris.

II. — Le relief de la France.

A. — LES MASSIFS ANCIENS

1. Les massifs hercyniens. — Les massifs qui ont été exclusivement formés par les plissements hercyniens sont :

1° les *Vosges* ;
2° l'*Ardenne* ;
3° le *Massif Armoricain*.

Usés par les eaux courantes depuis une époque très ancienne, ces vieux massifs ne sont pas très hauts et leurs sommets sont plans ou arrondis.

Fig. 1. — LA VALLÉE DE BAUME-LES-MESSIEURS (JURA).
Type de paysage calcaire : roches blanches, assises superposées, plateaux terminés par des corniches à pic au-dessus de talus d'éboulis qui convergent vers une étroite vallée où les eaux se concentrent. Les plateaux étant secs ont une végétation maigre ; les arbres, les maisons, les hameaux sont au fond de la vallée. (Phot. Boulanger.)

Fig. 2. — LES VOSGES.

RÉSUMÉ. — Durant l'ère primaire, les *plissements hercyniens* ont soulevé des montagnes, dont les témoins sont, en France, le *Massif Armoricain*, le *Massif Central*, les *Vosges* et l'*Ardenne*. Durant l'ère tertiaire, les *plissements alpins* ont soulevé d'autres montagnes, dont les témoins sont, en France, les *Pyrénées*, les *Alpes* et le *Jura* ; des éruptions volcaniques ont fait surgir de hautes montagnes dans le Massif Central. Par l'effet de ces deux plissements et par la constitution des plateaux et des plaines, qui s'est poursuivie aux ères primaire, secondaire, tertiaire et quaternaire, la France possède des terrains de tous les âges.

Elle possède également des terrains de toutes natures : terrains cristallins (gneiss, granite, etc.), terrains éruptifs (basalte, etc.), terrains sédimentaires (sables et grès, argiles et marnes, calcaire, craie, etc.).

Exercices. — 1. Carte géologique de la France. — 2. Retracer à grands traits l'histoire de la formation du sol de la France. — 3. Pourquoi est-il utile de connaître la nature des terrains de la France ?

2. Les Vosges. — Les Vosges s'étendent sur une longueur de 250 kilomètres, entre la Lorraine et l'Alsace. Elles sont séparées par la *plaine du Rhin*, ou d'*Alsace*, du massif de la Forêt-Noire, avec lequel elles formèrent jadis un seul ensemble montagneux.

Les Vosges ont un versant doux tourné à l'Ouest, vers la Lorraine ; elles ont un versant abrupt tourné à l'Est, vers l'Alsace.

Les Vosges constituent un massif assez bas, mais épais, compact et difficile à traverser.

Au Sud, formées de roches cristallines, les Vosges ont

Fig. 3. — LA VALLÉE DE BUSSANG DANS LES VOSGES.
Les Vosges ont longtemps constitué une zone d'isolement entre deux provinces. Cela tient à l'épaisseur des forêts qui les couvrent, la dénudation des sommets, à la hauteur et à la rareté des cols.

Fig. 4. — LES DAMES DE MEUSE DANS L'ARDENNE.
Escarpements rocheux qui dominent la rive droite de la Meuse, dans l'Ardenne. Les schistes tombent à pic dans la rivière qu'ils dominent de plus de 250 mètres à leur sommet. (Phot. Winling).

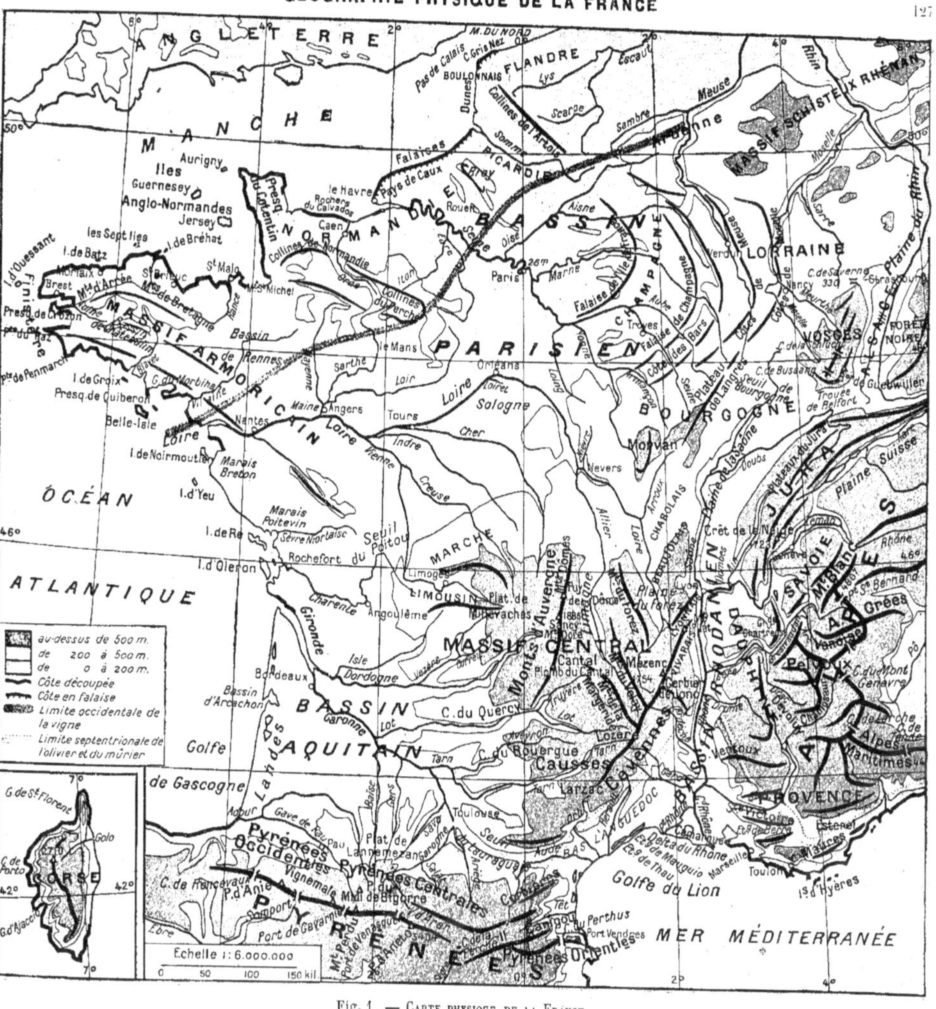

Fig. 1. — CARTE PHYSIQUE DE LA FRANCE.

des sommets arrondis en « ballons » ou aplanis en « chaumes ». Au Nord, formées de grès, les Vosges ont des apparences de ruines. Leurs principaux sommets sont le *ballon de Guebwiller* (1 426 m.), le *Hohneck* et le *Ballon d'Alsace*, dans la partie cristalline méridionale.

Les cols des Vosges sont hauts et relativemement peu accessibles : tels sont les *cols de Bussang et de la Schlucht*. Un seul col est plus large, plus bas et plus accessible : c'est le *col de Saverne* (330 m.), au Nord ; c'est la seule dépression aisément franchissable depuis la *Trouée de Belfort*, qui limite les Vosges au Sud.

3. L'Ardenne. — L'Ardenne, très ancienne montagne usée par l'érosion, est moins un massif montagneux qu'un haut plateau, au sommet presque plan, qui s'abaisse doucement de l'Est, où il atteint 700 m., vers l'Ouest, où il descend à 400 m.

Malgré son altitude relativement faible, l'Ardenne est peu propice à la circulation et au peuplement, à cause de ses forêts, de ses marécages et de son rude climat. Autre cause qui y gêne la circulation : l'Ardenne est découpée par des vallées profondes et encaissées, dont la principale en territoire français est la *vallée de la Meuse*

C. C. 38

4 Le Massif Armoricain. — Plus bas et de relief aussi adouci que l'Ardenne, le Massif Armoricain comprend deux lignes de hauts plateaux qu'on appelle parfois Monts de Bretagne : au Nord les *monts d'Arrée* (point culminant, 591 m.), au Sud la *Montagne Noire*. Ces deux alignements sont parallèles, l'un à la côte de la Manche et l'autre à la côte de l'Atlantique. Ils encadrent deux régions déprimées : les *bassins de Châteaulin* et *de Rennes*.

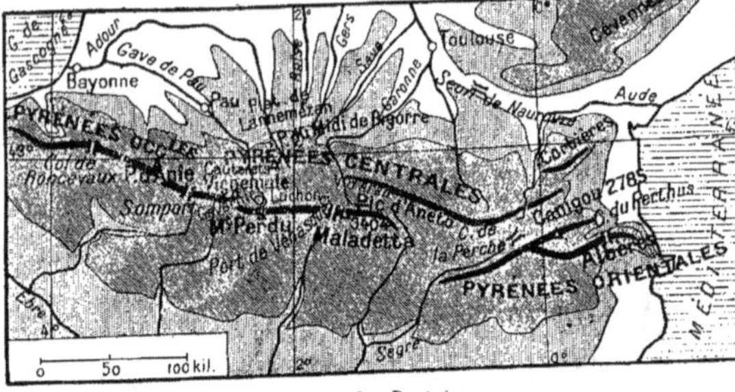

Fig. 1. — Les Pyrénées.

B. — LES MASSIFS JEUNES

1. Les massifs alpins. — Les massifs issus des plissements alpins sont :

1° les *Pyrénées* ;
2° les *Alpes* ,
3° le *Jura*

Datant de l'ère tertiaire, ils sont jeunes. Leurs sommets sont encore hauts et leurs chaînes sont encore continues.

2. Les Pyrénées. — Les Pyrénées s'étendent entre la France et l'Espagne sur une longueur de 435 kilomètres et sur une largeur variant de 60 kilomètres (aux extrémités) à 120 kilomètres (vers le centre). D'une altitude généralement haute, elles culminent en Espagne, au pic d'Aneto (3404 m). Toutefois, elles sont beaucoup moins élevées que les Alpes : elles ont beaucoup moins de glaciers et de neiges persistantes.

Les Pyrénées ont des *pics*, des *crêtes aiguës* et des *sierras* (dents de scie).

Les principaux sommets des Pyrénées sont :

1° Dans les Pyrénées Occidentales, le *pic d'Anie*,

2° Dans les Pyrénées Centrales, la partie la plus haute et la plus large de la chaîne, le *Vignemale*, le *Pic du Midi de Bigorre*, le *Mont Perdu* et le *pic d'Aneto*, dans le massif de la *Maladetta* ;

3° Dans les Pyrénées Orientales, le *Canigou* et les *Monts Albères*.

Les cols des Pyrénées, ou *ports*, sont hauts et peu accessibles, surtout au centre. Les principaux sont : le *col de Roncevaux* et le *Somport*, dans les Pyrénées Occidentales ; le *port de Gavarnie* et le *port de Venasque*, dans les Pyrénées Centrales, le *col de la Perche* et le *col du Perthus*, dans les Pyrénées Orientales.

3. Les Alpes. — Les Alpes s'étendent entre la France, l'Italie et la Suisse, sur une longueur de 300 kil. et une largeur moyenne de 200 ; elles se prolongent en Suisse, en Italie et en Autriche. Plus élevées que les Pyrénées, elles culminent au *Mont Blanc* (4807 m), sommet le plus haut de toute l'Europe. Elles portent de vastes glaciers.

Les Alpes ont la forme d'un épais massif, surplombant à pic la plaine italienne à l'Est, mais s'abaissant doucement vers la France et la vallée du Rhône.

Les formes de relief dominantes dans les Alpes sont celles de hauts *massifs* abrupts et de *pics*, *dents* ou *aiguilles*.

On peut diviser les massifs des Alpes en trois groupes :
1° Au Nord, les *Alpes de Savoie* ;
2° Au Centre, les *Alpes du Dauphiné* ;
3° Au Sud, les *Alpes de Provence*.

Les principaux massifs des Alpes sont :
1° Au Nord, c'est-à-dire dans les **Alpes de Savoie**, le *massif du Mont Blanc* (avec le dôme du Mont Blanc, des aiguilles, des glaciers), les *Alpes Grées* et le *massif de la Vanoise*, le *Chablais* et les *Bauges* ;

2° Au Centre, c'est-à-dire dans les **Alpes du Dauphiné**, le *massif de la Grande Chartreuse* et le *Vercors*, le *massif de Belledone*, le *Pelvoux* (avec la Barre des Écrins, 4103 m.), moins haut, mais presque aussi considérable par ses glaciers que le Massif du Mont Blanc.

3° Au Sud, c'est-à-dire dans les **Alpes de Provence**, le *massif des Alpes Maritimes*, le *mont Pelat* et quelques petits massifs (*Maures*, *Esterel*, *Sainte-Victoire*, *Sainte-Baume* et *Ventoux*), voisins de la Méditerranée.

Malgré la masse et l'élévation des Alpes, la circulation y est plus facile que dans les Pyrénées, parce que les cols y sont plus larges et plus bas et que tout le massif est creusé et traversé par de profondes vallées, les unes transversales (vallées de l'Isère supérieure, de la Durance, etc.), les autres longitudinales (*vallées de l'Isère moyenne ou Grésivaudan*, du *Drac*, du *Buech*, etc.).

Les principaux cols des Alpes, dont certains portent le nom de *monts*, sont : le *col du Petit Saint-Bernard*, dans les Alpes de Savoie ; le *Mont-Cenis* et le *Mont-Genèvre*, dans les Alpes du Dauphiné ; les *cols de Larche ou Largentière*, et de *Tende*, dans les Alpes de Provence.

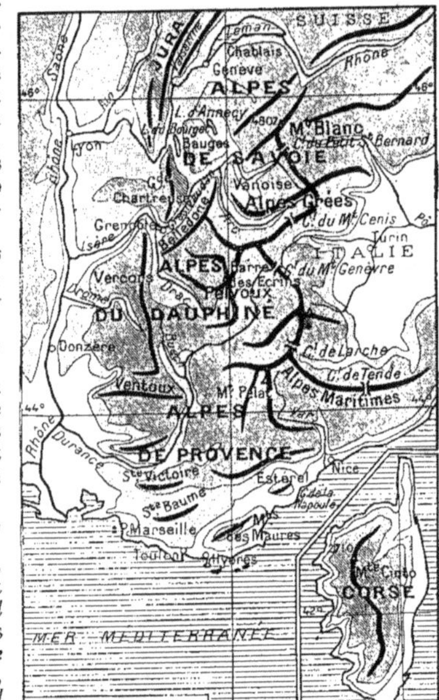

Fig. 2. — Les Alpes.

Fig. 1. — La cluse de Pontarlier. (Cliché Lardier.)

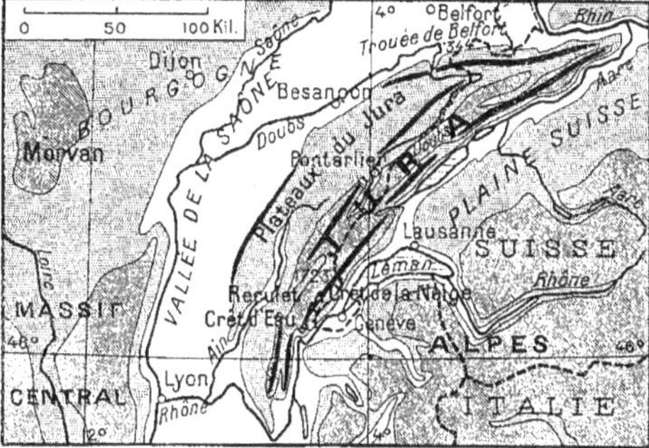

Fig. 2. — Le Jura.

4. Le Jura. — Le Jura s'étend en France sur une longueur de 400 kil., et se prolonge en Suisse et en Allemagne. Ses principaux sommets sont le *Crêt de la Neige* (1 723 m.), le *Crêt d'Eau* et le *Reculet*. Il est trop peu élevé pour garder des neiges persistantes et avoir des glaciers : des forêts et des pâturages le couvrent jusqu'au sommet. Le Jura, comme les Alpes, a son versant doux vers la France, son versant abrupt est vers la Suisse.

Le Jura est formé, à l'Est, de chaînons parallèles assez hauts, mais comportant toujours des cols accessibles ; à l'Ouest, de plateaux plus bas. Les chaînons, comme les plateaux, sont séparés entre eux par des *vals* allongés. Les vals communiquent entre eux par des *cluses*, étroites coupures transversales à travers chaînons et plateaux.

Malgré les vals et les cluses, le Jura est assez difficile à franchir, et généralement on préfère le tourner soit par le Sud (percée du Rhône), soit par le Nord (Trouée de Belfort).

C. — LE MASSIF CENTRAL

1. Constitution générale du Massif Central. — Le Massif Central, dont la superficie équivaut à un sixième environ de la France, appartient à la zone des plissements hercyniens. Sa formation date donc de longtemps, et, comme ses contemporains, les Vosges et le Massif Armoricain, il a été longuement usé et transformé sur bien des points en plateau.

Mais, à l'ère tertiaire, un mouvement du sol a fait se dresser en masse, au Sud des massifs anciens, un vaste ensemble de plateaux calcaires : les *Causses*. Ensuite, des éruptions volcaniques ont donné naissance, au Centre des massifs anciens, à un ensemble de montagnes nouvelles, les *monts d'Auvergne* et les *monts du Velay*. Les monts d'Auvergne et les monts du Velay sont des montagnes plus jeunes et par conséquent moins usées et plus hautes que le reste du Massif Central.

Ainsi le Massif Central comprend trois groupes :
1° Des *massifs* et *plateaux anciens*, à l'Est et à l'Ouest ;
2° Des *montagnes volcaniques*, au Centre ;
3° Des *causses*, au Sud.

2. Les massifs et plateaux anciens. — Tout le soubassement du Massif Central n'est qu'un ensemble de massifs aplanis et de plateaux, qui surplombe la vallée du Rhône vers l'Est et s'incline doucement vers l'Ouest.

Les plus hauts de ces massifs sont à l'Est, dans la *Montagne Noire*, dans les *Cévennes*, dans le *Vivarais*, dans la *Margeride*, dans le *Forez*, dans le *Lyonnais*, dans le *Beaujolais*, dans le *Charolais*, dans le *Morvan*. Ces massifs encadrent quelques plaines intérieures : la principale est la plaine du *Forez*, ou plaine de la Loire. Les principaux sommets sont : le *Mont Lozère*, le *Gerbier de Jonc*, le *Mézenc* (1754 m.) et le *Mont Pilat*.

Vers l'Ouest, dans la *Marche* et le *Limousin*, on ne trouve plus que des plateaux ayant de 400 à 800 mètres d'altitude moyenne ; la partie la plus haute est la partie centrale, qui forme le vaste plateau de *Millevaches*, masse granitique peu ondulée, couverte de marécages, de pâtures et de bruyères, surmontée par des lignes de bombements bas et arrondis.

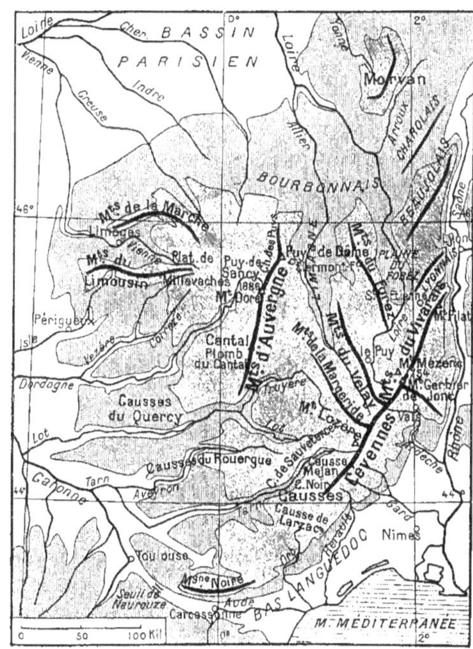

Fig. 3. — Le Massif Central.

C. C. 39

Fig. 1. — Le massif central volcanique : la Gravenne de Montpezat.

La Gravenne de Montpezat (Ardèche) représente un ancien cratère de volcan bien conservé jusqu'à ce jour. Quelques-uns des volcans du Massif Central étaient encore en activité au début de l'époque quaternaire, et des hommes ont été témoins de leurs éruptions. Mais tous n'ont pas aujourd'hui un cratère aussi nettement apparent que la Gravenne de Montpezat.

Fig. 2. — Le Massif Central calcaire : le Causse de Bramabiau.

Les causses sont des plateaux calcaires dont les assises, superposées régulièrement, sont restées horizontales. Ils sont sans grande végétation, parce qu'ils sont très secs. Ils sont découpés en compartiments par des vallées creuses, ou cañons, sur lesquelles ils se terminent par des corniches à pic. Le Causse de Bramabiau est un type de causse presque parfait.

3. Les montagnes volcaniques. — Les éruptions volcaniques de l'ère tertiaire ont donné naissance à de hautes montagnes, ou *puys*, aux formes aiguës, dont la plus élevée, le *Puy de Sancy*, atteint 1886 mètres. Ces montagnes occupent le centre du Massif Central. Elles encadrent des bassins, qui furent jadis des lacs, et qui forment aujourd'hui de vastes plaines d'alluvions : les *plaines du Forez et de la Limagne*.

On distingue deux lignes de montagnes volcaniques :

1° Entre la plaine du Forez et la plaine de la Limagne, les **monts du Velay**, où des basaltes ont été décomposés par les eaux en prismes qui ont la forme de tuyaux d'orgues : de là le nom des *orgues d'Espaly*;

2° A l'Ouest de la Limagne, les **monts d'Auvergne**, qui forment trois grandes masses : le *Cantal* (plomb du Cantal, puy Mary, puy Chavaroche, trouée du Lioran) entaillé par une vingtaine de vallées rectilignes qui en divergent comme les rayons divergent du moyeu d'une roue; le *massif du Mont Dore* (*puy de Sancy, puy Ferrand*), analogue au Cantal, mais avec moins d'étendue et plus d'élévation; les *monts Dômes* ou *chaîne des Puys* (puy de Dôme, puy de Côme, puy de Pariou), qui dominent des champs de laves ou *cheires*.

4. Les plateaux calcaires. — Les plateaux calcaires du Sud portent le nom de causses, du latin *calx*, qui signifie chaux, ou du mot patois *caous*, qui a le même sens. Ils s'inclinent de l'Est vers l'Ouest : hauts de 1200 mètres vers l'Est, ils n'ont plus que 600 mètres vers l'Ouest. Ils sont découpés par des vallées encaissées ou *cañons* : le principal est le cañon du Tarn.

A l'Est, sont les grands causses : le *causse de Sauveterre*, le *causse Méjan*, le *causse Noir*, le *causse de Larzac*. A l'Ouest sont les petits causses; les *causses du Rouergue* et les *causses du Quercy*, c'est-à-dire du Cahorcy ou pays de Cahors.

5. Plaines et passages. — Dans l'ensemble, le Massif Central forme une grosse protubérance, qui gêne les communications directes entre la France de l'Ouest et celle de l'Est.

Néanmoins, grâce aux faibles altitudes, grâce aux vallées divergeant dans toutes les directions, et surtout grâce aux dépressions intérieures qui ont donné passage à deux grands cours d'eau, la Loire et l'Allier, c'est-à-dire à la *plaine du Forez* et à la *plaine de la Limagne*, qui s'ouvrent sur la *plaine du Bourbonnais*, la circulation à travers le Massif Central est relativement aisée.

D. — LES PLAINES

1. Le Bassin Parisien. — Le Bassin Parisien couvre la France septentrionale : c'est la plus étendue des trois grandes plaines françaises.

Ses bords sont relevés parfois jusqu'à 300 et 400 mètres; le centre, où se trouve Paris, n'est pas à plus de 26 mètres.

Le Bassin Parisien est formé par des auréoles concentriques de terrains de toutes les époques des ères secondaire et tertiaire, les plus jeunes se trouvant au centre.

A l'Est de Paris, des crêtes concentriques marquent les contacts des divers terrains; les principales sont : la *falaise de l'Ile-de-France*, la *falaise de Champagne*, la *crête des Bars*, les *côtes de Meuse* et les *côtes de Moselle*.

On trouve, en outre, quelques bombements : à l'Ouest, les *collines du Perche et de Normandie*; au Nord-Ouest, le *Bray*; au Nord, les *collines de l'Artois* et le *Boulonnais*.

2. Le Bassin Aquitain. — Situé au Sud-Ouest, le Bassin Aquitain est moins étendu que le Bassin Parisien et beaucoup plus uniforme. Encadré par le Massif Central et les Pyrénées, il a la forme d'un demi-cercle qui s'ouvre largement et descend doucement vers l'Océan Atlantique.

La majeure partie en est située à moins de 200 mètres d'altitude. A l'Ouest, le long de la mer, le *plateau des Landes* a une altitude très faible et une horizontalité presque parfaite.

3. Le Bassin Rhodanien. — Situé à l'Est et au Sud-Est, le Bassin Rhodanien est très peu homogène et comprend trois parties principales :

1° Au Nord, la *plaine de la Saône*, entre le Massif Central et le Jura, sorte de cuvette oblongue prolongée au Sud par la Bresse et la Dombes;

2° Au Centre, le *sillon du Rhône*, très allongé et très étroit, entre le Massif Central et les Alpes;

3° Au Sud, la *plaine du Bas Languedoc*, qui borde la Méditerranée depuis les Alpes jusqu'aux Pyrénées.

4. Les plaines secondaires — Trois plaines secondaires font communiquer les trois grandes plaines entre elles. Ce sont : le *seuil du Poitou*, le *seuil de Bourgogne* et le *seuil du Lauraguais* ou *de Naurouze*.

1° Le *seuil du Poitou* s'étend entre le Massif Central et le Massif Armoricain. Il fait communiquer le Bassin Parisien avec le Bassin Aquitain.

2° Le *seuil de Bourgogne* s'étend entre le Massif Central et les Vosges. Il fait communiquer le Bassin Parisien avec le Bassin Rhodanien.

3° Le *seuil du Lauraguais* ou *de Naurouze* s'étend entre le Massif Central et les Pyrénées. Il fait communiquer le Bassin Aquitain et le Bassin Rhodanien.

Deux autres plaines secondaires d'une certaine étendue existent sur le pourtour. Ce sont :

1° la *plaine du Nord*, au Nord ;
2° la *plaine d'Alsace*, à l'Est.

LECTURES

1. Les Pyrénées sont une muraille. — Les traits généraux de la structure des Pyrénées, qui est bien accusée surtout au centre, sont les suivants :

1° *Les Pyrénées sont une sierra* : vues de la plaine française, elles barrent absolument l'horizon de leur ligne dentelée qui jamais ne s'échancre beaucoup.

2° *Point de grandes et larges vallées* traversant le massif dans toute sa largeur et formant des avenues de pénétration : les importantes aboutissent à des cirques sans issue (Ex. : le cirque de Gavarnie).

3° *Point de cols, mais des ports*, presque aussi élevés que les sommets, souvent aussi étroits que des brèches, impraticables par suite des neiges pendant les deux tiers de l'année : beaucoup ne sont point carrossables et donnent passage tout au plus à un sentier muletier.

Les conséquences de cette structure ont une importance très grande pour la géographie :

1° A l'Ouest et à l'Est des Pyrénées, les aspects naturels se ressemblent sur les deux versants pyrénéens, qui sont, en outre, habités également par les mêmes races d'hommes : Basques à l'Ouest, Catalans à l'Est. Mais, au Centre, les Pyrénées séparent deux mondes profondément différents. Au point de vue naturel, le versant espagnol oppose son ciel ardent, sa sécheresse, sa montagne pelée qui se développe jusqu'à l'Ebre

en plateaux monotones et déserts, à la nature océanique du versant français, avec ses brumes et ses pluies fréquentes, ses eaux courantes, ses prairies et ses forêts, ses cultures de céréales dans la plaine au pied des monts. Au point de vue des habitants, les Aragonais d'Espagne n'ont point de rapports avec les Languedociens de France.

2° Des voies ferrées unissent la France et l'Espagne par les deux extrémités des Pyrénées : à l'Ouest (lignes de Paris à Madrid par la côte et par le col du Somport), à l'Est le long de la Méditerranée (ligne de Paris à Barcelone) ; mais aucun chemin de fer ne traverse encore les Pyrénées Centrales. Une grande voie ferrée transpyrénéenne menant directement de Toulouse vers Saragosse à travers les Pyrénées centrales est en voie d'exécution.

2. Les Alpes sont faciles à franchir. — Malgré l'épaisseur de leur masse, l'altitude de leurs sommets, l'étendue de leurs glaciers, les Alpes ouvrent des voies d'accès relativement aisées parce que : 1° les vallées forment autant de percées, qui permettent de traverser le massif en tous sens ; — 2° les cols sont relativement assez bas : dans les Pyrénées, nombre de ports ont 2 800 ou 3 000 mètres, à côté de sommets qui n'en ont pas plus de 3 200 ou 3 300 mètres ; dans les Alpes, pour des sommets qui ont souvent 3 500 mètres et parfois dépassent 4 000 mètres, les cols sont inférieurs ou supérieurs de peu à 2 000 mètres. Exemples : le *col du Petit Saint-Bernard* s'ouvre à 2 157 mètres ; le *col du Mont-Cenis*, à 2 082 mètres ; le *col du Mont-Genèvre*, à 1 849 mètres ; le *col de Larche*, à 1 995 mètres ; le *col de Tende*, à 1 873 mètres.

Aussi, depuis les temps les plus reculés, les Alpes ont-elles vu passer nombre de peuples migrateurs et de conquérants. Rappelons les diverses traversées des Alpes par César, lorsqu'il vint conquérir la Gaule ; les expéditions de Pépin le Bref et de Charlemagne ; celles de Charles VIII, Louis XII et François Ier ; celle de Richelieu et Louis XIII ; celle de Bonaparte. Les Alpes n'ont jamais constitué une barrière de séparation entre la France et l'Italie. La langue française est encore parlée dans plusieurs vallées alpestres du versant italien.

De nos jours, les Alpes sont traversées par plusieurs routes carrossables et par plusieurs voies ferrées : voie ferrée de Chambéry à Turin par le tunnel du Mont-Cenis ; voie ferrée de Nice à Coni par un tunnel passant sous le col de Tende ; voie ferrée mettant Grenoble et Gap en communication avec Lyon et Marseille. De nombreuses voies secondaires complètent ces lignes principales.

Les Alpes constituent donc un système montagneux très hospitalier, très favorable aux relations et à la circulation.

Fig. 1 — LES PYRÉNÉES CENTRALES PRÈS DE L'ARIÈGE.

Les Pyrénées centrales sont un mur à peine dentelé de légères échancrures, une sierra. A cause de cela, elles sont difficiles à franchir. Les grandes routes et les voies ferrées qui mènent de France en Espagne passent à l'Ouest et à l'Est.

Fig. 2. — LE MONT BLANC VU DE LA FLÉGÈRE.

Le Mont Blanc forme un vaste massif montagneux, couvert d'immenses champs de neige et de glaciers, dont le plus connu est la mer de Glace. Il est bien délimité tout autour par des vallées creuses et larges. (Cliché Neurdein.)

Fig. 1. — La Beauce.

La Beauce est une immense plaine qui s'étend dans la partie centrale du Bassin Parisien. La Beauce est absolument plate : aucune colline ne s'y dresse ; aucune vallée ne la creuse. (Phot. Vélain.)

Fig. 2. — Les Côtes de Meuse, près de Domrémy.

La portion orientale du Bassin Parisien est sillonnée, du Sud au Nord, par une série de crêtes ou « côtes ». On voit ici l'une d'elles, les côtes de Meuse, à l'Est de ce fleuve.

3. Vers l'Est, le Bassin Parisien présente une série de crêtes concentriques.

On a vu que le Bassin Parisien est formé par des auréoles concentriques de terrains des ères secondaire .et tertiaire, les plus jeunes se trouvant au centre. Ces terrains, de dureté différente, n'ont pas tous offert la même résistance aux eaux que la pente appelait du pourtour vers le centre : l'érosion a creusé les terrains tendres, plus que les terrains durs. Ainsi s'explique l'existence de crêtes concentriques dans la portion orientale du Bassin Parisien.

Les principales sont : la *falaise de l'Ile-de-France*, la *falaise de Champagne*, la *crête des Bars* (Bar-sur-Seine, Bar-sur-Aube, Bar-sur-Ornain ou Bar-le-Duc), l'*Argonne*, les *côtes de Meuse*, les *côtes de Moselle*. Ces crêtes ont une importance agricole et stratégique.

1° D'une part, leur versant oriental, exposé au soleil, est chaud et permet la culture de la vigne, absente du versant occidental. C'est sur le versant oriental de la falaise tertiaire de l'Ile-de-France qu'on récolte les raisins servant à fabriquer les vins de Champagne. Les versants orientaux des côtes de Meuse et de Moselle produisent les vins gris de Lorraine.

2° D'autre part, elles constituent autant de lignes de fortification naturelle. Chacune d'elles a vu se livrer de terribles batailles chaque fois que la France a été envahie, en 1792, en 1814. en 1914-18. Auprès de la falaise de l'Ile-de-France, c'est *Montereau, Vauchamps, Montmirail, Craonne, Laon*, qui rappellent autant de batailles livrées par Napoléon pendant la Campagne de France de 1814. En septembre 1914, c'est au pied de cette falaise, près des marais de Saint-Gond, que s'est livrée la lutte la plus chaude de la *bataille de la Marne* qui a sauvé Paris. Au pied de la seconde falaise se trouvent *Troyes, Brienne, la Rothière*, où l'on se battit avec acharnement en 1814. Plus au Nord, au pied de l'Argonne, c'est *Valmy*, illustré par la victoire de Dumouriez sur les Prussiens en 1792. Les côtes de Meuse sont couronnées par les forts puissants de Verdun, dont la résistance a sauvé la France en 1916. Sur les côtes de Moselle, ce sont les forts de Toul que l'ennemi n'a pu atteindre pendant la guerre de 1914-1918.

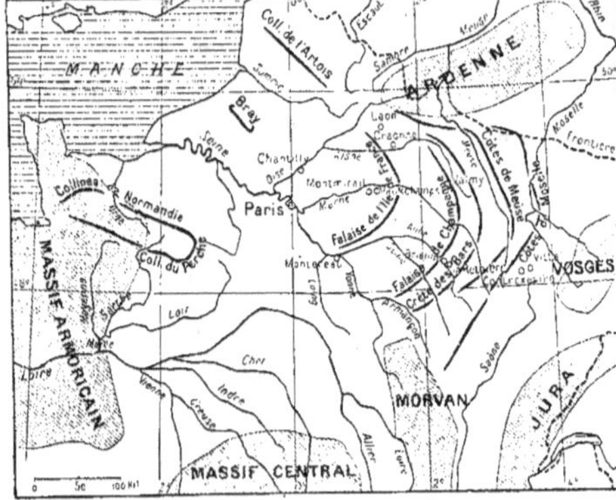

Fig. 3. — Les crêtes du Bassin Parisien.

RÉSUMÉ. — La France possède trois massifs anciens assez bas et aux reliefs usés. Ce sont :

1° les *Vosges* (ballon de *Guebwiller* et *Hohneck*) qui s'étendent du *col de Saverne* à la *Trouée de Belfort* ;

2° l'*Ardenne*. creusée par la *vallée de la Meuse* ;

3° le *Massif Armoricain* (*monts d'Arrée*).

La France possède trois massifs jeunes, hauts et aux reliefs aigus. Ce sont :

1° les *Pyrénées* (pic d'Aneto. d'Anie. de Vignemale. du Midi de Bigorre, le Canigou, etc.), aux cols ou ports rares et d'accès difficile (cols de Roncevaux et du Somport, de Gavarnie et de Venasque, de la Perche et du Perthus) ;

2° les *Alpes* (Mont Blanc, point culminant de l'Europe, et Vanoise, Pelvoux. Alpes Maritimes, etc.). aux cols assez nombreux et relativement accessibles (col du Petit-Saint-Bernard, du Mont-Cenis et du Mont-Genèvre, de Larche et de Tende) ;

3° le *Jura* (*Crêt de la Neige*).

La France possède au Centre le *Massif Central*, composé d'une zone de massifs et de plateaux anciens et usés (*Cévennes, Vivarais, Margeride. Forez. Lyonnais, Beaujolais, Charolais et Morvan*, à l'Est ; *Marche et Limousin*, à l'Ouest), de plateaux plus récents (*Causses*). et de montagnes volcaniques, plus récentes et plus hautes (*Monts d'Auvergne et du Velay*).

Entre ces montagnes s'étalent trois vastes plaines :

1° le *Bassin Parisien* ;

2° le *Bassin Aquitain* ;

3° le *Bassin Rhodanien*.

Ces trois grandes plaines communiquent entre elles par trois plaines plus étroites : le *seuil du Poitou*. le *seuil de Bourgogne* et le *seuil du Lauraguais* ou *de Naurouze*.

Sur nos frontières se trouvent la *plaine du Nord* et la *plaine d'Alsace*.

Exercices. — 1. Carte physique de la France : relief — 2. Carte des Vosges. — 3. Carte des Pyrénées. — 4. Carte des Alpes. — 5. Carte du Jura. — 6. Carte du Massif Central. — 7. Énumérez et comparez les massifs anciens et les massifs jeunes de la France ; quelle place particulière donnez-vous parmi eux au Massif Central ? — 8. Les plaines de la France. — 9. Comparez les Pyrénées et les Alpes. — 10. Traits du relief du Bassin Parisien.

III. — Le climat de la France.

1. Caractère modéré du climat français. —

climat de la France est généralement tempéré.

La température moyenne de l'année, à Paris, est de degrés ; elle est plus douce que celle de la plupart des pays ués à la même latitude. Les écarts entre les hivers et les étés nt faibles.

D'autre part, la quantité de pluie qui tombe en France (de 0 millimètres à 1 mètre) est moyenne ; et s'il y a dans cer- ines régions des saisons plus humides et des saisons moins umides, il n'y a nulle part de saison absolument sèche.

La France doit son climat modéré à sa *latitude* et surtout *l'influence de la mer*.

2. Variété du climat français. — Partout tem-

ré, le climat de la France est très varié.

Les causes de la variété du climat de la France sont le lief et la situation par rapport à la mer.

1° Le relief : la température devient plus rigoureuse avec ltitude ; la pluie est plus abondante sur les versants exposés ix vents humides ;

2° La situation par rapport à la mer : s'il n'y a pas de gion absolument continentale en France, du moins certaines gions, plus éloignées de la mer, bénéficient moins de son fluence adoucissante.

D'autre part, les régions exposées à la Méditerranée n'ont s le même climat que les régions exposées à l'Océan llantique.

3. Climat atlantique et climat méditerra-

éen. — L'opposition entre la région atlantique et la région léditerranéenne se marque dans la température, dans le gime des vents et dans le régime des pluies.

1° L'opposition entre la région atlantique et la région mé- iterranéenne se marque d'abord dans la **température**.

Dans la région atlantique, la température reçoit partout lus ou moins l'influence adoucissante de l'Océan Atlantique. ur la côte, les étés sont frais, les hivers sont tièdes, grâce à la ter, qui est un réservoir de fraîcheur en été et un réservoir chaleur en hiver (ex. : *Brest*). Plus avant dans l'intérieur, écart entre les saisons extrêmes devient un peu plus sensible : s étés sont un peu plus chauds, les hivers sont un peu lus froids (ex. : *Nancy*). Sur les hautes altitudes, les hivers nt très rudes.

Dans la région méditerranéenne, la température est plus evée que dans la région atlantique, parce que la latitude est lus méridionale, et surtout parce que la Méditerranée est une ter beaucoup plus chaude que l'Océan Atlantique. Dans cette gion, les étés sont très chauds, les hivers sont tièdes (ex. : *larseille*).

2° L'opposition se marque ensuite dans le **régime des ents**.

La France est située dans une zone de la terre où il n'y a ni ents réguliers, ni vents saisonniers, mais seulement des vents ariables. Toutefois, il y a partout certains vents dominants. r ces vents dominants ne sont pas les mêmes dans la région llantique et dans la région méditerranéenne.

Dans la région atlantique, les hautes pressions qui règnent énéralement sur l'océan font que les vents soufflent le plus ouvent de la mer vers la terre : ce sont des vents tièdes du ud-Ouest en hiver, des vents frais du Nord-Ouest en été.

Dans la région méditerranéenne, les basses pressions sont réquentes sur le golfe de Gênes, surtout en hiver, tandis que es hautes pressions règnent sur les montagnes glacées des

Alpes, du Massif Central et des Pyrénées qui entourent la Médi- terranée. Il en résulte, soufflant des terres vers la mer, des vents violents et froids : le *mistral* en Provence, le *cers* en Languedoc, la *tramontane* en Roussillon.

3° Enfin l'opposition se marque dans le **régime des pluies**.

La *région atlantique* a partout des pluies fréquentes et tombant au cours de toutes les saisons. Toutefois, sur la côte, il pleut surtout en hiver, époque où la vapeur d'eau amenée par les vents marins se condense en eau et tombe au contact de l'atmosphère plus froide du continent. C'est, par exemple, le cas de *Brest*. Dans l'intérieur, les vents d'hiver ont perdu une partie de leur humidité au-dessus des régions côtières ; il tombe moins d'eau, et une partie de cette eau tombe sous forme de neige. Au contraire, les pluies sont fréquentes en été, à la suite d'orages, et en automne. C'est, par exemple, le cas de *Nancy*. Entre la région côtière et l'intérieur, par exemple dans la région parisienne, on a un régime mixte, avec des pluies de printemps et d'automne.

La *région méditerranéenne*, bordant le Nord d'une zone terrestre sèche (la zone subtropicale), a des pluies rares, tombant en averses d'orage pendant toute la saison froide, et surtout en automne. Les étés sont très secs (ex. : *Marseille*).

4. Principaux climats secondaires français.

— Les différences de latitude, de situation par rapport à la mer et de relief déterminent dans le climat des principales régions françaises des différences qui permettent de distinguer plusieurs climats secondaires résumés dans le tableau suivant :

CLIMAT ATLANTIQUE RELATIVEMENT MARITIME	*Climat armoricain* (Bretagne) : température modérée et égale ; pluies d'hiver, très abondantes et très fréquentes.
	Climat aquitain (région de l'Ouest et Bassin Aquitain) : mêmes caractères, mais un peu moins humide et un peu plus chaud.
	Climat parisien (Bassin de Paris) : tempé- rature modérée, avec écarts assez faibles ; pluies, moins abondantes et moins fré- quentes, de printemps et d'automne.
CLIMAT ATLANTIQUE RELATIVEMENT CONTINENTAL	*Climat auvergnat* (Massif Central) : hivers rudes, étés chauds, pluies fortes et neige en hiver, pluies d'orage en été.
	Climat vosgien (Lorraine, Vosges et Alsace) : hivers rudes, étés chauds, pluies d'orage en été et en automne ; neige en hiver.
	Climat rhodanien (Jura, Alpes, plaine de la Saône, plaine du Rhône jusqu'à Valence) ; mêmes caractères que le précédent, mais moins accentués.
CLIMAT MÉDITERRANÉEN	*Climat méditerranéen* (région méditerra- néenne) : étés chauds et secs ; hivers tièdes avec coups de vents froids. Pluies d'orage (automne).

On peut délimiter sur une carte les régions soumises à ces divers climats, mais en n'oubliant pas que ces limites n'ont rien de rigoureux et qu'aux environs de chaque limite le pays a un climat qui a des traits déjà semblables à ceux du climat voisin. EXEMPLE : la *Champagne*, située à l'extrémité orientale du climat parisien, a par son climat plus de rapport avec la *Lorraine*, située à la limite occidentale du climat vosgien, qu'avec la *Normandie*, située à la limite occidentale du climat parisien.

On passe d'un climat secondaire au climat secondaire voisin non pas brusquement, mais par transitions insensibles.

LECTURE

La France a un climat tempéré. — Par siècle, l'on compte en France, en moyenne sept ou huit hivers très rigoureux pendant lesquels le thermomètre, dans les plaines, s'abaisse jusqu'à 20 degrés au-dessous de zéro, et sept à huit étés très chauds au cours desquels le thermomètre s'élève au-dessus de 35 degrés. Du reste, ces températures extrêmes ne durent chaque fois que quelques jours. Dans l'ensemble, la France n'a ni étés vraiment brûlants ni hivers vraiment glacés.

Mais, c'est par des comparaisons entre le climat français et celui des pays de même latitude qu'on se rend le mieux compte de la modération du climat français. (Voir fig. ci-contre.)

La *Russie* a un climat bien plus excessif que le nôtre. Les hivers y durent de novembre à avril; la neige couvre alors le sol; le thermomètre reste pendant plusieurs mois au-dessous du point de fusion de la glace; on circule en traîneaux sur la neige durcie et sur les rivières gelées; les maisons sont pourvues de doubles fenêtres. Dans la Russie méridionale, sous la latitude de Naples, il faut enterrer les ceps de vigne sous deux ou trois pieds de terre, afin de les empêcher de geler: la mer Noire reste gelée, en moyenne, un ou deux mois par an, le long des côtes russes.

Il en est de même du *climat canadien*. Bien que les provinces méridionales du Canada soient situées sous la même latitude que la France centrale, le Saint-Laurent, à Montréal, reste gelé 120 jours en moyenne par an, et son lit, encombré de glaces, pré-

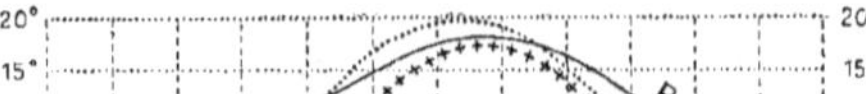
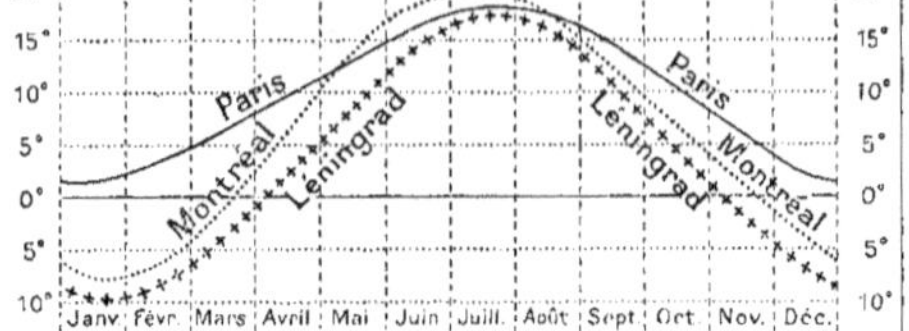

Fig. 1. — Températures annuelles comparées en France, en Russie et au Canada.

sente l'aspect d'une banquise polaire. Les froids sont assez rigoureux pour congeler la chute du Niagara elle-même, malgré son volume et ses 47 mètres de hauteur. Que dirions-nous si la Loire à Tours, ou la Seine à Paris, restaient gelées chaque hiver pendant environ quatre mois?

RÉSUMÉ. — La France a un climat modéré, de chaleur tempérée, de pluies moyennes, mais ce climat varie selon les régions, avec l'altitude et avec la situation par rapport à l'Océan Atlantique ou à la Méditerranée.

La température est très modérée (hivers tièdes, étés frais) dans la zone voisine de l'Océan Atlantique; elle devient excessive (hivers plus rudes, étés plus chauds) dans les régions situées à l'intérieur; elle est chaude (étés très chauds, hivers doux) dans la zone voisine de la Méditerranée.

Les vents sont très variables dans la zone atlantique; toutefois les vents d'Ouest, venant de l'Océan, y prédominent. Dans la zone méditerranéenne, des vents froids et secs (mistral, cers, tramontane) soufflent parfois de la montagne, surtout en hiver.

Les pluies sont fréquentes dans la zone atlantique, où elles tombent surtout en automne et en hiver; elles le sont moins dans l'intérieur. Dans la zone méditerranéenne, elles sont rares, brusques, tombant pendant la saison fraîche, presque absolument nulles en été.

On peut distinguer en France les climats armoricain, aquitain, parisien, auvergnat, vosgien, rhodanien et méditerranéen.

Exercices. 1. Pourquoi la France a-t-elle un climat tempéré dans l'ensemble et varié entre les régions? — 2. Comparez le climat océanique et le climat méditerranéen.

IV. — Les cours d'eau français.

1. Eaux stagnantes. — La France a peu de *lacs* : le seul important, le *lac de Genève* ou *lac Léman*, ne lui appartient qu'en partie.

Les *étangs* ne sont nombreux que dans trois régions : la *Dombes*, la *Sologne* et les *Landes*.

2. Cours d'eau. — Les cours d'eau français se partagent entre deux grands versants : le versant du Nord-Ouest et le versant du Sud-Est.

1º Le *versant du Nord-Ouest* aboutit soit à la mer du Nord (Rhin, Moselle, Meuse, Escaut), soit à la Manche (Somme, *Seine*, Orne), soit à l'Océan Atlantique (Vilaine, *Loire*, Charente, *Garonne*, Adour).

2º Le *versant du Sud-Est* aboutit à la Méditerranée (Aude, Hérault, *Rhône*, Var).

A. — LA SEINE

1. Le cours de la Seine. — La Seine (776 kilomètres) prend sa source dans le Plateau de Langres, au *Mont Tasselot* (471 m.).

On peut distinguer quatre parties dans le cours de la Seine :

1º *De la source à la falaise tertiaire d'Ile-de-France.* — Prenant sa source à 471 mètres, la Seine n'est déjà plus qu'à 200 mètres au bout de 50 kilomètres de parcours : elle longe la falaise d'Ile-de-France, puis la traverse après son confluent avec l'Yonne.

2º *De la falaise tertiaire d'Ile-de-France à la région parisienne.* — De plus en plus large, de plus en plus lente, la Seine devient dans la plaine de l'Ile-de-France un fleuve vraiment important, grâce aux

LONGUEURS COMPARÉES

| Seine 776 k. | Loire 1000 k. | Garonne 720 k. | Rhône 812 k. |

PENTES COMPARÉES

TERRES AU-DESSUS ET AU-DESSOUS DE 500 M
DANS LES QUATRE GRANDS BASSINS

au-dessus de 500 mètres

Seine	Loire	Garonne	Rhône
500 km.q.	17.000 km.q.	27.000 km.q.	52.000 km.q.
77.000 km.q.	104.000 km.q.	58.000 km.q.	47.000 km.q.

au-dessous de 500 m.

PERMÉABILITÉ DU SOL
Terrains imperméables

Seine	Loire	Garonne	Rhône
19.000 km.q.	54.000 km.q.	25.000 km.q.	23.000 km.q.
58.000 km.q.	67.000 km.q.	60.000 km.q.	76.000 km.q.

Terrains perméables

DÉBIT MOYEN
en mètres cubes par seconde

| Seine 300 | Loire 375 | Garonne 700 | Rhône 2200 |

RÉGIMES COMPARÉS

Fig. 1. — Caractères comparés des fleuves français.

pports des deux
grands affluents : la
Marne et l'Oise.

3° *De la région
parisienne à l'es-
tuaire*. — A Paris,
la Seine n'est plus
qu'à 26 mètres
l'altitude ; aussi,
son cours inférieur
est lent et trace des
méandres.

4° *L'estuaire*. —
L'estuaire est large,
encombré de bancs
de sable.

2. Les af-
fluents de la
Seine. — La Seine

reçoit les affluents
suivants :

1° A DROITE :
l'*Aube*; la *Marne*,
grossie de la *Saulx*,
du Petit-Morin et du Grand-Morin ; l'*Oise*, grossie de l'*Aisne*,
qui reçoit l'*Aire* et la *Vesle*, et du *Thérain* ; l'*Epte* ;

2° A GAUCHE : l'*Yonne*, grossie de la *Cure* et de l'*Ar-
mançon* ; le *Loing* ; l'*Eure*, grossie de l'*Iton* ; la *Rille*.

3. Le régime de la Seine. — La Seine a un débit

moyen et un régime régulier.

Le *débit* de la Seine est moyen : 300 m. cubes par seconde
à Paris.

Le *régime* de la Seine est très régulier, parce que, ainsi
que presque tous ses affluents, elle traverse des régions à pente
faible où les terrains perméables dominent. Le seul élément
perturbateur est l'Yonne, qui doit aux hautes terres granitiques
et imperméables du Morvan un régime de crues irrégulières.

La Seine est navigable en toute saison.

4. Les villes. — Parmi les villes arrosées par la Seine

et par ses affluents on peut citer :

1° Sur la *Seine*, Troyes, Melun, Paris, Elbeuf, Rouen,
le Havre ;

2° Sur la *Marne*, Chaumont et Châlons-sur-Marne ;

3° Sur l'*Oise*, Compiègne ;

4° Sur le *Thé-
rain*, Beauvais ;

5° Sur l'*Yonne*,
Auxerre ;

6° Sur l'*Eure*,
Chartres ;

7° Sur l'*Iton*,
Evreux.

B. — LA LOIRE

1. Le cours
du fleuve. — La

Loire (1 000 kilo-
mètres) prend sa
source au mont
Gerbier de Jonc
(1 400 m.).

On peut distin-
guer trois parties
dans le cours de la
Loire :

1° *De la source
au Bec d'Allier*. —
Dans le Massif Cen-
tral, la Loire supérieure coule tantôt dans d'assez larges
dépressions, comme les bassins du *Velay*, du *Forez*, de
Roanne, et tantôt dans des défilés très resserrés, comme
le défilé de *Pinay*.

2° *Du Bec d'Allier au Bec de la Maine*. — La Loire
moyenne décrit un grand coude dans la portion méridionale
du Bassin Parisien. Là elle s'étale dans un large val, où elle
ne remplit son lit qu'au moment des crues.

3° *Du Bec de la Maine à la mer*. — La Loire inférieure
coule dans une entaille profonde et large de la partie méridionale du Massif Armoricain et se termine par un vaste estuaire,
où la marée remonte au-dessus de Nantes et qui est encombré
d'îles et de bancs de sable.

2. Les affluents de la Loire. — La Loire reçoit

les affluents suivants :

1° A DROITE : le *Furens*; l'*Arroux*; la *Nièvre*; la
Cisse; l'*Authion*; la *Maine*, formée de la *Mayenne* et de
la *Sarthe*, qui reçoit le *Loir*; l'*Erdre* ;

2° A GAUCHE : l'*Allier*, grossi de la *Sioule*; le *Loiret*; le
Cher, grossi de l'*Yèvre*; l'*Indre*; la *Vienne*, grossie de

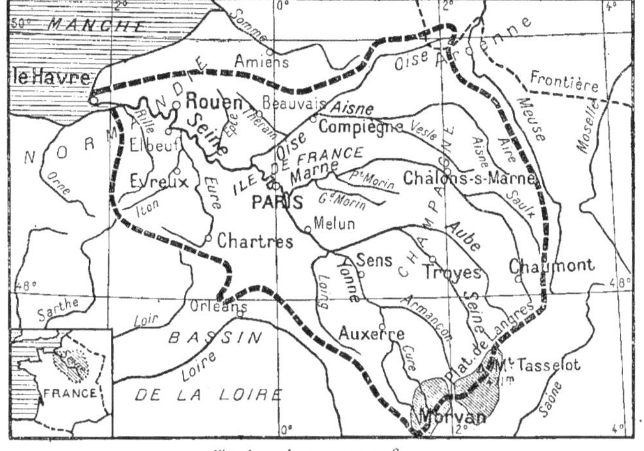

Fig. 1. — LE BASSIN DE LA SEINE.

Fig. 2. — LA SEINE A ROUEN. (*Phot. Neurdein fr.*)

Fig. 3. — LA LOIRE PRÈS DE TOURS (*Phot. Neurdein fr.*)

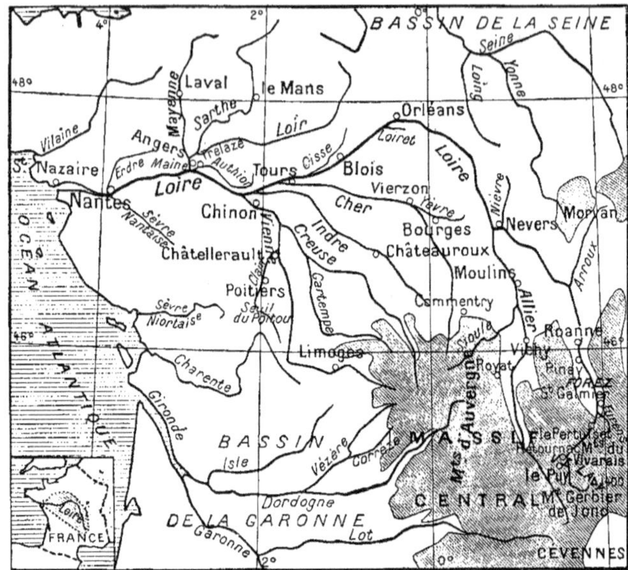

Fig. 1. — Le bassin de la Loire.

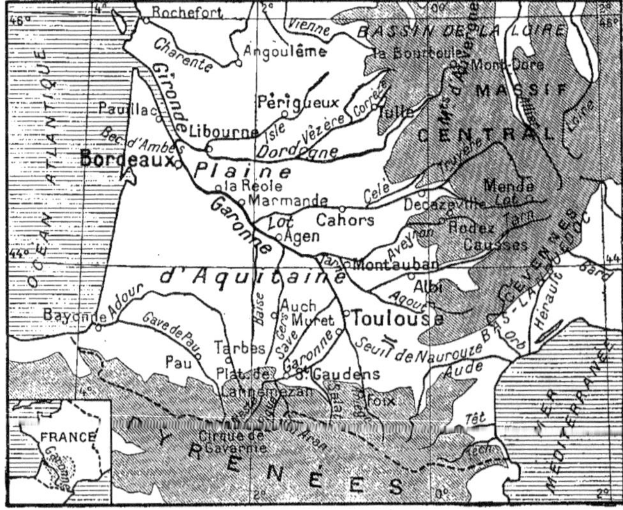

Fig. 2. — Le bassin de la Garonne.

la *Creuse*, qui reçoit la *Gartempe*, et du *Clain*; la *Sèvre Nantaise*.

3. Le régime de la Loire. — La Loire a un débit moyen (375 m. cubes), mais un régime très irrégulier.

Ce régime est déterminé surtout par le Massif Central, d'où lui viennent presque toutes ses eaux, et où dominent des terrains à fortes pentes et des sols imperméables. De là des maigres d'été excessifs et des crues assez rares, mais terribles, d'automne et de printemps.

La Loire est navigable seulement dans son cours inférieur.

4. — Les villes. — Parmi les villes qu'arrosent la Loire et ses affluents, on peut citer :

1° Sur la **Loire**, *Roanne, Nevers, Orléans, Blois, Tours, Saumur, Nantes, Saint-Nazaire*;

2° Sur la **Maine**, *Angers*;

3° Sur la **Sarthe**, *le Mans*;

4° Sur la **Mayenne**, *Laval*;

5° Sur l'**Allier**, *Vichy, Moulins*;

6° Sur le **Cher**, *Vierzon*;

7° Sur l'**Yèvre**, *Bourges*;

8° Sur l'**Indre**, *Châteauroux*;

9° Sur la **Vienne**, *Limoges, Châtellerault, Chinon*;

10° Sur le **Clain**, *Poitiers*.

C. — LA GARONNE

1. Le cours du fleuve. — La Garonne (720 km.) prend sa source au *val d'Aran* (1872 m.), dans les Pyrénées espagnoles. On peut distinguer trois parties dans son cours :

1° *De la source jusque vers Muret*. — La haute Garonne, dégagée bientôt des montagnes, contourne le plateau de Lannemezan.

2° *De Muret au Bec d'Ambès*. — La Garonne moyenne, enrichie par de nombreux affluents, suit, au centre du Bassin Aquitain, une direction rectiligne.

3° *La Gironde*. — Véritable bras de mer, accessible aux marées, la Gironde a une largeur qui va jusqu'à 12 kilomètres et une profondeur qui va jusqu'à 30 mètres.

2. Les affluents de la Garonne. — Le Garonne reçoit les affluents suivants :

1° A droite : l'*Ariège*; le *Tarn*, grossi de l'*Agout* et de l'*Aveyron*; le *Lot*, grossi de la *Truyère* et du *Célé*; la *Dordogne*, grossie de la *Vézère*, qui reçoit la *Corrèze*, et de l'*Isle*;

2° A gauche : la *Save*; le *Gers*, la *Baïse*.

3. Le régime de la Garonne. — La Garonne a un débit assez abondant (700 m. cubes par seconde).

Son régime est irrégulier, parce que presque toutes ses eaux lui viennent des Pyrénées et du Massif Central, à fortes pentes. Elle a des crues très abondantes en automne et au printemps. Toutefois, ses maigres d'été sont moins prolongés que ceux de la Loire, parce que la fonte des neiges pyrénennes entretient toujours un peu d'eau dans le fleuve. La Garonne n'est naturellement navigable que dans son cours inférieur.

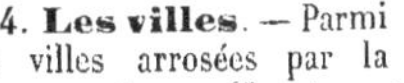

4. Les villes. — Parmi les villes arrosées par la Garonne et ses affluents, on peut citer :

1° Sur la **Garonne**, *Saint-Gaudens*, *Muret*, *Toulouse*, *Agen*, *Marmande*, *la Réole*, *Bordeaux*;

2° Sur la **Gironde**, *Pauillac*;

3° Sur l'**Ariège**, *Foix*;

4° Sur le **Tarn**, *Albi*, *Montauban*;

5° Sur l'**Aveyron**, *Rodez*;

6° Sur le **Lot**, *Mende*, *Cahors*;

7° Sur la **Dordogne**, *Libourne*;

8° Sur l'**Isle**, *Périgueux*;

9° Sur la **Corrèze**, *Tulle*;

10° Sur le **Gers**, *Auch*.

D. — LE RHONE

1. Le cours du fleuve. — Le Rhône (812 kil.) a son cours supérieur en Suisse, où il naît au Saint-Gothard. En Suisse, il n'est qu'un torrent alpestre.

Le Rhône entre en France à la sortie du *lac Léman* ou *lac de Genève*.

On peut distinguer trois parties dans le cours français du Rhône:

1° *Du lac Léman à Lyon.* — Le Rhône traverse les chaînons du Jura en un cours tourmenté, les longeant dans les vals ou les coupant par des cluses; sa pente est forte;

2° *De Lyon au delta.* — Après son confluent avec la Saône, le Rhône coule dans la plaine rhodanienne en longeant le pied du Massif Central; sa pente est encore forte; il traverse successivement des bassins étroits et quelques défilés (*robinet de Donzère*) entre le Massif Central et les avant-monts des Alpes;

3° *Le delta.* — Dans le delta, le Rhône se divise en *Petit Rhône* et en *Grand Rhône* (celui-ci entraînant 86 pour 100 du volume total des eaux), qui enserrent les alluvions de la Camargue.

2. Les affluents du Rhône. — Le Rhône reçoit les affluents suivants :

1° A DROITE : la **Valserine**; l'**Ain**; la **Saône**, grossie de l'*Ouche* et de la *Dheune*, sur sa rive droite, du *Coney*, de l'*Ognon* et du *Doubs*, sur la rive gauche; le **Gier**; l'**Ardèche**; la **Cèze**; le **Gard**;

2° A GAUCHE : l'**Arve**; l'**Isère**, grossie de l'*Arc* et du *Drac*; la **Drôme**; l'**Aygues**; l'**Ouvèze**; la **Sorgues**; la **Durance**, grossie du *Buech* et du *Verdon*.

3. Le régime du Rhône. — Le Rhône a un *débit moyen* fort (2 200 m. cubes par seconde) par suite de l'abondance des pluies et des neiges qui tombent sur les montagnes de son bassin.

Son *régime* est relativement régulier. Pourtant, à l'exception de la Saône, tous ses affluents sont sujets à des crues; mais leurs crues ne coïncident pas; les rivières du Jura ont les leurs au début du printemps; les rivières des Alpes, à la fin du printemps et au début de l'été; celles des rivières cévenoles, causées par les pluies méditerranéennes, se produisent en automne et en hiver.

Le Rhône est difficilement navigable.

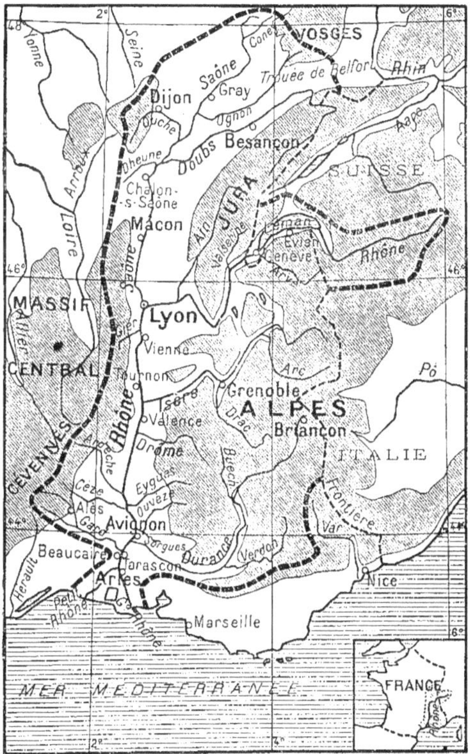

4. Les villes. — Parmi les villes arrosées par le Rhône ou par ses affluents, on peut citer :

1° Sur le **Rhône**, *Lyon*, *Vienne*, *Tournon*, *Valence*, *Avignon*, *Tarascon*, *Beaucaire*, *Arles*;

2° Sur la **Saône**, *Gray*, *Chalon-sur-Saône*, *Mâcon*;

3° Sur le **Doubs**, *Besançon*;

4° Sur l'**Ouche**, *Dijon*;

5° Sur le **Gard**, *Alès*;

6° Sur l'**Isère**, *Grenoble*;

7° Sur la **Durance**, *Briançon*.

Fig. 1. — Le Rhône a Pierre-Chatel.

Fig. 2. — Le bassin du Rhône.

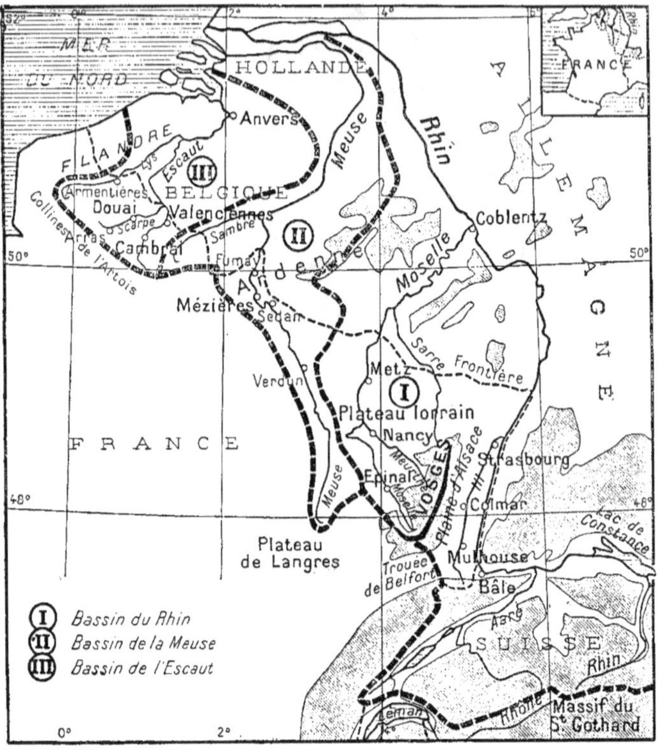

Fig. 1. — Les cours d'eau de l'Est et du Nord.

B. — LES AUTRES COURS D'EAU

1. Les cours d'eau de l'Est.

— Il y a deux grands fleuves dans l'Est de la France : le *Rhin* et la *Meuse*.

Le *Rhin* est l'un des plus grands fleuves de l'Europe (1300 km). Il a une partie de son cours moyen en Alsace, où il sépare la France de l'Allemagne. Le Rhin a un débit abondant; trop rapide jusqu'au confluent de son affluent l'*Ill*, il est en aval navigable. L'Ill arrose *Mulhouse, Colmar* et *Strasbourg*.

La *Moselle* est un grand affluent du Rhin. Elle prend sa source dans les Vosges et se jette dans le Rhin en Allemagne. Elle reçoit en France la *Meurthe* et en Allemagne la *Sarre*, née en France. Elle a une pente forte et un débit moyen. La Moselle arrose *Épinal* et *Metz*. La Meurthe arrose *Saint-Dié* et *Nancy*.

Fig. 2. — Une rivière du Nord : la Deûle a Lille.
(Cliché Cailleux, Lille.)

La *Meuse*, née dans le plateau de Langres à une faible altitude, a un régime régulier, mais un débit peu abondant. Elle ne reçoit en France aucun affluent notable. Elle arrose *Verdun*, *Sedan* et *Mézières*.

2. Les cours d'eau du Nord.

— Deux grands cours d'eau coulent dans le Nord de la France, mais ne lui appartiennent qu'en partie. Ce sont :

1° la *Sambre*, (affluent de la Meuse, qui se jette dans ce fleuve en Belgique;

2° l'*Escaut* (affl. : la *Scarpe* et la *Lys*). Coulant dans une région humide et plate, il est abondant et régulier. L'Escaut arrose *Cambrai* et *Valenciennes*. La Scarpe arrose *Arras* et *Douai*. La Lys arrose *Armentières*.

3. Les cours d'eau secondaires du Bassin Parisien.

— Outre la Seine et la Loire, le Bassin Parisien possède plusieurs cours d'eau de faible pente et de régime régulier, parmi lesquels les principaux sont la *Somme* et l'*Orne*.

4. Les cours d'eau armoricains.

— Les principaux cours d'eau armoricains sont la *Rance*, l'*Aulne*, le *Blavet* et la *Vilaine*. Tous sont courts, mais ils s'élargissent et s'approfondissent aux abords de la mer, dans leurs estuaires.

5. Les cours d'eau de l'Ouest.

— Les principaux cours d'eau de l'Ouest sont : la *Charente* et l'*Adour*, qui reçoit le *Gave de Pau*. La Charente est une rivière de plaine, de cours lent, de régime régulier. Mais l'Adour est troublé par le Gave de Pau et d'autres petits affluents pyrénéens qui sont des torrents.

6. Les cours d'eau méditerranéens.

— Ce sont de l'Ouest à l'Est : l'*Aude*, l'*Hérault*, le *Var* et le *Golo* qui coule en Corse. Toutes sont des rivières courtes et de très fortes pentes, aux crues subites et violentes lors des grandes pluies d'automne. Ces crues sont séparées par de longues périodes de maigre, où les lits des rivières, presque à sec, ne sont qu'une large suite de graviers et de pierres. Ces rivières sont complètement inutilisables.

Fig. 1. — LA SEINE A PARIS, EN FACE DE GRENELLE.

A Paris, la Seine est devenue un grand fleuve. Elle a une centaine de mètres de largeur et donne passage en tout temps à de longs trains de chalands et de péniches. Elle admet même des bateaux à vapeur d'un moyen tonnage, capables d'aller sur la mer.

(Cliché Cie aérienne française.)

Fig. 2. — LE PORT DU RHIN A STRASBOURG.

Près de Strasbourg, le Rhin est un très grand fleuve, au cours déjà ralenti, au lit large et se divisant en deux bras. Sur la rive gauche et entre les deux bras est le port français de Strasbourg; sur la rive droite est le port allemand de Kehl.

(Cliché Hachette.)

LECTURES

1. La Seine a une grande importance commerciale. — Napoléon Ier, parlant de la Seine, la comparait à « une grande rue traversant Paris, Rouen et le Havre ».

En effet, de débit suffisant et régulier, peu encombrée d'alluvions, la Seine forme naturellement une excellente voie navigable. Dès l'époque gallo-romaine, elle servait déjà beaucoup au commerce, et les nautes de Paris formaient une corporation florissante. Au moyen âge, « les marchands de l'eau », comme on disait, faisaient par la Seine un commerce actif : c'est par le fleuve qu'ils recevaient les bois du Morvan, les blés et les farines de la Brie et de la Beauce, les matériaux de construction qui ont servi à bâtir la capitale; d'autre part, ils faisaient un grand trafic avec Rouen et par Rouen avec la mer. Aussi leur corporation fut-elle alors une des plus puissantes de la capitale. Paris a dû à la Seine une grande partie de sa fortune, et c'est pourquoi un navire figure dans ses armes.

De nos jours, améliorée par la construction de barrages éclusés, la Seine n'a pas cessé d'être une très importante voie commerciale. Grâce à elle, Paris est le plus grand port fluvial de France, et son trafic dépasse même celui de Marseille, notre premier port maritime.

2. Le Rhin est un très grand fleuve. — Le Rhin est un très grand fleuve. C'est le plus long fleuve de l'Europe centrale et occidentale après le Danube : il a 1 300 kilomètres de long, tandis que le Danube en a 2 800. C'est aussi le fleuve le plus puissant de l'Europe centrale et occidentale après le Danube : son débit moyen, à son embouchure, est de 7 210 mètres cubes par seconde, tandis que celui du Danube est de 9 180.

Mais surtout le Rhin est le fleuve de toute l'Europe sur lequel se fait le commerce le plus actif : il est tel port du Rhin, comme Duisbourg, qui voit passer chaque année des bateaux et des chalands en si grand nombre que leur tonnage est équivalent à celui des navires qui passent en un an dans un très grand port comme Marseille.

Quand il devient frontière de la France, dans la plaine d'Alsace, le Rhin est un large fleuve, au débit déjà très puissant, à la pente moyenne, au régime assez régulier, de plus en plus régulier vers l'aval, toutes conditions excellentes pour la navigation commerciale.

Aussi le Rhin alsacien est-il très fréquenté. Les produits de la Westphalie allemande, surtout le charbon, sont amenés en Alsace par cette voie; les produits de la métallurgie de Lorraine et les charbons du bassin de la Sarre lui arrivent par le canal qui unit le Rhin à la Sarre, affluent de la Moselle ; enfin, le canal de la Marne au Rhin unit le grand fleuve à tous les cours d'eau navigables du bassin de la Seine et à Paris, et le canal du Rhône au Rhin l'unit à la Saône, au Rhône, à Marseille et à la Méditerranée.

RÉSUMÉ. — La France n'a qu'un grand lac, le *lac Léman* ou *de Genève*; elle n'a que trois régions riches en étangs : la *Dombes*, la *Sologne* et les *Landes*.

La France a quatre grands fleuves qui ont la plus grande partie de leur cours et leur embouchure sur son territoire : la *Seine*, la *Loire*, la *Garonne* et le *Rhône*.

La *Seine* prend sa source au *Mont Tasselot* et se jette dans la Manche par un estuaire. Elle reçoit à droite l'*Aube*, la *Marne* et l'*Oise*, grossie de l'*Aisne*; à gauche, l'*Yonne*, le *Loing* et l'*Eure*. Elle a un régime régulier et est navigable.

La *Loire* prend sa source au *Mont Gerbier de Jonc* et se jette dans l'Océan Atlantique par un estuaire. Elle reçoit à droite la *Maine*, formée de la *Mayenne* et de la *Sarthe*, grossie du *Loir*; à gauche l'*Allier*, le *Cher*, l'*Indre* et la *Vienne*, grossie de la *Creuse*. Elle a un régime irrégulier et n'est navigable que dans son cours inférieur.

La *Garonne* prend sa source au *val d'Aran* et se jette dans l'Océan Atlantique par l'estuaire de la *Gironde*. Elle reçoit à droite l'*Ariège*, le *Tarn*, grossi de l'*Aveyron*, le *Lot* et la *Dordogne*, grossie de la *Vézère* et de l'*Isle*; à gauche, la *Save*, le *Gers* et la *Baïse*. Elle a un régime irrégulier et n'est navigable que dans son cours inférieur.

Le *Rhône* prend sa source au *Saint-Gothard*, en Suisse, et traverse le lac Léman; il se jette dans la Méditerranée par un delta. Il reçoit à droite la *Saône*, grossie du *Doubs*, l'*Ardèche* et le *Gard*; à gauche, l'*Isère*, la *Drôme* et la *Durance*. Il a un régime violent et est difficilement navigable.

Parmi les autres fleuves de la France, certains sont de grands fleuves, mais dont le cours navigable n'appartient que pour une partie au territoire de la France : tels sont l'*Escaut* (affl. : la *Scarpe* et la *Lys*), la *Meuse*, et surtout le *Rhin* (affl. la *Moselle*, grossie de la *Meurthe* et de la *Sarre*), l'un des plus grands fleuves de l'Europe.

Les principaux fleuves secondaires de la France sont :
1° dans le Bassin Parisien, la *Somme* et l'*Orne*;
2° dans le Massif Armoricain, la *Rance*, l'*Aulne*, le *Blavet* et la *Vilaine*;
3° dans l'Ouest, la *Charente* et l'*Adour*, grossi du *Gave de Pau*;
4° dans la région méditerranéenne, l'*Aude*, l'*Hérault*, le *Var* et, en Corse, le *Golo*.

Exercices. — 1. Mettre les noms des cours d'eau sur la carte physique de la France. — 2. Comparez le régime de la Seine, celui de la Loire et celui du Rhône. — 3. A quoi tient l'importance du Rhin? — 4. Montrez, en comparant deux fleuves français de votre choix, que l'importance d'un fleuve ne se mesure pas à sa longueur.

Fig. 1. — Pâturage normand près d'Evreux. (*Phot. Lévy.*)

Fig. 2. — Le maquis corse. (*Phot. Sté de Géographie.*)

V. — Ressources végétales, animales et minérales du sol français.

1. Variété des ressources végétales et animales. — La France, possédant toutes les nuances du climat tempéré, et renfermant toutes les espèces de sols, possède toutes les variétés de végétaux de la zone tempérée.

Les végétaux de la France varient avec son climat. — La végétation n'est pas la même dans la zone océanique, au climat humide et égal, et dans la zone méditerranéenne, chaude et sèche. Elle n'est pas la même dans les plaines et dans les montagnes, qui ont des températures différentes. Elle n'est pas la même dans les régions voisines de la mer, qui sont humides et tempérées, et dans les régions éloignées de la mer, qui sont sèches et de climat plus rude.

Les végétaux de la France varient avec son sol. — La végétation n'est pas la même sur les calcaires et sur les grès ou les terrains cristallins, car ceux-ci manquent de chaux, et les premiers en contiennent beaucoup. La végétation n'est pas la même sur les terrains perméables et secs (sables, calcaires ou grès) et sur les terrains imperméables et humides (granites, schistes, argiles).

La plupart des *animaux domestiques* (les seuls qui comptent dans la vie de la France) se nourrissent de végétaux, et leurs espèces variant avec les aliments végétaux dont ils se nourrissent, il en résulte qu'à la variété de la végétation correspond en France une variété analogue de la vie animale.

2. Zones de végétation et de vie animale. — La France comprend trois grandes zones de végétation et de vie animale, qui sont en rapport avec le climat et surtout avec le régime des pluies, avec leur répartition au cours de l'année, avec leur fréquence et avec leur abondance : 1° la *partie maritime* de la zone *atlantique* ; 2° la *partie intérieure* de la zone *atlantique;* 3° la zone *méditerranéenne.*

3. La partie maritime de la zone atlantique. — La partie maritime de la zone atlantique comprend la Bretagne, la Normandie et la région du Nord. Elle est caractérisée par ses étés frais et surtout par son humidité.

Les formations végétales dominantes y sont la prairie grasse et le bocage, ou prairie semée d'arbres et de haies.

Cette zone admet les céréales, mais ses cultures caractéristiques sont le *lin*, le *pommier* (cidre), le *houblon* (bière) ; elle est trop peu ensoleillée pour la vigne.

C'est la zone des animaux qui ont besoin de gras herbages : *bœufs et vaches, chevaux de trait, moutons de boucherie.*

4. La partie intérieure de la zone atlantique. — La partie intérieure de la zone atlantique, de température modérée, de pluies moyennes, admet, selon les altitudes et selon les sols, les forêts, les landes, les prairies et les cultures.

Comme arbres principaux, on trouve dans cette zone le *peuplier* (sur les points humides) et le *pin* (dans les régions de sable) ; le *châtaignier* (dans les terrains siliceux : granite, grès) et le *noyer* (dans les terrains calcaires); le *chêne*, le *hêtre* et autres arbres à feuilles caduques; enfin, le *sapin*, dans les hautes altitudes.

Comme cultures, on y trouve le *maïs* (dans les régions humides et chaudes), le *blé*, l'*orge* et l'*avoine* (dans les régions de calcaires et de limons), le *seigle* et le *sarrasin* (dans les régions moins chaudes et siliceuses), la *betterave* (dans les terres riches et profondes), le *chanvre* et le *lin;* enfin la *vigne*, qui y pousse sur les calcaires ou sur les graviers chauffés par le soleil.

C'est aussi une région de prairies, en particulier dans les parties montagneuses; on y élève le *bœuf* et la *vache*, le *cheval*, le *mouton*. Région de grains et de fermes, elle élève des *porcs* et des *volailles.*

5. La zone méditerranéenne. — La zone méditerranéenne, au climat sec et chaud, a peu de prairies, peu de forêts, mais de nombreux buissons, ou maquis, faits de plantes peu feuillues et épineuses, et des landes ou steppes, à l'herbe rare. Comme cultures, on y trouve l'*olivier*, l'*oranger* et le *citronnier*, le *mûrier*, la *vigne;* quelques-unes de ces plantes croissent au delà de la zone méditerranéenne, mais y réussissent moins bien.

Dans cette zone sèche, on trouve peu de bœufs et de vaches, mais, grâce à la proximité des montagnes (transhumance), on y élève des *moutons*, qui donnent plus de laine que de viande, des *chèvres*, des *mulets* et des *ânes*.

L'existence du mûrier permet l'élevage du *ver à soie*, qui se nourrit des feuilles de cet arbre.

6. Les ressources minérales. — Les combustibles ne manquent pas en France. La *houille* se trouve dans le *bassin du Nord et du Pas-de-Calais*, qui s'allonge de l'Artois à l'Ardenne, se continuant en Belgique; dans le *bassin de la Sarre*, qui est situé hors de notre frontière lorraine, mais dont la France a présentement l'usufruit; dans le *Massif Central*, où se trouvent, à l'Est, les grands bassins du Creusot, de Saint-Étienne et d'Alès, et, au Centre, les bassins moins importants de Commentry et de Decazeville.

Le *pétrole* se trouve en *Alsace*, dans le bassin de Pechel-bronn.

Les **métaux** sont peu variés, mais abondants. Le sol de la France ne renferme que très peu d'*or* et d'*argent*, de *cuivre* et de *plomb*, de *zinc* et d'*étain*. Mais il possède deux richesses métalliques de première importance.

Le *minerai de fer* abonde en Lorraine, où se trouve le plus grand gisement de minerai de fer de l'Europe. On en trouve aussi de grandes quantités en Normandie, en Bretagne et dans les Pyrénées Orientales.

D'autre part, la **bauxite**, minerai d'où l'on tire l'*aluminium*, est très abondante en Provence et dans le Bas Languedoc. Nulle part ailleurs en Europe on ne trouve d'abondants gisements de bauxite.

La France ne possède guère d'autres ressources métalliques : les mines d'or et d'argent sont depuis longtemps presque épuisées.

Les **engrais minéraux** sont représentés par les *phosphates* de Picardie, et surtout par la *potasse* d'Alsace. Les gisements de potasse alsaciens sont les plus importants de l'Europe, après ceux qui se trouvent en Allemagne.

Le **sel** est très abondant : sel gemme dans les salines de Lorraine et du Jura, et surtout sel marin dans les marais salants des côtes de l'Ouest et du Languedoc.

Les **eaux minérales** sont une des grandes richesses de la France ; on les trouve dans le *Massif Central* (sources de Vichy, en Bourbonnais ; de Châtel-Guyon, de Royat, du Mont-Dore et de la Bourboule, en Auvergne ; de Vals, en Vivarais ; de Saint-Galmier, en Forez), dans les *Pyrénées* (sources de Cauterets, de Luchon, etc.), dans les *Vosges* (sources de Vittel, de Contrexéville), dans le *Jura* (source de Salins), dans les *Alpes* (sources d'Évian, etc.).

Les **matériaux de construction** sont très variés : multiples *pierres de taille* calcaires (pierre de Château-Landon, pierre de Bourgogne, pierre de Caen, pierre meulière des environs de Paris, etc.) ; *argiles* à briques, à tuiles et à poterie ; *ciments* ; *ardoises* de l'Ardenne (Fumay) et de l'Anjou (Trélazé) ; *granites* et *grès* ; *marbres* des Pyrénées, etc.

Cette variété de matériaux de construction explique la variété d'aspect des maisons dans les diverses provinces françaises.

LECTURE

La France doit conserver ses forêts. — Depuis le xvie siècle, l'étendue des forêts françaises n'a pas diminué. Il y a eu déboisement ici, reboisement là ; en fin de compte, le total n'a guère changé.

Il faut souhaiter que cette situation se maintienne. Le déboisement a des conséquences désastreuses, surtout dans les régions de montagnes :

1° *Pour le régime des torrents* : dans les régions déboisées, la concentration des eaux de pluie au fond des vallées se fait presque instantanément, ce qui provoque des crues soudaines, colossales, dévastatrices ;

2° *Pour la stabilité des pentes* : les pluies torrentielles qui tombent directement sur le sol sans être amorties par les feuilles ou les branches des arbres ravinent profondément les pentes ; elles y creusent des sillons profonds et entraînent la terre végétale en laissant le roc à nu ; une pente déboisée est une pente condamnée à la ruine. Ex. : dans les Alpes, le Dévoluy, jadis boisé et assez riche pour un pays de montagnes, aujourd'hui déboisé, pelé, ayant ses roches à nu, ne portant même plus une herbe, véritable désert.

RÉSUMÉ. — La France a des ressources végétales variées comme son climat et comme son sol. On y peut élever la plupart des animaux domestiques.

On y peut distinguer trois zones de vie végétale et animale :

1° la *partie maritime de la zone atlantique*, qui est une zone de bois et de prairies (lin, pommier, houblon, bœufs et vaches, chevaux, moutons de boucherie) ;

2° la *partie intérieure de la zone atlantique*, qui est une zone de bois, de champs, de prairies ou de landes, selon les sols (céréales, betterave sucrière, vigne ; bœufs et vaches, chevaux, moutons de boucherie, animaux de ferme) ;

3° la *zone méditerranéenne*, qui est une zone de maquis et de landes (olivier, mûrier, vigne ; moutons à laine, ânes et mulets).

Les principales ressources minérales de la France sont : la *houille*, comme combustible ; le *minerai de fer* et la *bauxite*, parmi les minerais métalliques ; enfin les *eaux minérales*.

Exercices. — 1. Montrer par quelques exemples comment le climat influe en France sur les ressources végétales. — 2. Énumérer et caractériser, par leurs formations végétales et leurs principaux produits végétaux et animaux, les trois zones de végétation de la France. — 3. Pourquoi la France doit-elle conserver ses forêts ?

Fig. 1. — HAUT PÂTURAGE DANS LE CAPCIR (PYRÉNÉES ORIENTALES).

Type de végétation et de ressources dans une montagne de climat humide, très arrosée par les pluies et par la fonte des neiges au printemps. Au-dessous des neiges éternelles, on voit des bouquets de bois et de gras pâturages, où paissent des bœufs et des vaches laitières. (Phot. Labouche.)

Fig. 2. — LES ALPES MÉRIDIONALES PRÈS DE GOURDON. VUE GÉNÉRALE.

Montagne des Alpes méridionales ou Alpes de Provence (le village de Gourdon est près de Grasse) : le climat est sec, il pleut rarement ; aussi les roches sont-elles dénudées ; peu d'arbres ; une herbe maigre, qui ne peut nourrir que quelques moutons et quelques chèvres. (Phot. Neurdein.)

VI. — Mers et côtes.

1. Les mers de la France.
— La France a 5 400 km. de côtes, sur 5 200 km. de frontières. Ces côtes sont baignées par quatre mers.

La *mer du Nord* a un fond plat. Elle est sujette à de fortes tempêtes. La mer du Nord communique avec la Manche par le détroit du *Pas de Calais* (larg. : 31 km.)

La *Manche* ne dépasse pas 250 kilomètres de largeur. Peu profonde, ouverte vers l'Ouest aux vents de l'Océan, elle a des houles fréquentes et de fortes marées.

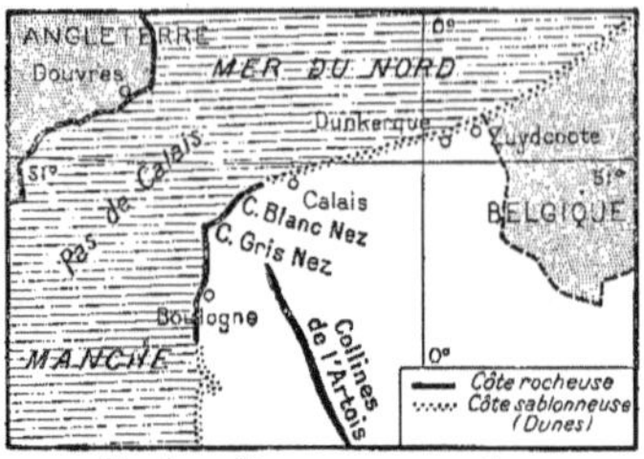

L'*Océan Atlantique* est une des grandes mers du globe : il sépare l'Europe occidentale de l'Amérique. Les grands fonds ne s'y trouvent qu'au large de l'Europe : la France atlantique repose sur un socle faiblement immergé que recouvre le *golfe de Gascogne*. Cet océan est presque constamment agité par les vents d'Ouest. Il a de fortes marées.

La *Méditerranée* sépare la France de l'Italie, de l'Espagne et de l'Afrique du Nord, qui se trouve à 800 km. environ. Elle est très profonde, sauf dans la région du *golfe du Lion*. Mer fermée, chaude et très salée, la Méditerranée a des marées très faibles, presque nulles ; ses tempêtes sont rares, courtes, mais violentes.

2. La côte de la mer du Nord et du Pas de Calais.
— La *plaine du Nord* se prolonge en pente douce

sous la mer du Nord. D'où une côte incertaine, bordant une mer sans profondeur, où chaque marée refoule des sables que les courants alignent en *cordons littoraux*, ou que les vents amoncellent en *dunes*. Aucune échancrure ; aucun port naturel ; un port artificiel, *Dunkerque*. Le détroit du Pas de Calais borde les hauteurs du Boulonnais, qui s'y avancent par les *caps Blanc-Nez* et *Gris-Nez*. Sur le détroit se trouvent deux bons ports : *Calais* et *Boulogne*.

Fig. 1. — Côtes de la mer du Nord.

3. Côtes de la Manche.
— La Manche baigne le *Bassin Parisien* et le *Massif Armoricain*.

Les *côtes du Bassin Parisien* sont variées comme les terrains de ce bassin qui bordent la Manche.

Les unes sont plates, sableuses, longées de dunes ou marécageuses. Ce sont celles qui bordent les régions basses. On peut citer dans cette catégorie la côte plate du *Marquenterre*, avec l'estuaire ensablé de la Somme.

D'autres sont hautes et rectilignes et forment des *falaises*. Ce sont celles qui bordent des plateaux crayeux que les eaux pluviales minent, que la mer sape et fait crouler comme des pans de murs. On peut citer dans cette catégorie les escarpements du *Boulonnais*, avec le *cap Gris-Nez*, sur le Pas de Calais, et les falaises du *pays de Caux* (*cap de la Hève*), entre la Somme et la Seine.

Fig. 2. — Côtes de la Manche.

Fig. 3. — Falaises de Pourville.

Les falaises de Pourville bordent le Pays de Caux, en Normandie. Les falaises du Pays de Caux, hautes de 80 à 100 mètres, tombent à pic dans la mer, comme une muraille. (Phot. Neurdein.)

Fig. 4. — Le mont Saint-Michel.

L'abbaye du mont Saint-Michel, en Normandie, se dresse sur un pointement rocheux au milieu d'une immense plaine de sable envahie par les eaux à marée haute. (Cliché Cie aérienne française.)

D'autres, enfin, sont découpées et riches en écueils. Ce sont celles qui bordent les régions de calcaire dur, où la mer, en attaquant et en faisant reculer la côte, a laissé des rochers comme témoins des anciens rivages. Citons les côtes du *Calvados*, entre l'estuaire de la Seine et le Massif Armoricain.

Sur les côtes du Bassin Parisien, les ports sont rares : *Tréport, Dieppe, Fécamp, Etretat*. Seul l'estuaire de la Seine abrite de bons grands ports : le *Havre, Honfleur*.

Les *côtes du Massif Armoricain* sont très découpées, parce que la mer s'y attaque à des roches inégalement dures. Elle a laissé en saillie certaines portions dures sous forme de presqu'îles et de caps, qui se prolongent au large par des îles. Elle a envahi certains estuaires de rivières, les élargissant, les creusant, en faisant ce que les Bretons appellent des *abers* ou des *rivières*. Enfin, en apportant des *alluvions*, elle a comblé des baies et rattaché à la terre ferme des îlots.

Les principaux accidents des côtes du Massif Armoricain sur la Manche sont : 1° la *presqu'île du Cotentin*, doublée à l'Ouest par les *îles anglo-normandes* (Jersey, Guernesey, Aurigny); 2° la *baie du Mont Saint-Michel*; 3° le *pays de Cancale et de Saint-Malo*, presqu'île entaillée par l'estuaire de la Rance; 4° le *cap Fréhel*; 5° la *baie de Saint-Brieuc*; 6° le *promontoire de Trécorrois*, avec l'estuaire du Trieux et, en avant, l'île Bréhat, les Sept-Îles; 7° la *baie de Morlaix*; 8° le *promontoire du Léon*, avec l'île de Batz.

Sur les côtes du Massif Armoricain les ports sont nombreux : *Cherbourg, Granville, Saint-Malo, Saint-Brieuc, Paimpol, Lannion, Morlaix*. Plusieurs de ces ports sont situés, non directement sur la mer, mais sur l'estuaire d'une petite rivière côtière (Saint-Brieuc, Lannion, Morlaix).

4. Côtes de l'Océan Atlantique.

— On peut distinguer quatre parties dans les côtes qui bordent l'Océan Atlantique.

La *côte du Massif Armoricain* sur l'Atlantique est très variée comme sur la Manche. A l'Ouest de l'embouchure de la Vilaine, la mer a surtout creusé : de là les pointes et les baies qui découpent le *Finistère* : la *pointe de Corsen*, la *presqu'île de Crozon*, la *pointe du Raz* et la *pointe de Penmarch*, qui encadrent la *rade de Brest*, la *baie de Douarnenez* et la *baie d'Audierne* et qui se prolongent par l'île d'Ouessant. Au sud on trouve la *presqu'île de Quiberon*, le *golfe du Morbihan*, les îles rocheuses de *Groix* et de *Belle-Île*. A l'Est de l'embouchure de la Vilaine, la mer a surtout apporté des alluvions : de là les étendues sableuses et marécageuses du *Marais breton*, la *baie ensablée de Bourgneuf*, les îles sableuses de *Noirmoutier* et d'*Yeu*.

Cette côte est riche en ports : *Brest, Douarnenez, Concarneau, Lorient*, etc., jusqu'à l'estuaire de la Loire, où se trouvent *Nantes, Saint-Nazaire*.

La *côte des Charentes* borde une région où alternent roches tendres et roches dures. De là une alternance de falaises, doublées par les îles de *Ré* et d'*Oléron*, et de plages détrempées, ou « Marais » (*Marais poitevin, Marais de Rochefort*). Les seuls ports importants sont *la Rochelle* et *Rochefort*.

L'estuaire de la *Gironde* s'ouvre entre les *pointes de la Coubre* et *de Graves*.

La *côte des Landes*, au Sud de la *Gironde*, est rectiligne et bordée de dunes. Seule échancrure : le *bassin d'Arcachon*.

La *côte des Pyrénées* est rocheuse et découpée. Elle a quelques ports : *Biarritz, Saint-Jean-de-Luz*.

Fig. 1. — L'ANSE ET LA POINTE DE SAINT-CAST (BRETAGNE).

Saint-Cast se trouve à l'Ouest de la grande baie qui découpe la côte septentrionale de la Bretagne entre Saint-Malo et le cap Fréhel. La baie de Saint-Cast a la forme d'une anse élargie, encadrée de deux pointes, et dont le fond a été partiellement comblé par les sables qu'y apportent les vagues et les courants marins. Toute la côte bretonne n'est ainsi qu'une succession de baies, de caps, et aussi d'îles et d'écueils. La navigation y trouve des facilités grâce aux abris offerts par les baies et les anses; mais elle y trouve aussi des dangers dans les îles et les écueils qui la parsèment. (Phot. Cie aérienne française.)

Fig. 2. — CÔTES DE L'OCÉAN ATLANTIQUE.

Fig. 1. — Une calanque : la brèche de l'Oule.

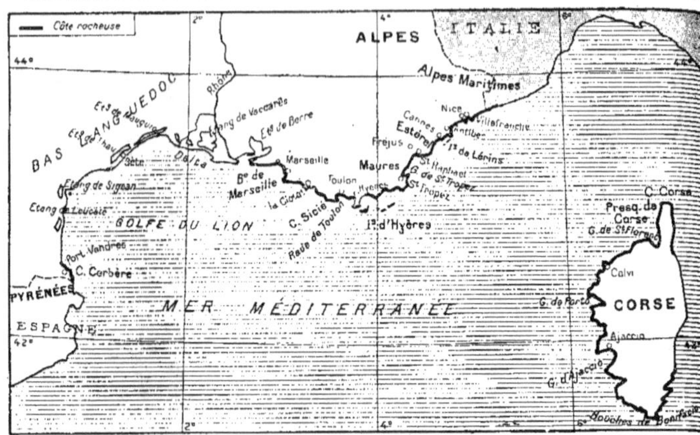

Fig. 2. — Côtes de la Méditerranée.

5. Côtes de la Méditerranée.

On peut distinguer quatre parties dans les côtes bordant la Méditerranée.

La *côte des Pyrénées* est rocheuse et découpée comme sur l'Océan Atlantique : on y trouve le *cap Cerbère* et la *baie de Port-Vendres*.

La *côte du Bas Languedoc* est formée par des alluvions qui barrent d'anciens golfes, qu'elles ont transformés en étangs d'eau salée : *étangs de Leucate, de Sigean, de Thau, de Mauguio*. Un seul port : *Sète*.

La *côte du delta du Rhône*, formée par les alluvions du fleuve, est plate. Elle enferme l'*étang de Vaccarès*.

La *côte des Alpes* est aussi découpée que la côte de la Bretagne. Après le vaste *étang de Berre* et la *rade de Marseille*, on trouve une série de caps, d'îles et de baies, parmi lesquels on peut citer : le *cap Sicié*, la *rade de Toulon*, les *îles d'Hyères*, le *golfe de Saint-Tropez*, les *îles de Lérins*, la *rade de Villefranche*.

Les ports sont très nombreux : *Marseille, la Ciotat, Toulon, Saint-Tropez, Cannes, Antibes, Nice, Villefranche*.

Les *côtes de la Corse* sont à l'Est du type languedocien, droites, plates, sableuses ou marécageuses. Mais à l'Ouest elles sont rocheuses et découpées. On peut citer : le *cap Corse*, le *golfe de Saint-Florent*, le *golfe de Porto*, le *golfe d'Ajaccio*, les *rochers de Bonifacio*. Les ports naturels sont nombreux : les principaux sont *Ajaccio* et *Calvi*.

LECTURE

La côte bretonne est un type de côte découpée. — La côte bretonne est très découpée.

A l'Ouest, ce sont les baies d'Audierne, de Douarnenez et de Brest, avec la pointe du Raz et la presqu'île de Crozon, aux roches sculptées en tours, taillées en arcades. Au Nord, ce sont les baies de Morlaix, de Saint-Brieuc et de Saint-Malo, les promontoires du Léon et du Trécorrois, les épées ou *héaux* de Tréguier, longs sillons de galets, les escarpements du cap Fréhel, des îles (Batz, les Sept-Îles, Bréhat) et une infinité d'îlots et d'écueils.

Avec ses écueils et ses récifs, avec ses courants, avec ses sautes brusques de vent et ses fréquentes tempêtes, la côte bretonne ne se prête pas à une navigation facile ; les naufrages y sont nombreux chaque année. Les noms sinistres y abondent : la *baie des Trépassés*, l'*Enfer de Plogoff*, près d'Audierne. De même, les proverbes menaçants : « Qui voit Ouessant voit son sang » ; « Nul n'a doublé les caps sans peur ni malheur ! »

La côte bretonne n'en est pas moins très favorable au développement de la vie maritime pour trois raisons :

1° Parce qu'une riche faune marine y vit (sardines, maquereaux, langoustes, huîtres, coquillages divers) : chaque jour, à marée basse, dès que la mer est assez retirée, hommes, femmes, enfants, descendent vers les grèves et commencent la chasse des coquillages et des crustacés qui leur fournit un ample supplément de nourriture et de ressources ;

2° Parce que, derrière les promontoires brise-lames et les rangées d'écueils, s'ouvrent des anses sûres, des baies abritées. Il n'est pas une échancrure du littoral breton qui n'abrite au moins quelques maisons de pêcheurs ;

3° Parce que les rivières s'y terminent par des estuaires larges, profonds, sortes de fjords souvent très profonds, sur lesquels se sont établis de nombreuses villes et de petits ports.

RÉSUMÉ. — La France est baignée par quatre mers : la *Mer du Nord* (détroit du *Pas de Calais*), la *Manche*, l'*Océan Atlantique* (*golfe de Gascogne*) et la *Mer Méditerranée* (*golfe du Lion*).

La côte de la *Mer du Nord* est plate et droite.

La côte de la *Manche* est droite à l'Est, ici basse (*Marquenterre*), là haute (*falaises de la Normandie orientale*) ; elle est, dans cette partie, découpée par l'estuaire de la *Seine* ; à l'Ouest, elle est découpée en Normandie occidentale (*presqu'île du Cotentin, îles anglo-normandes, baie du Mont Saint-Michel*), et en Bretagne (*baies de Saint-Malo, de Saint-Brieuc, de Morlaix*).

La côte de l'*Océan Atlantique* est découpée en Bretagne, (*Finistère, presqu'île de Quiberon, golfe du Morbihan ; îles de Groix et de Belle-Isle*) et en Vendée (*îles de Noirmoutier et d'Yeu*). Elle est droite dans les *Charentes* (*îles de Ré et d'Oléron*) et, au delà de l'estuaire de la *Gironde*, dans les *Landes*. Elle est découpée dans les *Pyrénées*.

La côte de la *Méditerranée* est découpée dans les *Pyrénées*, droite en *Bas Languedoc* et le long du *delta du Rhône* (étangs). Elle est découpée en *Provence* (*rades de Marseille, de Toulon, de Villefranche ; îles d'Hyères et de Lérins*).

La côte de la *Corse* est découpée à l'Ouest (*golfes de Porto, d'Ajaccio*), droite à l'Est.

Exercices. — 1. Porter sur la carte physique de la France tous les accidents importants des côtes : îles, golfes, presqu'îles, baies, caps, etc. — 2. Expliquez comment les différentes parties des côtes de la Manche correspondent au relief et au sol du pays qui se trouve en arrière. — 3. Même exercice pour les côtes de l'Océan Atlantique — 4. Même exercice pour les côtes de la Méditerranée.

DEUXIÈME SECTION. — GÉOGRAPHIE RÉGIONALE DE LA FRANCE

Les 11 régions naturelles de la France. — La France peut se diviser en 11 grandes régions naturelles :
1° La *région du Nord*;
2° La *région de l'Est*, qui comprend les Vosges, l'Alsace, la Lorraine et l'Ardenne;
3° Le *Bassin Parisien*, qui comprend la Champagne, la Picardie, la Normandie, les pays de la Loire et la région parisienne;
4° La *Bretagne*;
5° L'*Ouest*;
6° Le *Massif Central*;
7° Le *Bassin Aquitain*;
8° Les *Pyrénées*;
9° La *région méditerranéenne*;
10° Les *Alpes* et la *vallée du Rhône*;
11° Le *Jura* et la *plaine de la Saône*.

I. — La région du Nord.

1. Conditions naturelles de la région du Nord. — La plaine du Nord doit son unité à son relief, à son climat et à ses cours d'eau.

Le relief est plat : la plaine du Nord descend lentement du Hainaut jusqu'à la mer, à peine accidentée par quelques buttes, qu'on appelle dans le pays des *monts*.

Le climat, influencé par les vents océaniques, est d'une grande égalité : les hivers ne sont pas froids, les étés ne sont pas chauds. L'humidité est abondante : pluies répétées, brouillards, ciel nuageux.

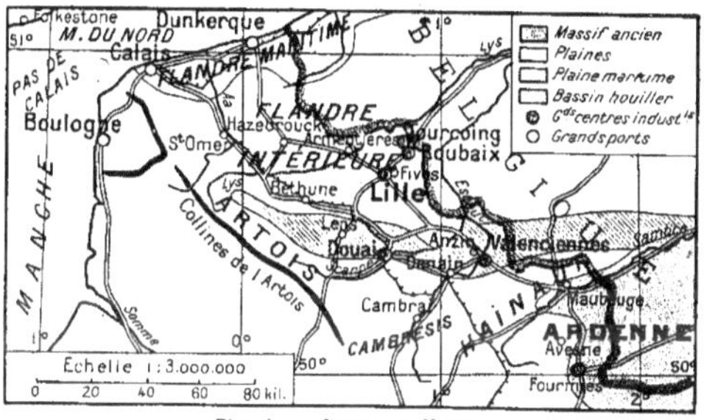

Fig. 1. — RÉGION DU NORD.

Les cours d'eau sont nombreux, abondants et réguliers. Les principaux sont l'*Aa*, l'*Escaut*, avec ses affluents la *Scarpe* et la *Lys*; la *Sambre*, affluent de la Meuse.

Pourtant, dans cette région de relief monotone et de climat égal, la nature du sol et celle du sous-sol permettent de distinguer, du Sud-Est au Nord-Ouest, cinq régions différentes :

1° **La plaine du Hainaut et du Cambrésis.** — Relativement élevée et vallonnée, elle comporte un certain nombre de forêts, et elle est traversée par une large dépression, la *vallée supérieure de la Sambre*, couverte de prairies.

2° **Le pays houiller.** — Il est constitué par un fragment du grand *bassin houiller franco-belge*, qui s'étend depuis l'Artois jusqu'aux confins hollandais de l'Ardenne, le long des vallées de la Sambre et de la Meuse.

3° **La Flandre intérieure.** — C'est une plaine presque parfaitement plate, dont le sous-sol argileux entretient l'humidité du sol et dont le sol est constitué par des limons très épais et fertiles : c'est une *région de grande culture*. Les vallées, moins profondes et plus argileuses que dans le Hainaut, tracent au travers du pays des sillons marécageux.

4° **La Flandre maritime.** — C'est une plaine encore plus basse que la précédente, et dont certaines parties se trouvent même au-dessous du niveau de la mer. Elle est garantie des invasions de la mer par les dunes et les digues qui forment une ligne continue sur la côte. Mais son sous-sol est pénétré et imprégné par les eaux marines : sans un drainage continu, la culture y serait impossible. Le sol est constitué par des sables : l'amendement des engrais est nécessaire.

5° **La côte.** — Elle est basse, plate et rectiligne; elle est pauvre en ports. Elle est bordée par un cordon de dunes, aujourd'hui fixées par la végétation, et par une ligne de digues, œuvre de l'homme.

2. Le peuplement de la région du Nord. — Vaste dépression entre l'Ardenne et la mer, la région du Nord a été le lieu de passage pour de nombreuses invasions. Deux races s'y sont fixées : les *Wallons*, au Sud-Est; les *Flamands*, au Nord-Ouest.

Les habitants ont asséché la Flandre maritime, en la drainant par un système de canaux et en la garantissant des invasions marines par la construction de digues. Pour accomplir cette œuvre, ils formèrent au Moyen Age des associations, dites *Wateringues*, qui existent encore. Ils ont fertilisé les sables, développé l'élevage dans les régions les plus humides et les cultures dans les plaines relativement sèches, fondé l'industrie textile dans les vallées où poussait le lin.

Aussi dès le Moyen Age la région du Nord a-t-elle été très peuplée, formant le *Comté de Hainaut*, dans la partie wallonne, et le *Comté de Flandre*, dans la partie flamande.

Au XIXᵉ siècle, la mise en exploitation du bassin houiller et la création de la grande industrie ont encore accru la richesse de la région et la densité de la population : celle-ci représente 250 habitants au kilomètre carré. Il y a là quinze villes de plus de 20 000 habitants.

3. La vie dans le Hainaut et le Cambrésis. — Le Hainaut et le Cambrésis constituent une région de vie agricole, de vie industrielle et de passage.

La *vie agricole* est active dans les plaines et dans les vallées qui ne sont pas occupées par les forêts. En certains cantons du pays, dont le sol est couvert de limon, on cultive les céréales et la betterave sucrière. Dans les vallées, de beaux pâturages permettent l'élevage; on y cultive aussi le lin.

La *vie industrielle* est favorisée par les ressources du pays et par le voisinage de la houille. De bonne heure l'industrie de la laine y est née, grâce au voisinage des troupeaux de moutons de l'Ardenne, de la Champagne et de la Flandre : elle existe principalement depuis Fourmies jusqu'à Avesnes. A Maubeuge, au voisinage du bassin houiller, on pratique la métallurgie. Dans le Cambrésis, l'industrie des toiles subsiste encore, et l'industrie des tulles est venue s'y ajouter. Mais la principale industrie du Cambrésis est l'industrie sucrière.

Les *villes*, anciennes places fortes, sont devenues des marchés agricoles et des foyers d'industrie; les principales sont : *Fourmies, Avesnes, Maubeuge* et *Cambrai*.

C. C. 40

Fig. 1. — Les forges de la Providence a Hautmont (Nord). (*Phot. Vannier.*)

Fig. 2. — Une cité ouvrière a Hautmont (Nord). (*Phot. Couture.*)

4. La vie dans le pays houiller. — Le pays houiller a les mêmes ressources et la même vie agricole que le Hainaut et le Cambrésis, mais c'est de son sous-sol que lui vient sa vie essentielle. La houille que produit ce pays représente au moins les deux tiers de la quantité totale de houille que produit la France. Il alimente en charbon non seulement le reste de la région du Nord, mais aussi, grâce aux voies ferrées, aux rivières et aux canaux, la région parisienne et une partie de l'Est et du Nord-Ouest de la France. D'autre part, c'est la houille qui détermine l'industrie du pays.

La principale *industrie* est l'industrie métallurgique : aciéries, fabrication de rails, de locomotives, de machines, etc.

On peut citer parmi les villes : **Valenciennes**, *Anzin* et *Denain* ; *Douai*, *Lens* et *Béthune*.

5. La vie dans la Flandre intérieure. — La Flandre intérieure est le pays de la région du Nord qui possède à la fois les plus riches terres de culture, les industries les plus actives, et les plus grandes villes.

L'agriculture est favorisée par le limon épais qui recouvre le sol. La Flandre intérieure produit du blé et de l'orge, des betteraves sucrières, du houblon, de la chicorée, du chanvre et du lin. La culture y est intensive et savante : les agriculteurs utilisent les machines perfectionnées et les engrais chimiques. C'est dans la Flandre intérieure que l'on obtient en France les plus gros rendements dans la culture du blé.

L'industrie de la Flandre intérieure est multiple. L'industrie textile (drap, toiles, cotonnades) s'étend autour de Lille, depuis Armentières jusqu'à Roubaix et à Tourcoing. D'autres industries sont très prospères : des industries alimentaires comme la brasserie, la sucrerie, la fabrication de la chicorée ; des industries de transformation, comme la métallurgie (fabrication de matériel de chemin de fer à *Fives*, près de Lille) ; la papeterie, etc.

De population moins dense que le pays houiller, la Flandre intérieure possède plus de grandes villes que lui. En effet, à côté de vieux marchés agricoles, devenus centres d'industries alimentaires, comme par exemple *Hazebrouck* et *Saint-Omer*, on trouve en Flandre intérieure d'énormes agglomérations, nées récemment ou formées autour de vieilles villes. Telles sont *Armentières*, sur la Lys, la ville de la toile, et surtout la triple agglomération de **Lille** (201 000 habitants), **Roubaix** (117 000 habitants) et **Tourcoing** (81 000 habitants), qui, avec leurs nombreux faubourgs industriels, ne forment qu'une seule masse de plus de 500 000 habitants. Lille est la capitale industrielle et commerciale de toute la région du Nord.

6. La Flandre maritime. — La plaine de la Flandre maritime est constituée par des sables que le travail des habitants a desséchés et dont ils ont fait des prairies, ou *polders*. Quelques prairies marécageuses subsistent encore, peu à peu drainées par des canaux plus récents : on les appelle des *moeres*. Les moeres sont sillonnées par des canaux de drainage que l'on appelle *watergangs*. Toutes les routes qui les traversent sont bâties sur des digues.

La Flandre maritime est presque uniquement un *pays d'élevage* : on y élève des vaches laitières et l'on y fabrique des beurres et des fromages.

La population est surtout paysanne. Les marchés agricoles ne se trouvent pas sur le territoire même de la Flandre maritime, mais à sa limite, vers la Flandre intérieure. Le principal est *Saint-Omer*.

7. La côte — Droite, basse, plate, privée de ports naturels, la côte de la région du Nord est longée par une ligne de dunes unies entre elles par des digues. Mais sa situation sur la mer du Nord, qui est la mer la plus commerçante du globe, et à la limite de la région du Nord, qui est une des régions les plus industrielles de notre pays, y a fait naître deux grands ports : **Calais** (71 000 hab.), port pour les voyageurs vers l'Angleterre, port de pêche et de commerce et ville industrielle (fabrication de tulle) ; **Dunkerque**, port où s'importe la laine, le lin, le bois, qu'utilisent les grandes industries du drap, de la toile et du papier de la Flandre intérieure.

LECTURE

La région Lille-Roubaix-Tourcoing est la première région industrielle de la France, après Paris. — L'agglomération populeuse et industrielle dont Lille, Roubaix et Tourcoing constituent le centre, est, comme toute la Flandre, une très vieille région d'industrie. Dès l'époque des communes au Moyen Age, la population avait pris le goût du travail industriel et l'habitude de risquer sa fortune dans les affaires commerciales.

De nos jours, les grandes usines se sont facilement substituées aux modestes ateliers de jadis, parce que la région Lille-Roubaix-Tourcoing possède ces trois conditions nécessaires à l'industrie moderne : 1° un riche bassin houiller au voisinage ; 2° un riche réseau de voies de communication (voies de fer et voies d'eau) ; 3° une population urbaine très nombreuse. Si les départements du Nord et du Pas-de-Calais représentent à eux seuls le treizième de la population française, l'agglomération Lille-Roubaix-Tourcoing, qui forme aujourd'hui, avec ses faubourgs, une ville presque continue, est la plus forte agglomération urbaine de France après Paris, Marseille et Lyon.

Que travaille-t-on dans cette immense usine ? Comme dans la région du bassin houiller et pour les mêmes raisons, on pratique d'abord la métallurgie, la fabrication des machines à vapeur, des locomotives, etc. Fives, près de Lille, possède des ateliers métallurgiques très importants.

Mais ce sont surtout les industries textiles qui l'emportent. D'abord, la fabrication des lainages : cette région possède plus de 75 000 ouvriers de la laine ; elle a le tiers des broches qui travaillent la laine dans toute la France. Puis la fabrication des cotonnades, le travail du coton s'étant implanté là où l'on avait l'habitude de travailler la laine. Enfin au voisinage, à Armentières, le tissage de la toile, très ancien comme dans toute la Flandre,

Fig. 1. — UNE FOSSE DE MINE A DENAIN (NORD).

On voit ici un aspect du « paysage » ordinaire du bassin houiller ; les puits d'aération de la mine et ceux qui servent à descendre et à remonter les ouvriers dans de grandes bennes, à remonter le charbon extrait de la mine.

dantes et nombreuses ressources, que ses habitants, Flamands et Wallons, ont su accroître. Elle comprend pourtant, grâce à des différences de sol et de sous-sol, cinq régions différentes :

1° Le *Hainaut* et le *Cambrésis* (v. pr. : *Fourmies, Avesnes, Maubeuge, Cambrai*).

2° La *région houillère* (v. pr. : *Valenciennes, Anzin. Denain, Douai, Lens, Béthune*).

3° la *Flandre intérieure* (v. pr. : *Lille, Roubaix, Tourcoing, Armentières, Hazebrouck*).

4° La *Flandre maritime* (v. pr. : *Saint-Omer*).

5° La côte (v. pr. : *Calais et Dunkerque*).

Pays également propre à la culture intensive et à la grande industrie, la plaine du Nord est une des régions les plus peuplées

favorisé ici par les eaux de la Lys, qui facilitent le rouissage du lin, est devenu une grande entreprise, grâce à l'importation des lins baltiques et argentins par Dunkerque. Aujourd'hui, la région Lille-Armentières possède les neuf dixièmes des ouvriers qui filent le lin en France, la moitié de ceux qui le tissent.

de France, les plus riches en villes. C'est, après Paris et sa banlieue, celle où la circulation commerciale est la plus intense.

RÉSUMÉ. — La plaine du Nord a bien des traits uniformes : relief plat, climat maritime, rivières égales, abon-

Exercices. — 1. Carte de la région du Nord. — 2. Énumérez et caractérisez les différentes régions de la plaine du Nord. — 3. Pourquoi la plaine du Nord est-elle une des régions les plus riches de la France ? — 4. Importance de la région de Lille-Roubaix-Tourcoing.

II. — La région de l'Est.

I. — LES VOSGES

1. Conditions naturelles des Vosges. — Les Vosges constituent un massif assez bas, mais compact, dont les vallées sont étroites et dont les cols sont d'accès difficile.

Le *climat* est rude. Les pluies d'été et les neiges d'hiver sont plus abondantes sur le versant lorrain, qui regarde vers la mer, que sur le versant alsacien, qui regarde vers l'intérieur.

Les *eaux* sont abondantes dans les Vosges ; les rivières y sont très nombreuses ; elles ont des pentes fortes, coupées de rapides ou de chutes, par l'effet de barrages rocheux, dont certains retiennent des lacs comme les *lacs de Gérardmer, de Longemer*, etc.

La *végétation* vosgienne est riche, grâce à l'humidité du climat. Les hauts sommets les *ballons* ou des *chaumes* sont couverts par des alpages. Leurs pentes portent des fo-

rêts de sapins et, aux altitudes plus basses, des hêtres et des chênes. Les fonds des vallées portent de belles prairies.

2. Peuplement des Vosges. — Les Vosges ont été d'abord peuplées par des *Celtes*, qui menaient une vie pastorale. Les *Germains*, lors des invasions du début de notre ère, ont longtemps contourné le massif avant de l'aborder par le versant alsacien. Ils n'ont jamais atteint le versant lorrain.

La première exploitation du sol des Vosges a été, au Moyen Age, l'œuvre des monastères (*Saint-Dié, Sainte-Odile*), dont les moines ont défriché les vallées et commencé la coupe du bois dans les forêts.

Au XVIIIe siècle, des industries se sont établies dans les vallées des Vosges : scieries, verreries, papeteries.

Enfin, il y a soixante ans, quand l'Alsace devint allemande pour un demi-siècle, des industriels alsaciens vinrent établir des filatures et des tissages sur le versant lorrain des Vosges.

Fig. 2. — RÉGION DE L'EST.

Fig. 1. — LES USINES DE BITSCHWILLER DANS LA VALLÉE DE WESSERLING (VOSGES).

Fig. 2. — LES CÔTES ET LA VALLÉE DE LA MEUSE A LAIFOUR (LORRAINE). (*Phot. Léry*)

3. La vie dans les Vosges. — La principale *ressource agricole* des Vosges est l'élevage des vaches laitières, qui sont nourries en hiver à l'étable avec le foin récolté dans les vallées, et en été sur les alpages. L'industrie fromagère est très active (fromages de *Munster* et de *Géromé*).

Mais aujourd'hui ce sont les **industries manufacturières** qui font surtout vivre les habitants des Vosges. Les unes sont nées du sous-sol, d'autres de la forêt, d'autres de l'immigration d'industriels alsaciens en 1871.

Les industries nées du sous-sol sont la *verrerie*, la *cristallerie* et la *céramique*. Les principaux centres de verrerie sont *Baccarat* et *Cirey*. On peut encore indiquer, comme une industrie née du sous-sol, l'exploitation des *eaux minérales* de *Bussang* et de *Plombières*.

Les industries nées de la forêt sont la *scierie*, la *menuiserie*, la *fabrication des meubles* et surtout la *papeterie*, dont le papier se fait avec la pâte de bois : les principales papeteries se trouvent à *Étival*, près de Saint-Dié, et à *Épinal*.

Les industries nées de l'immigration des Alsaciens sont la *filature* et le *tissage du coton*. Ce sont, à l'heure actuelle, les industries les plus actives de la montagne.

Les villes les plus importantes sont : sur le versant alsacien, *Munster* ; sur le versant lorrain, *Remiremont*, au confluent de la Moselotte et de la Moselle ; *Saint-Dié*, au débouché de la Meurthe, et *Épinal*, au débouché de la Moselle sur la Lorraine.

II. — LA LORRAINE

1. Conditions naturelles de la Lorraine. — Par le *climat*, la Lorraine se distingue du Bassin Parisien, situé à l'Ouest : se trouvant plus loin de la mer, elle a des hivers beaucoup plus froids et des étés plus chauds.

Les *cours d'eau* contribuent également à distinguer la Lorraine du Bassin Parisien. Tandis que les cours d'eau du Bassin Parisien font tous partie du réseau de la Seine et coulent dans une direction généralement Est-Ouest, les cours d'eau de la Lorraine, c'est-à-dire la **Moselle**, avec ses affluents la Meurthe et la Sarre, ainsi que la **Meuse**, coulent dans une direction généralement Sud-Nord et n'ont qu'une partie de leur cours en territoire français.

La nature du sol permet de diviser la Lorraine en deux régions : le *plateau lorrain* et le *pays des côtes*.

Le *plateau lorrain*, à l'Est, est plat, de sol pauvre, occupé soit par des pâtures, soit par des maigres cultures, soit par de grandes forêts. Mais il possède des ressources minières importantes : mines de sel, eaux minérales, mines de houille (*bassin de la Sarre*) et surtout mines de fer.

Le *pays des côtes*, à l'Ouest est sillonné, du Sud au Nord, par la série des *côtes de Moselle* et des *côtes de Meuse*. Ces côtes ont leur versant abrupt tourné vers l'Est et bien chauffé par le soleil ; elles sont propres à la culture de la vigne. Entre les côtes et à leur pied s'étendent des plaines au sol humide et gras, couvertes de prairies ou de forêts ; les principales sont la *Woëvre* et la *Haye*.

2. La vie en Lorraine. — Sur le plateau lorrain, les principales cultures sont celles des céréales propres aux climats rudes, seigle, orge, et pomme de terre. L'élevage et les industries laitières sont prospères. La culture de la vigne est assez étendue dans le pays des côtes (*vins de la Moselle*).

Toutefois, c'est de l'industrie que vit surtout aujourd'hui la Lorraine. Aux vieilles industries du sel, qui a donné son nom à une petite province lorraine, le *Saulnois*, de la poterie, dont le principal centre est Sarreguemines, et de la brasserie, dont le principal centre est Nancy, sont venues s'ajouter, à l'époque moderne, l'exploitation des eaux minérales de *Contrexéville* et de *Vittel*, et surtout la grande métallurgie.

La Lorraine possède le gisement de minerai de fer le plus riche de l'Europe. La production de la fonte par les hauts fourneaux et la fabrication de l'acier s'étendent aujourd'hui sur les quatre grands *bassins industriels* de *Briey*, de *Longwy*, de *Thionville* et de *Nancy*.

3. Les villes lorraines. — Les premières villes lorraines ont été des villes militaires, bâties soit sur les côtes lorraines, soit aux différents passages qui se trouvaient au pied de ces côtes ou entre les deux massifs des Vosges et de l'Ardenne. Établies en vue de la défense, ces villes sont aujourd'hui des marchés. Les principales sont : sur les côtes de Moselle ou près d'elles, *Toul* et *Longwy* ; sur les côtes de Meuse ou près d'elles, au delà de *Langres* et de *Chaumont*, qui sont aux marges de la Lorraine, *Neufchâteau*, *Commercy* et *Verdun* ; entre Vosges et Ardenne, *Metz* (69 000 hab.).

Mais les villes les plus importantes sont les villes industrielles, c'est-à-dire, à côté des villes militaires transformées, comme *Metz* et *Longwy* : *Briey*, *Thionville*, et surtout *Nancy* (114 000 habitants), ancienne capitale des ducs de Lorraine, rebâtie au xviiie siècle, qui est à la fois le centre de la civilisation lorraine et le plus grand marché du pays.

Fig. 1. — TURKHEIM, PRÈS DE COLMAR (ALSACE). (*Phot. Braun.*)

Fig. 2. — LE PLATEAU D'ARDENNE ET LA MEUSE A JOIGNY. (*Phot. Binding.*)

III. — L'ALSACE

1. Conditions naturelles de l'Alsace. — L'Alsace est une plaine, qui s'étend depuis le pied du versant oriental des Vosges jusqu'au grand fleuve du Rhin. Elle doit à sa situation continentale des hivers rudes. Elle doit à la barrière des Vosges un climat relativement sec et des étés ensoleillés.

Le sol de la plaine alsacienne est constitué dans sa partie méridionale, qui porte le nom de *Sundgau*, par des cailloutis et des graviers peu propices à la culture et couverts en grande partie par des forêts, dont la principale est la forêt de la *Hardt*. Mais le Centre et le Nord de la plaine sont constitués par des limons très épais et très fertiles, tandis que la large vallée du Rhin est constituée par des alluvions plus fertiles encore. Ce sont là des sols favorables à l'établissement de gras pâturages et de riches cultures : dans cette partie de l'Alsace il n'y a pas de forêts. Enfin, l'avant-pays de collines qui s'étend à l'Ouest de l'Alsace au pied des Vosges a ses pentes très ensoleillées et propices à l'établissement de vignobles.

Dans le Sud de la plaine alsacienne se trouve un gisement de sel de potasse très riche. Dans le Nord de la plaine alsacienne se trouve le gîte de pétrole de *Pechelbronn*, le seul qui soit activement exploité en France.

2. La vie en Alsace. — L'Alsace a une grande *richesse agricole*. On y cultive le blé et l'orge, la betterave sucrière, la vigne et le houblon, les cerisiers et les pruniers, le lin ; on y élève des vaches laitières et des moutons. La fabrication de la farine et du sucre, du vin et de la bière, des fromages, des confitures et des eaux-de-vie de fruits comme le kirsch, enrichissent depuis longtemps la plaine alsacienne.

L'Alsace a aussi une grande *richesse industrielle*. Outre la production de la potasse et du pétrole, l'Alsace possède autour de Mulhouse un grand nombre de filatures et de tissages de coton. La vieille industrie des toiles et des cretonnes imprimées en couleur est toujours prospère.

Enfin, l'Alsace a une très grande *richesse commerciale*, parce qu'elle est le lieu de passage entre l'Europe occidentale et l'Europe centrale, grâce à son relief déprimé et surtout grâce au grand fleuve du Rhin, qui est navigable depuis Strasbourg jusqu'à la mer et qui est uni à la Seine par le *canal de la Marne au Rhin*, et au Rhône par le *canal du Rhône au Rhin*. Strasbourg est un des principaux ports fluviaux de la France.

3. Les villes d'Alsace. — Une ligne de petites villes, marchés très prospères, marque à la limite de la plaine alsacienne, le débouché des différentes vallées des Vosges. Les principales sont *Altkirch, Thann, Sélestat, Haguenau* et *Wissembourg*. Mais les grandes villes se trouvent dans la plaine. Ce sont : au Sud, le grand centre industriel de *Mulhouse* (99 000 hab.) ; au Nord, *Saverne* ; au Centre, *Colmar* (43 000 hab.) et surtout la métropole de l'Alsace : *Strasbourg* (174 000 habitants) bâtie sur l'Ill, affluent du Rhin, mais ayant aussi un port très actif sur le fleuve lui-même.

IV. — L'ARDENNE

Le plateau et les vallées. — Le *plateau ardennais* a un sol pauvre et imperméable ; il est couvert de forêts, de landes ou de prairies tourbeuses, appelées *fagnes*. Il a un climat fort rude ; il est sans cesse balayé par des vents qui sont glacés en hiver. Il est presque désert.

Des *vallées* découpent le plateau ardennais. Elles sont profondes, abritées et par conséquent plus chaudes que le plateau. D'autre part, les rivières qui y coulent y tracent des méandres qui englobent de petites plaines d'alluvions propres à l'élevage et aux cultures. Enfin, c'est par ces vallées que passent toutes les routes de l'Ardenne. La principale de ces vallées est la *vallée de la Meuse*.

La plus grande partie de la population ardennaise s'est concentrée dans les vallées. C'est là que l'on trouve les villes de l'Ardenne : *Givet*, autour de laquelle se trouvent des ardoisières, *Sedan* et surtout la double ville de *Mézières-Charleville*, jusqu'à laquelle se prolonge la grande industrie métallurgique de la Lorraine.

LECTURE

Grâce au minerai de fer, la Lorraine est devenue une grande région industrielle. — Depuis longtemps, l'existence de minerais de fer abondants était connue dans la région de Briey ; mais, jusqu'en 1880, on n'avait pu les employer, parce que ces minerais de fer sont très phosphoreux et que l'on ne savait pas en ce temps-là faire la fonte de ces sortes de minerais. Au contraire, vers 1880, un nouveau procédé, dit de *déphosphorisation*, fit désormais rechercher les minerais phosphoreux. Ce fut la fortune pour la région qui s'étend entre Lunéville et Briey, Nancy et Thionville.

Il faut acheter le combustible soit à la région du Nord, qui, pour le moment, n'est reliée à la Lorraine que par des voies ferrées et par aucun canal, soit à la région de la Ruhr en Allemagne. Ces deux faits nous expliquent deux traits de la métallurgie lorraine.

1° *Elle ne transforme pas tout le minerai de fer que fournit son sol.* — Une partie du minerai de fer est exportée dans les pays qui envoient, en échange, du coke à la Lorraine : c'est-à-dire le Nord Français, la Belgique, et surtout les pays allemands de la Ruhr, où ce lourd produit peut être envoyé par la voie d'eau, qui est la moins coûteuse.

2° Elle pratique plus la fonte que la métallurgie proprement dite. — En effet, la fonte du minerai de fer dans les hauts fourneaux se fait au moyen du coke, combustible léger et moins coûteux à transporter que la houille. Aussi la production de fonte en Lorraine atteint-elle 95 pour 100 de la production totale en France.

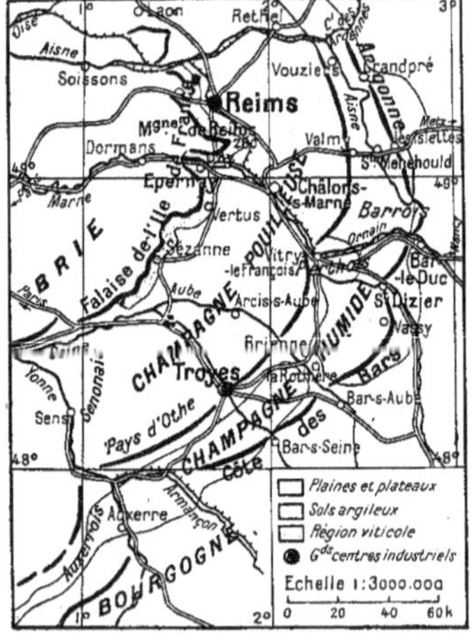

Fig. 1. — Environs de Lunéville. Groupe industriel. (*Phot. Manuel Chrétien.*)

différentes par la nature et les ressources du sol : le plateau, region de cultures maigres et d'élevage ; les côtes, région de vignobles et de cultures. Entre les deux régions s'allongent de riches bassins métallurgiques (v. pr. : *Toul* et *Longwy*; *Langres, Chaumont, Neufchâteau, Commercy* et *Verdun*; *Metz*; *Briey, Thionville* et la capitale de la Lorraine,*Nancy*).

3° *L'Alsace*, plaine qui s'étend des Vosges au Rhin. Riche en fertiles limons et d'agriculture très prospère, elle possède aussi une puissante industrie textile, d'abondantes mines de potasse et l'inappréciable avantage de border une des plus grandes voies navigables de l'Europe : le *Rhin* (v. pr. : *Strasbourg*, métropole de l'Alsace, *Mulhouse, Colmar, Saverne, Thann, Altkirch, Sélestat, Haguenau, Wissembourg*).

4° *L'Ardenne*, plateau inculte, dont les vallées, profondes et abritées, nourrissent une population surtout industrielle (v. pr. : *Mézières, Charleville, Sedan* et *Givet*).

RÉSUMÉ. — La région de l'Est a un climat continental, des ressources agricoles et des ressources industrielles abondantes. Aussi a-t-elle une certaine unité, qu'accentue son caractère de région frontière. Toutefois, les différences de relief, ainsi que les contrastes qui. en résultent dans la végétation et dans la vie des habitants, permettent d'y distinguer quatre régions.

1° Les *Vosges* offrent peu de facilités de circulation. La population vit un peu d'élevage et beaucoup d'industrie v. pr. : *Munster, Remiremont. Saint-Dié, Epinal*).

2° La *Lorraine* comprend deux régions naturelles très

Exercices. — 1. Carte de la région de l'Est. — 2. La région vosgienne : description de la région ; ses ressources. — 3. La Lorraine. Description de la région. Son importance comme région industrielle et commerciale. — 4. L'Alsace : ses ressources ; ses villes ; le Rhin.

III. — L'Est du Bassin Parisien.

LA CHAMPAGNE.

1. Conditions naturelles de la Champagne. — L'unité de la Champagne lui vient de son climat et de son réseau hydrographique.

Le climat de la Champagne est dur : hivers rudes et neigeux, avec prédominance des vents froids de l'Est; étés chauds et troublés par de nombreux orages.

La Champagne est traversée de l'Est à l'Ouest par la plupart des grands cours d'eau du réseau de la Seine : l'*Aisne*, affluent de l'Oise, la *Marne*, qui y reçoit la *Saulx* (afll. : l'*Ornain*), l'*Aube*, la *Seine* et l'*Yonne*. Leurs vallées sont des routes naturelles entre les pays très divers qui constituent la Champagne. Leurs alluvions et leurs sources entretiennent une agriculture très riche.

Malgré l'unité de son climat et de ses rivières, la Champagne comprend de l'Est à l'Ouest des pays très différents les uns des autres par le relief et par la nature du sol.

A l'Est, les hauteurs du *Barrois* et de l'*Argonne* sont constituées, les premières par un calcaire assez dur, les secondes par une argile plus dure encore. Elles forment une ligne boisée, dont les ressources sont l'exploitation du bois et l'élevage. L'Argonne est compacte et les cols qui la traversent sont d'accès relativement difficile (passages des *Islettes* et de *Grandpre*).

Au contraire, les hauteurs du Barrois sont largement découpées par l'Ornain, l'Aube et la Seine.

A l'Ouest de ces hauteurs s'allonge la plaine étroite de la *Champagne Humide*, constituée par des argiles que couvrent des bois ou des prairies, avec quelques plaines alluviales, au sol plus sec et propre aux cultures : les principales de ces plaines sont la *plaine de Brienne*, formée par l'Aube et la *plaine du Perthois*, formée par la Marne. Certains sables de la Champagne Humide contenaient jadis du minerai de fer.

A l'Ouest de la Champagne Humide s'étend la large plaine de la **Champagne Sèche**, ou **Champagne Pouilleuse** : son sol est constitué par une craie perméable et peu fertile. A l'état naturel, sa surface était occupée par des landes pauvres qui ne pouvaient servir qu'à la pâture des moutons; on a commencé à amender ces sols pauvres par des plantations de pins. Au travers de la Champagne Pouilleuse, les larges *vallées de l'Aisne, de la Marne, de l'Aube* et *de la Seine* tracent des lignes de fraîcheur, de cultures et d'habitations.

A l'extrémité occidentale du pays s'allonge la *Falaise d'Ile-de-France*, qui domine la Champagne Pouilleuse. Elle forme une côte continue de calcaire, regardant vers l'Est, et doublée en certains points par certaines hauteurs avancées comme la *montagne de Reims*. Côte et hauteurs sont occupées par un riche vignoble. Au Sud, elles se prolongent par une région de relief plus tourmenté, découpée par

Fig. 2. — La Champagne.

le nombreuses vallées, dont une partie, surtout argileuse, est couverte de prairies et de forêts (c'est la région du *Sénonais*) et dont l'autre, constituée surtout par des calaires, est un pays de vignobles c'est la région de l'*Auxerrois*).

2. Peuplement de la Champagne.

La Champagne a constitué un état féodal puissant et riche : le *comté de Champagne*. Sa richesse originelle lui est venue, non point de ses ressources naturelles qui étaient médiocres, mais de ce que les plaines de la Champagne Pouilleuse étaient un lieu de passage et d'échanges entre les riches provinces qui les entouraient : Bourgogne et Flandre, Lorraine et région parisienne. La Champagne devint ainsi une région de foires; les principales se tenaient à Troyes et à Reims.

3. La vie en Champagne.

La vie diffère dans les différents pays qui constituent la Champagne.

A l'Est, dans le *Barrois* et en *Argonne*, les ressources principales sont l'exploitation du bois (scieries, fabrication de charbon de bois, etc.) et l'élevage.

En *Champagne Humide*, les principales ressources sont également l'exploitation du bois, l'élevage et l'exportation du lait. Toutefois, dans les *plaines de Brienne* et *du Perthois*, on cultive les céréales. Enfin, la nature du sol a fait naître deux industries : l'argile a fait naître l'industrie de la poterie, et le minerai de fer a fait naître l'industrie métallurgique dans la région de *Saint-Dizier* et de *Vassy*. Aujourd'hui le minerai de fer étant épuisé la métallurgie s'est maintenue, grâce à l'importation des minerais de Lorraine.

En *Champagne Pouilleuse*, les ressources agricoles sont médiocres. Mais l'élevage des moutons a fait naître dès le moyen âge l'industrie des lainages et des draps, qui subsiste encore à *Reims* et à *Sedan* (Ardenne). Dans d'autres parties de la Champagne Pouilleuse, à *Troyes*, l'industrie du coton s'est substituée à celle de la laine; la seule industrie importante est aujourd'hui la bonneterie de coton.

La *Falaise de l'Ile-de-France* n'a qu'une seule richesse, mais de premier ordre : son vignoble. Les vins qu'il donne, transformés par un traitement spécial dit champagnisation, conservés dans des caves creusées dans la craie, sont les fameux *vins de Champagne* dont les principaux marchés sont *Reims*, *Epernay*, *Ay* et *Verlus*.

Dans l'Auxerrois, les vins que l'on récolte sont déjà semblables aux crus de la Basse Bourgogne.

Fig. 1. — LA PLAINE CHAMPENOISE.

Champagne Pouilleuse : plaine de craie très poreuse et landes à moutons. Amendement naturel : la marne qui donne de la consistance au sol. Plantations de pins. (Phot. Cl. Brunet.)

E. Giffault, Del.
Fig. 2. — LE VIGNOBLE CHAMPENOIS.

4. Les villes de Champagne.

En Champagne la population n'est éparse dans des fermes que dans les régions de sol humide, c'est-à-dire en Argonne et dans la Champagne Humide. Partout ailleurs, la population même agricole, est groupée soit dans de gros bourgs, soit même dans des villes. Les villes de Champagne sont donc nombreuses.

Au débouché des passages de l'*Argonne* se trouvent *Vouziers* et *Sainte Menehould*.

Dans le *Barrois*, les villes se trouvent aux points où les rivières franchissent les hauteurs : ce sont *Bar-le-Duc*, sur l'Ornain, *Bar-sur-Aube* et *Bar-sur-Seine*.

En *Champagne Humide*, les villes sont soit des marchés agricoles situés dans les plaines de culture, comme *Vitry-le-François*, soit des centres où subsiste l'industrie métallurgique, comme *Saint-Dizier*.

En *Champagne Pouilleuse*, les villes sont toutes situées dans les vallées. Les principales sont *Rethel*, dans la vallée de l'Aisne; *Châlons-sur-Marne*; *Arcis-sur-Aube*; et surtout *Troyes* (58 000 habitants), dans la vallée de la Seine, ancienne capitale des comtes de Champagne, ancien lieu de foires célèbres, aujourd'hui centre important de bonneterie de coton.

Près de la *Falaise d'Ile-de-France*, les villes sont les marchés de vins de Champagne : la principale ville de cet ordre est *Epernay*. Mais la cité la plus importante est *Reims* (101 000 hab.), non seulement marché de vin de Champagne, mais ancienne capitale religieuse de la Champagne (archevêché) et très ancien foyer de l'industrie drapière.

Enfin au Sud du pays, on peut citer, dans les Pays de l'Yonne, les villes d'*Auxerre* et de *Sens*, qui sont surtout des marchés agricoles.

LECTURES

1. Troyes, l'ancienne ville des lainages, est devenue le centre de la bonneterie de coton. — Troyes est située au contact de la Champagne Humide et de la Champagne Pouilleuse sur une des routes naturelles les plus accessibles entre l'Est et le Centre du Bassin de Paris. Elle fut la capitale des comtes de Champagne, et ses monuments (églises, vieilles maisons) témoignent de sa grandeur passée. Au temps des comtes de Champagne, elle était le rendez-vous des commerçants de France, de Flandre et de Bourgogne; ses foires étaient presque aussi célèbres que celles de Beaucaire dans le Midi. Aujourd'hui, Troyes doit son importance à l'industrie : jadis à celle de la laine, maintenant à celle du coton. Dès que, avec les progrès de la vapeur, la grande industrie naît en France, Troyes l'adopte. Dans ses filatures et ses tissages, elle se met à transformer la matière première qu'elle trouve à ses portes : la laine des moutons champenois. Ici, on ne fabriquait pas le drap comme à Reims, mais la bonneterie de laine. De toute la Champagne les fabricants apportaient leurs produits à la Halle aux Tricots de Troyes. Ce fut la première étape de la fortune. Mais Troyes a adopté le coton. Elle est le principal centre français pour la bonneterie de coton. L'industrie s'est concentrée : c'est à Troyes et dans ses faubourgs que le coton, expédié du Havre et de Tourcoing, se transforme, grâce aux très curieuses « machines à tricoter », en bas, en gants, en gilets, etc. La vieille industrie de la bonneterie de laine ne subsiste plus aujourd'hui que dans le Pays d'Othe.

C. C. 43

2. Reims, l'ancienne ville des draps, est devenue la capitale de la Champagne vinicole. — Reims est, avec Troyes, l'autre capitale de la Champagne; elle se trouve, elle aussi, à la limite de la Champagne vinicole, mais à la limite occidentale, contre la falaise dont les vignobles ont fait sa fortune.

Reims aussi eut de bonne heure des foires célèbres. Reims fut, en outre, de bonne heure un centre d'industrie, grâce à Colbert, qui favorisa par toutes sortes de mesures la fabrication des draps dans sa ville natale. Reims était un marché de draps autant qu'un centre de fabrication. Aujourd'hui, ici comme partout, l'industrie s'est concentrée dans la ville, grâce à l'apport facile des charbons du Nord par le canal de l'Aisne à la Marne, qui passe à Reims, et autour de la ville.

Toutefois, Reims est surtout la capitale des vins de Champagne. Sans doute, la fabrication des vins enrichit tout le pays, depuis l'Aisne jusqu'à Vertus et jusqu'à Dormans; grâce à elle, Epernay, qui n'était, il y a cent ans, qu'un bourg infime, est une ville cossue, de plus de 20 000 habitants. Mais les caves de Reims sont plus riches encore que celles d'Epernay : Reims est devenue la capitale du vignoble.

RÉSUMÉ. — **La portion orientale du Bassin Parisien se compose de bandes de terrains orientées Nord-Sud, semblables par le climat, traversées par les mêmes rivières, mais différentes de sol :**

1° **Le *Barrois* et l'*Argonne* (v. pr. : *Vouziers* et *Sainte-Menehould, Bar-le-Duc, Bar-sur-Aube, Bar-sur-Seine*);**

2° **La *Champagne Humide* (v. pr. : *Vitry-le-François, Saint-Dizier*);**

3° **La *Champagne Pouilleuse* (v. pr. : *Troyes, Arcis-sur-Aube, Châlons-sur-Marne. Rethel*).**

4° **La *Falaise d'Ile de France* (v. pr. : *Reims* et *Épernay*);**

5° **Les *Pays de l'Yonne* (v. pr. : *Auxerre* et *Sens*).**

Cette région, lieu de passage pour les invasions ou pour le commerce, possède deux groupes économiques prospères : la Falaise et les Vallées; deux industries actives : la bonneterie et les vins de Champagne.

Exercices. — 1. Carte de la Champagne et des régions environnantes. — 2. Enumérez et caractérisez les différentes régions de l'Est du Bassin Parisien : nature du sol, ressources et villes. — 3. Comparez la Champagne Pouilleuse avec les régions qui l'encadrent. — 4. Deux grandes villes champenoises : Troyes et Reims.

IV. — Le Nord du Bassin Parisien.

LA PICARDIE.

1. Les régions environnantes de la Picardie. — La Picardie est limitée au Nord par le *Boulonnais* et l'*Artois*; à l'Est, par la *Thiérache*; au Sud, par le *Beauvaisis* et le *Pays de Bray*.

Le *Boulonnais* est constitué par un demi-cercle de collines crayeuses, encadrant une plaine argileuse et humide, occupée par de gras pâturages. On y élève des vaches laitières et des chevaux de gros trait. La côte du Boulonnais, en partie occupée par des dunes basses, possède un port important, *Boulogne* (52 000 hab.), port de voyageurs entre la France et l'Angleterre, et grand port de pêche qui arme pour la pêche de la morue en Islande et concentre le poisson pêché dans la mer du Nord à destination de la région industrielle du Nord et de Paris.

L'*Artois* est constitué par des collines et des plateaux crayeux, mais recouverts par des limons fertiles. L'Artois produit du blé et de l'avoine, des betteraves sucrières et des fourrages, des bœufs et des vaches laitières; dans ses vallées, on cultive le lin. L'Artois fournit ainsi à la région industrielle du Nord des aliments pour sa population et des matières premières pour ses sucreries et ses filatures. Les villes sont des marchés agricoles : *Arras, Saint-Pol*.

La *Thiérache* est une dépression largement découpée par les hautes vallées de la *Somme*, de la *Sambre* et de l'*Oise*. C'est un pays vallonné, en partie boisé, en partie occupé par des prés, aux vallées marécageuses comportant des oseraies. La Thiérache est surtout un pays d'élevage; la seule industrie importante est la vannerie. Les principales villes sont *Vervins* et *La Capelle*.

Le *Beauvaisis* est constitué par des plaines de craie, couvertes de limons qui annoncent déjà la Picardie, et que coupent des vallées humides, comme celles du *Thérain*, qui rappellent les vallées de la Thiérache. On cultive sur les plaines le blé et la betterave sucrière. On pratique dans les vallées l'élevage et la vannerie. Mais surtout de nombreuses industries se sont installées dans le pays : les principales sont la fabrication des boutons, celle des brosses et celle des peignes. La capitale de cette petite région est *Beauvais*.

Le *Pays de Bray* forme la limite entre la Picardie et la Normandie et se rattache plutôt à cette dernière : on l'étudiera ci-dessous avec elle (p. 154).

2. Conditions naturelles de la Picardie. — La Picardie est constituée par une série de plateaux crayeux que traversent d'Est en Ouest les larges vallées de la *Canche*, de l'*Authie*, de la *Bresle* et surtout de la *Somme*.

Les *plateaux* crayeux sont recouverts de limons fertiles dans leur portion orientale, où ils constituent le *Santerre* et le *Vermandois*. A l'Ouest, les limons sont plus rares et moins épais dans le *Vimeux* et le *Ponthieu*.

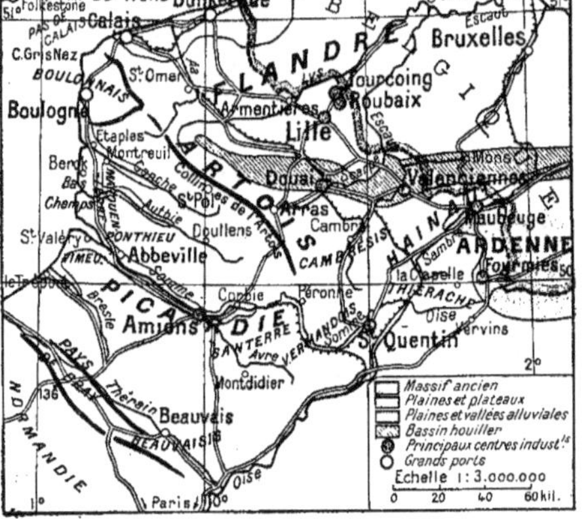

Fig. 1. — LA PICARDIE.

Les *vallées* qui traversent les plateaux sont tapissées d'alluvions et possèdent en surabondance des sources. Leurs eaux ont fait naître des tourbières dans les parties les moins bien drainées; mais ailleurs on peut y pratiquer la culture du lin et surtout les cultures maraîchères.

La *côte* est constituée par des falaises de craie, hautes et droites, coupées par les vallées des cours d'eau qui se jettent dans la Manche ou par des vallées suspendues qui les échancrent à peine dans leur partie supérieure et qu'on appelle des *valleuses*. Certaines de ces falaises sont immédiatement bordées par la mer. D'autres sont séparées d'elle par des plaines d'alluvions, que les courants et les marées ont lentement entassées à leur pied et qu'on appelle des *Bas-Champs*. Les Bas-Champs sont surtout larges dans le Nord de la côte picarde où ils constituent le *Marquenterre*. Hautes falaises et Bas-Champs sont également défavorables à l'établissement de ports.

Fig. 1. — Plaine de l'Artois.

En Artois et en Picardie, tandis que les versants dé oupés par les rivières dans la craie des plateaux sont stériles ou boisés, la surface des plateaux, où la craie est le plus souvent recouverte d'un épais et riche limon, porte de belles cultures : céréales, betteraves, chanvre. C'est le cas de la région que l'on voit ici. Seules, les parties du plateau privées de limons et où la craie apparaît à nu n'ont pas de cultures ; elles ont des landes à moutons piquetées de bouquets de genévriers et de bois (Phot. Baraault.)

Fig. 2. — Les hortillons de la vallée de la Somme.

Dans toute sa partie moyenne et inférieure, surtout dans la région d'Amiens, la large et humide vallée de la Somme est couverte de potagers que l'on appelle des hortillons. Ils sont entourés et irrigués par des bras dérivés de la Somme : le sol, constitué par les alluvions de la rivière, est enrichi par les boues grasses qu'en tirent les cultivateurs. On y circule sur de longs bateaux plats, qui apportent chaque jour au marché d'Amiens des provisions de légumes. (Phot. Neurdein.)

3. La vie en Picardie

Les parties des plateaux picards couvertes de limons sont de riches régions agricoles : on y cultive les céréales et la betterave sucrière. Là se trouvent, dans le Santerre, autour de Saint-Quentin, de nombreuses sucreries : ce sont les sucreries les plus importantes que possède la France.

Sur les plateaux au sol moins riche du Vimeux et du Ponthieu, on pratique l'élevage et certaines industries comme la serrurerie.

Dans les vallées et principalement dans la vallée de la Somme, outre l'exploitation des tourbières, on pratique les cultures maraîchères dans des jardins drainés par tout un système de canaux et qu'on appelle des *hortillons*. Les légumes produits dans les hortillons servent à alimenter non seulement les villes picardes, mais encore une active exportation vers l'Angleterre.

L'industrie textile est née de bonne heure dans les vallées aux environs d'Abbeville, d'Amiens et de Saint-Quentin, grâce au lin des vallées elles-mêmes, à la laine des moutons du Vimeux et du Ponthieu. Aujourd'hui, la fabrication des draps et des toiles subsiste dans la région d'Abbeville et de Saint-Quentin ; mais l'industrie d'Amiens s'est spécialisée dans la fabrication des velours de coton.

Sur les Bas-Champs de la côte, on pratique l'élevage et les cultures maraîchères. Il n'y a que de petits ports aux estuaires ensablés de rivières : *Étaples, Saint-Valéry-sur-Somme*. La pêche y est fort peu active.

Le seul port de pêche important est *Le Tréport*, à la limite de la Normandie.

4. Les villes picardes

Les plateaux picards ont plutôt des bourgs que des villes. De même la côte, peu hospitalière.

Toutes les villes picardes sont situées dans les vallées. Les principales sont : sur la Canche, *Montreuil* ; sur l'Authie, *Doullens* ; près de l'Avre, *Montdidier* ; dans la vallée de la Somme, *Saint-Quentin* (49 000 hab.), la ville de la toile et du sucre, *Péronne, Corbie, Amiens* (91 000 hab.), métropole de la Picardie, ville industrielle (velours de coton) et grand marché de tous les produits picards, *Abbeville*.

LECTURE

La vallée de la Somme est l'artère vitale de la Picardie. — La vallée de la Somme est sur beaucoup de points couverte de tourbières ; les bourgs et les villes sont établis sur les flancs du plateau, au-dessus de la vallée. Mais, en nombre d'endroits, le travail patient de l'homme a aménagé les marécages inutiles : on a drainé le sol, on l'a divisé en parcelles séparées les unes des autres par des levées de terre et des canaux, où l'on ne laisse arriver que la quantité d'eau strictement nécessaire aux cultures maraîchères. Celles-ci y prospèrent pleinement ; les boues retirées de la rivière forment l'engrais principal et renouvellent sans cesse la force productive du sol. Ainsi s'est constituée une sorte de petite Venise rurale, de champs « amphibies », où l'agriculteur se rend en bateau : ce sont les *hortillons*. Ils font la richesse de la vallée. Ils ajoutent un élément à la prospérité du marché d'Amiens, l'ancienne place forte devenue centre de tissage.

RÉSUMÉ. — **Le Nord du Bassin Parisien est constitué par des plateaux crayeux entourés par des régions qui en diffèrent par l'altitude ou par le sol.**
Les régions environnantes sont :
1° Au Nord, le *Boulonnais* (v. pr. : *Boulogne*) et l'*Artois* (v. pr. : *Arras* et *Saint-Pol*) ;
2° A l'Est, la *Thiérache* (v. pr. : *Vervins* et *la Capelle*) ;
3° Au Sud, le *Beauvaisis* (v. pr. : *Beauvais*) et le *Pays de Bray*.
Ces régions ont des ressources variées : céréales et pâturages, bois et oseraies.
Les plateaux crayeux de la *Picardie* sont partiellement couverts de limons et fertiles : les champs de céréales et de betteraves (*Santerre* et *Vermandois*) y alternent avec des bois et des pâturages à moutons (*Vimeux, Ponthieu*). Ils sont coupés par des vallées propres aux cultures maraîchères : la principale est la *vallée de la Somme*. Ils sont limités à l'Ouest par des falaises, qui dominent une côte plate, plus propre aux cultures qu'à la vie maritime (*Bas-Champs du Marquenterre*). V. pr. : *Amiens, Saint-Quentin, Péronne ; Montreuil, Doullens* et *Montdidier ; Abbeville*.
Pays essentiellement agricole, la *Picardie* possède néanmoins des industries, notamment une industrie sucrière et une industrie textile.

Exercices. — 1. Carte du Nord du Bassin Parisien. — 2. Les régions environnantes de la Picardie. — 3. La Picardie : description ; ressources ; villes. — 4. La vallée de la Somme.

V. — L'Ouest du Bassin Parisien.

LA NORMANDIE.

1. Conditions naturelles de la Normandie. — La Normandie n'a qu'un seul caractère commun à toutes ses parties : son climat maritime.

La nature variée du sol détermine des différences de végétation et de ressources entre les diverses parties de la Normandie Orientale et de la Normandie Occidentale.

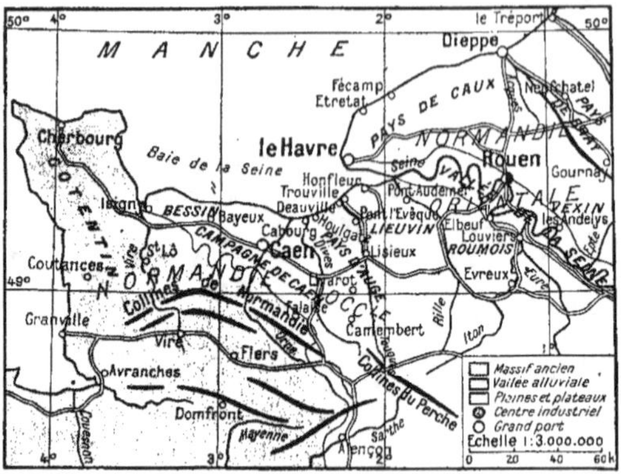

La *Normandie Orientale*, ou *Haute Normandie*, est située de part et d'autre de la vallée de la Seine.

Fig. 1. — LA NORMANDIE.

appartient déjà au Massif Armoricain, a un sol plus dur et plus pauvre de granite, de schiste ou d'argile ; c'est, à l'état naturel, un pays de *bocage*, c'est-à-dire de landes et de prairies semées de bouquets de bois ; sa côte est relativement plus découpée et plus riche en ports naturels que celle du reste de la Normandie. Enfin, dans l'intérieur, les *collines de Normandie* et *du Perche*, très bien arrosées, sont couvertes de prairies et de bois.

A travers la Normandie Orientale, de la région parisienne à la Manche, s'allonge la *vallée de la Seine*, tapissée d'alluvions

Elle se compose d'un certain nombre de pays. Le *Pays de Bray* est constitué, comme le Boulonnais, par une vaste dépression argileuse entourée de hauteurs crayeuses : c'est avant tout une région d'élevage. Le *Pays de Caux*, entre le Pays de Bray et la Seine, est un vaste plateau crayeux, bordé du côté de la mer par de hautes falaises et découpé par quelques rares vallées ; comme en Picardie, la craie est ici recouverte par des limons fertiles ; le Pays de Caux est un pays de culture. Enfin le *Vexin*, le *Lieuvin* et le *Roumois* sont des pays de nature plus variée où des territoires argileux alternent avec des territoires crayeux, limoneux ou calcaires ; aussi les cultures et les pâturages se mêlent-ils ici au bois. Ceux de ces pays qui se trouvent en bordure de la mer se terminent par une côte plus variée que celle du pays de Caux : des falaises peu étendues y alternent avec des plages.

La *Normandie Occidentale*, ou *Basse Normandie*, se compose aussi d'un certain nombre de pays. Le *Pays d'Auge* est une plaine argileuse couverte de quelques bois et de très riches pâturages ; sa côte est bordée par de belles plages. La *Campagne de Caen* est une plaine de calcaire fertile mais sèche, plus propre à la culture qu'à l'élevage ; sa côte est bordée par les *rochers du Calvados*. Le *Bessin* possède, comme le pays d'Auge, des argiles propres aux pâturages ; sa côte est constituée par des plages. La *péninsule du Cotentin*, qui

fertiles au milieu desquelles le fleuve trace ses méandres.

2. La vie en Normandie. — Longtemps la Normandie n'a eu que deux ressources, qui font encore aujourd'hui l'essentiel de sa richesse : l'élevage et l'agriculture.

L'*élevage* porte avant tout sur les bœufs de boucherie et les vaches laitières. L'élevage de celles-ci a fait naître deux grandes industries : celle du beurre et celle des fromages ; elles enrichissent trois pays normands : le Pays de Bray (fromages de *Gournay* et de *Neufchâtel*), le Pays d'Auge (fromages de *Pont-l'Évêque*, de *Livarot* et de *Camembert*) ; le Bessin (beurres d'*Isigny*). A une époque récente, des amendements judicieux dans la partie méridionale du Cotentin y ont fait naître une quatrième région d'élevage et d'industrie beurrière et fromagère. On élève des moutons sur les plateaux du Pays de Caux et deux races réputées de chevaux sur les collines de Normandie et dans le Perche.

L'*agriculture* est aussi riche et aussi variée que l'élevage. Le Pays de Caux et la Campagne de Caen produisent du blé, de l'orge et de l'avoine. Le Cotentin produit l'orge, l'avoine et le seigle. Le lin et le colza, jadis très répandus, puis presque abandonnés, sont remis en culture. Enfin, toutes les parties de la Normandie possèdent de nombreux vergers de pommiers : la fabrication du cidre est une véritable industrie normande.

Fig. 2. — LES FALAISES DE DIEPPE VUES DE LA MER. (*Phot. Cie Aérienne Française.*)

Fig. 3. — LA CAMPAGNE D'ALENÇON.

La vie maritime est relativement peu importante en comparaison de la vie agricole. La *pêche* est aujourd'hui concentrée dans quelques ports, où elle a acquis une nouvelle force : à *Dieppe, Etretat, Honfleur* et *Granville*. D'autre part, la côte normande, grâce à sa proximité de Paris, est devenue le site de nombreuses stations balnéaires : les plus connues sont, dans la Haute Normandie, *Dieppe*, et dans la Basse Normandie, *Trouville, Deauville, Houlgate* et *Cabourg*.

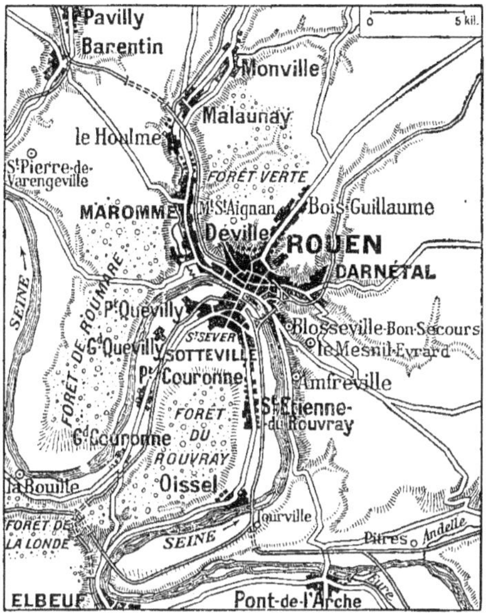

L'*industrie* normande est née d'abord des ressources de la terre : industries alimentaires (fabrication du cidre, beurreries, fromageries), tissage des toiles de lin et des draps faits avec la laine des moutons du Pays de Caux. Aujourd'hui, le tissage des toiles n'est guère pratiqué, le tissage des draps ne s'est maintenu qu'autour de Louviers et d'Elbeuf. Mais le tissage et la filature du coton sont devenus la grande industrie de Rouen. En outre, la découverte relativement récente de riches minerais de fer dans la Basse Normandie a fait naître une puissante métallurgie (fabrication de fonte et d'acier, constructions navales) autour de Caen et du Havre.

La Normandie a un *commerce* très actif. Elle exporte, soit vers les autres régions françaises, soit vers l'Angleterre, une partie des produits de sa culture et de son élevage : pommes, beurres, fromages, viande de boucherie, chevaux ; elle exporte du minerai de fer en Angleterre, de la fonte et de l'acier vers le Nord de la France, des fils de coton, des cotonnades et du drap vers Paris ou vers l'étranger. En outre, la Normandie, grâce à la vallée de la Seine, voit passer le commerce que fait Paris avec l'Angleterre et l'Amérique. De là l'importance des ports de *Rouen* et du *Havre*. A côté de ceux-ci, on peut citer deux autres ports de commerce : *Caen*, sur l'Orne, et, à l'extrémité du Cotentin, *Cherbourg*.

3. Les villes de Normandie. — La Normandie a toujours eu un très grand nombre de marchés agricoles, gros bourgs ou petites villes. Chaque pays normand a le sien.

Les principaux de ces marchés agricoles sont : *Gournay*, dans le Pays de Bray ; *Dieppe*, en bordure du Pays de Caux ; *les Andelys*, dans le Vexin ; *Evreux* et *Pont-Audemer*, dans le Lieuvin et le Roumois ; *Pont-l'Evêque*, dans le Pays d'Auge ; *Lisieux*, dans la Campagne de Caen ; *Bayeux*, dans le Bessin ; *Saint-Lô, Coutances* et *Avranches*, dans le Cotentin ; *Alençon, Falaise* et *Vire*, dans les collines de Normandie.

D'autres villes, tout en étant des marchés agricoles, sont devenues des villes industrielles : telles sont *Flers, Louviers, Elbeuf*, villes de tissages, et surtout **Caen** (54000 hab.),

Fig. 1. — ROUEN ET SES ENVIRONS.

Rouen forme un centre industriel extrêmement actif. Chacune des vallées qui y aboutissent à travers les plateaux boisés avoisinants donne passage à une route le long de laquelle les agglomérations industrielles se succèdent. Le tissage du coton est la principale industrie de toute cette agglomération.

qui possède des hauts fourneaux, et *Cherbourg* (58000 hab.), qui a un arsenal maritime.

D'autres villes encore sont, on l'a dit, des ports de pêche et des stations balnéaires.

Enfin, la Normandie possède sur la basse Seine deux très grandes villes : **Rouen** (122000 habitants), ancienne capitale de la Normandie, situé au point où la navigation maritime s'arrête et où la navigation fluviale commence, entrepôt pour les marchandises qui s'échangent entre Paris et les pays de l'Atlantique (houille anglaise, coton et métaux des Etats-Unis, bois de Norvège, vins du Midi, etc.) ; et *le Havre* (158000 hab.), le second port de la France, foyer principal du transit entre la France et l'Amérique.

LECTURE

Rouen est un « port de mer situé sur la Seine ». — Un géographe du XVIII⁰ siècle, Nicolas de Fer, définit ainsi Rouen : « Rouen, capitale de Normandie, port de mer, sur la rivière de Seine ». Cette définition est encore exacte.

Rouen est capitale de Normandie, non seulement par son influence intellectuelle et artistique, mais plus encore par le rôle prépondérant qu'elle joue dans l'industrie régionale. A la différence du Havre, Rouen commande ponts et routes qui unissent les pays normands de part et d'autre du fleuve. Une grande partie des produits consommés dans tout le pays sont fabriqués ou concentrés à Rouen et dans sa banlieue : raffineries de pétrole, entrepôts de vins, usines de produits chimiques et d'énergie électrique, papeteries, etc., se trouvent à Rouen, sans parler de la grande industrie cotonnière, qui fait vivre les trois quarts des ouvriers de cette région.

D'autre part, si Rouen est situé en amont de l'estuaire de la Seine, le fleuve y est large et profond ; le flot marin remonte jusque-là à toutes marées, et avec lui les grands navires de mer. Toutefois, ceux-ci ne peuvent remonter plus haut, et ils débarquent sur les quais de Rouen les marchandises que reprennent soit les trains de chemins de fer, soit les péniches fluviales pour les conduire dans l'intérieur. C'est ainsi que Rouen peut facilement recevoir des pays d'outre-mer le coton, la laine, le bois, le pétrole, les minerais et la houille dont s'alimente son industrie.

Surtout c'est par là que Rouen est devenu l'intermédiaire entre Paris et la mer. Tout ce que Paris reçoit des pays d'outre-mer, la houille anglaise, le bois norvégien, le pétrole américain, les vins d'Algérie, etc., est débarqué à Rouen. C'est l'avant-port de Paris. Une nombreuse flotte de chalands fait la navette entre les deux villes et vient débarquer dans les ports parisiens les sacs de houille, les madriers, les fûts de vins et les bidons de pétrole que les navires de mer ont débarqués sur les quais rouennais.

RÉSUMÉ. — La portion occidentale du Bassin de Paris n'a d'unité physique ni dans son relief, ni dans son réseau hydrographique. Pourtant elle constitue une seule région naturelle : la *Normandie*. Elle le doit à son climat maritime et à la prédominance de la vie agricole : élevage des bœufs de boucherie, des vaches laitières et des chevaux; production de beurre et de fromage, culture du pommier à cidre, etc.

On peut distinguer en **Normandie** :

1° La *Normandie Orientale*, ou *Haute Normandie* (*Bray, Pays de Caux, Vexin, Lieuvin* et *Roumois*), dont les villes principales sont : *Gournay, Dieppe, les Andelys, Evreux* et *Pont-Audemer.*

2° La *Normandie Occidentale*, ou *Basse Normandie* (*Pays d'Auge, Campagne de Caen, Bessin, Cotentin, collines de Normandie et du Perche*), dont les villes principales sont : *Elbeuf, Louviers, Pont-l'Evêque, Lisieux, Caen, Bayeux, Avranches, Coutances, Cherbourg, Saint-Lô, Alençon, Falaise* et *Vire.*

3° Au milieu, la *région de la Basse Seine* qui a une importance spéciale, tant commerciale qu'industrielle, grâce à l'estuaire de la Seine et dont les villes sont les deux grands ports de *Rouen* et du *Havre.*

Exercices. — 1. Carte de la Normandie. — 2. Les diverses régions de la Normandie. — 3. Les ressources de la Normandie. — 4. Les villes normandes.

VI. — Le Sud du Bassin Parisien.

LES PAYS DE LA LOIRE.

1. Caractères communs au pays de la Loire. — L'unité des pays de la Loire tient tout d'abord à leur climat; celui-ci est tempéré, grâce à l'influence des vents océaniques qui pénètrent par la large vallée de la *Loire* et par les vallées de ses principaux affluents : *Maine, Cher, Indre, Vienne.*

Trois autres caractères communs à tous les pays de la Loire sont leur pauvreté en ressources minérales, la faiblesse de leurs industries et l'importance de leurs ressources agricoles. Mais ces ressources agricoles varient dans les différents pays de la Loire avec la nature de leur sol. A cet égard, il faut distinguer les pays suivants :

1° Sur la rive droite de la Loire, le *Maine* et l'*Anjou*, l'*Orléanais* et le *Nivernais*;

2° Sur la rive gauche de la Loire, le *Berry*, la *Sologne* et la *Touraine.*

3° Entre les uns et les autres, la large *vallée de la Loire.*

2. Le Maine. — Le Maine forme une région intermédiaire entre le Massif Armoricain et le Bassin Parisien.

Le *Haut Maine*, à l'Est, appartient au Bassin Parisien. Il est composé de plateaux calcaires propres à la culture des céréales, avec quelques régions sableuses et boisées. Ces plateaux sont traversés par les vallées alluviales de la *Sarthe* et du *Loir*, qui portent de belles cultures et où l'on élève des volailles réputées.

La principale ville du Haut Maine est *le Mans* (72 000 hab.). Les autres villes sont : *Mamers, Nogent-le-Rotrou, Saint-Calais* et *la Flèche.*

Le *Bas Maine*, à l'Ouest, appartient au Massif Armoricain. C'est un plateau granitique et schisteux, traversé par la *Mayenne.* Il est couvert de prairies, de bouquets de bois et de vergers de pommiers : aussi l'appelle-t-on le *Bocage Manceau.* Les villes du Bas Maine sont : *Mayenne, Laval* et *Château-Gontier.*

3. L'Anjou. — Comme le Maine, l'Anjou comporte une région de *bocages*, où se trouvent en outre des mines de fer et des ardoisières dans la région de *Trélazé*, et des plateaux calcaires, découpés par la vallée de la *Maine* inférieure, qui se jette dans la Loire : c'est le *val d'Anjou.*

Le val d'Anjou, bien abrité, tapissé d'alluvions fertiles, est une région de vergers et de vignobles : il produit les *vins d'Anjou* et *de Saumur.*

Les principales villes se trouvent dans le val : ce sont *Saumur* et surtout *Angers* (86 000 habitants). Le bocage angevin ne possède qu'une ville : *Segré.*

4. L'Orléanais. — L'Orléanais se divise en trois parties : 1° la *Petite Beauce*, à l'Ouest, plaine de calcaire, région de céréales, bordée par la riche vallée du *Loir*, qui possède de beaux vignobles; 2° la *forêt d'Orléans*, au Centre, poussée sur une zone de sable, une des forêts les plus étendues de la France; 3° le *Gâtinais*, à l'Est, où alternent les calcaires, favorables à la culture du blé, et les sables couverts de bois ou de landes que pâturent les moutons.

Au Sud de la plaine de l'Orléanais s'allongent les *vals de Loire*, dont les alluvions sont propres aux pâturages, aux cultures maraîchères et fruitières et aux vignobles : ce sont le *val de Loire* proprement dit, le *val d'Orléans* et le *val de Blois.*

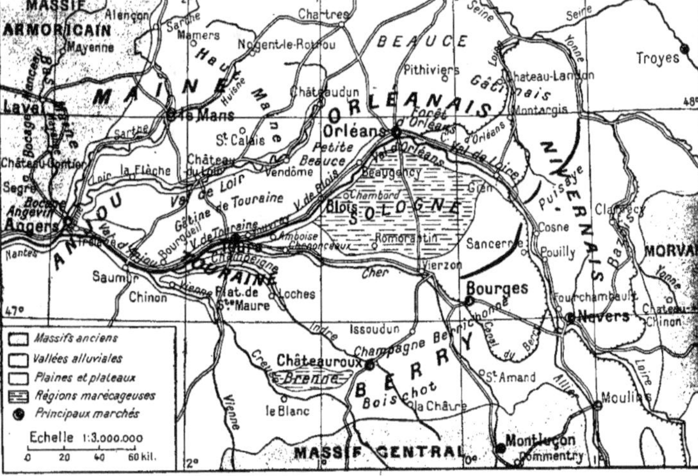

Fig. 1. — LES PAYS DE LA LOIRE.

L'Orléanais est une riche région agricole. D'autre part sa situation au coude supérieur de la Loire, au point où la vallée du grand fleuve conduit du Sud-Ouest ou du Sud-Est de la France vers Paris, en fait une route de commerce. Les principales villes sont : *Châteaudun* et *Vendôme*, dans la vallée du Loir, à la limite de la Petite Beauce ; *Pithiviers* et *Montargis*, en Gâtinais, et surtout, dans la vallée de la Loire, *Gien* à l'Est, *Blois* à l'Ouest, et *Orléans* (70 000 habitants), métropole du pays, au sommet du coude de la Loire vers le Nord.

5. Le Nivernais. —

Le Nivernais est constitué en partie par une région granitique et schisteuse, qui appartient déjà au Morvan (voir ci-dessous. p. 167), et en partie par une région de plaines calcaires ou argileuses, qui appartient au Bassin Parisien.

La première région est un pays de bois et d'élevage, dont le marché est *Château-Chinon*.

La région de plaine est constituée surtout par des argiles et des marnes humides qui ont fait naître l'élevage et l'industrie de la poterie. Telles sont les ressources de ces petits pays que l'on appelle le *Bazois* et la *Puisaye*.

A l'Ouest, la **vallée de la Loire** possède des vignobles (*vins de Pouilly*). Les villes de cette région sont des marchés agricoles : *Clamecy*, *Fourchambault* (métallurgie), *Cosne* et surtout **Nevers**.

6. Le Berry. —

Le Berry comprend une petite portion des terrains granitiques du Massif Central (V. ci-dessous, p. 167), où se trouvent le bassin houiller de *Commentry* et la ville industrielle de **Montluçon** (57 000 habitants.).

Au pied de cette région s'étend une zone de terrains argileux, couverts en certains points de pâturages (elle a comme villes *Saint-Amand* et *la Châtre*), mais comprenant aussi une région de marécages et d'étangs qu'on appelle la *Brenne*. Au Nord-Est s'élève un petit massif montagneux où se trouve la ville de *Sancerre*.

Enfin, au Centre de ces régions s'étend une grande plaine de calcaire, perméable, sèche et nue, couverte de champs et de landes pâturées par les moutons : c'est la **Champagne Berrichonne**. Elle est découpée par les larges vallées du *Cher*, de l'*Indre* et de la *Creuse*, dont les alluvions portent de belles cultures.

Là se trouvent les principales villes du Berry : *Bourges* (46 000 hab.), *Issoudun*, *Châteauroux* et *Le Blanc*.

Fig. 1. — La Petite Beauce.

Comme la Beauce (p. 150), la Petite Beauce est un plateau de calcaire très perméable, qui absorbe rapidement et presque complètement les eaux de pluie. Pas de rivières sur ce sol sec ; pour avoir de l'eau, il faut creuser des puits très profonds ; certains descendent jusqu'à 70 mètres et même plus. Pas de prés ni de bois : des champs de blé, de betteraves sucrières ; des cultures fourragères. Peu de gros bétail, mais des troupeaux de moutons. (Phot. Neurdein.)

7. La Sologne. —

La Sologne est une plaine dont le sol est constitué pour la plus grande partie par des argiles et par des sables.

La Sologne fut longtemps couverte d'étangs et de landes insalubres. Mais elle a été en grande partie asséchée par des travaux de drainage, assainie par des plantations de pins, fertilisée par des chaulages. Elle est ainsi devenue une région d'élevage et de cultures. Elle fournit du bois de pin, du bétail, des produits laitiers, des légumes et des céréales. Les deux principales villes se trouvent en bordure de la Sologne : ce sont *Vierzon* et *Romorantin*.

8. La Touraine. —

La Touraine comprend sur la rive droite de la Loire une plaine d'argile et de sable parsemée de bois, peu fertile : la *Gâtine de Touraine.*

Mais la portion essentielle de la Touraine se trouve sur la rive gauche du fleuve. Elle est constituée par des plateaux de craie, peu fertiles et semés de bois, la *Champeigne* et le *plateau de Sainte-Maure*, découpés par les riches **vallées** de la *Loire*, du *Cher*, de l'*Indre* et de la *Vienne*. Ces vallées abritées et chaudes, couvertes d'alluvions fertiles et bien irriguées, possèdent des pâturages au voisinage des rivières ; plus loin, on cultive les céréales et les fruits ; sur les pentes crayeuses de leurs versants s'étendent des vignobles, qui donnent les *vins de Vouvray*, de *Bourgueil* et de *Chinon*. Ces vallées ont valu jadis à la Touraine le surnom de *Jardin de la France*.

Chaque vallée a sa ville : *Chinon*, sur la Vienne ; *Loches*, sur l'Indre, et surtout **Tours** (77 000 hab.), sur la Loire.

9. La vallée de la Loire. —

Malgré les différences de sols, les habitants des pays de la Loire ont tous une vie fondée sur l'exploitation des ressources agricoles. Les rares industries se trouvent à la limite du pays : ce sont les métallurgies du Nivernais et de Montluçon, les mines et les ardoisières de l'Anjou.

Cette vie agricole est surtout active dans les **vals de la Loire**, que traverse successivement le fleuve : *val de Loire, val d'Orléans, val de Blois, val de Touraine, val d'Anjou*. C'est là que des rois de France ont bâti de riches châteaux (châteaux de *Blois*, de *Chambord*, d'*Amboise*, de *Chenonceaux*, etc.). C'est là, enfin, que se trouvent les villes les plus prospères, soit sur le fleuve lui-même, soit au débouché d'une des vallées affluentes : *Nevers, Sancerre, Cosne, Gien*. **Orléans, Beaugency, Blois, Amboise, Tours, Saumur** et **Angers**.

Fig. 2. — La Sologne.

La Sologne, dans certaines de ses parties, est encore couverte d'étangs et de bois de pins. En d'autres, desséchée, fertilisée, elle est devenue un pays de culture et d'élevage. (Photo vie à la campagne.)

LECTURE

La vie dans les pays de la Loire subit l'influence du voisinage de Paris. — Dans les pays de la Loire, on se sent déjà très près de Paris : c'est que Paris exerce une attraction puissante sur les régions agricoles qui l'environnent et qui lui envoient leurs produits. Les autres zones extérieures du Bassin Parisien dépendent moins de la capitale parce qu'elles ont au voisinage d'autres centres industriels à approvisionner comme la région du Nord, la Lorraine métallurgique, ou qu'elles possèdent elles-mêmes des centres industriels comme Troyes, Amiens, Rouen et Le Havre. Ici, au contraire, presque aucune industrie,

Fig. 1. — La Loire a Montsoreau.

A Montsoreau, petit bourg entre le confluent de la Vienne et Saumur, la Loire entre en Anjou ; son volume d'eau vient de s'accroître sensiblement par les apports successifs du Cher, de l'Indre et de la Vienne ; elle prend vraiment l'apparence d'un beau fleuve : c'est la Basse Loire qui commence. (Phot. Neurdein.)

mais du blé, qui alimente les minoteries de Corbeil, près de Paris ; des vins, qui s'exportent presque sur tous les entrepôts de Bercy, à Paris ; des légumes et des fruits, qui prennent le chemin des Halles de Paris.

Le voisinage de Paris fait la prospérité des campagnes de la Loire : il explique en partie le faible progrès de ses villes. Pour trouver des marchés dotés de quelque activité, il faut aller près du Massif Armoricain et du Massif Central, où l'on trouve le commerce actif qui se fait toujours au contact de deux régions de nature différente et de produits dissemblables : de là l'activité du Mans, d'Angers, de Montluçon. Mais les villes de la Loire, Tours, Blois, Orléans, Gien, restent des villes stationnaires, bien qu'elles aient eu jadis des industries très importantes dont celles d'aujourd'hui ne sont plus que l'ombre, et bien qu'elles aient au des marchés agricoles prospères. Leur originalité intellectuelle ou artistique souffre de la trop grande proximité et de l'accaparement de la capitale. Elles ont, plus que toute autre ville, été victimes de la centralisation excessive qui caractérise la France moderne.

RÉSUMÉ. — Les Pays de la Loire forment le Sud du Bassin Parisien. Ils s'étendent depuis le Morvan jusqu'au Massif Armoricain, dont les extrémités sont en rapports commerciaux avec eux et font partie du même ensemble régional. Ils sont plus variés encore que les autres parties du Bassin Parisien.

Sur la rive droite de la Loire, on distingue :

1° A l'Ouest, deux pays qui font la transition entre le Bassin Parisien et le Massif Armoricain : le *Maine* (v. pr. : *Le Mans, la Flèche, Mamers, Nogent-le-Rotrou, Saint-Calais, Mayenne, Laval, Château-Gontier*) et l'*Anjou* (v. pr. : *Angers, Saumur, Segré*).

2° A l'Est, un pays qui fait la transition entre le Bassin Parisien et le Morvan : le *Nivernais* (v. pr. : *Nevers, Clamecy, Fourchambault, Cosne*).

3° Au Centre, un pays qui fait la transition entre la Loire et la Seine : l'*Orléanais* (v. pr. : *Orléans, Gien, Blois, Montargis, Pithiviers, Vendôme et Châteaudun*).

Sur la rive gauche de la Loire, on distingue :

1° Au Sud, un pays où dominent les campagnes calcaires : le *Berry* (v. pr. : *Bourges, Montluçon, Châteauroux, Issoudun, Le Blanc*).

2° Au Nord, un pays où dominent les landes sableuses : la *Sologne* (v. pr. : *Vierzon et Romorantin*).

3° A l'Ouest, un pays où dominent les riches vallées alluviales : la *Touraine* (v. pr. : *Tours, Chinon et Loches*).

Entre tous ces pays, de ressources également agricoles, mais inégalement abondantes, la *Loire* crée un lien réel, moins par le cours de ses eaux que par sa vallée, suite de vals abrités et fertiles, route entre Paris et les pays océaniques, site des principaux marchés.

Exercices. — 1. Carte des pays de la Loire. — 2. Énumérez et caractérisez (sol, ressources, villes) les sept régions des pays de la Loire. — 3. Expliquez l'unité des pays de la Loire.

VII. — Le Centre du Bassin Parisien.

LA RÉGION PARISIENNE. PARIS

1. L'ensemble de la région parisienne. — La région parisienne est constituée par des plateaux qui descendent d'une altitude moyenne de 200 mètres, sur le pourtour, jusqu'à l'altitude de 26 mètres, qui est celle de la Seine dans Paris, au centre.

Ces plateaux sont constitués en grande partie par des calcaires perméables et assez fertiles qui sont parfois décomposés à leur surface par les eaux d'infiltration et constituent alors ce qu'on appelle les *pierres meulières*, matériaux principaux des constructions parisiennes.

Certains de ces calcaires comportent de l'argile : leur surface est alors plus humide et se prête à l'élevage. Presque tous sont surmontés par une couche de limon très fertile. Avec les calcaires alternent des sables parfois agglomérés en grès. Là, le sol est moins fertile, et les forêts dominent sur les cultures.

De nombreuses rivières convergent vers le centre de la région parisienne : la *Seine* et ses affluents, l'*Oise*, qui reçoit l'*Aisne*, la *Marne*, qui reçoit l'*Ourcq*, le *Loing*, etc. Ces rivières ont creusé de larges vallées alluviales, favorables aux cultures maraîchères et aux plantations d'arbres fruitiers.

2. Le Nord de la région parisienne. Le Soissonnais et le Valois. — Dans le Nord de la région parisienne s'étendent les plateaux du Soissonnais et du Valois, découpés par les vallées de l'*Aisne*, de l'*Oise* et de l'*Ourcq*. Ces plateaux sont constitués par des zones alternantes de calcaire et de sable. Sur les calcaires on cultive les céréales et la betterave sucrière. Sur les sables s'étendent les belles *forêts de Saint-Gobain, de Compiègne, de Villers-Cotterets, de Senlis, de Chantilly*, etc. Dans les vallées, on pratique les cultures maraîchères (artichauts dits de Laon, haricots dits de Soissons).

Cette région est presque uniquement agricole : la seule industrie à citer se trouve à Creil (*forges de Montataire*). Les villes sont, soit des marchés agricoles, soit des centres de villégiature. Parmi les premiers il faut citer : en Soissonnais, *Soissons, Laon, Craonne et Noyon* ; dans le Valois, *Senlis et Creil* ; parmi les secondes, dans le Valois, *Chantilly, Villers-Cotterets*. La ville de **Compiègne**, en Soissonnais, est à la fois marché agricole et ville de plaisance.

3. L'Est de la région parisienne. La Brie. — La Brie est constituée par une série de plateaux calcaires couverts de limons peu épais à l'Est (c'est la *Brie Pouilleuse*), très épais à l'Ouest (c'est la *Brie Française*). Sur le calcaire et sous le limon s'étend une couche d'argile, qui retient les eaux et rend la surface du sol particulièrement humide en certains points : de là vient qu'à côté des cultures de céréales et de betteraves les plateaux briards portent de nombreux pâturages. En Brie Pouilleuse, ces pâturages, assez maigres, permettent surtout l'élevage du mouton. Mais en Brie Française, les pâturages, qui sont fort gras, ont favorisé l'élevage intensif des vaches laitières, l'exportation du lait sur Paris et la fabrication du fromage de Brie.

La population vit surtout dans des fermes, comme dans tous les pays où l'eau se trouve près du sol. Les villes sont des marchés agricoles. Elles sont toutes situées en bordure de la Brie, au contact des régions voisines. Tels sont *Provins*, vers la Champagne; *Coulommiers*, vers l'Ile-de-France; *Château-Thierry* et *Meaux*, vers le Valois; *Montereau*, *Melun* et *Corbeil*, vers la Beauce et le Hurepoix.

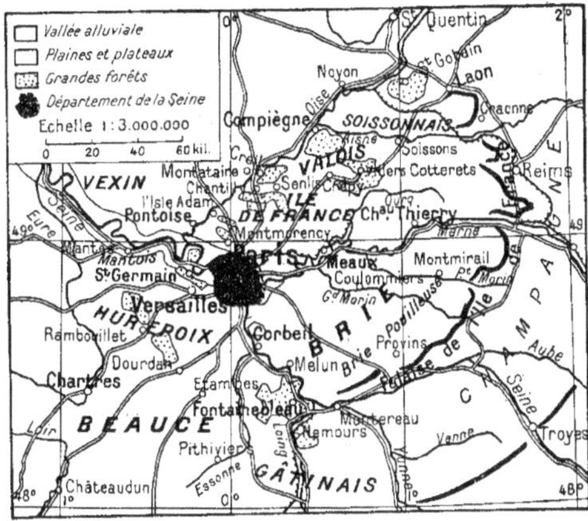

Fig. 1. — LA RÉGION PARISIENNE.

4. Le Sud de la région parisienne. La Beauce et le Hurepoix.

Le Sud de la région parisienne est constitué par un plateau qui s'incline vers le Nord, c'est-à-dire vers Paris. Dans sa partie méridionale, ce plateau est uniforme : c'est la *Beauce*. Dans sa partie septentrionale, il est découpé par de nombreuses vallées : c'est le *Hurepoix*.

La *Beauce* est un plateau de calcaire monotone, perméable et sec. Les eaux filtrent en profondeur et vont alimenter les rivières qui entourent la Beauce, c'est-à-dire la *Seine*, l'*Eure*, le *Loir*, la *Loire* et le *Loing*. Les sources sont très rares en Beauce : on ne peut atteindre l'eau que par le forage de puits très profonds. Les arbres y sont également rares. Les pâturages nourrissent des moutons. L'extraordinaire épaisseur des riches limons qui couvrent ces plateaux en fait une excellente terre à blé et à betteraves : la Beauce est un des greniers à blé de Paris.

La population agricole est agglomérée dans des villages groupés autour du puits communal ou dans de grosses fermes, qui peuvent faire les frais d'un puits particulier. Les villes sont toutes situées en bordure du plateau : *Pithiviers*, qui est déjà en Gâtinais et *Châteaudun*, qui est déjà en Petite Beauce (voir page 156); *Chartres*, sur l'Eure.

Le *Hurepoix* est un plateau découpé par de larges vallées, où l'on pratique les cultures maraîchères, dont les légumes sont exportés sur Paris. Mais le plateau du Hurepoix est ici de craie ou

de sable, et il est couvert par les belles *forêts de Nemours, de Fontainebleau, de Rambouillet*. Grâce à elles, le Hurepoix est une région de plaisance et de vacances pour les habitants de Paris.

Les villes sont toutes des marchés agricoles : *Etampes, Dourdan;* certaines sont en outre des villes de plaisance : telles sont *Fontainebleau* et *Rambouillet*.

5. L'Ouest de la région parisienne. Le Mantois et le Vexin français.

Le *Mantois*, sur la rive gauche de la Seine, et le *Vexin*, sur la rive droite, sont formés de plateaux aux sols variés, où alternent les cultures et les bois, et que la large vallée de la *Seine* traverse de ses méandres. Chaque méandre enserre une plaine alluviale aux beaux pâturages et aux riches cultures. La principale ville est *Mantes*.

6. Le centre de la région parisienne. L'Ile-de-France.

L'Ile-de-France est la partie la plus déprimée et la plus découpée de la région parisienne. Les plateaux du Nord, de l'Est et du Sud s'y terminent par des collines, que séparent largement les vallées confluentes de la *Seine*, de la *Marne* et de l'*Oise*. Les collines sont couvertes de bois ou même de forêts, comme les *forêts de l'Isle-Adam, de Montmorency* et de *Saint-Germain*. Les vallées sont couvertes de vergers et de cultures maraîchères.

Région agricole, l'Ile-de-France a ses marchés situés dans les vallées. Le principal est *Pontoise*. *Versailles* (68 000 hab.) doit son ancienne importance à ce qu'elle a été le séjour des rois de France pendant le dernier siècle de la monarchie.

7. Paris.

Paris, est non seulement la capitale politique et administrative de la République Française, mais il est sa principale agglomération de population.

Paris est le principal *nœud de communications* de la France. Par les vallées, qui convergent vers la capitale, aboutissent les principaux canaux et la plupart des grandes voies ferrées qui viennent de toutes les extrémités du territoire français.

Paris est le premier *foyer d'industrie* de la France. Grâce au goût des artisans parisiens, cette industrie fabrique des produits recherchés du dehors. A côté des grandes industries, dont les usines se

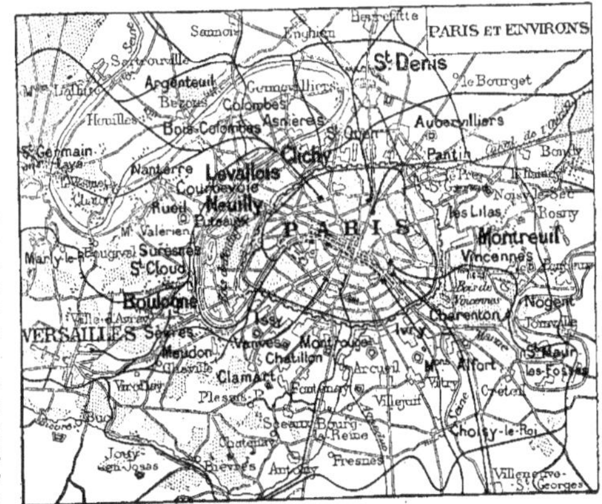

Fig. 2. — LA BANLIEUE DE PARIS.

C. C 47

trouvent dans la banlieue, comme la métallurgie, la fabrication des automobiles, l'industrie chimique, la papeterie, on doit citer les industries proprement parisiennes, comme l'orfèvrerie, le vêtement et la parure, la fabrication des articles dits de Paris, qui se pratiquent dans la ville même.

Paris est le premier **marché commercial** de la France. Il importe des aliments, de la houille, du bois, des matières premières pour ses industries. Il exporte des objets manufacturés de luxe.

Enfin, Paris est la principale **agglomération de population** de la France, une des plus considérables du monde. La ville a 2 871 000 habitants ; mais avec sa banlieue, elle forme une agglomération de cinq millions d'habitants. Les principales villes de la banlieue sont : au Nord, *Saint-Denis* (79 000 hab.), *le Bourget, Aubervilliers, Pantin, Saint-Ouen, Clichy* ; à l'Ouest, *Asnières, Levallois* (75 000 hab.), *Courbevoie, Neuilly, Puteaux, Boulogne* (75 000 hab.), *Billancourt* ; au Sud, *Clamart, Vanves, Ivry* ; à l'Est, *Montreuil, Vincennes* et *Saint-Maur-des-Fossés*.

Fig. 1. — LA SEINE A PARIS.
Paris est le plus grand port de commerce de France. (Phot. L. T.)

du poisson jusque dans certains ports de mer !

Mais ce n'est là qu'un des aspects du commerce parisien. Il lui faut, pour le chauffage et pour l'industrie, acheter énormément de combustible : la houille du Nord lui arrive par les canaux et par l'Oise ; celle d'Angleterre par Rouen et par la Seine. Il lui faut des bois de construction, du ciment de la pierre, du pétrole, des huiles, des métaux qui lui arrivent également par les multiples voies d'eau qui confluent dans sa « cuvette ». Il lui faut des tissus, lainages et cotonnades, rubans, velours et soieries, pour ses articles de modes, du carton et du papier, une énorme multiplicité de produits chimiques, etc., etc.

Si l'on ajoute les multiples exportations que fait l'industrie parisienne, dont les branches sont innombrables, on comprend que Paris soit le premier marché de France et peut-être du monde. Là fleurissent ces organisations spéciales qui caractérisent cet immense trafic : de *grands magasins*, qui vendent toutes espèces d'objets et dont le chiffre d'affaires quotidien dépasse un million de francs ; une *Bourse du commerce*, qui fixe le prix courant de bien des denrées et objets manufacturés ; enfin, un *port*, dont le tonnage annuel dépasse 20 millions de tonnes.

LECTURE

Paris est le premier marché et le premier port de France. — Pour son alimentation et pour son industrie, Paris fait appel à la plupart des régions de France et en outre à un grand nombre de pays du monde : il leur achète beaucoup ; il leur vend encore plus.

Pour sa nourriture il fait appel aux terres à blé de la Beauce et du Nord ; aux pâturages de Brie, de Normandie, de Bretagne, du Limousin, d'Auvergne et du Morvan ; aux vignobles de Bourgogne et du Bordelais, de la Loire, du Midi et de l'Algérie ; aux vergers, aux potagers et aux « jardins » de sa banlieue, aux champs de primeurs bretons, aux « marais » de l'Ouest, aux plaines irriguées du Roussillon, de la Provence et de l'Algérie ; aux marchés à poissons de Boulogne et de Dieppe, etc. Rien que pour certains commerces de denrées, des trains spéciaux quotidiens ont dû être organisés : trains de marée pour le transport rapide de poissons frais ; trains frigorifiques, pour le transport des « denrées périssables », fruits, fleurs, œufs, primeurs, beurre ; trains-glacières pour les viandes congelées qui arrivent, par nos ports, des pays d'outre-mer, Argentine, Australie, etc. L'afflux de ces denrées est tellement abondant que Paris, qui concentre tous ces produits dans d'immenses magasins centraux, les *Halles*, les *Abattoirs de la Villette*, les *Magasins à vins de Bercy*, peut en distribuer une partie sur les régions environnantes : il réexpédie du beurre et des œufs jusqu'en Picardie, de la viande jusqu'en Champagne,

RÉSUMÉ. — **La région parisienne est formée par une série de plateaux s'inclinant tous vers le Centre, où est Paris.**

Ces plateaux ont des ressources exclusivement agricoles : terres à céréales, terres à élevage, belles forêts. Ils sont découpés par une série de larges vallées qui aboutissent toutes au centre, près de Paris : elles produisent en abondance fruits et légumes et sont d'excellentes routes naturelles vers la capitale.

On distingue : 1° au Nord le *Soissonnais*. (v. pr. : *Soissons, Laon, Craonne* et *Noyon*) et le *Valois* (v. pr. : *Compiègne, Creil, Crépy, Senlis, Clermont*).

2° A l'Est, la *Brie* (v. pr. *Provins, Coulommiers, Château-Thierry* et *Meaux, Corbeil, Melun* et *Montereau*).

3° Au Sud, la *Beauce* (v. pr. : *Chartres*) et le *Hurepoix* (v. pr. : *Etampes* et *Dourdan, Fontainebleau* et *Rambouillet*).

4° A l'Ouest, le *Vexin français* et le *Mantois* (v. pr. : *Mantes*).

5° Au centre, l'*Ile-de-France* v. pr. : *Versailles* et *Pontoise*).

Paris doit son importance à sa situation géographique et à son rôle historique. Capitale politique d'un État très centralisé, il est la plus forte agglomération d'habitants, le plus puissant foyer industriel, le plus riche marché de la France. Sa banlieue comprend une série de villes qui font corps avec elle : *Saint-Denis, le Bourget, Aubervilliers, Pantin, Saint-Ouen, Clichy, Asnières, Levallois, Courbevoie, Neuilly, Puteaux, Boulogne, Billancourt, Clamart, Vanves, Ivry, Vincennes, Saint-Maur-des-Fossés, Montreuil.*

Fig. 2. — LA BANLIEUE DE PARIS : BILLANCOURT.
Paris se continue par une banlieue industrielle et très peuplée à laquelle elle est unie par de nombreuses voies ferrées et par des lignes de tramways. (Phot. Cie aérienne française.)

Exercices. — 1. Carte de la région parisienne. — 2 La région qui environne Paris : nature du sol, ressources, villes. — 3. Paris et sa banlieue : population, industrie, commerce.

VIII. — La Bretagne.

1. Conditions naturelles de la Bretagne. — Le *relief* de la péninsule de Bretagne est usé et bas : le point culminant ne dépasse pas 391 mètres. Ce relief est constitué par deux bandes de plateaux et de massifs, au Nord et au Sud, encadrant au Centre une zone déprimée. Au Nord s'étendent les *monts d'Arrée* (*mont Saint-Michel de Brasparts*, 391 m.), les *Ménez* et le *massif du Penthièvre*. Au Sud s'étendent la *Montagne Noire*, les *Landes de Lanvaux* et le *Sillon de Bretagne*. Dans la dépression centrale, le *bassin de Châteaulin* et le *bassin de Rennes* sont séparés par le *plateau de Rohan*.

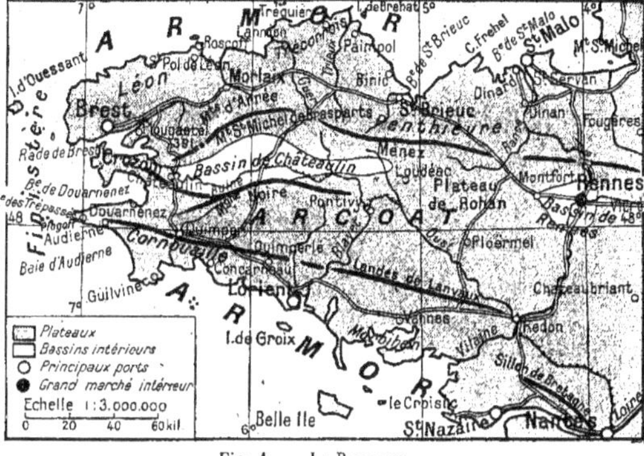

Fig. 1. — LA BRETAGNE.

Les *côtes* de la Bretagne sont découpées, riches en baies, en presqu'îles, en caps et en estuaires de cours d'eau, que l'on appelle en Bretagne des *rivières* ou *abers*. Sur la côte septentrionale, les principales baies sont les *baies du Mont-Saint-Michel, de Saint-Malo, et de Saint-Brieuc;* les principaux promontoires sont ceux du *Cap Fréhel* et du *Trécorrois;* les principales rivières sont celles de la *Rance* et du *Trieux.* A l'Ouest, les trois presqu'îles du *Finistère* (*Léon, Crozon, Cornouaille*), encadrent la *rade de Brest* et la *baie de Douarnenez.* Au Sud, on peut citer la *baie d'Audierne*, le golfe du *Morbihan* et les îles de *Groix* et de *Belle Ile.*

Le *climat* soumis aux influences de l'Océan se caractérise par l'égalité de la température (hivers tièdes, étés frais) et par une forte humidité : jours de pluies nombreux, brouillards.

Les *cours d'eau* de la Bretagne sont très nombreux, mais courts. Les principaux sont la *Rance*, le *Trieux*, l'*Aulne*, le *Blavet*, et surtout la *Vilaine*, qui reçoit l'*Ille*.

L'égalité du climat breton est favorable aux plantes qui craignent les rudes hivers : de là une riche végétation florale. Mais la fréquence des brouillards et des nuages empêche la maturation des plantes qui ont besoin d'un été chaud et ensoleillé : la culture de la vigne y est exceptionnelle.

Le sol, presque partout très peu profond, siliceux et imperméable, est, à l'état naturel, peu favorable aux cultures riches. A côté de quelques belles forêts, on trouve surtout des bocages, des landes d'ajoncs et de genêts et quelques prairies, trop souvent marécageuses.

Ainsi, à l'état naturel, le pays offre plus de ressources à l'élevage qu'à la culture et permet plutôt la culture du sarrasin, du seigle et de la pomme de terre que celle du blé.

2. La zone maritime ou Armor. — La zone maritime ou Armor a les traits suivants : 1° une côte déchiquetée, favorable à la vie maritime ; 2° un climat tempéré, humide, favorable à la vie agricole ; 3° une mer favorable aux relations commerciales par cabotage, et d'où l'on tire certains engrais (coquillages, varechs et goémons, etc.), qui rendent fertile un sol naturellement pauvre. Aussi l'Armor a-t-il sur la zone intérieure l'avantage de pratiquer la pêche et la culture du blé, des fruits, des légumes de primeur, l'élevage des bêtes à cornes, des moutons de pré-salé et des che-

vaux. De là une population très dense.

Ces avantages de l'Armor se manifestent avec plus de force sur la côte septentrionale que sur les deux autres.

En effet, la *côte septentrionale* est plus riche en abris ; d'autre part, elle borde la Manche, mer poissonneuse et fréquentée par les navires ; enfin elle se trouve au voisinage de l'Angleterre, où elle peut exporter une grande partie de ses produits agricoles : fruits, légumes, beurre, bétail, etc. La côte septentrionale est la région la plus peuplée de l'Armor. On l'a quelquefois appelée la *ceinture dorée* de la Bretagne. On y trouve des villes nombreuses : les ports de *Saint-Malo, Saint-Servan, Saint-Brieuc, Paimpol, Tréguier, Lannion, Morlaix, Roscoff*, et les marchés intérieurs de *Fougères* et de *Saint-Pol de Léon*.

La *côte occidentale* est beaucoup moins riche en abris, battue par une mer plus violente ; elle est moins peuplée ; elle possède cependant deux ports de pêche importants : *Douarnenez* et *Audierne*, centres de préparation des sardines à l'huile. Un seul canton de cette région, dont le marché est *Plougastel*, pratique la culture intense des légumes et des fruits, parce qu'il alimente la grande ville de la Bretagne occidentale : *Brest* (67 000 hab.), port militaire qui tend à devenir un port de voyageurs et de commerce.

La *côte méridionale* présente les mêmes caractères que la côte septentrionale, avec une production agricole moins forte, parce que les engrais marins y sont moins abondants et les facilités d'exportation moins grandes. La pêche que l'on pratique sur cette côte est surtout celle de la sardine et du thon, qui a fait naître l'industrie des conserves à l'huile. Les principales villes sont : le port de pêche de *Concarneau*, le port de pêche et de guerre de *Lorient* (41 000 hab.) et les villes intérieures de *Quimper*, de *Quimperlé* et de *Vannes*.

3. La zone intérieure ou Arcoat. — La zone intérieure ou Arcoat est formée par les deux *bassins de Châteaulin* et de *Rennes*, séparés par le *plateau de Rohan*. Celui-ci, de sol pauvre, occupé encore en partie par des forêts, n'admet guère que la culture du seigle et du sarrasin et un élevage réduit de moutons et de chevaux de petite taille ou bidets. On y trouve de petites villes : *Pontivy, Loudéac* et *Ploërmel*.

Les deux bassins de Châteaulin et de Rennes sont constitués par des argiles plus fertiles et plus humides et possèdent de bonnes prairies. Les ressources, plus abondantes que sur le plateau, sont surtout l'élevage des vaches laitières (fabrication du beurre) et les pommes à cidre. La population est moins éparse que sur le plateau de Rohan ; les villes y sont plus importantes. Les principales sont *Châteaulin*, dans le bassin de ce nom ; dans le bassin de Rennes ou sur ses abords, *Châteaubriant, Redon, Montfort, Vitré*, et surtout *Rennes* (83 000 hab.), point de contact entre la Bretagne et la France, qui doit à sa situation le rôle qu'elle a joué de bonne heure dans les relations commerciales et intellectuelles entre les deux contrées.

Fig. 1. — Brest.

Brest est situé au fond d'une rade fort bien abritée, ne s'ouvrant sur la mer que par un goulet très étroit. Brest est un grand port militaire et tend à devenir un port de commerce.   (Phot. Neurdein.)

Fig. 2. — Les landes de Lanvaux.

Le plateau breton, constitué par des granites, des gneiss ou des grès, toutes roches siliceuses et stériles, est couvert de landes et d'ajoncs, parmi lesquels perce la roche.   (Phot. Gruyer.)

LECTURE

La pêche est une ressource importante de la Bretagne. — Il n'y a pas de côtes en France où la population vivant de la pêche soit aussi nombreuse qu'en Bretagne.

Parmi cette population de pêcheurs, toutes les sortes de pêches sont pratiquées : cueillette des coquillages, petite pêche côtière, grande pêche lointaine dans les mers (septentrionales ou encore dans le golfe de Gascogne et jusque sur les côtes du Portugal et du Maroc.

Saint-Malo et Saint-Servan, Paimpol, Binic arment des bateaux pour la pêche de la morue et du hareng à Terre-Neuve et en Islande : ce sont les *Terre-Neuvas* et les *Islandais* qui partent au printemps pour revenir vers la mi-septembre. Mais le Breton pratique beaucoup plus la pêche locale que la pêche lointaine. Quels poissons pêche-t-il? Tous. Encore préfère-t-il ceux dont on peut fabriquer des conserves, car l'éloignement de la Bretagne défavorise la création de grands marchés de marée fraîche, comme Boulogne ou Dieppe, reliés par des trains rapides avec Paris. Les *homardiers* de Paimpol et de Saint-Malo; les *thoniers* de Groix; enfin et surtout les *sardiniers* de Concarneau, de Douarnenez, de Guilvinec, apportent aux usines de conserves une matière première abondante, — trop abondante parfois.

IX. — La région de l'Ouest.

1. Division de la région de l'Ouest. — La région de l'Ouest s'étend entre l'Océan Atlantique et le Massif Central, de la Bretagne au Bassin Aquitain.

La région de l'Ouest a tout entière un climat humide, aux pluies très fréquentes, aux étés relativement frais, aux hivers relativement tièdes. Mais elle comprend des régions différentes par le relief, par la nature du sol et par les ressources naturelles.

La variété du sol et des ressources permet de distinguer dans la région de l'Ouest trois pays :

1° La *Vendée*;
2° Le *Poitou*;
3° Les *Charentes*.

En outre, la grande navigabilité de l'estuaire de la Loire a donné d'assez bonne heure une grande importance commerciale et industrielle aux abords de la Loire Inférieure. Ils sont plus peuplés et plus actifs que le reste de la région. On doit donc étudier à part cette région, connue sous le nom de *Pays Nantais*.

RÉSUMÉ. — La Bretagne est une péninsule, au relief usé et bas (mont *Saint-Michel de Brasparts*, 391 m.). Son sol est siliceux, peu fertile. Ses côtes sont étendues et très découpées, favorables à la vie maritime. Son climat est maritime, humide et doux. Sa situation excentrique nuit à son commerce.

Une par sa structure, par son climat et par sa civilisation, la Bretagne comprend pourtant deux zones qui s'opposent dans une certaine mesure :
1° la zone maritime ou Armor;
2° la zone intérieure ou Arcoat.

Dans l'Armor, la vie agricole et maritime est prospère, la population est dense. Les villes principales sont : 1° au Nord, les ports de *Saint-Malo*, *Saint-Servan*, *Saint-Brieuc*, *Paimpol*, *Tréguier*, *Lannion*, *Morlaix*, *Roscoff* et les villes intérieures de *Fougères* et *Saint-Pol-de-Léon*; 2° à l'Ouest, les ports de *Brest*, *Douarnenez*, *Audierne* et la ville intérieure de *Plougastel*; 3° au Sud, les ports de *Lorient* et *Concarneau* et les villes intérieures de *Quimper*, *Quimperlé* et *Vannes*.

Dans l'Arcoat, la vie agricole est médiocre; la population est clairsemée. Les villes principales sont : *Rennes*, *Vitré*, *Redon*, *Montfort*, *Châteaubriant*, *Ploërmel*, *Loudéac*, *Pontivy* et *Châteaulin*.

Exercices. 1. Carte de la Bretagne. — 2. Comparez l'Armor et l'Arcoat en Bretagne. — 3. La pêche en Bretagne; ses ports.

2. La Vendée. — La Vendée comprend au Sud de la Loire l'extrémité méridionale du Massif Armoricain. Mais elle comprend aussi les régions basses qui bordent cette extrémité du Massif et qui sont en rapports commerciaux avec elle. On doit donc distinguer dans l'étude de la Vendée : le *Bocage Vendéen*, qui fait partie du Massif Armoricain; la *Plaine* et les *Marais* qui se trouvent au pied de ce Massif.

1° Le **Bocage Vendéen** est constitué, au Centre, par un haut plateau de granite pauvre, couvert de landes et pâturé par les moutons, que l'on appelle la *Gâtine de Vendée*. La Gâtine est flanquée de deux plateaux un peu plus bas du *Bocage Vendéen*, constitués par des schistes moins stériles et que l'on a pu récemment amender, pour y installer d'excellentes prairies d'élevage. Outre l'élevage des vaches laitières et l'industrie du beurre, le Bocage Vendéen a une autre ressource : la production des pommes à cidre. On a pu, grâce au chaulage, y commencer la culture des céréales. Ainsi, le Bocage est en train de s'enrichir.

2° La **Plaine Vendéenne**, au Sud du Bocage, constituée par des calcaires, produit des céréales.

Les deux **Marais de Vendée**, le *Marais Breton*, à l'Ouest, et le *Marais Poitevin*, au Sud, sont d'anciens golfes comblés par les alluvions. Le premier est encore marécageux. Le second est bien drainé et très fertile ; il porte des prés salés et des cultures maraîchères.

La population est encore faible dans le Bocage. On y trouve quelques villes : au Centre, la *Roche-sur-Yon*, *Cholet* où subsiste une vieille industrie de la toile ; près de la plaine du Poitou, *Parthenay* et *Bressuire* ; enfin, la plage des *Sables d'Olonne*.

Au contraire, la Plaine et le Marais Poitevin sont très peuplés ; les principales villes sont *Luçon*, *Fontenay-le-Comte* et **Niort**, grand marché de légumes.

Fig. 1. — Région de l'Ouest.

La plupart des villes sont des petits marchés agricoles : *Thouars* et *Loudun*, au Nord, *Saint-Maixent*, *Melle* et *Civray*, au Sud ; *Montmorillon*, à l'Est. Les deux seules villes importantes sont *Poitiers* (42 000 hab.) et *Châtellerault*, centre d'industrie coutelière.

4. Le Pays des Charentes. — Le Pays des Charentes est constitué par des plateaux de calcaire ou de craie que traverse d'Est en Ouest la *vallée de la Charente*.

Ces plateaux constituent au Nord l'*Angoumois* et l'*Aunis*; au Sud, la **Champagne Charentaise** et la *Saintonge*. Les plateaux du Nord, où domine le calcaire, portent surtout des cultures de céréales. Les plateaux du Sud, où domine la craie, ont porté jadis des bois, qui ont été presque entièrement anéantis au XVIIIe siècle pour la fabrication des navires et des tonneaux ; ils ne sont couverts aujourd'hui que par de pauvres landes pour moutons. Mais les coteaux crayeux qui bordent en Champagne et en Saintonge la vallée de la Charente sont couverts d'un riche vignoble qui produit les fameuses *eaux-de-vie de Cognac*.

La côte forme, de part et d'autre de l'estuaire de la Charente, deux lignes de falaises qui terminent les plateaux d'Aunis et de Saintonge et qui se prolongent par les îles de *Ré* et d'*Oleron*. La plupart des golfes et des baies de cette côte rocheuse ont été comblés par des alluvions et constituent des **Marais** en partie desséchés, où, à côté des marais salants et des parcs à huîtres (huîtres de *Marennes*), on a constitué d'excellents prés salés où l'on élève des vaches laitières et où l'on fabrique du beurre renommé.

Les ressources du Pays des Charentes sont donc très variées. En outre, la Charente, navigable depuis Angoulême, y a toujours favorisé le commerce. Les villes sont nombreuses. Les principales sont : dans l'intérieur, *Ruffec*, **Angoulême**, où s'est fondée très anciennement l'industrie du papier, *Cognac* et *Saintes*, grands marchés des eaux-de-vie ; dans la région maritime, *Royan*, station balnéaire, *Marennes*, où se trouvent les parcs à huîtres les plus importants de la France, *Rochefort*, port à l'embouchure de la Charente, et enfin **La Rochelle**, qui fut jadis notre premier port de commerce avec l'Amérique, qui est toujours un grand port de pêche, et qui a retrouvé une certaine activité commerciale grâce à la constitution d'un avant-port en eau profonde : *La Pallice*.

3. Le Poitou. — Entre le Massif Central (*plateau du Limousin*) et le Massif Armoricain (*plateau de Vendée*), le Poitou dessine un seuil déprimé, formé de calcaire, qui se distingue des hauts plateaux granitiques qui l'encadrent par son sol plus riche et aussi par son climat plus chaud.

Les *productions agricoles* du Poitou sont importantes. Sans doute, toutes ses terres ne sont point fertiles. Certaines d'entre elles sont couvertes par des sables granitiques, qui y ont été jadis apportés par les eaux qui ruisselaient du Massif Central. C'est ce qu'on appelle les terres de *groie*. Elles sont occupées par des landes incultes, que pâturent les moutons, ou par des bois. Mais là où le calcaire apparaît à la surface du sol, les terres sont très riches ; ce sont les terres de *brande*. On y cultive les céréales et la vigne. En outre les rivières (*Haute Charente*, *Vienne*, *Clain*, *Thouet*) ont creusé dans la plaine de larges vallées très humides, riches en pâturages où l'on achève d'engraisser le bétail acheté en Vendée ou en Limousin, après qu'il a servi au labour pendant quelque temps.

Le *rôle commercial* du Poitou lui vient de ce qu'il est un passage entre le Bassin Parisien et le Bassin Aquitain et par conséquent entre la France du Nord et la France du Midi. Avant la constitution de l'unité nationale, il fut une route d'invasions et le site de nombreuses batailles (bataille de *Vouillé* entre Francs et Visigoths, bataille de *Poitiers* entre Francs et Sarrasins, puis entre Français et Anglais au temps de la Guerre de Cent Ans). Aujourd'hui la grande *voie ferrée de Paris à Bordeaux*, qui passe par le Poitou, est une ligne de commerce très active.

Fig. 2. — Dans le Marais Poitevin. Le canal des Hollandais.

C. C. 49

5. Le Pays Nantais. — Les abords de la vallée inférieure et de l'estuaire de la Loire sont constitués par des territoires de bocage, analogues à ceux de la Vendée et assez pauvres : ce sont le *pays de Guérande* et le *pays de Retz*. Une partie de ces territoires est d'ailleurs constituée par des marécages et par des tourbières que l'on appelle dans le pays des *brières*. Toutefois, la *vallée de la Loire* elle-même, fertile ici comme en amont, possède un certain nombre de vignobles. Mais la véritable importance du pays nantais lui vient de sa situation commerciale. La vallée de la Loire est en effet l'aboutissant vers l'Océan d'une route qui vient de Paris et d'une route qui vient du Centre de la France. De là, à côté de petites villes assez commerçantes, comme *Ancenis* et *Paimbœuf*, l'existence de deux grands ports de commerce : Nantes et Saint-Nazaire.

Nantes (184 000 hab.) est le grand port de la France pour les relations avec l'Amérique tropicale. D'autre part, Nantes est un grand centre industriel : dans l'intérieur de la ville ou dans sa banlieue existent des chantiers de constructions maritimes, des forges pour la fabrication des coques de navires en fer et de pièces d'armement, des fabriques de conserves de poissons et de légumes dont les matières premières viennent de l'Océan et des côtes bretonnes, des huileries, des savonneries, des raffineries de sucre de canne dont les matières premières viennent de l'Amérique tropicale.

Saint-Nazaire (59 000 hab.) est un port et un centre industriel moins important. C'est l'entrepôt des marchandises lourdes qui proviennent de l'étranger à destination de la région industrielle de Nantes : houille d'Angleterre, bois de Scandinavie, minerai de fer d'Espagne. Ainsi Nantes et Saint-Nazaire ne sont pas deux ports rivaux; ils se complètent l'un l'autre.

LECTURE

Nantes, grand port très ancien, a su renouveler les conditions de sa prospérité par des industries nouvelles. — Situé sur la Loire-Inférieure, Nantes est devenu un grand port peu de temps après la découverte de l'Amérique, dès le xvıᵉ siècle. Il fit, jusqu'au milieu du xıxᵉ siècle, un commerce actif avec l'Amérique Centrale et avec les Antilles, pour l'importation des denrées que l'Europe achetait alors aux Indes Occidentales : les épices (poivre, cannelle), l'indigo, le sucre, le rhum, le café, le tabac. Ce fut la belle époque du commerce nantais.

Au xıx siècle, certaines matières du commerce nantais disparaissaient; le sucre se fabriquait avec les betteraves en Europe même, et l'importation du sucre de canne diminuait. L'ouverture du canal de Suez, l'organisation d'un grand empire colonial français en Afrique et en Extrême-Orient détournaient le commerce français de l'Amérique Centrale. Enfin, à une époque où la grandeur d'un port dépend surtout de la richesse industrielle du pays qui se trouve en arrière, Nantes n'a derrière lui qu'une région agricole et non industrielle.

Malgré cela, grâce à l'initiative et à l'intelligence des commerçants nantais, Nantes a conjuré la crise et est redevenu un grand port, en devenant un centre d'armement et un centre industriel.

Les armateurs de Nantes entretiennent une flotte de grands voiliers, qui, même à notre époque de navigation à vapeur, peuvent rendre des services soit pour le cabotage, soit pour les transports de matières non pressées qu'il est avantageux de transporter avec le moins de frais possible : houille, bois, engrais chimiques du Chili, etc. Certains de ces grands voiliers ont une coque en fer.

Parmi les industries nées à Nantes, il faut indiquer d'abord la *métallurgie*, qui est née de l'armement des navires (fabrication de coques de bateaux, de pièces diverses). De là l'activité des forges de *Trignac*, de *la Basse-Indre*, d'*Indret*. Elles nécessitent l'importation de houille anglaise, de minerais de fer espagnols, suédois, etc.

Ensuite est venue la *transformation des matières originaires des pays d'outre-mer* : engrais agricoles (nitrates du Chili, phosphates d'Algérie) ; huileries et savonneries alimentées par le coprah, l'arachide, l'huile de palme du Soudan et du Congo. Elle a fait renaître le commerce de Nantes avec les pays tropicaux.

Enfin, Nantes est devenu un grand centre d'*industries alimentaires* : chocolateries alimentées par le cacao américain, raffineries de sucre de canne (sucre candi), que l'on emploie encore pour certains usages, notamment pour le traitement des vins de Champagne; rizeries, qui préparent le riz d'Amérique et d'Indochine; conserves de poissons (thons à l'huile, sardines à l'huile), dont la matière première est fournie par les pêcheurs bretons; conserves de légumes et biscuiteries, dont la matière première (légumes, farine, œufs) est fournie par les campagnes environnantes.

Fig. 1. — Nantes. (*Phot. Cie Aérienne française.*)

RÉSUMÉ. — La région de l'Ouest n'a pas d'autre unité que celle qu'elle doit à son climat océanique, très humide, qui fait transition entre le climat frais de la Bretagne et le climat chaud de l'Aquitaine. Mais elle comporte des régions dont le relief, le sol et les ressources naturelles sont très variés :

1° La *Vendée*, qui comprend une « *Plaine* » et des « *Marais* » favorables aux cultures et aux produits maraîchers, mais dont la plus grande partie est constituée par un plateau cristallin : le *Bocage*, extrémité méridionale du Massif Armoricain. V. pr. : la *Roche-sur-Yon, Cholet, Les Sables-d'Olonne, Parthenay* et *Bressuire, Luçon* et *Fontenay-le-Comte, Niort;*

2° Le *Poitou*, où, malgré l'existence de sables granitiques couverts de bois, la vie économique est facilitée par la fertilité des plateaux calcaires et surtout par la route qui y passe et qui, entre Massif Central et Massif Armoricain, unit les deux grandes plaines de la France. V. pr. : *Poitiers* et *Châtellerault, Thouars* et *Loudun, Saint-Maixent* et *Melle; Civray* et *Montmorillon;*

3° Les *Pays des Charentes*, plus variés, mais où dominent, dans l'intérieur, les *Campagnes* ou *Champagnes* calcaires, favorables à la vigne, et, sur la côte, les « *Marais* », favorables à l'élevage. V. pr. : *Angoulême, Ruffec, Cognac* et *Saintes, La Rochelle* et *La Pallice, Rochefort, Marennes* et *Royan.*

La côte, presque partout ensablée, rend la vie maritime plus précaire que la vie agricole. Toutefois, au milieu du *Pays Nantais*, l'estuaire de la Loire constitue un excellent abri, où se sont installés deux grands ports de commerce : *Nantes* et *Saint-Nazaire*, et où sont nées récemment des industries très actives (constructions maritimes et forges, industries alimentaires).

Exercices. — 1. Carte des pays de l'Ouest. — 2. Énumérez et caractérisez (sol, ressources, villes) les quatre régions de l'Ouest. — 3. Nantes et le Pays Nantais.

X. — Le Massif Central.

1. L'ensemble du Massif Central. — Le Massif Central a une surface qui représente presque le sixième de la France (90 000 kmq.).

On peut y distinguer quatre principaux groupes de régions : l'*Est*, le *Centre*, l'*Ouest* et le *Sud*.

A. — L'EST DU MASSIF CENTRAL

1. Alternance de massifs et de dépressions. — L'Est du Massif Central est constitué par une série de massifs qui alternent avec des dépressions, faisant communiquer le bassin de la Loire avec le bassin du Rhône. C'est ainsi que l'on trouve, du Nord au Sud, le massif du *Morvan*, la *dépression du Creusot*; le groupe des massifs du *Charolais*, du *Beaujolais* et du *Lyonnais*, et la *dépression de Saint-Etienne* ; le massif du *Vivarais* et des *Cévennes*, et la *dépression d'Alès*.

2. Le Morvan. — Le Morvan est un massif dont les points culminants, le *Bois-du-Roi* et le *Mont Beuvray*, dépassent ou atteignent à peine 900 mètres. De sol granitique, imperméable et peu fertile, ce massif est couvert de bois, de marécages et de prairies. Les deux principales ressources sont l'exploitation du bois et l'élevage du bétail. Le bétail ne peut être engraissé sur le Morvan dont les pâturages sont trop maigres. Il est vendu et engraissé dans les plaines argileuses qui ceinturent le Morvan à l'Ouest (c'est le *Bazois*), à l'Est (c'est l'*Auxois*) et au Nord (c'est l'*Avallonais* ou *Terre Plaine*).

La population du Morvan est assez clairsemée. La plupart des villes sont situées sur le bord du Morvan ou dans les plaines du pourtour. Les principales sont : dans le Morvan même, **Autun** et *Château-Chinon*; en Bazois, *Clamecy*; en Auxois, *Semur*; en Terre Plaine, *Avallon*.

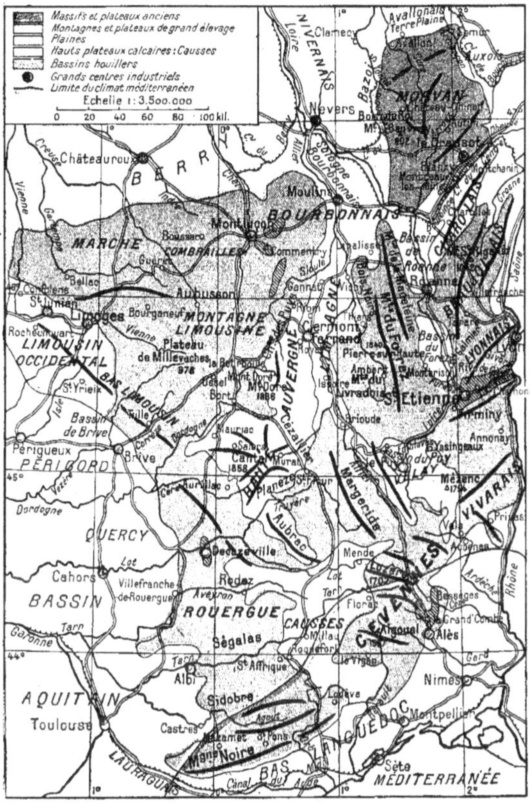

3. La dépression du Creusot. — La dépression du Creusot est une étroite vallée drainée par la *Dheune*, dont les eaux vont à la Saône, et par la *Bourbince*, dont les eaux vont à la Loire. Le *canal du Centre* suit cette dépression.

La dépression du Creusot possède un riche bassin houiller; elle a possédé jadis un gisement de minerai de fer. De là est née une puissante industrie métallurgique, qui a survécu à l'épuisement du minerai de fer parce qu'elle s'est spécialisée dans la fabrication des aciers fins et des objets en acier.

Les villes sont *le Creusot* (38000 hab.), *Montceau-les-Mines*, *Blanzy* et *Montchanin*.

Fig. 1. — LE MASSIF CENTRAL.

4. Charolais, Beaujolais, Lyonnais. — Le *Charolais* est occupé par des bois et par de bons pâturages. On y élève une excellente race de bœufs. Le principal marché de la région est *Charolles*. Le Charolais exporte du bétail de boucherie vers Paris, la Bourgogne et Lyon.

Le *Beaujolais* a une altitude plus élevée (*mont Saint-Rigaud*, 1012 m.), un sol moins riche, plus de bois et moins de pâturages. Toutefois il possède une grande dépression intérieure où coule la *Grosne*, affluent de la Saône : cette dépression, tapissée d'alluvions, porte de riches pâturages. D'autre part, le pied du versant du Beaujolais qui domine la plaine de la Saône porte un excellent vignoble. Mais surtout, à cause de la proximité de Lyon, un grand nombre de fabricants du Beaujolais tissent la soie et le coton pour les manufactures lyonnaises. La principale ville du Beaujolais est *Tarare*.

Le *Lyonnais*, plus bas que le Beaujolais et plus rapproché de Lyon, vit plus encore du travail que lui donnent les manufacturiers lyonnais. Sa ville principale est *Villefranche*, outre la grande ville de Lyon (voir p. 180).

5. La dépression de Saint-Etienne. — La dépression de Saint-Etienne est parcourue par le *Gier*, affluent du Rhône, et le *Furens*, affluent de la Loire.

Elle possède un riche bassin houiller. L'industrie métallurgique s'y est spécialisée dans la manufacture d'armes, la coutellerie, la quincaillerie. Le travail de la soie s'y est établi à l'exemple de Lyon : on y tisse surtout des rubans. Enfin le tissage du coton s'y est développé. Dans les montagnes environnantes, on tisse des rubans pour Saint-Etienne.

La dépression de Saint-Etienne est très peuplée : outre la capitale de la région, **Saint-Etienne** (193 000 hab.), on peut citer *Givors*, *Rive-de-Gier*, *Saint-Chamond*, *Firminy*. L'ensemble de cette agglomération a plus de 350 000 habitants.

Fig. 1. — Troupeaux transhumants au col de la Serreyrède, dans les Cévennes.

Dans les régions montagneuses de climat méditerranéen, chaud et sec, le mouton est le principal animal d'élevage. Les habitants du Bas Languedoc envoient leurs troupeaux passer l'été dans les hauts pâturages des Cévennes, pays plus frais et plus humide. Ce déplacement des troupeaux s'appelle la transhumance.

Fig. 2. — Paysage de volcanisme ancien : le cirque de Mandailles, en Auvergne.

Le cirque de Mandailles se trouve dans le Cantal. C'est un ancien cratère, gigantesque, démantelé par l'érosion. On voit ici l'une des parois du cratère : les pointements subsistants de la muraille s'appellent des puys (dans la région de Mandailles, le puy le plus haut, à droite, est le Puy Chavaroche qui a 1744 m.).

6. Le Vivarais, les Cévennes et la dépression d'Alès. — Le *Vivarais*, analogue par sa structure au Morvan et au Beaujolais, est beaucoup plus haut que ces derniers massifs. Il culmine en effet au *Mont Mézenc* (1 754 m.). Son sol est pauvre et ses hivers sont rudes. La population du Haut Vivarais n'a guère comme ressource que l'élevage des bœufs et des moutons, la récolte des châtaignes et surtout l'émigration vers les bas pays de la Méditerranée à l'époque des moissons et des vendanges. Sur les pentes les plus basses de la montagne, où se fait déjà sentir le climat méditerranéen et où pousse le mûrier, on élève les vers à soie. La soie du Vivarais est filée et tissée sur place, pour le compte des fabriques de Lyon et de Saint-Étienne. Les principales villes sont *Aubenas, Privas* et *Annonay*, où se sont établies des papeteries.

Les *Cévennes*, prolongées au Sud, au delà des Causses, par la *Montagne Noire*, sont aussi rudes de climat que les monts du Vivarais. Toutefois, plus rapprochées de la Méditerranée, elles sont moins froides et plus sèches. Le seul élevage possible est celui des chèvres et des moutons. A côté des châtaigniers, l'olivier et le mûrier poussent dans les basses vallées. On y travaille la soie pour l'industrie lyonnaise. Vers l'intérieur de la montagne, les alentours de l'*Aigoual* et du *Mont Lozère* sont fréquentés en été par les troupeaux de moutons qui montent du Bas Languedoc y pâturer. Population faible, villes modestes ; on peut citer le *Vigan*.

Au pied des Cévennes, la *dépression d'Alès* possède un bassin houiller et une industrie métallurgique. Les principaux centres sont *Alès, la Grand'Combe* et *Bessèges*.

B. — LE CENTRE DU MASSIF CENTRAL

1. Le Forez. — Les *Monts du Forez*, prolongés au Nord par les *Bois Noirs* et les *Monts de la Madeleine*, et à l'Ouest par les *Monts du Livradois*, sont constitués par de hauts sommets granitiques (*Pierre-sur-Haute*, 1 640 m.), âpres, de climat rude, couverts de sombres forêts et de hauts pâturages, appelés *Hautes Chaumes*. La population est assez rare. Elle n'est dense que dans un petit bassin alluvial situé au cœur de la montagne, où se trouve la ville d'*Ambert*, et au pied occidental de la montagne, vers la Limagne, où se trouve la ville de *Thiers*, centre de coutellerie.

Au pied oriental de la montagne du Forez s'étend, entre elle et le Beaujolais, la série des grandes *plaines foréziennes*, soit le *bassin du Forez* proprement dit et le *bassin de Roanne*, tous deux traversés par la Loire. Le sol de ces plaines est assez pauvre, et leurs ressources agricoles sont maigres : quelques bois, quelques prés, quelques vignobles sur les pentes. Mais la proximité de Lyon et de Saint-Étienne a permis à l'industrie du tissage de se répandre dans ces plaines. On y fabrique des velours, des rubans et des cotonnades pour le compte des manufactures lyonnaises ou stéphanoises. Cette industrie fait la prospérité de *Roanne* (38 000 hab.), capitale économique de la région, dans le bassin de ce nom ; *Montbrison* est la ville de la plaine du Forez.

2. Le Velay. — Le *massif du Velay* est constitué, en partie, par des monts et des plateaux granitiques, analogues à ceux du Forez, et en partie par des monts et des plateaux volcaniques, analogues à ceux de l'Auvergne.

Les premiers sont pauvres ; mais comme ils se trouvent à proximité de Saint-Étienne, on y tisse des rubans. Les monts et les plateaux volcaniques portent de bons pâturages : on y élève des bœufs et des vaches laitières. La seule industrie qu'on y pratique est la fabrication de la dentelle par les femmes.

Au centre du Velay se trouve une double plaine : le *bassin du Puy* et l'*Emblavès*, au climat plus chaud, aux alluvions fertiles, qui sont de bonnes terres à blé. C'est là que se trouvent les deux villes du Velay : *le Puy* et *Yssingeaux*.

Entre le Velay et l'Auvergne s'allongent les montagnes granitiques et pauvres de la *Margeride*.

3. L'Auvergne. — L'Auvergne se compose de la *Haute Auvergne* et de la *Basse Auvergne* ou *Limagne*.

La *Haute Auvergne* est constituée par les hauts massifs du *Cantal*, du *Mont-Dore* et des *Puys*, et par les hauts plateaux de l'*Aubrac*, de la *Planèze* et du *Cézallier*, qui entourent le Cantal. Massifs et plateaux sont formés de roches volcaniques, surtout de basaltes, dont la surface, décomposée par des eaux courantes, donne un humus très fertile. Aussi, malgré la rudesse du climat, la Haute Auvergne, riche par son sol et par ses sources, pays de bons pâturages et de belles forêts, est-elle très peuplée. On y élève une race de bœufs renommée, la *race de Salers*. On y fabrique les fromages dits du Cantal. Sur le pourtour des montagnes se trouvent les marchés du pays : *Aurillac, Mauriac, Murat, Saint-Flour*. En outre, les habitants de la Haute Auvergne possèdent deux autres sources de profit : l'émigration vers Paris et vers Lyon et l'exploitation de nombreuses sources thermales, dont les principales sont celles de *la Bourboule*, du *Mont-Dore* dans le massif de ce nom, et de *Royat* au pied du Puy de Dôme.

La *Basse Auvergne* est constituée, le long de l'Allier, par les plaines des **Limagnes** (*Limagne de Brioude, Limagne d'Issoire et Grande Limagne*), qui ont un sol très riche et un climat relativement doux. Elles produisent les céréales, la betterave sucrière et des fruits. On utilise le sucre et les fruits produits par la plaine avec le lait produit par la montagne pour y fabriquer des confitures, des pâtes de fruits et du chocolat. Aussi les Limagnes sont-elles très peuplées. Les villes sont : *Brioude, Issoire, Riom, Gannat*, et surtout **Clermont-Ferrand** (111 000 hab.), la capitale de l'Auvergne, bâtie au point de contact entre la chaîne des Puys et la Grande Limagne, et le grand centre de l'industrie du caoutchouc.

4. Le Bourbonnais.

Vers le confluent de la Loire et de l'Allier, dominés par les premiers contreforts des Monts du Forez, s'étendent des plateaux et des plaines, où se joignent la Limagne d'Auvergne et la plaine du Forez : c'est le Bourbonnais. Le sol de cette région, constitué par des argiles, recouvert en partie par des sables granitiques descendus des Monts du Forez, était presque partout naturellement infertile ; dans sa partie Nord, cette région, couverte de landes et de marécages, avait même mérité le nom de *Sologne Bourbonnaise*.

Mais le Bourbonnais a eu, de tout temps, l'avantage de sa situation géographique près du confluent des deux grands cours d'eau dont les vallées constituent les deux voies de pénétration de la France du Nord vers le cœur du Massif Central. De là l'importance, jadis militaire, et aujourd'hui commerciale du Bourbonnais. De nos jours, l'assèchement et l'amendement des terres du Bourbonnais en ont fait d'excellentes terres pour la culture des céréales et surtout pour l'élevage : les industries laitières sont très actives en Bourbonnais. Enfin au pied de la montagne du Forez se trouvent un certain nombre de sources thermales, en particulier celles de *Vichy*.

Le Bourbonnais est aujourd'hui une des riches régions du centre de la France. Les principales villes sont : *Moulins, Vichy* et *Lapalisse*. A l'Ouest se trouve le *bassin houiller de Commentry* et la ville industrielle de *Montluçon*, aux frontières du Bourbonnais et du Berry (voir page 157).

C. — L'OUEST DU MASSIF CENTRAL

1. La Montagne limousine.

La Montagne limousine, qui s'appuie aux Monts d'Auvergne, se distingue de ceux-ci par son altitude qui est plus faible, par son relief qui est moins accidenté, et par son sol qui est granitique. La partie la plus élevée de la Montagne limousine est située au centre : c'est le *plateau de Millevaches* (point culminant : 978 m.).

Le sol imperméable, l'humidité du climat et la faible pente ont déterminé la formation de marécages dans les dépressions ; les hauteurs, balayées par le vent, sont pauvres en bois ; leurs maigres pâturages servent à l'élevage des moutons et d'un certain nombre de bœufs, que l'on vend jeunes dans les pâturages du bas pays, pour qu'ils y soient engraissés.

La montagne est peu peuplée. Le marché le plus important est *Ussel*.

2. La Marche et la Combrailles.

La Marche et la Combrailles flanquent au Nord la Montagne limousine et forment une espèce de gradin entre elle et la plaine du Berry. Le sol est aussi pauvre que celui de la Montagne, mais l'altitude plus basse y fait le climat moins rude. Aussi les vallées y sont plus larges : on a pu drainer leur sol alluvial et y installer des prairies pour l'élevage du gros bétail. Quant au sol des plateaux, il est à l'état naturel couvert par des landes de bruyères ; mais, sur leur territoire plus accessible grâce aux chemins de fer, on a pu apporter de la chaux, amender le sol, et l'on commence à cultiver les céréales et surtout les pommes de terre pour l'exportation vers les grandes villes.

Les principaux marchés agricoles de la région sont : *Guéret, Bourganeuf* et *Boussac*. En outre, la laine fournie par les nombreux troupeaux de moutons qui pâturent les landes a fait naître de bonne heure dans le pays l'industrie des tapis, dont le centre est la ville d'*Aubusson*.

3. Le Limousin occidental et le Bas Limousin.

A l'Ouest et au Sud de la Montagne, le Limousin occidental et le Bas Limousin ont les mêmes plateaux granitiques et les mêmes vallées larges et profondes que la Marche. Toutefois, ces vallées, s'ouvrant les unes vers l'Ouest, les autres vers le Sud, ont un climat plus humide et plus doux, qui se fait sentir même sur les plateaux environnants. Aussi les ressources agricoles du Limousin occidental et du Bas Limousin sont-elles supérieures à celles de la Marche ; on y trouve de grands bois de châtaigniers, dont les châtaignes ont été longtemps le principal aliment de la population rurale en hiver ; les amendements, qui permettent la culture des céréales, ont été ici pratiqués plus tôt et sur de plus grandes étendues. Enfin, dans les prairies bien irriguées, on fait l'élevage

Fig. 1. — Vic-sur-Cère, dans le Cantal. (*Phot. Boulanger.*)

Fig. 2. — Le plateau de Millevaches, en Limousin. (*Phot. Eyboulet.*)

intensif des bœufs de race limousine. Les principaux marchés aux bestiaux sont *Bellac, Confolens, Rochechouart, Saint-Yrieix* et *Tulle*, qui possède une manufacture d'armes.

Deux petites régions se distinguent par leur grande richesse, d'ailleurs de caractère différent.

La première est le *bassin de Brive*, dans le Sud du Bas Limousin, dépression au climat doux, où l'on cultive les légumes et les fruits et où l'on élève les animaux de basse-cour.

La seconde est une région industrielle dont le centre est la ville de *Limoges* (98 000 hab.). Celle-ci doit son importance au commerce du bétail limousin, aux industries qui en dérivent comme la boucherie, la tannerie du cuir et la cordonnerie, et à la fabrication des émaux et des porcelaines, qui se font avec le kaolin que l'on extrait au voisinage. Près de Limoges se trouve la ville industrielle de *Saint-Junien* (ganterie).

D. — LE SUD DU MASSIF CENTRAL

1. Les Ségalas. — Les plateaux des Ségalas forment surtout l'ancien pays du *Rouergue*. Les deux principaux produits végétaux sont la châtaigne et le seigle. Toutefois, les vallées du Rouergue, qui s'ouvrent vers le Bassin Aquitain et le Midi, sont chaudes et très riches en arbres fruitiers; c'est là que l'on trouve les deux villes du pays : *Rodez* et *Ville-franche-de-Rouergue*.

Un peu plus au Nord se trouve le petit *bassin houiller de Decazeville*, où s'est développé un centre métallurgique.

Au Sud des Ségalas proprement dits, les plateaux deviennent plus élevés et ont même parfois l'apparence d'une vraie montagne : c'est la région très pittoresque de la **Montagne Noire** (voir p. 166) et du *Sidobre*. Cette région est beaucoup plus sèche que les Ségalas, parce qu'elle est plus voisine de la Méditerranée. Elle est couverte de landes et de maigres arbustes qui annoncent déjà le maquis méditerranéen. Ces landes ne servent guère qu'à la pâture des moutons, qui montent du Bas Languedoc en été; c'est d'ailleurs l'existence de ces moutons qui a fait naître très anciennement l'industrie des laines et des draps qui se pratique dans les villes de la région : *Lodève, Saint-Pons, Castres* et surtout *Mazamet*.

2. Les Causses. — A l'Est des Ségalas, entre eux et les Cévennes, s'étendent les plateaux calcaires des Causses, dont l'altitude va de 800 à 1 000 mètres. Leur climat est rude. Leur sol est sec. Les eaux, s'infiltrant par les fissures de leur surface, disparaissent dans des *avens*, ou crevasses, et forment toute une série de rivières souterraines, qui finissent par surgir sous forme de sources dans les vallées.

Ces vallées sont la partie vivante des Causses : elles sont profondément creusées entre des murailles abruptes, constituant ce qu'on appelle en Amérique des *cañons*. Leur climat est chaud; leur sol alluvial est riche, on y cultive les céréales et les arbres fruitiers. Au contraire, la surface des plateaux ne peut servir qu'à l'élevage des moutons.

Les Causses sont assez peu peuplés. La population y vit un peu des cultures des vallées, beaucoup de l'émigration vers les plaines du Bas Languedoc, à la saison de la vendange, et de la location des hautes pâtures aux moutons des plaines qui viennent y passer l'été. Là encore, ce sont les moutons qui ont fait naître les deux industries du pays : la fabrication des *fromages de Roquefort*, dans la composition desquels entre surtout le lait de brebis, et l'industrie de la ganterie en peau d'agneau, dont le principal centre est Millau. Les villes se trouvent naturellement dans les vallées : ce sont *Mende* dans la vallée du Lot, *Millau*, dans la vallée du Tarn; *Florac* et *Saint-Affrique*, dans la vallée de deux petits affluents du Tarn.

LECTURES

1. Les Auvergnats émigrent beaucoup. — Le montagnard d'Auvergne vit aisément aujourd'hui de l'exportation de son bétail et de ses fromages. Mais la Haute Auvergne n'a été pourvue de bonnes routes qu'au xixᵉ siècle. Auparavant, la difficulté de la circulation entravait tout commerce, surtout en hiver. Et pourtant, il fallait d'abord vivre, ensuite payer l'impôt royal.

De cette double nécessité est née, il y a très longtemps, chez les Auvergnats, l'habitude d'émigrer, au moins pendant la mauvaise saison, qui rend tout travail de la terre impossible, pour aller chercher ailleurs l'argent que le sol ne pouvait leur fournir. Ils partaient en octobre pour revenir en mars. — Où allaient-ils? Là où il y avait de l'argent à gagner : à Paris, dans toutes les villes, mais surtout en Espagne : elle était alors, grâce à ses colonies d'Amérique, le pays le plus riche en métaux précieux et en monnaie. — Que faisaient-ils? Tous les métiers durs : chaudronniers, étameurs, frotteurs, porteurs d'eau, portefaix, ramoneurs, etc. Mais ce qui les tentait surtout, c'était le négoce : vendre avec le bénéfice le plus minime, mais vendre partout et vendre tout. Le colporteur auvergnat apparaissait dans toutes les campagnes.

Aujourd'hui, malgré la vie plus aisée dans la montagne, l'habitude a subsisté. L'Espagne, qui n'est plus la grande source de l'or, ne connaît plus guère les Auvergnats; mais les foires et les routes de nos provinces les connaissent toujours, encore que les colporteurs se servent du chemin de fer pour réapprovisionner leurs voitures en pacotille. A Paris, ils sont plus nombreux que jamais. Aux métiers de jadis, qui ont le plus souvent disparu, ils en ont ingénieusement substitué d'autres : ils sont marchands de vin, marchands de lait, marchands de

Fig. 1. — Les gorges du Tarn, dans les Causses. (*Phot. Richard.*)

Fig. 2. — Le cirque du Lac, dans les Causses. (*Phot. Neurdein.*)

charbon, souvent les trois ensemble ; ils étaient cochers, ils sont devenus chauffeurs d'automobiles. Sans doute, chaque été ne les voit pas tous revenir à leur montagne, comme jadis ; mais bien rares sont ceux qui n'emploient pas leurs économies à y arrondir leurs champs et qui n'y viennent pas finir leurs jours. Comme les « Espagnols » de l'ancien temps, les « Parisiens » d'aujourd'hui restent fidèles à leurs montagnes.

2. Les Limousins émigrent aussi. — Un vieux proverbe français, en honneur dans le Centre de la France, disait : « Les Auvergnats et Limousins font leurs affaires, puis celles des voisins ». Ce proverbe, auquel on a donné un sens malicieux, peut aussi bien signifier qu'Auvergnats et Limousins en émigrant sont aussi utiles à ceux chez qui ils émigrent qu'à eux-mêmes. On a vu que le proverbe ne ment pas pour les Auvergnats ; pour les Limousins, il est aussi véridique.

Les émigrants du Limousin sont, pour le plus grand nombre, maçons ou, d'une façon plus générale, ouvriers du bâtiment. Et cela ne date pas d'hier : la cathédrale d'Upsal, en Suède, fut bâtie au xiie siècle par une compagnie de maçons marchois. De même, sous Louis XIII, la fameuse digue imaginée par Richelieu, lors du siège de la Rochelle, fut bâtie par des maçons limousins. Ceux-ci, au contraire des Auvergnats, partaient en été (la belle époque pour les travaux du bâtiment) et revenaient en hiver se reposer dans leurs montagnes. Ils voyageaient en « bandes », sous la direction d'un chef, qui signait les contrats avec les entrepreneurs, traitait avec les logeurs (car ils vivaient en commun), touchait et répartissait les salaires, etc.

Aujourd'hui, il n'y a plus de « bandes » ni de vie commune. On ne s'en va pas à pied, mais par chemin de fer. Comme les travaux du bâtiment ne chôment guère en hiver, on ne revient pas chaque année au pays. Mais le retour définitif a toujours lieu quand va sonner la cinquantaine, et la plus grande partie des gains est, comme en Auvergne, consacrée à l'achat de terres.

RÉSUMÉ. — Le Massif Central comporte des régions variées par le relief, la nature du sol, le climat, les ressources et la vie des populations. Ces régions sont au nombre de quatre : l'*Est*, le *Centre*, l'*Ouest*, le *Sud*.

Chacune de ces régions montagneuses a sa vie particulière. Chacune a par l'émigration, le travail industriel, le commerce, etc., des relations plus étroites avec la région basse qui l'avoisine qu'avec les autres régions montagneuses du Massif.

L'*Est* comprend : 1° le *Morvan* (v. pr. : *Autun, Château-Chinon, Clamecy, Avallon, Semur*) ; 2° la *dépression du Creusot* (v. pr. : *Le Creusot, Montceau-les-Mines, Blanzy, Montchanin*) ; 3° le *Charolais* (v. pr. : *Charolles*) ; 4° le *Beaujolais* (v. pr. : *Tarare*) et le *Lyonnais* (v. pr. : *Villefranche*) ; 5° la *dépression de Saint-Etienne* (v. pr. : *Saint-Etienne, Givors, Rive-de-Gier, Saint-Chamond, Firminy*) ; 6° le *Vivarais* (v. pr. : *Privas, Aubenas, Annonay*) ; 7° les *Cévennes* (v. pr. : *le Vigan*) ; 8° la *dépression d'Alès* (v. pr. : *Alès, Bessèges, la Grand'Combe*).

Le *Centre* comprend : 1° le *Forez* (v. pr. : *Roanne et Montbrison*) ; 2° le *Velay* (v. pr. : *le Puy, Yssingeaux*) et la *Margeride* ; 3° l'*Auvergne* (v. pr. : *Aurillac, Mauriac, Murat et Saint-Flour* ; *Clermont-Ferrand, Brioude, Issoire, Riom, Gannat*) ; 4° le *Bourbonnais* (v. pr. : *Moulins, Vichy, Lapalisse*).

L'*Ouest* comprend : 1° la *Montagne limousine* (v. pr. : *Ussel*) ; 2° la *Marche* et la *Combrailles* (v. pr. : *Guéret, Bourganeuf, Boussac, Aubusson*) ; 3° le *Limousin occidental* et le *Bas Limousin* (v. pr. : *Limoges et Brive, Bellac, Confolens, Rochechouart, Saint-Yrieix et Tulle*).

Le *Sud* comprend : 1° les *Ségalas du Rouergue* (v. pr. : *Rodez et Villefranche*) ; 2° la *Montagne Noire* et le *Sidobre* (v. pr. : *Lodève, Saint-Pons, Castres et Mazamet*) ; 3° les *Causses* (v. pr. : *Mende, Millau, Florac et Saint-Affrique*).

Exercices. — 1. Carte du Massif Central. — 2. L'Est du Massif Central : sol, production, villes. — 3. Le Centre. — 4. L'Ouest. — 5. Le Sud. — 6 L'émigration des Auvergnats et des Limousins.

XI. — Le Bassin Aquitain.

1. Uniformité et régularité du Bassin Aquitain. — L'uniformité et la régularité caractérisent la géographie du Bassin Aquitain.

Son *relief* est régulier. De hauts plateaux, le *Périgord*, le *Quercy*, l'*Albigeois*, le *Lauraguais* et le *Lannemezan*, encadrent une plaine intérieure et s'appuient aux montagnes environnantes.

Sa *côte* est uniforme. Elle est rectiligne, bordée de dunes et échancrée seulement, au Nord par l'*estuaire de la Gironde*, au centre par le *bassin d'Arcachon*.

Son *climat* est uniforme. C'est un climat chaud, grâce à la latitude méridionale, mais suffisamment humide, grâce à l'influence de l'Océan, qui se fait sentir jusqu'au fond du bassin, car aucun relief ne s'y oppose.

Fig. 1. — Le Bassin Aquitain.

Son *réseau hydrographique* est régulier. Il est presque uniquement constitué par la *Garonne*, vers laquelle affluent toutes les eaux du pourtour, sauf une minime partie, qui se tourne au Sud-Ouest vers l'*Adour*, dont le bassin appartient déjà à la région pyrénéenne puisqu'il arrose surtout le Béarn et le Pays Basque (voir p. 172).

Ses *ressources* sont uniformes : presque pas de richesses minérales ; mais des richesses végétales très nombreuses et très variées (vigne, céréales, fruits, légumes, prés, bois).

Son *peuplement* même est uniforme. Presque isolé du Nord par le Massif Central, il est peuplé de populations aux dialectes analogues, appartenant à la *langue d'oc*. Il a été le foyer d'une civilisation particulière, fort brillante, qui ne s'est fondue que tardivement et partiellement avec celle de la France du Nord.

Fig. 1. — Une lavogne dans les Causses du Quercy. (*Phot. Lalande.*)

Fig. 2. — Forêt de pins dans les Landes. (*Phot. Thiollier.*)

2. Le Périgord et le Quercy. — Le Périgord et le Quercy forment, au Nord, un gradin entre le Massif Central et les plaines de la Garonne. Ils sont constitués par une série de plateaux, ou *Causses*, calcaires ou crayeux, analogues aux grands Causses (p. 168), mais d'une altitude inférieure, creusés comme eux par des vallées, mais moins profondes.

Dans le *Périgord*, les plateaux sont constitués par un calcaire très perméable et très sec; ils portent quelques champs de céréales, quelques maigres pàtures à moutons, et surtout des bois de chênes aux pieds desquels se trouve un des principaux produits du Périgord : la truffe. Les vallées de la *Dordogne*, de l'*Isle*, de la *Vézère*, etc. sont tapissées de riches alluvions et possèdent des sources. Largement ouvertes à l'influence de l'Océan dont elles sont très voisines, elles ont un climat suffisamment humide et fort doux. Elles produisent le blé et le maïs qui permet l'élevage de la volaille, la vigne et les fruits. C'est dans les vallées que se trouvent les principales villes : *Périgueux, Ribérac, Bergerac* et *Sarlat*.

Dans le *Quercy*, les plateaux sont de craie. Ils se trouvent à une altitude plus haute que les plateaux du Périgord et sont encore plus perméables, percés de trous, appelés *cloups*. Le climat y est plus rude. On y trouve quelques cultures dans des dépressions argileuses plus humides où l'eau s'accumule et est conservée en des citernes ou *lavognes*. Mais la ressource principale est l'élevage des moutons et la fabrication des fromages de *Rocamadour*. Les vallées du *Célé*, du *Lot* sont plus profondément creusées qu'en Périgord. Elles sont abritées et chaudes ; on y cultive le maïs, la vigne, les fruits ; là sont les villes : *Cahors* et *Gourdon*.

A la limite du Quercy et des Ségalas (voir page 168), s'allonge une dépression alluviale et argileuse, analogue au bassin de Brive (voir page 168) et qu'on appelle la *Limargue*. C'est un pays de riches cultures et de gras pâturages. Elle possède le marché agricole de *Figeac*.

3. L'Albigeois et le Lauraguais. — Comme les deux régions précédentes, l'Albigeois et le Lauraguais dessinent un gradin entre le Sud du Massif Central et les plaines de la Garonne, mais leurs plateaux sont beaucoup plus bas (200 m. d'altitude au maximum) et ils sont constitués par des calcaires couverts de limons beaucoup plus fertiles.

Les plateaux de l'*Albigeois*, producteurs de blé et de bétail, sont coupés par les vallées de l'*Aveyron* et du *Tarn*, sur les pentes desquelles on cultive la vigne (*vin de Gaillac*) et au fond desquelles on cultive les légumes et les fruits. Les marchés agricoles de la région sont : *Gaillac* et *Lavaur; Castres* appartient au Sidobre (voir page 168). Grâce au *bassin houiller de Carmaux*, cette région a des industries : verrerie, métallurgie. De là l'importance de la ville d'*Albi*.

Les plateaux et plaines du *Lauraguais* sont, eux aussi, découpés par des vallées, dont la principale est celle de l'*Aude* supérieure. Par là pénètrent les influences méditerranéennes, qui font le climat plus sec. Au Sud du pays, les mêmes influences se font sentir par le *seuil du Lauraguais* ou *de Naurouze*. Aussi le pays produit-il moins de céréales que l'Albigeois, plus de fruits et plus de vin (*vin de Limoux*). Les principales villes sont : *Villefranche-du-Lauraguais, Castelnaudary* et *Limoux*. Par le seuil du Lauraguais passe le commerce entre Midi océanique et Midi méditerranéen. La voie de Bordeaux à Sète et le *canal du Midi* l'utilisent. C'est à sa situation sur ce passage que *Carcassonne* doit son ancienne importance militaire et son actuelle importance commerciale.

4. Le Lannemezan et le pays du Gers. La Gascogne. — Ces deux régions constituent deux plateaux étagés entre les Pyrénées et les plaines de la Garonne.

Le *Lannemezan* est le plus élevé (600 m.). Il est constitué par des graviers et des cailloux. Il est àpre, sec et nu. On n'y trouve guère que des landes pour la pàture des moutons. Les pentes du plateau, qui s'abaisse sur ses bords, font diverger en éventail les rivières vers l'Adour et vers la Garonne. Mais, dans le Lannemezan, ces rivières ne sont que des torrents inutilisables. Le pays est presque désert. Aucune ville.

Le *pays du Gers* ou *Gascogne* est constitué par une série de plateaux et de coteaux striés par l'éventail des vallées de la *Save*, du *Gers*, de la *Baïse*, qui descendent du Lannemezan vers la Garonne. Ces vallées présentent un double avantage. D'une part, leur fond alluvial se prête aux pàturages, à la culture du maïs, qui permet l'élevage de la volaille, aux cultures fruitières et à la vigne (*eau-de-vie d'Armagnac*). D'autre part, par leur direction, elles favorisent les relations commerciales avec les riches plaines de la Garonne. Mais elles présentent aussi un double inconvénient. D'une part, leurs rivières, au régime très irrégulier, inondent aux périodes de crue leurs fonds et leurs cultures; d'autre part, leur direction Sud-Nord s'oppose aux relations entre l'Atlantique et la Méditerranée.

Fonds de vallées et flancs de coteaux sont les seules régions productives, les seules peuplées. Chaque vallée a ses villes plus ou moins perchées sur les versants, à l'abri des inondations : *Auch*, ancienne capitale de la Gascogne, *Mirande, Lombez, Condom, Lectoure*.

5. La Chalosse et les Landes. — Entre les Pyrénées et le Bordelais s'étendent la Chalosse et les Landes.

La *Chalosse* est située, comme les pays du Gers, en contrebas du Lannemezan. Mais son sol, plus limoneux, est plus riche. D'autre part, son climat est beaucoup plus humide car le pays regarde vers l'Ouest et l'Océan. Enfin, ses rivières (l'*Adour* et ses affluents) sont plus abondantes, moins irrégulières, plus utilisables pour l'irrigation. La Chalosse produit du maïs, des volailles, des fruits. Les principaux marchés sont **Dax** (eaux et boues thermales) et *Saint-Sever*.

La plaine des **Landes** est basse, plate, couverte de sables. Ces sables sont agglutinés en profondeur en une espèce de grès dur et imperméable, qu'on appelle *alios*. De là vient qu'à l'état naturel, le sol des Landes, sableux, infertile et imperméable, était couvert de landes arides, de marécages ou d'étangs.

Mais, au cours du XIXᵉ siècle, les Landes ont été asséchées, assainies, puis fertilisées par d'immenses plantations de pins qui fournissent les deux richesses du pays : le bois et la résine. En outre, dans les cantons où la décomposition annuelle d'une partie du feuillage des pins a créé un humus fertile, on pratique l'élevage des vaches laitières, qui remplace l'ancien élevage des moutons. Les Landes, jadis désertes, sont une des régions agricoles, sinon les plus peuplées, du moins très prospères de la France. Les villes sont : au milieu des Landes, *Mont-de-Marsan*; sur la côte, **Arcachon**, station balnéaire, centre d'ostréiculture et grand port de pêche.

Fig. 1 — TOULOUSE.

Toulouse concentre l'activité de la partie orientale du Bassin Aquitain, qui est d'une si grande richesse agricole. Toulouse est la capitale du Languedoc : son influence a rayonné par la Garonne, qui la traverse, jusqu'à Agen et Montauban, et jusqu'à la Méditerranée par le Seuil de Naurouze. (Phot. Cie aérienne française.)

6. Les plaines de la Garonne. Toulouse. — Les plaines de la Garonne sont constituées par des calcaires et par des argiles ou mollasses, les premiers secs, les secondes humides, les uns et les autres fertiles. Ces plaines sont largement découpées par les vallées de la *Garonne* et de ses affluents : l'*Ariège*, le *Tarn* et l'*Aveyron*, le *Lot*. Les vallées sont couvertes d'alluvions encore plus fertiles que les calcaires et les argiles des plaines.

On peut y distinguer trois pays différents ;

1° L'*Agenais*, aux plaines de calcaire, produisant du vin, les *eaux-de-vie de Marmande*, les *prunes d'Agen*, et dont les villes sont **Agen**, *Marmande* et *Villefranche-sur-Lot*.

2° La *Lomagne*, de sol argileux et plus gras, qui produit le maïs, le blé dur, le bétail ;

3° Le *Toulousain*, formé par une plus grande plaine alluviale au confluent de l'Ariège et du Tarn avec la Garonne, le plus fertile de tous ces pays, où l'on trouve comme marchés les villes de *Montauban, Castelsarrasin, Moissac* et surtout **Toulouse** (180 000 hab.), près du seuil du Lauraguais, au point de contact entre Midi océanique et Midi méditerranéen, capitale politique et intellectuelle de l'ancienne province de *Languedoc*, qui s'étendait sur les deux Midis. Toulouse est le principal centre intellectuel et artistique du Midi. C'est un grand marché et un centre d'industries agricoles (minoterie, fabriques de pâtes alimentaires, etc.).

7. Les plaines du Bordelais. Bordeaux. — Les plaines du Bordelais, qui vont du pays des Charentes au Périgord et aux Landes, sont traversées par la large vallée de la *Garonne* inférieure et par le profond estuaire où se joignent Garonne et *Dordogne* : la *Gironde*.

Constituées par des calcaires et par des graviers secs, les plaines du Bordelais sont en grande partie occupées par des vignobles fameux : *Médoc, Graves, Entre-deux-Mers, Côtes* et *Palus*, qui produisent de nombreux crus célèbres (*Saint-Émilion, Sauternes, Château-Yquem, Château-Margaux, Château-Lafite*, etc.). L'exportation des vins de Bordeaux se fait surtout vers la France du Nord, la Belgique, l'Angleterre, l'Allemagne et l'Amérique du Sud. En Bordelais, les villes qui ne sont pas des ports sont surtout des marchés à vins ; *Coutras* et *Libourne, Blaye* et *Lesparre, Bazas* et *La Réole*.

La métropole de la région est **Bordeaux** (256 000 hab.), l'une des plus anciennes et grandes villes de France. Bordeaux est situé sur la Garonne, à un point du fleuve qu'atteint la marée. Bordeaux est, avec son avant-port *Pauillac*, un des ports les plus actifs de la France, dont il fait la plus grande partie du commerce avec l'Amérique du Sud, le Maroc et l'Afrique occidentale.

Outre les objets manufacturés à destination de ces contrées, Bordeaux exporte vers de nombreux pays de l'Europe le bois et la résine des Landes, les vins du Bordelais. Bordeaux est aussi un grand marché d'importation pour la houille anglaise, qu'il distribue dans tout le Bassin Aquitain, et pour certains produits des pays tropicaux, comme le caoutchouc, les arachides, le cacao, etc. L'importation de ces derniers produits a fait de Bordeaux un centre d'industries : huileries, chocolateries, fabrication de conserves.

Enfin, Bordeaux est un grand centre d'armement pour la pêche à la morue, et l'on y trouve les principales sécheries de morues de la France.

Si Toulouse est la métropole intellectuelle du Midi océanique, Bordeaux en est la métropole commerciale.

LECTURE

Bordeaux, port très ancien et très puissant, a changé de caractère à notre époque. — Au XVIIᵉ et au XVIIIᵉ siècle, Bordeaux a été un des plus grands ports de la France sur l'Atlantique, le rival de La Rochelle et de Nantes.

Il avait, en effet, tout d'abord les mêmes causes de prospérité que ceux-ci : l'importation des denrées coloniales acquises dans les Indes Occidentales, sucre et rhum, épices, etc., la traite des esclaves noirs qu'on emmenait d'Afrique en Amérique, enfin l'armement de navires pour la pêche de la morue à Terre-Neuve. Or, sauf la traite, heureusement abolie, et la pêche de la morue, d'importance en somme secondaire, ces causes d'activité ont disparu.

Le port de Bordeaux, à la fin du XIXᵉ siècle, subit une crise grave, et son mouvement commercial baissa de moitié en vingt ans, entre 1870 et 1890.

Mais, depuis, Bordeaux est redevenu un grand port. Comment cela ? D'abord, en conservant de l'ancien commerce ce qui pouvait en être sauvé : le commerce de la morue. Ensuite, en trouvant d'autres produits lourds à importer : la houille anglaise, — ou à exporter : le bois des Landes. Enfin et surtout, en nouant les relations les plus actives avec les marchés nouveaux du monde que la géographie mettait le plus directement à sa portée, c'est-à-dire l'Amérique du Sud et l'Afrique Occidentale. Pour la première, notamment, Bordeaux est entré en commerce suivi avec l'Uruguay et la République Argentine, où il envoie les Basques émigrants, où il achète de la laine, des conserves de viande, et, certaines années, du blé. Pour l'Afrique, les commerçants bordelais ont établi des comptoirs sur les côtes de Guinée (à Konakry) et du Sénégal (à Dakar), d'où ils importent les fruits, le coprah, l'arachide. Ils alimentent avec ces matières premières des industries qu'ils ont créées de toutes pièces autour de leur port : huileries, savonneries, etc. Enfin, notre établissement au Maroc a ouvert un nouveau champ à leur activité : pêcheries sur la côte, entrepôts à Casablanca et dans les autres ports sont en grande partie leur œuvre.

Fig. 1. — LE VIGNOBLE BORDELAIS.

Bordeaux est le centre du commerce des vins du Bordelais. La culture de la vigne dans cette région remonte à une très haute antiquité. Le vignoble couvre : le pays de Graves, les Palus et le Médoc, à l'Ouest de la Garonne et de la Gironde ; l'Entre-Deux-Mers et les Côtes à l'Est de la Garonne et de la Gironde et sur les bords de la Dordogne. La renommée des vins de Bordeaux est universelle ; elle fait la richesse de tout le pays depuis le moyen âge. Les principaux crus sont, avec les Sauternes, ceux qui portent le nom de Château : Château-Lafite, Château-Margaux, Château-Yquem.

RÉSUMÉ. — Le Bassin Aquitain est une vaste plaine, qui constitue la région essentielle du Midi Océanique, aussi chaud, mais plus humide que le Midi Méditerranéen.

On peut distinguer dans le Bassin Aquitain :

1° Au Nord, le *Périgord* (v. pr. : *Périgueux, Ribérac, Bergerac* et *Sarlat*) et le *Quercy* (v. pr. : *Cahors, Gourdon* et *Figeac*) ;

2° A l'Est, l'*Albigeois* (v. pr. : *Albi, Carmaux, Gaillac, Lavaur*) et le *Lauraguais* (v. pr. : *Carcassonne, Villefranche, Castelnaudary, Limoux*) ;

3° Au Sud, le *Lannemezan* et le pays du *Gers* ou *Gascogne* (v. pr. : *Auch, Mirande, Lombez, Condom, Lectoure*) ;

4° A l'Ouest, la *Chalosse* (v. pr. : *Dax* et *Saint-Sever*) et les *Landes* (v. pr. : *Mont-de-Marsan* et *Arcachon*).

Toutes ces régions sont de ressources diverses mais presque uniquement agricoles ; elles sont toutefois moins riches que la partie médiane du bassin qui est traversée par la *vallée de la Garonne*, artère vitale de la région, aux extrémités de laquelle se trouvent les deux capitales : *Toulouse* et *Bordeaux*.

Exercices. — 1. Carte du Bassin Aquitain. — 2. Énumérez et caractérisez (sol, ressources, villes) les différentes régions du Bassin Aquitain. — 3. Toulouse et Bordeaux.

XII. — La région pyrénéenne.

1. Caractères généraux des Pyrénées.

— Partout, les Pyrénées dressent une barrière entre la France et l'Espagne. Du côté français, elles sont bordées par une série de plateaux, creusés par les vallées qui descendent des montagnes. Si l'on remonte ces vallées, on aboutit à des cirques sans communication avec le versant espagnol. Il y a donc une grande unité de structure dans les Pyrénées.

Mais le climat, le régime des eaux et la végétation n'ont pas la même unité que la structure.

Le *climat* est humide à l'Ouest, près de l'Océan Atlantique ; moins humide au Centre ; sec à l'Est, près de la Méditerranée.

Les *cours d'eau* sont abondants et réguliers à l'Ouest et au Centre : ce sont des *gaves* qu'alimentent en hiver des pluies fréquentes, et en été les eaux de fonte des glaciers.

La *végétation* est riche à l'Ouest et au Centre : malgré le déboisement on y trouve encore des forêts de chênes et de châtaigniers, de hêtres, de mélèzes ; au-dessus s'étendent des alpages. Au contraire, dans les Pyrénées Orientales, il n'y a que des *maquis* et des *garrigues*, ou maigres buissons de chênes-verts, de chênes-lièges et de pins, puis des pacages à moutons.

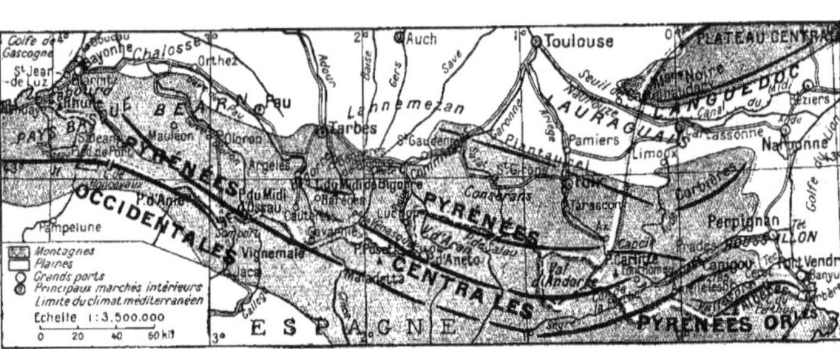

Fig. 2. — LES PYRÉNÉES.

2. Les Pyrénées Occidentales. — Les Pyrénées Occidentales sont partagées entre le *Pays Basque*, à l'Ouest, et le *Béarn*, à l'Est. Elles ont, à l'intérieur, de hautes montagnes surtout granitiques (*pic d'Anie, pic du Midi d'Ossau*) ; elles ont, à l'extérieur, des montagnes plus basses, surtout calcaires, dont la dernière est tout près de la mer : la *Rhune*. Cette région montagneuse se termine sur l'Océan Atlantique par une côte escarpée et découpée.

La région des Pyrénées Occidentales a de larges vallées, aux versants doux, aux riches alluvions. Elles sont propres à la culture du maïs et à l'élevage. Cette partie des Pyrénées se distingue aussi par l'existence de cols accessibles (*cols de Roncevaux, du Somport*), qui permettent un passage relativement aisé vers le versant espagnol.

Jadis, toute la côte basque possédait des ports de pêche ;

encore aujourd'hui Saint-Jean-de-Luz pratique la pêche côtière. Mais la plupart des ports, abandonnés par leurs habitants qui ont émigré vers l'Amérique du Sud, sont devenus des stations balnéaires : tels sont *Hendaye, Saint-Jean-de-Luz* et surtout *Biarritz*. L'agriculture et l'élevage sont prospères dans les basses vallées et dans les plaines qui les terminent comme les *plaines du Labourd et du Béarn* : on cultive le maïs, la vigne, on élève le gros bétail et les volailles. Dans les hautes vallées, on élève des bœufs, des mulets et des moutons mérinos qui, pendant l'hiver, vont pâturer dans les bas pays de la Chalosse et même du Bordelais (v. p. 171).

Le commerce est alimenté non seulement par l'exportation de certains produits agricoles indigènes, mais surtout par le transit qui se fait à travers cette région de passage entre la France et l'Espagne. De là une série de marchés, les uns situés dans les vallées intérieures, les autres, plus importants, situés au contact de la région montagneuse et de la plaine aquitaine. Parmi les marchés intérieurs, on peut citer : dans le Béarn, *Oloron* ; dans le Pays Basque, *Mauléon* et *Saint-Jean-Pied-de-Port*. Quant aux marchés situés au voisinage de la plaine aquitaine, ce sont : en Béarn, *Orthez* et **Pau** (37 000 hab.), l'antique capitale du royaume de Navarre ; à la limite du pays Basque, **Bayonne**, port situé à l'embouchure de l'Adour, qui exporte le bois des Landes et importe la houille d'Angleterre et le minerai de fer d'Espagne destinés aux forges du *Boucau*.

3. Les Pyrénées Centrales.

— Les Pyrénées Centrales sont composées d'une zone de hautes montagnes et d'une zone d'avant-monts plus accessibles.

La *haute montagne* forme une série de massifs granitiques comme le *Vignemale* et la *Maladetta* (pic d'Anéto : 3 404 m.), flanqués de *sierras* calcaires aux pics très aigus : *pic du Midi de Bigorre* et *pic Posets*). Les cols, ou *ports*, comme le *port de Venasque* et le *port de Salau*, sont élevés et inaccessibles en hiver. Les vallées ont été, à leur point initial, creusées par les anciens glaciers en larges entonnoirs, ou en cirques, comme le *cirque de Gavarnie*, le *val d'Aran* et le *val d'Andorre*. Mais, avant leur sortie de la haute montagne, toutes ces vallées s'étranglent, de sorte que les communications des hautes vallées intérieures avec les avant-monts se font difficilement.

De climat rude, la haute montagne des Pyrénées centrales ne permet guère qu'un modeste élevage de bœufs, de mulets et de moutons. Elle est peu peuplée. Chaque cirque ou chaque haute vallée forme une communauté pastorale presque autonome. L'une d'elles est même indépendante : c'est la *république d'Andorre*. A l'époque moderne, l'exploitation des eaux thermales est devenue une ressource importante. Les principales stations sont *Cauterets, Barèges, Luchon* et *Ax*.

Les *avant-monts* forment des hauteurs calcaires, dessinant des lignes parallèles moins élevées. Elles sont séparées entre elles par des dépressions abritées, chaudes, tapissées d'alluvions, donc fertiles. On y pratique la culture du maïs, l'élevage des bœufs, des moutons, et surtout des mulets et des chevaux de la race tarbaise. En outre, l'ancienne existence du minerai de fer dans le sous-sol, et l'utilisation des bois pyrénéens jadis abondants, a fait naître dans le pays l'industrie des forges dites *à la catalane*. Aujourd'hui la métallurgie, alimentée par la houille anglaise et par le minerai de fer des Pyrénées Orientales, s'est maintenue et même intensifiée.

Cet avant-pays des Pyrénées Centrales a constitué jadis une série de petites individualités politiques et commerciales : le *Bigorre* (région du Haut Adour), le *Comminges* (région de la Haute Garonne), le *Conserans* (région du Haut Ariège), qui ont toujours fait le commerce de leurs propres produits et l'échange entre la haute montagne et le Bassin Aquitain. De là l'existence de deux séries de marchés, les uns au pied de la haute montagne (*Argelès, Tarascon-sur-Ariège*) ; les autres, beaucoup plus importants, au contact avec le bas pays : tels sont *Bagnères-de-Bigorre, Saint-Girons, Saint-Gaudens* et surtout, aux deux extrémités, **Tarbes**, près du Béarn, et **Foix** et *Pamiers*, près du Toulousain.

4. Les Pyrénées Orientales.

— La région des Pyrénées Orientales comprend deux zones montagneuses, encadrant une plaine qui s'ouvre sur la Méditerranée.

La *première zone montagneuse*, située au Sud, est la suite des Pyrénées Centrales. Elle comprend, comme elles, de hauts massifs granitiques flanqués de massifs calcaires plus bas : le *Carlitte*, le *Canigou*, les *Albères*. Ces massifs sont franchis par des cols assez élevés, mais relativement franchis-

Fig. 1. — UNE FERME BASQUE.

Voici une ferme comme on en rencontre partout dans le pays basque ; au rez-de-chaussée se trouve l'étable pour le bétail. Au premier étage se trouve le logement des fermiers, orné d'un balcon. Sur le côté droit est la grange aux fourrages. Regardez bien la disposition de cette grange : son toit à pente est incliné presque jusqu'à terre. Pourquoi ? C'est parce qu'il regarde du côté de l'Ouest, d'où viennent les tempêtes, le vent et la pluie. Le toit abaissé protège la maison contre ces intempéries. Au contraire, la maison s'ouvre à l'Est et au Sud, c'est-à-dire au soleil.

Fig. 2. — CAUTERETS.

Les Pyrénées attirent chaque année un grand nombre de visiteurs pour deux raisons : 1° parce qu'elles sont belles à voir ; 2° parce qu'elles abondent en sources thermales. Ax-les-Thermes, dans la haute vallée de l'Ariège, a des eaux sulfureuses très recherchées. Cauterets, au pied du Vignemale, est aussi très fréquentée. On pourrait citer encore, dans les Pyrénées orientales, Amélie-les-Bains ; dans les Pyrénées centrales, Luchon, Saint-Sauveur, les Eaux-Bonnes, les Eaux-Chaudes ; dans les Pyrénées occidentales, Salies-de-Béarn. (Phot. Boulanger.)

C. C. 54

sables, comme les *cols de la Perche* et *du Perthus*. Ils se terminent sur la Méditerranée par une côte rocheuse, dont les principaux accidents sont le *cap Cerbère* et les *baies de Banyuls* et de *Port-Vendres*. Entre les lignes montagneuses s'allongent des vallées, dont chacune constitue un petit pays. C'est, sur le versant français, la haute vallée de l'Aude ou *Capcir*, celle de la Têt ou *Conflent*, celle du Tech ou *Vallespir*.

La *seconde zone montagneuse*, située au Nord, est constituée par le massif des *Corbières*.

Les deux zones montagneuses des Pyrénées orientales ont un climat méditerranéen très sec ; sur les hautes pâtures on élève plus de moutons que de bœufs. La végétation arbustive, naturellement très maigre, a été encore appauvrie par un déboisement exagéré. La population est rare. Les principales agglomérations sont des stations thermales, comme *Amélie-les-Bains*, ou des stations d'hivernage, comme *Font-Romeu*.

Les villes se trouvent dans les vallées vers le bas pays. Les principales sont *Prades*, à la sortie du Conflent, et *Céret*, à la sortie du Vallespir. Quant à la côte, ses baies abritent quelques petits ports de pêche, comme *Banyuls*, et un port de commerce assez important : **Port-Vendres**, qui fait le commerce des vins et le transit des voyageurs vers l'Algérie.

Entre les deux zones montagneuses s'étend la vaste **plaine du Roussillon**, ancien golfe comblé par les alluvions des torrents qui descendent des Pyrénées orientales et dont les principaux sont la *Têt* et le *Tech*. Le Roussillon a un sol de sable et de graviers, un climat sec et chaud, avec des hivers où alternent les averses et les coups de vent secs dits de *tramontane*. Mais l'irrigation y est possible, grâce aux nombreux torrents qui affluent de toutes les montagnes du pourtour. Aussi y cultive-t-on la vigne, dont certains crus sont renommés (*vins de Banyuls*), l'olivier et surtout les fruits et les légumes de primeurs. De là une grande prospérité agricole et une population très dense de cultivateurs, dont le grand marché est *Perpignan* (68 000 hab.), au centre de la plaine.

Entre la plaine et les montagnes, les relations sont intimes : les moutons élevés en hiver dans la plaine montent en été paître dans la montagne ; les montagnards descendent en été et en automne faire dans la plaine les travaux de culture et les vendanges ; un commerce actif règne entre haut et bas pays. Très unies entre elles, ces régions des Pyrénées Orientales françaises sont peuplées par une race unique : la *race catalane*.

LECTURES

1. La vie du Roussillon est liée à celle de la montagne environnante. — La plaine du Roussillon, bassin d'effondrement, golfe entre les Pyrénées Orientales proprement dites et les Corbières, forme avec elles une unité géographique.

Les vallées qui descendent de ces montagnes vers la plaine permettent aux cultures méditerranéennes, qui font la richesse de la plaine (*vigne, olivier*), de s'avancer assez profondément

Fig. 1. — LA RADE DE PORT-VENDRES.

La côte des Pyrénées Orientales est rocheuse et découpée : les baies profondes et vastes y sont nombreuses. La rade de Port-Vendres est remarquablement abritée. Dès l'antiquité, un port important, Portus-Veneris, y était installé. Aujourd'hui certains paquebots partent de Port-Vendres pour l'Algérie. (Phot. M. Tesson.)

dans la montagne. Surtout elles facilitent en été la *transhumance* des troupeaux de moutons des basses régions vers les pâturages des hauteurs. De même, elles facilitent en automne l'arrivée en Roussillon des vendangeurs, qui viennent non seulement des hautes vallées françaises, mais de l'Espagne. C'est une véritable « armée de réserve » qui descend, à cette époque de l'année, pour aider les paysans du Roussillon.

Au point de vue politique, cette facilité des communications à travers le massif, cette solidarité des intérêts économiques entre gens de la plaine et gens de la montagne, ont permis l'extension sur tout le pays français comme espagnol, d'une seule race, la *race catalane*, une d'esprit et de langue.

2. La nature destinait le pays basque au particularisme. — Comme les Pyrénées Orientales, les Pyrénées Occidentales se distinguent du centre du massif par la facilité d'accès entre les deux versants, grâce aux vallées plus larges et aux cols plus bas. Un seul peuple les occupe : le *peuple basque*, que l'isolement relatif de la montagne a poussé à vivre indépendant et fidèle à ses coutumes.

La *race basque*, qui se rattache aux anciens Ibères, compte environ 650000 représentants, trois quarts en Espagne, un quart en France.

Les Basques ont gardé leur langue : la langue *Euskuara*, qui n'a aucun caractère commun avec les autres idiomes de l'Europe occidentale. Ils ont gardé les mœurs particulières et indépendantes : ils s'appellent fièrement eux-mêmes la race des *Eskualdunac*.

Ils ont gardé aussi leur organisation sociale, où la famille est une petite république dont le père est le chef, où le village est une république plus grande dirigée par le conseil des chefs de famille. Rien ne change, enfin, dans leur genre de vie, plus pastoral qu'agricole, et où l'élevage des mulets et des moutons tient la première place.

RÉSUMÉ. — **Les Pyrénées forment, entre la France et l'Espagne, une masse haute, épaisse, continue.**

De leur épaisseur et de leur continuité résulte non seulement la difficulté des échanges à travers le massif, mais, à l'intérieur de ce massif, l'existence de populations indépendantes qui ont su préserver de l'influence française ou espagnole la pureté de leur race (Basques, Catalans, etc.).

Malgré ces traits communs à toutes les Pyrénées, on peut y distinguer trois régions :

1° **Les Pyrénées Occidentales**, qui comprennent le *Pays Basque* (v. pr. : les ports de *Bayonne, Biarritz, Saint-Jean-de-Luz, Hendaye*; les villes intérieures de *Saint-Jean-Pied-de-Port* et *Mauléon*) et le *Béarn* (v. pr. : *Pau, Orthez, Oloron*).

2° **Les Pyrénées Centrales** (v. pr. : dans les hautes montagnes, *Cauterets, Barèges, Luchon* et *Ax*, stations thermales ; dans les avant-monts, *Tarbes* et *Bagnères-de-Bigorre, Argelès* et *Saint-Gaudens, Saint-Girons, Tarascon-sur-Ariège, Foix* et *Pamiers*).

3° **Les Pyrénées Orientales**, qui comprennent une zone montagneuse (v. pr. : le port de *Port-Vendres, Prades* et *Céret, Amélie-les-Bains*, station thermale), encadrant la plaine du Roussillon (v. pr. : *Perpignan*).

Exercices. — 1. Carte des Pyrénées. — 2. Les Pyrénées Occidentales (relief et sol, climat, ressources, villes). — 3. Les Pyrénées Centrales (*id.*). — 4. Les Pyrénées Orientales (*id.*).

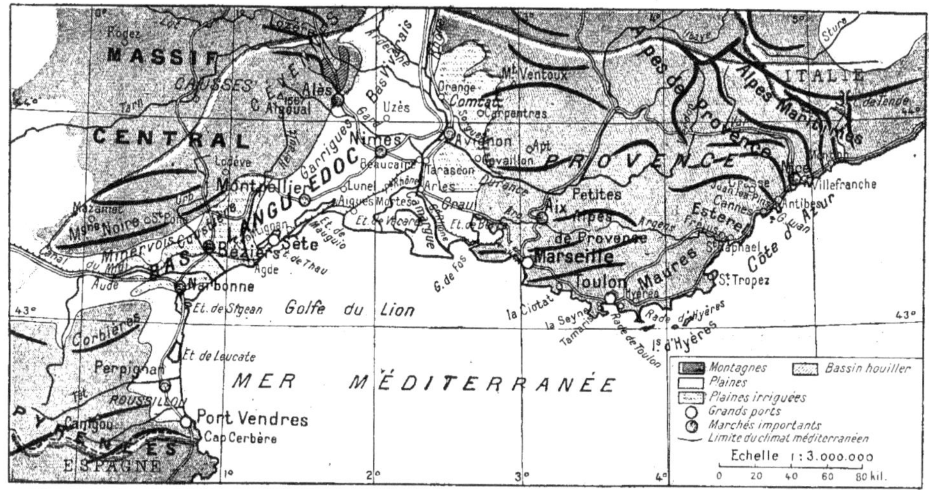

Fig. 1. — La région méditerranéenne.

XIII. — La région méditerranéenne.

Caractères généraux. — La région méditerranéenne se distingue par son climat, ses eaux et sa végétation.

Le *climat* se caractérise par des étés brûlants. En hiver, des vents secs et glacés descendent souvent des montagnes vers la côte. Ces vents s'appellent *tramontane* en Roussillon, *cers* en Bas-Languedoc et *mistral* en Provence. Ils alternent avec des tempêtes pluvieuses.

Les *cours d'eau* sont irréguliers. Presque à sec en été, ils ont en hiver des crues subites, énormes et brèves.

La *végétation* est maigre : peu de forêts, beaucoup de *garrigues* et de *maquis*, buissons de petite taille. Les principales espèces sont les pins, les cèdres, les chênes-verts et les chênes-lièges, les eucalyptus, les oliviers, les amandiers et les mûriers. L'herbe est rare. Les produits végétaux utiles sont la vigne, les olives, et les feuilles du mûrier qui permettent l'élevage des vers à soie, les fruits et les légumes.

A. — LE BAS LANGUEDOC

1. Les plateaux intérieurs. — Les plateaux intérieurs du Bas Languedoc, *Minervois*, *Garrigues* et *Bas Vivarais*, sont formés de calcaires très secs. Ils sont découpés par les vallées de l'*Aude*, de l'*Orb* et de l'*Hérault* qui vont à la Méditerranée ; du *Gard* et de l'*Ardèche*, qui vont au Rhône.

Les plateaux du *Minervois*, adossés à la *Montagne Noire*, ont des prairies pâturées en hiver par les moutons qui montent en été vers les Causses (de là les tissages de *Saint-Pons*) (voir p. 168). En outre, ils ont des vignes qui donnent des vins estimés.

Les *Garrigues* sont plus sèches. Elles portent des maquis de chênes-verts. Aucune culture ; quelques troupeaux de moutons qui montent en été dans les Cévennes. De là l'industrie de la laine à *Lodève* (voir p. 168).

Quant au *Bas Vivarais*, on a vu (p. 166) que sa principale ressource est l'élevage des vers à soie et le travail de la soie pour le compte des fabricants lyonnais. Dans les campagnes qui environnent *Uzès*, on cultive le blé.

2. La plaine et la Coustière. Le vignoble. — La plaine au pied des plateaux est constituée par des calcaires et vers la côte par les graviers de la Coustière.

Plaine et Coustière, perméables et sèches, sont occupées par un immense vignoble. Le Bas-Languedoc produit à lui seul près de la moitié de la quantité de vin que produit la France. Les vins du Bas Languedoc sont en général de qualité moyenne. Ils ne sont vendus qu'à l'intérieur de la France. Seuls quelques crus réputés font exception comme les *vins de Lunel* et les *vins de Frontignan*.

Les villes de la région sont toutes des marchés de vin ; les principales sont *Narbonne*, dans cette partie de la plaine qu'on appelle le *Narbonnais* ; *Béziers* (65 000 hab.), dans le *Biterrois*, et surtout *Montpellier* (82 000 hab.), ville principale de ce qu'on appelle le *Pays-Bas*, et *Nîmes* (84 000 hab.), ville principale de ce qu'on appelle la *Coustière du Gard*.

3. La côte. — Jadis découpée, la côte du Bas Languedoc a été ensablée par les alluvions déversées à la mer par les fleuves côtiers et par le Rhône. Les pointements rocheux qu'on y trouve, comme la *Montagne d'Agde* et la *Montagne de Sète*, sont d'anciennes îles rattachées au continent par les alluvions. Les étangs d'eau salée qui la bordent, comme les *étangs de Leucate, de Sigean, de Thau, de Mauguio*, sont d'anciens golfes, aujourd'hui séparés de la mer par des cordons littoraux et communiquant avec elle par des passages peu profonds qu'on appelle *graus*.

Cette côte est peu favorable à la vie maritime. Ses seules ressources sont quelques marais salants, des vignes, qui s'étendent jusqu'à l'extrême bord de la mer, et la pêche des thons, surtout pratiquée par des Corses et des Italiens.

Les vins sont la seule marchandise importante de la région. *Sète* (37 000 hab.), port artificiel, créé entre la mer et l'étang de Thau, où débouche le *canal du Midi*, est à la fois un grand marché pour les vins du Languedoc, qu'on exporte vers les pays du Rhône, et pour les vins d'Algérie et d'Espagne, qu'on y débarque.

Fig. 1. — Garrigue des bords du Gardon (Bas Languedoc). (*Phot. Hittier.*)

Fig. 2. — Le cap d'Ail sur la côte provençale. (*Phot. Cie aérienne française.*)

B. — LA PROVENCE

1. Les plaines provençales. — Les plaines pro-provençales terminent au Sud la vallée du Rhône (v. p. 179).

Les *plaines du Comtat* ont été aisément irriguées, grâce aux eaux de la Durance et d'autres petits affluents du Rhône. Elles produisent en abondance les fruits et les légumes de primeur dont la culture a presque complètement remplacé celle de la garance que l'on pratiquait jadis. Sur des coteaux s'étendent des *garrigues*, plantées de chênes, au pied desquels on récolte des truffes, et de buissons, où l'on recueille la câpre, la lavande et le thym. La richesse de ces plaines explique la prospérité des marchés qui s'y trouvent: *Orange* et *Avignon* (51 000 hab.), sur le Rhône, *Carpentras, Apt* et *Cavaillon.*

La **Crau** est une plaine de cailloux. Mais les routes qui la traversent ont toujours uni la Provence maritime à Lyon. En outre, aujourd'hui, grâce à l'irrigation, des plantations d'oliviers y alimentent les huileries de Marseille. De là la prospérité des villes qui entourent la Crau : *Arles, Tarascon* et *Beaucaire.*

La **Camargue** n'est autre chose que le delta du Rhône. C'est une plaine de sable, pénétrée par le sel marin qui tue la végétation et enfermant une vaste lagune : l'*étang de Vaccarès*. Le Rhône, peu navigable par le *Grand Rhône*, ne l'est pas du tout par le *Petit Rhône.* Les sables gagnent chaque année sur la mer, et certains ports du Moyen Age, comme *Aigues-Mortes*, se trouvent maintenant à plusieurs kilomètres de la mer. La Camargue n'a eu jusqu'à notre époque pour faire vivre ses rares habitants qu'un petit nombre de salines et quelques troupeaux de taureaux sauvages. Mais, par des travaux de drainage et d'irrigation, elle devient un pays d'élevage et se peuple lentement.

2. La Provence maritime. — La côte provençale est la région essentielle de la Provence. De l'*étang de Berre*, qui limite le delta à l'Est, jusqu'à la frontière italienne, elle présente partout les deux avantages suivants: 1° elle est très découpée, et par conséquent propre à la pêche et au commerce; 2° elle est très abritée du Nord, exposée à la douce influence de la Méditerranée, et par conséquent propre à toutes les cultures méditerranéennes qui s'y étagent en terrasses : vignes, oliviers, orangers et citronniers, fleurs. Ces dernières cultures expliquent les grandes industries du pays : la fabrication de l'huile et du savon et la confection des parfums.

On distingue la *côte des Petites Alpes de Provence*, la *côte des Maures et de l'Esterel* et la *côte des Alpes Maritimes.*

La *côte des Petites Alpes de Provence* est composée de promontoires allongés, encadrant des baies étroites et profondes, appelées *calanques.* Chaque calanque a son petit village de pêcheurs. Tel est le caractère de la côte provençale depuis le *golfe de Fos*, qui se prolonge par le vaste *étang de Berre*, près duquel se trouve Marseille.

La *côte des Maures et de l'Esterel* est taillée dans un massif de granite et de porphyre, ainsi que les *îles d'Hyères* qui la bordent. De vastes baies y sont creusées : les principales sont les *rades de Toulon* et *d'Hyères* et la *baie de Saint-Tropez.* Adossée à un massif âpre et peu peuplé, isolée de la route du Rhône à Nice, qui passe au Nord de ce massif (voir p. 179), cette côte n'a point de commerce, mais elle attire les baigneurs. Ses principaux centres de villégiature sont: *Hyères, Saint-Tropez, Fréjus* et *Saint-Raphaël.* A l'Ouest, se trouve notre premier port militaire, **Toulon** (115 000 hab.), avec des annexes qui possèdent des chantiers de constructions navales : *la Seyne* et *Tamaris.*

La *côte des Alpes Maritimes* est formée de hauts promontoires et de rades larges et profondes : le *golfe Jouan*, la *rade de Nice*, la *rade de Villefranche*, la *rade de Menton.* Cette côte est très peuplée, moins à cause de ses ressources naturelles, pourtant grandes (culture des fleurs, des citronniers, des oliviers, industrie des parfums, etc.), que pour sa beauté et la douceur de ses hivers, qui lui ont fait une réputation mondiale sous le nom de *Côte d'Azur.* Grande prospérité de toutes les villes côtières : *Cannes, Juan-les-Pins, Antibes, Villefranche, Menton* et surtout *Nice* (184 000 hab.).

3. Les Alpes de Provence. — Voir p. 179.

4. Marseille. — Marseille (652 000 hab.) est le plus grand port français.

Il doit son importance tout d'abord à sa situation d'intermédiaire entre l'Europe septentrionale et le monde méditerranéen. A ce point de vue, il est concurrencé, mais non dépassé, par les ports italiens de Gênes et de Trieste.

Mais son importance actuelle lui vient encore plus du commerce que la France fait par son intermédiaire avec ses colonies d'Afrique et d'Extrême-Orient. Il importe de ces pays vins, blé et riz, laine et soie, olives, arachides et coprah, fruits et légumes, phosphates, etc. En utilisant certains de ces produits, Marseille s'est créé une grande industrie : minoterie, fabrication de pâtes alimentaires et de fécule, huileries, savonneries, fabrication d'engrais.

C — LA CORSE

1. Le sol de la Corse.

La Corse est une grande île de 8 750 kmq., située à 180 kilomètres des côtes de France.

Son *sol* est constitué, à l'Ouest et au Centre, par un massif de granite et de porphyre, creusé par des bassins dont le principal est le *bassin de Corte*. A l'Est, l'île est constituée par de bas plateaux de schiste, dont le rebord domine des plaines alluviales, en bien des points marécageuses.

Les *côtes* sont, à l'Ouest, de type provençal : taillées dans le granite, elles sont abritées, découpées par des golfes et bordées par de nombreuses îles, comme les *îles Sanguinaires*. A l'Est, les côtes sont de type languedocien : elles sont alluviales, monotones, plates et semées de lagunes.

Le *climat* et la *végétation* sont du type méditerranéen. Mais, à cause de la latitude plus méridionale, ils se rapprochent plus de ceux de l'Algérie que de ceux de la Provence : la chaleur est plus forte, les hivers sont plus doux, les étés sont absolument secs. Dans les plaines, on trouve des espèces africaines, comme l'aloès, le palmier, l'oranger. Dans les montagnes, au-dessus de la zone de la vigne, de l'olivier et du blé, on trouve des bois de châtaigniers, puis le maquis de chênes-lièges, et enfin de maigres pacages pour les chèvres et les moutons.

Fig. 1. — La Corse.

2. La population.

Située en dehors des grandes routes commerciales qui sillonnent la Méditerranée, la Corse n'a pas 300 000 habitants, c'est-à-dire moins de 35 au kilomètre carré. La majeure partie de cette population est établie dans la zone côtière, où elle vit beaucoup plus de culture, de plantations médiocres (oliviers et châtaigniers) et de vie pastorale (chèvres et moutons) que de pêche ou de commerce. Les villes sont sur la côte : *Bastia*, à l'Est ; *Calvi*, au Nord-Ouest ; *Ajaccio*, à l'Ouest ; *Sartène* et *Corte*, dans l'intérieur.

LECTURE

Marseille est notre premier port de commerce. — Le port de Marseille doit tout d'abord son importance à sa situation géographique, face au couloir du Rhône, qui est le trait d'union entre la France du Nord et la Méditerranée. C'est ce qui explique qu'il y a toujours eu là un port et un entrepôt prospères, d'abord phénicien, puis grec et phocéen, puis romain. Mais au Moyen Age et jusqu'au xviie siècle, Marseille subit une longue éclipse, effet de la concurrence des ports italiens, notamment de Venise ; effet de l'occupation de la Méditerranée Occidentale par les pirates barbaresques qui, de leurs repaires de la côte algérienne, guettaient les navires marchands ; effet de la découverte de l'Amérique, qui, attirant le grand commerce vers l'Atlantique, fit la fortune du Havre, de Nantes, de la Rochelle et de Bordeaux.

La fortune revint à Marseille au xixe siècle. La conquête de l'Algérie par les Français libérait la Méditerranée occidentale des pirates et y restaurait le commerce. Notre établissement dans ce pays, puis en Tunisie, puis au Soudan, rendait ce commerce surtout intéressant pour notre pays, par suite pour nos ports méditerranéens, notamment pour le mieux situé, Marseille. Enfin, et surtout, le percement de l'isthme de Suez, en 1869, par un Français, Ferdinand de Lesseps, refit de la Méditerranée une des grandes routes du monde, unissant le premier foyer industriel du globe : l'Europe occidentale, à la plus puissante aire de peuplement et de production agricole du globe : l'Inde et l'Extrême-Orient.

Marseille fait toutes sortes de commerce. Mais les deux richesses principales sont : 1° le commerce avec nos colonies d'Afrique ; 2° les industries marseillaises.

1° *Le commerce avec nos colonies d'Afrique.* — L'importation des blés, des vins et des primeurs d'Algérie, des huiles, des blés et des phosphates de Tunisie ; des arachides, de l'huile de palme, des cuirs et du caoutchouc de notre Afrique tropicale et de Madagascar.

2° *Les industries marseillaises.* — Aujourd'hui l'industrie locale transforme une grande partie des matières premières que le port reçoit : minoteries, fabriques de pâtes alimentaires et rizeries ; huileries et savonneries, fabriques de stéarine, de glycérine, etc. ; raffineries de pétrole, usines à engrais chimiques, etc. La banlieue de Marseille est couverte d'usines.

Ainsi, grâce à son industrie, la ville de Marseille fait vivre, à elle seule, en grande partie, son propre port. Elle est devenue par là non seulement le plus grand importateur, mais le plus grand exportateur pour notre empire colonial.

RÉSUMÉ. — **La région méditerranéenne, longue mais faiblement large, s'oppose à tout le reste de la France par les caractères très particuliers de son climat, de ses cours d'eau, de sa végétation. Elle les doit à l'influence de la Méditerranée.**

Malgré ces caractères communs, il faut distinguer trois parties, qui s'opposent par la structure des côtes et par le relief intérieur :

1° Le *Bas Languedoc* est régulier, monotone. Sa partie la plus vivante est la plaine intérieure, ou vignoble. Les villes principales sont : *Uzès*, dans le *Bas Vivarais*, et surtout *Nîmes*, *Montpellier*, *Béziers* et *Narbonne*, dans le vignoble ; *Sète*, sur la côte.

2° La *Provence* est accidentée, découpée. Sa partie la plus vivante est la côte. Les parties essentielles sont les *plaines du Comtat* (v. pr. : *Avignon*, *Carpentras*, *Orange*, *Apt*), de la *Crau* (v. pr. : *Aix*, *Arles*), de la *Camargue* (v. pr. : *Aigues-Mortes*) et la région côtière (v. pr. : *Toulon*, *Hyères*, *Fréjus*, *Saint-Raphaël*, *Cannes*, *Antibes*, *Nice*, et surtout le grand port de *Marseille*.

3° La *Corse* est une île qui participe à l'Ouest des traits de la Provence et à l'Est des traits du Languedoc. Les villes principales sont : *Ajaccio* et *Bastia*.

La région méditerranéenne joue dans notre pays un rôle commercial de premier ordre qu'elle doit également à la Méditerranée et qui explique la puissance du port de *Marseille*.

Exercices. — 1. Carte de la région méditerranéenne. — 2. Le climat, le régime des eaux et la végétation des pays méditerranéens. — 3. Le Bas Languedoc (sol, ressources, villes). — 4. La Provence maritime (*id.*). — 5. Le port de Marseille.

Fig. 2. — Le port de Marseille. (*Phot. Lévy.*)

XIV. — Les Alpes et la vallée du Rhône.

A. — LES ALPES

1. Structure des Alpes. — Le massif des Alpes est constitué par une série de hauts massifs intérieurs qu'on appelle les *Grandes Alpes* : massifs du *Mont Blanc* (4 807 m.), de la *Vanoise*, des *Grandes Rousses*, du *Briançonnais*, du *Queyras*, du *Dévoluy*, des *Hautes Alpes de Provence* et des *Alpes Maritimes*.

A l'extérieur s'aligne une série de massifs plus bas qu'on appelle les *Préalpes* : massifs du *Chablais*, du *Faucigny*, des *Bauges*, de la *Chartreuse*, du *Vercors*, du *Diois*.

Entre les Grandes Alpes et les Préalpes s'allonge une dépression argileuse, basse, abritée et fertile.

Entre les différents massifs des Grandes Alpes et des Préalpes circule tout un lacis de rivières. Elles ont creusé des vallées qui se raccordent assez bien entre elles. Elles sont favorables à l'établissement des populations et au commerce. Toutefois, ces vallées sont plus nombreuses et mieux coordonnées dans la partie septentrionale des Alpes que dans la partie méridionale.

Enfin, entre le versant français et le versant italien des Alpes, des cols assez bas facilitent le passage de France en Italie, même en hiver. Toutefois, ces cols sont plus nombreux dans la partie septentrionale des Alpes que dans la partie méridionale.

Ainsi il y a une certaine unité dans la structure de l'ensemble des Alpes Françaises. Mais cette unité ne se retrouve ni dans le climat, ni dans la végétation.

A ce point de vue, il faut distinguer entre le Nord et le Sud.

2. Le climat et la végétation des Alpes. — Le *Nord* des Alpes a le climat des montagnes de l'Europe atlantique ; hivers très rudes, avec d'abondantes chutes de neige ; étés assez chauds dans les vallées, frais aux hautes altitudes, avec de fréquentes pluies d'orage. De là une humidité abondante, qui a fait pousser des forêts aux altitudes moyennes, d'abondants pâturages aux altitudes plus élevées, et donné naissance à des glaciers sur les hauts sommets. Les cours

d'eau y ont un débit puissant, surtout au printemps, c'est-à-dire à l'époque de la fonte des neiges, et en été, grâce aux eaux de fonte des glaciers et aux orages. Au contraire, l'hiver, saison des gels et des neiges, est une époque de maigres.

Le *Sud* des Alpes a le climat méditerranéen, qui s'insinue jusqu'au cœur de la montagne par les vallées des rivières qui descendent vers la Méditerranée ou vers le Rhône inférieur. Les hivers sont tièdes, sauf aux hautes altitudes ; ils sont peu neigeux. Les étés sont chauds et secs. Les pluies tombent en averses brusques et espacées en automne et au printemps. De là une humidité faible, une végétation clairsemée, l'absence de glaciers, des cours d'eau peu puissants.

3. Les Alpes du Nord. Savoie et Dauphiné. — Les *Hautes Alpes du Nord* sont constituées par des massifs très élevés, creusés de nombreuses vallées. Les principales sont la *Tarentaise*, ou vallée de la haute Isère, la *Maurienne*, ou vallée de l'Arc, l'*Oisans*, ou vallée de la Romanche, le *Champsaur*, ou vallée du haut Drac, le *Briançonnais*, ou vallée de la haute Durance, et enfin la *vallée de Barcelonnette*, ou vallée de l'Ubaye.

Dans toutes ces vallées, la population vit de l'exploitation du bois, de l'élevage des vaches laitières et de l'industrie du fromage. Récemment la grande industrie est née de l'exploitation de la force des torrents, ou *houille blanche*. Les principales industries, sont l'électro-métallurgie (aciers spéciaux, aluminium, etc.), la fabrication des produits chimiques, la papeterie.

Les *Préalpes du Nord* sont exceptionnellement arrosées par les neiges et par les pluies. La végétation, forêts ou alpages, y est très riche. Des vallées, dont certaines possèdent des lacs (lac d'Annecy, lac du Bourget), font facilement communiquer les Préalpes avec la vallée du Rhône. On y pratique l'élevage, l'industrie laitière ; on y exploite le bois.

Entre les Hautes Alpes et les Préalpes du Nord s'allonge une longue dépression argileuse, qui, dans sa partie médiane, devient un véritable bassin : le *Grésivaudan*, traversé par l'Isère moyenne. C'est une riche terre où l'on cultive les céréales et les arbres fruitiers. En outre, à proximité se trouve le *bassin houiller de la Mûre*. Cette houille noire et l'utilisation de la houille blanche recueillie dans les Alpes voi-

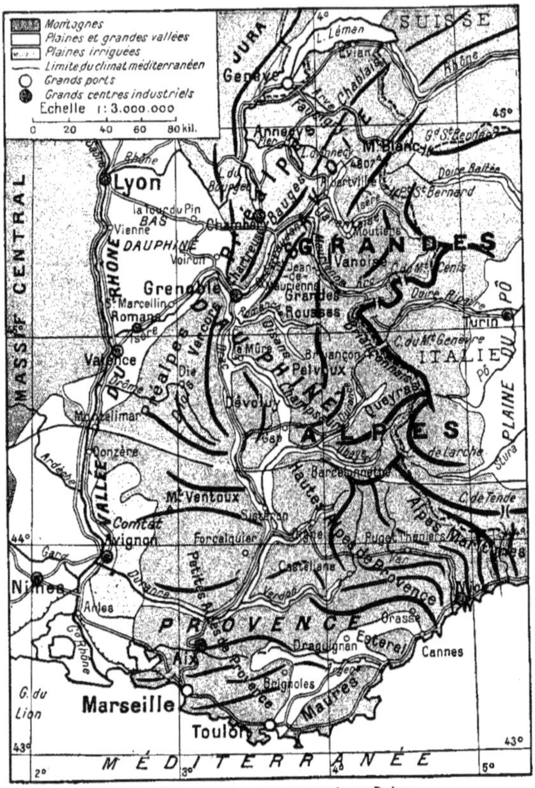

Fig. 1. — LES ALPES ET LA VALLÉE DU RHÔNE.

Fig. 1. — Un alpage d'été dans les Alpes, en Savoie.

Entre les forêts de montagnes, qui s'élèvent jusqu'à 2 200 mètres environ, et les neiges éternelles qui ne descendent guère au-dessous de 2 600 mètres, les Alpes possèdent de beaux pâturages, où les vaches laitières paissent tout l'été. (Phot. Thiollier.)

Fig. 2. — Un Plan provençal vu de la vallée du Verdon.

Les « Plans » de Provence rappellent les Causses : altitude élevée (de 800 à 1100 mètres environ), monotonie du relief horizontal, calcaire perméable où les eaux se perdent, sécheresse, nudité, solitude. Le Verdon entaille profondément les Plans. (Phot. Yvon.)

sines y ont fait naître une grande industrie qui se concentre autour de la ville de Grenoble (papeterie, ganterie, électro-métallurgie).

Les Alpes du Nord, jadis route d'invasion, aujourd'hui route de commerce active, ont de bonne heure constitué deux états féodaux puissants, devenus l'un après l'autre provinces de la France : au Nord-Est, la **Savoie** ; au Sud-Ouest, le **Dauphiné**. La vie des populations est analogue dans les deux provinces.

Cette vie dans les vallées des Alpes du Nord est active. Chaque vallée possède un ou plusieurs marchés. On peut citer : dans les vallées des Hautes Alpes, *Moutiers* en Tarentaise, *Saint-Jean-de-Maurienne*, *Briançon* et *Barcelonnette*, dans les vallées qui portent leur nom; dans les Préalpes, *Annecy*, *Chambéry*, *Die* ; enfin, dans la dépression longitudinale, *Albertville* au Nord, *Gap* au Sud, et *Grenoble* (85 000 hab.), grande cité située au Centre, dans le Grésivaudan, au point de convergence des principales routes qui descendent des montagnes du Dauphiné, ville industrielle, capitale des Alpes du Nord.

4. Les Alpes du Sud. La Haute Provence. — Les Alpes du Sud ont une structure beaucoup moins régulière, un climat beaucoup plus sec, une végétation plus pauvre et une population plus rare que les Alpes du Nord. On peut y distinguer quatre régions.

Dans les *Hautes Alpes de Provence* et les *Alpes Maritimes*, les montagnes ne portent presque pas de forêts, et les pâturages sont maigres. Dans certains bassins intérieurs, on peut cultiver quelques céréales, des oliviers, et faire pâturer des moutons. Chacun de ces bassins intérieurs possède une ville : on peut citer *Digne*, *Castellane* et *Puget-Théniers*. Les Hautes Alpes du Sud sont très peu peuplées et se dépeuplent chaque jour. La population émigre, soit vers les villes de la Côte d'Azur, soit vers l'Amérique.

Entre les Grandes Alpes et les Petites Alpes de Provence s'étalent une série de hauts plateaux calcaires que l'on appelle des *Plans*, et qui sont perméables, secs et nus, comme les Causses du Massif Central (p. 168). Les profondes gorges de la vallée du *Verdon* y dessinent des *cañons* étroits. Cette région est extrêmement peu peuplée.

A l'Ouest de la région des Plans, les *Petites Alpes de Provence* forment une série de plis montagneux orientés de l'Ouest à l'Est. Le principal est le *Mont Ventoux*. Entre ces

hauteurs peu considérables, de larges dépressions alluviales sont devenues, grâce à l'irrigation, des jardins de culture, analogues à ceux des plaines provençales, avec lesquelles ces dépressions communiquent facilement. On y cultive l'olivier; on y recueille les fruits, les légumes et, sur les collines, la truffe et la câpre. Cette petite région est prospère. On y trouve une série de petits marchés sur la bordure des dépressions, comme *Sisteron*, *Forcalquier*. Au contact de la Provence des montagnes et de la Provence des plaines se trouve l'antique ville d'**Aix**, ancienne capitale de tout le pays.

Enfin, au Sud, les **monts des Maures** et de l'**Esterel** sont des masses de granite et de porphyre, usées par une longue érosion. Sans vallées intérieures, peu pénétrables, de climat sec et couverts d'un maquis qui les rend peu utilisables, même pour l'élevage, ces massifs sont presque déserts. Mais ils sont bordés au Nord par une longue dépression argileuse, relativement humide, de climat tiède et offrant des possibilités pour l'irrigation. D'autre part, cette dépression est utilisée par le grand chemin de fer qui va de Marseille à Nice. De là une richesse agricole et une prospérité commerciale qui expliquent l'existence de villes comme *Brignoles*, *Draguignan*, et, à l'extrémité orientale, *Grasse*, centre de l'industrie des parfums naturels.

B. — LA VALLÉE DU RHONE

1. Unité et diversité de la vallée du Rhône. — La vallée du Rhône, depuis le confluent de la Saône jusqu'à la mer, dessine une coupure assez étroite entre les Alpes et le Massif Central. Toutefois, elle s'élargit au Nord dans les *plaines du Bas Dauphiné*, au Sud dans les plaines du *Comtat* et de *Provence*. Entre les deux, la vallée s'étrangle au *robinet de Donzère*, où il y a à peine place pour le passage du Rhône.

On a étudié dans le chapitre précédent les plaines du Comtat et de Provence, parties de la région méditerranéenne (voir page 176). On étudiera ici les plaines du Bas Dauphiné.

2. Les plaines du Bas Dauphiné. — Les plaines du Bas Dauphiné sont constituées par des cailloux et des graviers, amenés jadis par les eaux de fonte de glaciers qui couvraient le massif des Alpes tout entier. Ces graviers sont peu fertiles, et les plaines qu'ils constituent sont surtout occupées par des landes et par des bois, que pâturent les moutons et les chèvres.

C. C. 57

Mais, depuis l'époque glaciaire, les rivières qui vont au Rhône et le Rhône lui-même ont creusé de larges vallées dans certaines parties de ces plaines et y ont formé de véritables bassins. Là s'étalent des alluvions fertiles, sur lesquelles on cultive les céréales et surtout les arbres fruitiers.

C'est là que l'on trouve les villes : *la Tour du Pin, Voiron, Saint-Marcellin, Romans*, et surtout, dans la vallée du Rhône, *Vienne, Valence* et *Montélimar*. Ces villes sont des marchés agricoles ; certaines d'entre elles pratiquent des industries résultant des ressources agricoles et de l'élevage du pays (fromages de chèvre, nougat, cordonnerie, etc.).

Mais à côté de ces industries locales, la grande industrie du tissage, actionnée par la force électrique amenée du Haut Dauphiné, est née à une époque récente sous l'impulsion de la ville de Lyon.

3. Lyon — La ville de Lyon (570 000 hab.) est la plus grande ville de France après Paris et Marseille.

Lyon est situé au confluent de la Saône et du Rhône, au point de convergence des routes qui viennent de la Méditerranée par la vallée du Rhône inférieur, d'Italie par le Grésivaudan, de la Suisse par la vallée du Rhône moyen, de l'Ouest et du Massif Central par la dépression de Saint-Étienne, de Paris par la Bourgogne et la plaine de la Saône. De là son rôle commercial. Lyon est, après Paris, la ville la plus commerçante de l'intérieur de la France.

Mais surtout Lyon est la capitale industrielle de tout le Sud-Est français ; elle le doit à l'industrie de la soie : elle fabrique toutes les espèces de soieries, principalement les belles soieries, failles, velours de soie, brochés et brocarts. Elle exporte des soieries dans le monde entier. Tous les pays qui entourent Lyon possèdent des usines qui travaillent pour les fabricants lyonnais.

Lyon est la métropole économique et intellectuelle du Sud-Est de la France.

Tours, et cela grâce à la facilité de se procurer de la soie dans les Cévennes et en Italie. Aujourd'hui, Lyon est le grand foyer de la soierie française et le premier du monde. Il y a longtemps que le tissage n'est plus localisé dans la ville et même dans ses faubourgs. On a vu comment il a gagné Saint-Étienne, et de là les régions montagneuses et les plaines du Beaujolais, du Vivarais, du Forez, et même du Velay. Mais il en est de même dans les Alpes du Dauphiné, dans le Jura Méridional. Partout les villageois ont appris à tisser sur des *métiers à bras*, à domicile, la soie pour Lyon ; puis, grâce à l'utilisation de la force des torrents, ces métiers sont devenus mécaniques ; aujourd'hui, des usines s'installent au bord des torrents. On compte ainsi environ 20 000 métiers à bras et 10 000 métiers mécaniques battant pour le compte de Lyon dans les départements du *Rhône*, de *Saône-et-Loire*, du *Puy-de-Dôme*, de la *Loire*, de la *Haute-Loire*, de l'*Ardèche*, du *Gard*, de l'*Isère* et de l'*Ain*. Lyon tient sous sa dépendance économique un territoire qui englobe la région stéphanoise et qui s'étend jusqu'à Grenoble, Bourg, Roanne, Clermont-Ferrand et Aubenas.

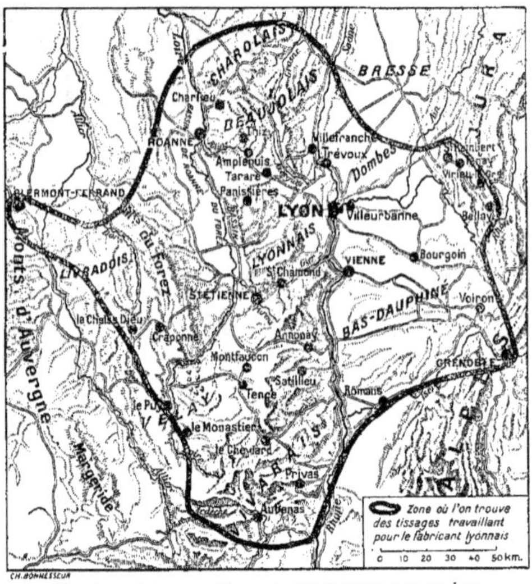

RÉSUMÉ. — Le massif des Alpes Françaises est un des plus hauts de l'Europe, mais il est relativement découpé et varié.

Il est découpé par de profondes vallées longitudinales et transversales ; ces dernières correspondent avec les vallées du versant italien par des cols relativement accessibles. Les cols et les vallées facilitent la circulation et le commerce à l'intérieur du massif. Les vallées, profondes, abritées, forment de larges bassins séparés entre eux par des étranglements ; elles ont de bonne heure favorisé l'élevage et même la culture à l'intérieur des plus hautes montagnes ; elles abritent de nombreuses populations.

Ces caractères se montrent aussi bien dans les Grandes Alpes que dans les Basses Alpes, ou Préalpes, qui flanquent les Grandes Alpes vers le Rhône. Mais le climat, où l'influence desséchante de la Méditerranée s'affirme à mesure que l'on va vers le Sud, établit entre les parties septentrionale et méridionale du massif des différences dans le régime des eaux, dans la végétation et dans la vie des populations. De là la division des Alpes en deux régions : 1° Les *Alpes du Nord* (Savoie et Dauphiné), riche région d'élevage, de culture et d'industrie (v. pr. : *Moutiers, Saint Jean-de-Maurienne, Albertville, Annecy et Chambéry ; Briançon, Barcelonnette, Gap*, et surtout *Grenoble*, métropole de la région).

2° Les *Alpes du Sud* (Alpes Maritimes, Hautes et Petites Alpes de Provence, Monts des Maures et Esterel), plus sèches, moins riches et moins peuplées (v. pr. : *Digne, Castellane, Puget-Théniers, Brignoles, Draguignan et Grasse*).

Dans la *vallée du Rhône* s'opposent les plaines septentrionales, qui se rattachent au *Dauphiné*, et les plaines méridionales, qui se rattachent à la *Provence*. Les villes principales sont, au Nord, en *Bas Dauphiné*, *Montélimar, Valence, Vienne, Romans, Saint-Marcellin, Voiron, la Tour du Pin*.

Cette région est dans une étroite dépendance à l'égard du grand centre industriel de la région : *Lyon*.

Fig. 1. — Région où s'étend l'activité industrielle de Lyon.

LECTURE

Lyon est le premier foyer du monde pour la fabrication des soieries — La grande industrie moderne a été favorisée à Lyon par l'existence de la houille dans le bassin voisin de Saint-Étienne, par la facilité d'amener la houille du Nord au moyen des canaux qui relient le réseau de la Seine à la Saône, enfin, à notre époque, par l'abondance de la force électrique que fournissent les torrents des montagnes environnantes et qu'on appelle la *houille blanche*.

Mais la grande industrie n'a été que la transformation et l'amplification d'une industrie qui existait auparavant à Lyon et dans sa banlieue : celle de la soierie. Cette industrie est née d'abord grâce à Sully, le ministre de Henri IV, qui l'importa d'Italie en France. Mais, dès cette époque, Lyon l'emportait sur les autres centres où Sully créa la soierie, par exemple sur

Exercices. — 1. Carte des Alpes et de la plaine du Rhône. — 2. Traits généraux de la structure des Alpes. — 3. Comparez les Alpes du Nord et les Alpes du Sud (structure, climat, végétation, ressources, peuplement). — 4. Le Bas Dauphiné. — 5. Lyon.

XV. — Le Jura et la plaine de la Saône.

A. — LE JURA

1. Structure du Jura. — Le Jura (largeur maxima au centre : 80 kilomètres) est formé de chaînons parallèles flanqués, du côté de la France intérieure, par des plateaux horizontaux.

Entre les chaînons du Jura s'allongent des vallées étroites et profondes que l'on appelle *vals* : le *Val Saint-Imier*, le *Val de Travers*, le *Val de Jougne*, la *Valserine*, le *Val Romey*.

D'autre part, les eaux courantes ont fait à travers les chaînons du Jura des brèches, ou *cluses*, qui permettent de passer d'un val dans un autre : telles sont la *cluse du Doubs*, la *cluse de Nantua*, la *cluse d'Ambérieu*, la *cluse du Rhône*, près de Bellegarde.

Par les vals et par les cluses on peut facilement circuler à travers le Jura.

De toutes les montagnes françaises, le Jura est celle qui oppose le moins d'obstacles à l'établissement et au commerce des hommes.

2. Régions et ressources naturelles du Jura. — On peut distinguer dans le Jura :

1° le *Vignoble*, à l'Ouest;

2° les *Plateaux*, au Centre;

3° *la Montagne*, à l'Est.

Le **Vignoble** est une côte calcaire qui domine la plaine de la Saône : il produit les vins d'*Arbois*; on y élève des volailles, grâce au maïs.

Les **Plateaux** possèdent des cultures de céréales dans les parties basses, des forêts et l'industrie du bois (scieries, papeterie, horlogerie), mais surtout des pâturages et des industries laitières; les fromages sont fabriqués en commun dans des *fruitières* où chacun apporte son lait et reçoit sa part de fromage en proportion du lait qu'il a apporté.

La **Montagne**, avec ses forêts de sapins, ses eaux plus rapides, ses vals bien abrités et humides, se prête encore mieux à l'élevage et aux industries du bois. La population, cantonnée dans les vals, pratique en hiver la fabrication de jouets de bois, de ressorts de montres, et de pièces d'horlogerie, qui sont montées ensuite dans les usines.

3. Population. — Grâce à ses ressources et à ses voies d'accès, le Jura est assez peuplé. Il fut le site de petits États féodaux, cantonnés dans les vals, et qui étaient assez prospères et assez peuplés : les principaux furent le *Bugey* et le *Val Romey*. En outre, un grand état féodal, la **Franche-Comté** s'étendait à la fois sur le Jura et sur la plaine de la Saône. (v. ci-contre).

Les principales villes sont : au Nord, *Baume-les-Dames*; au Centre, *Dôle, Arbois, Poligny, Lons-le-Saunier, Pontarlier*; au Sud, *Morez, Saint-Claude, Nantua, Ambérieu*.

B. — LA PLAINE DE LA SAONE

1. La Franche-Comté. — Au Nord-Est, la plaine de la Saône, drainée par le cours supérieur de la Saône et par les cours inférieurs du Doubs et de l'Ognon, est une plaine de sable et d'argile, que dominent quelques buttes calcaires. Sur les buttes se trouvent les villes qui commandent la plaine : *Vesoul, Lure et Gray*. Dans la plaine sableuse et argileuse, s'étendaient à l'état naturel, soit des bois, soit des « waivres », ou prairies marécageuses. Mais une grande partie de cette plaine a été de nos jours desséchée et amendée : on y élève le bétail, et l'on y cultive le blé.

La plaine de la Haute-Saône communique avec l'Alsace par la *trouée de Belfort*, que l'on appelle aussi « *seuil de Bourgogne* ». Par là passe le commerce de l'Alsace avec Lyon et la Méditerranée d'une part, avec le bassin de Paris d'autre part. En outre, grâce au petit *bassin houiller de Ronchamp*, l'industrie métallurgique et textile s'est établie dans cette région. Le commerce et l'industrie font l'importance des villes qui commandent le passage : *Belfort* et *Montbéliard*.

Cette région a formé de bonne heure un état féodal : la *Franche-Comté*, qui a été une des premières provinces frontières de l'État français vers le Rhin. C'est une région riche et active dont la capitale est, aux confins de la plaine et du

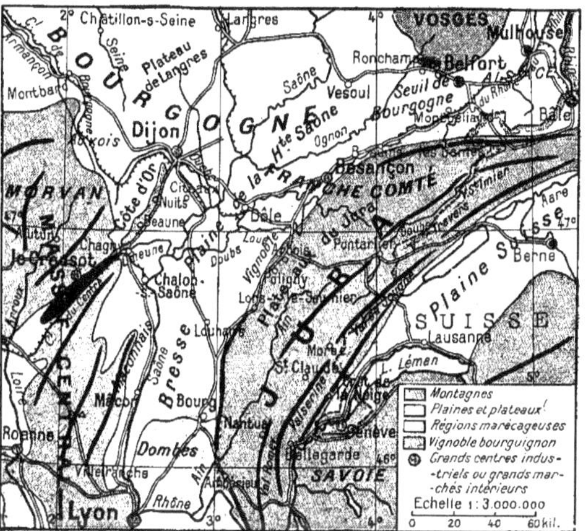

Fig. 1. — LE JURA.

Jura, *Besançon* (58 000 hab.), principal centre de l'industrie horlogère en France.

2. La Bourgogne. — Dominée au Sud par le Morvan, au Nord par le *plateau de Langres*, la partie Nord-Ouest de la plaine de la Saône forme la portion essentielle de la *Bourgogne*, province qui déborde sur le Bassin Parisien. La Bourgogne ne comprend donc pas seulement une partie de la plaine de la Saône et les collines qui la dominent au Nord-Ouest. Elle comprend aussi les plateaux calcaires qui s'étendent du plateau de Langres au Morvan.

Les *plateaux* portent dans le pays le nom de *montagnes*; ils sont de climat rude, de sol sec et boisé (*forêt de Cluny*); les cultures y sont rares. Dans les vallées, que l'on appelle dans le pays des *combes*, on cultive les céréales, le houblon et les plantes fourragères. En outre, c'est par là que passent les routes et les voies ferrées qui unissent le bassin de la Seine au bassin de la Saône. De là l'importance relative des villes : *Langres, Châtillon-sur-Seine, Montbard et Chagny*.

Entre le plateau et la plaine s'aligne une série de collines calcaires ou *côtes*, dont la plus importante est la *Côte d'Or*, constituée par les *côtes de Beaune et de Nuits*, prolongée au Sud par celle de la région de *Châlon*. Ces côtes, bien exposées à l'Est et de sol sec, portent un vignoble des plus riches.

La *plaine* située au pied des côtes est constituée, comme

la plaine de Franche-Comté, par des sables et par des argiles au milieu desquelles pointent des buttes calcaires. La plaine elle-même est occupée soit par des forêts, comme la forêt de Cîteaux, soit par des prairies où l'on élève des vaches laitières. La principale ville de la plaine est *Chalon-sur-Saône*.

Région de passage et de vignoble, riche de son commerce et de ses vins, la Bourgogne a jadis constitué un duché qui forma le lien entre les pays de la Seine et les pays du Rhône. Grâce à sa situation, le duché s'annexa aussi les pays de la Seine, de l'Aube supérieure et même de l'Yonne, que l'on a étudiés plus haut (page 151), et qui portent encore aujourd'hui le nom de Basse-Bourgogne. La capitale de la Bourgogne est *Dijon* (83 000 habitants), au pied de la Côte d'Or, au débouché de la route et de la voie ferrée qui mènent de Paris vers Lyon. Dijon, principal marché agricole de la Bourgogne, concentre les vins de la Côte, les houblons des vallées de la Montagne, les bois du Morvan, le bétail du Morvan et de la plaine. Dijon pratique des industries qui utilisent les produits de la campagne environnante : vinification, brasseries, denrées alimentaires diverses.

3. Le Sud de la plaine de la Saône.

— Au Sud, le bassin de la Saône est plus resserré entre les plis du Jura et les hauteurs du Beaujolais, que flanquent les collines calcaires du Mâconnais. Cette plaine resserrée comprend deux parties de sols extrêmement différents.

Au Nord, la *Bresse* est une vaste plaine au sous-sol marneux et humide, recouvert de limon très fertile. C'est un pays uniquement agricole, où l'on cultive les betteraves, les légumes, les céréales et surtout le maïs qui permet l'élevage en grand de la volaille. Les *collines du Mâconnais*, qui limitent la Bresse à l'Ouest portent un riche vignoble. La population, assez dense, est peu groupée. Les villes sont des marchés agricoles situés, les uns au centre de la plaine, comme *Bourg* et *Louhans*; les autres au pied du vignoble, comme *Mâcon*.

Au Sud, la *Dombes* est couverte de cailloux et de graviers, amenés jadis, comme dans le Bas Dauphiné, par les eaux de fonte du grand glacier qui recouvrait les Alpes. De là un sol infertile et des étangs naturels qui furent imprudemment multipliés au Moyen Age en vue de l'élevage du poisson. Le pays devint de ce fait très insalubre. Au xix° siècle, on a commencé le desséchement de la Dombes, qu'on a mise en cultures; elle se repeuple. Les villages de la Dombes pratiquent le tissage de la soie pour le compte des fabricants de Lyon.

Fig. 1. — LA CLUSE DE MIJOUX.

Une cluse est une coupure étroite et profonde, qui sectionne un pli et fait communiquer deux vaux. Elle sert de passage aux routes.
(Phot. Lardier.)

Fig. 2. — LE VIGNOBLE BOURGUIGNON.

Les vins de Bourgogne sont très renommés. Ils sont fournis par les vignobles qui couvrent le flanc oriental de la Côte d'Or et du Mâconnais, depuis Dijon jusque vers Lyon.

portent dans presque tous les pays, mais surtout à Paris, dans la France du Nord et en Belgique. Des rapports commerciaux très étroits se nouèrent au xv° siècle entre les Flandres et la Bourgogne à l'époque où elles étaient réunies sous Charles le Téméraire. Ils se sont continués depuis : ils firent jadis, pour une grande part, la fortune des foires de Champagne : ils expliquent comment, dans notre réseau ferré centralisé, où les grandes lignes tendent surtout vers Paris, un service régulier unit Dijon à Lille, à travers la Champagne.

LECTURE

Les vins de la Bourgogne sont une des richesses de la France. — La Bourgogne est avant tout le pays du vin, même la Basse Bourgogne des pays de l'Yonne, qui produit les crus renommés de *Chablis*. Mais c'est dans la Haute Bourgogne, sur les côtes qui dominent les plaines de la Saône, depuis Chalon-sur-Saône jusqu'à Dijon, que se trouvent les crus les plus célèbres : côte du *Chalonnais*, avec *Mercurey* ; côte de *Beaune*, avec *Meursault, Volnay, Pommard, Corton*; côte de *Nuits*, avec *Romanée-Conti, Vougeot, Chambolle, Chambertin*. Ces deux dernières côtes constituent la *Côte d'Or*.

Les vins de Bourgogne s'ex-

RÉSUMÉ. — Le Jura a une altitude élevée et un climat rude Mais l'existence de nombreuses dépressions longitudinales et transversales, que l'on appelle vals et cluses, y favorise l'établissement des populations dans des sites abrités et surtout les échanges commerciaux entre ces populations et l'extérieur.

D'autre part, les reliefs s'étagent dans le Jura Français, depuis la côte, ou *Vignoble*, de l'Ouest jusqu'aux hautes chaines, ou *Montagne*, de l'Est, en passant par les *Plateaux* du Centre. Cet étagement détermine une certaine variété dans les ressources, d'ailleurs abondantes du massif : vignobles, élevage, exploitation du bois.

Ces deux circonstances expliquent la prospérité et la densité assez forte des populations jurassiennes, qui ont su joindre aux ressources de leur sol le bénéfice de certaines industries très actives.

Le Jura est partagé entre trois provinces : le *Bugey*, le *Valromey* et la *Franche-Comté*. Cette dernière s'étend aussi sur la plaine de la Saône Les villes principales sont : *Baume-les-Dames, Dôle, Poligny, Lons-le-Saunier, Pontarlier, Morez, Saint-Claude, Nantua, Ambérieu*.

La plaine de la Saône et les plateaux et côtes qui l'environnent constituent, au Nord-Est, la *Franche-Comté* (v. pr : *Besançon, Montbéliard, Belfort, Vesoul, Gray et Lure*); au Nord-Ouest, la *Bourgogne* (v. pr. : *Dijon, Beaune, Chalon-sur-Saône, Langres, Châtillon-sur-Seine, Montbard, Chagny*); au Sud, la *Bresse* (v. pr. : *Bourg, Louhans, Mâcon*) et la *Dombes*.

Exercices — 1. Carte du Jura et de la plaine de la Saône. — 2. Le Jura (relief, climat, ressources, peuplement et villes). — 3. La plaine de la Saône (*id*.). — 4. Le vignoble bourguignon.

Troisième Section. — GÉOGRAPHIE HUMAINE DE LA FRANCE

I. — La nation française.

1. Peuplement de la France. — Par sa situation dans l'Europe occidentale, la France est l'aboutissant naturel des grands mouvements qui ont porté tant de peuples de l'Orient vers l'Occident. Par ses aptitudes agricoles, elle a réussi à fixer sur son sol une partie de ces peuples.

Aussi, le territoire de la France, partiellement habité dès avant l'âge de la pierre polie, a-t-il été peuplé, au cours des temps historiques, successivement par les *Ibères*, par les *Ligures* et par les *Celtes*. Parmi ces derniers, il faut distinguer deux groupes : les premiers en date, à tête ronde, petits et bruns, et les seconds, à tête allongée, grands et blonds, qui repoussèrent les premiers dans les régions excentriques (Bretagne) ou peu accessibles (Massif Central), ou bien se mêlèrent à eux dans les plaines pour former les *Gaulois*.

La France a ensuite été partiellement occupée et colonisée par les *Phéniciens*, les *Grecs* et les *Romains*, venus par la région méditerranéenne ; par les *Germains*, *Goths*, *Alamans*, *Burgondes* et *Francs*, venus par les plaines du Nord et du Nord-Est ; par les *Arabes*, venus par les Pyrénées ; par les *Normands*, venus par la Manche.

2. Les races. — Il est difficile de distinguer à l'heure actuelle les races primitives qui ont peuplé la France.

On discerne encore :

1° Une race d'hommes petits, trapus, aux yeux clairs, au crâne rond, au teint pâle, qui doit rappeler les *premiers Celtes*, et qui domine en Bretagne et dans le Massif Central ;

2° Une race d'hommes grands, aux cheveux blonds ou roux, aux yeux bleus, au crâne rond, au teint vermeil, qui doit rappeler les *Gaulois* ou les Germains établis sur notre sol, comme les *Francs* ; ils dominent dans le Nord de la France.

3° Une race d'hommes petits, au teint, aux cheveux et aux yeux bruns, les *Gréco-Latins*, dont le type domine dans le Midi de la France.

3. La nation. — Ces éléments disparates ont d'abord été unis par la conquête : les rois de France, petits souverains du Bassin Parisien, ont étendu ainsi leur domaine jusqu'aux confins de la France actuelle. Puis ces éléments se sont fondus dans une unité vivante :

1° Par la **vie politique** : la centralisation monarchique, en dirigeant de la capitale l'administration de toutes les provinces, puis au XIXe siècle, le régime républicain, en faisant participer tous les Français au gouvernement de l'Etat, ont créé dans les diverses régions la notion qu'elles sont solidaires les unes des autres ;

2° Par l'**histoire**, les traditions, les souvenirs des gloires et des détresses communes ;

3° Par les liens toujours plus puissants d'une **vie économique** commune · des échanges se sont produits de bonne heure entre pays haut et pays bas, entre bonnes et mauvaises terres, entre régions agricoles et régions d'industrie, entre côtes et arrière-pays, entre France du Nord et du Midi ; l'heureuse disposition des plaines et des dépressions a favorisé l'échange des produits, la circulation des hommes, le contact des idées.

De là est né le *type français*, de caractères physiques peu déterminés, mais doué d'un esprit commun et parlant la *langue française*. A côté d'elle quelques anciennes langues subsistent dans les régions périphériques · les langues *bretonne, flamande, alsacienne, provençale, basque*.

LECTURE

Les Français sont issus d'un mélange de races très nombreuses. — La France, par son heureux climat et par la fertilité de sa terre, a de bonne heure attiré les populations du dehors.

C'est ainsi qu'elle a été l'une des premières régions terrestres habitées par des hommes.

C'est ainsi qu'elle a fixé sur son sol, presque au début de l'histoire, des *Ibères*, des *Ligures*, des *Celtes* et des *Gaulois*.

C'est ainsi que plus tard, au début de notre ère, quand la Gaule eut été conquise par Rome, de nombreux *Latins* vinrent s'y fixer et transformer le pays par leur langue et leur civilisation.

C'est ainsi encore qu'à partir du ve siècle on la voit envahie successivement par diverses populations germaniques, *Goths, Burgondes, Alamans* et *Francs*, qui venus de l'intérieur du continent européen, l'envahissent par le Nord-Est et le Nord.

Puis la France subit encore, au VIIIe siècle, l'invasion des *Arabes* par le Midi, aux IXe et Xe siècles, l'invasion des *Normands* par le Nord et le Nord-Ouest.

Pourrait-on aujourd'hui trouver dans chacun des habitants de notre pays le représentant sans mélange d'une de ces races ? On peut sans hésiter répondre que non.

Sans doute, dans les provinces les moins fertiles, les plus montagneuses, dont la pauvreté n'a jamais attiré les envahisseurs et qui n'ont été que tardivement traversées par de grandes routes, le plus grand nombre des habitants appartiennent à une race unique, dont les ancêtres se sont établis en ces régions peu accessibles, non comme en un lieu d'élection, mais comme dans un refuge. C'est ainsi que les Pyrénées possèdent encore des représentants sans mélange des plus anciens habitants de la péninsule Ibérique, les *Basques* ; que la péninsule armoricaine, située « à la fin des terres », et les hautes montagnes de l'Auvergne possèdent des représentants sans mélange de l'ancienne race celtique : les *Bretons* et les *Auvergnats*. De leurs ancêtres, ils ont gardé, non seulement le type physique, mais les mœurs, les traditions et les légendes, la langue.

Mais aujourd'hui, ces peuples restés assez purs ne sont qu'une exception. De province à province, les relations commerciales très anciennes, les voyages des négociants et des artisans, l'émigration qui de tout temps a entraîné, des campagnes vers les villes, les artistes, savants, ouvriers, soldats et fonctionnaires, tout cela a déterminé des unions entre gens de contrées et de races différentes. Dans les provinces les plus riches de la France, dans les plaines aux grandes villes industrielles, il n'y a guère aujourd'hui de Gaulois purs, de Germains purs, de purs Latins : il y a des Français, dont les traits communs se relèvent simplement de quelques originalités provinciales, qui sont secondaires.

RÉSUMÉ. — La France a été successivement peuplée par les *Ibères*, les *Ligures*, les *Celtes*, qui comprirent les *Gaulois*, puis par les *Phéniciens*, les *Grecs*, les *Romains*, les *Germains*, qui comprirent les *Francs*, les *Arabes* et les *Normands*.

Les races dominantes furent les *Celtes*, les *Gaulois* et les *Gréco-Latins*.

Mais aujourd'hui ces races offrent peu de représentants à l'état pur. La plupart des Français sont le produit de mélanges entre les races qui ont contribué à former la nation française.

Les Français parlent en général la *langue française*. Dans certaines provinces subsistent, à côté d'elle, certaines autres langues : *bretonne, flamande, alsacienne, provençale, basque*.

Exercices. — 1. Énumérez les races qui ont peuplé la France. — 2. Quelle différence trouvez-vous entre une race et une nation ? — 3. Pourquoi les races qui ont peuplé la France se sont-elles fondues dans une seule nation ?

II. — Population actuelle de la France.

1. Population et densité. — D'après le dénombrement de 1926, la France a 40 700 000 habitants, soit 74 au kilomètre carré.

Pour la population totale, la France vient au quatrième rang des puissances européennes : après la Russie (101 millions), l'Allemagne (63), et les Iles Britanniques (47).

Pour la densité, la France vient au quatrième rang des grandes puissances européennes : après l'Angleterre (150 habitants au kilomètre carré), l'Allemagne (132) et l'Italie (139). Elle vient aussi après deux petits pays : la Belgique (256) et la Hollande (216).

2. Accroissement. — La France avait au début du xxᵉ siècle 38 962 000 habitants. Le gain de population a donc été très faible en vingt-cinq ans.

Ce léger accroissement est dû moins à l'excès très faible des naissances sur les décès qu'à l'excès très important de *l'immigration* des étrangers (surtout *Belges, Polonais, Italiens, Espagnols*) sur *l'émigration.* Les principaux foyers d'émigration sont le *pays Basque* et les *Alpes méridionales;* les principaux buts des émigrants français sont l'*Algérie-Tunisie-Maroc,* l'*Amérique du Sud* et l'*Amérique du Centre.*

3. Répartition. — La densité de population varie d'une région de la France à l'autre. Il y a des régions très peuplées, moyennement peuplées, peu peuplées.

Les *régions très peuplées* sont les grandes régions de commerce et d'industrie (*région parisienne, région lyonnaise, Nord, Lorraine industrielle, région de la Basse Seine, région de la Basse Loire, de Marseille*) et certaines côtes (*Bretagne, Provence*).

Les *régions moyennement peuplées* sont les pays d'agriculture riche, comme le *Bassin Parisien moins la région parisienne,* le *Bassin Aquitain,* le *Bassin Rhodanien,* l'*Alsace,* la *Limagne,* le *Bas-Languedoc.*

Les *régions peu peuplées* sont les pays d'agriculture pauvre comme la *Champagne Pouilleuse,* la *Bretagne intérieure,* le *Massif Central,* la *Dombes,* les *Landes,* la *Sologne,* et les pays montagneux.

Une émigration intérieure, soit périodique, soit définitive, draine les populations des pays pauvres vers les pays riches, des pays agricoles vers les pays industriels, des campagnes vers les villes.

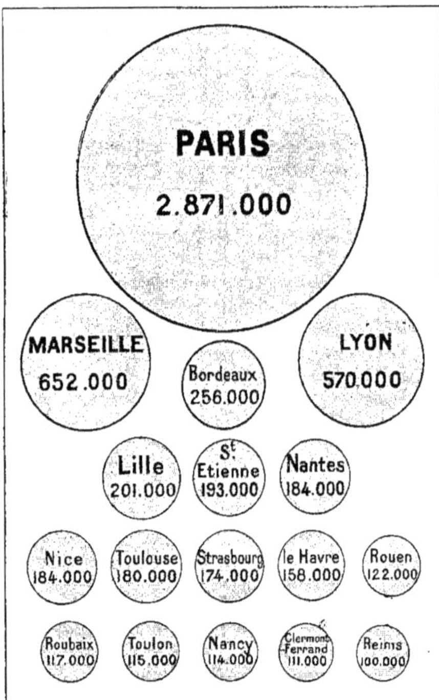

Fig. 1. — Les grandes villes de France.

Ce tableau représente, par des cercles de surface proportionnelle à l'importance de leur population, les 17 villes de France qui comptent plus de 100 000 habitants. On voit combien Paris l'emporte sur toutes les autres ; sa population équivaut aux cinq sixièmes de celle des 16 autres grandes villes réunies.

LECTURE

En France, comme partout. mais pourtant d'une manière un peu moins sensible, les campagnes se dépeuplent, les villes s'accroissent. — L'exode des populations rurales vers les villes est un fait général qui caractérise notre époque : les campagnes se dépeuplent, les villes s'accroissent. Cela est vrai de la France comme des autres pays, moins toutefois de la France que de l'Angleterre ou de l'Allemagne. Les statistiques du recensement de la population comptent comme population *urbaine* celle des centres agglomérés de plus de 2 000 habitants, et comme population *rurale* celle qui vit dans des habitations dispersées ou dans des agglomérations de moins de 2 000 habitants.

Or, en France la population rurale n'a cessé de décliner au profit de la population urbaine. En 1790, la population rurale représentait 78 pour 100 de la population totale; en 1850, avant les chemins de fer, 75 pour 100; en 1901, elle n'en représentait plus que 60 pour 100. Aujourd'hui nous approchons de l'époque où la population urbaine et la population rurale s'équivaudront. Les causes en sont multiples : service militaire qui déracine les jeunes campagnards; introduction de machines agricoles nécessitant moins de main-d'œuvre humaine que le travail de jadis; substitution, en certaines régions, de l'élevage, à la culture des céréales. Or il faut moins de personnes pour surveiller le bétail que pour labourer, moissonner et soigner la terre.

Au contraire, la plupart des villes se sont beaucoup accrues, surtout depuis la naissance de la grande industrie, qui a fait naître, autour des grandes cités, une ceinture d'usines et d'agglomérations ouvrières.

RÉSUMÉ. — La France a 40 millions et demi d'habitants, soit en moyenne 74 habitants par kilomètre carré. Elle occupe, pour le nombre et la densité de la population, une situation moyenne en Europe.

La population de la France augmente surtout par l'immigration d'étrangers (*Belges, Polonais, Italiens, Espagnols,* etc.). L'émigration en France part surtout du Pays Basque et des Alpes méridionales; elle se dirige vers l'Afrique du Nord et l'Amérique du Sud.

Les régions de France sont inégalement peuplées. Les plus peuplées sont la *région parisienne,* la *région lyonnaise,* le *Nord,* la *Lorraine industrielle,* les *régions de la Basse Seine, de la Basse Loire, de Marseille,* les *côtes de Bretagne et de Provence.*

Il y a une émigration des campagnes vers les villes.

Exercices. — 1. Quel est le nombre et la densité de la population française? — 2. Quelle est la seule cause importante d'accroissement de la population française? — 3. Quelles sont les régions de la France les plus peuplées et les moins peuplées?

Fig. 1. — CARTE AGRICOLE DE LA FRANCE.

III. — L'agriculture, l'élevage, les forêts et la pêche.

A. — LES CULTURES

1. Les céréales. — Toutes les céréales des climats tempérés réussissent en France.

Le *blé* et l'*avoine* réussissent dans les terres chaudes et riches (pays de calcaires et de limons).

Le *seigle* et le *sarrasin* réussissent dans les terres froides et pauvres, notamment dans les terres argileuses et siliceuses de la Bretagne, du Limousin, du Rouergue.

L'*orge* réussit au Nord et à l'Est.

Le *maïs*, dont la culture exige plus de chaleur que celle du blé et une chaleur plus humide, réussit dans le Sud-Ouest de la France, la plaine de la Garonne, la Bresse et la plaine de la Saône.

2. La culture du blé en France. — La France produit presque assez de blé pour nourrir sa population.

Le sol de la France fournit chaque année environ 8 700 000 tonnes de blé. Le blé couvre en France plus du dixième du territoire cultivé. La moyenne de la récolte de blé en France est de 15 quintaux métriques de grain par hectare.

Le blé est cultivé dans toutes les régions de la France. Toutefois, le blé ne donne des grains nombreux et beaux que dans les pays où les étés sont chauds et où le sol est très fertile. Aussi cultive-t-on surtout le blé dans les plaines où le sol est formé de limons, d'alluvions ou de calcaires.

Les principales régions qui produisent du blé en France sont :

1° les plaines de la *Flandre*, de l'*Artois* et de la *Picardie*, dans le Nord ;

2° les plaines de la *Beauce* et de la *Brie*, auprès de Paris ;

3° la plaine de la *Limagne*, dans le Centre ;

4° les *Pays de la Garonne*, autour de Toulouse, dans le Sud-Ouest.

3. Autres cultures alimentaires. — Outre les céréales, la France est propre à diverses autres cultures alimentaires des pays tempérés. Les principales sont :

1° la culture des pommes de terre ;

2° les cultures maraîchères ;

3° les arbres fruitiers.

La *pomme de terre* réussit à peu près partout en France, mais principalement dans les sols siliceux : par exemple, sur les plateaux granitiques du Massif Central, en Bretagne et dans les plaines sableuses de la région du Nord. La pomme de terre a un triple emploi : l'alimentation de l'homme et du bétail, la fabrication des fécules, la distillerie.

Les *cultures maraîchères* (légumes, primeurs, etc.) sont pratiquées avec succès dans les régions au climat particulièrement doux ou aux sols bien irrigués, ainsi qu'aux environs des grandes villes, où les produits maraîchers trouvent un très important débouché. Les principales se trouvent dans la région parisienne, en Anjou, sur la côte bretonne, en Roussillon, dans la plaine du Comtat Venaissin et en Provence.

Les principaux produits des *arbres fruitiers* sont : les pommes et poires de Normandie et de Bretagne, les cerises de la banlieue parisienne et d'Alsace, les chasselas de Fontainebleau et du Midi, les prunes d'Agen, les fruits divers de la Limagne et du Comtat Venaissin.

4. La vigne. — La vigne, qui donne des récoltes essentiellement variables d'une année à l'autre, est une culture bien française. Notre pays produit, en moyenne, 50 millions d'hectolitres de vin par an : le monde entier n'en produit que 150 à 160. Notre production vinicole l'emporte sur celle de tout autre pays.

La vigne est cultivée presque partout en France. Seules les régions voisines de la Manche et de la mer du Nord n'en produisent pas, car les étés n'y sont pas assez ensoleillés, et le raisin, dont les grains ne grossissent et ne se chargent de sucre qu'au soleil, n'y peut mûrir. Partout ailleurs on trouve des vignobles. Toutefois la vigne donne surtout de beaux raisins dans les pays où l'été est chaud et sec, et où le sol est sec et perméable. Aussi les vignobles les plus abondants sont-ils situés dans le Midi méditerranéen, principalement en *Languedoc* et en *Roussillon*.

Mais les crus les plus renommés sont ceux du *Bordelais*, de la *Bourgogne* et de la *Champagne*. Citons, après ceux-ci, les vignobles de la *vallée de la Loire*, de la *vallée du Rhône*, des *côtes de la Lorraine* et de l'*Alsace*.

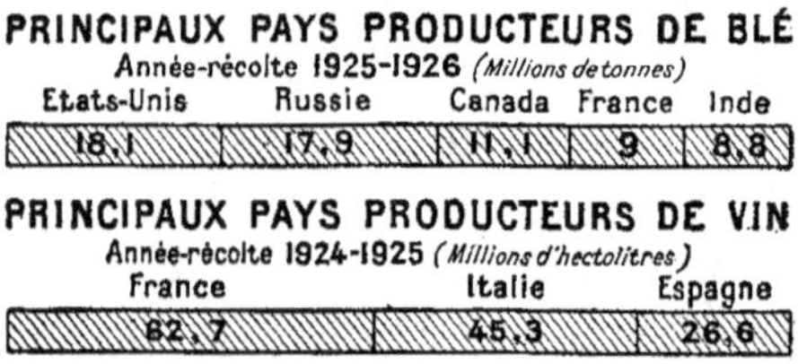

5. Cultures industrielles. — La France a de nombreuses cultures industrielles : la betterave sucrière; l'olivier; la chicorée; le houblon et le tabac; le lin et le chanvre; le colza; la garance et le safran; les fleurs.

Une des principales cultures industrielles de la France est celle de la **betterave sucrière** qui couvre plus de 230 000 hectares. Elle occupe surtout les riches terres à limon de la région du Nord : Flandre, Picardie, région parisienne.

La culture de l'*olivier*, dont le fruit, l'*olive*, donne l'huile comestible de la meilleure qualité, peut se pratiquer dans toute la zone de climat méditerranéen. Mais aujourd'hui cette culture se fait presque exclusivement en Provence, et surtout dans la Crau, plaine jadis pierreuse, sèche et aride, qui, grâce à l'irrigation, est devenue un immense jardin d'oliviers. La culture de l'olivier est moins importante en France que dans les pays méditerranéens qui avoisinent notre pays : l'Espagne, l'Italie, l'Algérie, la Tunisie. La France leur achète une certaine quantité d'huile d'olive.

Trois cultures industrielles, non dépourvues d'importance, se maintiennent en prospérité dans certaines provinces de la France : celle de la *chicorée*, dans la région du Nord; celle du *houblon*, cultivé pour la brasserie, dans les régions du Nord et de l'Est (Flandre, Alsace, Lorraine, Bourgogne); celle du *tabac*, dans certains départements où elle est autorisée.

Le *lin* et le *chanvre*, cultivés surtout dans les vallées humides du Nord et de l'Ouest, occupaient jadis une place importante dans la production française. Depuis cinquante ans, leur culture a rapidement diminué, par suite de la concurrence des lins et des chanvres russes et de la vulgarisation croissante des étoffes de coton. Pourtant, depuis quelques années, la culture du lin reprend sur les bords de la Manche.

Le *colza*, qui donne une huile jadis employée surtout pour l'éclairage, reprend, surtout en Normandie, en vue de la production d'huiles comestibles.

La *garance* (dans le Comtat Venaissin) et le **safran** (en Orléanais) sont des plantes tinctoriales qui servaient à teindre les étoffes en rouge ou en jaune, et dont la culture est de plus en plus délaissée depuis que l'on extrait de la houille des matières colorantes à meilleur compte.

Enfin, il faut mentionner la *culture des fleurs*, dans la région de Nice et en Provence, en Anjou, dans l'Orléanais, dans la banlieue parisienne.

PRINCIPAUX PAYS PRODUCTEURS DE BLÉ
Année-récolte 1925-1926 *(Millions de tonnes)*

Etats-Unis	Russie	Canada	France	Inde
18.1	17.9	11.1	9	8.8

PRINCIPAUX PAYS PRODUCTEURS DE VIN
Année-récolte 1924-1925 *(Millions d'hectolitres)*

France	Italie	Espagne
82.7	45.3	26.6

Fi. 1. — Production comparée de la France en blé et en vin.

B. — L'ÉLEVAGE

1. L'élevage des bovins. — La France possède un troupeau de *bovins* (bœufs et vaches) très important par le nombre (14 400 000 têtes) et plus important encore par la qualité des races qui le composent, et qui donnent de très bonne viande et de très bon lait.

Les races de *bœufs de boucherie* les meilleures se trouvent en Normandie, dans le Limousin, en Auvergne, dans le Morvan, le Nivernais et le Charolais.

Les races de *vaches laitières* les meilleures se trouvent en Flandre, en Normandie, en Bretagne, dans les Charentes, en Auvergne, en Brie, en Franche-Comté et dans les alpages de la Savoie, du Jura et des Vosges. Les fromages de Normandie (Camembert, Pont-Lévêque, etc.), de Brie, du Jura, de Savoie; les beurres de Normandie, de Bretagne, des Charentes, de Franche-Comté sont une des richesses de la France.

2. Les autres élevages. — L'élevage des *moutons* est en diminution en France : il n'y en a plus guère que dix millions et demi. Pourtant on en trouve de grands troupeaux en Champagne, dans le Berry, le Poitou, les Causses, dans les Landes, le Béarn, en Corse, et dans les plaines méditerranéennes. Dans ces dernières régions, il y a aussi des *chèvres*.

L'élevage des *chevaux* est surtout prospère en Boulonnais, en Normandie, dans le Perche et en Bretagne.

Enfin, on élève en France avec succès un très grand nombre d'*animaux de ferme* : porcs, volailles (poulardes de Bresse et du Maine, oies d'Alsace et du Sud-Ouest, etc.).

C — LES FORÊTS

1. Etendue des forêts françaises. — Un cinquième environ de la surface de la France est occupé par des forêts. Ce sont soit des forêts de montagnes, situées dans les hautes altitudes de nos massifs les plus humides (Vosges, Jura, Dauphiné, Savoie, etc.), soit des forêts de plaines, situées dans les régions dont le sol pauvre ne vaut pas la peine d'être cultivé (forêts de Compiègne, de Fontainebleau, d'Orléans, des Landes, etc.).

Depuis longtemps, l'étendue des forêts, bien qu'on entende dire souvent le contraire, ne paraît pas avoir varié très sensiblement en France. Si certaines forêts ont été abattues, d'autres forêts ont été entièrement créées : par exemple, les forêts de pins maritimes des Landes, création du dernier siècle, ont remplacé une immense étendue de landes stériles et de marécages; elles constituent aujourd'hui le territoire forestier le plus vaste et le plus rémunérateur de la France.

2. Utilité des forêts françaises. — Les forêts françaises sont utiles par le bois qu'elles produisent : *bois durs* (charmes, chênes, hêtres), *bois tendres* (peupliers, bouleaux, pins), *essences méridionales* (chênes-lièges, chênes verts, pins d'Alep), *essences septentrionales* (bois du Nord, sapins, mélèzes).

D'autres produits utiles sont fournis par la forêt : par exemple, le *liège*, les gommes que sécrètent certains arbres, la *résine* des pins des Landes.

D. — LA PÊCHE

Les régions de pêche. — La France n'a pas une vie maritime assez développée pour que la pêche y ait la même importance qu'en Angleterre, en Norvège ou même en Hollande. Toutefois, son développement côtier sur la Manche et l'Atlantique, au voisinage d'une mer riche en bancs de poissons comme la Mer du Nord, et d'autre part les traditions qui entraînent, chaque année, depuis des siècles, nos marins vers les pêcheries d'Islande et de Terre-Neuve, font que la France tient un rang très honorable pour la pêche parmi les pays de l'Europe Occidentale.

Fig. 1. — Un vignoble en Touraine.

Un vignoble moderne : les pieds de vignes sont plantés en longues rangées distantes de 1 m. 20 à 1 m. 50, entre lesquelles il est facile de faire passer pour le labourage une charrue traînée par un cheval. (Phot. Lévy.)

La France possède près de 100 000 pêcheurs de mer, surtout nombreux dans les ports du Boulonnais, de la Normandie, de la Bretagne et de la Provence.

Les régions où la pêche est pratiquée par les Français sont :

1° Les *côtes de France*, surtout les *côtes gasconnes* et les *côtes bretonnes*, où l'on pêche des crustacés et des poissons de toutes sortes, mais principalement les thons et les sardines dont les bancs passent régulièrement au large, chaque été ;

2° La *Méditerranée*, où l'on pêche, entre autres poissons, l'anchois et le thon ;

3° La *Mer du Nord*, où l'on pêche surtout le hareng ;

4° Les *abords de l'Islande et de Terre-Neuve*, où l'on pêche surtout la morue.

La France consomme presque tous les poissons que ses pêcheurs lui apportent, sauf les morues, dont une partie est exportée. Les **principaux ports de pêche** sont : *Boulogne, Fécamp, Saint-Malo, Lorient, La Rochelle* et *Arcachon.*

LECTURES

1. Le blé est de plus en plus cultivé en France et cependant la France doit acheter du blé à l'étranger. — Le blé est, avec le riz, la céréale la plus cultivée dans le monde.

En France, la production du blé a fait de grands progrès depuis un siècle. Vers 1815, la France produisait annuellement 5 millions de tonnes de blé ; vers 1850, elle en produisait 5 250 000 ; aujourd'hui, année moyenne, sa production s'élève à 8 700 000. Celle-ci a donc presque triplé depuis cent ans, cela pour deux raisons :

1° Parce que, progressivement, la culture du blé a remplacé celle d'autres céréales inférieures (orge, seigle, sarrasin) : on ne lui consacrait autrefois que les terres de choix, riches en calcaires, en phosphore, en azote ; aujourd'hui le chaulage, l'emploi des nitrates et des phosphates ont permis de le cultiver dans les terres froides et siliceuses, abandonnées jadis aux céréales inférieures (ainsi en Bretagne, en Vendée, dans le Limousin, etc.) ;

2° Parce que grâce, aux machines, aux engrais, à un meilleur choix des graines semées, à des méthodes de culture plus scientifiques, les rendements sont devenus beaucoup plus forts : vers 1815, un hectare en blé rendait de six à sept quintaux ; il en rend aujourd'hui quinze.

2. La culture de la vigne constitue une des grandes richesses de la France. — La vigne est peu exigeante pour le sol ; on peut dire seulement que les terrains calcaires et les graviers, c'est-à-dire les sols secs, à travers lesquels l'eau filtre, sont ceux qui conviennent le mieux à sa culture. D'autre part, elle supporte aisément les hivers froids à la condition d'avoir des printemps et des étés non seulement chauds, mais ensoleillés. Le midi méditerranéen est, en France, son pays d'élection ; mais elle réussit également fort bien dans les *graves* du Bordelais et sur les coteaux calcaires de la Bourgogne (la *Côte d'Or*), de la Champagne et de la Moselle, qui sont tournés vers le soleil levant et bien chauffés par lui.

La France est le plus grand producteur de vin du monde entier. Son vignoble fut menacé, entre 1850 et 1890, par les ravages d'un insecte, le *phylloxera*, qui détruisait les racines et, par suite, tuait la plante ; on a réussi, malgré le phylloxera, à reconstituer le vignoble. La production de vin de la France est extrêmement variable d'une année à l'autre, car le manque de chaleur ou l'excès d'humidité développent des maladies diverses, oïdium, mildiou, black-rot, qui compromettent la récolte. Celle-ci peut varier ainsi de 35 à 70 millions d'hectolitres, soit environ 50 millions d'hectolitres en moyenne, ce qui représente un tiers de la production mondiale. Les autres principaux pays producteurs sont, autant qu'on peut préciser par des chiffres : l'Italie (38 millions d'hectolitres), l'Espagne (20), l'Algérie-Tunisie (8), etc.

Les grands crus français sont les vins de Bordeaux, de Bourgogne et de Champagne : ils donnent lieu à un grand commerce de vente à l'étranger. D'autres régions produisent des vins réputés : l'Alsace (vins du Rhin), la Lorraine (vins de la Moselle), les pays de la Loire (vins de Vouvray, de Saumur) ; d'autres produisent des vins moins renommés, mais en quantité considérable : le Bas Languedoc (vins dits du Midi).

Les eaux-de-vie de vin (de Cognac, d'Armagnac, etc.) et de marc sont aussi un produit important de la vigne.

3. Comme la culture, l'élevage s'est spécialisé de nos jours. — Voici un bœuf qui naît au printemps en Limousin. Il passe la première année de sa vie dans les montagnes fraîches et vertes de ce pays. Mais le Limousin a peu de prairies artificielles ; le four-

Fig. 2. — Les parcs a bestiaux de la Villette.

Le quartier de la Villette à Paris renferme les abattoirs où est tué le bétail qui sert à l'alimentation de la capitale. Ces abattoirs forment un monde. Chaque jour, le bétail y est amené (bœufs, vaches, moutons, porcs), abattu et dépecé. (Phot. Neurdein.)

rage sec y est rare ; aussi, l'hiver venu, vend-on la plus grande partie des jeunes veaux aux éleveurs de pays plus riches en foin, par exemple aux éleveurs du Poitou. Notre bœuf y restera deux ans : dans ce pays de céréales, on l'emploie au labourage et aux divers travaux des champs, mais modérément : au travail, ses muscles se forment, sa chair devient ferme. Troisième étape : on l'emmène alors dans une région de gras pâturages, par exemple la Normandie, où on l'engraisse en le nourrissant d'une herbe succulente et en le laissant au repos : c'est ce qu'on appelle l'*embouche*. Quand le bœuf est suffisamment engraissé, il est vendu pour l'abattoir.

Les bêtes à cornes destinées à l'industrie laitière accomplissent un tout autre cycle d'existence. Nées dans les montagnes elles y restent : on ne vend au « bas pays » que les veaux, non les génisses. Pour une vache des monts du Cantal, chaque année se partage en deux périodes : l'hiver, qu'elle passe à l'étable dans une ferme de la vallée ; l'été, qu'elle passe dans les hauts pâturages où l'air est frais, l'herbe abondante et riche : c'est là qu'elle donne le plus de lait et le lait le meilleur. C'est pendant cette période que l'on fabrique, dans les *burons*, le beurre et le fromage pour l'exportation.

Ainsi chaque région française se spécialise dans une forme particulière d'élevage. En Auvergne, telle montagne se spécialise dans l'élevage des bœufs de boucherie : c'est dit-on, une *montagne à graisse*; telle autre, dans l'élevage des vaches laitières : c'est une *montagne à lait*.

Fig. 1. — LA PÊCHE DU THON DANS LA MÉDITERRANÉE.

Le thon est un poisson très fort et très vivace. Quand un banc est signalé, les barques l'entourent : on tend un gros filet très résistant, que les pêcheurs halent lentement. Dès que les poissons apparaissent, les uns les assomment, tandis que d'autres les harponnent et les hissent dans la barque.

4. Un grand port de pêche moderne. — Un grand port de pêche moderne, comme Boulogne, ne ressemble guère aux petits ports de pêche des côtes de Bretagne.

Ici, point de petits bateaux, appartenant à une modeste famille de pêcheurs, mais de véritables flottes de grands chalutiers, jaugeant de 500 à 600 tonneaux, marchant à la vapeur ou au pétrole, et faisant en mer des campagnes réglées, sous la direction d'un armateur, dont les capitaines de bateaux ne sont que les employés.

D'autre part, le grand port de pêche a, pour ainsi dire, une organisation industrielle, capable de lui assurer la réception rapide, la conservation et l'expédition du poisson : des quais commodes pour le débarquement rapide du poisson ; de grandes halles, magasins d'entrepôt ou de vente ; des voies ferrées, reliant ces magasins à la gare pour l'enlèvement rapide du poisson après sa mise en caisse ; des gares bien organisées, avec des « trains de marée » rapides et quotidiens vers les grandes villes.

Pour les navires de pêche, qui doivent vite repartir après avoir déchargé leur poisson, le grand port de pêche a des dépôts de charbon, d'eau, de vivres, de glace, etc.

RÉSUMÉ. — **En France, on cultive de nombreuses céréales (avoine, seigle et sarrasin, orge et maïs), et surtout le blé,** dont les principales régions de production sont la *Flandre*, l'*Artois* et la *Picardie*, la *Beauce* et la *Brie*, la *Limagne* et les *pays de la Garonne.*

Les autres cultures alimentaires sont la pomme de terre, les cultures maraîchères et les cultures fruitières.

La France est le premier pays pour la production des vins, soit par la qualité (crus du *Bordelais*, de *Bourgogne*, de *Champagne*, etc.), soit par la quantité.

Les cultures industrielles pratiquées en France sont celles de la betterave sucrière (*Nord de la France*), de l'olivier (*région méditerranéenne*), de la chicorée et du houblon, du lin, du chanvre et du colza, de la garance et du safran, des fleurs.

La France a un important troupeau de bœufs de boucherie et de vaches laitières (industrie des beurres et des fromages). On y élève aussi des moutons, des chèvres, des chevaux et de nombreux animaux de ferme (porcs et volailles).

La France a de nombreuses forêts.

La France pratique la pêche lointaine et la pêche côtière. Les principaux ports de pêche sont : *Boulogne, Fécamp, Saint-Malo, Lorient, la Rochelle* et *Arcachon.*

Exercices. — 1. Carte de l'agriculture, de l'élevage, des forêts et de la pêche en France. — 2. La production du blé en France. — 3. Les autres cultures alimentaires. — 4. La production du vin en France. — 5. Les cultures industrielles. — 6. L'élevage en France. — 7. Les forêts de la France. — 8. La pêche maritime en France.

IV. — L'industrie.

1. Les industries extractives. — Les deux principales industries extractives de la France sont la production de la houille et la production du minerai de fer.

1° La houille. — La France, avec la Sarre, produit 61 millions de tonnes de houille par an. Sa production est bien inférieure à celle des États-Unis, de la Grande-Bretagne et de l'Allemagne.

Voici les principaux bassins houillers de la France :

Au Nord se trouve le *bassin du Nord et du Pas-de-Calais.* Il fournit les trois quarts de la houille que produit la France. Les mines les plus riches sont à *Lens, Anzin* et *Denain.*

Au Nord-Est de la France se trouve le *bassin de la Sarre,* dont le territoire est international, mais dont la houille appartient à la France.

Dans le Massif Central se trouvent un certain nombre de bassins houillers. Les plus importants sont le *bassin du Creusot,* le *bassin de Saint-Étienne* et le *bassin d'Alès.*

La France n'a pas assez de houille pour approvisionner ses usines et pour chauffer sa population. Elle doit en importer chaque année de Grande-Bretagne et d'Allemagne.

Pour suppléer au manque de houille, la France utilise dans les montagnes la force des torrents et des cascades ; c'est ce qu'on appelle la *houille blanche.* La houille blanche produit la force électrique, qui actionne de nombreuses usines dans les Vosges, les Alpes, les Pyrénées et le Massif Central.

2° Le minerai de fer. — La France peut produire près de 40 millions de tonnes de minerai de fer par an, c'est-à-dire plus que n'importe quel autre pays du monde, sauf les États-Unis. Le principal gisement français de minerai de fer est celui de la *Lorraine.* Puis viennent ceux de *Normandie,* de *Bretagne,* des *Pyrénées Orientales.*

Les autres ressources minières notables de la France sont

Fig. 1. — CARTE INDUSTRIELLE DE LA FRANCE.

L'industrie de la laine (draps) est prospère dans le *Nord* (Lille, Roubaix, Tourcoing), en *Normandie* (Elbeuf, Louviers, Lisieux), en *Champagne* (Reims, Sedan), en *Languedoc* (Aubenas, Mazamet, Castres).

L'industrie de la soie comporte le dévidage et le moulinage de la soie, la filature, la fabrication des rubans, des foulards, des velours, des soieries, des soies brochées. Toutes les branches de l'industrie soyère sont prospères en France. Elles sont localisées dans le *Sud-Est*, seule région de France où l'on élève le ver à soie La grande industrie est concentrée à Lyon et à Saint-Etienne.

L'industrie du coton (toiles, draps, velours) est localisée, soit près des grands ports où arrivent les cotons étrangers, soit dans les régions où l'on travaillait jadis le lin, la laine et la soie, que le coton a en partie remplacés. Il y a quatre grands groupes d'industrie cotonnière : le *groupe du Nord* (Lille, Saint-Quentin); le *groupe de Normandie* (Rouen et sa banlieue); le *groupe de l'Est* (Vosges, Mulhouse); le *groupe lyonnais* (Roanne, Tarare, Vienne, etc.).

Dans l'industrie du coton, la France n'est inférieure qu'à l'Angleterre et aux Etats-Unis. Dans l'industrie lainière, elle se place au second rang, après l'Angleterre. Pour l'industrie des soieries, elle vient au premier rang.

la *bauxite*, dont les gisements de Provence alimentent l'industrie de l'aluminium, les mines de *pétrole* de Pechelbronn, en Alsace, et les mines de *potasse* près de Mulhouse, en Alsace.

2. Les industries alimentaires. — La France, grand pays agricole, a de nombreuses industries alimentaires.

La *minoterie* et la *fabrication des pâtes alimentaires* sont surtout développées dans la région du Nord et dans l'Ile-de-France, ainsi qu'à Marseille.

La *fabrication de la bière* est prospère dans le Nord et l'Est, la *fabrication du cidre* dans le Nord-Ouest.

La *fabrication du sucre* est localisée dans le Nord, où l'on cultive la betterave sucrière. Pour cette industrie la France ne le cède qu'à l'Allemagne et à la Tchéco-Slovaquie.

L'*huilerie* est prospère surtout à Marseille, où l'on fabrique de l'huile, soit avec les *olives* de Provence, d'Algérie et de Tunisie, soit avec les *arachides* du Sénégal.

3. Les industries textiles. — L'*industrie du lin* (toiles, linons, tulles, dentelles) est localisée dans le *Nord-Ouest* : Anjou, Bretagne, Maine, Normandie, et surtout dans la *région du Nord*, où l'on fabrique les toiles de Cambrai, d'Armentières et de Dunkerque, les linons et les dentelles de Valenciennes, les tulles de Calais et de Saint-Quentin, etc.

4. Les industries métallurgiques. — Les industries métallurgiques (production de métaux, et notamment du fer et de l'acier, construction de machines) sont localisées soit dans les régions qui produisent le minerai, soit dans les régions qui produisent le *coke* de houille, permettant de fondre le minerai.

Il y a trois grands groupes pour l'industrie métallurgique :

1° Le *groupe du Nord* (Maubeuge, Denain, Valenciennes, Fives et Lille), à proximité du bassin houiller;

2° Le *groupe de l'Est* (Nancy, Briey et Thionville), à proximité de riches gisements de minerai de fer;

3° Le *groupe du Centre* (le Creusot, Saint-Etienne, Montluçon et Commentry), à proximité des houillères du Massif Central.

Il y a encore une puissante métallurgie en Normandie (Caen, le Havre). Grâce à ses chutes d'eau, le Dauphiné est devenu un centre d'électro-métallurgie.

Dans le domaine de la métallurgie du fer, la France, grâce à sa richesse en minerai et malgré sa pauvreté relative en houille, rivalise avec les Etats-Unis, l'Angleterre et l'Allemagne,

5. Les autres industries de la France. — En France, il y a encore d'autres industries dont les produits s'exportent dans le monde entier. On peut citer :

1° La *fabrication des automobiles*, dans la banlieue de Paris ;

2° Les *industries chimiques* et la *savonnerie* dans la banlieue de Paris, à Marseille et à Lyon ;

3° La *verrerie* (verres, cristaux, glaces), en Lorraine, à Baccarat ; dans le Nord, à Saint-Gobain ; dans le Massif Central, à Montluçon, Carmaux, Albi ;

4° L'*horlogerie*, dans le Jura, à Besançon ;

5° L'industrie du *caoutchouc*, à Paris et à Clermont-Ferrand ;

6° La fabrication des *porcelaines* et des *faïences*, à Limoges, à Gien, à Nevers, à Sèvres, à Sarreguemines, etc. ;

7° La fabrication des *gants*, à Grenoble et à Saint-Junien ;

8° La fabrication du *papier*, à Angoulême, à Annonay, à Voiron (près de Grenoble), dans les Vosges (Epinal), dans le Nord et près de Paris (Corbeil) ;

9° La fabrication des *parfums*, à Grasse, en Provence ;

10° Les *articles de luxe* qui se fabriquent à Paris, articles de couture, de mode, de bijouterie, articles de Paris. Ces articles se vendent dans le monde entier.

HOUILLE *PRODUCTION 1925*

France	États-Unis	Angleterre	Allemagne
61	530	248	163

millions de tonnes

MINERAI DE FER *PRODUCTION 1925*

France	États-Unis	Angleterre	Suède
35	62	10	8

millions de tonnes

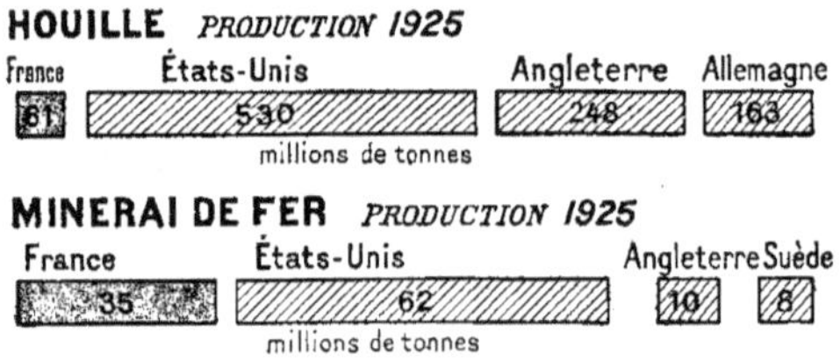

Fig. 1. — PRODUCTION COMPARÉE DE LA FRANCE EN HOUILLE ET EN MINERAI DE FER.

6. Les grandes régions industrielles. — Les grandes régions industrielles de la France sont :

1° Les **régions minières** : *région du Nord, région de l'Est, région lyonnaise.* L'industrie s'est développée dans ces régions parce qu'elles possèdent la houille ou le fer.

2° Les **régions des grands ports** : *région de la Seine-Inférieure, région de la Loire-Inférieure, région de Bordeaux, région de Marseille.* L'industrie s'est développée dans ces régions, parce qu'on y débarque certaines matières qui viennent de l'étranger et qui sont nécessaires à l'industrie, comme la laine, le coton, la soie.

3° La **région parisienne** : *Paris* et sa *banlieue.* On y trouve les artistes et les artisans capables de créer les objets de luxe qui font la réputation de l'industrie française.

LECTURES

1. Il y a un échange incessant et très actif entre les pays qui possèdent le fer et ceux qui possèdent la houille. — Jadis, au temps où le minerai se fondait au feu de bois, les seules régions travaillant le fer étaient celles où se trouvaient les mines de fer ; les forêts voisines fournissaient le combustible nécessaire aux fourneaux. Mais, depuis que la houille est le grand combustible de l'industrie, la métallurgie s'est transportée en partie dans les pays houillers. De là un échange constant entre pays producteurs de fer et pays producteurs de houille.

Pour la fonte proprement dite, on se sert non de houille mais de coke (houille dont on a extrait le gaz) : or le coke est relativement léger ; son transport coûte relativement peu. Il coûte moins cher de le transporter dans les pays de fer que de transporter le fer dans les pays de houille. Conséquence : la Lorraine, riche en minerai et pauvre en houille, fait venir du coke de la région du Nord ou d'Allemagne pour fondre son minerai. Elle produit de la fonte, du fer de l'acier (*sidérurgie*). Le métal produit, il faut le transformer en machines, rails, quincaillerie, etc. Aux usines de transformation, il faut de la houille, non du coke. Le transport de la houille, produit lourd et de peu de prix, est relativement plus cher que celui des plaques ou des blocs de métal, produits de prix bien plus élevé. Conséquence : la région du Nord fabrique des objets en métal (*métallurgie*) avec la fonte, le fer et l'acier achetés en Lorraine.

2. Le tissage du coton s'est naturellement étendu partout où l'on tissait la laine, le lin ou la soie. — Jadis on ne connaissait que les toiles de lin, les draps de laine, les étoffes de soie, parce que ces matières premières se trouvaient dans nos pays. Le développement des relations avec l'Inde et avec l'Amérique a fait connaître un nouveau textile, le coton, qui permet d'obtenir des toiles et tissus à meilleur marché, et le développement de la grande navigation a rendu possible l'introduction de ce textile sur le marché français.

On s'est donc mis à travailler le coton en France, et naturellement là même où déjà l'on tissait le lin, la laine ou la soie. Pourquoi là naturellement ? Parce qu'il y avait là un bon outillage pour tisser et une classe de tisserands déjà familiarisés avec le tissage. Voici des exemples :

1° La région du Nord tissait la laine et le lin : aujourd'hui, Roubaix et Tourcoing fabriquent des cotonnades, dont la quantité et la valeur globale, si elles sont loin d'égaler celles des lainages, dépassent déjà celles des toiles de lin.

2° Dans l'Est, grâce à leurs moutons, la Champagne et l'Alsace ont toujours tissé la laine. Aujourd'hui, si, en Champagne, Reims reste fidèle à la laine, Troyes ne fabrique plus que des articles dits de *bonneterie* (bonnets, bas, etc.) tissés en coton ; en Alsace, par exemple à Mulhouse, c'est la filature et le tissage du coton qui dominent.

3° Grâce à leurs moutons, les régions de la Picardie et du pays de Caux ont aussi de toute antiquité travaillé la laine : les principaux centres étaient Amiens, à l'Est, et Rouen à l'Ouest. Aujourd'hui, Amiens fabrique surtout des velours de coton, Rouen ne fabrique presque plus que des cotonnades.

4° Enfin, Lyon est le premier centre du monde pour la fabrication de la soie. Toutes les régions environnantes tissent des soieries pour les fabricants lyonnais. A notre époque, où le luxe se démocratise, on fabrique beaucoup d'étoffes à bon marché, velours, rubans, etc., où le coton se mêle à la soie. Au voisinage de Lyon, Saint-Étienne, Roanne et de nombreuses villes du Beaujolais fabriquent des velours et des rubans de « soie coton » ou même de coton pur. Enfin, l'industrie de la soie artificielle se développe de plus en plus.

RÉSUMÉ. — La France produit une certaine quantité de houille, surtout dans le bassin houiller du *Nord* et les différents bassins du *Massif Central*, et une très grande quantité de minerai de fer, surtout en *Lorraine*. Les autres produits miniers sont la bauxite, qui donne l'aluminium, le pétrole et la potasse.

La France a de nombreuses industries alimentaires : minoterie, fabrication des pâtes alimentaires, de la bière, du cidre, du sucre, huileries.

La France a de puissantes industries textiles (lin, laine, soie, coton), une puissante industrie métallurgique et des industries très variées dont les plus importantes sont celles qui produisent des articles de luxe.

Les principales régions industrielles sont les régions minières (*Nord, Lorraine, région lyonnaise*), les régions des grands ports (*Basse Seine, Basse Loire, environs de Bordeaux, de Marseille*) et la *région parisienne.*

Exercices. — 1. Carte de l'industrie en France. — 2. La production minière de la France. — 3. Les industries alimentaires. — 4. Les industries textiles. — 5. L'industrie métallurgique. — 6. Les autres industries. — 7. Les grandes régions industrielles de la France.

Fig. 1. — LES VOIES NAVIGABLES EN FRANCE.

V. — Les voies de communication.

1. Les routes. — La France possède 690 000 kil. de routes : *routes nationales, routes départementales, chemins de grande communication et chemins vicinaux.*

2. Les voies navigables. — La France a 13 500 kilomètres de voies navigables : cours d'eau et canaux.

Les *cours d'eau* sont navigables naturellement ou grâce aux travaux des hommes, qui ont corrigé leur pente, creusé leur lit, construit des barrages pour retenir les eaux pendant les crues et les écouler pendant les périodes de sécheresse.

Les *canaux* sont de deux sortes. Les uns unissent deux cours d'eau navigables : ce sont les *canaux de jonction.* Les autres sont parallèles aux cours d'eau non navigables et les remplacent : ce sont les *canaux latéraux.*

3. Tableau des voies navigables. — On trouvera ci-dessous les principales voies navigables de la France. Les villes nommées entre parenthèses sont les principaux ports de navigation intérieure. Les noms sont en italique pour les ports servant en même temps à la navigation maritime.

RÉGIONS	COURS D'EAU NAVIGABLES OU CANAUX LATÉRAUX	CANAUX DE JONCTION	COURS D'EAU UNIS PAR LES CANAUX DE JONCTION	RÉGIONS	COURS D'EAU NAVIGABLES OU CANAUX LATÉRAUX	CANAUX DE JONCTION	COURS D'EAU UNIS PAR LES CANAUX DE JONCTION
BASSIN PARISIEN	*Seine* (*Paris, Rouen, le Havre*). Oise et **Aisne**. Marne.	*Canal de la Sambre à l'Oise.* *Canal de la Marne au Rhin.* *Canal de Bourgogne.* *Canal du Nivernais.*	Unit la Sambre avec l'Oise. Unit la Marne avec le Rhin. Unit l'Yonne avec la Saône. Unit l'Yonne avec le canal latéral à la Loire.	RÉGION DE L'EST	**Rhin** (Strasbourg). **Moselle, Meurthe** (Nancy), et **Sarre.** **Meuse.** Saône (Chalon-sur-Saône Lyon).	*Canal de la Marne au Rhin* (Nancy, Strasbourg). *Canal du Rhône au Rhin* (Montbéliard).	Unit la Marne avec le Rhin. Unit le Rhône au Rhin, par la Saône, le Doubs et l'Ill canalisés.
	Yonne et **Loing inférieurs.** Canal latéral à la Loire.	*Canal de Briare* (Briare). *Canal du Centre* (Decize, Digoin). *Canal du Berry.*	Unit le Loing avec le canal latéral à la Loire. Unit le canal latéral à la Loire avec la Saône. Unit le canal latéral à la Loire avec le Cher.	RÉGION DE L'OUEST	Orne (Caen), **Rance,** (Saint-Malo), **Aulne** (Brest), **Blavet** (Lorient), **Vilaine** (Rennes), **Loire-Inférieure** (Nantes. St-Nazaire).	*Canal de Nantes à Brest.*	Unit Nantes et la Loire inférieure avec Brest.
RÉGION DU NORD	Escaut. Lys. Scarpe. Sambre (Maubeuge).	*Canaux du Nord* (Lille, Dunkerque, Calais). *Canal de Saint-Quentin* (Saint-Quentin).	Unissent tous les cours d'eau du Nord entre eux et avec la mer. Unit la Sensée, affluent de la Scarpe, avec la Somme.	RÉGION DU SUD-OUEST	Charente (Angoulême, Rochefort), **Gironde** et **Garonne inférieure** (Bordeaux), canal latéral à la Garonne (Toulouse), **Adour** (Bayonne).	*Canal des Deux-Mers* (Sète, Beaucaire).	Unit le canal latéral à la Garonne avec la Méditerranée et le Rhône inférieur.
	Somme (Saint-Quentin).	*Canal de la Somme.*	Unit la Somme avec l'Oise.	SUD-EST	Rhône (Lyon),	*Canal du Rhône à Marseille* (Marseille).	Unit le Rhône inférieur avec le port de Marseille.

TABLEAU DES PRINCIPALES VOIES FERRÉES DE LA FRANCE

RÉSEAUX	PRINCIPALES LIGNES	PRINCIPALES STATIONS	PASSAGES NATURELS UTILISÉS	TRAVAUX D'ART	CARACTÈRES DES RÉGIONS TRAVERSÉES	PROLONGEMENT A L'ÉTRANGER
ÉTAT	1° *Paris-Le Havre.* 2° *Paris-Cherbourg.* 3° *Paris-Brest.* 4° *Paris-Bordeaux.*	*Rouen.* *Caen.* *Le Mans, Rennes.* *Niort.*	» » » »	» » Viaduc de Morlaix. »	Le réseau de l'État traverse la Normandie, la Bretagne, la Vendée et les Charentes. Il apporte à Paris les produits de ces pays : céréales, bétail, légumes, beurre, pommes.	Les lignes de l'État aboutissent aux ports du Havre et de Cherbourg, où l'on s'embarque pour les *Etats-Unis*, et de Bordeaux, où l'on s'embarque pour l'*Amérique du Sud* et l'*Afrique occidentale*.
NORD	1° *Paris-Calais.* 2° *Paris-Lille.* 3° *Paris-Maubeuge.*	*Creil, Amiens, Boulogne.* *Creil, Amiens, Arras.* *Creil, Saint-Quentin.*	» » »	» » »	Le réseau du Nord parcourt des plaines aux riches cultures, possédant les plus grands centres industriels de France. Il fait le commerce le plus actif.	A Boulogne et à Calais, on s'embarque pour l'*Angleterre*. Les lignes de Paris à Lille et à Maubeuge se prolongent en Belgique (*Bruxelles, Anvers, Liége*), en Hollande et en Allemagne.
EST PROLONGÉ par ALSACE-LORRAINE	1° *Paris-Longwy.* 2° *Paris-Strasbourg.* 3° *Paris-Mulhouse.*	*Reims, Mézières.* *Nancy.* *Troyes, Belfort.*	Couloir de la Meuse (Ardennes). Col de Saverne (Vosges) Trouée de Belfort.	» » »	Le réseau de l'Est, prolongé par le réseau d'Alsace-Lorraine, parcourt les plaines de la Champagne et de la Lorraine. Il unit Paris à la grande région industrielle de l'Est et à la riche Alsace.	La ligne de Paris à Longwy se prolonge par l'Allemagne, vers *Berlin* et la Russie. Les lignes Paris-Strasbourg et Paris-Mulhouse se prolongent par l'Allemagne ou la Suisse, vers *Vienne* et *Constantinople*.
PARIS-LYON-MÉDITERRANÉE	1° *Paris-Pontarlier.* 2° *Paris-Modane* 3° *Paris-Marseille.* 4° *Paris-Sète.*	*Dijon.* *Dijon, Mâcon.* *Dijon, Mâcon, Lyon, Avignon.* *Moulins, Clermont-Ferrand, Nîmes, Montpellier.*	Cluse de Pontarlier. » Couloir du Rhône. Vallée de l'Allier.	Tunnel de Blaizy-Bas. Tunnel de Blaizy-Bas. Tunnels de Blaizy et de la Nerthe. »	Le réseau Paris-Lyon-Méditerranée parcourt les montagnes peu peuplées du Jura, des Alpes et de l'Est du Massif Central, mais aussi les riches plaines de Bourgogne, de Provence et de Languedoc, qui envoient à Paris des vins, des huiles, des légumes, des fleurs et des fruits. Ce réseau unit la capitale de la France, Paris, aux deux autres plus grandes villes de notre pays : le centre industriel de *Lyon* et le port de *Marseille*, sur la Méditerranée.	La ligne Paris-Pontarlier se prolonge en *Suisse* et en *Italie*. La ligne Paris-Modane conduit en Italie. Enfin Marseille est le point de départ pour les pays riverains de la *Méditerranée* (*Algérie, Tunisie, Maroc*) et pour l'*Extrême-Orient*.
PARIS-ORLÉANS	1° *Paris-Toulouse.* 2° *Paris-Bordeaux.* 3° *Paris-Quimper.*	*Orléans, Limoges.* *Orléans, Tours, Poitiers, Angoulême.* *Orléans, Tours, Angers, Nantes, Lorient.*	» Seuil du Poitou. »	» » »	Le réseau de Paris-Orléans parcourt les montagnes peu peuplées du Massif Central. Mais il unit Paris aux pays de la Loire et aux plaines du Bassin Aquitain, qui lui fournissent leur blé, leur bétail, leurs vins, leurs légumes et leurs fruits.	La ligne Paris-Bordeaux conduit au port de Bordeaux, où l'on s'embarque pour l'*Amérique du Sud*, pour le *Maroc* et pour nos grandes colonies de l'*Afrique Occidentale*. Les lignes de Paris-Bordeaux et de Paris-Toulouse se prolongent, par le réseau du Midi, en *Espagne*.
MIDI	1° *Bordeaux-Hendaye.* 2° *Neussargues-Cerbère.* 3° *Bordeaux-Sète.*	*Bayonne.* *Narbonne, Perpignan.* *Toulouse.*	» » »	» Viaduc de Garabit. »	Le réseau du Midi unit l'Océan Atlantique à la Méditerranée. Il unit aussi la France à l'Espagne.	Les lignes Bordeaux-Hendaye et Neussargues-Cerbère se prolongent en *Espagne*. Une ligne de Pau au col de Somport se prolonge aussi en Espagne.

4. Caractères du réseau navigable de la France. — *Le réseau navigable de la France n'est pas complet* : certaines régions sont dépourvues de voies navigables ; c'est le cas, non seulement des régions montagneuses, mais de certaines régions de plaines.

Il est peu cohérent : certaines régions ont des voies navigables sans lien avec celles des autres régions. Telles sont la Bretagne, les Charentes, la région du Sud-Ouest.

Il est peu homogène : les canaux, d'âge différent, n'ont ni profondeur ni largeur identiques.

5. Voies ferrées. — La France a 54 000 kil. de voies ferrées, soit 9 km., 8 pour 100 kil. carrés de superficie.

L'ensemble est divisé en 7 portions, ou *réseaux*, dont une administrée par l'*État*, et les six autres par des compagnies :

1° la Compagnie du *Nord* ;

2° la Compagnie de l'*Est* ;

3° la Compagnie d'*Alsace-Lorraine* ;

4° la Compagnie de *Paris-Lyon-Méditerranée* ;

5° la Compagnie de *Paris-Orléans* ;

6° la Compagnie du *Midi*.

Ce réseau est très centralisé : presque toutes les grandes lignes partent de Paris.

Fig. 1. — CARTE DES VOIES FERRÉES EN FRANCE.

6. Principales lignes de chemins de fer. — Le tableau de la p. 192 donne les principales lignes de chemins de fer de la France, groupées par réseau.

LECTURE

Canaux et voies ferrées ne se font pas concurrence ; au contraire, ils se complètent. — Au point de vue économique, les canaux présentent sur les voies ferrées à la fois des avantages et des désavantages.

1° Les transports par voie d'eau sont plus lents, principalement si la voie est un canal, et par conséquent munie d'écluses dont la manœuvre prend du temps.

2° Par contre, les transports par voie d'eau sont beaucoup moins coûteux : pour conduire et traîner sur un canal bien réglé un bateau qui porte 300 tonnes de marchandises, c'est-à-dire la charge d'un très long train ordinaire de marchandises, il suffit d'un homme et d'un cheval ou d'un mulet.

Le transport par voie d'eau s'impose donc pour les matières lourdes (houille, minerais, fonte, ciment, chaux, pierre de taille, bois, etc.) qui représentent une valeur relativement faible pour un poids et un volume assez considérables. Dans une région industrielle où l'on a à transporter beaucoup de matières lourdes, un bon réseau de voies navigables constitue une ressource de première importance.

Au contraire, le transport par voie ferrée s'impose pour les marchandises qui, valant cher pour un faible poids ou un mince volume (objets fabriqués, soieries, lainages, machines, etc.), peuvent supporter des frais de transport assez élevés, ainsi que pour les produits (lait, viande, légumes, poissons, d'une manière générale denrées) qui se détérioreraient en restant trop longtemps en route et doivent emprunter les voies les plus rapides.

Il en résulte que canaux et voies ferrées, loin de se faire concurrence, se complètent plutôt.

RÉSUMÉ. — La France possède 690 000 kilomètres de routes et de chemins.

La France a 13 500 kilomètres de voies navigables, cours d'eau et canaux. Ce réseau est surtout nombreux et bien coordonné dans la *région du Nord*, la *région de l'Est* et le *Bassin Parisien*.

La France a 54 000 kilomètres de voies ferrées. Elles se divisent en sept réseaux : *État, Nord, Est, Alsace-Lorraine, Paris-Lyon-Méditerranée, Paris Orléans* et *Midi*. Le système des chemins de fer français est très centralisé : la plupart des lignes importantes partent de Paris.

Exercices. — 1. Carte des voies navigables de la France. — 2. Carte des principales voies ferrées de la France. — 3. Itinéraire par eau de Strasbourg à Dunkerque : cours d'eau, canaux, principaux ports. — 4. Itinéraire par voie ferrée de Strasbourg à Bordeaux (réseaux utilisés, stations, caractères des régions traversées). — 5. Même question pour un itinéraire de Brest à Marseille.

VI. — Le commerce extérieur.

1. Importance et valeur. — Le commerce extérieur de la France est considérable. Il n'est inférieur qu'à ceux de la Grande-Bretagne, des États-Unis et de l'Allemagne.

L'infériorité relative de la France par rapport à ces trois pays tient à des causes de deux ordres.

1° La France, au cours des quarante dernières années, a vu diminuer son *commerce de transit*. Le commerce de transit entre l'Atlantique et la Méditerranée, qui se faisait jadis par la vallée du Rhône et par Marseille, a été atteint par le percement des tunnels alpins du Saint-Gothard et du Simplon en territoire suisse : les voies ferrées qui les utilisent ont dévié vers des ports plus orientaux une partie des marchandises jadis embarquées ou débarquées à Marseille.

2° Le *commerce d'importation et d'exportation* proprement dit a crû moins vite en France que chez ses rivaux par suite du moindre accroissement de la population : plus une population est nombreuse, plus elle produit et consomme.

Un avantage de la France sur la Grande-Bretagne et sur l'Allemagne est que ses exportations sont plus fortes que ses importations.

2. Buts et objets du commerce de la France. — La France exporte plus qu'elle n'importe : ses exportations représentent 52 pour 100, et ses importations 48 pour 100 de son commerce total.

La France importe surtout des *matières alimentaires* et des *matières premières*; elle exporte surtout des *objets manufacturés*, puis des *matières premières* et des *matières alimentaires*.

A QUI NOUS VENDONS

Gde Bretagne	Belgique	Et.ᵗ Unis	Allem.	Algérie	Suisse	Italie	Divers
197	187	67	83	64	64	39	319

pour cent

A QUI NOUS ACHETONS

Gde Bretagne	Belg.	Etats-Unis	Allem.	Alg.	Ital.	Rép. Arg.	Divers
134	7	145	5	37	37	37	49

pour cent

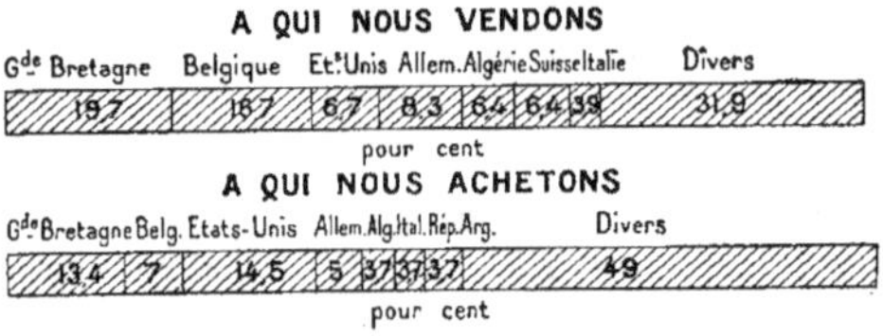

FIG. 1. — CLIENTS ET FOURNISSEURS DE LA FRANCE.

Les grands clients et les grands fournisseurs de la France sont : la *Grande-Bretagne*, la *Belgique*, les *États-Unis*, l'*Allemagne*, nos autres voisins, nos *colonies* et les grands États de l'Amérique du Sud (*Brésil, République Argentine*).

3. Tableau de nos échanges principaux.

I

Articles importés	de	par
MATIÈRES ALIMEN- TAIRES		
Blé	Amérique, Algérie.	Le Havre, Marseille.
Riz	Indochine.	Marseille.
Sucre et rhum	Antilles.	Saint-Nazaire.
Viandes et graisses. .	République Argentine, États-Unis.	Bordeaux, Le Havre.
Thé	Extrême-Orient.	Marseille.
Café	Brésil.	Le Havre.
MATIÈRES PRE- MIÈRES		
Lin	Russie.	Dunkerque.
Coton	États-Unis.	Le Havre.
Laine . . .	Argentine, Australie.	Dunkerque.
Soie . . .	Chine, Italie.	Marseille.
Houille . . .	Angleterre, Allemagne.	Tous les ports.
Pétrole . . .	États-Unis, Roumanie.	Le Havre, Marseille, Dunkerque, Nantes.
Bois	Scandinavie.	Dunkerque.
OBJETS MANUFACTURÉS. . .	Angleterre, Allemagne, Belgique, États-Unis.	

II

Articles exportés	vers	par
MATIÈRES ALIMEN- TAIRES		
Vins	Monde entier.	Bordeaux, le Havre.
Produits de laiteries. .	Angleterre.	Caen, Saint-Malo.
Légumes et fruits. . .	Angleterre.	Caen, Saint-Malo.
MATIÈRES PRE- MIÈRES		
Minerai de fer	Angleterre, Belgique, Allemagne.	Caen et frontières de terre.
Potasse. . .	Monde entier.	
OBJETS MANUFAC- TURÉS		
Toiles de lin.	Europe occidentale.	Le Havre, Dunkerque.
Cotonnades .	Monde entier.	Marseille, Le Havre.
Lainages . .	Monde entier.	Marseille, Le Havre.
Soieries . .	Monde entier.	Marseille, Le Havre.
Sucre. . . .	Angleterre.	Dunkerque.
Métallurgie .	Monde entier.	Marseille, Dunkerque, Le Havre.
Articles de Paris	Monde entier.	

4. La marine marchande de la France. — La marine marchande de la France représente, en navires à moteur mécanique (vapeur ou pétrole) capables de voyager en haute mer, trois millions de tonneaux de jauge. C'est la quatrième marine marchande du monde, après celle du Royaume-Uni (19 millions de tonneaux), des États-Unis (12 millions de tonneaux) et du Japon (3 600 000 tonneaux) ; avant celle de la Norvège, de l'Italie et de l'Allemagne.

Malgré son importance, cette flotte marchande est insuffisante : son tonnage ne lui permet pas de faire tout le commerce de la France, qui doit payer la location de nombreux navires étrangers, surtout de navires britanniques.

5. Les grands ports de commerce. — La France a de nombreux ports de commerce sur les quatre mers qui la baignent. Toutefois, l'activité de ces ports est très inégale. De plus en plus le commerce extérieur se concentre dans un petit nombre de grands ports situés soit à proximité d'une région industrielle, soit au débouché d'une voie fluviale. Les plus grands ports français sont au nombre de sept : Dunkerque, Rouen et le Havre, Nantes et Saint-Nazaire, Bordeaux, Marseille.

Dunkerque, sur la mer du Nord, reçoit les matières premières destinées à la région industrielle du Nord (lin, laine, bois, minerais, pétrole).

Rouen et *le Havre* sont situés sur la Seine inférieure. Rouen, situé sur la Seine même, est le point où les marchandises arrivant d'outre-mer sont transbordées à destination de Paris. Le Havre, situé sur l'estuaire de la Seine, est un grand marché de coton, de café, de pétrole, etc. C'est notre plus grand port après Marseille.

Nantes et *Saint-Nazaire* sont situés sur la Loire inférieure. Nantes, situé sur la Loire même, est un centre industriel (constructions navales, industrie des conserves, sucrerie, raffinerie de pétrole, etc.); il reçoit par mer la houille et les matières premières dont son industrie a besoin. Saint-Nazaire, sur l'estuaire, est l'avant-port de Nantes.

Bordeaux est situé sur la Garonne. C'est le principal port pour nos relations avec l'Amérique du Sud, le Maroc et nos colonies de l'Afrique Occidentale. C'est un centre d'industries diverses et de constructions navales, un grand marché de vins, de bois, de laine, de caoutchouc, d'huiles.

Marseille, sur la Méditerranée, près de l'embouchure du Rhône, est le premier port de la France, le cinquième port de l'Europe. Marseille est le centre de nos relations avec les pays de la Méditerranée, avec nos colonies d'Afrique du Nord, et, par le canal de Suez, avec l'Inde, l'Extrême-Orient, notre colonie de l'Indochine et l'Océanie. Grand marché de produits coloniaux (huiles, riz, caoutchouc, etc.), centre de grandes industries (huileries, savonneries, ciment, etc.), Marseille est l'une des villes les plus actives du monde.

A côté de ces ports de premier ordre, on en peut citer encore un bon nombre d'autres qui font un commerce actif :

1° Sur la Manche, *Calais* et *Boulogne*, ports du Nord ; *Caen*, sur l'estuaire de l'Orne, qui exporte les minerais de fer normands ; *Cherbourg*, port d'escale important pour l'Amérique ; *Saint-Malo*, qui exporte des légumes en Angleterre ;

2° Sur l'Océan Atlantique, *Brest* et *Lorient*, ports de guerre qui deviennent ports de commerce ; *La Rochelle* et son avant-port de *la Pallice*, qui font du commerce avec les Antilles et le Brésil ; *Bayonne*, sur l'estuaire de l'Adour, port du bois des Landes et des minerais espagnols ;

3° Sur la Méditerranée, *Port-Vendres*, en Roussillon, qui fait un certain commerce avec l'Algérie, et *Sète*, en Bas Languedoc, grand marché de vins.

Fig. 1. — Carte commerciale de la France.

LECTURE

La marine marchande française fait peu de progrès. — La marine marchande de la France ne vient qu'au quatrième rang, après celles de l'Angleterre, des États-Unis et du Japon, alors que son commerce est bien supérieur à celui du Japon.

Nous n'avons pas assez de charbon, et nous n'avions pas avant la guerre assez de fer pour égaler dans les constructions maritimes l'Angleterre, les États-Unis et l'Allemagne. D'autre part, la nature même de notre travail ne nous donne pas de quoi remplir régulièrement les grands *cargos* modernes, surtout par nos exportations qui portent en grande partie sur des produits de luxe, de prix élevé, mais de faible volume et de faible poids. Néanmoins, notre marine ne suffit pas à notre commerce maritime : la France payait chaque année, avant la guerre de 1914-1918, plus de 400 millions de francs aux navires marchands étrangers qui faisaient une partie de son commerce. Aujourd'hui elle doit payer cinq fois plus.

C'est là une raison qui doit inciter la France à développer sa marine marchande. Mais aujourd'hui il y en a une autre : depuis 1918 la France possède la totalité des mines de fer de Lorraine et les gisements de potasse d'Alsace. Il y a là des matières lourdes d'exportation qui peuvent remplir les cales de nombreux navires.

RÉSUMÉ. — La France a l'un des commerces les plus actifs du monde.

La France a une flotte marchande importante, mais insuffisante pour son commerce. Ses principaux ports de commerce sont : *Dunkerque, Rouen* et *le Havre, Nantes,* et *Saint-Nazaire, Bordeaux, Marseille.*

La France importe surtout des denrées alimentaires et des matières premières. Elle exporte plus d'objets manufacturés que de denrées alimentaires et de matières premières.

Elle fait du commerce avec le monde entier, mais surtout avec ses voisins, ses colonies, les États-Unis et l'Amérique du Sud.

Exercices. — 1. Carte du commerce de la France. — 2. Énumérez les grands ports de commerce français et caractérisez leur commerce. — 3. Faites un tableau des importations et des exportations françaises : produits, lieu d'origine ou de destination, port de débarquement ou d'embarquement.

TABLEAU DES 89 DÉPARTEMENTS

Les sous-préfectures sont énumérées d'après l'ordre de leur situation, du Nord au Sud.
Celles qui sont particulièrement importantes sont mises en italique.

1° au Nord.

ANCIENNES PROVINCES	DÉPARTEMENTS	CHEFS-LIEUX ET SOUS-PRÉFECTURES
FLANDRE....	*Nord*	LILLE. — *Dunkerque, Douai, Valenciennes*, Cambrai, Avesnes.
ARTOIS......	*Pas-de-Calais*	ARRAS. — Saint-Omer, *Boulogne*, Béthune, Montreuil.
PICARDIE....	*Somme*	AMIENS. — Abbeville, Péronne, Montdidier.
ILE-DE-FRANCE...	*Aisne*	LAON. — *Saint-Quentin*, Vervins, Soissons.
	Oise	BEAUVAIS. — Compiègne, Senlis.
	Seine-et-Oise	VERSAILLES. — Pontoise, Rambouillet, Corbeil.
	Seine	PARIS.
	Seine-et-Marne	MELUN. — Meaux, Provins.

2° à l'Ouest.

ANCIENNES PROVINCES	DÉPARTEMENTS	CHEFS-LIEUX ET SOUS-PRÉFECTURES
NORMANDIE..	*Seine-Inférieure*	ROUEN. — Dieppe, *le Havre*.
	Eure	ÉVREUX. — Les Andelys, Bernay.
	Orne	ALENÇON. — Argentan.
	Calvados	CAEN. — Bayeux, Lisieux.
	Manche	SAINT-LÔ. — *Cherbourg*, Coutances, Avranches.
BRETAGNE...	*Ille-et-Vilaine*	RENNES. — Saint-Malo, Fougères, Redon.
	Loire-Inférieure	NANTES. — Châteaubriant, *Saint-Nazaire*.
	Morbihan	VANNES. — Pontivy, *Lorient*.
	Côtes-du-Nord	SAINT-BRIEUC. — Lannion, Guingamp, Dinan.
	Finistère	QUIMPER. — Morlaix, *Brest*, Châteaulin.
MAINE......	*Sarthe*	LE MANS. — Mamers, la Flèche.
	Mayenne	LAVAL. — Mayenne.
ANJOU......	*Maine-et-Loire*	ANGERS. — Segré, Saumur, Cholet.
POITOU......	*Vienne*	POITIERS. — Châtellerault, Montmorillon.
	Deux-Sèvres	NIORT. — Parthenay.
	Vendée	LA ROCHE-SUR-YON. — Les Sables-d'Olonne, Fontenay-le-Comte.
AUNIS ET SAINTONGE.	*Charente-Infér^re*	LA ROCHELLE. — *Rochefort*, Saintes, Jonzac.
ANGOUMOIS..	*Charente*	ANGOULÈME. — Confolens, Cognac.

3° au Centre.

ANCIENNES PROVINCES	DÉPARTEMENTS	CHEFS-LIEUX ET SOUS-PRÉFECTURES
ORLÉANAIS..	*Loiret*	ORLÉANS. — Montargis.
	Eure-et-Loir	CHARTRES. — Dreux, Châteaudun.
	Loir-et-Cher	BLOIS. — Vendôme.
NIVERNAIS...	*Nièvre*	NEVERS. — Clamecy, Château-Chinon.
BERRY.....	*Cher*	BOURGES. — Saint-Amand.
	Indre	CHÂTEAUROUX. — Le Blanc, La Châtre.
TOURAINE...	*Indre-et-Loire*	TOURS. — Chinon.
MARCHE.....	*Creuse*	GUÉRET. — Aubusson.
LIMOUSIN...	*Haute-Vienne*	LIMOGES. — Bellac, Rochechouart.
	Corrèze	TULLE. — Brive.
BOURBONNAIS	*Allier*	MOULINS. — *Montluçon*, La Palisse.
AUVERGNE...	*Puy-de-Dôme*	CLERMONT-FERRAND. — Riom, Thiers, Issoire.
	Cantal	AURILLAC. — Mauriac, Saint-Flour.
LYONNAIS....	*Rhône*	LYON. — *Villefranche*.
	Loire	SAINT-ETIENNE. — *Roanne*, Montbrison.

4° au Sud-Ouest.

ANCIENNES PROVINCES	DÉPARTEMENTS	CHEFS-LIEUX ET SOUS-PRÉFECTURES
GUYENNE ET GASCOGNE	*Gironde*	BORDEAUX. — Blaye, Libourne, Langon.
	Dordogne	PÉRIGUEUX. — Nontron, Sarlat, Bergerac.
	Lot	CAHORS. — Gourdon, Figeac.
	Aveyron	RODEZ. — Villefranche, Millau.
	Tarn-et-Garonne	MONTAUBAN. — Castelsarrasin.
	Lot-et-Garonne	AGEN. — Marmande, Villeneuve-sur-Lot.
	Landes	MONT-DE-MARSAN. — Dax.
	Gers	AUCH. — Condom, Mirande.
	Hautes-Pyrénées	TARBES. — Bagnères-de-Bigorre.
	Haute-Garonne	TOULOUSE. — Saint-Gaudens.
LANGUEDOC..	*Aude*	CARCASSONNE. — Narbonne, Limoux.
	Tarn	ALBI. — Castres.
	Hérault	MONTPELLIER. — Béziers.
	Gard	NÎMES. — Alès, le Vigan.
	Ardèche	PRIVAS. — Tournon, Largentière.
	Lozère	MENDE. — Florac.
	Haute-Loire	LE PUY. — Brioude.
ROUSSILLON.	*Pyrénées-Orient^es*	PERPIGNAN. — Prades, Céret.
COMTÉ DE FOIX	*Ariège*	FOIX. — Saint-Girons.
BÉARN	*Basses-Pyrénées*	PAU. — *Bayonne*, Oloron-Sainte-Marie.

5° au Sud-Est.

ANCIENNES PROVINCES	DÉPARTEMENTS	CHEFS-LIEUX ET SOUS-PRÉFECTURES
SAVOIE......	*Savoie*	CHAMBÉRY. — Albertville, Saint-Jean-de-Maurienne.
	Haute-Savoie	ANNECY. — Thonon, Bonneville.
DAUPHINÉ...	*Hautes-Alpes*	GAP. — Briançon.
	Drôme	VALENCE. — Die, Nyons.
	Isère	GRENOBLE. — La Tour-du-Pin, *Vienne*.
COMTAT-VENAISSIN.	*Vaucluse*	AVIGNON. — Carpentras, Cavaillon.
PROVENCE..	*Bouches-du-Rhône*	MARSEILLE. — Arles, *Aix*.
	Var	DRAGUIGNAN. — *Toulon*.
	Basses-Alpes	DIGNE. — Barcelonnette, Forcalquier.
COMTÉ DE NICE.	*Alpes-Maritimes*	NICE. — Grasse.
CORSE......	*Corse*	AJACCIO. — *Bastia*, Corte, Sartène.

6° à l'Est.

ANCIENNES PROVINCES	DÉPARTEMENTS	CHEFS-LIEUX ET SOUS-PRÉFECTURES
CHAMPAGNE.	*Haute-Marne*	CHAUMONT. — Langres.
	Aube	TROYES. — Nogent-sur-Seine, Bar-sur-Aube.
	Marne	CHÂLONS-SUR-MARNE. - *Reims*, Epernay, Vitry-le-François.
	Ardennes	MÉZIÈRES. — Rethel, Vouziers.
LORRAINE...	*Meuse*	BAR-LE-DUC. — Verdun, Commercy.
	Meurthe-et-Moselle	NANCY. — Briey, Lunéville.
	Vosges	ÉPINAL. — Neufchâteau, Saint-Dié.
	Moselle	METZ. — *Thionville*, Sarreguemines, Château-Salins, Sarrebourg.
ALSACE......	*Bas-Rhin*	STRASBOURG. — Wissembourg, Haguenau, Saverne, Molsheim, Erstein, Sélestat.
	Haut-Rhin	COLMAR. — Ribeauvillé, Guebwiller, *Mulhouse*, Thann, Altkirch.
	Belfort (territ. de).	BELFORT.
FRANCHE-COMTÉ..	*Jura*	LONS-LE-SAUNIER. — Dôle, St-Claude.
	Doubs	BESANÇON. — Montbéliard, Pontarlier.
	Haute-Saône	VESOUL. — Lure.
BOURGOGNE..	*Ain*	BOURG. — Nantua, Belley.
	Saône-et-Loire	MÂCON. — Autun, Chalon-sur-Saône, Charolles.
	Côte-d'Or	DIJON. — Montbard, Beaune.
	Yonne	AUXERRE. — Sens, Avallon.

Fig. 1. — Carte des départements français.

VII. — L'organisation politique et administrative de la France.

1. Gouvernement. — La France est une *république démocratique centralisée*. Le *pouvoir exécutif* appartient au *Président de la République*, élu pour sept ans par les sénateurs et les députés, assisté des *ministres*, qu'il choisit en s'inspirant de l'opinion de la majorité des députés et des sénateurs. Le *pouvoir législatif* appartient au *Sénat* et à la *Chambre des députés*. Pouvoirs exécutif et législatif régissent souverainement les moindres détails de l'administration française. Cette centralisation administrative, cause indirecte de la centralisation intellectuelle et artistique, a déterminé l'importance de *Paris* (p. 159).

C. C. 66

2. Organisation administrative. — Pour l'administration civile, la France est divisée en *départements* (au nombre de 89, plus le territoire de Belfort); les départements, en *arrondissements*; les arrondissements, en *cantons*; les cantons, en *communes*.

Pour la *justice*, les *juges de paix* jugent les petites affaires; les *tribunaux de première instance* jugent les délits; dans chaque département une *cour d'assises* juge les crimes. En outre, les départements forment 28 groupes, qui constituent les ressorts de 28 *cours d'appel*.

Pour l'*instruction publique*, la plupart des sous-préfectures ont un *inspecteur de l'enseignement primaire*; chaque département a un *inspecteur d'Académie*. Les départements sont répartis en 17 groupes, qui constituent les ressorts de 17 *Académies*.

Pour l'*armée*, la France (avec l'Algérie) comprend 21 régions de mobilisation.

3. Les départements. — Des divisions administratives de la France, seule la division en départements intéresse la géographie, parce qu'elle est la base de l'organisation fiscale et économique de la France.

Cette division date de 1789, époque à laquelle elle succéda à la division en *provinces*, ou *généralités*. La division en départements est peu géographique : certains départements se composent de fragments de régions naturelles différentes, arbitrairement découpées; mais il faut la connaître.

4. Les anciennes provinces. — Avant la Révolution de 1789, la France était divisée en provinces, territoires qui avaient formé des duchés ou des comtés plus ou moins indépendants du roi de France avant d'être soumis directement à celui-ci.

Soumises aux rois de France, les provinces furent administrées par des *gouverneurs*, jusqu'au règne de Louis XIII, puis par des intendants jusqu'en 1789.

Avant d'être réunie au domaine du roi, chaque province avait été peu à peu constituée par des conquêtes ou par des héritages. Les provinces n'avaient donc pas de limites naturelles, mais des limites tracées par les hasards de l'histoire.

Pourtant les habitants de la plupart des provinces se distinguaient souvent de ceux des provinces voisines par leur façon de vivre, par leur costume, par leur accent et même parfois par leur langue. C'est ainsi qu'on parlait dans certaines provinces très peu le français, et beaucoup le flamand, le breton, le provençal, etc.

5. Tableau des anciennes provinces. — Il y avait en France 35 provinces.

Après la Révolution de 1789, qui a remplacé les provinces par des départements, trois provinces, appartenant à l'étranger, revinrent à la France et furent immédiatement transformées en départements.

On donne ci-dessous le tableau des anciennes provinces. On a marqué d'un astérisque les trois provinces réunies à la France après la Révolution Française, avec, entre parenthèses, la date de leur annexion.

1º Provinces du Nord, du Nord-Ouest, du Nord-Est et du Centre-Nord :

Flandre,	cap. *Lille.*	Alsace,	cap. *Strasbourg.*
Artois.	— *Arras.*	Lorraine,	— *Nancy.*
Picardie,	— *Amiens.*	Champagne,	— *Troyes.*
Ile-de-France,	— *Paris.*	Touraine,	— *Tours.*
Normandie,	— *Rouen.*	Orléanais,	— *Orléans.*
Maine,	— *Le Mans.*	Nivernais,	— *Nevers.*
Anjou,	— *Angers.*	Berry,	— *Bourges.*

2º Provinces de l'Ouest :

Bretagne,	cap. *Rennes.*	Aunis,	cap. *La Rochelle*
Poitou,	— *Poitiers.*	Saintonge,	— *Saintes.*
Angoumois,	— *Angoulème.*		

3º Provinces du Sud-Ouest :

Guyenne,	cap. *Bordeaux.*	Béarn,	cap. *Pau.*
Gascogne,	— *Auch.*	Comté de Foix,	— *Foix.*

4º Provinces du Centre-Sud :

Bourbonnais,	cap. *Moulins.*	Marche,	cap. *Guéret.*
Auvergne,	— *Clermont-Ferrand.*	Limousin,	— *Limoges.*

5º Provinces de l'Est :

Franche-Comté,	cap. *Besançon.*	Savoie*(1861).	cap. *Chambéry.*
Bourgogne,	— *Dijon.*	Dauphiné,	— *Grenoble.*
Lyonnais,	— *Lyon.*		

6º Provinces du Sud et du Sud-Est :

Roussillon,	cap. *Perpignan.*	Comtat Venaissin* (1791), cap. *Avignon.*	
Languedoc,	— *Toulouse.*	Comté de Nice*(1861), cap. *Nice,*	
Provence,	— *Aix.*	Corse,	cap. *Bastia.*

LECTURE

D'où les départements ont-ils pris leur nom ? — Sur les 89 départements que compte la France, deux ont pris leur nom de leur situation à une extrémité du pays (Nord, Finistère).

Cinq ont pris le nom d'une mer voisine (Manche, Pas-de-Calais) ou d'un accident côtier (Calvados, Côtes-du-Nord, Morbihan).

Quinze ont pris leur nom du relief du sol (Puy-de-Dôme, Cantal, Lozère, Cévennes, Hautes-Pyrénées, Basses-Pyrénées, Pyrénées-Orientales, Alpes-Maritimes, Hautes-Alpes, Basses-Alpes, Jura, Vosges, Ardennes, Côte d'Or) ou de sa nature (Landes). Trois ont pris leur nom de la province d'où ils sont sortis (Savoie, Haute-Savoie, Corse).

Tous les autres, c'est-à- dire 64, prennent leur nom d'un ou deux cours d'eau qui les traversent (Rhône, Haute-Loire, Seine-Inférieure, Saône-et-Loire, etc.).

RÉSUMÉ. — **Le régime de la France est la** *République* ; le pouvoir exécutif appartient au *Président de la République*, assisté de *ministres*; le pouvoir législatif au *Sénat* et à la *Chambre des députés*.

Pour l'administration civile, la France est divisée en **89** *départements*, en *arrondissements*, en *cantons*, en *communes*; pour la justice, en **28** ressorts de *cours d'appel*, en ressorts de *cours d'assises*, de *tribunaux de première instance*, de *justices de paix*; pour l'instruction publique, en **17** *académies*; pour l'armée, en **21** *régions de mobilisation*.

Les départements sont les divisions administratives de la France les plus importantes pour la géographie.

Avant la Révolution de **1789**, la France était divisée en **35** provinces qui étaient : la *Flandre*, l'*Artois*, la *Picardie*, l'*Ile-de-France*, la *Normandie*, le *Maine*, l'*Anjou*, l'*Alsace*, la *Lorraine*, la *Champagne*, la *Touraine*, l'*Orléanais*, le *Nivernais*, le *Berry*, la *Bretagne*, le *Poitou*, l'*Angoumois*, l'*Aunis*, la *Saintonge*, la *Guyenne*, la *Gascogne*, le *Béarn*, le *Comté de Foix*, le *Bourbonnais*, l'*Auvergne*, la *Marche*, le *Limousin*, la *Franche-Comté*, la *Bourgogne*, le *Lyonnais*, le *Dauphiné*, le *Roussillon*, le *Languedoc*, la *Provence*, la *Corse*.

Après la Révolution Française, trois autres provinces ont été réunies à la France : le *Comtat-Venaissin*, la *Savoie* et le *Comté de Nice*.

Exercice. — Carte des départements.

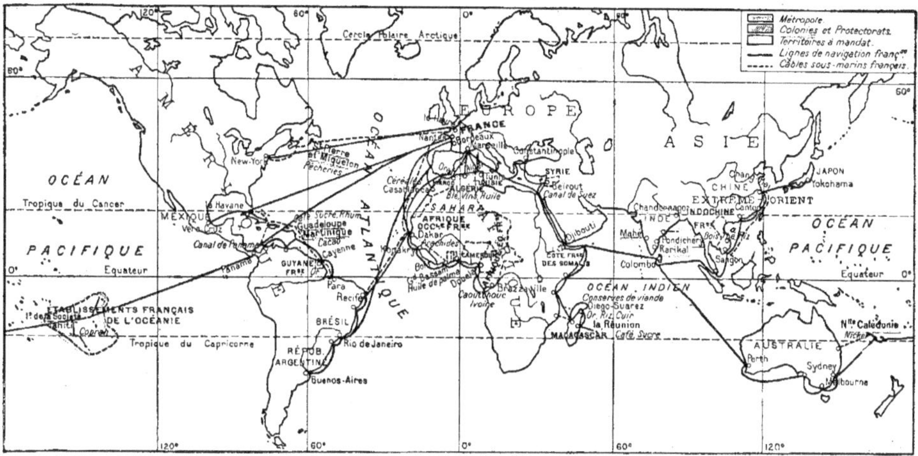

Fig. 1. — Les colonies françaises.

Quatrième Section. — LES COLONIES FRANÇAISES

I. — Généralités.

1. L'Empire colonial français. — L'Empire colonial français mesure près de 12 millions de kilomètres carrés, c'est-à-dire 22 fois la superficie de la France, et contient plus de 53 millions d'habitants, c'est-à-dire un tiers de plus que n'en contient la France.

2. Tableau de l'Empire colonial français. — Actuellement, l'Empire colonial de la France comprend :

1° En Afrique :

Afrique du Nord (Algérie Tunisie, Maroc)	1 120 400 kil. car.	12 441 000 hab.
Sphère d'influence du Sahara	2 394 000 —	450 000 —
Afrique occidentale française.	3 913 000 —	13 541 000 —
Afrique équatoriale française.	2 600 000 —	3 127 000 —
Madagascar	587 000 —	3 501 000 —
Réunion.	2 400 —	186 000 —
Côte française des Somalis. .	120 000 —	208 000 —
	10 736 800 kil. car.	53 454 000 hab.

2° En Asie :

Inde française.	513 kil. car.	277 000 hab.
Indochine française	700 840 —	19 000 000 —
	701 353 kil. car.	19 277 000 hab.

3° En Amérique :

Saint-Pierre et Miquelon . .	241 kil. car.	6 000 hab.
Guadeloupe et dépendances .	1 780 —	262 000 —
Martinique	987 —	195 000 —
Guyane française	88 700 —	48 000 —
	91 708 kil. car.	509 000 hab.

4° En Océanie :

Nouvelle-Calédonie	18 600 kil. car.	55 000 hab.
Établissements français d'Océanie..	4 000 —	30 000 —
	22 600 kil. car.	85 000 hab.

L'Empire colonial français comprend en somme deux régions principales : 1° l'*Afrique*, 2° l'*Extrême-Orient*, et plusieurs autres colonies d'importance très diverse, quelques-unes étant de simples postes.

3. Caractères des colonies françaises. — La carte des colonies françaises montre que la France possède *deux grandes régions de colonisation*, beaucoup plus importantes que les autres. Ces deux grandes régions sont :

1° L'**Afrique**, qui, outre des postes coloniaux secondaires (îles, stations navales), comprend cinq sur six des plus vastes territoires de notre empire colonial : l'Afrique du Nord, le Sahara, l'Afrique Occidentale, l'Afrique Equatoriale, Madagascar. La France est le pays qui a le plus grand domaine colonial en Afrique.

2° L'**Extrême-Orient**, qui comprend la grande colonie de l'Indochine française, qui est l'un des six plus vastes territoires coloniaux que la France possède, et qui est de beaucoup le plus peuplé d'entre eux.

Les grandes colonies de la France ne sont pas (sauf l'Afrique du Nord et l'intérieur de Madagascar) de véritables *colonies de peuplement*. A cela il y a quatre raisons.

1° L'émigration française est, on l'a vu, très restreinte.

2° Quelques-unes de ces colonies sont déjà très suffisamment peuplées, et des nouveaux venus pourraient difficilement s'y établir en nombre.

3° Leur climat, chaud et humide ici, chaud et d'une sécheresse excessive là, ne convient pas aux Européens et s'oppose à leur séjour permanent.

4° En raison de ce climat, leur végétation comporte, presque exclusivement, soit des forêts peu pénétrables, soit des déserts.

Mais ces colonies (celles du moins qui sont déjà assez peuplées et dont les populations ont des besoins, et celles qui possèdent des ressources abondantes) peuvent offrir un vaste champ au commerce et à l'action civilisatrice de notre pays : ce sont des *colonies d'exploitation*.

LECTURE

L'histoire des colonies françaises se divise en deux périodes. — L'histoire de la formation de l'empire colonial de la France comprend deux périodes : du xive au xviiie siècle, et de 1830 à nos jours.

1° Du xive au xviiie siècle, la France constitua un premier domaine colonial, dont les territoires les plus importants se trouvaient dans l'Amérique du Nord et en Asie : il comprenait, en effet, le Canada, la Louisiane, les Antilles, les Guyanes, et enfin l'Inde. En Afrique, elle ne possédait que quelques établissements au Sénégal, plus deux îles, non loin de Madagascar : l'île Bourbon et l'île de France. Au xviiie siècle, à la suite de guerres malheureuses contre l'Angleterre, elle perdit le Canada, l'Inde, sauf cinq villes, un certain nombre d'Antilles et l'île de France, qui devint île Maurice; Napoléon céda la Louisiane aux États-Unis. Il ne resta à la France que cinq villes de l'Inde, la Guyane, les établissements du Sénégal et l'île Bourbon, aujourd'hui île de la Réunion.

2° De 1830 à nos jours, un nouveau domaine colonial fut constitué sous Louis-Philippe (Algérie), sous Napoléon III (Cochinchine) et surtout sous la Troisième République, qui a donné successivement à la France la Tunisie (protectorat), le Tonkin, l'Annam et le Cambodge, l'Afrique Occidentale et l'Afrique Équatoriale; Madagascar, le Maroc (protectorat).

RÉSUMÉ. — **La France a un empire colonial de 12 millions de kilomètres carrés de superficie, avec 55 millions d'habitants.**

Cet empire comprend :
1° **En Afrique :** *l'Afrique du Nord (Algérie, Tunisie, Maroc), l'Afrique Occidentale, l'Afrique Equatoriale, Madagascar, la Réunion, la côte française des Somalis;*
2° **En Asie :** *l'Indochine française, l'Inde française;*
3° **En Amérique :** *Saint-Pierre et Miquelon, la Guadeloupe, la Martinique, la Guyane française;*
4° **En Océanie :** *la Nouvelle-Calédonie, les Établissements français de l'Océanie.*

Les principales de ces colonies sont l'Afrique du Nord (Algérie-Tunisie-Maroc), **l'Afrique Occidentale Française, l'Afrique Equatoriale Française, Madagascar et l'Indochine Française. Les quatre premières sont en Afrique; la cinquième est en Asie, en Extrême-Orient.**

Exercices. — 1. Placez sur un planisphère les colonies françaises. — 2. Énumérez les colonies françaises dans chaque partie du monde. — 3. Quelles sont et où sont les principales colonies françaises? — 4. Caractères généraux des colonies françaises.

II. — L'Afrique du Nord.

1. Unité de l'Afrique du Nord.
— Bornée par l'Océan Atlantique, la Méditerranée et le Sahara, l'Afrique du Nord, ou *Maghreb*, est formée de plissements montagneux orientés du Sud-Ouest au Nord-Est, qui se rattachent aux plissements de l'Espagne et de l'Italie dont la séparent le détroit de Gibraltar et la Méditerranée.

Les plis allant de l'Ouest à l'Est, les principales différences physiques de la contrée sont entre le Nord et le Sud. Dans le Nord, il y a plus de plaines, et la mer adoucit le climat, le rend plus humide et fait naître une végétation plus abondante. Dans le Sud, il y a des hauts plateaux, au climat rude, sec, avec une végétation plus pauvre, puis le désert.

2. Division de l'Afrique du Nord.
— Malgré son unité physique, on doit étudier l'Afrique du Nord d'après son organisation politique, qui la divise en trois parties, qui sont, de l'Ouest à l'Est :
1° le *Maroc*;
2° l'*Algérie*;
3° la *Tunisie*.

A. — LE MAROC

1. Le sol. — Le Maroc comprend trois régions :
1° Les *plaines côtières* ;
2° Les *massifs montagneux* ;
3° La *région intérieure*.

1° Les *plaines côtières* le bordent, sur l'Atlantique et sur la Méditerranée. Elles sont très étroites dans la région méditerranéenne ou *région du Rif*. Plus larges au bord de l'Atlantique, elles ont un climat doux et humide, un sol riche, apte à la culture des céréales, de l'olivier, de la vigne, comme à l'élevage des bœufs et des moutons. Quelques-unes renferment, en outre, de puissants gisements de phosphate. La côte est peu hospitalière : il est nécessaire d'y créer des ports artificiels avec jetées et abris; c'est, par exemple, ce qui a été fait avec grand succès à Casablanca.

2° Des *massifs montagneux*, très hauts (*Djebel Aïachi*, 4 250 m.), très épais et d'accès difficile, s'étendent en arrière des plaines côtières. Ces massifs sont couverts en partie de forêts, grâce aux pluies qu'amènent les vents de l'Océan. Entre les montagnes s'étendent de *hauts plateaux* herbeux, propres à l'élevage, et des *plaines* limoneuses, propres aux cultures.

3° La *région intérieure*, qui regarde vers le Sahara, est une steppe sèche, d'où l'on passe peu à peu au désert.

Fig. 1. — Un plateau marocain; au fond, la chaine de l'Atlas.
(*Phot. Flandrin.*)

2. Population et développement économique.
— La population du Maroc compte 4 216 000 habitants, *Arabes* et *Berbères*.

Les *plaines côtières* sont peuplées d'agriculteurs et de commerçants. Les principales villes sont les ports de *Tanger*, soumis à un régime international, de **Rabat**, siège de la résidence, de **Casablanca** (103 000 hab.), un des plus grands ports de l'Afrique, de *Mazagan*, de *Safi*, de *Mogador*, d'*Agadir*.

Les *massifs montagneux* ont des populations deminomades de pasteurs, aux troupeaux de moutons transhumants; mais, dans les plaines intérieures, on retrouve, comme dans les plaines côtières, des villages d'agriculteurs. C'est là que sont les deux capitales : **Fez** (81 000 hab.), au Nord; **Marrakech** (106 000 hab), au Sud; autre ville : *Meknès*.

La *région intérieure*, désertique, est seulement sillonnée par quelques rares tribus de Maures, nomades et pillards.

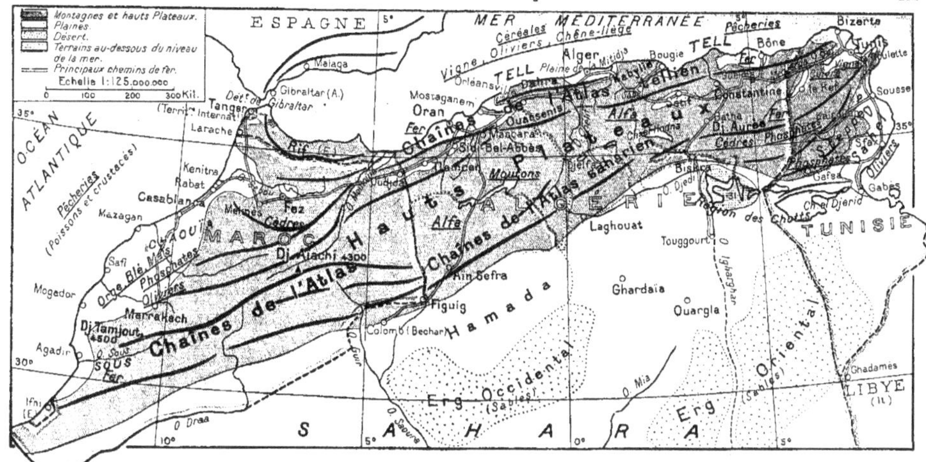

Fig. 1. — AFRIQUE DU NORD.

Aujourd'hui, hors la ville de *Tanger*, qui a une administration internationale, et hors deux zones soumises au *protectorat espagnol* (l'une au Nord comprenant le *Rif* et *Larache*, l'autre au Sud comprenant *Ifni*), le Maroc accepte le *protectorat français*. Sous la souveraineté du sultan, le pays est régi par un *résident général*, qui organise systématiquement la vie économique par la création de ports, par la construction de routes et de voies ferrées. Toutes les grandes artères de communication sont en voie d'achèvement.

Le progrès économique est déjà très sensible. Outre les anciennes industries indigènes revivifiées par notre action (cuirs, broderies, tapis), l'industrie est représentée par des minoteries, des forges et la grande cimenterie de Casablanca. L'agriculture s'étend de plus en plus, et le Maroc prend place parmi les pays exportateurs de céréales. Ajoutons la *pêche* (poissons et crustacés), qui est très productrice sur les côtes marocaines, encore que le manque de nombreux abris sûrs compromette parfois la sécurité des navires de pêche et empêche leurs équipages de débarquer à temps le poisson.

La plus grande partie du commerce du Maroc se fait aujourd'hui avec la France, soit par Bordeaux, soit par Marseille; puis viennent l'Angleterre et l'Espagne.

<h3 style="text-align:center">B. — L'ALGÉRIE</h3>

1. Le sol. — Partie centrale du Maghreb, l'Algérie est traversée de l'Ouest vers l'Est par deux séries de plissements :

1° Au Nord, l'*Atlas tellien* comprend les massifs moyennement élevés (2 000 m.) du *Dahra*, de l'*Ouarsenis*, de la *Kabylie*. Ces massifs sont séparés entre eux par les plaines côtières d'*Oran*, de la *Mitidja* ou d'*Alger*, de *Bône* ; par les hautes plaines intérieures de *Tlemcen*, de *Sidi-Bel-Abbès*, de *Mascara*, et par les vallées longitudinales du *Chélif* et du *Sahel* ;

2° Au Sud, l'*Atlas saharien* a comme massif principal le *Djebel Aurès* (2 529 m.).

Ces deux séries de plissements parallèles séparent l'Algérie en trois parties.

Au Nord s'allonge le *Tell*, constitué par les chaînes de l'Atlas tellien, les plaines côtières, les hautes plaines intérieures. Le climat du Tell est méditerranéen : les étés sont chauds et secs. Pendant les autres saisons tombent des pluies d'orage. Les cours d'eau sont des *ouadi* (un *oued*, pluriel *ouadi*, est une rivière qui n'a d'eau qu'en saison pluvieuse). Les arbres sont le *cèdre*, l'*aloès*, le *chêne-liège*, le *pin d'Alep*. Les produits sont les *céréales*, l'*olivier*, la *vigne*.

Au Centre s'étendent les **Hauts Plateaux**, entre les deux Atlas. Ce sont de hautes surfaces presque planes, au climat rude et aux pluies très rares. Les eaux, peu abondantes, n'ont pu se frayer passage vers la mer : elles se perdent dans des *chotts*, ou lagunes salées, d'étendue variable suivant la saison. Le principal chott est le *Chott-el-Hodna*. L'herbe maigre des Hauts Plateaux ne peut nourrir que des moutons et des chèvres. On y récolte l'*alfa*, utilisé pour de nombreux usages (papier, cordages).

Au Sud s'étend le **Sahara** formé soit de *hamada*, ou plateaux pierreux, soit d'*erg*, ou grandes dunes de sables, soit de *chotts* ou lagunes salées. Quelques ouadi : le *Mia*, l'*Igharghar* et le *Djedi*. Le climat est absolument sec. La végétation est très pauvre, sauf autour des points d'eau : là se trouvent des *oasis*, vastes bosquets de palmiers-dattiers, où l'on cultive des légumes et la *dourah*, céréale qui sert à fabriquer la farine, base de l'alimentation des peuplades des oasis et des nomades du désert.

2. Peuplement. — A côté de nombreux indigènes, l'Algérie (6 064 000 hab.) possède un élément européen important.

L'*élément indigène* (5 192 000 hab.) comprend surtout des *Kabyles* ou *Berbères*, actifs, industrieux, qui sont groupés principalement dans le Tell ; des *Arabes* indolents et fatalistes, qui sont plus nombreux sur les Hauts Plateaux, régions de pastorat et de nomadisme : des *Juifs* ; au Sud, des *Touareg*.

L'*élément européen* (872 000 hab.) se recrute surtout parmi les peuples méditerranéens, qui retrouvent dans le Tell le climat de leur pays natal. Il comprend des *Français* (690 000 environ, y compris les étrangers naturalisés) établis un peu partout; des *Espagnols*, à l'Ouest; des *Italiens* et des *Maltais*, à l'Est.

C. C. 68

3. Les trois régions économiques. — Les trois régions de l'Algérie sont très inégalement riches.

Le *Tell* est une région très productive grâce à l'ingéniosité des Kabyles, qui ont su de très bonne heure pratiquer l'irrigation, et grâce à la colonisation française, qui a introduit l'usage des machines agricoles et l'emploi des engrais comme le phosphate. Le Tell fournit en abondance des céréales (blé, orge, etc.), des olives et des fruits (oranges, citrons, mandarines, figues) et surtout, de plus en plus, des vins. En outre, le Tell a des mines de fer très riches.

La population du Tell est groupée dans des villages indigènes, que l'on appelle *ksour*, ou dans les villages européens que l'on appelle *colonies*. Les villes principales sont: sur la côte, **Alger**, la capitale (226 000 hab.), **Oran** (150 000 hab.), *Mostaganem, Bougie, Philippeville, Bône*; dans les plaines intérieures, *Tlemcen, Sidi-Bel-Abbès, Mascara, Orléansville, Miliana, Médéa, Sétif, Constantine* (93 000 hab.).

Les **Hauts Plateaux** n'ont comme ressources que l'alfa, textile qui sert à faire du papier, des cordages, etc., et l'élevage du mouton. Toutefois, on y trouve aussi de riches mines de phosphate et le sel des chotts.

La population des Hauts Plateaux, assez peu nombreuse, se compose surtout de tribus d'Arabes nomades. Une seule ville : *Batna*.

Le **Sahara** n'est peuplé que de quelques tribus de Touareg nomades, qui vivent soit de l'élevage des dromadaires, soit du pillage des petites tribus établies dans les oasis, où elles cultivent le palmier-dattier et la dourah.

Les principales oasis sont celles de *Biskra*, de *Laghouat*, de *Ghardaïa*, d'*Ouargla*, d'*Aïn-Sefra*; tout près de l'Algérie se trouve aussi l'oasis marocaine de *Figuig*.

Fig. 1. — Paysage du Tell.

Le relief, la côte et la végétation du Tell rappellent ceux de la Provence : montagnes, plateaux et pentes rocailleuses; (côtes découpées; oliviers, orangers, chênes verts, cactus ou figuiers de Barbarie, plantes toujours vertes, aux feuilles luisantes et épaisses, coriaces même, impénétrables à la chaleur. En particulier, le figuier de Barbarie a des feuilles charnues, hérissées de petites épines; il forme des haies à peu près impénétrables. (Phot. Hachette.)

4. Colonisation. — L'Algérie n'a pas de voies navigables, mais elle a un réseau routier et ferré important.

Une grande *ligne ferrée*, utilisant les plaines du Tell, va d'Oran à Alger, à Constantine et à Tunis. Elle envoie des embranchements vers le Sud : trois atteignent le Sahara, à Colomb-Béchar, vers Ghardaïa et à Touggourt.

L'Algérie a de nombreux *ports*; deux sont de très grands ports : *Oran* et surtout *Alger*, l'une des grandes escales sur la Méditerranée, entre l'Océan et le canal de Suez.

L'Algérie est surtout un pays d'agriculture et de mines. Elle exporte du vin, du blé, de l'orge, de l'huile, des légumes et des fruits (oranges, mandarines, dattes), des moutons et de la laine, de l'alfa, du phosphate, du minerai de fer. Elle importe du charbon et des objets fabriqués.

Dans le commerce (dont les cinq sixièmes se font avec la France), importations et exportations se balancent.

DÉPARTEMENTS DE L'ALGÉRIE

DÉPARTEMENT D'ORAN	DÉPARTEMENT D'ALGER	DÉPARTEMENT DE CONSTANTINE
Ch.-l. *Oran*	Ch.-l. *Alger*.	Ch.-l. *Constantine*.
S.-p. Mascara.	S.-p. Miliana.	S.-p. Bône.
— Mostaganem.	— Médéa.	— Bougie.
— Sidi-Bel-Abbès.	— Orléansville.	— Guelma.
— Tlemcen.	— Tizi-Ouzou.	— Philippeville.
		— Sétif.
		— Batna.

Fig. 2. — Chargement des balles d'alfa.

L'alfa est une sorte de jonc qui croît en touffes sur les Hauts Plateaux et sert à confectionner du papier, des cordages, des chapeaux, des paniers: on l'exporte notamment en Angleterre.

Fig. 3. — Caravane dans le Sud algérien.

Dans le désert passent les caravanes des nomades qui viennent acheter dans les oasis dattes et dourah, y vendre tapis en poils de chameau. cuirs, armes, etc. (Phot. Hachette.)

Fig. 1. — Exploitation des mines de phosphates a Metlaoui.

Le phosphate est un engrais minéral précieux. L'Afrique du Nord en possède des mines très abondantes, qui se répartissent entre le Maroc, l'Algérie et la Tunisie. Celles de Metlaoui, près de Gafsa, en Tunisie, sont parmi les plus riches.

Fig. 2. — Le souk des babouches a Tunis.

Les souks sont des allées couvertes, garnies de boutiques et d'ateliers, qui se trouvent dans la haute ville de Tunis, autour de la Kasba, ou citadelle. Chaque corporation a son souk. C'est le souk des fabricants de babouches qui est représenté ici. (Phot. Neurdein.)

C. — LA TUNISIE

1. Le sol. — En Tunisie, les deux chaînes de l'Atlas, se rapprochant et se confondant en une seule, n'occupent que le Nord du pays.

Le *Tell* comprend cette partie montagneuse, qui est découpée par la vallée de la *Medjerda* et terminée par la *plaine de Tunis*. Le climat et la végétation rappellent ceux du Tell algérien.

Au Sud du Tell, la Tunisie est formée par trois régions.

Le long de la côte, le *Sahel* est encore suffisamment arrosé, grâce au voisinage de la mer, et se prête aux cultures du Tell.

A l'intérieur, la *Steppe Tunisienne* a un climat moins humide : moins élevée que les Hauts Plateaux algériens, elle a la même sécheresse, les mêmes *chotts* qu'on appelle aussi *sebkhas*, la même végétation maigre où domine l'*alfa*.

Enfin, au Sud, le *Sahara Tunisien* est occupé en grande partie par le *Chott-el-Djerid* et semé de quelques oasis.

2. Peuplement. — La Tunisie (2 159 000 hab.) possède un *élément indigène* analogue à celui de l'Algérie, mais relativement plus nombreux (1 986 000), et comprenant plus de Berbères (on les appelle ici *Kroumirs*) et moins d'Arabes.

Les *Européens* (173 000), très nombreux dans les régions agricoles, sont des *Français* (71 000) et des *Italiens* (89 000). Les premiers fournissent la majorité des propriétaires colons ; les seconds, la majorité des ouvriers agricoles.

3. Régions économiques. — La population comprend des agriculteurs sédentaires (Européens et indigènes) et des pasteurs nomades.

Les agriculteurs vivent dans le Tell et dans le Sahel. Les principaux produits cultivés sont l'*olivier*, la *vigne*, les *céréales*. L'irrigation, très perfectionnée dans la plaine de Tunis et dans le Sahel, favorise l'extension des cultures. De plus, il y a dans la montagne des mines de fer, de cuivre et de zinc. La plupart des villes importantes sont dans cette région : *Tunis* (185 000 hab.), avec son avant-port la *Goulette*; *Bizerte, Sousse* et *Sfax*, ports; le *Kef, Beja*, à l'intérieur.

Les pasteurs vivent dans la steppe. Ils pratiquent l'élevage du mouton. Ils forment des tribus assez peu nombreuses. Une seule ville ici : *Kairouan*, ville sainte.

Le Sahara possède quelques Touareg et deux villes d'oasis : *Gafsa*, où il y a d'importantes mines de phosphates, et le port de *Gabès*.

4. Production et commerce. — Soumise au protectorat français, la Tunisie est gouvernée par un bey indigène, près duquel est placé un résident général français.

La Tunisie s'est développée plus rapidement que l'Algérie, grâce à l'excellence de son régime administratif, à l'étendue de ses terres cultivables, à sa situation entre les deux bassins de la Méditerranée qui la rend plus pénétrable, et aussi parce qu'elle a profité des expériences faites en Algérie.

Pourvue d'un chemin de fer côtier et de trois lignes intérieures principales (Tunis-Constantine, Sousse-Kairouan, Sfax-Gafsa), possédant de bons ports (Tunis-la-Goulette, Sousse, Sfax), la Tunisie exporte ses principaux produits agricoles (huile, céréales, vin) et miniers (phosphate, fer, cuivre, zinc), en France, en Angleterre, en Italie.

La Tunisie est très prospère.

LECTURES

1. La région océanique du Maroc est riche par son sol et par son sous-sol — Les plaines du Maroc, tournées vers l'Océan, ont du climat méditerranéen la douceur de la température. Elles sont mieux arrosées que les plaines de l'Algérie et de la Tunisie. Au Maroc, les cours d'eau, au contraire des ouadi algériens, gardent de l'eau toute l'année.

A ce premier avantage les plaines marocaines en joignent un second : leur sol est excellent. En bien des points, les pluies abondantes ont décomposé la partie superficielle des grès du sol. L'humus, résultat de la décomposition des végétaux, s'y est mêlé. Le tout a formé des zones de terres meubles et riches, que l'on appelle les *tirs* et les *amri* : ce sont autant de régions d'élection pour les cultures riches : céréales (orge, blé, maïs), légumes, vignes et fruits, lin, coton même. L'élevage (chevaux, vaches, moutons, chèvres) y prospère.

Outre ses richesses agricoles, le Maroc océanique possède deux ressources notables. Sur la côte, les pêcheries (thon, homards et langoustes) sont déjà fréquentées par nos marins bretons, saintongeais et basques. Dans l'intérieur, des gisements de fer, de cuivre ont été reconnus, notamment dans la région du Sous, et tout donne à penser que la prospection plus complète du pays en révélera beaucoup d'autres. Enfin, dès maintenant, le Maroc a des gisements de phosphate en plein rendement.

Un fait parle en faveur de la richesse du Maroc : c'est l'importance de l'immigration. A côté des Français, il est venu, depuis l'établissement de notre protectorat, des Espagnols, des Italiens, en grand nombre, et aussi des Grecs, des Portugais, des Américains. Avant la guerre de 1914, le nombre des arrivées dépassa 2 000 en certaines semaines.

2. La vigne est la grande création de la colonisation française dans le Tell algérien. — Les indigènes de l'Algérie sont musulmans : il leur est défendu par leur religion de boire du vin, aussi bien que toute autre boisson fermentée. Quand les Français s'établirent dans le Tell, la vigne n'y était pas cultivée. Les vallées et les hautes plaines intérieures occupées par les Kabyles et par les Arabes cultivateurs ne possédaient que des champs de céréales, des plantations d'oliviers, des arbres fruitiers (figuiers), c'est-à-dire uniquement des produits nécessaires à la vie indigène, puisqu'il n'y avait pas de commerce avec l'extérieur.

Les colons algériens devaient chercher de bonne heure des cultures capables de leur donner des produits d'exportation. Or, après 1870, la crise du phylloxera, qui frappa tous les vignobles français, fit du vin, boisson nationale, un bon produit à importer en France. D'autre part, comme les hautes plaines et les vallées intérieures étaient en grande partie occupées par des cultivateurs indigènes qu'on ne pouvait songer à déposséder, c'est dans les plaines maritimes d'Oran, de la Mitidja, de Bougie, de Bône, de Philippeville, que les colons durent s'établir. Une fois drainées, asséchées, assainies, ces plaines montrèrent un sol graveleux, sec et chaud, riche en éléments calcaires, plus apte aux plantations de vigne qu'à toute autre culture.

Tout concourait donc à la création du vignoble algérien. Il se développa rapidement : en 1850, l'Algérie n'avait pas 1 000 hectares de vigne, elle en a maintenant plus de 200 000. Les vins d'Algérie s'améliorent tous les jours; ils peuvent faire concurrence aux vins du Midi. Sur le marché français, Alger, Oran et les autres ports d'Algérie expédient chaque année, vers Sète, vers Bordeaux, vers Rouen et Paris, de grandes quantités de vin, principalement lorsque la récolte des vignobles du Languedoc est mauvaise. En 1910, l'exportation des vins d'Algérie atteignait une valeur de 200 millions de francs : cette année-là elle représentait plus des deux cinquièmes des exportations totales du pays. Aujourd'hui, la proportion est restée la même; mais la valeur dépasse un milliard de francs.

3. Les plantations d'oliviers sont nombreuses en Algérie et surtout en Tunisie, dans le Tell et dans le Sahel. — Quand les colons européens sont arrivés en Tunisie après le traité de protectorat de 1885, ils ont trouvé le Tell presque entièrement occupé par les cultivateurs indigènes; les terres disponibles ne pouvaient suffire au grand nombre des nouveaux colons. Or, plus au Sud, dans le Sahel, on trouvait des terres, moins riches à la vérité, mais qui, à l'époque romaine, grâce à l'irrigation, portaient des cultures; c'est l'invasion arabe qui avait, au Moyen Age, chassé les cultivateurs et supprimé les cultures. Là les colons français trouvaient les plus grands espaces disponibles. Or, le Sahel, plus sec que le Tell, est la terre idéale de l'olivier. Si l'on a pu dire que, comme le Bas Languedoc, la Mitidja ou l'Oranie est une « mer de vignes », le Sahel tunisien est une « olivette » continue : les oliviers, serrés dans la région côtière, qui est plus humide, espacés dans l'intérieur, qui est plus sec, ne disparaissent nulle part.

RÉSUMÉ. — L'Afrique du Nord, ou Maghreb, appartient presque entièrement à la France. Par sa situation, par son climat, par ses produits, elle est la transition naturelle entre notre Midi, océanique ou méditerranéen, et nos possessions de l'Afrique tropicale.

Douée d'une unité incontestable, qu'elle doit surtout à sa structure et à son relief, dont l'élément essentiel est la chaîne de l'*Atlas*, elle est néanmoins divisée, au point de vue du régime colonial, en trois territoires.

1° A l'Ouest, le Maroc est un protectorat. De climat chaud, mais océanique et humide, il comporte des plaines côtières fertiles et des montagnes bien arrosées. Il produit des céréales, du bétail et des minerais. Les villes principales sont : *Rabat, Casablanca, Mazagan, Safi, Mogador* et *Agadir; Fez, Marrakech* et *Meknès; Tanger,* ville internationale.

2° Au Centre, l'Algérie est notre plus ancienne colonie dans cette région. Elle comprend le *Tell,* très productif, les *Hauts Plateaux,* plus secs, et le *Sahara,* aride. L'Algérie produit des vins, de l'huile, des légumes et des fruits, de la laine, des minerais. Les villes principales sont : *Alger, Oran, Mostaganem, Bougie, Philippeville, Bône,* sur la côte; *Tlemcen, Sidi-Bel-Abbès, Mascara, Orléansville, Miliana, Médéa, Sétif, Constantine* et *Batna,* dans l'intérieur.

3° A l'Est, la Tunisie est un protectorat. Elle comprend le *Tell* et le *Sahel,* productifs, et le *Sahara,* aride. Elle produit de l'huile, des vins, des céréales, des minerais. Les villes principales sont : *Tunis, Bizerte, Sfax, Sousse,* le *Kef, Béja, Kairouan* et *Gabès.*

Exercices. — 1. Carte de l'Afrique du Nord. — 2. Les régions naturelles de l'Algérie. — 3. Enumérez et comparez les produits du Maroc, de l'Algérie, de la Tunisie. — 4. Quelles différences de climat et de production y a-t-il entre le Maroc et l'Algérie? — 5. Enumérez les ports de l'Afrique du Nord.

Fig. 1. — Marché de Za, au Maroc.

Za est situé dans la vallée d'un petit affluent de la Moulouïa. Cette vallée, comme la plupart des vallées marocaines, est richement arrosée et verdoyante d'arbres, de prairies et de cultures. Sur le marché, on trouve non seulement des chevaux et des moutons, comme en Algérie, mais des bœufs, qui sont le signe de pâturages plus riches, d'un climat moins sec.

Fig. 2. — Alger, une rue de la ville arabe.

Alger, capitale de l'Algérie, comprend une ville moderne à l'européenne, et une ville arabe qui est groupée autour de la Kasba, ou citadelle. La ville moderne se compose de vastes rues et de boulevards bordés de maisons bien bâties et régulières. La ville arabe est un dédale pittoresque de ruelles étroites et sinueuses, que bordent des maisons aux ouvertures rares et petites. (Phot. Hachette.)

III. — L'Afrique Occidentale française.

1. L'Afrique Occidentale française. — Traversée par le grand fleuve du *Niger*, l'Afrique Occidentale française est sept fois étendue comme la France.

2. Les régions naturelles. — On distingue quatre régions naturelles en Afrique occidentale :

1° Le Sahara. — Le Sahara est un désert. Sur ses plateaux et ses massifs (plateaux du *Tademaït* et du *Tassili*, massifs de

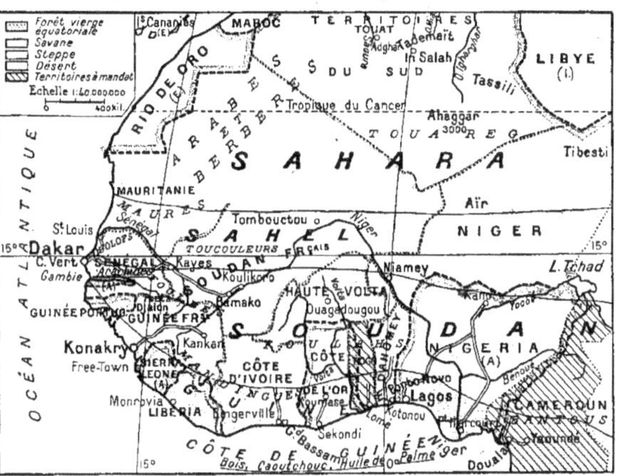

Fig. 1. — Afrique Occidentale française.

l'*Ahaggar*, du *Tibesti* et de l'*Aïr*) et près de la mer (plaine de *Mauritanie*), il pleut quelquefois, et l'on trouve des steppes. Le long des ouadi, *Oued Saoura*, *Oued Mia*, on trouve des lignes d'*oasis* : *oasis du Touat*, *d'In Salah*, etc.

2° Le Sahel. — Les indigènes appellent ainsi (*Sahel* signifie « rivage ») la zone qui se trouve au voisinage du désert et qui a un climat chaud et sec. Cette zone est couverte par une **steppe**, où l'herbe est rare et ne peut nourrir que des troupeaux nomades, se déplaçant quand ils ont épuisé l'herbe. Mais, au voisinage du Niger et du Sénégal, le Sahel est propre à l'élevage des moutons, des bœufs, à la culture des céréales, du coton et d'une plante dont la graine produit une huile comestible : l'arachide.

3° Le Soudan. — Le plateau du Soudan a un climat chaud et humide. Il est surtout couvert par une **savane**, ou prairie d'herbes très hautes, semée de bouquets de bois. Les principales ressources du Soudan sont, sur les plateaux les plus hauts et les plus frais, l'élevage des bêtes à cornes; dans les régions plus basses et plus chaudes, les céréales (blé, orge, *dourah*, millet), puis le café, le cacao et le coton.

4° La plaine côtière de Guinée. — Très chaude et très humide, elle est entièrement occupée par la **forêt vierge**. Les produits forestiers que l'on peut y recueillir sont les bois, le caoutchouc et surtout l'huile de palme. Les produits cultivés qu'on peut y obtenir sont le cacao et la canne à sucre.

3. La population. — L'Afrique Occidentale (13 541 000 hab.) a une population blanche au Nord, noire au Sud.

Le Sahara est peuplé de *Touareg*; le territoire du Sénégal au Nord du fleuve, de *Maures* et d'*Arabes*; tous sont des *Berbères* blancs. Au Sud, du Tchad à la côte, vivent des *Nègres Soudanais* (*Ouolofs*, *Mandingues*, etc.) et des *Nègres Bantous*.

Les Berbères sont musulmans, nomades et pillards. Les nègres, païens ou convertis à l'Islam, sont sédentaires; ils peuvent être bons porteurs et bons ouvriers agricoles; ils savent élever le bétail.

Entre les deux zones et les deux races vivent des *métis* (*Foulbés* et *Toucouleurs*) pratiquant l'Islam, commerçants, bon élément de civilisation.

4. Organisation administrative et développement économique de l'Afrique Occidentale française. — La France possède dans l'Afrique Occidentale un immense domaine, qui constitue le **Gouvernement général de l'Afrique Occidentale française**, dont les subdivisions administratives sont les colonies du *Sénégal*, du *Soudan*, du *Niger*, de la *Haute Volta*, de la *Guinée*, de la *Côte d'Ivoire*, du *Dahomey* et de la *Mauritanie*. En outre, près du Dahomey, la France a reçu de la Société des Nations le mandat d'administrer le *Togo* (cap. *Lomé*).

Cet immense territoire comprend quatre grandes régions économiques différentes correspondant aux quatre régions naturelles que l'on a décrites ci-dessus :

1° Au Nord, le **Sahara**, désert habité par des nomades, les Touareg (bête de somme : le chameau), avec quelques agriculteurs groupés dans les oasis. Le Sahara était jadis le lieu de passage de nombreuses caravanes entre Soudan et Afrique du Nord; elles sont plus rares aujourd'hui.

2° Au Centre et à l'Ouest, le **Sahel** et le **Sénégal**, encore secs, plus peuplés de Maures nomades ou d'agriculteurs. Là aboutissent les richesses du Soudan par le fleuve Sénégal et par les deux chemins de fer *Dakar-Saint-Louis*, qui longe la côte, et *Dakar-Kayes-Koulikoro* qui unit la côte au Niger. Villes principales : *Saint-Louis*, capitale du Sénégal et *Dakar*, capitale moderne de toute l'Afrique Occidentale. Dakar est le grand port de la région : il exporte le grand produit du Sénégal, l'arachide. Il sert en outre d'escale entre les ports européens et ceux de l'Amérique du Sud.

3° A l'intérieur, le **Soudan central**, terre d'élevage sur les hauts plateaux, de cultures (dourah, orge, coton, tabac, arachide) dans les parties plus basses, très habitable et très peuplé, possède de grands marchés dont les principaux sont *Tombouctou*, près du Niger, à la limite du Sahara et du Sahel, *Bamako* sur le Niger, *Ouagadougou*, au centre du plateau.

4° Au Sud la **plaine de Guinée**, dont nous possédons certaines parties (*Guinée française*, *Côte d'Ivoire*, *Dahomey*), est plus tropicale de climat et de végétation. Elle est riche en marécages, où poussent les palétuviers, et en forêts (palmier à huile, caoutchouc, chasse à l'éléphant : ivoire); mais elle est plus malsaine. Sa traversée est nécessaire pour la pénétration vers l'intérieur, dont la voie d'accès naturelle, le Niger inférieur, de navigation d'ailleurs difficile, est aux Anglais. Les v. p. sont *Konakry*, en Guinée; *Grand-Bassam*, *Bingerville*, en Côte-d'Ivoire; *Porto-Novo* et *Kotonou*, au Dahomey.

Le commerce de l'Afrique occidentale française est très prospère. Il se fait surtout par le grand port de Dakar.

C. C. 70

Fig. 1. — Convoi de grains sur le Niger.

Fig. 2. — La grand marché de Tombouctou, sur le Niger. (*Phot. Fortier.*)

LECTURE

Grâce aux voies ferrées, l'Afrique Occidentale française se développe rapidement. — On pouvait douter de son avenir, vers 1890, en lisant ce qu'en disaient des hommes, non sans valeur, qui y avaient séjourné : « Si l'on interroge, écrivait l'un d'eux, 500 des officiers qui ont pris part à une campagne dans le Haut Sénégal, 450 au moins affirmeront que ce qu'ils connaissent du Soudan occidental les porte à déclarer que c'est un pays sans ressources comme aussi, de longtemps, sans avenir d'aucune sorte. » Un autre disait : « Quelques céréales sans valeur, insuffisantes à nourrir l'Européen, un peu d'or, du fer, peu de bestiaux, voilà ce que produit le Soudan français à l'heure actuelle. »

Et, après avoir dit que le Soudan est le pays le plus malsain du monde, le même ajoutait : « Il est à craindre que notre colonie ne demeure ce qu'elle est : *une ligne de forts dans une vaste nécropole.* »

L'avenir n'a point, fort heureusement, justifié ces pronostics pessimistes. L'établissement de voies ferrées a été le point de départ de progrès qui sont déjà notables. Auparavant, avec ses fleuves médiocrement navigables et ses mauvaises routes où les transports ne pouvaient se faire qu'à dos d'hommes, le Soudan manquait de voies économiques et faciles de communication et de transport.

Six *voies ferrées* partent des principaux ports de la côte pour se diriger vers le bassin du Niger. Elles vont :

1° de *Dakar* à Kayes et à Koulikoro, sur le Niger moyen ;
2° de *Konakry* jusqu'au delà du Niger supérieur ;
3° de *Bingerville* et *Grand Bassam* vers le pays de Kong ;
4° de *Lomé* (pays à mandat) vers la Haute Volta ;
5° et 6° de *Kotonou* et de *Porto-Novo* vers le Bas-Niger.

RÉSUMÉ. — L'Afrique Occidentale française comprend quatre régions naturelles, qui sont, du Sud au Nord : 1° le *Sahara*, suite du Sahara algérien, désert ; 2° le *Sahel* et le *Sénégal*, au climat subtropical, producteurs d'arachides ; 3° le plateau du *Soudan*, au climat tropical, couvert par des savanes, producteur de céréales, de gros bétail, mais aussi de café, de cacao ; 4° la plaine des côtes de *Guinée*, au climat équatorial, couverte par la forêt vierge, productrice de caoutchouc, d'huile de palme, de cacao.

Le gouvernement général de l'Afrique Occidentale française comprend les colonies du Sénégal, du Soudan, de la Haute Volta, de la Guinée, de la Côte d'Ivoire, du Dahomey, de la Mauritanie et le territoire du Tchad. La France a, dans la même région, mandat d'administrer le Togo.

La capitale de l'Afrique française est *Dakar* ; les villes principales sont : *Saint-Louis, Tombouctou, Bamako, Ouagadougou, Konakry, Grand-Bassam, Porto-Novo et Kotonou.*

Exercices. — 1. Carte de l'Afrique Occidentale française. — 2. Énumérez et caractérisez (climat et ressources) les régions naturelles de l'Afrique Occidentale. — 3. Le gouvernement général de l'Afrique Occidentale française : peuplement, organisation coloniale et villes.

IV. — L'Afrique Équatoriale française.

1. Les régions naturelles. — L'Afrique Équatoriale française comporte trois régions naturelles distinctes :
1° la *région côtière* ;
2° le *plateau* ;
3° la *plaine intérieure.*

1° La région côtière. — Cette région forme une bande parallèle à la *côte du Gabon et du Cameroun.*

A l'intérieur, les *monts de Cristal* s'allongent parallèlement à la côte. Ils se prolongent au Nord par le *mont Cameroun,* ancien volcan (4 055 m.).

A l'extérieur, la *plaine du Gabon* s'étend jusqu'à une côte sableuse avec de rares pointements rocheux (*cap Lopez, Pointe Noire*). Elle se prolonge au Nord par *la plaine du Cameroun,* où se trouve la *baie de Douala.*

Le climat est équatorial, c'est-à-dire très chaud et très humide. Une forêt haute et épaisse possède le caoutchouc, les palmiers à huile. On peut cultiver le cacao, la canne à sucre.

2° Le plateau. — Le plateau du *Moyen Congo,* du *Cameroun* et de l'*Adamaoua* envoie ses eaux soit à la mer par l'*Ogooué,* soit au Congo par la *Sangha* et l'*Oubangui,* soit au Niger par le *Bénoué,* soit au lac Tchad par le *Chari* et son affluent le *Logone.*

Le climat est encore ici équatorial. Toutefois, les pluies se font moins abondantes à mesure que l'on se dirige vers le Nord. Aussi, tandis que les régions de la Sangha et du Bas Oubangui sont couvertes par la forêt vierge, le Nord ne porte qu'une épaisse savane, où l'on trouve encore le caoutchouc, mais où l'on peut cultiver les céréales (maïs, sorgho, riz), le café, et où l'élevage est possible.

3° La plaine intérieure. — Au Nord s'étend un bassin déprimé, drainé par le *Chari,* qui se jette dans le *lac Tchad* et par son affluent le *Logone.* Il est limité au Nord par les plateaux du *Baguirmi* et du *Ouadaï.*

Le climat rappelle au Sud celui du Soudan, au Nord celui du Sénégal. Aussi, tandis que le Sud est couvert par la savane soudanaise, aux hautes herbes, propice aux cultures et à l'élevage de troupeaux sédentaires, le Nord est occupé par la steppe sénégalienne, à l'herbe rare et passagère, où l'on ne peut faire de cultures que par irrigation et pratiquer l'élevage qu'en déplaçant les troupeaux.

2. Peuplement. — La population indigène (2 858 000 hab.) de l'Afrique Équatoriale comprend :

1° **Des Nègres Bantous.** — On les trouve dans la région du Gabon et du Moyen Congo. Ceux du Gabon sont industrieux, bons agriculteurs ; ils savent travailler le fer, pratiquent le commerce ; la tribu la plus active est celle des *Fans*. Ceux du Moyen Congo vivent surtout de chasse et de pêche ; ils sont sauvages et souvent anthropophages ; la tribu la plus redoutable est celle des *Pahouins*.

2° **Des Nègres Soudanais et des Maures blancs.** — On les trouve dans la région du Chari et du Tchad ; ils ont les mêmes caractères que leurs congénères de l'Afrique Occidentale.

Quant aux *Européens*, ils sont très rares : le climat leur interdit un séjour prolongé.

3° Divisions politiques. — L'Afrique Équatoriale comprend, au point de vue politique, deux territoires :

1° Le **Cameroun** (1 877 000 hab.), ancienne colonie allemande que la France a reçu de la Société des Nations mandat d'administrer ; ce territoire possède le port de *Douala*.

2° L'**Afrique Equatoriale française**, colonie qui se subdivise en quatre territoires administratifs :

a) Le **Gabon**, dont les marchés sont : *Libreville*, sur la côte ; *Franceville*, à l'intérieur ;

b) Le **Moyen Congo**, dont les marchés sont : *Loango*, sur la côte ; *Brazzaville*, sur le Congo ; *Ouesso*, sur la Sangha ;

c) L'**Oubangui-Chari**, dont les marchés sont : *Bangui*, *Fort-de-Possel*, sur l'Oubangui ; *Fort-Crampel*, vers le Chari ;

d) Le **territoire du Tchad**, dont les marchés sont : *Fort-Archambault* et *Fort-Lamy*.

4. La situation économique. — L'Afrique Equatoriale Française n'atteint pas la prospérité de son voisin, le Congo Belge : 1° parce qu'elle est moins étendue et moins riche en forêts et en caoutchouc ; 2° parce qu'elle n'est pas traversée par un grand fleuve navigable ; 3° parce qu'elle n'est qu'une faible portion de notre empire colonial et ne peut attirer qu'une faible partie de notre effort ; 4° parce que, pour l'instant, elle manque de voies ferrées, défaut qu'un projet en cours d'exécution fera disparaître à brève échéance.

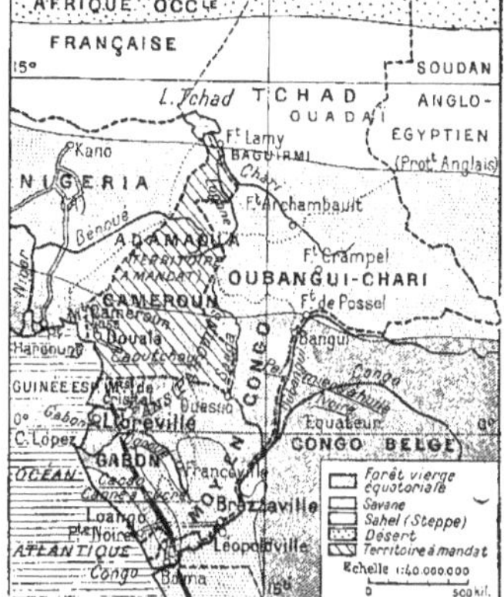

Fig. 1. — Afrique Équatoriale française.

Pour l'instant, le Gabon et la plaine côtière du Cameroun possèdent seuls des plantations de cacao. Du Cameroun, du Gabon et du Moyen Congo, on exporte les produits de la forêt : caoutchouc, ivoire, huile de palme, coprah, quelques bois d'ébénisterie.

LECTURE

La question des chemins de fer se pose en Afrique Équatoriale française. — Toutes les zones de l'Afrique Équatoriale française, d'aspect si divers, abondent en produits variés. Que leur manque-t-il pour se développer ? Ce qui partout est la condition du progrès de la civilisation : c'est-à-dire des voies ferrées.

De Libreville à Brazzaville, les transports ne peuvent se faire actuellement qu'à l'aide du portage : on se sert de convois de 500 à 500 hommes qui portent chacun sur la tête des charges pesant 25 kilogrammes environ ; on paie un homme de 50 à 60 francs pour transporter une charge de Libreville à Brazzaville. Cette pauvreté de moyens de transports paralyse l'essor économique de notre colonie.

Divers projets de voies ferrées ont été maintes fois proposés ; on a commencé en 1914 l'exécution d'un triple projet comprenant :

1° Une ligne de *Pointe-Noire à Brazzaville* ; achevée, elle draine une partie des produits du Congo belge ;

2° Une ligne de *Libreville à Ouesso*, au centre de la région de la Sangha ;

3° Une ligne de l'*Oubangui à Fort-Crampel*.

En outre, le port de *Douala*, au Cameroun, territoire dont la France a le mandat de la Société des Nations, possède deux courtes voies ferrées de pénétration vers l'intérieur.

RÉSUMÉ. — L'Afrique Équatoriale comprend trois régions naturelles, qui sont : 1° la *plaine côtière du Gabon* et du *Cameroun*, limitée par les *monts de Cristal* et le *mont Cameroun*, couverte par la forêt vierge, productrice de caoutchouc et d'huile de palme ; 2° le *plateau du Moyen Congo*, du *Cameroun* et de l'*Adamadoua*, couvert de savanes, producteur de caoutchouc, cadable de produire céréales et bétail ; 3° la *plaine du Chari et du Tchad*, de climat sec, capable de produire coton et arachides.

Outre le territoire à mandat du *Cameroun* (v. pr. : *Douala*), la région est occupée par le gouvernement général de l'*Afrique Equatoriale Française*, qui comprend les colonies du *Gabon* (v. pr. : *Libreville, Franceville*) ; du *Moyen Congo* (v. pr. : *Loango, Brazzaville, Ouesso*) ; de l'*Oubangui-Chari* (v. pr. : *Bangui, Fort-de-Possel, Fort-Crampel*) et le *territoire du Tchad* (v. pr. : *Fort-Archambault, Fort-Lamy*).

Exercices. — 1. Carte de l'Afrique Équatoriale Française et du Cameroun. — 2. Énumérez et caractérisez (végétation, ressources) les régions naturelles de l'Afrique Équatoriale. — 3. Le territoire à mandat français et l'Afrique Equatoriale française : peuplement, organisation administrative, villes.

Fig. 2. — Vente du caoutchouc sur la côte du golfe de Guinée.

V. — Madagascar et les colonies de l'Océan Indien.

1. Le sol. — Madagascar est constituée par le haut *plateau de l'Imerina* (1000-1500 m.), que surmontent le *mont Tsiafajavona* (2700 m.) et d'où descendent les rivières *Manambolo, Mangoka*. En bordure s'allongent des plaines côtières.

La **plaine orientale** et la **plaine nord-occidentale** sont chaudes, humides, marécageuses. Elles sont occupées par la forêt.

La **plaine sud-occidentale** est chaude, mais sèche et aride.

Le **plateau** a un climat tempéré. Il est couvert par une savane propre à l'élevage des bœufs et des moutons. On y cultive le riz, le café, le mûrier, les fruits.

2. La population et la colonisation. — La population de Madagascar (3 504 000 hab.), contient deux races :

1° Des **Nègres**, *Sakalaves, Betsiléo, Antaïmorona* ;

2° Les **Hovas**, ou **Antaïmérinas**, de race malaise.

La population du plateau vit soit d'élevage, soit de culture (riz, café, coton, etc.). C'est là que se trouvent la capitale, *Tananarive* (60 000 hab.), et *Fianarantsoa*.

Sur la côte, les principaux ports sont : *Antsirane, Tamatave, Majunga, Tuléar*.

Madagascar exporte de l'or, du riz, du caoutchouc, de la cire, du cuir, de la viande, du raphia, du café, du coton.

3. Colonies secondaires de l'Afrique et de l'Océan Indien. — A la sortie de la mer Rouge, la France possède la *côte française des Somalis*, escale vers l'Océan Indien et point de pénétration vers l'Abyssinie. La principale ville est le port de *Djibouti*, qu'une voie ferrée unit à Addis-Ababa, capitale de l'Abyssinie.

A l'Est de Madagascar, la France possède l'*île de la Réunion* (186 000 hab.), qui produit le café, la canne à sucre. Chef-lieu : *Saint-Denis*.

Enfin, au Nord-Ouest de Madagascar, la France possède les *îles Comores* (*Grande Comore, Anjouan*, etc.).

Fig. 1. — Hauts plateaux de Madagascar.

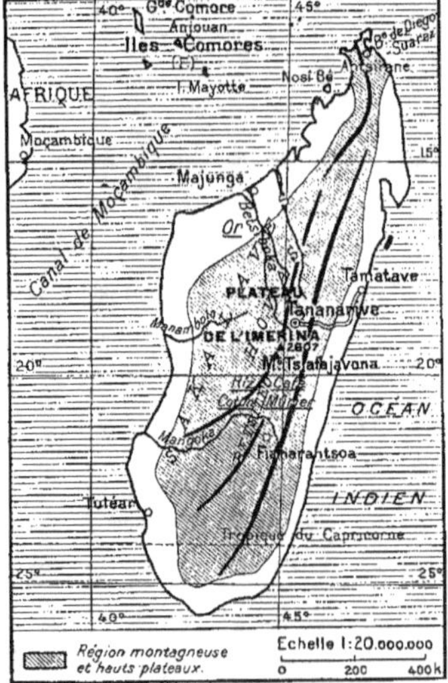

Fig. 2. — Madagascar.

Fig. 3. — Côte française des Somalis.

Fig. 4. — Ile de la Réunion.

LECTURE

Madagascar peut devenir une colonie de peuplement; elle est sûrement une riche colonie d'exploitation. — Il est certain que, pas plus que sur la côte méridionale de l'Afrique Occidentale, ou côte de Guinée, et que dans l'Afrique équatoriale, les Européens ne pourront s'établir à demeure sur la côte de Madagascar. Au contraire, ils se sont bien acclimatés sur les plateaux de l'intérieur, qui sont plus frais et moins humides: ces plateaux pourront devenir une bonne colonie de peuplement pour la France.

En attendant, Madagascar constitue déjà une remarquable colonie d'exploitation.

1° Les *forêts* renferment des essences très utiles, le raphia, plusieurs lianes à caoutchouc.

2° Les *mines* sont abondantes. On est loin de connaître toutes les ressources minières de Madagascar, mais on sait que beaucoup de rivières roulent des paillettes d'or, et l'on a trouvé plusieurs filons aurifères sur l'Imerina.

3° Les *savanes* du plateau sont déjà occupées en partie par l'élevage. La faune indigène ne comprend que des bœufs à bosse et des moutons. Les colons français y ont introduit avec succès presque toutes les races d'Europe, en particulier les races chevalines qui ont fourni à Madagascar un animal de trait qui lui manquait.

4° Les *produits de cultures* sont nombreux: le riz était cultivé avant l'arrivée des Français; le mûrier permet l'élevage du ver à soie.

RÉSUMÉ. — Madagascar est une grande île, constituée au Centre par le haut plateau de l'*Imerina*, au climat tempéré, et sur le pourtour de plaines au climat chaud, humide à l'Est et au Nord-Ouest, sec au Sud-Ouest. Les ressources sont variées comme le climat (élevage, riz, café, etc.).

La population se compose de *Nègres* et de *Hovas*, ceux ci de race malaise. La capitale est *Tananarive*, les villes principales sont *Fianarantsoa* et les ports de *Diego Suarez, Tamatave, Majunga* et *Tuléar*.

Les autres colonies de la France en Afrique sont la *côte française des Somalis* (cap. *Djibouti*), l'île de *la Réunion* (chef-lieu *Saint-Denis*) et les *îles Comores*.

Exercices. — 1. Carte de Madagascar. — 2. Les régions naturelles de Madagascar; leurs caractères; leurs villes. — 3. Énumérez les colonies secondaires de la France en Afrique.

VI. — L'Indochine française.

1. Le territoire de l'Indochine française. — Le territoire de l'Indochine française occupe une superficie de 700 840 kilomètres carrés, c'est-à-dire presque une fois et demie la superficie de la France. C'est la portion orientale de la péninsule de l'Indochine.

2. Structure de l'Indochine française. — La structure de l'Indochine française est assez compliquée. Elle s'explique par les traits essentiels suivants :

1° Un **plateau ancien**, reste de l'ancien socle continental qui occupait l'emplacement de l'Asie à l'époque primaire, subsiste encore partiellement à l'intérieur. Il est usé, aplani, de relief monotone et peu élevé, coupé de failles et de vallées : c'est le *plateau du Laos*.

2° Des **plissements récents**, contemporains des plissements alpins, c'est-à-dire d'âge tertiaire, et prolongeant vers l'Est les plis de l'Himalaya et de la Chine Méridionale, se sont formés au Nord du Laos. Les uns se sont moulés autour de ce plateau et le contournent à l'Est; ils ont une direction Nord-Sud : ce sont les *chaînes de l'Annam*. Les autres, au Nord, prolongent plus directement les monts de la Chine Méridionale; ils ont une direction Ouest-Est : ce sont les *chaînes du Tonkin*.

3° Des **plaines alluviales** se sont formées, grâce au comblement, par les apports des fleuves, des golfes qui occupaient les portions effondrées du plateau ou les intervalles entre les plis montagneux. C'est ainsi que, au pied méridional du Laos, on trouve la *plaine du Cambodge*; entre le Laos et les chaînes de l'Annam, le delta du Mékong, ou *plaine de Cochinchine*; entre les chaînes de l'Annam et celles du Tonkin, le delta du Song-Koï, ou *plaine du Tonkin*.

Les *côtes* de l'Indochine française sont assez variées. Aux plaines deltaïques correspondent les côtes basses et sableuses. Mais les chaînes du Tonkin et de l'Annam sont bordées par des côtes rocheuses, limitant une mer profonde, riche en caps, en écueils, en baies : *baie d'Along, baie de Tourane*, etc.

3. Le climat — L'Indochine a un climat chaud, mais beaucoup plus chaud au Sud qu'au Nord. Par sa situation entre l'Océan Indien et l'Océan Pacifique, l'Indochine a un *climat* entièrement soumis au régime des *moussons*, vents saisonniers qui soufflent de la mer vers l'Asie Centrale en été et y déterminent alors des pluies abondantes, mais plus abondantes sur les côtes que dans l'intérieur.

4. La végétation et les ressources minières. — Des régions voisines de la mer, bien arrosées par les pluies, aux régions intérieures, beaucoup moins humides, se succèdent des formations végétales différentes.

1° La **forêt** tropicale couvre les chaînes montagneuses arrosées par la mousson. Cette forêt est surtout dense et touffue dans les chaînes méridionales de l'Annam; elle couvre aussi certaines parties des plaines non défrichées. Les espèces les plus précieuses sont les arbres à *caoutchouc*, le *cèdre*, le *camphrier*, le *bois de fer* et l'*arbre à laque*.

Dans le Cambodge et la Cochinchine, certaines parties sèches des plaines contiennent des forêts de *bambous*, dont le bois est employé pour toutes les constructions indigènes; les régions inondées par le Mékong possèdent des *forêts noyées;* les bras des deltas des fleuves, des *forêts de palétuviers*, qui contribuent à les rendre impraticables.

2° La **savane** aux hautes herbes, ou jungle, se trouve dans les parties les plus sèches des plaines : c'est la *région des cultures* et particulièrement dans les parties inondées périodiquement par les fleuves, la *région des rizières*.

3° Enfin, une véritable **steppe**, à l'herbe rare et non permanente, couvre le Laos, où la forêt est limitée aux vallées humides des fleuves. La culture, à cause du manque d'eau, y est difficile; c'est la région de l'élevage.

Il y a donc une grande opposition de ressources végétales entre les montagnes, les plaines alluviales et le plateau. A cette opposition s'ajoute celle des ressources minérales, nulles dans les plaines, rares sur le plateau (un peu d'or), abondantes, au contraire, dans les chaînes, particulièrement dans celles du Tonkin, où l'on trouve de riches mines de houille, de fer, de zinc, d'étain.

5. Le peuplement et la colonisation. — L'Indochine française possède environ 19 millions d'habitants, soit 27 au kilomètre carré. Cette population, très dense dans les rizières des plaines, est très disséminée dans les forêts des montagnes et dans les steppes du plateau.

La *population indigène*, qui constitue presque la totalité des habitants, comprend, isolés sur le plateau, des représentants de races anciennes: les *Moï* et les *Lolo*. Mais elle est surtout représentée par deux races qui ont une antique civilisation :

1° Les **Khmers**, que l'on trouve surtout au Cambodge, dont la civilisation, la religion et même la race ont subi fortement l'influence des Hindous;

2° Les **Annamites**, les plus nombreux (12 millions), qui occupent la Cochinchine, l'Annam et le Tonkin; ils sont de race jaune; ce sont des agriculteurs excellents, capables d'assimilation.

En outre, des **Chinois**, très nombreux, se trouvent soit dans les villes, où ils font la banque, le commerce et tous les petits métiers urbains, soit dans les régions nouvellement conquises à la culture sur les marécages.

6. La colonisation française en Indochine. — La colonisation française a dans le pays une origine très ancienne. Le premier établissement français, dans la baie de Tourane, date de 1787; l'occupation de la Cochinchine, de 1863-1867 : l'occupation de l'Annam et du Tonkin, de 1875 et 1885. Enfin, par des traités plus récents avec le Siam et avec l'Angleterre, la France a étendu la frontière de sa colonie jusqu'au Mékong et même au delà.

Aujourd'hui, le *gouvernement général de l'Indochine française* groupe sous une même unité de direction (budget commun, travaux publics coordonnés, etc.) les territoires suivants :

1° Le protectorat du Tonkin, cap. *Hanoï*;
2° Le protectorat de l'Annam, cap. *Hué*;
3° Le protectorat du Cambodge, cap. *Pnom-Penh*;
4° La colonie de Cochinchine, cap. *Saïgon*;
5° Le protectorat du Laos, cap. *Vien-Tiane*.

7. Le Tonkin. — On distingue dans le Tonkin deux régions : le *delta du Song-Koï* ou *Fleuve Rouge*, et les *Monts du Tonkin*.

1° Au centre, le **delta du Song-Koï**, ou *Fleuve Rouge*, et de son affluent, la *Rivière Noire*, est une vaste plaine alluviale, de climat tempéré, avec une saison froide et une saison chaude, bien irriguée, très fertile. C'est une terre d'élevage et de rizières. D'autre part, la colonisation y a découvert, au contact de la montagne, une nouvelle source de richesses : d'abondants gisements de houille, à *Hon-Gaï*, près de la baie

d'Along. Ils sont en pleine exploitation C'est la région surpeuplée du Tonkin (400 hab. au kmq.), la région des villes :
Hanoï (81 000 hab.), *Haï-Phong, Nam-Dinh.*

2° Sur le pourtour, les **montagnes du Tonkin** (les 9/10
du Tonkin), encore mal connues, mais certainement très hau-
tes, ont un hiver rude, des rivières torrentielles coulant de rapides en défilés. Elles constituent une région fores-tière et malsaine, peu habitée, précieuse toutefois par ses mines de fer (à *Lao Kay*) et d'étain (à *Cao-Bang*), et plus encore par les routes qu'elle ouvre vers les riches terres de la Chine Méridionale (Yun-Nan), qui sont bien plus près de Haï-Phong que des ports chinois. Un chemin de fer remonte cette vallée jusqu'à *Yun-Nan-Sen*, en territoire chinois, et fait dès aujourd'hui de Haï-Phong un des ports d'exportation de la Chine.

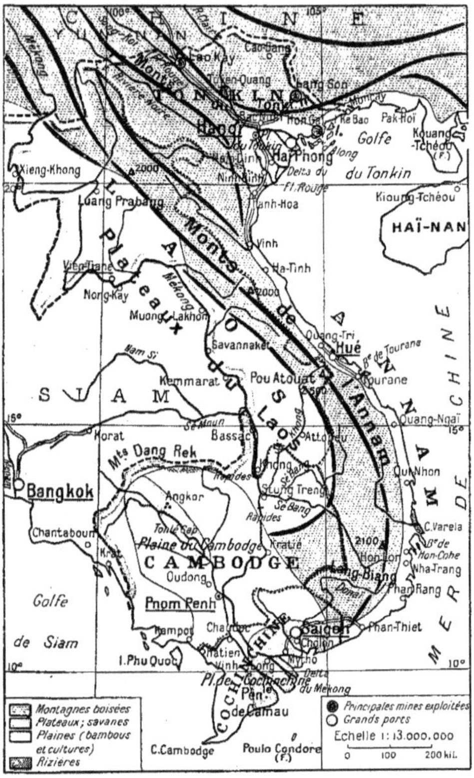

8. L'Annam. — Près de deux fois étendu comme le Tonkin et moitié moins peuplé, l'Annam est presque tout entier occupé par des hauts plateaux et des montagnes (de 1000 à 2500 m.), coupés de cols assez hauts et occupés soit par des landes, soit par des forêts; le climat y est rude, les rivières torrentielles.

Quelques parties des côtes de l'Annam sont découpées en baies : la principale est la *baie de Tourane.* Cependant, en bien des points, la côte est formée par une plaine basse, alluviale, marécageuse et malsaine, mais fertile et couverte de bambous et de rizières.

La population est presque entièrement concentrée sur la côte; les montagnes sont presque désertes.
Capitale : *Hué.*

9. Le Cambodge. Le Laos. — Le Cambodge est une région plane, au climat chaud, traversée par le *Mékong*, qui vient du Tibet et n'est navigable que dans sa partie cambodgienne. Il y bifurque, et une partie de ses eaux va au *Tonlé Sap*, que ses atterrissements comblent peu à peu.

Terre chaude et fertile en riz et en blé, le Cambodge est depuis longtemps le centre d'une vieille civilisation : la civilisation *Khmer.*
Capitale : **Pnom Penh.**

Au Nord du Cambodge, dans l'intérieur, s'étendent les plateaux du *Laos*, encore peu connus et peu exploités, mais qui s'annoncent comme d'excellentes terres pour l'élevage.

10. La Cochinchine. — La Cochinchine est la région la plus petite de l'Indochine française : elle est formée par le *delta du Mékong*, terre basse, chaude, marécageuse et mal-saine, mais d'une fertilité merveilleuse. Elle est par excellence le pays des rizières. Aussi est-elle très peuplée. Les villes sont : *Saïgon* (504 000 hab.), avec la ville chinoise de *Cholon*), *Mytho, Vinh Long, Chaudoc.*

L'impossibilité de franchir tous les rapides du Mékong vers la Chine Méridionale a déçu l'espoir de Saïgon de devenir le grand débouché de cette riche contrée. Mais la Cochinchine est, comme la Birmanie Anglaise sa voisine, un très gros exportateur de riz.

11. La situation économique de l'Indochine. — Colonie d'exploitation et non de peuplement, l'Indochine française est la plus puissante de nos colonies avec les pays de l'Atlas et l'Afrique Occidentale française. Sa prospérité augmentera encore après l'achèvement des réseaux routier et ferré, qui sont en très bonne voie de construction.

Si l'exploitation minière commence à peine, si l'industrie est limitée aux travaux de certains artisans (objets de laque, d'ivoire, etc.), si certains produits végétaux, qui pourraient rapporter beaucoup, sont encore dans la période des essais (coton, coprah, mûrier et élevage des vers à soie), en revanche, l'extraction de la houille enrichit déjà le Tonkin; la pêche est très active sur toutes les côtes, et certaines plantations et cultures sont ou seront bientôt en plein rendement : le caoutchouc; le manioc, dont la racine râpée fournit une farine nourrissante; le poivre; le thé; la canne à sucre; un textile : la ramie, et surtout le riz

Le commerce de l'Indochine française atteint annuellement 3 milliards de francs : les exportations l'emportent sur les importations, et le transit des marchandises en provenance ou à destination du Yun Nan augmente chaque année. Les principaux produits d'exportation sont : le riz (les trois cinquièmes des exportations), le poisson, les denrées coloniales et la houille. Le commerce se fait avec la Chine, la France, l'Angleterre et le Japon.

12. Autres possessions asiatiques de la France. — La France possède, sous le nom d'*Inde française*, cinq villes dans l'Inde : *Pondichéry, Chandernagor, Yanaon, Karikal et Mahé.*

Fig. 1. — INDOCHINE FRANÇAISE.

Fig. 1. — Une maison annamite.

La maison annamite est parfois de bambous, parfois d'argile détrempée; elle ne se compose que d'un rez-de-chaussée; un toit de roseaux la couvre.

Fig. 2. — Une rizière.

Le riz, pour être cultivé, doit être « mis en eau » à plusieurs reprises. D'où la nécessité de ne le cultiver que dans les régions basses et humides, pouvant être irriguées.

LECTURE

L'Indochine française est en voie de développement continu. — L'Indochine ne saurait être une colonie de peuplement pour deux raisons : 1° parce qu'elle est déjà assez peuplée, et peuplée par des populations de race jaune, civilisées, peu assimilables ; 2° parce que son climat ne convient pas à l'établissement en masse des Européens.

En revanche, riche en forêts (bois de teck, caoutchouc), riche en houille et en minerais précieux ou utiles (or, fer, zinc, étain), propre à la culture du riz, du coton, de la canne à sucre, du thé, etc., l'Indochine française a tous les éléments qui lui permettent d'être une importante colonie d'exploitation.

La colonisation française a déjà commencé à tirer parti de ces ressources, et, depuis vingt ans, l'Indochine s'est considérablement transformée. Percées de voies nouvelles, larges et droites, assainies, éclairées à l'électricité, bien entretenues, les grandes villes, comme Saïgon et Hanoï, présentent dans leurs nouveaux quartiers un air tout européen. Pour juger du progrès accompli, il n'y a qu'à les comparer avec les anciens quartiers ou les autres villes indigènes : le contraste est frappant entre Saïgon, la ville européenne et annamite, et Cholon, la ville chinoise, qui font partie de la même agglomération.

Des progrès analogues, dans toutes les branches de l'activité économique, peuvent se résumer ainsi :

1° *Développement des voies de communications et de transport :* jadis les communications et les transports avaient à leur disposition de bonnes côtes, favorables généralement au cabotage ; une ancienne grande route, la route mandarine, reliant les principales villes ; les deux fleuves, Song-Koï et Mékong, coupés de rapides sur plusieurs points, mais pourvus d'assez longs biefs navigables.

Sur les côtes, on a amélioré les grands ports (Saïgon au Sud, Haï Phong au Nord), et l'on projette de créer dans l'admirable baie bien abritée d'Along, au Tonkin, un port en eau profonde qui serait excellent ; — on a amélioré la navigation du Song-Koï et du Mékong, en faisant sauter quelques rochers ou quelques seuils rocheux, en sorte qu'aujourd'hui ils sont bien plus facilement utilisables que jadis ; — on a commencé la construction d'un réseau ferré qui déjà dessert tout le Tonkin et l'unit à la Chine (lignes de Hanoï à Lao Kay et Yun-Nan-Sen, d'Hanoï à Lang Son). Ce réseau est encore peu développé autour de Hué, mais a déjà une certaine importance autour de Saïgon. Les tronçons amorcés autour des trois grandes villes d'Hanoï, de Hué et de Saïgon sont destinés à se rejoindre et constituent des sections d'un futur réseau unique.

2° *Introduction de cultures nouvelles :* jadis, le riz constituait presque la seule ressource végétale de l'Indochine, ressource importante, d'ailleurs, car, outre qu'elle fournissait la base de l'alimentation générale du pays, elle apportait au commerce extérieur l'article de beaucoup le plus considérable de l'exportation. La colonisation française a introduit en Indochine la culture du thé qui a donné de bons résultats en Annam et celle du caoutchouc (Cochinchine) qui a si bien réussi que l'Indochine française est en voie de devenir un des plus forts producteurs de caoutchouc du monde ;

3° *Mise en valeur des mines et progrès industriel :* les richesses minérales qui restaient inutilisées ont été mises en exploitation (mines de houille de Hon Gaï, de Ke Bao, etc.) et ont fait du Tonkin un point houiller d'une certaine importance en Extrême-Orient. D'autre part, grâce à la houille, des industries se sont créées pour l'utilisation des matières premières qu'on trouvait dans le pays (distilleries, rizeries, fabriques de ciment, soieries, cotonnades) ; toutefois, il n'y a encore là que des indications encourageantes pour l'avenir, et, pour l'instant, l'Indochine achète au dehors presque tous les objets fabriqués dont elle a besoin.

RÉSUMÉ. — L'Indochine française est constituée par la portion orientale (zone des *monts du Tonkin*, des *monts d'Annam* et du *plateau du Laos*) de la péninsule indochinoise, située tout entière dans l'Asie des moussons.

Elle n'a ni unité de structure, ni unité de peuplement ni même unité complète de climat. C'est pourquoi l'on y distingue différents territoires coloniaux, qui furent, d'ailleurs, jadis des Etats indépendants les uns des autres :

1° Le *Tonkin* (v. pr. : *Hanoï*, cap. de la colonie; v. pr. : *Haï Phong* et *Nam-Dinh*).

2° L'*Annam* (cap. : *Hué*).

3° Le *Laos* (cap. : *Vien-Tiane*).

4° Le *Cambodge* (cap. : *Pnom Penh*).

5° La *Cochinchine* (v. pr. : *Saïgon* la capitale, *Mytho, Chaudoc* et *Vinh Long*).

Dans ces régions, les foyers essentiels de peuplement, de production et d'activité commerciale sont les plaines alluviales et notamment les deltas : *plaine du Cambodge, delta du Mékong, delta du Fleuve Rouge*.

Dans ses parties riches, plaines et deltas, l'Indochine est hostile au peuplement des Européens; mais elle offre à leur exploitation de grandes ressources agricoles et minières. Ses principaux produits sont : le riz et les denrées coloniales. Le Tonkin a des mines de houille, de fer, de zinc et d'étain.

La France possède encore en Asie cinq villes de l'Inde : *Pondichéry, Chandernagor, Yanaon, Karikal, Mahé*.

Exercices. — 1. Carte de l'Indochine française. — 2. Structure, climat et végétation de l'Indochine. — 3. Peuplement de l'Indochine. — 4. Les cinq territoires coloniaux de l'Indochine française ; description, ressources, villes. — 5. Situation économique de l'Indochine française.

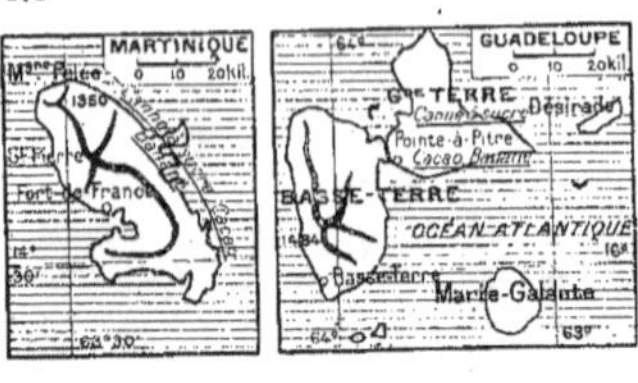

Fig. 1. — La Martinique.

Fig. 2. — La Guadeloupe.

Fig. 3. — La Guyane française.

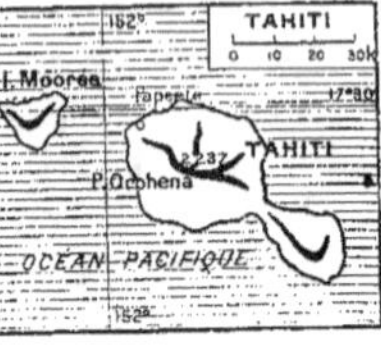

Fig. 4 — La Nouvelle-Calédonie.

Fig. 5. — Tahiti.

VII. — Les colonies d'Amérique et d'Océanie.

A. — COLONIES D'AMÉRIQUE

1. Les Antilles françaises. — De relief assez élevé, de sol fertile, de climat chaud humide, les Antilles françaises sont riches en produits tropicaux : canne à sucre (rhum), café, tabac, fruits. Elles sont très peuplées de Blancs (Français et Créoles), de Nègres (descendants d'anciens esclaves africains) et de Mulâtres (métis de Blancs et de Nègres).

La *Martinique* (195 000 hab., 196 au km. carré) a pour capitale *Fort-de-France*. La ville de *Saint-Pierre*, détruite en 1902 par une éruption de la Montagne Pelée, est en reconstruction.

La *Guadeloupe*, formée par *Basse-Terre* et *Grande-Terre* (262 000 hab., 146 au km. carré), a pour capitale *Basse-Terre*. Elle a deux dépendances: *Marie-Galante* et *la Désirade*.

2. La Guyane française. — La Guyane est voisine de l'Equateur; son climat est très humide et très chaud. Elle a 48 000 habitants. Chef-lieu : *Cayenne*.

La Guyane a des mines d'or, des forêts de bois précieux. Elle est surtout une colonie pénitentiaire.

B. — COLONIES D'OCÉANIE

1. Possessions françaises de l'Océanie. — La France possède en Océanie les îles *Marquises*, *Rapa*, *Gambier*, *Toubouaï*, *Touamotou*, formées en partie d'atolls, ou îles de coraux; et deux archipels plus importants : la *Nouvelle-Calédonie* avec les îles *Loyauté*, et les *îles de la Société*.

2. La Nouvelle-Calédonie. — Longue de 430 kilomètres, la Nouvelle-Calédonie est montagneuse (mont *Humboldt*, 1684 m.). On y trouve l'or, le cuivre, le plomb, le fer et surtout le nickel.

Le climat, chaud et doux, permet de cultiver le maïs, la canne à sucre, le café, la vanille, etc. Elle exporte du café, de la vanille, du sucre et surtout du nickel.

La population indigène (55 000 hab.) se compose de *Canaques*, de race mélanésienne.

La capitale, sur la côte Sud, est *Nouméa*.

3. Les îles de la Société. — Les îles de la Société comprennent les *îles sous le Vent* (*Raïatéa*) et les *îles au Vent* (*Tahiti*, *Mooréa*).

Tahiti, la principale de toutes, est une île montagneuse (pic *Orohena*, 2237 m.), volcanique, boisée, propre aux cultures des pays chauds. Elle compte 11 000 habitants. Chef-lieu *Papeete*.

LECTURE

La Martinique et la Guadeloupe sont des îles essentiellement agricoles. — Ce sont deux anciennes colonies françaises. Elles furent occupées par la France dans la première partie du XVIIe siècle. Des colons français s'y établirent ; c'est d'eux que descendent les créoles qui constituent le fond de la population, avec les descendants des nègres qu'on y fit importer pour cultiver le sol, et avec les mulâtres, nés de croisements entre races blanche et noire.

La culture principale est celle de la *canne à sucre*, qui sert à fabriquer le *sucre* et le *rhum*. Les autres cultures sont celle du *cacaoyer*, qui prospère aux basses altitudes et qui tend à se développer; celle du *caféier*, qui réussit sur les pentes ; celles du *tabac*, du *vanillier*, etc. Tous ces produits s'exportent.

Les cultures vivrières, c'est-à-dire visant à fournir leur alimentation aux habitants, sont, à cause du grand nombre de ceux-ci, insuffisantes. La *patate* et la *banane*, riches en fécule et en sucre, sont pourtant l'objet d'une intense culture, celle de la banane ayant été très développée depuis peu.

RÉSUMÉ. — La France possède en Amérique et en Océanie un certain nombre de colonies secondaires :

1° En Amérique, les îles *Saint-Pierre-et-Miquelon*, les Antilles françaises (*Martinique*, cap. *Fort-de-France* ; *Guadeloupe*, cap. *Basse-Terre*) et la *Guyane française* (cap. *Cayenne*).

Comme toutes les petites colonies, celles-ci nous offrent, avec un appoint de ressources, des points d'appui et des escales pour nos navires de guerre, de pêche ou de commerce.

2° Dans l'Océan Pacifique, la *Nouvelle-Calédonie* (cap. *Nouméa*) et les *Etablissements français de l'Océanie*: îles *Marquises*, *Touamotou*, etc., et surtout, *îles de la Société* (*Tahiti*, cap. *Papeete*, *Mooréa*, *Raïatéa*).

Fig. 6. — Village sur un atoll, ou ilot de corail, en Océanie.

Exercices. — 1. Énumérez et caractérisez les colonies françaises d'Amérique. — 2. Même question pour les colonies françaises d'Océanie.

La place de la France dans le monde.

1. La France, État de dimensions et de population moyennes. — La France est un État d'importance moyenne par ses dimensions. Il y a des États plus étendus qu'elle en Asie (Chine, Inde), en Amérique (États-Unis, Canada, Brésil, République Argentine), en Océanie (Australie) et même en Europe (Russie).

Elle est d'importance moyenne par sa population. Il y a des États beaucoup plus peuplés qu'elle en Asie (Chine, Inde, Japon), en Amérique (États-Unis) et même en Europe (Russie, Allemagne, Royaume-Uni).

Mais il y a en Europe 29 États moins étendus et 27 États moins peuplés qu'elle.

2. La production agricole française. — La production agricole de la France a un caractère bien particulier.

Cette production est importante et variée. — La France est le quatrième producteur de blé du monde : tous les pays qui en produisent plus qu'elle ont des territoires infiniment plus étendus. La France est le premier producteur de vin du monde. Pour l'élevage du gros bétail de boucherie, un seul pays en Europe lui est comparable : la Grande-Bretagne. Pour la production du sucre, deux pays en Europe lui sont supérieurs : l'Allemagne et la Tchécoslovaquie. Pour la production de l'huile, seuls en Europe, l'Espagne, l'Italie et le Portugal l'emportent sur elle. Pour la production des légumes et des fruits, la France occupe le premier rang en Europe, avec l'Espagne et l'Italie. On peut donc dire que la France fournit en abondance tous les produits agricoles propres à l'Europe.

Cette production suffit presque à la consommation du pays. — En dehors des denrées coloniales que son climat ne lui permet pas de produire, la France importe peu de produits alimentaires. C'est là un grand avantage qu'elle a sur ses grands voisins industriels, Grande-Bretagne, Allemagne et Belgique, lesquels dépendent en grande partie pour leur nourriture de l'échange avec l'étranger.

La France exporte des produits agricoles de choix. — La France exporte des vins fins, des beurres et des fromages, des légumes et des fruits, des conserves, du sucre. Tous les produits alimentaires qu'elle exporte sont des produits d'un grand prix, représentant une haute valeur sous un faible poids. Elle est le plus riche exportateur agricole de l'Europe.

3. La production minière française. — Trois traits caractérisent la production minière de la France et la distinguent de ses voisins industriels d'Europe : sa production insuffisante de houille; sa production énorme de minerai de fer; sa production de minerais spéciaux (bauxite, potasse).

Elle a une production insuffisante de houille. — Tandis que la Grande-Bretagne et l'Allemagne produisent plus de houille qu'elles n'en consomment et peuvent en exporter, tandis que la Belgique produit assez de houille pour son industrie, la France consomme bien plus de houille qu'elle n'en produit, et elle doit en importer. Pourtant, elle a une production houillère infiniment supérieure à celle de l'Espagne et de l'Italie, et elle a une réserve importante de *houille blanche*.

Elle a une production énorme en minerai de fer. — Seuls au monde, les États-Unis peuvent produire plus de minerai de fer que la France. En Europe, la France peut produire, à elle seule, plus de minerai de fer que ses trois principaux concurrents réunis : la Grande-Bretagne, l'Espagne et la Suède.

Après avoir fourni du minerai à sa puissante industrie métallurgique, elle peut encore en exporter.

Enfin, elle a une production de minerais spéciaux. — Seule en Europe, la France est un grand producteur de *bauxite*, minerai d'où l'on tire l'aluminium, métal de plus en plus employé dans l'industrie. Son sous-sol fournit en grande quantité un engrais chimique très utile, la *potasse*; elle n'a, pour cette production, qu'un seul rival en Europe et dans le monde : l'Allemagne.

4. La production industrielle française. — Deux traits distinguent l'industrie française de celle de ses voisins d'Europe : elle a une grande industrie; mais elle a aussi de florissantes industries de luxe.

Elle a une grande industrie. — Son industrie métallurgique, son industrie lainière et cotonnière sont supérieures ou comparables à celles de l'Allemagne et de la Grande-Bretagne, très supérieures à celles de la Belgique, de la Suisse, de l'Italie et de l'Espagne.

Elle a de florissantes industries de luxe. — Elle tient le premier rang dans le monde pour le tissage de la soie, la mode, la couture, l'ameublement, la carrosserie, la parfumerie, et surtout les articles de Paris. Ces industries de luxe, qui représentent une forte valeur sous un faible poids, lui assurent une supériorité sur ses rivaux et compensent la supériorité de ceux-ci dans le domaine de la production houillère et de la grande industrie.

5. Le commerce français. — Par le commerce encore, la France a une place bien particulière en Europe.

Comme les pays méditerranéens, ses voisins, elle exporte des produits alimentaires. Mais elle exporte une proportion de produits alimentaires de luxe (en particulier les vins de grands crus) plus considérable qu'eux.

Comme les pays industriels, ses voisins, elle exporte des objets manufacturés. Mais elle exporte une proportion d'objets manufacturés de luxe infiniment plus grande, et, au contraire, beaucoup moins de produits manufacturés lourds, de valeur moyenne.

Il résulte de là que ses exportations (malgré l'exportation des minerais) sont inférieures à celles de la Grande-Bretagne et de l'Allemagne par le poids; mais, par la valeur, elles ne sont inférieures qu'à celles de la Grande-Bretagne.

6. Les colonies françaises. — Il n'y a qu'une puissance européenne dont l'Empire colonial soit plus étendu et plus peuplé que celui de la France : c'est la Grande-Bretagne. L'Empire colonial des Pays-Bas est aussi peuplé, mais il est beaucoup moins étendu, et il se trouve tout entier dans une seule région du monde : au contraire, l'Empire colonial de la France, comme celui de la Grande-Bretagne, est réparti dans toutes les parties du monde.

7. Caractère intermédiaire de la France. — Ainsi, par certains traits de sa production, de son commerce, de son action mondiale, comme par certains traits de sa nature même et de sa population, la France est comparable à chacun de ses voisins d'Europe.

Par l'ensemble, elle n'est comparable à aucun. Ses caractères géographiques, nationaux et économiques lui donnent une nature originale, dont les traits distinctifs semblent être moins la puissance matérielle brute qu'une aptitude à la civilisation.

CINQUIÈME PARTIE

ÉLÉMENTS DE GÉOGRAPHIE ÉCONOMIQUE

PREMIÈRE SECTION

LES DENRÉES ALIMENTAIRES

I. — Le blé.

1. Utilisation du blé. — Le blé est une céréale dont la farine sert à fabriquer des aliments très nourrissants : le pain, les pâtes alimentaires. La plupart des populations civilisées l'utilisent, et notamment celles de l'Europe et de l'Amérique.

2. Zones de culture du blé. — Le blé s'adapte à tous les climats, sauf au climat trop humide de la zone équatoriale. Sa culture peut s'étendre jusqu'au voisinage du cercle polaire. La récolte du blé se fait à la fin de la saison chaude ; comme cette saison varie avec les hémisphères et les latitudes, il y a une récolte de blé chaque mois de l'année sur un point du globe.

3. Principaux producteurs de blé. — Le blé est surtout cultivé dans les pays de la zone tempérée faisant partie de l'Europe ou peuplés par des habitants de race européenne.

Les plus grands producteurs de blé sont :

1º en Europe, l'*Union des Républiques socialistes soviétiques* de Russie et la *France* ;

2º en Amérique, les *États-Unis*, le *Canada* et la *République Argentine* ;

3º en Océanie, l'*Australie* ;

4º en Asie, l'*Inde* et la *Chine du Nord*.

4. Commerce du blé. — Les pays d'Europe, surpeuplés, produisent beaucoup de blé, mais la plupart n'en possèdent pas assez pour leur consommation.

Au contraire, hors de l'Europe, certains pays producteurs de blé, qui ont une population moins dense, exportent du blé vers l'Europe.

Les grands exportateurs de blé sont : le *Canada*, les *États-Unis*, la *République Argentine*, l'*Australie* et l'*Inde*.

II — Le riz.

1. Utilisation du riz. — Le riz est la plus nourrissante et la plus saine des céréales. C'est la nourriture principale des très nombreuses populations de l'Extrême-Orient (Chinois, Japonais, Annamites, Hindous, etc.).

2. Zones de culture du riz. — Le riz a besoin d'un climat très chaud, de pluies pendant qu'il pousse, de sécheresse pendant qu'il mûrit. Aussi est-il surtout cultivé dans l'*Asie du Sud-Est*, ou *Asie des moussons*, où les pluies de mousson sont nettement réparties dans une seule saison de l'année.

3. Principaux producteurs de riz. Commerce. — Les plus grands producteurs de riz sont l'*Inde*, la *Chine*, le *Japon*, et les trois pays de l'Indochine : *Indochine française, Siam, Indochine anglaise*. Seule l'Inde, qui a aussi du blé, et ces trois derniers pays, qui sont peu peuplés, exportent une partie de leur récolte de riz.

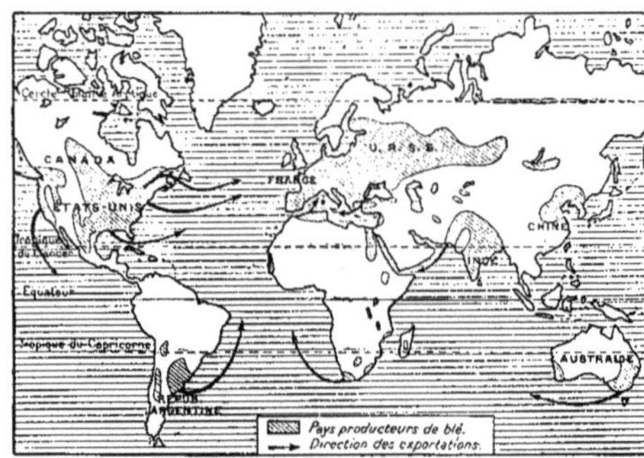

Fig. 1. — RÉGIONS PRODUCTRICES DE BLÉ.

BLÉ
Production mondiale (1925)
105.920.000 tonnes

Etats-Unis	U.R.S.S.	Canada	France	Inde	Républ. Argent.	Allemag.	Australie	Reste du monde
17 %	16,9 %	10,4 %	8,5 %	8,3 %	5 %	3,3 %	2,7 %	28,2 %

Fig. 2. — PRODUCTION DU BLÉ.

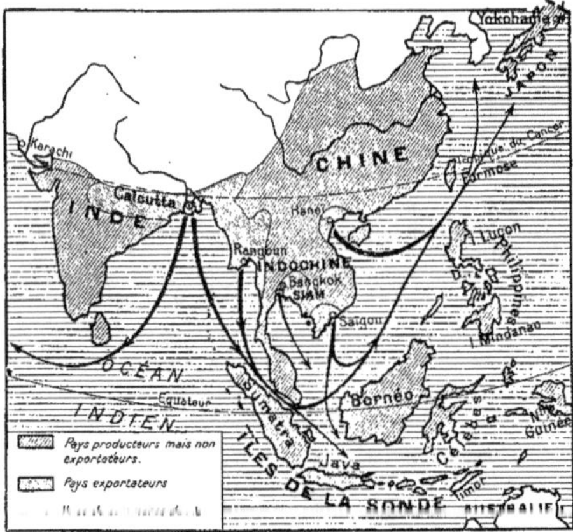

Fig. 3. — RÉGIONS PRODUCTRICES DE RIZ.

RIZ
Production mondiale (1925-26)
130 millions de tonnes

Inde	Chine	Japon	Indochine française	Siam	Reste du monde
36,5 %	31 %	8,3 %	4,5 %	3,7 %	16 %

Fig 4. — PRODUCTION DU RIZ

III. — L'élevage.

1. Produits alimentaires de l'élevage. — Parmi les animaux d'élevage, trois races fournissent aux hommes beaucoup d'aliments : viande et graisse, lait et produits laitiers (beurre, fromage, lait condensé). Ce sont les bovins, les moutons et les porcs.

2. Les bovins. — Les bovins (bœufs et vaches) ont besoin de fourrages abondants pour se nourrir. Ils sont surtout élevés dans les deux zones tempérées humides.

Les plus grands troupeaux de bovins se trouvent aux *États-Unis*, dans l'*Union des Républiques socialistes soviétiques*, en *République Argentine*. D'autres pays (*Canada, Australie, Nouvelle-Zélande*) ont un troupeau moindre, mais, étant moins peuplés, sont, avec l'*Argentine*, exportateurs de viandes salées ou frigorifiées, de beurre, de fromage et de lait condensé.

3. Les moutons. — Les moutons se contentent de l'herbe maigre des steppes. Ils sont surtout élevés dans les deux zones tempérées sèches.

Les plus grands troupeaux de moutons se trouvent en *Australie*, dans l'*Union des Républiques socialistes soviétiques*, aux *États-Unis*, en *République Argentine* et dans l'*Union Sud-Africaine*.

Outre la laine, l'Australie, la République Argentine et l'Union Sud-Africaine exportent des moutons frigorifiés.

4. Les porcs. — Les porcs fournissent en grande quantité : viande, lard et graisse, à condition d'être suralimentés, notamment au moyen du maïs.

Le plus gros troupeau de porcs se trouve dans le pays qui produit le plus de maïs : les *États-Unis*.

IV. — Le sucre.

1. Le sucre de betterave. — La betterave sucrière pousse dans les terres riches de la zone tempérée. Il faut une main-d'œuvre nombreuse pour cette culture et pour le travail des sucreries et des raffineries. Celles-ci ont besoin de combustible. Aussi les pays producteurs du sucre de betterave sont-ils ceux de la zone tempérée qui possèdent des limons fertiles, une population nombreuse et des bassins houillers, c'est-à-dire : en Europe, l'*Allemagne*, la *Tchécoslovaquie*, la *France* ; en Amérique, les *États-Unis*.

2. Le sucre de canne. — La canne à sucre pousse dans les terres riches de la zone tropicale. Pour cette culture et pour la fabrication du sucre de canne, il faut une main-d'œuvre nombreuse. Aussi les producteurs de sucre de canne sont-ils les pays très peuplés de la zone tropicale : les *Antilles*, et notamment l'*île de Cuba* ; les *Indes Néerlandaises*, et notamment l'*île de Java* ; le *Brésil* ; l'*Inde* ; la *Chine*. La production du sucre de canne est deux fois plus forte que celle du sucre de betterave.

V. — Les boissons.

1. Le vin. — Les pays gros producteurs de vins se trouvent dans la zone méditerranéenne. Ce sont : la *France*, l'*Italie*, l'*Espagne*, le *Portugal*, l'*Algérie*.

Les autres pays producteurs de vin sont : en Europe, la *Grèce*, la *Bulgarie*, la *Roumanie*, la *Hongrie* ; en Asie, l'*Asie Mineure* ; en Afrique, l'*Union Sud-Africaine* ; en Amérique, la *République Argentine* et le *Chili* ; en Océanie, l'*Australie*.

PRINCIPAUX TROUPEAUX DU MONDE

	Bœufs	Moutons	Porcs
Etats-Unis	59,8	40,7	51,2
U.R.S.S.	51	81,8	16,4
Australie	13,3	89	1
République Argentine	37	36,2	1,4
Gde Bretagne et Irlande	12	25,4	5,5
Union Sud Africaine	9,6	32	0,8
Allemagne	17,2	16,2	
Inde	11,9	22,9	
France	14,4	10,5	5,8
Canada	9,3		4,4

en millions de têtes
(1925)

Fig. 1. — LES PRINCIPAUX TROUPEAUX DU MONDE.

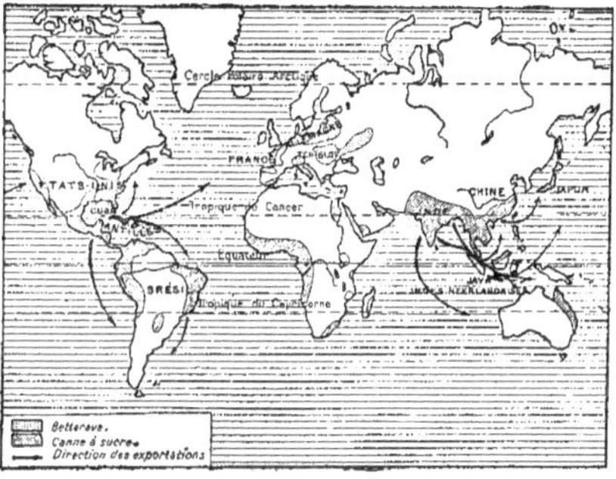

Betterave.
Canne à sucre.
Direction des exportations

Fig. 2. — RÉGIONS PRODUCTRICES DE SUCRE DE BETTERAVE ET DE SUCRE DE CANNE.

VIN
Production mondiale (1924-25)
186.984.000 hectolitres

France	Italie	Espagne	Algérie	Reste du monde
33,5 %	24 %	19,5 %	6 %	17 %

Fig. 3. — PRODUCTION DU VIN.

CAFÉ
Production mondiale (1925-26)
1.350.000 tonnes

Brésil	Amérique Centrale	Antilles	Indes Néerlandaises	Reste du monde
62,5 %	12 %	7 %	5 %	13,5 %

Fig. 4. — PRODUCTION DU CAFÉ.

2. Le café. — Le café pousse dans la zone tropicale ou au voisinage de celle-ci. Les principaux producteurs sont en Amérique et en Océanie. Ce sont : en Amérique, le *Brésil*, qui fournit à lui seul près des deux tiers du café produit par le monde ; le *Venezuela*, la *Colombie*, l'*Amérique Centrale*, les *Antilles* (*Cuba, Porto-Rico, Martinique, Guadeloupe*) ; en Océanie, les *Indes Néerlandaises* (*Java*) ; en Afrique, l'*Abyssinie* et *Madagascar*.

C. C. 74

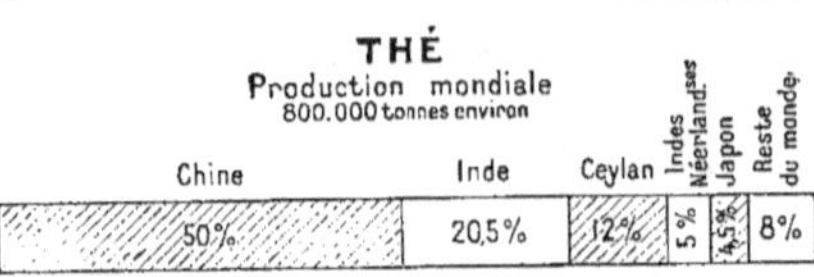

Fig. 1. — Production du thé.

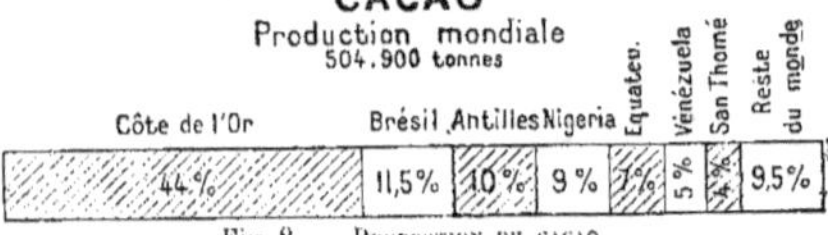

Fig. 2. — Production du cacao.

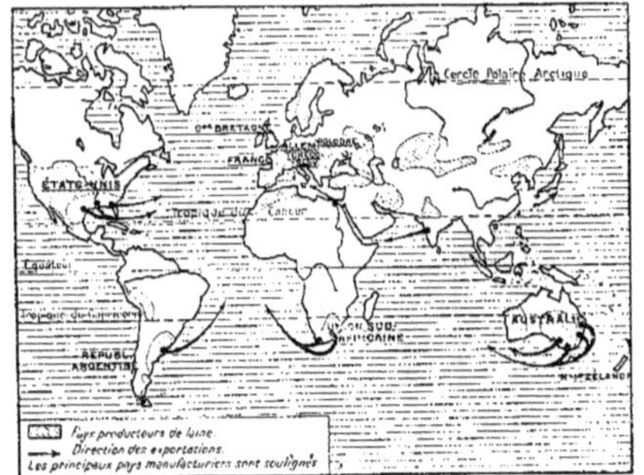

Fig. 3. — Régions productrices de laine.

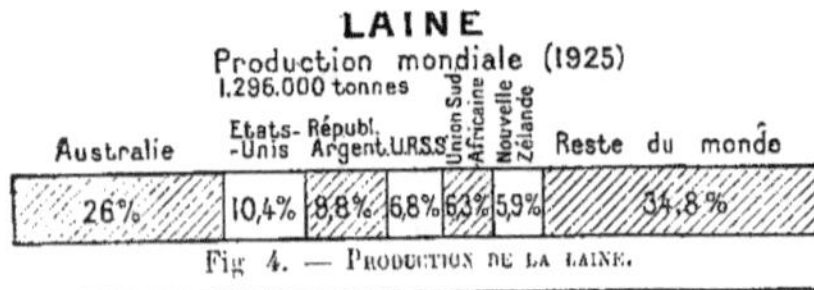

Fig. 4. — Production de la laine.

Fig. 5. — Régions productrices de coton.

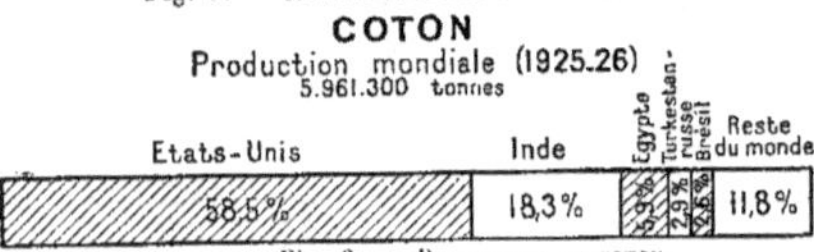

Fig. 6. — Production du coton.

3. Le thé. — Le thé se consomme dans le monde entier, et notamment dans les pays de l'Extrême-Orient, dans les pays anglo-saxons et dans les pays russes. Mais il est presque exclusivement produit en Extrême-Orient, et notamment par la *Chine*, l'*Inde*, l'*Ile de Ceylan*, les *Indes Néerlandaises*, le *Japon*. Ces pays en exportent une grande quantité.

4. Le cacao. — L'amande de cacao qui sert à la fabrication du chocolat est produite par un arbre qui pousse dans la zone tropicale. Les principaux producteurs sont : en Amérique, le *Brésil*, les *Antilles*, l'*Equateur*, le *Venezuela* ; en Afrique, la *Côte de l'Or* anglaise, la *Nigéria*, et l'île portugaise de *San Thomé* ; aux Indes Néerlandaises, l'île de *Java*.

DEUXIÈME SECTION

LES TEXTILES

I. — La laine.

1. Production. — Les pays qui produisent le plus de laine sont ceux qui ont le plus de moutons, c'est-à-dire :

1° l'*Union des Républiques socialistes soviétiques* ;
2° les *Etats-Unis*, la *République Argentine* et l'*Uruguay* ;
3° l'*Australie* et la *Nouvelle-Zélande* ;
4° l'*Union sud-africaine*.

C'est l'Australie qui produit le plus de laine.

2. Industrie. — La filature et le tissage de la laine sont pratiqués par tous les grands pays industriels et surtout par la *Grande-Bretagne*, la *France*, l'*Allemagne*, la *Tchécoslovaquie*, la *Pologne* et les *Etats-Unis*.

Aucun de ces pays (même les Etats-Unis) ne trouve sur son sol assez de laine pour ses manufactures.

3. Commerce. — Le commerce de la laine se fait des pays grands producteurs (sauf les Etats-Unis) vers les pays manufacturiers de l'Europe. Les pays exportateurs (*Australie*, *Nouvelle-Zélande*, *République Argentine*, *Uruguay*, *Union sud-africaine*) sont tous des pays de l'hémisphère sud.

II. — Le coton.

1. Production. — Le cotonnier pousse sous les climats chauds et humides. Les principaux producteurs sont :

1° les *Etats-Unis*, producteur principal ;
2° l'*Inde* ;
3° l'*Egypte* ;
4° le *Turkestan russe* ;
5° le *Brésil*.

2. Industrie. — La filature et le tissage du coton sont pratiqués surtout, en Europe, par la *Grande-Bretagne*, la *France*, l'*Allemagne*, la *Tchécoslovaquie*, la *Suisse* ; en Amérique, par les *Etats-Unis* ; en Asie, par le *Japon* et l'*Inde*.

Sauf les Etats-Unis et l'Inde, aucun de ces pays ne trouve sur son territoire national ou colonial la totalité du coton dont il a besoin pour ses manufactures.

3. Commerce. — Il y a un grand commerce de coton des pays producteurs vers les pays manufacturiers (sauf vers les Etats-Unis et l'Inde).

Les plus fortes exportations de coton se font avant tout des *Etats-Unis*, qui exportent vers les manufactures d'Europe la moitié de leur récolte, puis de l'*Inde* et de l'*Egypte*.

III. — La soie.

1. Production. — La soie est le textile le plus précieux. Elle est produite par le *bombyx du mûrier*, ou ver à soie, qui se nourrit des feuilles du mûrier, arbre qui ne pousse bien que dans les pays chauds.

La zone de la terre qui, par le climat et l'abondance de la population, se prête le mieux à l'élevage du ver à soie est l'*Extrême-Orient* : les plus gros producteurs de soie du monde sont le *Japon* et la *Chine*.

Avec l'Extrême-Orient, il n'y a qu'un grand producteur de soie : l'*Italie*.

2. Industrie. — Dans la fabrication des soieries le premier rang est tenu, pour la qualité et la valeur, par la *France* (*Lyon*), pour la quantité par les *États-Unis*. Puis viennent la *Chine*, le *Japon*, l'*Italie*, la *Suisse*.

Sauf la Chine, le Japon et l'Italie, ces pays ne produisent pas ou ne produisent que peu de soie. L'Italie travaille plus de soie qu'elle n'en produit. Le Japon et la Chine produisent beaucoup plus de soie qu'ils n'en travaillent.

3. Commerce. — Un grand commerce de soie grège (c'est-à-dire de soie brute, non moulinée et filée) se fait du *Japon* et de la *Chine* vers les autres pays manufacturiers.

TROISIÈME SECTION.
PRODUITS DE FORÊTS ET DE PLANTATIONS
I. — Le caoutchouc.

1. Production. — Le caoutchouc est une gomme produite par des arbres et des lianes qui poussent dans la zone tropicale. Le principal arbre à caoutchouc est l'*hevea*.

Longtemps le caoutchouc fut recueilli seulement dans les forêts vierges du *Brésil* et de l'*Afrique Centrale*. Mais, depuis 1910, on a fait de grandes *plantations* d'heveas en *Extrême-Orient* : *Indes Néerlandaises*, *Malaisie britannique* (péninsule de *Malacca*, île de *Ceylan*).

Ces plantations ont permis de décupler la production mondiale du caoutchouc : aujourd'hui on en récolte annuellement plus de 400 000 tonnes. Les plantations fournissent plus des neuf dixièmes du caoutchouc produit par le monde.

La grande production du caoutchouc appartient donc aujourd'hui aux pays suivants :

1° l'*île de Java*, dans les Indes Néerlandaises ;
2° les *États Fédérés Malais*, dans la péninsule de Malacca ;
3° l'*île de Ceylan*, près de l'Inde Britannique.

Puis viennent le *Brésil*, le *Congo Belge*, l'*Afrique Equatoriale française* et *Madagascar*.

2. Industrie et commerce du caoutchouc. — L'industrie des bandages et des pneumatiques pour les roues d'automobiles a pris, en ces dernières années, un essor prodigieux. Les pays qui achètent le plus de caoutchouc aux plantations d'Extrême-Orient sont naturellement ceux où l'on fabrique le plus d'automobiles, c'est-à-dire :

1° les *États-Unis* ;
2° la *France* ;
3° la *Grande-Bretagne* ;
4° l'*Allemagne* ;
5° l'*Italie*.

II. — Le bois.

1. Importance industrielle du bois. — Le bois sert pour le boisage des galeries de mines, pour faire les traverses des voies ferrées, et surtout pour fabriquer le papier.

SOIE
Production mondiale (1925)
39.860 tonnes

Japon	Chine	Italie	Reste du Monde
64,8 %	20,4 %	11 %	3,8 %

Fig. 1. — PRODUCTION DE LA SOIE.

IV. — Les autres textiles.

Les textiles secondaires. — Les textiles secondaires sont :

1° le *lin* et le *chanvre*, produits surtout dans l'*Union des Républiques Socialistes Soviétiques* ;
2° le *jute*, produit par l'*Inde* ;
3° la *ramie*, produite par la *Chine* ;
4° le *chanvre de Manille*, produit par les *Iles Philippines* ;
5° le *henequen*, produit par le *Mexique* ;
6° le *sisal*, produit par l'*Afrique tropicale* ;
7° le *raphia*, produit par *Madagascar* ;
8° l'*alfa*, produit par l'*Afrique du Nord*.

CAOUTCHOUC
Production mondiale (1925)
414.000 tonnes

Caoutchouc de plantation 93 %		C. de forêts 7 %
42,3 %	36,7 %	21 %
Indes Néerlandaises	Malaisie Britannique	Reste du Monde

Fig. 2. — PRODUCTION DU CAOUTCHOUC.

Fig. 3. — RÉGIONS PRODUCTRICES DE BOIS.

2. Production et commerce. — Les deux grandes zones boisées de la terre sont : 1° le groupe des forêts vierges de la zone tropicale (*Brésil, Afrique Centrale, Insulinde*) ; 2° le groupe des grandes forêts du Nord (*Scandinavie, Russie, Sibérie, Canada*).

Le premier groupe fournit des bois d'ébénisterie : *bois de teck* (Inde) ; *palissandre*, *ébène* et *acajou* (Brésil, Afrique) ; *bois des îles* (bois de rose, etc. ; Indochine, îles de la Sonde, Inde).

Le second groupe fournit du bois à l'industrie, et notamment à la fabrication du papier. Les pays qui exportent le plus de bois ou de pâte à papier sont la *Norvège*, la *Finlande* et le *Canada*.

Quatrième Section.

LES COMBUSTIBLES

I. — La houille.

1. Production de la houille. — La houille est le combustible le plus employé par l'industrie. Tous les gisements de houille existants et connus ne sont pas encore exploités.

Actuellement, les pays qui produisent le plus de houille sont les pays les plus civilisés et les plus industriels de l'Europe et de l'Amérique du Nord.

En *Europe*, les plus gros producteurs sont, par ordre d'importance :

1° la *Grande-Bretagne* ;
2° l'*Allemagne* ;
3° la *France* ;
4° l'*Union des Républiques Socialistes Soviétiques* ;
5° la *Pologne* ;

Fig. 1. — Régions productrices de houille.

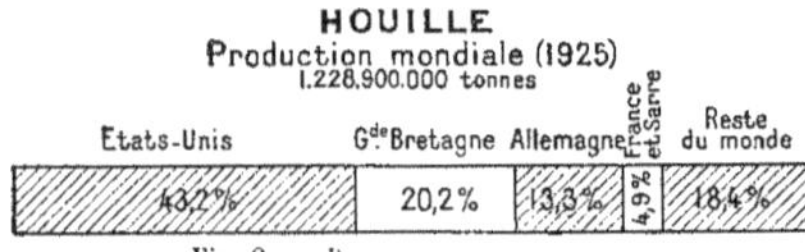

Fig. 2. — Production de la houille.

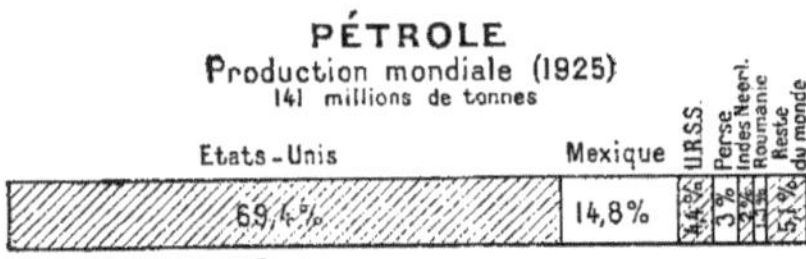

Fig. 3. — Production du pétrole.

Fig. 4. — Régions productrices de pétrole.

6° la *Belgique* ;
7° la *Tchéco-Slovaquie*.

Dans l'*Amérique du Nord*, le principal producteur est la république des *États-Unis*, qui tient le premier rang au monde pour la production houillère et en produit à elle seule plus que la Grande-Bretagne, l'Allemagne et la France réunies.

Hors les deux grandes zones de production houillère, la houille commence à être produite en assez grande quantité dans des pays où l'extraction en est récente, c'est-à-dire :

1° en Océanie, dans l'*Australie* ;
2° en Afrique, dans l'*Union Sud-Africaine* ;
3° en Asie, dans l'*Inde*, le *Japon*, le *Tonkin* et la *Chine*.

La Chine produit une quantité de houille médiocre encore, mais ses gisements sont aussi étendus que ceux des États-Unis.

2. Commerce de la houille. — La plupart des pays producteurs de houille sont des pays industriels. La plupart consomment eux-mêmes leur combustible et même certains d'entre eux doivent en acheter un supplément à l'étranger : tel est, en particulier, le cas de la France.

Les seuls états qui exportent une grande quantité de houille, malgré la forte consommation de leur industrie, sont les trois principaux producteurs de houille :

1° la *Grande-Bretagne*, qui en exporte dans le monde entier ;
2° l'*Allemagne*, qui en exporte en Europe ;
3° les *États-Unis*, qui en exportent dans le reste de l'Amérique et en Océanie.

II. — Le pétrole.

1. Production. — Le pétrole est un combustible liquide très employé aujourd'hui pour les moteurs industriels, pour les automobiles et surtout dans la machinerie des navires. La production du pétrole est aujourd'hui douze fois plus forte qu'il y a trente ans.

A l'heure actuelle les gîtes pétrolifères les plus productifs se trouvent dans les régions suivantes :

1° aux *États-Unis*, qui fournissent à eux seuls plus des deux tiers du pétrole extrait annuellement dans le monde ;
2° au *Mexique* ;
3° dans l'*Union des Républiques Socialistes Soviétiques* (gîtes du *Caucase*) ;
4° en *Perse* ;
5° dans les *Indes Néerlandaises* ;
6° en *Roumanie*.

2. Commerce. — Le plupart des gîtes pétrolifères actuellement exploités sont entre les mains de grandes compagnies, peu nombreuses et très puissantes, qui en maîtrisent tout le commerce. Les principales sont une compagnie américaine, la *Standard Oil*, qui domine la production américaine, et quelques *compagnies anglaises*, qui dominent la production asiatique.

Le pétrole brut est exporté des gîtes pétrolifères d'abord vers les centres de raffinage, puis de là vers les centres de consommation. Les raffineries de pétrole les plus puissantes se trouvent aux *États-Unis*, en *Angleterre* et dans quelques ports de *France*, d'*Allemagne*, de *Belgique* et des *Pays-Bas*.

CINQUIÈME SECTION.

LES MÉTAUX

I. — Le fer et l'acier.

1. Production du minerai de fer. — Le minerai
de fer se trouve dans un grand nombre de régions. Mais les
gisements actuellement exploités avec intensité se trouvent
presque exclusivement en Europe et dans l'Amérique du Nord.

En *Europe*, les gisements les plus productifs se trouvent :

1° en *France* : la France est le second producteur de minerai de fer du monde ;

2° en *Grande-Bretagne* ;

3° en *Suède* ;

4° en *Luxembourg* ;

5° en *Allemagne* ;

6° en *Espagne* ;

7° dans l'*Union des Républiques Socialistes Soviétiques*.

Dans l'*Amérique du Nord* se trouve le premier producteur
de minerai de fer du monde : les *États-Unis*.

En outre, il y a une certaine production de minerai de fer au
Mexique et au *Brésil* ; au *Japon*, en *Chine* et dans l'*Inde* ;
en *Australie* ; dans l'*Union Sud-Africaine* et en *Algérie*.

2. Industrie de la fonte et de l'acier. — Le
minerai de fer étant fort lourd et donnant beaucoup de déchets
à la fonte, l'industrie du fer et de l'acier s'installe autant que
possible près des gisements de minerai. Toutefois, il faut qu'il
y ait au voisinage des mines de houille, car il faut du coke pour
la fonte et de la houille pour la fabrication de l'acier.

Aussi la sidérurgie (production de la fonte), l'aciérie (production de l'acier) et la métallurgie (fabrication d'engins,
d'outils, de machines en fonte ou en acier) se sont-elles développées dans les régions qui possèdent à la fois le minerai de fer
et le combustible sur leur territoire ou au voisinage, c'est-à-
dire : 1° aux *États-Unis* ; 2° en *France* ; 3° en *Grande-Bretagne* ; 4° en *Allemagne* ; 5° au *Luxembourg* ; 6° en *Belgique* ;
7° en *Tchéco-Slovaquie* ; 8° en *Pologne* ; 9° en *Russie* ; 10° au
Japon, etc.

**3. Commerce du minerai de fer, de la fonte
et de l'acier**. — Les seuls pays qui exportent du minerai
de fer sont ceux qui sont au voisinage de pays houillers et qui
manquent de houille eux-mêmes, comme la *Suède*, l'*Espagne*,
l'*Algérie*, ou ceux qui produisent beaucoup plus de minerai
que de houille, comme la *France*.

Les pays qui exportent de la fonte, de l'acier ou des objets
en fonte et en acier sont surtout les *États-Unis*, la *France*, la
Grande-Bretagne, l'*Allemagne* et la *Tchéco-Slovaquie*.

II. — Les autres métaux et minéraux.

1. Métaux utiles autres que le fer et l'acier.
— Les principaux métaux utiles autres que le fer et l'acier sont :

1° Le *cuivre* est surtout produit par les *États-Unis*, le *Mexique*, le *Congo Belge*, la *Chine*, le *Japon*, le *Canada*.

2° Le *plomb* est surtout produit par les *États-Unis*, l'*Australie*, l'*Espagne*.

3° Le *zinc* est produit surtout par les *États-Unis*, l'*Australie*, la *Pologne*, l'*Indochine française*.

4° L'*étain* est surtout produit par la *Malaisie britannique*,
les *Indes Néerlandaises* et la *Bolivie*.

5° La *bauxite* ou minerai d'*aluminium* est surtout produite par les *États-Unis* et la *France*.

6° Le *nickel* est surtout produit par le *Canada* et la *Nouvelle-Calédonie*, colonie française.

Fig. 1. — RÉGIONS PRODUCTRICES DU MINERAI DE FER.

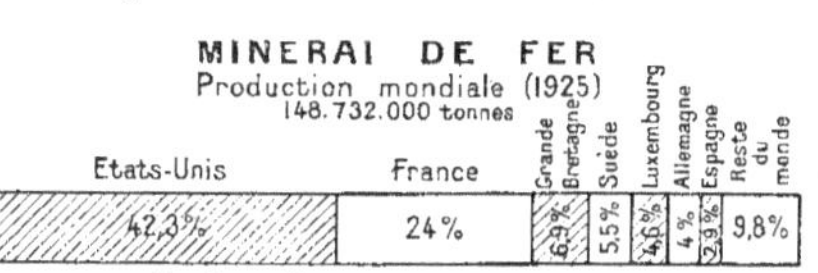

MINERAI DE FER
Production mondiale (1925)
148.732.000 tonnes

États-Unis	France	Grande Bretagne	Suède	Luxembourg	Allemagne	Espagne	Reste du monde
42,3 %	24 %	6,9 %	5,5 %	4,6 %	4 %	2,9 %	9,8 %

Fig. 2. — PRODUCTION DU MINERAI DE FER.

FONTE
Production mondiale (1925)
76.936.000 tonnes

États-Unis	Allemagne	France	G^de Bret.	Reste du monde
48,5 %	13,2 %	11 %	8,2 %	19,1 %

Fig. 3. — PRODUCTION DE LA FONTE.

ACIER
Production mondiale (1925)
90.772.000 tonnes

États-Unis	Allemagne	G^de Bret.	France	Reste du monde
50,8 %	13,4 %	8,3 %	8,2 %	19,3 %

Fig. 4. — PRODUCTION DE L'ACIER.

2. Métaux précieux. — Les plus grands producteurs
d'*or* sont :

1° l'*Union Sud-africaine* (mines du *Transvaal*) ;

2° les *États-Unis* ;

3° l'*Australie* ;

4° le *Mexique* ;

5° le *Canada*.

Les plus grands producteurs d'*argent* sont :

1° le *Mexique* ;

2° les *États-Unis* ;

3° le *Canada* ;

4° l'*Australie* ;

5° le *Pérou*.

3. Engrais minéraux. — Les engrais minéraux si
précieux pour la culture intensive, sont l'objet d'un grand
commerce mondial. Les principaux sont :

1° Le *phosphate* est surtout produit par l'*Afrique du Nord
française* (Algérie, Tunisie et Maroc) et par les *États-Unis*.

2° La *potasse* est surtout produite par l'*Allemagne* et la
France.

3° Le *nitrate* est surtout produit par le *Chili*.

LES COMMUNICATIONS MONDIALES

**1. Les grandes voies ferrées transconti-
nentales.** — Des cinq parties du monde, l'une, l'*Afrique*,
ne possède pas encore de voie ferrée qui la traverse en entier ;
une autre, l'*Australie*, n'a qu'une ligne transcontinentale,
le *Transaustralien*, unissant Sydney à Perth. En Amérique,
l'*Amérique du Sud* ne possède qu'une ligne transcontinentale, le *Transandin*, unissant Buenos-Aires à Valparaiso.

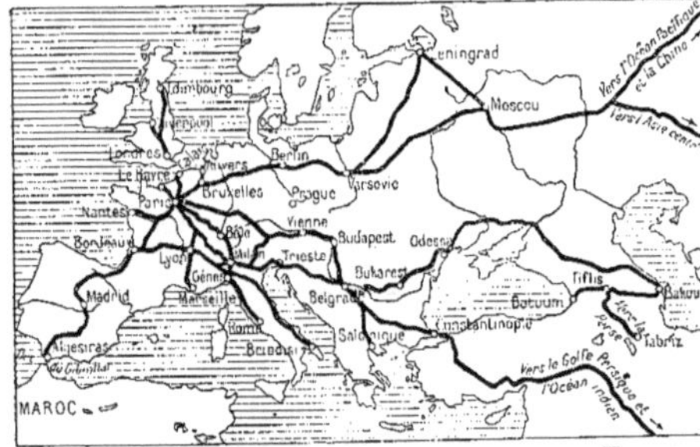

Fig. 1. — Grandes voies ferrées transcontinentales de l'Europe.

Fig. 2. — Grandes voies ferrées transcontinentales de l'Asie.

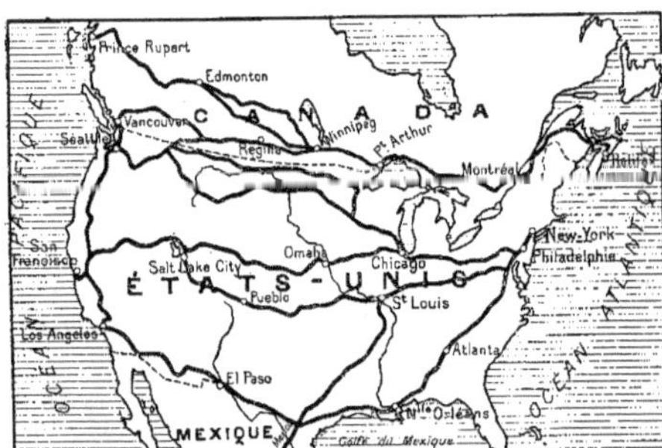

Fig. 3. — Grandes voies ferrées transcontinentales
de l'Amérique du Nord.

L'Europe, l'Asie et l'Amérique du Nord ont, au contraire,
de multiples lignes transcontinentales.

A. En *Europe*, les lignes transcontinentales unissent :
1° de l'Ouest à l'Est, *Paris à Berlin, Varsovie et Moscou* ;
Paris à Constantinople et à *Salonique*, soit par *Vienne* et
Budapest, soit par *Milan* et *Trieste* ;
2° du Nord au Sud, de *Calais* et d'*Anvers* à *Algésiras* et
au *détroit de Gibraltar*, par *Paris* et *Madrid* ; de *Calais* et
d'*Anvers* à *Marseille*, par *Paris* et *Lyon* ; de *Calais* et d'*Anvers* à *Rome* et à *Brindisi*, par *Paris* et *Milan*.

B. En *Asie*, il y a quatre grandes lignes transcontinentales :
1° le *Transsibérien*, qui va de Moscou à l'Océan Pacifique,
prolongé par le *Transmandjourien* et par le *Transchinois* ;
2° le *Transcaspien*, qui va de Moscou au Turkestan et à
l'Asie Centrale ;
3° le *Transcaucasien*, qui va de Moscou au Caucase et à la
Perse ;
4° le *Transasiatique*, qui va du Bosphore au golfe Persique.

C. Dans l'*Amérique du Nord*, il y a sept lignes transcontinentales :
1° Trois d'entre elles traversent le *Canada*, unissant *Halifax*, sur l'Océan Atlantique, à *Prince-Rupert* ou à *Vancouver*, sur l'Océan Pacifique ;
2° Quatre d'entre elles traversent les *Etats-Unis*, unissant
New York à *Seattle*, par *Chicago*, ou *New York* à *San Francisco*, soit par *Chicago*, soit par *Saint-Louis*, soit par la
Nouvelle-Orléans.

2. Les grandes voies transocéaniques. —
Les océans sont sillonnés par d'innombrables lignes de navi-
gation. Les principales sont les suivantes :
1° Les *lignes unissant l'Europe Occidentale à l'Ex-
trême-Orient* et passant par la *Méditerranée*, le *canal de
Suez* et l'*Océan Indien*. Elles partent de *Londres* ou *Liverpool*
(Angleterre), le *Havre, Bordeaux* ou *Marseille* (France),
Anvers (Belgique), *Rotterdam* (Pays-Bas), *Hambourg* (Allemagne), *Gênes* et *Trieste* (Italie). Elles aboutissent à *Chang-Haï*
(Chine), *Yokohama* (Japon), *Sydney* ou *Melbourne* (Australie),
Diégo-Suarez (Madagascar). Elles passent par *Alger, Port-
Saïd, Aden, Colombo, Singapour*.
2° Les *lignes unissant l'Europe Occidentale à l'Amérique du Nord*, et passant par l'*Océan Atlantique*. Elles
partent des mêmes ports européens que les précédentes. Elles
aboutissent à *Halifax* et *Montréal* (Canada), à *New York* et
la *Nouvelle-Orléans* (Etats-Unis).
3° Les *lignes unissant l'Europe Occidentale à
l'Amérique du Sud*, et passant par l'*Océan Atlantique*.
Elles partent des mêmes ports européens que les précédentes.
Elles aboutissent à *Rio de Janeiro* (Brésil), *Montevideo* (Uruguay) et *Buenos-Aires* (République Argentine). Elles passent
par *Lisbonne*.
4° Les *lignes unissant l'Europe Occidentale à l'Afrique
Occidentale et Australe*. — Elles partent des mêmes ports
européens que les précédentes. Elles aboutissent au *Cap*
(Afrique Australe). Elles passent par *Dakar*.
5° Les *lignes unissant l'Europe Occidentale et l'Est
des Etats-Unis à l'Océan Pacifique*. Elles partent des ports
de l'Europe et des Etats-Unis nommés plus haut. Elles aboutissent soit aux principaux ports de la côte américaine de
l'Océan Pacifique, *Valparaiso* (Chili), *San Francisco* et *Seattle*
(Etats-Unis), *Vancouver* (Canada), soit aux principales *îles de
l'Océanie*. Elles passent par le *canal de Panama*.

Fig. 1. — Grands ports pour les relations maritimes de l'Europe avec le reste du monde.

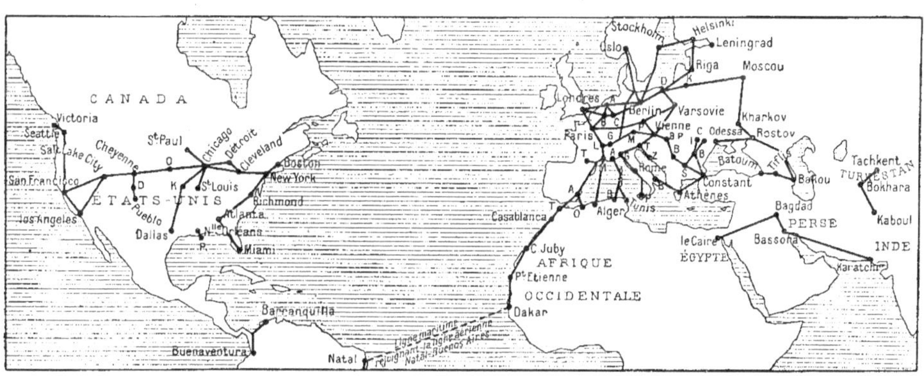

Fig. 2. — Principales lignes de navigation aérienne.

3. Les grandes lignes aériennes. — L'aviation rend déjà de grands services pour le transport des voyageurs, des lettres et des colis postaux. Il y a déjà des lignes régulières de navigation aérienne dans toutes les parties du monde. Mais deux régions du globe sont, à l'heure actuelle, particulièrement bien desservies :

1° *l'Europe et les régions voisines*;

2° *les États-Unis.*

1° *L'Europe et les régions voisines de l'Asie et de l'Afrique.* — Un réseau serré de lignes aériennes unit toutes les grandes villes de l'Europe, *Londres, Paris, Berlin,* *Vienne, Rome, Moscou,* etc. De ce réseau, des lignes s'allongent, l'une jusqu'au *Caucase,* l'autre jusqu'à notre port de *Dakar* en Afrique Occidentale. Une autre ligne unit *Le Caire* (Égypte) à *Karatchi* (Inde), par *Bagdad* et la *Perse.* Une autre traverse le *Turkestan.*

2° *Les États-Unis.* — Une grande ligne unit *New York* à *San Francisco.* De nombreuses lignes secondaires partent de cette ligne principale, surtout autour de *Chicago.* Sur la côte de l'Océan Atlantique, une ligne va de *Boston* à *Miami.* Sur la côte de l'Océan Pacifique, une ligne va de *Los Angeles* à *Victoria* (Canada).

TABLE DES MATIÈRES

PREMIÈRE PARTIE — GÉOGRAPHIE GÉNÉRALE

DEUXIÈME PARTIE — LE MONDE MOINS L'EUROPE

PREMIÈRE SECTION. — L'ASIE

DEUXIÈME SECTION. — L'OCÉANIE

TROISIÈME SECTION. — L'AFRIQUE

QUATRIÈME SECTION. — L'AMÉRIQUE

TROISIÈME PARTIE — L'EUROPE

QUATRIÈME PARTIE — LA FRANCE ET SES COLONIES

PREMIÈRE SECTION. — GÉOGRAPHIE PHYSIQUE

DEUXIÈME SECTION. — GÉOGRAPHIE RÉGIONALE

TROISIÈME SECTION. — GÉOGRAPHIE HUMAINE

QUATRIÈME SECTION. — LES COLONIES FRANÇAISES

CINQUIÈME PARTIE — ÉLÉMENTS DE GÉOGRAPHIE ÉCONOMIQUE

94341. — Imprimerie LAHURE, rue de Fleurus, 9, à Paris. — 1929.

LIBRAIRIE HACHETTE, à PARIS

Nouveau Cours d'Enseignement Primaire

CONFORME AUX PROGRAMMES OFFICIELS DU 23 FÉVRIER 1923

LECTURE

GABET et GILLARD. Nouvelle méthode de lecture.
On vend séparément : 1er Livret, méthode proprement dite.
2e Livret, revision et lecture courante.

— Vocabulaire et Méthode d'orthographe.
Premier livre. 1 volume.
Cours élémentaire. 1 volume.

Vocabulaire et Méthode d'orthographe. Composition française.
Cours moyen. 1 volume.

RÉGIMBEAU. Syllabaire.
On vend séparément chacun des 3 livrets.

BOUILLOT (V.). Le Français par les textes.

Lectures enfantines.
Cours préparatoire.
Cours élémentaire.
Cours élémentaire et moyen.
— Livre du Maître.

Cours moyen. Certificat d'études.
— Livre du Maître.
Cours supérieur et complémentaire.
— Livre du Maître.

SÉGUIN (K.). Line et Pierrot. Premier Livre de lecture courante.
— Jeannot et Jeannette. Livre de lecture courante pour le *cours élémentaire.*
— Histoire de Trois enfants. Livre de lecture courante pour le *cours moyen.*

LANGUE FRANÇAISE

MAQUET, FLOT et ROY. Cours de Langue française.

Cours préparatoire.
Cours élémentaire.
— Livre du Maître.

Cours élémentaire et moyen.
— Livre du Maître.
Cours moyen.
— Livre du Maître.

Cours moyen et supérieur.
— Livre du Maître.
Cours complémentaire.
— Livre du Maître.

DUMAS (L.). Le livre unique de français. Lecture, grammaire, vocabulaire, orthographe, composition française. *Cours moyen et supérieur.* Certificat d'études.

HISTOIRE

GAUTHIER et DESCHAMPS. Cours d'Histoire de France.

Histoire de France par l'image.
Cours élémentaire, par M. A. AYMARD.
Cours élémentaire et moyen, par M. A. AYMARD.
Cours moyen.

Cours moyen et supérieur, Certificat d'études, par M. A. AYMARD.
Cours supérieur.
Leçons complètes d'Histoire.

GÉOGRAPHIE

GALLOUÉDEC et MAURETTE. Nouveau Cours de Géographie :

Cours élémentaire.
Cours moyen.

Cours moyen et 1re année du cours supérieur. Certificat d'études.

Cours supérieur.
Cours complet. Brevet élémentaire.

SCIENCES

LEDOUX. Leçons de choses.
Cours élémentaire.
Cours élémentaire et moyen.
Cours moyen.

Éléments usuels des sciences physiques et naturelles :
Cours supérieur.

LEDOUX (P.) et Mme LEDOUX. Leçons de choses à l'usage des écoles de filles. *Cours moyen.*

DELFAUD (M.) et MILLET (A.). Arithmétique. *Cours moyen et supérieur.* Certificat d'études.

LEMOINE (A.). Cours d'Arithmétique :

De 1 à 100. Premier livre d'Arithmétique.
Cours élémentaire.
Cours élémentaire et moyen.
— Livre du Maître.

Cours moyen. Certificat d'études.
— Livre du Maître.
Cours supérieur.
— Livre du Maître.
Cours complémentaire. Brevet élém.
— Livre du Maître.

Complément d'Algèbre.
— Livre du Maître.
Complément de Géométrie.
— Livre du Maître.

Imp. LAHURE, 9, rue de Fleurus, à Paris. — 1928.

www.ingramcontent.com/pod-product-compliance
Lightning Source LLC
LaVergne TN
LVHW011947180726
843502LV00005B/1352